法文化論序説（上）

池田政章 著

信山社
SHINZANSHA

まえがき

本書の題名『法文化論序説』について説明する。

筆者流にその趣旨を一言でいえば、「法という文化」から考えた「法に関する文化」のことであり、立法のさいや条文解釈のさいに考慮すべき日本文化の特色を考えろという指針のことである。そして本書で述べた以上の点は法学全般に対する総論的指針であり、あくまで憲法・民法・商法・刑法……などにおいて利用していただきたい視座というほどのものである。それが「序説」と題した理由でもある。

「法文化」の観念は本書にみる如く、野田良之の提唱によるものであり、筆者も同じころ、この言葉の重要性に注目した。そして、「法文化」の観念に基づく論文を公表したのは一九八五年であり（「判例タイムズ」五八五号、「ジュリスト」八二九号）。さらに「法文化論―その意義と方法」を一九九一年に論じた（『小林直樹古稀記念・憲法学の展望』有斐閣）。加えて「憲法と宗教」を総論テーマとした学会報告において、法文化の深層には宗教があることを説明し法文化を論ずることの重要性を強調した（「公法研究」五二号一九九〇年）。

しかし、法学界における反応は皆無であり、法文化という言葉を法学論文に見出すことのない状況が続いていた。この間、その意義と方法について若手憲法研究家からの要望もあって、筆者独りでもその任を果す責を感じ、文化に関する諸著作を集めだすことになった。

筆をとり始めたのは二一世紀に入って間もなくである。東大大学院で法文化論の講義があったのを知ったのは放送大学の教科書をみたときであり、その内容は「法に関する文化」、つまり法意識論中心であったと記憶する。

それをみたとき、法意識の如何は当該文化の特質によって、とりわけ宗教の影響が極めて強いはずで、その観点が欠けていると感じていた。それを筆者は「法という文化」と断じ、宗教のみならず、法も文化なら文化全体のなかで法を位置付け、文化と法との関係にも注目しなければと感じていた。

つまり、筆者の方法論では「ヨーロッパの法という文化」（日本法の元祖）からみた日本の「法に関する文化」を論じなければ、日本法文化の本質はみえてこないということである。この点について、法学概論的にヨーロッパの法観念はヨーロッパ法制史で説明がつくから、ヨーロッパ法制史を中心にして日本法制史を分析すればよいと考えるのが法学者の常であろう。しかし、それでは法制度の違いがわかってもその要因にまで筆が届くはずはなく、ここは日欧の「法という文化」に踏み込まざるをえないことになる。

ところが、明治の日本法近代化はヨーロッパ法（独・仏）を参考にして、その横の文章を縦の日本文に換えたという傾向が強いため、明治以前の日本文化がこの継受法をどう受けとめたかについて、「公序良俗」という以外はほとんど知られていない。だとすれば、ヨーロッパの近代法文化とは何であったのか、とりわけ日本のそれとどう違ったのかについて、その本源から探ねる必要がでてこようというものである。

そう考えたら、ローマ帝国が滅んでフランク王国に始まるヨーロッパ中世史における「キリスト教文化」に踏み込まざるをえなくなったというわけである。本書が饒舌になった理由の一つがこれ。

もう一つは、ヨーロッパの中世史研究は、現地においても専門の如何によって見方・書き方はさまざまであり、同じ史的事実の捉え方も一様ではなく、評価も各様であった。そのため、筆者が整理して纏めることは至難の業であり、結果は、本書論旨に則して必要な当該著書の部分を抜き書きして併記せざるをえなくなったことが本書を長論文にしてしまった理由である。

ことわりの意味でもう一点つけ加えさせて頂ければ、中世史中心で大事な近世以降が欠けているという問題であるが、近世史以後のヨーロッパ史における諸改革エネルギーの水源は中世にあり、キリスト教全盛時に自我意識が完成して宗教改革などの社会変動を連続しておこしたという現代に及ぶ諸問題は研究者の常識であると考え、あえて省略することにした。

ことは日本についても同様の問題がある。様々な日本文化について、ひとまとめにした結論をひきだすことは困難であり、そのため各分野に関する専門図書を併記して、その要旨から結論を引き出して纏めることにした。ただ何れの場合も読み手の読者を困惑させたと思うが、それは筆者の力量不足のせいであり、ただただ恥じ入るばかりである。そこで、本書で何をどういう順序で説明しようとしたかについて、簡単に説明することにする。〝八章だて〟である。

まず、これまでの日本人の法意識論を整理・紹介して、法意識の病理といわれる観念を分析し（第三章）、それを法文化論においては普遍性と個性として論じられることを明らかにし（第四章）、「生ける法」と称された法文化についての実像とその背景にある社会相を分析した（第五章）。

第六章は日本文化の諸相にみられる自我意識を探り、第七章は見た通り（表層）の文化的特長にみられる市民観念の成熟を、第八章は文字通りのキリスト教史と日本宗教史にみられる信仰上の社会相からの人間性（深層）の比較をしたものである。

こうして明らかにした自画像が憲法現実にどう反映しているかについて、幾つかの具体例で説明し、法文化を論ずるさいの道筋をつけた積りである（「おわりに」）。

言い出しっぺの野田良之は、外国比較法雑誌にのせた論文に、日本の法文化について〝徳治主義〟と銘をうっていた。が、それから数十年たった現在について何といったらいいだろうか。「法治主義」といわざるをえないと思うが、そこには何か条件がつきそうである。「生ける法」はまさにその例外であったが、現在では言い訳にすぎないということになろう。本書流にいえば「コラボ法治主義」ということになるが、「公序良俗型法治主義」といえば、不明の至りの感がある。憲法についていえば、「解釈改憲つき立憲主義」ということになるだろう。

冗長な論稿になって、法文化論の重要性主張を押し潰したのではないかと危惧しながら筆を擱く。

二〇一八年三月

池田政章

目次

詳細目次：検討主要文献一覧

＊各文献の書誌事項の詳細は本文参照のこと

第一章　法文化論への途

G・イエリネック『一般国家学』(3)

W・メルク『憲法の保障』(4)

野田良之「日本人の性格とその法観念」みすず一四〇号(12)

第二章　改めて、法文化論とは

恒藤恭『法の基本問題』(22)

風早八十二『全国民事慣例類集』(23)

『法社会学講座9　歴史・文化と法Ⅰ』(25)

千葉正士『法文化のフロンティア』(26)

同「現代『法人類学』の発展1―10」法律時報(一九六七―六八年)、「法と文化Ⅰ―Ⅻ」(一九七七―七八年)(26)

六本佳平「『日本人の法意識』研究概観」法社会学(39)

大木雅夫『日本人の法観念―西洋的法観念との比較』(39)

『日米法文化の比較検討』研究会議」ジュリスト(40)

千葉正士『要説・世界の法思想』(40)

中川剛『日本人の法感覚』(41)

第三章　法文化の生理と病理
川島武宜『日本人の法意識』(45)
野田良之「西欧人の法観念と日本人の法観念の比較」日本女子大学教養特別講義第六輯(46)
同「比較法文化論の一つの試み」早大比較法研究所『比較法と外国法』(46)
『日本人の法意識（調査分析）』(52)
『日本人にとって法とは何か（共同討議）』(52)
『現代日本人の法意識』(52)
神島二郎・沢木敬郎・所一彦・淡路剛久編『日本人と法』(61)
第四章　法文化の普遍性と個性
大木雅夫『日本人の法観念―西洋的法観念との比較』(73)
矢崎光圀「法文化―伝統と現在」思想七一三号(73)(78)
柴田光蔵『法のタテマエとホンネ―日本法文化の実相をさぐる』(73)(79)
中川　剛『日本人の法感覚』(81)
『法意識の研究』法社会学三五号(84)
『続法意識の研究』法社会学三六号(85)
『法意識の現状をめぐって』法社会学三七号(87)
『東西法文化』法哲学年報（一九八六年）(88)
田中成明「日本の法文化の現況と課題―権利主張と裁判利用をめぐって」思想七四四号(90)
千葉正士『要説・世界の法思想』(91)
同『法文化のフロンティア』(97)

四　心理と論理(二)

第一章　法文化論への途

一　本稿の意図

1　本稿は〝法文化論〟の〝序説〟と題する。法文化論とは何を論ずる研究なのか、それを論ずることの意味はどこにあるのか、そしてどのように法文化にアプローチするのかという方法について考える、つまり法文化論の意義と方法という、法文化論への入口を明らかにしたいというのが〝序説〟と題した理由である。

ところが、この法文化論というテーマについて、現在、法学界がどこまで的確に理解しているかという点になると、あいまいな返事しかできないのではないかと思う。

確かに、法文化を主題にした学会報告（一九八六年法哲学会、一九九六年比較法文化学会、一九九八年比較法学会）がすでになされてはいるが(1)、当時の学会関係者に共通した法文化のイメージがあってのことかは疑問である。それ以前は勿論、それ以後でも、似たような問題を扱った論稿に法感覚・法観念・法意識・法思想といった用語法がみられ、法文化の観念が定着しているとは思えないからである。つまりは法文化の概念規定をあいまいにしたまま、比較法学・法哲学・法社会学といった基礎法学が問題関心をもつに止まって、実定法学の各テキストに、これに関する具体的記述を見出すことは今も稀という状態なのである。

こうした状況の下で、筆者はかなり以前から法文化研究に積極的意味を認め、暇に飽かせてその意義と方法について考えを巡らせてきた。そしてようやく一九九一年に「法文化論――その意義と方法」という論文を発表した。(2)その頃、法文化研究は単独では成しえないと考え、研究会をもとうとさまざまな専門分野の後輩に声をかけたが、答えとして、法文化論について私がまずその入門書を書くようにという注文が返ってきた。而して十数年、私事多端のため延び延びとなり、現在にいたってようやく、その日がきたというわけである。

この間に、法文化の題をもつ著作や論文も公表され、さらに最近は「比較法文化学の構築」（法社会学会、二〇〇八年）と独立科学を目指すとも思える風潮も現れて、法文化のイメージはほぼ固まりつつある。が、その研究対象はさまざまであり、そのアプローチも各人各様である。論者の専門分野がいろいろであるから当然の結果といえるのかもしれないが、法文化論の未成熟ということが原因で、人それぞれの思惑を生んでいるというのが正直なところだろう。

このような推測の下では、筆者の、法文化論の意義と方法という、この論稿も一〇篇の一つにすぎないのだろうと思いつつ、拙著『憲法社会体系Ⅲ』の内容をなぞる結果になるが、ほかの著作・論文とは異なる筆者なりの考え方を少し詳しく論じてみたいと考えた。

2　そこで、まず法文化という観念について。新しい『法律学小辞典』（有斐閣、二〇〇四年）には「ある社会における人々の法についての意識や行動様式の総体を法文化という」とあり、日本の独自性の例が述べられている。裁判より調停を好む、契約書に細かく規定するより「問題が起こったら誠意をもって話し合う」というような条項を好む、である。これが現在、法学界で通用する大まかな法文化のイメージである。

筆者の考えもこれと大同小異であるが、筆者流の言い方だと「〝(法という) 文化〟からみた〝法に関する文化〟」となる。「法に関する文化」という点が大同であり、「法という文化からみた」（簡単に文化からみたでもよい）という点が小異なのである。そしてもっと判り易くといわれたら、平凡で常識的だが、〝法に関する日本文化論〟だと答えることにしている。この常識的な結論に至るまでの小異の考え方がどういう軌跡のもとで生まれたかという、その経緯について話そうというのが本書の主意というわけである。

（1）法哲学年報一九八六「東西法文化」、比較法研究一九九八「法観念を中心とする世界法文化の比較——比較法文化論への試み」。
（2）『小林直樹古稀祝賀・憲法学の展望』一頁以下、『憲法社会体系Ⅲ』四一六頁以下。

二　G・イエリネックと憲法問題研究会

1　筆者の専攻は憲法学である。それが何故法文化論に執着するようになったのか。憲法研究者だったら当然に抱く疑問である。入門書を書いてほしいといった後輩の気持ちもそこにあったのだろう。それに答えようとして今から振り返ると、その契機はそもそも筆者の研究生活の初めにあったと思えてくるのである。

公法学を専攻する者にとって、当時、最初の必読文献といわれたのが、G・イエリネック『一般国家学』（原著）である。共同研究室の仲間数人と輪読会を開くことで研究生活が始まった。どこまで読み進んだか定かな記憶はないが、途中で止めたことは確かである。しかしそのとき、「第二二章　公法の保障」という最終章が心にかかった。今では憲法テキストに「憲法保障」の章があるのは常識といってもいいが、当時は違憲審査制の説明はあっても、憲法保障制度を総体として論ずるという視点はほとんどなかったからである。

そして一年有余、病後初めて参加した田中二郎ゼミで（以下すべて敬称略）、西ドイツの憲法裁判所について紹介するよう求められた（イエリネックに近づける好機である）。その時の数回にわたる報告では、H・レッヒナー、W・ガイガーのコメンタールによりながら、現行制度の紹介とその前史、とくにワイマール憲法時代の国事裁判所との違いを強調したのであった。これが助手論文のネタとなった。『ドイツ型憲法裁判の系譜と特質』である。

今の憲法学現役世代は、戦前・戦中世代の体系の組み替えに腐心しているようにみえるのだが、これは戦後憲法学六〇年がそうさせているのだろうか。研究にも流行があるようで、戦後第一世代では、当時の新制度について歴史的あるいは比較法的研究がはやりとなっていた。筆者の方法もそれに倣って、制度の現代的意義を歴史から学ぶということに主眼をおいていたことになる。そして同時期に読んだW・メルクの『憲法の保障』（一九三五年）を媒介として、イエリネックの最終章に手が届いたというわけである。

イエリネック国家学は、その最終課題として公法保障の問題をとりあげ、その三類型を論ずる。社会的保障・政治的保障・法的保障である。説明は社会的保障が最も短く、法的保障が一番長い。これは公法秩序の保障に対する確実性の強弱に見合っており、当然といえば当然。しかし確実性が弱く短い説明の社会的保障に心惹かれるものがあった。当初、これは世論の話ではないかと思った。世論による保障というなら憲法擁護の最後の砦としての話にふさわしいのではないかと（今の筆者なら文化による保障というが）。また国家学のなかで世論の話がでてくるとは一般国家社会学を論ずるイエリネックだけのことはあると、生意気な感想を抱いたことを思いだす。

それにしても、「大きなゲゼルシャフトの力、すなわち宗教・習俗・社会道徳、要するに文化的諸力の全体と、それらによって形成される諸利益と諸組織[3]」が憲法の妥当性を担保するとはどういうことだろう。広く文化的諸力といいつつも、例示には規制的文化という共通点がある。といって、宗教の力がどのような法的問題となって憲法保障に結びつくのか。例えば、宗教の規制力が強いからといって憲法の最後の砦になるのだろうか。キリスト教社会だからというだけでは十分な説明にならないし、ましてや信仰の自由だけを問題にしているわけではないだろう。だったら結局、世論というしか見当がつかなかった。

今から思えば、当初のこうした疑問に発して、その後の研究の道筋が決まっていったように思う。それを遠因というなら、近因は一九五八年に始まるといえる。それは、こうである。

2　一九五六年、内閣に憲法調査会が設置された。朝鮮戦争を契機にして政府内に高まった憲法改正論に促され、改正問題に関する各種の意見を調査するという方針に基づいて設けられた機構である。そして翌五七年から活動を開始した。

そして翌々五八年、大内兵衛・我妻栄など八名が発起人となって、四六人の学者で一つの会を作ることが提案された。その会が「憲法問題研究会」である。会の趣意を明かす勧誘状は次の通り。今では歴史的文書であると思うので、長いがその全文を掲げる。

憲法問題研究会設立についての勧誘状

御承知のとおり、ここ数年来、憲法改正の主張が一部の人々によって唱えられ、現在この問題は、多くの国民の強い関心の的になっております。憲法が一国の政治と国民生活を左右する重大な基盤であることをおもうとき、憲法問題をいかに考えるかは、広く国民各層に共通する重要な課題といえましょう。

こうした状況のなかにあって、政府は、昨年夏、憲法調査会を設け、この問題の検討に着手しはじめました。調査会は、その後、総会と分科会をひきつづいて開き、現行憲法の制定事情とその基本原理について、種々の検討を加え、今日に及んでいます。けれども、その発足の事情、ならびに、これに参加している委員の選択をみると、この調査会が、現在の憲法問題に対する広汎な民意と正しい良識とを必ずしも代表していないかのようであります。調査会にあらわれているすべての意見に反対するわけではありませんが、一国の運命に強い影響を及ぼす憲法問題が、特定の立場からのみ解釈され検討されていることは、まことに遺憾というほかはありません。

もとより、現在の憲法が制定された当時を顧みるとき、その環境が、私たちの国民感情を十分充たしえなかったことを理解しないわけではありません。けれども、おびただしい貴重な人命の喪失と、惨澹たる焼土を犠牲として生れ出たこの憲法が、平和、民主、人権の三原理を掲げたとき、敗戦後の虚脱状態にあった国民は、この憲法をもって新生日本の基礎とすることに、新しい感激と覚悟を抱いたことも事実であります。以来十年、この憲法の原理は、徐々たる歩みとはいえ、国民生活のあらゆる分野に平和と自由の恩恵をあたえ、人間活動の見えない原動力となってきました。

いまもしこの憲法の諸条章の解釈が、一部の見解によって歪められ、やがて、それが公定解釈として世論を支配するようにでもなれば、日本の再生に尽した国民の十年間にわたる努力は空しく挫折し、私たちの希求する平和と自由の原理は、ついに発展を阻止されるに至るでありましょう。多くの国民が、憲法改正問題の前途に深い関心を抱いているのも、こうした理由に基くものと思います。

私たちは、こうした事態の招来を未然に防ぎたいという意図の下に、憲法の基本原理とその条章の意味をできるだけ正確に研究し、この問題に関心を抱く国民各層の参考に供したいと考えました。そのため、憲法学およびその他の法学、政治学ならびに隣接科学の良識ある研究者に御参会いただき、憲法問題を諸種の角度から研究したいと思います。私たち八名の発起人は、貴下が、その専門的な学識と国民的良識とをもって、この会に参加されることを切望する次第であります。

幸いに御賛同を得ることができれば、来る六月八日（日曜日）午後二時より、学士会館（神田）において最初の会合をもち、今後の研究方針について御意見を承りたいと存じます。

なお、御諾否については、同封の葉書をもって折返し御通知いただければ幸であります。

昭和三十三年五月二十八日

大内兵衛　茅　誠司
清宮四郎　恒藤　恭
宮沢俊義　矢内原忠雄

湯川秀樹　我妻　栄

五〇年後の今読んでも、まさしく通用する達意の名文、いわゆる国民投票法が成立し改憲に向けて一歩踏みだした現在こそ、読者とともにその良識にあやかりたいと思う。余談になるが、発起人の我妻栄が、憲法調査会の発足時に、時の首相岸信介から（我妻と銀時計を分けあった学友とか？）軽井沢への車中で、調査会会長就任を懇請されたと御自身の口から聞いた記憶がある。

「この招請状が出されると、新聞は一せいに大きくとりあげて、われわれが憲法改正問題について何か反政府の旗上げをしたようにはやしたてた」とは、大内兵衛の言葉である。(4)

3　こういう世間の風評のなかで、憲法問題研究会は一九五八年六月八日に創立総会を東京神田の学士会館で開いた。改憲推進のグループが鳴物入りで、会場廊下で審議妨害をしていたと聞いている。この総会後に、筆者は宮沢俊義から研究会に出席して報告・討議のメモをとるようにと依頼された。

研究会は関東部会（発足時は三〇名）・関西部会（同二五名）に分かれて開かれることになり、筆者は第二回（一九五八年七月一二日）関東部会から出席した。そして爾来、一九七五年四月の解散時までの一七年弱、一一〇回の研究会において、その成果を共有するという恩恵に浴した。会員各位は、当時の各学界の第一人者と目される人々である。とはいっても憲法学者は三人、政治学などの社会科学者もともかくとして、哲学者や文学者はどう憲法を理解し論ずるのかという好奇心でわくわくしていた（報告・討議の全記録は今も筆者の手許にあり、書きなぐったメモの初校を現在校正中である）。

が、これら思想家にとって、平和とか「個人の尊厳」は体験学習ずみで自明のこと、憲法研究は憲法学者の専売特許と考える方が井戸のなかの蛙というもの。むしろ専門外からの発想には外側から憲法を観察するという専門家にない新鮮味があり、人文科学系会員による文化史観からのアプローチには裨益されることが多かった。

久野収会員から直接に聞かれたことである。「今の憲法学は条文至上主義ではないの？」と。また「憲法のさびおとしをやらなければ……その定着化そのものが逆にたいへんお守りコトバ的たてまえになっていく傾向をもっている……憲法の作り手にとっての伝統と、憲法の受け手にとっての伝統とが、意味を大きくちがえてくるのは、歴史のアイロニーとでもいうべき現象」であるとも述べている（「憲法――私の読み方」世界一九六七年七月号）。

条文至上主義では、解釈万能で「護憲々々」と呪文を唱えている間に、憲法の文言はいつのまにかお守り的建前になって、条文が錆つき好ましくない既成事実ができ上がっているのではないか。また歴史のアイロニーとは、欧米理論の引き写しによる思考枠組みでは受け手に通用するような大衆の目線での文化的伝統思考に配慮が足りないのではないか、というのであろう。

確かに、欧米の歴史的所産である近代憲法の諸価値を、日本人の文化的伝統のなかに、どのように位置付け主張していくのかという哲学的・思想的・文化史的アプローチが必要である。その際、日本人の文化的遺伝子の組み替えをどこまで要求すればいいのかということまでが気掛りであろう。天皇制について論じた、谷川徹三は「天皇制の問題は憲法の枠のなかだけでは処理できない。それは一層広汎な日本の歴史や日本の文化の伝統や、日本人の精神構造の問題であります」(5)と指摘している。

こうした雰囲気であるから、非専門家が憲法をみる目とその方法に、いやでも興味をもたざるをえない。それは、憲法を「文化」の一部として観察し、文化史のなかに位置付けているということではなかったか。

こうして「憲法という文化」というテーマがクローズ・アップし、筆者にとっての〝法文化論への途〟の契機となった。

改めていうまでもないが、研究者としての、そして人間としての生きざまについて多くのことを学んだのは匆論である。

いまここで、報告・討議について語りたい気持ちに駆られるが、別著（前述初校校正中の『憲法問題研究会メモワール』）があるので、それに譲る。が、様相の一部として、会員の報告数だけでも明らかにしておきたい。佐藤功・憲法調査会についての数報告を含めて一四回、久野収・家永三郎五回、我妻栄・中野好夫四回、大内兵衛・竹内好・中村哲三回などである。

しかしそうはいっても、「憲法という文化」に辿りつく道は迂遠極まりない。さしあたっては、社会科学のみならず、風土・言語・宗教・芸術など、広義の文化との関連も考えながら憲法問題を考察せよという〝憲法問題学〟の構想を提案するに止まった（一九六五年）。

（3）　芦部ほか訳『一般国家学』六四四頁。
（4）　憲法問題研究会編『憲法を生かすもの』五頁。勧誘状も同書より引用。
（5）　谷川徹三「天皇制について」前掲書〔編注：『憲法を生かすもの』〕四三頁。

三　憲法意識から法文化へ

1　一九六〇年代に筆者が注目した憲法問題は、六〇年安保闘争における「大衆デモ」の意義、朝日訴訟における「生存権」の性格論、憲法現象を規定する「憲法意識」の構造であった。大衆デモは〝世論の噴出〟の典型例として憲法保障の究極の形態であり、生存権は権利意識の如何が人権の内実化のレベルを左右する。そしてそれらを基底で支えるのが憲法意識であるからである。ここには顕在的な世論と潜在的なそれとの見本があって、前述した世論による憲法保障を考える恰好の素材をみつけたというわけである。こうして、「憲法と世論」の関係という途方もない総体に向きあう破目になった。

それは、立憲民主主義国家において世論が占めるべき本来的規定（理論憲法学的研究）・憲法典が制度化している世論のとりあげ方（実定憲法学的研究）・憲法現実にみられる顕在的世論＝外的世論の形態と構造（憲法現象研究）・潜在的世論＝内的世論の構造的性格と憲法典との関係（憲法意識の研究）である。

これらのうち憲法意識について、逸早く一九五六年の公法学会「憲法学の方法」の報告のなかで、長谷川正安会員が、憲法現象の科学的認識のために、その要素をなす憲法意識・憲法規範・憲法制度（憲法関係）についての論理的考察が重要だと指摘した。小林直樹が「日本人の憲法意識」（「思想」）という実証的研究を発表したのが一九六〇年。六〇年代に入り、長谷川、渡辺洋三、影山日出弥の理論的研究と、小林ほかの共同研究『日本人の憲法意識』（一九六八年）が耳目を引いた。こうして憲法意識論は、先端的憲法研究の感があって嫌でも関心をもたざるをえなかった。

同じ頃、後に法文化論の先駆としてしばしば引用される、川島武宜『日本人の法意識』（一九六七年）が著されている。

ところで一九七〇年代初めだと思う、同僚の政治学者の主唱で、大学に〝法政文化研究室〟が設けられた。G・アーモンド＝S・ヴァーバ『シビック・カルチュア』（一九六三年）で論ぜられた〝政治文化〟（ポリティカル・カルチュア）の観念が日本でも政治学者の間で使われるようになり（例：石田雄『日本の政治文化』一九七〇年）――〝政治風土〟の用語法もある（篠原一『日本の政治風土』一九六八年）――法に関しても類似の問題があるはずで法文化と称したらという理由から〝法文化＋政治文化〟＝〝法政文化〟と名付けられたのである。

果してアーモンド＝ヴァーバに倣って〝リーガル・カルチュア〟を観念する論稿が現れ（一九六九年）、注目を引いたのがL・M・フリードマンである（後述）。

そして同じころ、大学で〝法文化研究会〟が発足し、法学上の諸問題に対する比較文化論的な共同研究が始まった。その成果を世に問うたのが、後に出版された神島ほか編『日本人と法』（一九七八年）である。筆者もその一員として「日本人の憲法観」を報告した。争訟は何でも憲法典に頼るという憲法条文至上主義に傾斜しており、それだけに現実面においては疎遠感をもちながら融通無碍に捉えているという内容の話で、その後の座談会が有益であった。

こういう内外の雰囲気であったから、憲法意識と法文化の関連には嫌でも関心を向けざるをえない。すでに触れた世論の問題を憲法意識の表の顔というなら、法文化はその裏の顔とは思うものの、とりあえずは、憲法学の趨勢にしたがって憲法意識とは何かから始め、法文化との関係を考察しようと決めた。

2　憲法意識とは憲法に関する社会意識のことである。もっとも「〇〇裁判官の憲法意識」といったときは個人意識のことだろう。しかし、個人意識も社会と無縁に形成されるものではない。個人は個人そのものとして存在すると同時に社会構成員としても存在するはずだからである。すると意識という精神的所産は、対自的という点から、むしろ或る構成員という社会的存在においてつくられたものであり、例えば、彼が属する階層・職業・地域といった社会的基盤や、風土・時代精神といった文化的環境において培われた性格＝社会的性格を帯びざるをえない。確かに、社会意識の前提には個人意識があり、その統合――集合ではない――によって成り立っているが、個人意識を問題にするときは、自ら確かな認識をもっているという観点からみて〝憲法思想〟とよんだ方がふさわしいであろう。憲法意識論は社会意識を主たる対象としているといえる。

社会意識を中心にみてみよう。まず、多数人の相互作用がみられる社会というシステムにおいては、社会化と社会統制が機能的メカニズムとして働くという。とくに社会化機能は、構成各員の学習を通して、時に衣食住を初めとして生活の仕方、そして多くは考え方についても、そこにパターン（型）を形づくるという結果をもたらす。社会体系論においては、このパターンを文化の型といい、社会が要請する文化の型に合致させる過程として社会統制機能が働くのである。社会意識に即していえば、個人は社会化の過程において学習し条件付けられて、その意識に文化の型を刷り込み、社会統制の過程を通じて文化の型を身につけるのである。つまり、個人意識は文化の型を伴った社会意識となって、後者は前者から独立した存在となるのである。

さて憲法に関する社会システム＝憲法社会体系においては、社会化（憲法では社会統合）と社会統制というメカニズムは憲法規範によって強力に推し進められる。またいわゆる社会国家では、これにマリノフスキィが強調した欲望充足機能が加わる。こうして個人は憲法規範による統合・統制・充足の過程を通じて、法に関する文化の型を吸収しながら憲法に関する社会意識を醸成するのである。これが憲法意識であり、そこに法文化の型の印影が映しだされることになる。

憲法規範と憲法意識の間にみられる乖離とかズレとかは法文化が然らしめたものである。慣用に従えば憲法意識とは、憲法に関する理解度・認識の仕方とそのレベルの話である。対して法文化とは、それらについての要因とそれらのあり方の総体を示すものということができる。

憲法社会体系における憲法規範と憲法意識・法文化の関係について一応の結論に達した筆者は、初めて法文化の観念を提案する論稿を公にした[6]（一九七二年）。

3　法文化論の極め付きは、その前年に、野田良之が発表した「日本人の性格とその法観念」（『みすず』一四〇号）である。一九七〇年一一月に行われた講演の記録で、これが筆者にとって〝法文化論への途〟の駄目押しとなった。

その論旨は、いわば法に関する日本人論である。恐らくこの手の嚆矢であり、序論に、比較法学はすべからく比較法文化論でなければならないと力説している。こうである。

「フランスでフランス法が働いているその姿と、日本でフランス法に非常に似ている日本法が働いている姿とでは非常に違う」。「結局これは、法を一部とする文化全体の性格が違うということから生ずる」のである。「法というものは文化の一部でありますから、したがって文化の全体からそれを切離して比較したのではあまり実りがないのでありまして、もし比較をするとすれば文化的比較でなければならない。……だからそれは、法に焦点を合わせた比較文化論ということになるだろうと思います。」「結局それは、法を文化と切離さないで、文化の一部として、文化全体の中で法を見るという見方になるわけであります。」『比較法文化論』の中心的課題の一つが、ものの考え方の相違というものを比較してゆくことにあるのではないか……ものの考え方、感じ方、それから行動の仕方、その全体をひっくるめてメンタリティあるいはマンタリテというふうに呼びますと、文化を支えている人々のマンタリテの相違がそれぞれの文化全体の特徴としてあらわれてくるのではないか、だからそういうマンタリテを相互に比較することが重要だ、というふうに考えるわけであります。」

こうしてマンタリテの担い手たる国民の性格についての比較論にゆきつき、本論において、日本人の国民性を構成するⒶ内因的要素、Ⓑ外因的要素から「日本人のメンタリティの特徴」を考察し、「日本人の法観念」を結論付けている。

本論部分は、その後発展的に再論されており、それらを含めて後述に譲ることとし（三七頁参照）、ここでは序論についてのポイントを指摘しておきたい。

すでに気付いている読者もおられると思うが、序論の前半部分が、筆者が前述した「文化としての法」（＝「法という文化」）という定義部分に当たり、後半部分が、同じく「法に関する文化」という定義部分に当たる。野田が前半部分を定義的に説明し、後半はその課題と考えたという違いはあるが、前半部分の重要性を慮ればほとんど同じといえると思う。対して前述の『法律学小辞典』にはこの前半部分が欠落しているのである。これもすでにお気付きだと思うが、「文化としての法」という観念は、前述したように、筆者が憲法問題研究会からつかみ取った成果であった。野田論文を読んで、わが意をえたりと感じたことが今も記憶に新しい。

（6）　池田「憲法意識の構造的性格と法文化」に関する試論（上）立教法学一二号。いま読むと誠に稚拙な論稿であるが記念碑的な作品なので『憲法社会体系Ⅲ』三三三頁以下に収載した。

四　憲法と文化

1　野田は、比較法学について、それは比較法文化論でなければならないと説いているが、〝日本人の法観念〟の方法としてであるから、比較の文字がとれた法文化論としても、法学一般におけるその重要性は同旨であろう。その点で同じ志向の筆者にとっても、憲法は文化の一つとして、文化全体のなかで考える憲法文化論というテーマがあって然るべきだということになる。

そうすると、民法や刑法についても民法文化論・刑法文化論というテーマがありうるのかという話になる。例えば、民法においては所有や契約について、刑法においては罪と罰についての法文化というようなことが考えられる。憲法の法文化といえば、当面、国民の国家観・権力観・人権観が想定されるが（これは憲法意識では?）、現段階ではこれらすべてをひっくるめて法文化一般につき考察するという方が、研究史の上での優先課題であり最終課題であろうと思う。勿論、前述したように憲法問題研究会から受けとめた〝憲法と文化〟という論題（〝憲法問題学〟）は頭に残されているから、ここで憲法問題学提唱後の思索の跡について一言しておきたい。

憲法研究といえば、今でも、憲法（思想）史・憲法典・比較憲法を素材にして立論するという、伝統的憲法学の枠内で見方・方法を決めるというのが当然のこととされる。その多くが憲法研究者向けであるから、憲法学の枠内から発想するという必要性は今も失せていないというところである。これに対して憲法問題学では、文化一般をふまえて憲法問題を検討するという、いわば憲法学の枠外に視点をおくという方法をとることになる。憲法学の外側から憲法をみれば枠内ではみえない重要な論点がみえてくるのではないか、と。とくに文化の体験学習からえた生活に根ざす憲法論は、前述の久野収がいう伝統をふまえた憲法論として、日本文化史の上に西欧流憲法を接ぎ木する方法に役立つのではないかと思った。

憲法現実の実態を批判してばかりいても事は終わらない、伝統文化との関連に目を向けて、憲法を社会システムの一つとして捉えることが必要だという「憲法社会体系論」(7)にゆきついたのである。

ところで、〝伝統文化との関連に目を向けて〟という点について、研究対象をどのように捉えるかである。筆者は学生時代に南原繁・矢内原忠雄の無教会派に傾倒し、療養時に関根正雄の訪問をうけたことがある。ギリギリの精神状況のなかで、しかし金沢出身という血のなせる業なのか、阿弥陀仏にすがらざるをえなかった。これが契機というものか、研究生活に入って京阪地方に行く度に古寺を訪ね、仏教に強い関心をもつようになった。やがて文字通りの古寺巡礼(8)。そして汗水たらしての言い訳は、これこそG・イエリネックが公法の社会的保障で引用した「文化的諸力」の一つ、宗教に、それも日本仏教に届いた、と。風土に根ざす精神生活を感じとれればと願いながらであった。

古寺名刹は、広く知られるように日本の国宝・至宝の宝庫である。建築・彫刻、そして名勝庭園など、日本美術史上の名作品に先人達の精神的営為を観賞しうるところ。古寺巡礼は日本文化史の旅とも重なり、いやが応でも伝統文化に対する関心を強く抱かざるをえないのである。

このように日本文化に関する可成の蓄積があったことで、とりあえず宗教との関連から法文化を考えてみようという気になった。これまで、憲法と宗教というテーマのもとでは、信教の自由と政教分離の問題が憲法研究者の関心事にすぎず、それは当然、憲法の側からみた宗教のあり様を論じたものであった。しかし法文化論としては、双方を同じように〝文化〟の問題と措定しているから、宗教から憲法をみるという論点が欠けてはならないのである。しかしまた、この論点からでは、何をどう問題にしていいのか、しばらくの間は容易にみえてこなかった。

2

一九八四年六月、筆者は招かれて京都にきた。演題は「仏教からみた政教分離（?）」である。腹案はあったが、詰めはまだだった。当日前々夜、「天の橋立」の旅館の一室で閃いたという記憶が、今も鮮やかである。政教分離についての通説的解釈が欧米の、従ってキリスト教流のそれであるのに対し、仏教の教理からでは、信仰の形式・内容、そして聖域の考え方が、それとは対照的に異なる点があることに確信がもてたからである。そこで、そのとき争いの対象となっていた古都保存協力税の憲法問題についての結論は、第一審判決と正反対になることを指摘した。[9]

招待した京都仏教会からは盛大な拍手を受けたが、この理屈が、いわゆる〝世間〟にどれほど通用するかについて不安が残った。寺院と世間との間で相互理解が十分なされていないという懸念（例えば拝観停止）を抱いたためであった。

これがきっかけで、仏教とキリスト教の人間観の違いや、仏法と人類普遍の原理との係わりについて考えるようになった。

まず、仏教では「一切衆生悉有仏性」（涅槃経）、「草木国土悉皆成仏」（三論宗の吉蔵『大乗玄論』）といい、凡そ生きとし生けるものが仏性をもち成仏するという。人類皆平等をこえて、有情・無情すべてが仏と仲間であると考えるまでに昇華する。仏の前に立っていても、向き合っているのではなく同化するという、即自・対自の統合であり、自他の対立は雲散霧消する。「自他不二」「自他合一」「自他一如」と観ずるまでの徹底した人間観をもっている。これに対してキリスト教では、すべての人間は罪人であり科を負うという。人は神の前に立ち、ひたすら神の絶対他者たることを信じて、悔改めと許しを求めることでしか救われない。自己と絶対他者は向き合ったままで、どこまでも即自・対自の関係にあり、契約によって結ばれるだけである。

仏・神と人間の係わり方がこうも異なる信仰においては、その深層にある自我の型のあり様に違いが生ずるのは当然である。つまり、前者では軟性の自我が形成されるのに対し、後者では硬性なそれになる傾向があり、それぞれ法文化のあり様に係わること必然であろう。

つぎに、空・無常・因縁・縁起など、仏教の基本思想には絶対の片影すら見出すことができないという点である。「一切生きとし生けるものに対し、無量の慈しみを起こすべし」（『スッタニパータ』）と説かれる慈悲の宗教においては、平和と平等に基づく共存共生を旨とし、また「天上天下唯我独尊」（『長阿含経』）の言葉に個人の尊厳（独り善がりは誤解）の宣言をみる。自我のあり様の違いにも拘らず、仏教思想が近代憲法の理念として展開することに目を見張る。

勿論、仏教が生まれた時・処において近代憲法との間には長くて遠い隔たりがあり、文字面の比較だけで同様に考えるつもりはさらさらないが、むしろ人間存在についての洞察に時代を超えて共通するものがあるとの証明になるのではないかとも思う。

一九八九年の公法学会のテーマは〝憲法と宗教〟であった。筆者は指名されて「『憲法と宗教』の歴史心理――法文化論への誘い」の題名で報告をした(10)。法文化論抜きの〝憲法と宗教〟論はナンセンスであり、日本宗教から憲法問題を考えるという趣旨のものであった。

3　ともかくも、仏教からみた憲法論の一つの型はできたと思った。こうなると思いが募るのは、西欧流宗教の造型、ゴシック大聖堂へのアプローチである。キリスト教の範例ともいうべき記念碑的建造物群、中世の起工から近代の完成までを引きずるものもある伝統文化の中核といえる。その象徴的意味を了知できれば、彼此の精神構造の中枢に迫れるのではないか、と。

城壁、広場、そして聖堂、それは多くの日本人留学生が見慣れた風景である。〝木の文化〟に対する〝石の文化〟という言葉が脳裏をよぎったことだろう。だが、比較文化論の生の素材として、それ以上どこまで考え及ぶことができただろうか。毎年一ヶ月、一〇年間、筆者は彷徨い続けた。文化としての都市・景観・建築・美術、そして宗教がギッシリと頭につめこまれた。それは、ほとんど消化不良というに近かった。

だが、一九九〇年代初め、京都のホテル・駅ビルの高層建て替えをめぐって、景観論争が火花を散らしていた。その歴史的景観を保存しようという意見は、「京都市の活性化のために」という声に押されて、市民の世論にならなかった。古都観光の代表と目される京都仏教会の拝観停止という対抗措置が、もう一つ市民に納得してもらえない理由ではないかと思われた。

しかし、ことは京都に限られなかった。小京都といわれるような地方の古い多くの町で、年輪を重ねた街並みが虫に食われたように再開発の被害を受けていた。これも金沢の血が騒いだのだろう。卯辰山から眺めた金沢旧市街中心部の変貌に危機感を募らせていた筆者にとって、京都の景観論争は人ごととは思えなかった。景観文化論からの一言が必要と考えて、一まずの成果を発表したのが「法文化論――景観論からのアプローチ」（一九九三年）である。(11)

景観を文化として捉えて、その構造的性格を検討すれば、事は建築・公園・彫刻といった複合体を超えて都市計画という工学にも及ぶ。空間造形の考え方についてのキー・ワードがなければ彼此の比較景観論は難しい。比較宗教論のさいに出会った自我（意識）のあり様に関する特色の違いが、この場合も役立つと感じた。それは凡そ文化といわれるものに通底する要石に近いものと直感していたからである。これこそ野田がいち早く論じたメンタリティの問題であろう。野田は性格論から筆を起こしたが、筆者はとりあえず自我のあり様に注目しようと決めた。

4　これまでのように、比較法学・法社会学から眺めていたのでは、法文化論も法の現実の探求に終わらざるをえない。問題は、そのあり様がどういう原因・理由で生ずるのかまでを考えて考察しなければならないのではないか。法のあり様の特質を考えるとは、こういうことなのではないか。更に自我意識は権利意識に通ずる精神構造の中枢に当たるものではないか、と。とすれば、それは法文化比較の重要な鍵になるはずだという気持ちであった。

ところで自我といえば、南博『日本的自我』（一九八三年）が思い浮かぶ。『日本人の心理と生活』、『日本人の芸術と文化』（一九八〇年）を踏まえて、それらに共通する「日本人の精神構造の基本的な特徴をとらえてみようとした」、南の力作である。筆者もこれから多くを学び、本論でも助けを借りることになると思うが、精神的営為としての文化の根底には個性あるそれぞれの自我意識が存在すると考える立場からでは、社会心理を、そして文化を通して、それぞれの自我意識を観察してみたいと思う、これは当然のことである。

さて、これまで述べた宗教文化・景観文化の法文化に対する係わりはと問われたら、宗教・信仰は自我意識の深層部にあり、都市・文化景観は自我意識の表層に現れたものというのが答えである（因みに基層部に言語があると考えているが未発表のまま）。

一応の結論がでたころ、たまたま大学に「比較法文化論」の講座が新設され（一九九〇年）、講師を依頼された。そこで以上の蓄積を素材に、我の自覚史の日欧比較を内容とする講義を七年行い、まとまりをつけることができたというわけである。

以下、本論に入る。

（7）参照、池田「憲法社会体系論への途」『憲法社会体系Ⅰ』序章。
（8）参照、池田『古寺遍歴』二〇〇一年。
（9）池田「寺院の公開・拝観を考える」大法輪五二巻五号七八頁以下。
（10）公法研究五二号三〇頁以下、『憲法社会体系Ⅲ』四三六頁以下。
（11）『芦部信喜古稀記念・現代立憲主義の展開下』五八一頁以下、前掲書〔編注：『憲法社会体系Ⅲ』〕四九四頁以下。

第二章　改めて、法文化論とは

一　〝法的文化〟という言葉

1　改めて〝法文化〟という言葉について考えてみたい。まず、わが国で〝法文化〟というと、これまでに二つの使い方がなされてきたことに注意してほしい。一つは〝法文―化〟であり、他は〝法―文化〟である。〝法文―化〟とは、明治になって西欧法の継受後に使われた古い言葉で、文字通り法律の文章にするという意味であり、〝成文化〟ともいわれる。これに対して、〝法―文化〟とは、一九七〇年代以降からの用法で、本稿の題名もこれである。丁寧に解説しよう。

「日本―文化」と同じ言い回しだとしたら、これは「日本の文化」のことだから「法の文化」のことになる。法の文化という言葉では不分明なことが多く、意味がよく呑み込めない。「宗教―文化」の例に従えば、これは宗教という文化か宗教に関する文化の意味であるから、法文化は「法という文化」もしくは「法に関する文化」の謂となり、はっきりした意味の言葉となる。前に引用した専門辞典で明らかなように、通説的には「法に関する文化」の意味で理解されている。しかし、野田が指摘したように、「文化としての法」が法文化論の必要条件として捉えられているから、「法という文化」の意味も削るわけにはいかない。筆者も同じ立場にたつものとして、既述したようにこの点も加味して「法という文化からみた法に関する文化」と定義付けたのである。

ただし「法という文化」と「法に関する文化」にいう二つの文化概念にはお互い違いがあることに注意してほしい。前者は宗教文化・景観文化と同列に例示したことで分かるように、人間の精神的営みによって造られたものを指し、社会一般で使われている文明・文化という用法での文化である。つまり、法を文化の一つとして考えるという視点が強調されているのである。後者は法に対する態度の型式（社会意識の解説で述べた社会システムにおける文化の型のこと）という意味の文化概念であって、文化人類学上のそれである。

さて、筆者の定義の詳細は次節以後に譲ることにして、〝法と文化〟の観念についての前史を尋ねてみたい。一九二八年、法哲学者の恒藤恭が「法律生活は例えば宗教生活、芸術生活、経済生活等と並んで人間の歴史的・文化的生活の一方向を形成する……」(1)と、〝法と文化〟について一瞥を与え、三一年に再度「法律現象は経済現象、政治現象、宗教現象、芸術現象、学問現象等々と並んで文化現象もしくは（広義における）社会現象の一種別をなすものであり……」(2)と論じ、のちに『法の基本問題』（一九三六年）のなかに収められた。しかも三五年には、より筆力を込めて「法の本質の考察を企てるに当って、実在の世界から懸絶せるものとしての規範の世界もしくは当為の世界から出発すべきではなく、諸種の規範を産出して、その規制に服しながら生成し、発展して行く社会的実在に着眼」する必要があり、「社会的実在は文化の世界であり、法を中心にして形成される法的文化は社会の裡に包容される文化の一分域として特有の地位を占める」と、「法の本質の考察における『文化』の視点」を説いた。(3)

社会的実在とは、「諸々の文化的活動を包含しつつ発展するところの人間の社会生活及びその所産の総体」である。恒藤が法を観察するに当たって、いかに文化との関連に拘っていたかが明らかである。

法思想史からみて、この時期に、恒藤が拘った社会学的着眼は刮目に価する。法律生活・法律現象の言葉は法の社会的具体相への着目であり、それも他の諸文化との関連に基づく関心からのものとみてとることができるからである。こうしてその後まもなく、この問題は法と文化の関係に収斂されるとして「法的文化」の造語を生みだすことになったのだろう。法文化の用語法は、当時において法文―化の意味だったからと憶測できるし、さらに実定法を対象とした「法律的文化」という表現を用いている箇所もあって、法的文化と法律的文化の使い分けさえしているようにも思われる。

何れにしても、法的文化の観念には〝法という文化〟と〝法に関する文化〟(=社会的実在)の双方の視点が、混在しながらではあるが明示されているといってよい。しかし、この早い時期に、恒藤はどうして法と文化の関係に注目しえたのであろう、その発想の契機はどこからきているのか。以下に筆者の推測を述べてみる。

なお、その後の調査で、風早八十二『全国民事慣例類集』(一九四四年)の「はしがき」に「法律文化」の言葉があり、「日本固有法の生きた慣行的源泉云々」(三頁)の言葉を探しえた。

2 当時のヨーロッパにおける法学事情を考えてみると、二つのことが思い当たる。一つは、植民政策の観点に基づくものであろう。非文明社会を含む西欧外社会の文化に関心が向けられて民族学・人類学の研究が始まり、比較民族法学・法人類学上の成果が生まれつつあった。法の本質を文化の視点からみるという恒藤の提言は、これらの新法学思潮――植民政策の観点は措くとして――で展開された論調に刺激を受けたためであろうと。

他は、とくにドイツの民族法学者J・コーラーの影響があるのではないかと思われる。彼は比較法学雑誌の創刊協力者で、「何でも屋」といわれた博学の人であるが、世界法史学の完成を目指して文化現象としての法を探求しようと大作を著した人である。即ち、法の起源と非文明社会の法、東洋民族の法を考察した著作において、まずその冒頭に、地球上のすべての民族はその背後に永い文化の歴史をもっており、最も遅れた非文明民族でもその人間形成は何千年もの発展の結果であると述べて、法における民族進化の研究とは文化全体がいかに深く人間の魂のなかに根を下ろしているかを示すことにあると(4)、法と文化の発展にみられる相関関係を強烈に説いているのである。

これに応ずるように、恒藤恭は『法の本質』において、原始的社会規範から近代法までの歴史的考察を終えたのちに「社会的文化の一種別として法を視るときは、法的文化の発展は近代に至ってその成熟期に到達したと言はれ能ふのであり、これに比すれば、以前の時代における法的文化はなほ幼稚な未成熟の形態にあった、と言はれ能ふのである」(5)と述べて、法的文化の発展史観を展開している。つまり、恒藤の発展史観はコーラーの進化論的法史観と符合しており、恒藤の問題意識にはコーラー学説が投影していると考えても間違いなかろう。

とにもかくにも、法の本質を原始社会から歴史社会に及んで通史的に考察しようとすれば、いやでも社会生活全般に渉る規範を考慮に入れなければならず——原始・古代社会はとくにそう——しかもそのさい、法を文化の一部と捉えるという視点が必要なことは当然である。いきおい〝文化と法〟という問題関心がよびさまされ、恒藤の法的文化という造語が生まれたのである。

しかし残念ながら、その後の恒藤は法的文化について黙して語らずであった。

(1) 恒藤恭「法律の見地より観たる範型の概念」法学論叢二〇巻一号三三七頁、『法の基本問題』一四五頁。
(2) 恒藤恭「法律と法律価値との関係について」法学論叢二五巻五号二八—二九頁、『法の基本問題』三〇頁。
(3) 恒藤恭「法の本質㈢」公法雑誌一巻三号九八頁（一九三五年）、『法の本質』三七頁（一九六八年・末川博の編修による）。
(4) J. Kohler u. L. Wenger, Allgemeine Rechtsgeschichte, I, S. 1, 4, 1914.
(5) 恒藤恭「法の本質十三」公法雑誌二巻一号八六頁（一九三六年）、『法の本質』一五五頁。

二　法という文化

1　法も文化の一つであるという認識が法文化論の要諦であるということが分かっていただけたと思う。〝文化としての法〟といってもいいが、法—文化という言葉にあわせて、ここでは、〝法という文化〟と題し、認識の根拠を詳しくみてゆくことにする。

恒藤が法的文化という着想をえた背景に、民族法学・法人類学があったという推測をしたが、第二次大戦後において、ようやく〝法と文化〟という問題意識とそれを触発した法人類学との関係について補強証拠が続いて提示されたことに注目したい。

まず『法社会学講座9　歴史・文化と法1』（一九七三年）の冒頭論稿で、川島武宜は「文化と法」というタイトルのもと、次のように論じている。

文化と法の問題は、最近になって、英米の人類学者を中心として若干の社会科学者の関心の対象となり、共同研究が試みられるに至った。そこでの彼らの出発点として強調されている点は、「法は文化の一部分である」――彼らのいわゆる〝ロー・イン・カルチュア（原文英語）〟――ということであった。この一見自明のことがことさら強調されねばならなかった第一の背景としては、「法」の研究を独占してきた「法律学」の孤立主義が特に強いというアメリカ学界の事情が存在するようであるが、このことは程度の差こそあれわが国にも存在してきたのである。……

要するに、人類学は、法と他の文化諸要素との深いかかわりあいについて研究問題の存在とそのための多くの資料とを提供している点で、今後の法の社会科学的研究に貴重な示唆を与えているのであり、まさにそれゆえにこそ、人類学者を中心とする研究グループが〝ロー・イン・カルチュア〟という問題を提起したのであった。

この論稿には法文化という語の言及はない。それは、文化の一部としての法の問題は、非文明社会法研究の成果というに止まらず、現代社会の法研究に対する問題提起（法意識研究か？）としても捉えたいという点を強調したかったからであろう。その結果、新機軸としての法文化論のキー・ワードにまで届くことはなかったというのが、筆者の推測である。

これに対して、次の三例は明らかな補強証拠といえる。一つは、法文化論の提唱者L・M・フリードマンであり、「法文化という語は、ある共同社会の法を他のそれと異ならしめている行動と態度に関する人類学的特徴の意味に用いることができる」[6]と簡にして要をえた説明をしており、さらに第一章で紹介したように、文化としての法を前提に比較法文化論を提唱した野田良之は、その後、法人類学と通底することに気付き、「筆者の構想する比較法文化論は……法人類学と呼ばれるものとかなり近いものであるが、後者が実証的な多様な諸文化のデエタの探求を中心課題としているのに対し、前者はこれを土台としたマクロ的な文化の比較によるその特徴の把握を中心課題とする点で異なると言えよう」[7]（一九七八年）と述懐している。野田の場合は、文化としての法→法文化→法人類学という思考順になる提言であるが、他方、法人類学→法と文化→法文化という真っ当な順序で法文化論を提言したのが千葉正士である。

『法文化のフロンティア』（一九九一年）と自ら任ずる千葉は、まず『法律時報』に「現代『法人類学』の発展1—10」と題して詳細な学説史を紹介し（一九六七—六八年）、ついで同誌に「法と文化I—XII」（一九七七—七八年）に関する思想史の系譜を発表した[8]。法文化の表題はその後の集大成（？）として付せられた論文集のものであり、恐らく法意識論から法文化論への架橋を目途としたものと、筆者はうけとめている。

本書で目を引くのは「第五章　アメーバ性日本的法意識」（「法と文化」ⅣⅥに既載）である。そこでは日本的法意識の特徴として、相対主義的社会観（中村元）・対人関係顧慮（タキエ・スギヤマ・レブラ）をとりあげ、それは円転滑脱・融通無碍なパーソナリティに基づくもので、「日本的法意識はアメーバ性を持つと言える」と結論付ける。ただし、それを支える文化的基盤の記述はない。架橋と評した所以である。

2　話を川島に戻そう。法という文化の問題にどのように寄与したのか、法人類学について簡単にでも説明の必要があるだろう。再び『法律学小辞典』を参照する。こうである。

「社会人類学の一種で法現象を対象とするもの。人類学は、先史時代以来の様々な地域・時代の人類の共通性と相違を認識することによって、人類の自己認識に貢献しようとする研究分野で、自然人類学と社会人類学ないし文化人類学に分類される。特に欧米では非西洋的文化に目を開くことによって、自己の文明の相対性を自覚しようとするところに重点がある。社会人類学において、家族・集団・交易・紛争・犯罪など法的事象が重要な研究対象であるところから、メインやスペンサー以来、法人類学は極めて重要な位置を占めてきた。文化の型の異なる欧米からの法の継受という現象は、日本における法人類学の重要な主題で、家族制度や祖先崇拝の伝統と家族法近代化の矛盾の問題は、早くより穂積陳重などが人類学的視角から論じたところである。……」

要を得た説明といえる。千葉の前掲論稿を参考にしながら、学説の中味を筆者流に瞥見しよう。

まず、イギリス社会人類学の父とよばれるB・マリノフスキィは、道具・貨財・技術などの文化的諸要素が相互に密接に関連して、それが人間の基本的欲求を充足する手段・装置になっていることを非文明社会の実態調査によって証明し、この機能主義の方法により、法についてもギブ・アンド・テイクの相互主義に基づいた拘束力のある義務が生きているところにそれは存在すると主張し、西欧のこれまでの非文明社会の法に対する理解の仕方、つまり、その部族における伝統と慣習に対して自動的に服従しているにすぎないという捉え方を痛烈に批判して、文化諸要素の機能的連関には非文明・文明の区別はない[9]と強調した（一九二六年）。

そしてその後も、彼と同時代人で共に社会人類学の創始者といわれるA・R・ラドクリフ＝ブラウンが法の意味にあてた（R・パウンドの説を借りる）「政治的に組織された社会の力を組織的に適用することによって行う社会統制」[10]について、マリノフスキィは、非文明社会には政治的に組織された社会の力は存在せず強制的サンクションもないが、それでも法はよく守られているから、それらは法の要件ではないといっている[11]。

こうして、文化との関連のなかで法を観察して西欧の法観念を批判し、反法律進化論的な通民族的法観念をうちたてた。これが近代法人類学の起点となり、また今から考えると、先に述べたコーラーと共に、法文化論の萌芽ともなったと評価することができる。

しかし当時の状況では、当然のことながら、マリノフスキィの義務の原理に基づく法観念（のちのL・ポスピシルのまとめ）は法の定義が広すぎるという批判をうけることになる。W・シーグルは「彼（マリノフスキィ）は自身の文化に関する法感情を非文明法に移入した。現代社会において法的義務に属することになった法制度を、無邪気に非文明社会のなかに探し求めた。婚姻・相続・財産に関する慣習を選びだして、それらを非文明法であると断言した」[12]（一九三七年）と皮肉ったが、ポスピシルは、従来の法人類学は法の属性をいいつくしておらずその概念規定が不十分であると評言した[13]。

つまりは、マリノフスキィ以後、より厳密な法の概念規定が試みられるようになり、例えばE・A・ホーベルはいう。「法の真に基本的な要件は、非文明・文明いずれの社会においても、社会的に権威付けられた機関による物理的強制力の正当な行使である」と、権威と実力を重視して「ある社会規範の無視もしくは違反に対し、脅しにせよ実際にせよ、物理的力を行使することを社会的に認められた特権をもつ個人もしくは集団によって、その力の適用がきちんと行われるならば、その社会規範は法的なものである」[14]と。政治的に組織されていない社会でも法が存在するといってよいが、公的な権威と有権的な実力は法を認めるための必要な要件なのではないか、というのである。

法人類学は、しばらく法観念の緻密化の途を辿るが、そこでなされた文明・非文明を問わない通民族的な法観念の追求が、文化と法の関連の問題関心を後々にまで持ちこしたのである。その証明を川島論文が語っているといってよいだろう。

3　ところで、一口に非文明社会法の研究といっても、そこで調査対象とされた部族はさまざまで、マリノフスキィはニューギニアのトロブリアンド島、ラドクリフ＝ブラウンはインドのアンダマン諸島と西オーストラリア先住民、ホーベルはイヌイット、北部ルソン、アメリカ・インディアン、西アフリカ黄金海岸、ポスピシルはニューギニア西部のカパウク族といった具合である。従って諸部族の文化の違いが、それぞれの法観念に投影しているはずで、そうなると、各研究者によって各様の法観念が生まれることは否定しえない。

別の例だが、M・グラックマンの研究の場合、調査対象はイギリスの保護の下で、アフリカ先住民としては比較的発達した政治組織と法源をもつバローツェ（ロージー）族であるが、彼らは権利・義務・過失などを定義付ける発達した用語、あるいは「人々がお互いや事物に関して……社会の正常な全構成によって認められた一揃いの規則としての法」をもち、彼らの「裁判過程は、西欧社会の裁判過程と……一致しているというのが正しい」(15)と観察して、非文明社会にも整った実体法と手続法が成立していることを解明した。ただし、彼らの法観念は柔軟であいまいであると概評した点についていえば、日本の法文化を考える場合の参考になろう。例えば話は元に戻るが、法人類学史を論じた千葉正士が「世界の法文化」の章で（『法文化のフロンティア』）「法意識の類型――アフリカ・日本・西欧」を説いたことも十分に納得がゆく。

法人類学の最後の例として、わが国の場合をみておこう。戦前五回にわたってミクロネシアを調査したこの道の先達、杉浦健一は「いかに未開な社会でも、個人の勝手気儘な行動を全然抑制することのないような無秩序な社会はない。したがって文明社会に見るごとき政府機関や法典こそないが、なんらかの意味の生活規範または法的規範のぜんぜん欠如するごときものはない(16)」との感想を述べている。

まこと「部分社会ある所に法あり」（恒藤恭）であり、本稿流にいえば「社会あるところ法という文化あり」である。

概念規定の粗密の問題はさておいて、法人類学は、西欧以外の異民族における法現象を人類という視点から意味付けて、叙上の法諺を実証してくれた。そのため各研究者は脱西欧的法観念を執拗に追究し、これまで西欧人には宗教・呪術・タブー・モーレス・儀礼・伝統・慣習などと考えられていた社会現象を、文化諸要素あるいは文化的諸相との関連で観察するようになった。そして国家権力・政治組織・強制的サンクションといった西欧流の法の属性はいちおう脇において――今日の社会人類学ではいかなる非文明社会にも政治システムとよびうるものが存在すると考えるのが常識である(17)――義務とか社会統制とかいう観点から法概念を再構成することになったのである。

ただ、各研究者に通文化的視点が欠落し、調査した諸部族の間に文化の違いに応じた法概念の違いが生じたが、それはそれで、部族ごとに、正しく文化の相違に応じて法観念もしくは法機能が異なることを教えてくれたのである。つまり、〝法と文化〟というテーマの省察についていえば、法人類学から次の二つの教訓を受け取ったといえる。一つは文化諸要素との関連において法を観察し西欧的法観念に囚われないこと、他は法観念もしくは法的思考・行動＝様式は文化によって異なるということである。換言すれば、この二教訓は「法という文化」と「法に関する文化」という、法文化論の二視点に結びつき、「法人類学ありて法文化論あり」という系譜を言い表していることになる。

とはいえ、非文明社会の文明化が進んでいる現在においては、法人類学はやがて法文化論に吸収されるのではないかという予測もたつというものである。

4　ここでもう一度、「法という文化」と「法に関する文化」の関係と違いについて整理しておきたい。

結論を先取りしていえば、法を文化としてみなければ法に関する文化は判らないということ、即ち「文化としての法」は「法に関する文化」を考えるための素材であり前提であるということである。

さて重複を厭わず話を始める。「法という文化」とは芸術文化や宗教文化などとともに法を文化の一つとして、つまり「文化としての法」をみるということである。そのさい、他の文化における社会的属性と共通する双方の特性を通して法の観念や法に関する社会心理を探るため、関連する文化の形相と特徴＝個性を明らかにすることを課題にしているといえる。

これに対し「法に関する文化」とは、法に関する生活の具体相、思考・行動＝様式の検討を通して、法に関する文化の型をみるという視点を強調した言葉である。

ここでは、法という文化に、さらに深入りして考えてみようと思うが、さし当たっては文化の意味である。ただ文化とは何かという一般的論議は、本稿において余り生産的でない。教科書風に、英米系の社会（文化）人類学に由来するものと、ドイツ系の歴史哲学・文化社会学に由来するものとの二様があるという話――前に簡単に説明したが――から始めよう。

前者、即ち文化人類学の文化研究に基礎を与えたE・B・タイラーの古典的定義は「知識・信仰・技芸・道徳・法律およびその他の能力や習慣を含む、ある社会の一員としての人間によって獲得された複合体[18]」である。難解だから「社会構成員が学習によって共有した行動様式（と成果）の統合体」といえば判り易いだろうか。これに対する後者の例では、W・ディルタイの「精神的・理想的価値をめざして生みだされた哲学・宗教・科学・技術などの高度な精神的所産をいう」とされる。即ち、前者では生活・社会組織を含む領域について行動のレベルで捉えようとするのに対し、後者では精神的価値に関係のある事象・所産について目的価値のレベルで捉えようとしているところに、双方の違いがあるといえば差異がはっきりするだろうか。

イギリスでは自然と人間の関係のなかで社会をみようというのに対し、資本主義の後進国であるドイツでは、人間と人間の関係のなかで社会をみようとして「生活より以上のもの」（ジンメル）としての客観的・精神的形象にその価値を見出したことが、二様の文化概念を生んだ理由である。しかし、語源からいえば、カルチュア（クルトゥール）はもともと耕作の意味であり（英語の用例は一五世紀半ばに始まる）、耕すことから始まって人間がつくりだした生活・行動様式のすべてをいうと解する方に、重点をおくのが妥当であろう。

では、文化の諸相における法の位置付けは（?）。

詳細な分類の例としてR・リントンがあげられるが[19]、吾人に馴染み易い一般的な例としてはマリノフスキィの場合を考えた方が便利だと思う。即ち、非物質的もしくは精神的文化・物質的文化・制度的文化である。

いうまでもなく、法は社会規範として統制的機能をもつ制度的文化の最も合理的なものである。しかし制度というほど組織的ではないが、社会構成員の生活感情に根拠をおいて行為を規制する慣習、価値的意味を与えられて人間関係を精神的に規制する道徳、とくに社会生活の基本的成立要件に基づいて守ることが要求され社会的制裁を伴うモーレス、およびその禁止の形式のタブーも社会規範である。すると道徳は精神的文化であるのに、その規制的性格のゆえに法という文化の対象になる。宗教も精神的文化であるが、規範としての性格をもつから同様である。つまりは社会学の分類など、「法という文化」の観点からみれば無用というわけ。野田は風土や国民性に注目したし、筆者も自我の形成に係わる文化の領域を考えているので、文学・芸術などの精神的文化はおろか、都市・環境自然（原生自然の対）の物質的文化までもが対象となる。

そもそも、文化総体が社会化・社会統制機能をもつことについて、リントンは次のように説く[20]。個人・文化・社会三者の相関関係に注目して人間の行動を捉えた巧みな説明であり、こうである。

人はすべて、その属する社会の人々の行動基準＝文化の型について、かなり確実に予測することができる。それは、文化の型の存在が、それに忠実でない者に対し社会的圧力を加えることについて、その社会的承認とその結果生ずる潜在的な力をば背景にもつことにより、人々に行動の確信を与えるからである。そのため、その社会の人々は必ず文化の型を学習しなければならない。こうして総体としての文化は、あらゆる生活問題における必須の手引きとなり、社会活動および社会の存続にとって不可欠のものとなる。「ローマに入らばローマ人に従え」という格言は、このことを正確に観察したことに基づいている。

つまりは、法文化論が対象とする文化は、論理上、法に関する文化の型に関する事物・事象であるが、それは人々の生活・思考・行動に関連する凡てのものに及ぶから、宗教・言語・思想・性格・文学・芸術・自然・風土・景観・食物・風俗・住居・政治・経済などなど枚挙に暇がない。それを研究対象にしろというのでは、泥沼に足、終わりのない始まりというもの。恒藤が法的文化研究の範疇を文化現象の全体に拡げたため、その後黙して語らずとなったのも肯けようというものである。

総論としては、たとえそうであっても、個別に一つの法文化を考察する場合は、当該文化の伝統的性格をつくりだした諸条件・諸要因に注目して、文化の対象範囲を定めるのが良策というものであろう。当初、筆者はそれを宗教・芸術・都市＝文化とその周辺に措定したのである。

（6）L. M. Friedman, The Legal System, p. 15, 1975.
（7）野田「比較法文化論の一つの試み」早大比較法研究所『比較法と外国法』二一頁。
（8）千葉「現代『法人類学』の発展1―10」法律時報三九巻一〇号～四〇巻七号。同「法と文化Ⅰ―Ⅻ」法律時報四九巻六、八、九、一一～一三号、五〇巻一～六号。
（9）B. Malinowski, Crime and Custom in Savage Society, pp. 10, 15, 23ff., 1926.
（10）A. R. Radcliffe-Brown, Structure and Function in Primitive Society, p. 212, 1952.
（11）青山道夫訳『未開社会における犯罪と慣習』一一八頁以下（一九八四年）。
（12）W. Seagle, Primitive Law and Professor Malinowski, in American Anthoropologist, 39. p. 283, 1937.

(13) L. Pospisil, Kapauku Papuans and Their Law, p. 257ff., 1958.
(14) E. A. Hoebel, The Law of Primitive Man, p. 181, 1954.
(15) M. Gluckman, The Judicial Process among the Barotze of Northern Rhodesia, pp. 361, 229, 357, 1955.
(16) 杉浦健一『未開人の政治と法律』八頁（一九四七年）。
(17) 中根千枝『社会人類学』五〇頁（一九八七年）。
(18) 福武直・日高六郎・高橋徹編『社会学辞典』八〇八頁以下（一九五八年）。
(19) R. Linton, The Cultural Background of Personality, pp. 25ff., 1945.
(20) ibid., pp. 12-14.

三　法に関する文化

1　本章の初めに、恒藤恭が法律生活とか法律現象という言葉で、法に関する社会的実相を文化的生活とか文化現象の一つであると説明したことを紹介した。また法人類学は法観念もしくは法的思考は文化によって異なることを指摘した。これらは、法に関する文化は、当該文化の型に従って、そこに各様の法観念とそれに関する思考・行動＝様式があることを示唆している。

つまり、「法に関する文化」とは、法に関する思考・行動＝様式の型のことであり、当該法文化の特質を説明する概念である。先に引用した『法律学小辞典』が述べている法文化論の通説ともいえる説明も、この「法に関する文化」に主眼点をおいているといえるであろう。そしてその成果は、各民族もしくは各国民の法文化の型の比較に使われ、それを成立させた歴史的・社会的根拠を明らかにすることに資するのである。

日本に引き当てて、判り易い一例を挙げよう。

「世間の道理」といえば、日本の法文化の型を説明する恰好の素材であることは読者にも明らかであろう。この言葉は、法に関する日本文化論もしくは日本人論の見本の一つといっていいものである。つまり、法文化論のもう一つの狙いは、法に関する欧米・日本＝文化の双方の比較にあるといえる。

こうして、法社会学・法史学・比較法学という法諸科学のみならず、日本文化論や日本人論についても、その研究成果に期待がかけられるので、これらの問題は、改めて次章で詳しく紹介することにしたい。

ところで、法文化論の確かな提唱は、前章で触れたように第二次大戦以後のことである。この経過について少々詳しく述べてみたい。

2　法文化の原語リーガル・カルチュア、この言葉の初見は、千葉正士によれば、A・ポドグレッキが一九六六年のポーランド社会学雑誌に発表した論文であるという。[21] 彼はリーガル・カルチュア（「実定法体系の受容・評価・批判・実現に関連ある習慣と価値観の全体」）とリーガル・サブカルチュア（実定法体系の機能に対し支持・妨害・無関係という関係に従って肯定的・否定的・中立的となる）の観念を提示し、後者を重視して、これが社会経済体系・パーソナリティとともに、その相互関連のもとで人々の法的行動における型の違いを形成する要因になる、と説明した。カルチュア・社会体系・パーソナリティとくればT・パーソンズの影響が窺われ、その社会行動論的なリーガル・カルチュア論には興味がもてる。が、そのほかにサブカルチュアを観念し、それに注目したのは、千葉も推測するように、ポーランドのリーガル・カルチュアが他の西欧諸国のそれに比して特徴がなかったからなのであろう。このことは、西欧法の枠組みのなかだけでリーガル・カルチュアを考えてみても、その問題性を見極め切れないことの証であり、彼の論文がわが国でほとんど関心をもたれなかったわけも、このことと関係があるだろう。

これに比べて、わが国で注目を引いたのは、アメリカ諸州のみならず、日本など西欧法を継受した非西欧諸国をも視野に入れてリーガル・カルチュアを論じた、前述のL・M・フリードマンの論稿である。彼は一九六九年、これまでの比較法学の法系分類論を批判して、新しいリーガル・システムの観念を提示した。法制度の具体的な動きに注目して、法の安定と変化、法文化と法の有効性の問題を論じようというのである。即ち、そのシステム論は、裁判所の数と型・憲法の存否・連邦主義の存否・権力分割などの構造と、準則・学説・法令などの実体のほかに、システムを統合し文化のなかでシステムの位置を決定する諸々の価値と態度という法文化を挙げて、これがリーガル・システムの鍵をにぎると、その重要性を指摘した。(22) 彼のいうリーガル・カルチュアとは「人々の法もしくは政府に対する行動様式を決定する価値と態度のネットワーク」のことである。

この行動科学論的なリーガル・システム論、煩瑣という感じがあるが、そのなかのリーガル・カルチュア論は、対象の扱い方・考察の方法からみて魅力があり、わが国でも法文化という問題に関心を向けさせるきっかけになったといえる。そして、その後の著作において、法人類学との共通性にもふれ（前述）、また法進化論にも懐疑的で、法は進化するというより変化したとみるか、というよりむしろ発展したと表現した点にも納得がゆく。(23) しかし、現代法への展開はその変貌が大きく、単純な公式に総括することはできないという理由もあってか、文化としての法に関する論述には届いていないのである。当然のことながら、社会・経済への論及箇所は数多いが、文化に対する洞察が浅いという点について腑におちなかった記憶がある。その理由を考えてみると、正統な（?）法社会学の範疇のなかでリーガル・カルチュアを検討したため、法人類学の文化の視点が軽視されることになったのではないかと。

この点、法に関する日本人論では、日本文化としての法を抜きにして法文化を語ることはできない。従って、地政的環境という点からいって、フリードマンより日本人研究者の方が有利な立場にあるといえる。しかし欧米人にしろ日本人にしろ、文化をバックに法を観察するというのは、とてつもなく大変なこと――欧米人ならより一層――と、今頃、改めて湧いた感想であった。ともかく、このまま話を進める。

フリードマンより少し遅れて、H・W・エールマンが『比較法文化論』というズバリの表題をもつ著作を発表した。しかし彼は、人類学・社会学上の文化概念は広範で複合的だとして、J・H・メリマンのいうリーガル・トラディション(24)（法の性質、社会と政治における法の役割、法体系の適正な組織化と運用、法の定立・適用・研究・習熟・教育のあり方に関して深く定着し歴史的に条件付けられた一連の態度）こそその実体であり、リーガル・カルチュアは行動の伝統を伝える媒体であってサブシステムであると捉えた。(25)即ち、それは「現代の法制度および法慣行に関する大きな相違」であるとし、問題関心の範囲を狭めてしまった。法文化の内容は、ローマ・ゲルマン法族、コモン・ロー族、社会主義法族、非西欧法族というように、R・ダヴィド流の法系論の域を出ていないのである。

3　他方、わが国でも一九七〇年代初めに、野田良之が、法を一部とする文化全体の性格の違いに注目して、比較法学は「法に焦点を合わせた比較文化論」でなければならないと、比較法文化論という研究課題を提唱したことは前述した通りである。

彼はその後、文化の性格の相違は、文化の担い手がもっている個性（主観的要因）と文化の形成における環境的条件（客観的要因）にその原因があるから、それを検討すれば文化の比較ができるとし、従って比較法文化論は、文化全体の性格の究明を前提として、法に関するメンタリティ（ものの考え方・感じ方、行動の仕方）の相違と、それを生ぜしめる要因（地勢・気候などの外部的要因、性格という内部的要因、およびその相互関連）を明らかにすることにあると論じた。(26)文化としての法をどのように究明するかという難儀な課題に対する解決方法として、このような総則的準拠を求めた炯眼に感じ入ったが、同時に、芳賀矢一の国民性論、和辻哲郎の風土論を想起したのも事実である。また、法人類学が生まれ変わったとも筆者には思えたのである。

それはともかく、野田による比較法文化論の提唱については「筆者ひとりの試み」という言葉から推察しうるように、野田独自のものとする自信があったに違いない。比較法学者としての野田が、現行実定法の比較というこれまでの日本の比較法学のあり方、さらにR・ダヴィドの法系論やK・ツヴァイゲルトの法圏論をも批判的にみて、法の比較は、法もその一部である文化全体の比較を通して法に関するメンタリティにまで及ばねばならないとした壮大な発想から出発したことに、該博な文化人としての彼の面目が躍如としているとの感を禁じえない。が、文化全体を通して法をみるという着眼は、その後の法文化論において生かされることはなかった。

筆者の場合について。第一章でふれたように一九七〇年代初め、憲法意識の構造的性格の省察に腐心していた。以前から政治学・社会学に関心をもっていたこともあって、アーモンド＝ヴァーバの政治文化、オールポートのパーソナリティ、フロムの社会的性格、パーソンズの社会体系などからヒントを得て、パーソナリティ→社会的性格→法意識→法社会体系という思考過程を通じ、そこで機能する文化との関連から生まれる法に関する文化の型が憲法意識形成の鍵を握っているとの結論をえたのである。

法に対する感じ方・考え方・評価の仕方・行動様式の総体が法に関する文化を形造っており、それらは文化全体との係わりのなかで文化としての法によって支えられていると総括し、法文化研究の重要性と憲法社会体系の問題性を指摘したのである。

一九七〇年代に、わが国で法文化論提唱のモチーフとなったのは、かくの如く国民性論と法意識論であった。そこには法人類学との確かな結び付きは何ら見出すことはできない。その理由を考えてみると、筆者も含めて、法人類学は非文明社会法を論ずるもので、日本法とは関係がないとの思い込みがあったといえるのではないかと思う。

しかし、国民性論に着想をえたメンタリティへの関心が、社会学の「文化とパーソナリティ」論や法人類学の方法論と同じ土俵の上にたつことになったといえるし、また日本人の法意識に文化の型を探ろうとすれば、いきおい継受法以前の固有法に関する法意識に目を向けることになり、文化的伝統のなかの法観念に先祖返りしなければならないのである。

4　こういうと、法文化論は法意識論・法観念論とどう係わるのかという疑念が改めて湧くのが自然だろうと思う。ところが、本稿の冒頭で述べたように、これまでのところ各分野の専門家がそれぞれの思惑をもって、これらの概念の使い分け、もしくは態度決定をしているようで、総体としてみると結果的には各人各様、その使い方には未だ定まったものがないというほかないのではないだろうか。しかし、これでは読者が困るし、本稿も先に進まない。そこで筆者なりに整理してみたいと思う。

さて、戦後三〇年という節目からの流行りであろう、一九八〇年代に入りわずか数年の間に、これら三概念が一挙に出揃うことになる。そのなかで際立つのは法意識論であり、すでに一九七〇年代初めに、その社会調査が日本文化会議によって始められている（詳細は次章で述べる）。そして法社会学会が、八二年から三ヶ年続けてシンポジウムのテーマに組み込んでおり、そのなかで用語法について述べているので注目しておきたい。

「『法意識』の語義」と題する六本佳平の記述がある。六本はそれに二義ありとし、①個々の実定法規範の内容についての知識ないしそれに対する態度、②法（体制）自体についての理解の仕方ないし態度の二様で、後者は〝法観念〟の研究が中心になるという。また、法感覚・法感情・法知識・法思想などの言葉は法意識の下位区分にすればよいともいう(27)。

法社会学では、西欧近代法の継受以後の実相に問題関心をもつためか、あるいはその語意が不分明でウサン臭いと考えるためか、この三ヶ年間、野田流の法文化概念には一切触れていない。六本が「法社会学研究における法文化」を説くのは、ようやく一九九五年になってからである（「法社会学」四七号）。

また〝法観念〟の言葉に執着するのは、大木雅夫『日本人の法観念――西洋的法観念との比較』（一九八三年）である。先輩たちの特殊日本的な法意識論に疑問を抱いた著者が、新しい〝法に関する日本人論〟を呈示した著作である。西洋の法治主義・権利のための闘争・裁判による紛争解決などに対する極東の徳治主義・謙譲・調停による紛争解決などの比較法的標識は図式的過ぎで、中国と日本との相違すら無視していると批判する。中国の法家の伝統、日本の法治型武家法、「あしき調停も良き訴訟に優る」というヨーロッパの格言なども参照して、西洋・中国・日本の法制度・法思想＝史の考察を丹念に行い、基礎にあるキリスト教・儒教・道教にも眼を配っている。が、あくまで法圏論のなかでの日本法位置付けの素材として論ぜられているため（『比較法講義』一九九二年でも同様）、法文化の出番まで回ってこなかったということか。野田説の引用が『国際比較法百科辞典』に限られ、「みすず」論文にまで及ぶ気配はない。用語の正確を期して〝法観念〟にこだわったのだろうし、六本のいう法意識②にも見合うのである（七三頁以下に詳説）。

次に、〝法文化〟を積極的に打ち出した「『日米法文化の比較検討』研究会議」（ジュリスト七六〇・七六二号、一九八二年）をみておこう。八一年一〇月三一日・一一月一日の二日間に渉り、弁護士の実務活動を手掛りに、法哲学・英米法学・社会心理学などの研究者が法運用の現実や法行動の実相についての日米比較を論じ合ったもので、正しく両国の法自画像が描かれている。会議の冒頭、藤倉皓一郎がL・M・フリードマン学説を参考に、法文化を社会の法制度に対する要求の背後にある人々の態度・価値観・行動様式などの総合と定義付け、研究会議がこれを比較の尺度にしたのは、対極的位置にある日本と米国との場合、〝法意識〟よりそれを支えている思想的・文化的背景を前面に出した方が違いの特徴を表現できると考えたからであろう。確かに貴重な指摘が随所にうかがわれる会議であった。が、法文化を称するにしては、野田がいう文化的諸要素への言及がみられないのは、弁護士の実務活動を手掛りにした会議体の自制によるものであったろうか。貴重な指摘は次章で触れることにする。

ここで、フロンティアを称する千葉正士の法文化の概念をみよう。『要説・世界の法思想』（一九八六年）には「最近の法文化論は一歩進んだ段階に入りつつある。……まだ一つの学問領域をなすほどのものではないが、わが国では一九八〇年代前後から新しく注目されるようになった学際的テーマである……その学際性は、単に基礎法学内の諸領域間だけではなく、むしろ、大きく言えば法学と人類学、そして具体的に言えば文化の多様性に応じて他の多くの社会科学との間にもあるから、法文化の概念は法思想よりはずっと広い。しかし法思想も、法文化の一局面であることには疑いがない」という。そして「法秩序の特徴としてあらわれた文化統合」を法文化の定義とし、「これは文化としての法である」と指摘する。著書に題する法思想については「法体系・法秩序・法文化に関する思想」と定義される[28]。そして『法文化のフロンティア』（一九九一年）において、より詳論されることになる。まず二義ありとし、一つは「法の社会的文化的背景一般として用いているもの」、他は「政治文化の用法に倣い、……法に関する価値観ないし態度の意味に特定するもの」であるという。そして考慮すべきは後者であるが、それは「自由独立の近代的人間には、合理的に適用できる」が「現代の非西欧的社会にはそのまま適用することは妥当でない」として放棄し、「法文化とは法主体の文化的側面」で「法として現われた一社会に特有な文化統合」の概念であるという。前者を指すようにみえるが、「一つの体系を統合するために有効な基礎原理」つまり「アイデンティティ原理[29]」と結論付ける。端的にいえば、法的文化統合の基礎にあるものという思弁的な大概念であって、文化的伝統には関心を示すが、法文化の個々具体的な姿は法意識・法思想の用法に従っている。

こうして三者三様の諸概念は出揃った。因みに〝法感覚〟の表題をもつのは、中川剛『日本人の法感覚』（一九八九年）である。継受法を日本文化の脈絡のなかで翻訳していった挙句の、日本の法文化論が説かれている（八一頁以下に詳説）。

5　最後に本稿の用語法でまとめれば、法に対する単なる感じ方が〝法感覚〟であり、多少とも理屈を伴う考え方・行動の仕方の特徴の観察とその社会的・政経的要因の究明を目的とするのが法意識論である。後者の場合、法の継受後の現代人に付きまとう法的社会現象に焦点をあてて、因由たる文化史的視座には届いていない憾みがある。法意識論に二様のものがあることは六本の指摘にもあったが、本稿流に表現すれば、実定法についての通常の法意識論のほかに、固有法の検討を前提にした〝生ける法意識〟研究がある（『憲法社会体系Ⅲ』三六〇頁）。法文化論は、以上のすべてを取り込んで文化の問題として論ずるものといえる。その際、個々の法文化の型を観察しようというのであるから、国とかエリア・レベルでの文化的諸要素を考察して、そこに共通した遺伝子ともいうべきキー・ワード群を発見し、そのような文化の伝統的性格とそれをつくり出した諸条件・諸要因を説き明かすことを目途とするのである。この見地からいえば、前述したリーガル・トラディションに近いように見えるが、法文化は〝法に関する文化的伝統〟であって単なる法的伝統ではない。

改めて正確にといわれたら、国・民族固有の文化的諸要素、とりわけ文化的遺伝子の総体によって規定される法に関する感覚・思考・行動様式ということになろうか。従って、日本の法文化・中国の法文化と唱えても、極東の法文化・非西欧法文化とは説かないのである。

それにしても、これでは法文化論の大風呂敷との非難を浴びること必定とも思う。確かに素手で、文化を育む生活・空間のすべてを視野に入れるという破天荒振りではほとんど達成不可能だろう。そこで本来の目的が法に関する日本人論にある以上、これまでの日本人論各論の蓄積を利用するのが方途というもので、例えば、〝日本宗教〟とは何か、日本語の論理、日本風俗史、日本人の美意識（文学・美術・建築・庭園・都市景観など）、地理的環境などなどである。

筆者はこれまでに、文化的諸要素の深層・表層の代表例ともいえる宗教・都市景観について論じた。本稿では、それを敷衍して関連した諸領域にも踏み込んでみたいと考えている。

（21）千葉「法と文化Ⅱ」法律時報四九巻八号一一六頁以下（一九七七年）。
（22）L. M. Friedman, Legal Culture and Social Development, Law and Society Review, vol.4, No.1, p.34, 1969.
（23）L. M. Friedman, Law and Society, ch.4, 1977.
（24）J. H. Merryman, The Civil Law Tradition, p.2, 1969.

(25)　H. W. Ehrmann, Comparative Legal Culture, pp.XIV, 6-10, 1976.
(26)　野田「西欧人の法観念と日本人の法観念」日本女子大学教養特別講義第六集九一頁（一九七一年）、同「比較法文化論の一つの試み」早大比較法研究所『比較法と外国法』一九頁以下（一九七八年）。
(27)　六本佳平「『日本人の法意識』研究概観」法社会学三五号一五―一六頁（一九八三年）。
(28)　千葉『要説・世界の法思想』六頁、二四頁。
(29)　千葉『法文化のフロンティア』二三五―二三七頁、初出は『法の理論』五号（一九八五年）。

第三章　法文化の生理と病理

一　法意識の病理分析

1　第三章、第四章は、戦後わが国における法意識・法観念を含む法文化の学説の動向について概観する。表題の「生理と病理」という言い回しは、順序が逆になるが、後者は継受法の現代のあり様にみられる西洋法とのズレを病理と診たてて研究しようというものであり、前者は日本人の法観念・法意識のあり様を、西洋法を尺度とせずに、その特徴をありのままに考察し生理として理解しようという研究である。病理的考察は、母国法が当然に基準となるから、それと異なる継受法の運用のあり方はマイナス・イメージで描かれ、ときに、その原因が日本文化にありとなれば、文化のせいにせざるをえないという文化遺伝子組み替えの研究になるのに対し、生理的研究の場合は、ズレはズレとして、その特質を法論理的に検討し、それを生かす方法を考えようというのである。

法文化論史の流れをみると、まずは病理的考察に始まって、次第に、生理的研究に変移するという展開になっているが、その転換は一九七〇年代後半にやってくる。戦後三〇年たって、自信喪失の時代から国際社会での発言力が増してきた時期と符合するのは、社会科学の宿命として、法文化論も時代思潮の影響下にあることの証明になるが、同時に、戦後における文化の西欧志向から、日本の文化的特質のあり様を国際社会のなかで客観的に見直すために必要な時間だったという事情もあったろう。

2　さて本論に入る。まず法に関する日本人論の先駆的研究として広く知られている、川島武宜『日本人の法意識』(一九六七年) から始める。一九六五年の市民講座の原稿に加筆した四〇年以上前の日本人の社会意識論である。川島の発想は『『社会行動の次元における法』と『書かれた法』とのあいだの深刻重大なずれ」(はしがき) の認識に始まり、「人の行動を決定する諸々の要因の中で、行動決定にいちばん近接したところで起こる現象は、行動を動機づける『意識』なのだ、として考えてゆくことができる」として、日本人の法的行動・法的意識を考察しようというのである。ところで本論文は、これまでに繁簡粗密とりまぜて何回となく紹介・論評がされているので、ここでは要点のみを記す。即ちこうである。

日本人の権利意識は、それとは異質な伝統的な規範意識 (義務の非確定性・非限定性) である。法律・権利の言葉の意味を本来不確定的・非固定的・不定量なものとして意識し承認している社会である。契約上の争いが起こった場合は誠意をもって協議し具体的に定めればよいという考え方をとる。民事訴訟では喧嘩両成敗の思想がみられ丸く納める調停制度が盛んに用いられているなど……。これら行動の次元における法意識は前近代的な性格のものであるという。しかし最後に希望を託し、今後は文字の次元における近代的法意識が浸透して「歴史の進行がその方向に向っている」と結論する。

今の読者からすれば、記述の内容が古く大分違うと思うかも知れない。が、その後の法学界に、この論調が広く受け入れられて多く引用され、また今でも社会心理レベルで部分的に同じ感想を洩らす研究者もあって、単に過去を知るために必要というだけに止まらず、一読の価値ある著作である。

日本の法文化論は、こうして日本人の法意識の前近代性という病理を明らかにすることから始まった。そしてこの病理的解釈は、野田良之の法文化論へと受け継がれてゆく。

二　法文化論の試み

1　前章で引用した野田「みすず」論文（一二頁参照）は一九七〇年一一月に日本女子大学で行われた講演に加筆したものであるが、翌年一一月、再び同大学で「西欧人の法観念と日本人の法観念の比較」と題する講演が行われ（『日本女子大学教養特別講義第六集』所収）、さらに数年おいて「比較法文化論の一つの試み」（早大比較法研究所『比較法と外国法』所収、一九七八年）が報告された。これこそ、野田流〝法文化論序説〟の三点セットである。以下、原意を損わないようできるだけ原文を用いて、その解説を試みる。

〈みすず論文＝日本人の性格とその法観念〉　「日本人の性格」について。まず国民性の内因的要素＝性格について、R・ル・センヌの性格型分類論を適用し、感情型でムード的・付和雷同的であるとし、外因的要素＝経済生活について、純粋農耕民型であり、自然に成るを待ち規範とか契約観念とかは必要なく自然肯定的行動をとるという。総じてメンタリティの特徴として、①考え方が同質的で説得の術は必要なく「よりかかり方式」の参加を考えている、②行動するとき常に全体が自然に一定の方向に向く、③リーダーはエンジンをかけそれに乗るだけで後は貴方任せである、④あるがままでうまくいくという成行き主義で、人為的に構成するルールによるという規範意識がない、という点があげられるという。

ここから西欧法の基本にあるローマ人の法観念との比較をふまえて日本人の法観念が語られる。

「日本人の法観念」について。①まず法に対する態度の比較では、法の国民であるという誇りをもつローマ人は遵法精神に富んでいるが、法が嫌いな日本人は法の適用に手ごころを加えるのが好きで、それも他人には厳しく自分には甘くという考え方である、②権利観念の比較について、他人の権利を承認しなければ自分の権利を法的に行使できないローマ人は考えるのに対し、日本では他人の権利の承認を含まない単なる盲目的自己主張にすぎない、③裁判の観念を比較すると、ローマ法の裁判においては原告・被告の何れに権利があるのかについて二者択一であるのに対し、日本人は三方一両損の大岡裁きが好きで感情的なしこりを残さない和解によって争いを水に流す方法を多くとる、という。

そして最後に、日本人の性格には無政府主義の性向が多分にあるので、西欧法的行き方になじむためには社会的秩序意識の基礎を幼時から教育によって補い、感情型・非行動型に適した社会的秩序づけの方法を考えてゆく必要がある、と締めくくる。

ところで、「無政府主義の性向」という誇張したとも思える病理的表現は、文字と行動との乖離に対するイラダチと法文化論の使命感がもたらした感想なのであろう。ともかく、川島も野田も共通して、近代化という希望を将来に託しているのだが、乖離解消の目途をどのようにたてているのだろうか。野田の次作品についてみてみよう。

2　〈女子大論文＝西欧人の法観念と日本人の法観念〉　一九七一年一一月の「西欧人の法観念と日本人の法観念の比較」と題する講演筆記に加筆したもの。法観念に関する西欧と日本の比較文化論である。文化の特色は、担い手の個性と文化の形成における環境的条件によって生まれるとし、本講演では担い手の問題について、前作品の性格論に続きメンタリティの特色を比較しようというのである。Ⅰ部で一般的な比較を、Ⅱ部は法観念の比較を論ずる。

「Ⅰ」　繊細の精神と幾何学的精神」　パスカルのパンセにある人間精神の二基本型が表題の意味。日本人は前者、即ちものを見るのに一目で摑むかもしくは理解するというより感じとるという型であり、西欧人は後者、即ち一定の原理に従って推理する型であるとし、その証拠として、日本人は論理をやかましくいわず理屈を嫌うのに対し、西欧では喋ることが理性的であるというのが伝統としてあり理性的・論理的なものが発達しているという。

「Ⅰ二　自然観」　西欧人は、自然とは人間が完成すべき素材・材料にすぎないと考えるのに対し、日本人は、人間は自然の一部であり、それと一緒になって調和した生活を営むための友であると考えている。前者ではものをつくることに中心がおかれ、存在とは手が加わることを待っているものという考え方であるが、後者ではものは成る、自然は完成体であるから手を加えるのはよくない、つくられたものは自然のものより価値が低いという考え方である。国家・都市についても同じで、ヨーロッパでは人間がつくると考えるのに対し、日本では悠久の昔から自然膨張的に群がって出来上がった集団と考えている、という。

「Ⅰ三　言葉とメンタリティ」　日本語は情緒的・直観的・具象的であるが、西欧語はそれに比べて論理的・分析的・抽象的である。日本語は言わなくてもいいことは言わず、むしろ省略できることは省略するのに対し、フランス人は思想は言葉という形式を与えられて初めて真のものとなると考える。日本語は論理的ではなくて感情の伝達に優れた言葉であり、日本人も感情の起伏には非常に敏感で鋭い感受性をもっているから、明確で論理的な法律には適さず、無理に論理的にした法律の条文には裃を着た窮屈さを感じ親しみが湧かない、と述べる。

「Ⅱ一　法観念の出発点の相違」　ヨーロッパ人は闘争を通じて平和に達すると考え、そのための手段が法であり何が正しいかを判定する規準が法であるとして私法が早くから発達したのに対し、日本人はもともと社会生活は平和なもので闘争は病理現象であり、法が介入することは望ましくないと考えていたので私法はほとんど発達せず、刑法が法の中心である、と。

「Ⅱ二　法への親近感」　西欧人は法は有用なものと考え、例えばフランス人は日常会話の中に平気で訴訟用語を使うくらい法的国民であるのに対し、日本で法といえば警察や監獄を連想するように法に対して親近感をもっていない、とする。

「Ⅱ三　権利の観念」　西欧では権利は闘争の手段であり、権利放棄は法の否定に帰着すると考えるが、日本では権利行使が片面的で自分の主張を貫くのが権利であり、他人の主張は一向かまわなくてもよいという観念がゆきわたっているという。

「Ⅱ四　契約の観念」　西欧人は、ヘブライの契約思想を源泉として社会的結合そのものが契約を中心に考えられており、自然法の原則として古来から契約を守るのは人間の理性による義務の観念に基づくと考えるのに対して、日本人は、社会は自然に形成されたもので契約の必要はなく、約束にこだわらないのが人情的であって、契約違反は単に気がひけることで恥になると考えている。従って西欧人は、契約書を書いた以上、不履行があればいつでも強制執行できると考えるのに対し、日本人は契約書は一応のもので、もし不履行があってもすぐ強制執行するのは非人情だと考える、という。

そして最後に、日・欧法観念相互のこの際立った違いは文化の長い伝統のなかで遺伝してきたものであり、どの文化も自己の個性を守ってゆくことが権利であり同時に義務であるが、必ず全体とのハーモニーを壊さないことが必要であるとして、世界の文化との美しいハーモニーをつくり出してゆくことが我々の努めであると結語する。つまり、前作品から引き継がれた乖離解消の目標は、日本文化を守りながら世界とのハーモニーを保つという点にあった。いかにもロマンチックな結びである。

ところで、話題のために引用されている例示は、日欧共に言語・古典から近代思想にいたるまで豊富しかも様々であって、その博識に裏打ちされた論調には、誠に説得力がある。しかも、日・欧法観念の比較を対比の両極において図式的に示されると、日本が法治国家になることなど至難の業という想いが強くなるが、しかし、特定の文化の個性を守りながらハーモニーを保つというのであれば、まず文化の多元性を、そして、文化の一つである法治主義の多様性をも認めずばなるまい。それを日本についていえば、〝法外の法〟を含む秩序国家も法治国家の一種であるということになる。つまり我々の行く道は、西欧とは異なる新しい法治国家を模索するところにあり、法文化論こそ、その方途をみつける役割を担える研究であるということになるのではないか。

3　〈早稲田論文＝比較法文化論の一つの試み〉　比較法研究所二〇周年記念事業の一環として行われた一九七八年五月の講演に加筆したもので、その論旨は一作・二作を総括したように思える。

冒頭、まず法の比較は法の文化論的比較でなければならないと強調し、「1　比較法文化論とは何か」から始まる。曰く、「比較法文化論とは法を考察の中心に置く比較文化論である」と。社会で働いている法は社会が作り上げている文化の一部であるから、法の性格を明らかにしようとすれば文化全体の性格の究明が前提となる。現行実定法の比較を中心におく比較法研究はこれまでの構造的比較から機能的比較へと発展しており、必然的に法の文化的背景を考慮に入れなければならず、R・ダヴィドやK・ツヴァイゲルト＝ケッツの「法系論」「法圏論」では対応しきれていない、よって比較文化論的考察が必須である、とする。

「2　比較法文化論の具体的内容」として、文化の性格の相違は人間集団のメンタリティの相違に起因すると断じ、その要因について外部的・内部的の両側面から論ずる。

環境条件という外部的要因によるメンタリティの相違の型には三種ある。

①　遊牧民型＝非定着型　　自分のことは自分で処理するという自主的メンタリティが育つ、社会は作るものと意識されており維持のための強い規範意識が形成される、常に空を仰ぎつつ天の思想が生まれ男性優位と結びついて一神教的・男性神的神観念が形成される。

②　農耕民型＝定着型　　自然の力と恵みを祈り頼って生活すればよく社会も成るものであり規範意識は生まれない、社会生活は平和で闘争は病理現象として否定され法の働く事態は病的状態である、恵み深い大地が母として敬われ自然の諸力が神格化されて女性神を中心とする多神教が生まれる。

③　狩猟・採集型＝混合型　　原始的な型で自然の無主物を獲る生活であり所有は実力支配を行うことで生まれるといい、イヌイットを例に挙げる。

性格という内部的要因によるメンタリティについて、ル・センヌの性格分類論、感情性・行動性・反響性によって文化集団の性格型を推定しようというのである。
「3　文化の総体観とその性格」　文化の諸要素として、法に関係の深い宗教・言語・自然観・社会観・時間空間の観念などを考察の対象にしたいとし、それも文化の歴史的連続を一つの単位と考えたいという。訴訟観という一例をとって、遊牧民型メンタリティは訴訟も一つの闘争と考え（ギリシャ）、農耕民型メンタリティでは闘争は悪であるから力あるものにうったえて円満に処理してもらうと考える（日本）という。
「4　法の文化論的考察」　インド・ヨーロッパ族の法観念は遊牧民型メンタリティで、その原型は裁判規範としての私法にあるが、農耕民型の法観念は中国・日本を含む東アジア法文化圏にあり、強制規範としての法よりも社会関係の潤滑油的な礼が重視される、という。
「5　比較法文化論の目標」　こうして野田自身、目ざすところは〝法系論〟とほぼ同じといいながらも、世界諸文明の図式的型に従った分類によるのではなく、人間の文化の全貌に迫る研究を目標にしたいとし、まずヨーロッパ法文化圏の法文化をギリシャ・ローマ・ゲルマンの古代にまで遡って追求し、次いでヘブライ法文化の究明に努め、そして東アジア法文化圏とくに中国・日本の法文化について、比較文化論としてまとめたい、と壮大な計画を打ち明ける。

そして最後に、比較法文化論は法観念とか正義とか法についての考え方の相対性について悟らせる学問である、と結語する。

オヤッと思う読者もいると思う。数年前にあれほど日本人の法観念について悲観的な感想を抱いた野田が、最後に文化相対主義＝多元主義に辿りついたのだから。

そもそも野田の最初の問題関心は、西欧継受法を母国法のように機能させえなかった日本人法観念の内実にあった。つまり西欧の法観念を正道とみているので、日本のそれは確かに横道であり、病理的に診るしかないと感じたことは肯ける。そのため、日本人の法観念の起因する諸要素を探ることに集中し、細部に渉る観察とその理論化を図ったのである。しかし、比較法文化論が法人類学と同じ基盤の上にあると気付けば、文化相対主義を前提とする法人類学と同じ立場をとらざるをえない。こうして法観念の相違は、それぞれの文化の独自性に帰し、文化の優劣とは係わらない（文明にはある？）ことになり、日本の法治主義・日本人の法観念もそれなりに一人前ということになったわけである。筆者も、これが法文化論の正道だと思うし、野田が法文化論の祖と称される所以も宜なるかなと思う。

さて、行動と文字の間のズレ・乖離が改めて問題とされよう。その実体や如何、またそれが生ずる理由を生理的にみた原因の究明、およびそれをどうやって凌げばよいのかが、次の課題として浮上する。〃法文化の生理学的研究〃ともいうべき問題である。法意識に関するQ＆A式の社会調査、固有法や〃生ける法〃の文化論的考察、「法のタテマエとホンネ」の使い分けなどが研究者の好奇心をくすぐることになった。

三　法意識の実証的研究

1　野田の「みすず論文」と同じころ、日本文化会議が「日本人の法意識研究会」を組織し（一九七〇年六月）、その研究成果が三部作として公刊されている。『日本人の法意識（調査分析）』（一九七三年）、『日本人にとって法とは何か（共同討議）』（一九七四年）、『現代日本人の法意識』（一九八二年）である。以下、法文化研究に有益と思われる論点について摘記しよう。

『日本人の法意識（調査分析）』は、都二三区、ＪＲ東海道・中央・東北・常磐・総武の各沿線ぞいに地区割りした一〇〇ヶ所で、それぞれ一五標本について調査員による個人面接聴取を行った結果をまとめたもの。一九七一年七月に行われ、法知識・法体験・法のイメージなど、法意識のさまざまな側面に光をあてて、そのスケッチを試みようというのである。これまでの法意識研究は鋭い洞察を含むものとはいえ、科学的・実証的に検討されたものではないという反省のもとに考えられた方法であり、林知己夫・飽戸弘が調査結果について執筆している。飽戸は日本人の法知識について、日本人は、法を知らないこと、法や〝おかみ〟の世話にならずに生活できることに価値があると考えている、従って法について無知であることを美徳とし法について勉強しようとは思わない、と報告している。

俗に〝日本人の法嫌い〟という法学者の当時における評説が社会調査によっても証明されたというわけか。しかしながら、法嫌いというだけで法意識の劣等生と決めていいのか。けだし、新聞でよく目にする談合・なれ合い・泣き寝入り・お上頼りということが習い性になって、法律を知らなくてもいいと考えているのなら確かに劣等生だろう。他方、〝法外の法〟とか〝生ける法〟による法治主義が機能しているから、法律を知らなくとも安心・安全が保てる社会だと考えているのかも知れない。ことの実相はどうなのか。

2　『日本人にとって法とは何か』は、この調査結果に関して翌年に行われた二日間の共同討議の記録である。参加者は何と二九名。四つのセッションがあり、それぞれ報告・コメントがあって討論が付せられている。本稿に参考になる論点を要約する。

(1)　「日本人の法意識をめぐる諸問題」について、前著執筆者二名の報告から。法は臨機応変に適用すべきものので法律といえども破ってかまわない、所有権について融通無碍に観念している、契約も実情にそぐわなくなったら情状酌量してもらう、訴訟によるより「私的な話し合い」で解決したいと考えている、と記している。

そしてコメントした碧海純一が最後に指摘した「日本人が訴訟をさけるということが、果たして普通言われているように非常にマイナスの、近代化のおくれている面としてのみ捉えられるかどうかということに対して、私は若干疑問を持ちます」という評価には、筆者も同感である。

なお、自由討論においては、

・日本中世の武家階層には権利の主張を当然とする法意識があった（三木新）
・義理人情は西欧の自然法の代用をしていた（関嘉彦）
・義理人情は近代的という言葉と対立しない（松村克己）
・自然法はインパーソナルなもの、義理人情はパーソナルという違いがある（碧海純一）
・法の定める建前の価値系列の上に、本音としての道徳的批判とか宗教的信念があって、その分担領域がはっきりしていないため、法の融通性の問題がでてくる（藤田健治）

などなど、各学界からの有益な諸意見が発表されている。

⑵「〝厳罰傾向〟と政治意識の次元」について、京極純一の報告、芳賀綏のコメントに続き、自由討論において、

・日本人のものの考え方・暮し方では公と私の和が一定で、公に振る舞えば私を殺し（滅私奉公）、公に潰された私は気によって復権を主張するから、私の気という心情主義になり理も非もなくなる（京極）
・「泥棒にも三分の理」という諺には日本人の法の軽視という思想がみられ、法の適用・解釈について融通性が求められることになる（三木新）
・大衆は法を自分達を抑圧するもの束縛するもの拘束するものと考えている（村田克己）
・日本人の法知識の不足は学校教育に原因がある（尾鍋輝彦）

との発言あり。

⑶「日本人の国民性と法意識」について、築島謙三の報告から。目上・目下ないし優位・劣位の関係にある人同士の間で用いられる特殊用語があるように、「人を気にする」。それも知人を気にするが知らない人は気にしない。良い悪いという事理によるのではなく、人の心をうかがうか他人による制裁の有無を行為の判断基準にする。「みんなといっしょ」という集団の中で礼儀は守るが、集団外では守らない。日本社会の氏族的性格に基づ

く階層制によって、自律的個人の理念が阻まれている。以上のような国民的特性が法意識に表れるときには臨機応変に法を適用する大岡裁判的傾向をとり、がんこに法を絶対視するのではなく、日本人特有のやさしい心になる、と結ぶ。

土居健郎のコメントは、キリスト教的主客分裂の二元論ではなく、表裏の分裂を絶えず意識している。日本人にとって法律はタテマエの問題であり、法を適用する場合は融通しながらではなくタテマエをお預けにして、裏の世界で自由に動くという態度をとる、と。

なお自由討論においては、

・「人を気にする」というのは見られている方で気にしているという受身の姿勢であり、「みんなといっしょ」というのは人間同士の合理的処理としてではなく感情的に胸をたたいてわかったという話と似ている。カントの心情倫理学は日本ではよく教えるが、M・ウェーバーの責任倫理学はあまり説かないので心情主義が強いのではないか（藤田健治）

・法の運用について融通性があるという話は、むしろ自分が正しいという思い込みからの御都合主義で、心情的に論理を無自覚にごまかしたりすりかえたりしているということではないのか。違憲合憲論の盛んなのは、心情的に渦中に巻き込まれ、自己欺瞞に陥って、政争の具として使っているからなのではないか（芳賀綏）

・形の上では法に従う取りきめをしても、守る段になると集団の伝統的・習俗的な心理が働いて融通してしまう（築島）

など、諸意見が交わされた。

(4)「法に対する意識とイメージ」について、石村善助の報告から。日本人は、法の厳格な適用を望む場合と法の寛容さを願う場合の両面を愛好し使い分けをしているのではないか。客観的な存在としての法を観念するのは苦手であり、それが自他をこえた権利主張・権利意識の稀薄さの原因になっているのではないか。従って権利主張のときは極端な利己主義となるか高圧的な主張となって、自他共通の客観法的に観念できていない、と論ずる。

鍛冶千鶴子のコメントは、法律を敬して遠ざける一方、他方では法律に過剰な期待を持ち、この法律万能的思想は国民のみならず政治の分野でも同じで、経済的矛盾・社会的矛盾に対する法律いじりは日本人特有のものではないか、という。

なお自由討論においては、

・法に対する疎遠感はまともな人は法律に関係しない方が偉いという日本文化と関係している（碧海純一）
・孔孟流の徳治主義では法律をやかましくいわないという心情が日本人を支配している（鈴木重信）
・言葉によって保障された社会的正義が神によって支えられている西欧に対し、日本人は気心に生きている人間で言葉によるたてまえは守られなくても社会的正義・合理的人間関係は実現されていると考えている（木村尚三郎）
・泥棒にも三分の理という諺は動機や原因を重んずるという傾向を示し一種の合理主義じゃないか（村田克己）
・集団的な権利主張については意識が高まっており、正義とは結びつかない自分の利益主張にだけ使われている（関嘉彦）
・律令・継受法の例にみるように法は日本人にとって文化的に異質なものであった。法・文化という本音・たてまえの乖離が少なかった時代は江戸時代だけである（小田晋）
・日本人はおのずから成れるものを真の秩序として重んじ、人為的秩序を尊重しないのに対し、西欧では人為的な制度を重んじ手続きを重視する（三木新）
・社会調査は質問の仕方によって誘導的になる虞れがあるのではないか（尾鍋輝彦）

と、意見が錯綜する。

最後に、理事長田中美知太郎が、法という意識と自由の意識はコンビであり、自由の意識がなければ、それとバランスをとる法の意識も不十分である。西洋では正義と結びつかなければ権利もないのに対し、日本では双方が無関係のように考えられているのではないか、と述べて研究討議を締めくくった。

多士済々の論者二九名からなる討議である。要領よく簡略化したつもりであるが、重要な論点が欠落している懸念なしとはしない。何よりも、調査結果については解説の煩雑を嫌ってすべて省略したという憾みがる。というより、筆者は尾鍋意見と同調するところがあって敢えてそうしたというところ。とにもかくにも、印象的野田論文と実証的日本文化会議編著で日本人の法意識に関するマイナス・イメージの論点はほとんど出つくしたという感がある。それにしても、討議の一表題に付せられた「日本文化における法の否定的側面」に窺われるように、日本文化は法にとってマイナス機能しか果たさないのかという疑問が残る。

他方で、法文化論が重視する歴史文化からみたプラス志向の曙光が、ほのかに差したことを討議のなかに垣間見ることができたが、もっと積極的に、例えば必ず引用される大岡裁きの臨機応変・融通性というマイナス評価を道理という秀れたバランス感覚に富んだ解決であると説明できないのであろうか。それが可能ならば、今でいう玉虫色の判決と同義という評価にも繋がろう。法嫌い・裁判嫌いという病理診断についても同様に、プラス・イメージの診断が可能なことだと思うが、何れも法文化論の宿題となっている。

3　七八年版『現代日本人の法意識』は、首都圏三〇キロ圏内一五〇〇サンプル（一〇〇地点一五サンプルずつ）を抽出し、個別訪問面接聴取により一九七六年三月に行われた結果をまとめたもの（回収一〇八〇サンプル）。七一年第一回調査後の社会変動をふまえて、法意識がどのように変わったかという関心からの第二回調査についての報告である。飽戸弘が変化を中心に、林知己夫が基底にある道徳感情を求めて報告し、石村善助が「日本人の法意識の基本構造」について総括している。

(1)　ここでは石村報告から。冒頭、〝法〟という言葉によって想定する対象が、西欧流のそれを考える人と在来流のそれにひたっている人もあり現実は複雑である、と。E・エールリッヒの「成文法と生きた法」に言及し、「国民の精神は美術に於て、少くとも法律に於けると同一なる力を以て表はるるものであって……北斎の描きたる一本の線と雖もそれが独逸の画家に於て、苟くも其画家が此日本人を模倣せんとする者にあらざる限、発見せらるることは無い」（法学協会雑誌三八巻一二号）という彼の言葉を引用して、「西欧伝来の法律制度がわが国社会にうまく適合し定着しているといえるのかどうか、今日に至るまで問題である」と述べ、〝生ける法〟との二重構造の研究の重要性を指摘しながら、「まことに日本人の法生活は複雑である」という感想を洩らす。

次に、石村は「日本人の法知識」について、法律を〝正義実現〟のためというより〝ぐあいよく生活できる〟ためとみる人が多いのは、これまで法律は為政者や権力者によって一方的に上から与えられているので、タテマエとして正義に結びつけて考えてみるものもいるが、〝ぐあいのよさ〟に法律のホンネを求めているものが多いからなのだろう、そのため法律の実施について融通性を求めることになるのだろう、と報告。

(2)　最後に座談会が報告者を含めて七名が参加して行われた。要点は以下の通りである。

まず「法意識の安定性と変動」について。

・法意識は政治意識・生活意識に比べ時代の影響を受けやすいし変化しやすいが、契約観・温情主義・臨機応変という日本的価値観は変わらない（飽戸弘）

・質問の出し方によって変わるものと変わらないものがでてくると思う、抽象的設問ではバランス感覚が働いて意識が変わるが、身近な問題を具体的にたずねたらバランス感覚の働く余地がなく変わらないだろう（佐藤誠三郎）

・日本人の態度には変わりにくい日本的考えの下部構造と近代的・合理的な時代によって変わり易い借りものの上部構造があり、高年齢世代ほど下部構造が強い（木下富雄）

次に「道徳感情と法意識の相関」について。

・日本人は、①素朴な道徳感情が強くて融通性あるいは厳格・臨機応変という古い日本型、②融通性を好み道徳感情もそれほどない新しい日本型、③割り切って道徳感情もなくもしくは厳格でなく融通性もない近代型の三タイプに分かれ、②五五パーセント、③二五パーセント、①二〇パーセントという配置である（林知己夫）

・日本古来の道徳観的なものと近代の法的なものが渾然一体となって日本的法意識をつくっている（木下富雄）

さらに「欧米の法意識と比較して」について。

・日本人の遵法精神はかなり高い、その理由は〝ぐあいのよい生活〟をするという意味での正義感があるからではないかという仮説を考えている、それも一つの基準というのではなくそれぞれの問題について〝ぐあいのよい〟とは何かを考えている（石村善助）

・十戒的発想に基づく正義とは異なり、村の平和を維持し人の和を保ってうまくやってゆくためのルールという村落共同体的価値に基づく秩序ではないか（木下富雄）

・同じ産業社会として日本・欧米は似てくると思うが、それが欧米法の影響なのか日本が産業化したからなのかは判らない。また江戸時代から〝手付倍返し〟という制度があって、約束は守るという姿勢は昔から日本にもあり、近代的なものは欧米法の影響だと簡単にはいえず、生活の必要から両者は似てくるのではないか（佐藤誠三郎）

・村落共同体的な世界観では、外の世界との争いは表沙汰になってもかまわないが内の世界では内輪で解決すべき規範があり、その価値に合うか合わないかが正義の基準になっているのに対し、十戒的な世界観では絶対神的信仰を正義の基準にしている（木下富雄）

・世間はソサイェティに似ているので日本と欧米に共通性があると思うが、前者が人間関係に即して考えるのに対し後者では同じ神を信じているという点で結びつきを考えているという違いはある（佐藤誠三郎）

以上で日本文化会議シリーズの紹介を終わる。社会調査をめぐる報告・討論であるから、印象批評的病理観察より自ら科学的実証的考察の傾向になるだろうとの期待があったが、第二冊目で多くの有識者が集まっており、病理観察だけでは実りが少ないという反省が各人に生まれたはずで、その傾向がはっきり出てきたと思う。特に第三冊目では人間共通の習性に関する行動様式にも注目して、その上で比較の相違をはっきりさせようという雰囲気もあったろう。一九七〇年代後半が法意識論の転換点と考える所以である。しかしながら時期尚早というか〝生ける法〟の実相については古来の道徳感情というに止まり、より突っ込んだ論及はなく将来に残された課題となった。

4　本章のこれまでの叙述から、法文化論へのアプローチの方途について、とりあえず三つの道筋のあることが判る。

まず法学からのアプローチで、川島流・野田流がその範例である。前者は、実定法学の各専門分野において、法典・法規の体系的解釈と現象面に現れた法行動とのズレをどう理解するかという問題を精神文化の観点から論じようというものである。各法分野での法社会学的考察に基づく検討という各論から始まって文化論で説明する総論にという帰納的方法である。本稿の定義風に説明すれば、〝生ける法〟の社会的事実を導入口に〝法に関する文化〟を〝文化としての法〟に位置付けるという法学研究者にとって入り易い手法である。ただし、法に関する文化が明らかになったときに法学上の到達点に達したとして、そこで止めるかもしくは文化の特殊性を強調して終わるという懸念がある。

これに対し、後者は、文化の性格を決定づけるメンタリティの型を考えるという総論から入って、日本人の法観念の特徴を明らかにするという演繹的方法である。一般的には、現行実定法の比較文化的な法系論を参考に法についての考え方・行動様式を論ずるというケースが多くなるのではなかろうか。いずれも〝法外の法〟の位置付けに注意しないと、前者同様、文化の特殊性が強調されることになりかねないだろう。

そして文化会議流では、多数の社会・人文科学者による合同討議という恵まれた環境の下で、文化全般からの目が行き届き、それを前提にして日本人の精神構造を史的に観察することが可能であった。こうして日本人の法行動の様式がきれいに説明できれば、野田流の想定した法文化論にほぼ近いといえようし、本稿が将来に託した目途もそこにあるといえる。

ところで、ここまでに〝生ける法〟の実体とその因由、もしくは固有法といえるのなら、その存否とそのあり様については未解明のままである。それは文化論が法制史を含む文化思想史論でなければならないという法文化論の難問にぶち当たったためであったろう。

四　実定法学がみた法文化

1　さて、一九七〇年代後半以降、法文化論史は次第に活発な動きをみせるが、その先鞭をつけたのは、立教大学法文化研究会の実定法学者による日本法研究と、野田良之の主導によるフランス法研究者の日仏比較研究であった。

立教大学法学部メンバーによる（神島二郎・沢木敬郎・所一彦・淡路剛久編）『日本人と法』（一九七八年）は、日本の法文化を正面から論じようというもので、総論二本、各論九本、一〇名によるレポートと、それぞれをめぐる座談会によって構成されている。教授会メンバーによる数年の法文化研究会での共同研究、七七年の合宿討議を経た成果がこれである。

〈総論〉　まず沢木敬郎が継受法と日本固有の伝統的法文化（？）という異質な社会規範の二重構造性を説き（伝統的法文化の説明はない）、次いで神島二郎（政治学）が日本社会の政治社会学的構造について興味ある話題を提供している。それは、西欧社会を異成社会と称するのに対して、日本社会を馴成社会と規定したことである。即ち、異成社会は支配・被支配の階級社会でお互いに異質であるが階級内は同質であるのに対し、馴成社会は雑種社会でお互い異質であるが馴化強迫観念が強く「みんな同じだよな」という顔をしているという。そして前者の政治基調が暴力と支配服従という支配原理によっているのに対し、後者の政治基調は人心とまつろう（＝協力する）・しらす（＝耳を傾ける）という帰嚮原理によっている。また、支配原理においては命令によって組織され、正義に価値がおかれるのに対し、帰嚮原理においては任せて組織され、清明に価値が見出されている、というように文化の対比で説明する。政治は法によって秩序は裁判によって保たれるという前者の政治文化が継受されると、馴成社会においては、階級社会化が推し進められて、法律制度は建前になり法外の法が作動する、という。公式的ながら巧みな創説によって辻褄がよく合う説明である。

・座談会　風土や政治の所産である社会構造は法文化の形成要因といえるのか。日本にもそれなりの契約観があり西欧法を受け入れ易かった。西欧個人主義は家庭が中心だが日本のそれは単身者主義だ。継受法による秩序と義理人情のような法以外の社会規範による秩序という法の二重構造が日本社会では著しい。西欧法の原理で日本人の法行動を説明することの是非。日本の近代化は西欧文化によって導かれたが、西欧法だけが法ではなく契約にも色々な型がある。文化に優劣の差はないはずであり、しかし大福帳的に日本人論・社会論・文化論をやってもダメで、色々な原理の組み合わせを検討しなければならない、などと論じている。

2　〈各論の一〉　「日本人の法嫌い」（淡路剛久）では、川島流の法意識論が現在どう変わっているかに焦点をあて、公害裁判の資料を素材にして、日本人は第二次大戦以降、権利・法の観念を徐々に学びとったと述べたあと、しかし将来的にみて、法との係わり合いはやはり欧米人と異なるのではないか、と結ぶ。

・座談会　西欧型契約関係の社会では権利・義務の関係が前提だが、日本社会では義務に対する請求権者がおらず、自発的に義務を遂行するという特徴がある。特殊日本的な行動様式は、現実のミクロに係わる私法領域に窺われ、国家レベルの大きな法制についてはみえてこない。個人の人間関係を私法によって規律するという意識は日本では弱かったが、最近は変わりつつあるのではないか、それも義務中心型が権利中心型になりつつある。西欧では自然法が実定法のなかに入って法に正統性を認めているが、日本では自然法と実定法の間に乖離が大きい。

〈各論の二〉　「法外の法」（所一彦）について。少年保護について日米を比較すると、日本はアメリカに比べ、家庭・学校・近隣などが非行抑止・非行問題処理の仕組みを備えているため法の出番が少なくすんでいる。官庁組織も官民関係においても共同体的性格のあるおかげで法が節約されている、これは法外の秩序が日本に存在するためであるが、他方緩慢ながら共同体の解体が進むなかで変化をみせ始めている。それでも共同体の残存による法の節約という現象はすぐにはなくならない、と述べる。

・座談会　共同体というのは大福帳みたいなもので分析の道具としては使わない方がいい。罪と罰という法的関係が日本では罰の体系として法外の法による解決がなされている、それが日本人の法嫌いといわれる所以の一つではないのか。日本では悪いと認めれば許してくれると思うのに対し、欧米では罪を自認すれば裁判の負担をかけないことになり刑が軽くなるという違いがある。

〈各論の三〉　「日本人の契約観」（沢木敬郎）について。西欧で契約が法的サンクションに裏づけられ法的拘束力として意識されているのに対し、日本で契約についてホンネとタテマエのズレが存在しているのは、人間的信頼関係や情誼が基礎となっているのではないか。タテマエの契約法を持ち出すことは信用ある個人のすることではないと考えており、継受法としての契約は未だ日本に定着しえていない。

・座談会　日本でも中世・近世に契約関係があったが、それが西欧と異なってくるのは政治関係の質的違いがサンクションの表れ方を異ならせたからではないのか。西欧で契約による合意内容が要求によって発動されると、それを担保する権力が拘束をするのだろう。川島説は欧米を美化して日本の近代化は遅れているというが、単純な発展段階説によりかかりすぎている。日本では利害の対立関係にある者は、事前の互いの利益範囲を決めておいて争いを解決するという形で問題をたてているのではないか。人間的信頼関係という点についていえば、親戚・友人の間では西欧も日本と変わりはなく、異なるのは市民生活的関係においてではないか。西欧では納得がいかなければあくまで争い、そのあとで法律関係が決まるが、日本ではどうやったら丸く納まるかという解決パターンであって、黒白つけるのを嫌がり契約法のタテマエを変えてしまう。いずれは西欧型に変わるのかもしれぬが、長期間変わらないことも予測しうる。

以上で、編者各位（全座談会出席）のレポート要旨・座談会を紹介した。何れも法文化を考えるさいの重要課題であるが、実定法学者によるもので法文化の現状分析に力点がおかれ、その歴史的因由にまで視野が及んでいないことは止むをえないだろう。以下、各専門実定法学者の分を略記する。

3　〈各論の四〉　「日本の家族」（川井健）では、明治民法も新民法も当該社会における習俗・慣習を投影していない。とくに新民法では人々の生活規範から浮き上がって個人主義・平等主義を貫いた、という。

・座談会　西欧では家族単位の歴史はローマ法以来存しナポレオン法・フランス革命でも分解しなかった。他方、アメリカの個人主義的核家族から影響をうけた日本では社会的単位集団が全部解体してしまった。

〈各論の五〉　「日本の会社」（渋谷光子）では、わが国で経済活動を担うのは独立の職業人としての意識をもつ個人ではなく会社集団のなかに埋没している、という。

・座談会　集団的結び付きは西欧にもあるが、集団のでき方・個人同志の結び付き方が日本と違う。西欧では個人と個人の結び付きだから名刺はいらないが、日本では名刺の名前より組織（会社など）の方が重要だとされる。西欧では自分と家族のために働くが、日本では会社のために働いているからそのために自殺まですることがある。

〈各論の六〉　『終身雇用』の法理」（小西国友）

・座談会　正社員になるまでは試用期間というステップが必要で、それは信頼関係の積み重ねと考えられている。仲間になるには時間がかかるが、いったん仲間になったらなかなか出ない。しかし労働市場にも自由化の変化がおこっており、それが欧米型になるのかどうか？　日本では親密な人間関係が重要で個人レベルでのスペシャリストでなくともよいとされる。

〈各論の七〉　「日本人の税金観」（畠山武道）では、納税はスムーズに行われているが税を公共サービスの対価と考える現実的基盤が存在していない、それは自治やコミュニティ体験が欠けているからだ、とする。

・座談会　納税天災説が日本にはあるのだろう。大衆社会になってくると、サービスをうけられるので対価の考え方はなお育たないが、税負担の公平性の要求が生まれている。同じ権力が相手だが国民の遵法意識と納税意識とは異なる。

4　〈各論の八〉　「日本人の憲法観」（池田政章・前出一一頁）。

・座談会　明治憲法ができたとき国民に疎遠感があったろうがだんだん有難くなってきた、それと同じく新憲法の場合も疎遠なものから有難味が判ってきた。江戸時代までの戦争は武家だけでやりあっていたが、帝国主義の強盗時代になって総力戦になった、それまで農民・町人は関係なかったという意味で平和思想はその後も引き継がれている。憲法は有難いものだと思っているから、人を説得しようとする時にすぐに引っ張りだすという形で親近感が表現されている。法の解釈一般はその国・民族・社会なりの説得の論理によって行われているはずだが、日本の場合は、法が疎遠だったせいで解釈は説得の論理から切り離されて辻褄合わせだけになる、疎遠性と融通無碍はこの点で同じ道を歩むことになり、法によって紛争を解決するというところに辿りついていない。

〈各論の九〉　「日本人の外人観」（村瀬信也）。西欧との関係では国際法の被害者（条約改正問題）であった日本は、その屈辱感をアジアに対し加害者となることで代償をはかるという二重の基準をとっている。日本人の外国人観にはその基礎に国籍観（韓国・台湾など）があり、外国人の権利伸張は日本人の権利縮小にならないかという脅迫観念がある。

・座談会　唐天竺大和といういい方に表れているように、日本人は外国との対比で自国をアイデンティファイしている。権理が権利に変わるのは、個人の立身出世という道理が国際社会における脱亜入欧に変わることがきっかけで利益になった。同じような主張の国々を結集して実現に努力するという姿勢が日本に欠けているのは、モデルが遠い西欧であるため、グループを組めないという疎外感があるからではないか。島国であるため、日本人は土地との関係で人種としてまとまる傾向がある。我々をアイデンティファイするのは結局文化の共通性であろう。日本の孤島性がナショナリズムをどんな場面でも作り出すように、日本人の法感覚も土地と結びついている。

この本の特色は、論議の対象範囲が著しく広いこと、西欧モデルとの比較において欧米社会での具体的な実体験に依拠していることなどがあげられるが、他方、日本文化（史）論との関連についての指摘が不十分であったことが反省されよう。

五　比較法学による生理的考察

1　一九七九年一〇月パリ大学において、「第一回日仏法学共同研究」が三日間に渉って開かれた(1)。テーマは「日仏両国における契約概念の比較研究」である。日仏法学会（フランス側比較立法協会）において開催を主導したのは野田良之であったが、この共同研究は、その後も続いて現在に至っている(2)。研究集会の報告会が発表されているので、本稿での関心に従って、日本人報告者のそれから摘記してみよう。

第一日「日本およびフランスにおける契約法の変遷」(星野英一)　一般的にいって日本での契約とは権利義務の厳格な関係というより人間的・友好的な信頼関係であり、状況の変化に適応しうるような柔軟なものである。したがって紛争が生じても協同・信頼の精神で解決できると期待されている(どこかで読んだような)。つまりは契約法と契約意識の間に乖離があって、将来も変わるとは思われない。

第二日「行政契約」(近藤昭三)　当事者の契約関係が一回限りのものでなく、それを超える相互依存関係であり、心情的満足を重視する傾向がある。

第三日「労働契約」(山口俊夫)　個別的労働関係においては強い法規性つまり稀薄な契約性という特徴があり、その結果、企業内労働関係において均質性・画一性がみられる。

・シンポジウムの責任者である野田良之の意見。「契約」という語、これよりやさしい「約束」という語は共に中国伝来で、古来の日本語「契り」がそれに当たるのか。実定法の比較においても、このような比較文化的発想が必要で、「生きて働いている法」の比較には文化相互間の相違を問題にせざるをえない、と。野田の宿願たる問題再提示である。

第二回共同研究集会は、言語の問題やフランス側の日本法研究不足などに対する第一回の反省から、周到な準備を重ねて九年振りの一九八八年一〇月に東京で開催されている。時期が先にとびすぎるので、それまでの他の研究状況を報告する。

2　阪大・神戸大・大阪外語大から成る「日米文科系学術交流委員会」の一九八一年度プログラムの一つとして、一九八一年一〇月に二日間に渉って、「日米法文化の比較検討」をテーマに研究会議が開かれた。法文化をテーマにすえた、恐らく最初の研究会議であろう。「弁護士の実務活動を手がかりにして」と副題をおいて、その一部始終がジュリスト誌上に掲載されているので、本稿の筋に必要な限りで参照してみよう。(3)

冒頭、委員会の企画委員長の矢崎光圀から、当時の日米間に、経済摩擦に象徴されるような法・法意識・法思考を包み込む文化状況のズレが存在すると思われるので、この種の法文化問題を論ずる手がかりを得たい、そのため日米の弁護士実務とそこから生じる法的問題という具体的課題から始めて、両国の法文化の比較検討をしたいと、会議の趣旨が述べられた。会議内容は四部とミニ・シンポ、講演から成る。

第一部「日米法文化の比較検討」(藤倉皓一郎)　アメリカの法文化について、四点(法の多元性・利益の主張・法の道具性・リーガリズム)を特色としてあげ、最後にこのような特色は日本にもあり、つまりは程度の差に止まるかもしれない、固有の法文化といわれるものも産業化・近代化の進展とともにどんどん崩れて共通の要素がでてくるのではないか、と結論している。

第二部「弁護士の実務活動からみた日米の法文化」(日本側＝小杉丈夫)　日本では依頼者が弁護士に頼んでも権限を十分に与えず責任も問わないという傾向がある。

(アメリカ側＝アンソニ・ザルーム)　アメリカ人はちょっとしたことでも裁判に持ち込み、相手が訴訟にする覚悟ができていないとわかると自分に有利な要求を出すので、闘う意志をみせないと良い結果はえられない。

第三部「商取引に関連する法律と日本的商慣習」(大沢豊)　日本の商慣習では、お得意さんには安く売るというように契約観念のない方がスムーズにゆき、競争のない商取引状態をつくる仕組みがとられている。

「産業行政における日米比較とその社会的基盤」(林良造)　アメリカは社会的背景の異なる人間が集まってできた国だから、自由競争による結果こそ公平だと考えられるのに対し、日本の場合は競争と協調の価値序列について協調が上位におかれ、公平という結果についての予測が可能になっている、司法プロセスにおいても結論に対するフレキシビリティが高い英米では訴訟を嫌わないのに対し、日本の場合は揉め事を訴訟にしないという合意のある社会といえると思う。

3　第四部「日米における文化と法」

(1)「社会心理と法概念——日米比較の試み」(我妻洋)

規範と現実と心理の三ファクターの相互交渉系が法体系に表出したものが法文化である。日本社会固有の特質を前近代的と評して克服すべきと捉える進化論的発想はとらない、という前提にたって本論を進める。アメリカでは法的権威(法体系)と道徳的権威(教会)を画然と区別し、ルールを絶対視してフェアーの当否を決める。非常に強い個人主義で、既存の秩序や権威の不信感と結びついて自分を守るから、シラを切り通せるのなら切り通した方がトクだと思っているのに対し、日本人は刑法違反は単なるルール違反ではなくて人の道に外れた悪い行いと思い、個人主義ではなく、間人主義で私・互助・協力を大切にする。悪いのは相手だとわかっていても、自分が謝ってしまえば円満に解決すると思っている。契約なんて人間不信の反映だということになる、というのである。

(2)「日本人の法への態度と行動——とくに紛争解決との関係において」(木下富雄)

法的行動への心理的距離が、日本の場合非常に遠いのは、「公」の世界への遠さの一つの表現にすぎないと考えられ、それは庶民からみれば、法律・政治など公の世界は自分達にとって別の世界のことという発想からきている。公の世界と私の世界という区別は「ソト」の世界と「ウチ」の世界の区別であって、この両者を混同することを日本人は好まず、法の世界は外の世界であるから「裁判沙汰」といって嫌い、内の問題は内の世界で解決すべきと考えている。非道な行いに対して、アメリカに比べ日本は情緒的反応が高いので、法による論理的解決よりも情緒的納得が大切と考えている。「話合い」という言葉が信仰に近い響きをもつのは、内の世界の一様性・類似性・「えにし」によって結ばれた共同体意識が支えになっており、絶対的価値に照らして善悪を定めるという正義による法の支配の観念からは程遠い。日本の社会を実効支配しているのは法律ではなくて「日本教」的規範であり、包括的・全体的なバランスによる日本的解決の方が、理屈によって自己主張し正義を通そうとするアメリカ・システムよりもずっといいと思う、と結論する。

(3)　『〝法外の法〟と対決回避的コミュニケーション』（タキエ・スギヤマ・リブラ）

〝法外の法〟は法を超えた規範意識、つまり人間同士が信頼しあえば法律は要らないという考え方は、他方で無法・無秩序状態を生むことになる。法外の法に依存するのは、個人が一対一の対決を避けたいという文化的一形態である。日本人は否定的意思表示として曖昧な表現をしたり沈黙による抗議を行ったり、一対一の対決を避けるため、第三者を媒介にコミュニケーションをしたり、謝ることや自らを罰することで相手に抗議したり、さらには忍耐の美徳・我慢強さで解決するため、自己を無にして一切を受容する絶対受動に徹するという考え方をする。

・ミニ・シンポジウムまとめ「法と文化」（矢崎光圀）

アメリカは多元的な自主的集団が多いので、形式的手順による解決、つまり訴訟に頼らざるをえないが、日本がこれと同じになる必要はなく、日本なりの法文化があってもいいのではないか、そのためにも「歴史」の目で法文化を捉えることが重要であるとし、利谷信義に発言を求めた。その発言は、継受法の日本語化のさいの問題、上からの近代化を支えた法律進化論について説明、そして継受法と日常的規範との間のミゾを国家レベルで統合するさいにみられた予定調和的秩序観が日本で成功裡に展開された、とまとめられた。

・講演「日米法文化の比較検討――その将来に向けて」（早川武夫）

日本人の訴訟嫌い・アメリカ人の濫訴健訟癖で日米比較をするのは正しくない、アメリカ人のモラル低下により訴えられて初めて真面目に相手になり判決前に和解する事件が非常に多いことに注意。日本はまだ身分社会で「身分から契約」に移行していない、だから契約観念はいい加減である。日本繁栄の原因がこのような日本法文化にあるとは思えず、むしろ法学教育の改善が必要である、とする。

以上、野田風近代化による日本評価も残るが、法律進化論を否定して法文化多元主義にたち、日本再評価の論調が目につくことが、注目される。経済的繁栄に伴う自信回復も一因だろうが、比較の相手がアメリカだったことが大きな理由ではないか。法意識の近代化の目標がアメリカだとすれば、尻込みせざるをえないほどの人間不信に陥ると思われるからである。前述の日仏の比較に較べ、日米のそれでは極端な差があって、とても真似したいとは思わないというのが真情であろう。とにもかくにも、こうして法文化の相対性という法文化論本来の正道に導かれたことは幸いであったといえる。

それぞれの国や民族において、一定の地理的・自然的環境のなかで、長い歴史的時間を経て培われた社会的・文化的基盤が存在し、当該文化としての法ができ上がってきたことは、J・コーラーの前出（二三頁）の言葉で明らかである。〝非文明民族といえど、その人間形成は長い歴史的発展の結果であり、文化全体のなかにいかに深く人間の魂が根を下ろしているか〟、法の研究について心得るべき要点を指摘したこの部分は、法文化の相対性を明らかにしたものとして想起すべき言葉であろう。一九八〇年代は法文化の独自性、というよりむしろ個性ともいうべきものを、国もしくは民族の特性として研究・検討しようという機運が生まれたときといえるのではなかろうか。

（1）　開催までの経緯については、ジュリスト七一三号（一九八〇年四月一日号）四八頁以下に詳しい。
（2）　現在までの共同研究についての一覧を記しておく。
・第一回「日仏両国における契約概念の比較研究」一九七九年フランス、ジュリスト七一三号所収。『日本とフランスの契約観』（一九八二年）。
・第二回「紛争解決の制度と問題点」一九八八年東京、ジュリスト九二九号・九三二号所収。『日本とフランスの裁判観』（二〇〇一年）。

・第三回「責任概念の日仏比較研究」一九九二年フランス、ジュリスト一〇一七号所収。
・第四回「異文化と比較法」、アンリ・カピタン協会日本大会「団体と法」一九九四年五月東京、ジュリスト一〇七一号所収。
・第五回「不動産所有権の現代的諸問題」一九九七年一〇月フランス、ジュリスト一一三四号所収。
・第六回「家族の観念と制度」二〇〇一年九月東京、ジュリスト一二三三号所収。『日本とフランスの家族観』（二〇〇三年）。
・第七回「憲法・行政法・民法における一般利益＝公益」二〇〇七年九月フランス、ジュリスト一三五三号所収。

(3)　第一部——第三部、ジュリスト七六〇号（一九八二年三月一日号）（上）。第四部と講演、ジュリスト七六二号（一九八二年三月一五日号）（下）。

第四章　法文化の普遍性と個性

一　法文化にみる普遍性

1　一九八三年は、法文化論史にとって、脳裏に残る年になるかも知れない。日本法文化の前近代性を強調した病理的検討から特殊性の発見という生理的観察へと展開した法文化論にとって、この時期は日本法文化の普遍性を探ろうと試みたときだからである。もっとも法文化がその国に固有なもしくは特殊な法現象を観察しようという生まれの定めがある以上、普遍的なものを探ろうと意図する場合にも、特殊性の観察を忘れるわけにはいかない。そうすると固有・特殊・独自といった言葉は、その特色面を強調するもしくは可変性を否認する懸念なしとしない。それが章の表題に「個性」と記した所以である。

この問題に絡むのは、大木雅夫『日本人の法観念——西洋的法観念との比較』（一九八三年）、矢崎光圀「法文化——伝統と現在」（思想七一三号、一九八三年一一月号）、柴田光蔵『法のタテマエとホンネ——日本法文化の実相をさぐる』（一九八三年）である。

大木雅夫の著作は、一九八一年二月から九月にかけて『法律時報』（五三巻二号—一〇号）に連載された八回の論文（「西洋と極東における法観念」）に加筆修正を施したものである。執筆の動機は、「法圏論のなかで日本法を位置づけるための基礎的作業を試みようとする点にある」（はしがき）。日欧の比較法学諸先達の論説、いわば通説に対する批判的検討のために、方法は西欧・中国・日本の（法）思想史を素材にして歴史的検証を行う、という大へんな労作である。

西欧比較法学者の法圏論にみられる「西洋と極東における法観念の相違」を論じた見解を検討・批判し、確かに、キリスト教を基底にした「文化共同体としての西洋」は存するが、極東という共同体は存しないとしたうえで、「西洋法における『法の支配』と『権利のための闘争』」を検証し（英・仏・独）、「中国の法伝統」と「日本人における法意識の形成」（以上のカッコは目次）を論じている。

西洋法が七〇頁、中国法が三五頁、日本法が六〇数頁という、二〇〇頁に満たない紙数に東西両洋法原理の歴史的記述が詰まっている。どのように法思想史から問題をたぐり寄せるのか。答えは、教科書の常識を検討・批判することにあり、というところか。

(1)　西洋法については、古代ローマ・ゲルマン社会・キリスト教中世において、近代のそれとは同じでないにしても、法は支配の道具ではなく正義に由来し、それに遵う原理として〝法の支配〞の思想があったこと、法のための闘争として義務付けられた権利観念があったことが、いわば常識となっている。

これに対して、イギリスの〝法の支配〞の伝統を中世まで遡るのは過大評価であり、その観念が明確化するのはピューリタン革命から名誉革命にかけてである（大木・前掲書、以下同六六頁）。またフランスの〝法の優越〞の思想はフランス革命まで確立されておらず（七八頁）、民衆の権利意識については一般に信じられているほど高かったわけではない（一〇六頁）。そしてドイツの法治主義は、イエーリングの有名な小著の存在にも拘らず、その観念が定着するのは一九世紀最後の四半世紀のことである（一一〇頁）、という。つまりは「西洋の法治主義思想を全体としてみれば、われわれの想像以上に多様な意味内容をもち、……無条件の礼讃を許さないほど多くの留保が付せられるべき」（一一三頁）であるというのである。

(2)　他方、極東についてである。まず、中国。儒教の徳治主義による法蔑視と共に、道家（とくに荘子）の万物斉同説に西洋的法観念の入り込む余地はなく（一二六頁）、法家の法観念も支配者の統治手段にすぎないのであって、中国の長い歴史をみれば、専ら徳治主義をもって、その法観念を説明するのは適切でない。民衆が訴訟より調停に頼る原因は、少ない裁判所、職業裁判官の不足、弁護士の不存在、訴訟法の未発達にあった（一四〇頁以下）と、通説を鋭く批判する。

(3)　最後に日本。素材は西洋法継受以前の日本法制史・社会史である。やっと日本史に目が届いたとの感がある。

話の始まりは、例の如く「憲法十七条」と「律令」から。まず、その思想的基礎が儒教だけではないということを強調。次いで御成敗式目、その〝道理〟は強い尊崇の念をもって扱われ、法の前の平等をもたらしうるもので、司法制度によって支えられ、萌芽的〝法の支配〟と評価する。中世には所領に関する権利意識も高く、民事訴訟制度も発達していたが、紛争解決は半数近くが「和与」（和解）によるもので、日本的法観念の素因はここにあるのかもしれないという。ただ、それが一般化して日本法の核心をなしたとは思えない、と。

さらに「徳政令」は非法に対する法のための闘いであり、「喧嘩両成敗法」は戦国の通法・天下の大法と称せられて、江戸時代でも慣習法として人心に深くなじんでおり、正義のための有効な紛争処理法であった、と評する。そして江戸時代の特異な法「借金相対済令」の十数頁に及ぶ解説において、それはひとえに武士階級の救済策として、また公事訴訟激増の対策として行われたもので理に適っているどころか、むしろ百姓・町人の強烈な権利意識の存在を実証するものと捉えるのが真実に近い、という。

この章の終わりに「外国法継受以前の固有法は、ほとんど忘却の彼方に押しやられ……日本法文化を論ずる際に日本固有法を無視してよいとする奇妙な習癖の結果として、われわれの間に行なわれていた『通説』は、かなり歪んだ形をとっていた」と結ばれている。

(4)　本書の結論は、一部前述したが、「西洋の輝かしい法治主義」は「せいぜい二、三百年の歴史しかなく」、

「自覚的展開をみたのはほぼ一九世紀以降」に対し、わが国での法治主義思想は萌芽的とはいえ一三世紀に現れており、特殊日本的と評される法制度はそれなりの歴史的状況のなかで生みだされた必然的なものである。裁判組織の未成熟が日本的法観念の形成に重大な影響を及ぼしたのであって、儒教道徳に結びつけたり、封建的・前近代的法意識と評するのは日本法の姿を歪曲している、というのである。

このように比較法学諸大家による学界通説に挑んだ批判的考察が本書の真骨頂であり、さらに「補遺的考察」として、西洋にもキリスト教的愛に基づく反法治主義があるのみならず、法・法律家に対する根強い不信感が伝統的に存在し、さらに〝悪しき調停も良き訴訟に優る〟という法諺もあると述べて、日本法との共通点を敷衍する。要は、日欧法文化に普遍的なものを検証しようという新発想の確認稿といえよう。

それが確かめられるのが「日本法の普遍性と特殊性」（ジュリスト七八一号、一九八三年一月一月号）と題する論文である。まず、これまで日本法の特殊性だけが誇張された結果、極東法圏のなかでのみ論ぜられるという虚偽に陥ったと断じ、その一因とされる〝権利意識の萎縮論〟は明治以後の権威主義的国家体制に胚胎したイデオロギーを基礎付けるものである、と非難する。日本法は西洋法の普遍性を共有しており、法継受以後も日本人の権利意識は高かった、と明言する。そしてその特殊性について、①日本法の混血法的性格、②日本法の概括主義と簡略化傾向、③学説における著しい西洋法依存性、④裁判組織の不備、をあげて終わる。

2　しかし、一寸考えてみよう。西欧法学説の紹介に精力を注いだ諸先輩や欧米での留学生活を終えて日本に帰国した法学研究者が、日本法の実相にふれてうけた逆のリーガル・カルチュア・ショック、文字は欧米の次元のものでありながら、その行動が日本独特と目に映り、法意識論として、もしくは日本人性格論として検証するというのは、一九六〇年代・七〇年代においては自然な研究心の発露ともとれる。そして、明治憲法時代の儒教的教養を身につけたこれらの研究者が日本法についての特殊性を西欧に発信して、その結果、当地の比較法系論・法圏論の資料に利用されたと考えれば、大木が謬説と断じた内外諸先輩の論調は、いわば時代の産物としてその後の日本法特殊論の大合唱という現象を生みだしたということになる。そうだとすれば、普遍性論もまた出るべくして現れた歴史的揺り戻しとして捉えることができる。筆者も大木説には一理も二理もあると評価している。

そこで法文化論の立場から、普遍性の問題を考え直してみよう。

「社会あるところ法あり」という。人間の精神的営為としての文化が存在する社会では、いかなる社会かを問わず、文化の一つとして法が存在することを法人類学が立証したことは前述した通りである。そこでは、自然的・文化的条件のあり様に従って、さまざまな法源が存在し、また各様の法行動が見えがくれしている。つまり法文化の多様性である。

他方、法圏論の例にみられるように、法の原則的性格について、共通項でくくられるような法の型・様式、つまり法は人の支配の道具か、権利のシステムかなどを考察し、例えば、〝法の支配〟の原則が観察できれば、それを標識に西洋法文化の普遍性を語ることができるという具合である。しかし、その具体的形相は周知のように一様ではなく、ヨーロッパにおいてさえもイギリス・フランス・ドイツ等が範型として存在する。それは普遍性に対する特殊性というより、普遍性のなかでみられる個別的な個性と称する力がふさわしいように思う。つまり日本法が西洋法と普遍性を共有するというならば、その特殊性は普遍性における日本法文化の個性と考えるのが法文化論に見合うというものである。

ところで、法文化の個性は、知性・感性と理性の工夫によって歴史的に形成された贈り物、つまり文化の心に基因するもので、日本人の精神構造のあり様を示す大きなネタの一つである。〝生ける法〟とか〝法外の法〟などの個性は、文化の歴史を省察するのでなければ解けるものではない。普遍性についても事は同じである。大木がそれらの描写に成功した（筆者は一部という）のも、明らかにこのことが理由である。しかし単純に、文化には共通する普遍的な部分もあれば個別に特有な部分もあるといわれれば、これは日本に限らず、どこの国の場合でもありうる話ではないのか。

そこで少し立ち入って考えてみよう。日本法における普遍性と個性という問題を、普遍的な原則〝法の支配〟に視座をおいてみる。神島のいう、異成社会では法は権利のための闘争の装置として存在するのに対し、馴成社会では闘いを避けて合意を形成するための装置として機能するという。前者を硬度の高い＝〝硬性の法の支配〟として捉えるなら、後者は〝軟性の法の支配〟として捉えられる。軟性のゆえに、法の領域に〝生ける法〟や〝法外の法〟が入り込むというわけで、それが日本法の個性として把握できるのである。

3　たとえ、法文化の個性を描くにしても、普遍的な法観念の存在を後景にすえて論ずるのでなければ、その個性の特質を明らかにすることはできないだろう。そうでなければ、それは法の独自性の強調というにとどまり、伝統的な法文化の描写の名に価しないだろう。

日米法文化の比較検討で企画委員長を務めた、矢崎光圀が「法文化――伝統と現在」（思想七一三号、一九八三年一一月号、『日常世界の法構造』一九八七年所収）を発表した。二〇頁強の小論であるが、「法は文化の深層と二重にも三重にも根強いかかわりをもっている」と、〝法という文化〟に着眼した。野田の提言以来、久方振りに出会った重要ポイントであり、その方法論に興味が湧く。執筆動機はいわゆる隣人訴訟である。

矢崎は、継受法の建前と社会秩序としての生活規範とのズレは、一〇〇年にわたり日本の法律文化を彩ってきたもので、ルーリズムが浸み込んでいるようにみえても、情緒的反応をみせるのが日本法文化である、といい切っている。しかしステロタイプに日本法文化を論ずることには警戒が必要であるとして、その視座に、(A)マイナス・イメージでとらえる、(B)記述的意味で考察する、(C)プラス・イメージでとらえる、の三様があり、論者は(B)に立って(A)(C)の示唆も汲みとりたいと明かす。それが、人間味のある共同体的生き方を再考するのに必要な道であり、それは現代法および紛争解決の仕組みを上に掲げた法文化に沿って洗い直すことによってえられる、というのである。(1)

視座のとり方は、〝生理的考察〟による〝軟性の法の支配〟を予測していると思われ、本稿の立場からみて納得のゆく結論といえる。ここにきて、文化との関連を歴史的に跡付けるという法文化の方法論が、常識のレベルで視野に入ってきたと評しうるであろう。誇張になるが、日本法文化論元年といいたいところである。

一九八三年は『野田良之先生古稀記念・東西法文化の比較と交流』が出版された年である。表題は、しかし、野田先生への敬意の念の現れに過ぎず、本稿のテーマに即していえば、紹介するものが見当たらない。

(1)　矢崎光圀「法文化――伝統と現在」思想七一三号、一九八三年一一月号二一―二二、二七―二八、二九―三〇頁。

二　法文化の実相

1　同じ一九八三年に、現代法に関する日本人の法行動の個性（著者は特殊性という）を明確にしようとした著書が現れた。柴田光蔵『法のタテマエとホンネ――日本法文化の実相をさぐる』である。「日本法の実相」と題して『書斎の窓』二九二号（一九八〇年三月）―三一二号（一九八二年三月）に連載された二一回分の前半部をふまえた上で同趣旨の大増補を加えたもの（新増補版は一九八八年）である。

タテマエとホンネのギャップについての評価はマイナスとは限らず、プラスの場合もあると前提したうえで、日本文化会議の調査結果を利用しながら、九章に渉って論ずる。このタテマエとホンネの切口はすでに一九七九年の論稿にみられ、(2)言葉はよく使われるありふれたものであるが、旨く使いこなすのは難しいはず。①守られにくい法律、②破られがちな約束、は予測されたごとくネタが豊富で長談義となっている。全体として際立った異論は見当たらないが、辛口の政治評論としてマットウな研究者には真似のできない表現がみられる。

①として、交通法規、労働法、税法、堕胎、サラ金、談合、賭博、軽犯罪などの実例をあげ、そもそも立法時に守られないことを予想・覚悟してつくられたり、一罰百戒的発想で取り締まったりするが、タテマエ論としては日本人は法を守る民族ともいえる、という。

②の契約については、著者の専門にしたがい、聖書、古代ギリシャから、とくに古代ローマ法について詳しい解説がなされて欧米に及び、日本との対比が図られているという点が貴重である。総括として、欧米の基準からすると、日本人が契約を守らないことがあるのは認めざるをえないが、マトモな人間は約束を守るのが普通と考えており、国内ではホンネ優先、国外ではタテマエ優先と使いこなしていくだろう。何故なら、農耕社会では契約という物的制度よりムラ的人的存在が頼りになること、異民族支配を経験していないので法的制度が柔構造であること、つまり「法だけにたよらない平和」が存在するからである、という。

③は「力のおよばない法」の特集。時効による法の限界の問題で、日本では時効が完成しても晴天白日の身とはならないというふうに、得体のしれないシステムとして理解されている、という。

④は「傷つけられる法」の特集。法律関係者がらみの事件を扱う。彼らは清廉で親しみがもてないほど権威があると思われているから、事件で法が傷ついたようにみえても、その権威はダメージを受けてはいない、という。

⑤「追いこされる法」は、憲法九条と自衛隊というタテマエ・ホンネのありふれた話。

⑥「超えられてしまう法」では、超法規的という表現は、法の向うに法とは異質な社会規範を想定する日本人にとって、親しみ易く受け入れ易い響きをもっていて、違法・不法のイメージは稀薄である、法の支配圏を離脱したいという日本人の心情にピッタリで、超法規的とは準法規的のことである。他方、日本人には根強いタテマエ信仰がある、とする。

⑦「理解され難い裁判の法」では、日本人の常識は無罪確定までは有罪であり、「氏民権」を奪われている。

法治主義とはいいながら「常識の法廷」に引かれて「大岡裁き」に人気がある、と指摘する。

⑧「いやがられる法」は隣人訴訟の解説。

⑨「ミゼラブルな法」では、日本は法律をキチンと施行している国であるといえるが、京都市の古都税紛争の例を引いて、条例が威力を発揮できずに撃退されたというミゼラブルな話である、という。

以上、日本法の現状分析の形をかりて、巧妙な各章の表題の下に、法文化の特殊性らしさを解説する本書には、タテマエとホンネという傍観者流の岡目八目的観察がみられる。それが生理的考察として古さを感じさせない理由であろう。他方、前出の大木著は当事者流の勇気ある発言で、西欧法文化との共通点を探るという新味を生んだということだろうか。しかし、〝法に関する文化〟が依然として関心事の中心にある。

2　時期は一九八九年と先にとぶが、〝法文化の実相〟というテーマからみて、ここで紹介しておきたい著作がある。中川剛『日本人の法感覚』（講談社現代新書）である。

冒頭で「日本の法文化のなかで、正義と法は必ずしも一致しない」、「自然法に相当する絶対的正義の拠点を見出すことのできない、日本の法文化の特質を、理論的努力によって検討し、国民の創造する倫理感覚によって、法概念の内容を充当させる方向」を求めようと、本書の趣旨・目的を明らかにする。日本法文化の特性（？）の実相を探ろうという、当時における苦心作である。目次では、㈠規範意識、㈡権利の表われかた、㈢秩序形成の心理、というように憲法学の編別に従っており、順に従って、筆者の目を引いた箇所を引用してみよう。

㈠「欧米の近代法制では……法的秩序をたどっていけば、神の与えた戒律に行きつく構造になっていたから、権利を主張し義務を履行することがただちに倫理性を有した。法と宗教的確信とは別個のものではなかった」。これに対し「日本の法的伝統では、法はどこまでも世俗の秩序のための機構であって、最少の平均的な倫理的要素を具有するものでしかない。このために、義理人情という、社会倫理を発達させざるをえなかったのである。

『人間らしさ』は……義理人情のあいだでの選択によって定まる」。

日本人の独自な法感覚では、秩序保持の正当性と倫理的正当性とが分裂ないし分立している。国民主権は憲法と権力機構の正当性のための見せかけである。

現代日本の国民意識についていえば、「豊かで安全な生活への手段として平和が必要とされている」のであって、「豊かで安全な生活を犠牲にしても平和を実現するという声は、どこからも聞こえてこない」。

法の言葉は器であり形式である。その中味は日本人の行動様式つまり文化によって満たされなくてはならない。従って、日本人の民主主義は過去の日本国民の総意を尊重するということだ。

㈡　キリスト教世界では、「宗教が政治理念の根底にあり、戒律が法制度の基本に据えられていたから」、実定法の権威は、神の法である自然法によって基礎付けられたのである。これに対し、日本人の宗教感覚は神社信仰の現世利益と仏教の慈悲の精神によっており、甘えに親しみ易く、利害対立を合理的に解決できない。

物も土地も自然から生みだされたものであるから、財産に対する絶対的支配権は想定されるはずがなく、対人的に社会的義務を負うのだが、近代社会を成立させたプロテスタンティズムの倫理による社会的義務を課せられ公共性が認められる欧米と異なって、日本では近代化によって財産権が私権として確立されたため、公共性は理解されず、現実的利益として自由が氾濫している。

日本の社会は、その地位に格差があっても、文化を共有しているという共同体意識の強い柔構造の社会であって、集団から切り離された個人の自由にはなじめず、私生活の自由は、権利というより社会が承認する習慣や伝統のなかに生きている。

㈢日本はタテ社会ではなく（みかけだけ）ヨコ社会の集団主義だから、独裁は困難で、調整本位・指導力不在・行き当たりばったりというふうに、柔構造にふさわしい非定型な国政のあり様で、稟議制（ヨコ社会の集団主義）・行政指導（法による命令に居心地悪さを感ずる）という日本独自の行政手法が執り行われている。

「裁判への漠然とした恐れは、集団の監督不行届きの責任が裁判の過程で問われた封建制下の記憶に発して」おり、「法は抽象的一般的な権威とはならない」。普遍的正義は問題とならず、「法も先例も、解決の邪魔になるなら斥けられる」。輸入された法的概念は日本の実情に合わせて適用しなければならないという配慮が必要とされ、①判例の拘束は強くなく、裁判所全体が世論の動きに敏感、②近代化を急いだあまり伝統的倫理感に不案内になって、「公益に適合するよう」「正当な理由がある場合」などの不確定概念を使う制定法が多い。

法について神聖化が行われている社会では裁判官は法の番人になりうるが、法が世俗化している社会では裁判官の独立が不可侵とされる理由に乏しく、法の支配も人の問題に帰着する。

日本流の民主主義感覚の秀れた点は、国民の文化的結合が政治の限界を越えて力を発揮する点にあるといえるが、他方、討論・票決の努力を積み重ねるのではなく、集団本位の民主主義から「根まわし」という行動様式が通用している。

文化のなかに融けこんでいる西欧の法的伝統まで輸入して複製をつくることは不可能で、神への絶対的義務がなければ絶対的な基本的人権など保証されるわけがない。

「われわれの伝統のなかから掘り起こせる古い民主主義の感覚は、『寡きを患えず均しからざるを患う』という社会的正義を基本とする、つつましいものだった。日本の封建社会は、市民社会でなく、大衆社会の母胎だった。そのような欧米民主主義との違い、また伝統的な行動様式……を……つきとめる努力によってのみ、われわれは自身の文化に根ざした民主主義を発展させることができる」。

「文化はどこまでも個別的である」。「われわれは、聖書という言葉に立脚する文化をもってはいない」が、「日本国憲法の安定も……日本人の固有文化をさらに発展させる刺戟となり……日本文化の一部になって」いる。

㈱「聖書民族」が作った法は「神話民族」としての日本人の生活様式には必ずしも適合しない。神話思考の集団にとって、法は世俗化しており神聖性がない。このため、社会の規範と自己の実感とする規範とが分裂しており、社会秩序のためには前者が、人間的感情の充足のためには後者が、認められなくてはならない。

継受法を日本文化の脈絡のなかで「翻訳」しなければならないが、「明治も戦後昭和も、欧米への過剰適応をもたらして、自己の法文化の構造的特質に不案内になっていった」。「日本人の裁判嫌いは、権利意識が未発達だからではなくて、欧米人のような、法廷が形を変えた神学論争の場であるという伝統を持たないからである」。「観念としての神を奉ずる聖書民族ではなく、人間としての神々に親しんできた神話民族である……法感覚によって生きているため」、「われわれは、自由・平等の標語のために革命を起こせるほどの観念的な国民ではない」と結んでいる。

さすがというべきか、〝法という文化〟にも目配りして、裏側から憲法の原理を考え実相を観察するという、才気煥発の法文化論である。そのためか、筆の赴くまま走りすぎではないかとの感想をもったのも確かであった。

3　話はまた一九八三年ごろに戻る。日本法社会学会が一九八二・八三・八四年と三ヶ年に渉って、「法意識の研究」のシンポジウムを組んだのである。

ここにきて、今さら単純な法意識論でもあるまいと思う読者もいると思う。恐らく法意識研究のこれまでの総括的意味であろう、と。そうだとすれば、法文化の実相の一つとしての法意識という見方もできよう。そこで筆者の関心に従い、略記する。

(1)　一九八二年（法社会学三五号『法意識の研究』）

・利谷信義が、冒頭、問題の所在について、①法意識とは何か、②法意識研究の経緯、③法意識の歴史的特質を提示。

・広中俊雄「法意識研究の課題」は、調査研究と法意識の対立・衝突の研究の必要性を提唱する。

・六本佳平「『日本人の法意識』研究概観」では、法意識の用語法に二義（憲法意識という場合と契約観念をいう場合）ありから始まって、川島武宜の戦前・戦後における法意識研究を跡付け、法回避傾向は法的手段使用の可能性の制限に基因するという所説の紹介をし、今後の課題として、近代法原理が社会組織にどれだけ浸透しているかの問題、法意識を法体制・法過程のなかにどう位置付けるかの問題、伝統的法観念の分析のために日本文化論との協力が必要（出た‼）、経験的資料の組織的収集、の四点をあげる。

・水林彪『日本的法意識』の歴史的基礎」では、日本的法観念の歴史的起源は徳川時代にあり、超歴史的な日本人の特性などに求めるべきではないと話を始め、それを立証しようというのである。中世末には自律的権力体間の紛争解決方式としての自力救済と審理判定型の法・権利義務関係型の法が存在していたが、徳川時代の国制は日本固有の性格（市場経済社会＋官僚制国家のドゥアリスムスと階級的生産関係の抱き合せ構造）をもち、紛争解決は義理による調停が行われ、また物の授受に関する社会の習律は血縁・結縁からの流出物として義理による取引と考えられ〝御得意〟関係が形成された。他方、民衆には、近世を通して中世的法観念が生き残り、権力は〝道理〟の下にあるべきだとして闘われ、幕末には〝権理〟〝道理〟がレヒトの訳とされていた、という。

以上、国制史の観点からの解説で、常識的な「聖徳太子の和の精神」がナンセンスとして否定されたのは分かるが、〝文化〟抜きの説明でいいのかという疑問がなお残ることになった。

⑵　一九八三年（法社会学三六号『続法意識の研究』）

・棚瀬孝雄「法意識研究のモデル」では、法意識論大好きの日本人によって、その視座は三種説かれ、①「日本的法意識」は克服されるべき対象である、②「法を使わない」日本型社会はあるべき一社会像を示している、③日本も外国も根本的なところで違いがない、と区分けしたあとで、現在、問題にすべき研究モデルにも三種、即ち原型モデル（タイムラグ・モデル）、状況規定モデル、論者の提示する社会文法モデルがあると、それぞれの解説をする。

原型モデルは村落共同体を基盤に固定的身分制に適合した法意識の残存という特殊日本的法意識による説明であり、現代日本社会において、その再生産というだけで十分説明しきれていないとする。状況規定モデルでは、訴訟回避という法行動は費用や時間を考えての合理的選択であるとして法意識で説明する必要がないというが、ミクロな観察であって、社会形態が意識によって相対化されるというマクロな把握の視点を欠いていると評し、社会文法モデルを提案するのである。ここでは、法の特性の洗い直しから出発し、文化に規定された社会行動との関連をみすえながら法行動を観察せよ、と主張する。さて、これは本稿でいう〝文化としての法〟をみよという提案ではないか。

・熊谷開作「日本的法意識形成の歴史過程の一例――自由民権運動期における民事訴訟件数をめぐって」は、〝日本人の裁判ぎらい〟は明治以降に形成された面が多いという趣旨のもの。自由民権期の訴訟件数の動向、勧解制度にみる権力の対民衆裁判回避策などを資料に、裁判の影響や政策などによって裁判に対する日本人の行動がきまってきた、という。

・渡辺洋三「法意識研究についての覚書」は、法意識研究の着眼点を明確化したいという論稿。わが国では「国家法レベルにおける法意識と生ける法レベルにおける法意識との矛盾・対立が根強い」ので、両者の相互規定的関係を統一理解する必要があり、そして「生ける法意識をうみ出す社会的基盤、さらにそれを支えている社会構造的要因や文化的要因、法意識を担っているさまざまな立場の人間の主体的条件等を、全体として総合的に把握すること」が課題である、として、三つのポイントを提示する。

一つは国家法レベルの法意識について。法信頼思考より権力信頼・権力依存思考が強く、裁判嫌いは権利意識の低さと結びつかず、訴訟観はおかみに解決してもらいたいという意識の表れで、この保護意識によって、国家に対する国民の権利と国民に対する国家の義務という対立関係の観念が生みだされていない。

二つは生ける法レベルの法意識について。川島説のいう日本社会の非権利義務的体質の批判の重要性は今も法社会学の重要な課題の一つである。体制側の政策的要因と国民側の社会的要因との相互関係の検討と、義理・人情の義務規範の形成と再生産という社会規範の特殊性についての再考が必要である。

三つは日本社会の共同体的体質の解明。西欧の理論で日本社会（文化）の特質を外在的に解明するというのはナンセンスで、日本の歴史社会に固有の問題を、歴史・文化から両者を関連させつつ内在的に理解するための方法論的枠組みを考える必要がある、政治経済的要因と文化的要因の双方に眼配りせよ、という。

・「討論」から――我妻洋は、アサンプション（想定、半分無意識で普通の人にはそれ以外のあり様はないと受けとられている観念）からいえば、「文化によって違い、同じ文化の中でも集団によって、時代によって違い」があるので、それを洗いだして、それが法意識にどのように反映しているかを研究してはどうか、と提案する。

(3)　一九八四年（法社会学三七号『法意識の現状をめぐって』）

・田中成明「日本人の法意識とその研究の現況について――権利意識と裁判利用を中心に」は、法意識論というより法文化の類型（個性）論に近いもの。まず、「日本の文化・社会の法化を妨げている伝統的・前近代的要因を批判的に分析するというその視座自体は、現在でも基本的に受け継がれるべきだと考えている」とした上で、「近代西欧法を相対化して比較史的にとらえうる、より普遍的な分析モデルの構築が必要」という。

そこで、近代西欧の普遍主義型法に加えて管理型法、自治型法のモデルを提示する。西欧モデルからみて、それを阻害する反法化やそれを超えようとする非法化を〝遅れ〟〝歪み〟と病理的にみるのではなく、法化プロセスの型のあらわれとみて、三法類型を提示し、意義・特質・問題を解明しようというのである。

管理型法とは公権力による政策実現の手段という性格の強いもの、自治型法とは人々の意識・行動を現実に規制しているインフォーマルな社会規範や正義・衡平感覚に基づいて生成・存立するものであって、普遍主義型法は裁判、管理型は行政、自治型は私的な法的交渉に重心がおかれているとする。

日本の法文化は伝統的法文化のもと、管理型法と自治型法の両極に分解した形でありながら、圧倒的に管理型法に比重をおいて反法化の契機が強く残存し、他方、自治法型の復権要求と普遍主義型の非法化を推進する法システムの整備が行われて、交錯し合っている、という。正しく、本稿でいう〝法文化の普遍性と個性〟に見合うのではないかと思うが、伝統的法文化とはどんな精神構造のものか、が問題である。

次いで、権利意識の実態は普遍主義的性格は稀薄で拡散しており、また法律学的権利観念と通念的権利感覚とはずれている。そのため権利主張や意識の高まりは裁判利用の増加につながらず、公権力依存の受益者的利益感覚によって、普遍主義型的法化でなく管理型的法化を推し進めている、と。さらに、裁判の利用については、一定の利益要求が裁判の内外で主張するだけで効果があるなど、法的空間の拡大に伴う非法化の一環として、権利の実現・救済のチャンネルが多元化しており、裁判も利用可能な方式の一つにすぎないという状況である、という。

三法型モデルについては、討論において、大方の推測の通り、多くの研究者から多角的に質疑があったが、それを含めて三年間の法社会学会における報告の成果は法文化論に対する論点の提示としても受けとめねばならないと考えられよう。

（2）　柴田光蔵「日本人の『法』意識(3)」Law School 一一号（一九七九年八月）七八頁。ローマ法についてすでにタテマエとホンネがあったという、同一三号（同年一〇月）六〇頁以下。

三　法哲学の法文化論

1　一九八六年は、法哲学者の法文化論が目を引いた年として記憶に残る。表題の所以である。

まず、法哲学会が行った『東西法文化』をテーマとする諸報告がある（法哲学年報、一九八六年）。

・矢崎光圀「法をめぐる異文化相互の距離と接合――M・ウェーバーの考えを参考にして」　我々は「西洋風

の近代的形式的国家法を、修正しつつも、受けいれ用いてきたという事実」があり、日常生活のレベルでもそういえる。そこで非西洋世界を切り離してではなく、共通した視界から再考すること、「それぞれをたがいに違っていてユニークさをもつんだけれど、どこかで連動し収斂し共通しさえする当面の諸問題をかかえるものとして再考すること」と、現代社会における普遍性を探求しながら個性を再考せよと主張する。

・五十嵐清「法系論と日本法」は、主に、西欧比較法学者の法系論における日本法・東アジア法の位置付けを紹介した報告。戦前の法系論について、穂積陳重（日本法はヨーロッパ法族に移行したと説く）とウイグモア（日本法を独立の法系として位置付ける）を紹介し、戦後法系論については、シュニッツア（日本法はアジア法のなかに）、アルマンジョン＝ノルデ＝ヴォルフ（日本法は極東におけるドイツ法として）、ダヴィド（日本法は中国法に、その後、極東法のなかで中国法と並んで）、ツヴァイゲルト＝ケッツ（極東法圏のなかに中国法と日本法が）が解説されている。

このような日本法の位置付けについて、報告は、中国法との共通性を論ずる土壌はできておらず、韓国法・台湾法とは共通性を語りうる土壌がある、という。しかし、これでは日本法の位置付けについて効用ありとはいえないので、比較法文化論的アプローチにより、日本など東アジア法の特色を明らかにすることが期待される、と結ぶ。

・滋賀秀三「中国法文化の考察——訴訟のあり方を通じて」では、「中国では法は専ら国家権力による成文制定法として現われ」、「『法の支配』が育つべき下地が全く」なく、ヨーロッパの対極に位置する。州県レベルでは刑事・民事において〝常識的な正義衡平の感覚〟である「情理」が判断基準とされた。中国人にとって、法律は解り易いが法・権利は解り難い概念であった、という。

・大木雅夫「極東の法観念に関する誤解」は、一で紹介した『日本人の法観念』とほぼ同趣旨のもの。西洋の法治主義に対する日本・極東の徳治主義という通説は誤りである。稲作が和の精神を培い権利闘争の観念を欠落させたという根拠も薄弱で、古来、わが国では権利義務をめぐる激しい争いが繰り返されてきている。江戸時代の法制事情をみれば法令のインフレ状況を呈しており、法治の時代ともいえる。日本人が調停を好んだのは、和の精神ゆえではなく安上りで制度がよく整備されているからであった、とする。

・利谷信義「西洋法と日本法の接点――『法の継受』を中心として」は、法の継受とは西洋法・法文化と日本法・法文化の接点による法典編纂と裁判所の設立であるとし、その内実を明らかにしようというもの。民法を例に、継受法は日本の従来の慣習と背馳しないように配慮されて、継受法は特異な日本の近代法となり、その特殊性はかなり根深く、時が経てば必然的に変わるとは保障できない、と論ずる。

本特集は、東西の法文化を論ずるという企画のなかで、日本近代法の普遍性と特殊性＝個性に光があてられたというところであろうか。

2　つぎに、田中成明「日本の法文化の現況と課題――権利主張と裁判利用をめぐって」（思想七四四号一頁以下、一九八六年。三〇頁強に及ぶ）は、〝法文化〟と改題したが、法社会学会報告（前出法社会学三七号）と同旨のもの、若干の論点を補足している。法化・非法化の観念の整理をした上で、川島理論の意義と限界を論じ、例の三類型モデルを呈示する。

川島理論の近代的法意識は市民的法文化の核心をなすものとして、現在も承継されるべきであるが、西欧中心の単線的発展段階的進歩史観は問題で、社会の法化に対応して生じているわが国の法的制度化・法的社会化のプロセスは西欧法モデルと異質で多様化しており、市民的法文化の成熟との関連でも複雑である。そこで、このような現象も独自の法化プロセスの現れとして、その意義・特質を分析しうる法モデルが必要であるという。それが、法の三類型モデル（普遍主義型法・管理型法・自治型法）である。

わが国の法文化の特質は、中世は管理型法観念が主流であり、幕藩体制のもとでこの傾向が一段と強化された。

普遍主義型法の継受後も管理型法原理によって運用され続けたため、自治型法レベルでは普遍主義型法を阻止する、義理・人情などの反法化契機が残存し、市民法文化の成熟が遅れた、と分析する。

権利主張の内容には日常的利益まで含み、権利観念が拡散して専門的議論との間に相当なズレがある。利己的権利主張に対する批判は公益優先の意見に連なり、普遍主義的権利意識に程遠く、市民的法文化が浸透しているとは思われない、と。

裁判利用については、普遍主義型裁判像には程遠い、権利侵害を公の場で追及しようとして裁判闘争に及ぶという有様である。しかし「お上の裁き」という裁判イメージが支配的な法文化のもとで、現代型訴訟が裁判への市民参加の拠点拡充と公正手続に則した法的議論の場の確保という法文化を浸透させるのに寄与していることを評価する。そして、市民的法文化の成熟のための方途を説いて、結ぶ。

筆者の感想――〝生ける法〟はどこへゆけというのだろうか。そして、日本文化の通奏低音の運命は？

3　一九八六年を総括するのが、千葉正士『要説・世界の法思想』である。著者が法人類学研究の結果得られた知識に基づいて、現代世界の主要な法思想を概観したものである。西欧法思想が唯一のものという法学界の大勢に対し、世界の法文化は多元的であり、西欧法にも普遍性と特殊性があると再評価するために書かれたという(「はしがき」より)。

道具概念として「法秩序の特徴としてあらわれた文化統合」(法文化)、「法体系・法秩序・法文化に関する思想」(法思想)と使い分け、(1)西欧法思想の西欧性、(2)非西欧法文化の法思想、の順に論ずる。

(1)　西欧法思想の特殊性とは、民主主義・資本主義・ローマ法の伝統・キリスト教道徳という文化的伝統に根づく立憲主義と法の支配である。西欧では普遍的であるが、イスラム・ヒンドゥ・中国の法体制と並べれば西欧固有の特殊的な法思想である(日本法はどうかに興味がもたれる)。

こうして、特殊性が形成された淵源・特徴としての、ギリシャ哲学、ローマ法、キリスト教が語られる。ギリシャ哲学は、国家・法・正義・自然法の概念を組織して西洋法哲学の伝統を開き、そして契約・物・所有・占有・責任・相続などにかかわる権利概念を確立して、私権の体系を構築したローマ人は、市民法を拡大し、万民法を認めて、今日の国家法・国際法・自然法の原型を作りあげた。この古典ローマ法は、ローマ法大全として一〇八〇年に再発見され、西欧社会に吸収された、と。

キリスト教（思想）史が、「西欧法思想の源流」に始まって、「西欧法思想の成立」「西欧法思想の展開」の順序で、西欧法思想の主軸として語られる。アウグスティヌス、ギリシャ哲学とローマ法をとり入れ中世西欧世界に普遍的な社会原理を与えたローマ・カトリックの教会法（学）、そして西欧法文化の中心的な源泉となった一〇七五年の教皇教書、ローマ法継受と語りついで、西欧普遍法の誕生を説く。他方、一〇世紀半ばからローマ法以外の俗界法による多元的法体制（荘園法・封建法・商事法・都市法）が、イギリス・シチリア・ドイツ・フランスなどの王法によってその統一が促進され、教会法と不可分の関係をもった。こうして西欧法文化の原型が築かれたのである。その特徴は、正統的政治権力による法の体系化とカトリック的自然法観念で認識された道徳的行為基準であり、のち、トマス・アクィナスの『神学大全』によってキリスト教的普遍社会の精神世界が体系化された。

王権神授説の出現、宗教改革によって生まれた人間観（神の前における個人の平等と自由）、絶対主義下に生まれた国家教会の確立、政府・官僚機構の形成、慣習法の統一というふうに、西欧法文化の伝統の基礎付けと西欧法思想の基礎固めを解説し、近代市民法思想の成立に説き及ぶ。

近代西欧法思想の完成。その特徴は、国教分離、合理主義的官僚制、憲法に基礎付けられた国家法一元体系である。

改めて著者はいう、今日の西欧法文化の成立を主導したのは教会法であり、西欧法の普遍性はカトリック・キリスト教を基礎にしている、と。市民革命によってキリスト教思想は法の世界から消滅したようにみえても、それぞれの国民の生活と心において平和を維持する役割をになっている、と。カトリシズムとプロテスタンティズム・教会法と世俗国家法、それらの平和的共存が西欧法の全貌である、と。

この西欧法（思想）は世界のすべての国に移植されたが、移植された国にも固有法があってお手本通りに実行されず、西欧法はそれらとの関係で相対的存在に止まり、いわば西欧法文化の普遍性と特殊性が語られることになるのである。

⑵「非西欧法文化の法思想」については、ユダヤ・イスラム・ヒンドゥと仏教・中国・日本の法思想と、固有法思想、が語られている。

ユダヤ法思想では法の基礎的形成因である契約の原理が説かれ、イスラム法思想ではシャリーアと呼ばれる宗教的法規範や一種の世界法としての多元的な姿が描かれている。ヒンドゥ法はインド社会の固有法であり仏教法はインドが生んだ宗教・法思想として、共通点の多い法思想であるからと、まとめてインド思想として語る。ヴェーダに対する信仰としての多神教的バラモン教とウパニシャッド（奥義書）、その新宗教ヒンドゥ教、そして仏教である。ヒンドゥ法はインド伝統法の法原理・社会慣行の思想として確立しており、その理念はダルマにある。仏教法はタイ、スリランカ、カンボジア、ラオスに広まり、非公式法として、また公式法に働く法原理として、今も法文化のなかに生きている。

中国法（思想）の特徴は、「成立以来一貫して法源ないし規準とされてきたような一つの法典あるいは聖典がない」、「旧中国の歴史において……政治哲学……の中で最も指導的であったのは、儒教ないし儒学であった」、宗教思想として、天台宗・華厳宗・浄土宗・禅宗を生みだした大乗仏教、民俗宗教たる神仙説・鬼道などを理論化した道教が共存してきた、ことである。天命・王道の観念、五倫五常の人倫などの儒教哲学が、道教・仏教の思想と共存したのが、旧中国の法思想である、と。新中国は旧中国の思想を拒否したが、調解の制度にみられる伝統の再生があるなど、新旧の連続性を語れる一面もある、という。

日本法思想の解説は二六頁あり、初めに法思想論史。日本法制史、法社会学（法意識論）、法哲学（学説史）による研究を略記したのち、法思想研究は法文化（ここでは日本法の文化史）論による構成が必要である、という。次いで継受法以前、継受法以後と続く。話は当然、十七条憲法に始まる。中世から近世の公家法・本所法・幕府法・藩法……と。そこからの問題意識として導かれたのは、〝和の精神〟・〝家族的結合〟・〝村落的結合〟・〝身分階層制〟・〝法外の法理念〟（融通する解釈と運用もしくは建前と本音の使い分け）が、権力者と民衆の〝現実対応主義〟によって成立した、との論である。

西洋法の継受以後、明治憲法体制下の市民法思想と固有法を再編した権威主義的法思想の併存という「思想的雑居性」（丸山眞男）には、〝法外の法理念〟が働いており、〝現実対応主義〟が優先していた。一神教的原理が一貫していない日本の法思想では、大戦後の非連続の法思想のなかにも思想的雑居性は底に潜んで連続しており、ここに日本的法思想の特徴がある、という。これは無原理というのではなく、柔軟な原理つまり「アメーバ性法思想」と名付けたいと、この章を結ぶ。

「固有法思想」には二義あり、西欧法思想は西欧法文化の固有法という場合と、西欧法移植後に国家法とともに生きている固有法という場合とである。ここでは後者、つまり非西欧社会の固有法、それもフォークロー（未開法・部族法）をとりあげ、固有法と国家法が矛盾対立しつつ一つの法文化として成立している現実から、文化的同一性を基礎付ける原理があるはずだとして、それを〝アイデンティティ法原理〟（例：旧中国の天命天道・日本のアメーバ性法思想）と呼びたい、というのである。

(3)　最後に、諸法思想の比較的特徴について。ユダヤ、イスラム、ヒンドゥ、仏教は宗教と一体だが、日本法は法と宗教を厳密に区別していないし、西欧は文化的に不可分であるが、固有性の存在意義が損われると解されて、理論上分離体制がとられている。宗教のほかに、〝宇宙哲学〟や〝時間と儀礼的行為〟を基準に比較した特徴について論じたあとで、近代西欧法思想は理論上も実際上も現代世界に普遍的であるが、ギリシャ哲学・ローマ法・キリスト教に淵源があるという点で特殊性がある、という。現代世界における諸国法は、国家法と固有法の対立矛盾を含むが、「法文化におけるアイデンティティ法原理により協調を計ろうとする共存の体制」、つまり多元的法体制である、と結ぶ。

西欧法思想から始めた研究であるから、普遍的文化としてのキリスト教が脳裏に浮かんだことだろう。法と宗教の関連を比較の基点にすえたのは、西欧比較法研究者にみられるように理の当然であるが、そのことが、〝法という文化〟を視野に入れることになり、法思想の比較をこえて比較法文化の問題領域に足を踏み入れることになったのである。日本の〝法に関する文化〟については「アメーバ性法思想」と〝現実対応主義〟が提示されており、〝法という文化〟と〝法に関する文化〟という法文化論の舞台装置はここに整ったといってよいのではないか。ただ〝法という文化〟の宗教上の理念と〝法に関する文化〟の内実が、日本法の場合、どう結びつくのか。これが大きな宿題であろう。

ところで、日本法観念の普遍性が論ぜられ（大木雅夫）、西欧法思想の特殊性が語られるようになったのであるから、法人類学がめざした法文化の相対性・多元性は法学界の常識になったと期待してもいいはず。そのときは、世界の法文化について普遍性とともに個性について語ることができよう。

4　ここで節の題名にはそぐわないが、一九八〇年代論史の記録として残された「第二回日仏法学共同研究集会」について記しておく。一九八八年一〇月、東京大学において「紛争解決の制度と問題点」のテーマで、三日間開かれた。第一回集会の準備不足という反省に基づいて、周到な準備を重ねた九年振りの再開である。

(1)　第一日「調停の概念と制度」（小山昇）

日本人のもつ〝折れ合う心〟は社会的・経済的変化にも適応し、法継受後も紛争解決に機能している。それは内済・勧解・和解・調停という沿革をもち、平和と調和の維持を図っていた。

(2)　第二日「調停の概念と制度」(山口俊夫)

日本では、裁判所においても労働委員会においても紛争はしばしば和解によって解決をみているが、これは終身雇用・年功序列賃金制度によって雇用関係の安定が保たれているためである。

・星野英一　フランスでは訴訟は正義が実現される機会・手続であると考えるのに対し、日本では訴訟は紛争を解決する諸手段の一つにすぎないと考えている。これはジュスティスという言葉が日本語の正義・裁判所・裁判の三つの意味を含むものとして使われているのに、日本では分けて観念していることと関係があるのではないか。

・小山昇　日本人は自分に権利があるという確信がないから調停和解が成立し易いのではないか。

・山口　フランスの例では民主主義が浸透するほど権利に対する姿勢はより積極的になっていると思われる。

・星野　日本法のよさを欧米の法学者に知らせることも国際貢献の一方法である。

(3)　第三日「憲法訴訟・行政訴訟における政策決定問題」

「憲法」(深瀬忠一)——フランス憲法院の判例は迅速・明快・統一的でデカルト式システムであるのに対し、日本は緩慢・曖昧・不統一でアメリカのプラグマチズムに近い。日本国憲法の裁判官による解釈適用が日本人の伝統的憲法文化に修正を迫り改造してゆく役割を果たしている。

・樋口陽一　「アメリカはジャッジ・メイド・ローの伝統があり、ヨーロッパ大陸では、いままでのイデオロギーに基づく制約……がある通常裁判所の外に、全く違う機関を設けたことによる……フリーハンドがあるのに対し、その両方ともないのが日本です」。

「行政法」(兼子仁)——フランス側の意見「法律の違憲を宣言しておきながら、選挙の効力は認めるというのは、フランス法的には理解し難い」、「フランスでは、取消訴訟は当然客観訴訟で、住民の個人的な利害にかかわるような行政の決定に対しては、越権訴訟で広く争える」。
・磯部力　フランスにくらべ、日本では行政訴訟の提訴件数が圧倒的に少ない。これは紛争の調整もしくは訴訟の未熟防止機能として行政指導がその役割を果たしているから。
・小早川光郎　日本に比べれば、独・米も訴訟による行政統制が進んでいる。
・北村一郎　日本の行政訴訟の場合、「直訴」的発想が下敷きにあって善政嘆願の場となっている。政策志向型訴訟というのはそのためである。
・園部逸夫　選挙訴訟における事情判決は裁判所の違憲審査の黙示の行使と国会の自律的な対応という、日本独自の以心伝心的制度運用として興味ある課題であろう。

四　多元的法文化論

1　野田流比較法文化論から二〇年、〝法という文化〟をふまえて、時代はようやく多元的法文化論へとふみ込んだ。そうしたときに、千葉正士『法文化のフロンティア』（一九九一年）が出版された。日本の〝生ける法〟研究のため、小学校の学区（『学区制度の研究』一九六二年）や神社と祭り（『祭りの法社会学』一九七〇年）を追究してきた著者が、法文化探究をめざして、日本の文化的特質から非公式固有法を確認し、国家法との関係を見直すことを問題関心として論じた研究遍歴をまとめた論著である。

⑴　前編「日本の法文化」

まず、未成年者禁酒法・禁煙法・売春防止法など違法行為が行われ易い法、また公選法・税法・建築基準法など脱法行為が行われ易い法を例に、日本文化の象徴的機能をみようという。ことに元号法・国民祝日法に天皇制文化による国民統一の象徴を、政教分離原則に論争と妥協の象徴をと、法の象徴的機能研究に始まって、「屋」

「師」という接尾語をもつ職業を示す言葉の用法のなかに違法・脱法の職業を社会的に公認する法文化を探る。ついで都市化に伴う神社の氏子離れも祭りを盛大化させこそすれ衰退の気配をみせてはいないという社会現象のなかに「日本的心性の祖型」（住谷一彦）という文化力が働いている、祭りは「コミュニケーションの場」として自己のアイデンティティを確認する社会的シンボルであり、そこに西欧などの一神教とは異なる祖先神・系譜神の観念化をみることができるとし、また小学校の学区制度にムラ社会の変容した共同体的一体性をみる、と論ずる。

ユニークな研究問題の選定と分析手法に、既成の法学にはみられない斬新さがうかがわれ大変に興味深い。極め付きは「アメーバ性日本的法意識」の最終章である。日本的思考・行動様式の決め手は「唯一の原理に絶対の支配をまかせるという態度を拒否し、他の文化においては唯一の原理であるものをも、そのままではなく相対化したうえであれば受け入れるという原理である」。これは「アメーバ運動に比喩できるもの」で、「日本的法意識はアメーバ性を持つと言える」と、いう。その原型の構造をみると、当事者間の特殊な個人的関係のなかで当事者の自主的な意思によって所属社会の承認をえようとするゆえ、合理的判断より人情で考え、支配関係も恩恵と考えるなど、非合理的決定を社会が承認するということもあるが、法規的観念が合理的な決定要因となることもあり、そこに多くの変型がみられることが上記のネーミングの所以である、と説明している。

アメーバ性といえば融通無碍となり、「思想的雑居性」（丸山眞男）との批判もうけそうであるが、それこそが原理そのものである、と論者は弁護する。この点は筆者も同感である。問題は〝雑居性の原理〟の構造的性格ではないかと、この先の攻究を考えたいと思う。

(2)　後編「世界の法文化」

まず、M・B・フーカー『多元的法体制』の批判的紹介を通じ、非西欧法文化理解の条件について、西欧法文化と並ぶという多元的文化論の一環として論じなければならないとし、例証としてアフリカ・日本・西欧の法意識三類型論（初出一九七五年）を掲げる。特徴として、西欧的権利意識は確定性、アフリカは柔軟性、日本は不確定性といえるとして、ただしアフリカ・日本ではそれを補完する機能が働いて、西欧的確定性と似た役割を果たし具体的に権利内容を確定したり行動を特定したりしている、というのである。アフリカの場合は親族組織上の身分の意識であり、日本の場合は一定情況下の特定の個人的関係という文化的機能が補完的に作動すると、比較文化論的な試論を提供する。

確定性・不確定性（マイナス・イメージ!!）という表現に反多元的文化論の色が濃いが、この種の現代用語が外国語の訳語であることを思えば止むをえないだろう。

次に、「国家法に対する非公式法の浸透」（初出一九八三年）のテーマにおいては、浸透する通路として、立法・裁判・行政の三方式に加え、固有法に対する国家法の黙認、国家法と固有法との競争を調整する基準の存在、という二方式があるという。とくに調整基準の存在については既述のアメーバ的思考様式がその典例であり、その論議を発展させたのが、次出のアイデンティティ法原理である、とこの章を結ぶ。

「アイデンティティ法原理」（初出一九八五年）では、まず法文化の基礎資料として、オセアニアの固有法の存在を例に、国家法がそれを否定もしくは変形しても現地人はそれを国家法以上に前提原理と考えるというように、多元的法体系とそれを支える哲学があるとして、その原理をアイデンティティ法原理と論者はよぶ。またH・J・パーマンの著書が教える西欧法伝統の淵源は一一世紀の教皇革命にある、つまり、それによって聖俗が分離し、魂の共同体たる教会と多元的民衆法が規制する世俗国家という複合体制を生んだが、教会が説くキリスト教によって統一的イデオロギーとしての西欧法伝統が確立したという学説に従えば、西欧法文化の成立にあずかるアイデンティティ法原理が読みとれるというのである。こうして「法として現れた一社会に特有な文化的統合」という法文化概念が成立するという。

ところで、固有の文化があるところに外国の文化が移植されると両者の関係がどうなるのか。常識で考えても、拒否、融合、調整などの方法がとられるだろう。そのとき、あくまで自分は自分でありたいという基本線にたって処理を考えるに違いない。それがアイデンティティを確かめるということだから、アイデンティティ法原理が非西欧諸国の切実な問題であるというのは、いわば当然のことで抽象レベルの答えとしては正解である、と思う。

具体的に日本法文化の問題として考えたときの、その内実は「アメーバ性法原理」、これが論者の最終的な答えなのであろう。何でも取り込む吹き溜りの文化ないし融通無碍の無原則文化であるとすれば、アメーバとしかいいようがないのかもしれないが、それだけでは、その生理的性格・実相は不明のままということになるのではないか。

最終章は多元的法体制論にみる法文化の多元性（初出一九八九年）について論ずる。事の始まりは、日本が放射性廃棄物をオセアニア海域に投棄しようとして起こった紛争にみられる両者の法文化の衝突問題である。日本側の態度にみられる法文化の特徴として「〝権利侵害者も確認されなければ免責、合法・不法の区別が不明確、責任は相手方がいなければ空文〟という諸原則がある」とし、オセアニア法文化の特徴と比較して、その「アメーバ的思考様式」を際立たせている。このあと、多元的法体制における法文化の意義について、国家内法文化、国民的法文化、世界法文化の三元構造を前提とした人類の法文化論を訴えようというのである。

法文化に執着して長い研究遍歴をへた著者の壮大な構想が、フロンティアという書名に込められているのだろう。目次をみる限り、その意図を脈絡を辿って見抜くのは容易ではないが、『世界の法思想』と併せ読めば、著者の苦心を感じとることができるはずである。

大木雅夫著の日本法文化の普遍性研究と、千葉正士著の西欧・非西欧法文化の個性研究と、そこにおける観念の仕様や立論の当否に疑問があるとしても、それを指標にして、これまでフォローしてきた学説史の諸見解を含めていえば、法文化論の大筋は見通しがついたと筆者には思える。

2　「多文化時代と法秩序」（法哲学年報、一九九六年）は似て非なるテーマのため、念のため注意。つまり、一つの政治体内部でのエスニック・グループや被差別集団の独自性を公認するための法秩序のあり方を論じたものである。

ところで学会誌の本命は、「法観念を中心とする世界法文化の比較――比較法文化論への試み」（比較法研究六〇号、一九九八年）である。野田が比較法文化論を提唱してから二〇年、ようやく次のような〝試み〟が提案された。

「法観念を中心とする世界法文化の比較――西洋法文化圏と非西洋法文化圏」（木下毅）は、マクロな「法文化圏」を構想しようとすれば西洋・非西洋の法文化圏を、そのなかに「法系」を、下位分類「法族」を構築したい、というもの。

「メラネシア法文化の一側面――水平的に組織された社会におけるコンペンセイションの意義」（北構太郎）、「インド法文化圏」（千葉正士）。基層固有法にヒンドゥ法、固有化イスラム法、仏教法、西欧法という複合的な法文化圏の成り立ちが語られる。

「北東アジア法文化圏――中華人民共和国を中心として」（鈴木賢）では、実体的正義を求める客観的真実主義の下で手続は手段にすぎないと考えられ、無罪推定の拒否、社会的悪を法的悪と考える実質的犯罪概念が根をはっている、という。

「イスラーム法文化圏における法の観念」（眞田芳憲）。法源はクルアーン（聖典）とスンナ（ムハンマドの言行と黙認）が根源的なもので、立法の主要な淵源がシャリーアである。国家法カーヌーンはシャリーアの範囲内でのみ存立することができ、裁判所の判決も同様である。神に服従するための義務の総体がイスラム法文化圏の普通法であり、ムスリムの各国家法が固有法ということになる。

「西洋法文化圏」（五十嵐清）。法観念の特色、法文化形成の要素（遊牧民型メンタリティ・西欧語・ユダヤ思想・

ギリシャ思想・ローマ法・ゲルマン慣習法・キリスト教・近世自然法・資本主義・民主主義）に続いて、その範囲のなかで日本が説明され、日本方派東アジア法文化圏に属するとする。そして「西洋法文化はひとつの法文化にすぎない」、「そこで法文化を越えた法概念を考える必要がある」と結ぶ。「ロシアの法文化――その歴史的構造」（大江泰一郎）は、文化的には西洋に属しながら法文化は西洋から分岐している、その経緯を社会構造史的に考察したもの。

本研究が、西洋＝法文化圏であって西洋法＝文化圏ではなく、したがって比較法研究としては、従来の法圏論ではなく法文化圏論という新しい切口による試みであったという点が、最後に強調された。

とすれば、比較法学の用語法としては西洋法文化圏に対する非西洋法文化圏があり、後者のなかに日本法文化や中国法文化が含まれるということになるから、法文化の重層構造（多元構造ではなく）を考えていることになるのであろうか。

ともかく、これで基礎法学三学界の法文化研究が出揃ったことになるが、法社会学会の法文化論（これまでは法意識論）はどうなるのかが気懸かりである。

これについては一九九四年度学術大会第五セッション、六本佳平の報告「法社会学研究における法文化」（法社会学四七号、一九九五年）がある。日本法に関する法文化の特徴という観点からのアプローチを否定する近年の見方を批判し、西洋近代型法の一変種として統合された法文化の育成という役割を自覚せよ、と迫る。そのため、文化ならびに法文化の概念の多義性を整理してみせる。即ち、法文化とは「ある国の法規範、法機構、法行動、法意識の総体ではなく、それらに共通の特徴を与える、法に関する基本的な象徴的意味、あるいは法観念の体系」というが、なんとも難解である。

3　さて、ここで、一九九〇年代の日仏法学共同研究集会の様相をみておこう。

第一回一九七九年、第二回一九八九年に続いて、「第三回研究集会」は「責任概念の日仏比較研究」のテーマで、一九九二年九月パリにおいて三日間（民事法・行政法・刑事法）開かれたが、法文化論として特記すべき論議は見当たらない。実定法解釈上の責任論だけでは無理で、比較文化論（社会心理？）からのアプローチが欲しい。

(1)　第四回日仏法学共同研究集会　「異文化と比較法」と、続いてアンリ・カピタン協会日本大会「団体と法」が、一九九四年五月に東京大学で開かれた。

「異文化と比較法」（北村一郎）。比較の基点がフランス法になるという欠点があり、日本法について固有の論理を自覚しなければ、という教訓をえた、という。野田流の提言が生かされていないのである。

「団体と法（公共生活における団体）」（樋口陽一）。「典型的に個人を正統性の根拠とし、また個人を徹底的な意味で法主体とする近代……に疲れてきた、その母国の法文化が、改めて公共生活における集団ということを、意識していること」が、テーマの趣旨であると解説。

・感想（山口俊夫）――西欧人が興味をもつ「日本社会特有の団体法理」の問題は、我々日本人自身にとってもよく分からない面が少なくない。

(2)　第五回日仏法学共同研究集会　「不動産所有権の現代的諸問題」は、一九九七年一〇月にパリで開かれた。

「土地所有権の日本的観念」（吉田克己）。日本では土地所有権を自然権と捉える伝統はないが、土地利用規制は不十分である。土地所有権が強いのは「土地は通常の商品」として扱われ、法理に対する経済的論理の優越によるのではないか。（原田純孝）フランスでは革命過程で個人の自由と不可分に捉える所有権観念が創出された。

「建築の自由と都市計画法」（久保茂樹）。明治期の富国強兵策、戦後の経済優先主義が土地利用規制を不十分にし、建築自由の観念が欧米に比べて強くなっている。（滝沢正）フランスでは美観を公序の中に入れて都市計画規制をしている。（吉田克己）フランスの伝統的な土地利用規制の基礎に公的空間と私的空間の峻別があり、公的空間は警察規制に基づく土地利用規制ができる。建築物の高度規制は警察規制の対象であり、美観に基づく規制も公的空間に係わるとされた。

北村一郎が、日仏研究集会も五回をへて、フランス側の日本法への基本的認識も深まってきた、と総括した。

・筆者の感想――二〇〇八年は日仏交流一五〇周年にあたる。安政五年（一八五八年）に日仏修好条約が結ばれたからで、六七年にはパリ万博に幕府・薩摩藩・佐賀藩が出品し、一一年後のパリ万博に明治政府が参加した。一九世紀末にゴッホ・ゴーギャン・ロートレック・マネに浮世絵が影響を与えた（いわゆるジャポニスム）とか（ドビュッシーの「海」も）、一九〇〇年のパリ万博で舞を披露した貞奴が『ル・テアトル』誌の表紙を飾ったとか、有名な交流史の話が残っているが、フランスにとっては単なる異国趣味にすぎなかったのではないか。文化の交流という観点からみる限り、その後もフランスからの文化移入が圧倒し、交流という名には程遠く、エコール・ド・パリに向けての渡仏など日本の片思いに近い一方通行というのが実状であった。とすれば、野田良之の日本法紹介が知られる程度のフランス法学界においては、これまで日本法の理解が不十分というのは当然であったろう。それが、今回は双方の理解が深まったという感想が述べられたのであるから、日仏法学会の努力の程がしのばれるというものである。

4　いよいよ二一世紀。この続篇をみておこう。

⑴　第六回日仏法学共同研究集会　「家族の観念と制度」は、二〇〇一年九月東京で開かれた。

「家族の観念」（私法・公法、歴史的・社会的背景を含む）（水野紀子）。日本では家族法は無力で、日常的に共同生活をしている人々を家族という場合が多い。

「家族の人的関係」（特に離婚および親子関係）（滝沢聿代）。日本で協議離婚が中心なのは法を好まないという日本的特徴を示しているのではないか。尊属・年長者以外は誰でも養子にできるという制度も日本的特徴である

（フランスでは双方とも裁判官が全面的に介入する）。フランスの「法の過剰」に対する日本の「法の不足」（あるいは柔軟な法）という点が討論された。

「家族の財産関係」（特に配偶者の地位および家族企業）（大村敦志）。これについても日本では法の不足が特色の一つになっている。原則は夫婦別産制だが「隠れた共有性」がある。

・感想――日本の家族法について考え方の違う人が多いのは「家」制度がなくなって、基本的態度の違いが明らかになったためだろう、家族というものの見方がフランスでは制度的であるが日本では社会的であり家的意識がある（星野英一）。日本で「家」が解体していくと個人主義的家族となり血縁的な面がでてくるのではないか（水野紀子）。共同生活をして労働により支え合う者の団体を家族と考えると、「単身赴任問題」の例にみるように日本では家族観念の破壊を生んでいる（山口俊夫）。日本の婚姻はコントロールが緩いので意思に基づく制度を考えた方がいい。

⑵　第七回日仏法学共同研究集会　「憲法・行政法・民法における一般利益＝公益」が、二〇〇七年九月パリにおいて開かれた。

「民法における公益――日本の非営利団体」（中田裕康）。金山直樹のフランス法報告では、ルソー以来「公私」の区別が明確で、「個別利益」対「一般利益」、「市民社会」対「政治社会」という対立で捉え、後者の公益的領域こそが統一と均一性の世界として一般意思たる法律で規律されると、一般意思は一般利益の権利的表現と考えられてきたが、二月革命以後、権力の重心移動が語られるなかで一般利益の概念も社会的要求の調整の結果だと考えられるように変容し、個別利益は一般利益の源で、個別的諸利益の調整が政治の任務だという見方が強くなっている、という。

「行政法における公益――一般利益観の変容という視点からみた日本における公私協働の問題状況」（亘理格）。公共サービスの民営化の状況下で公共の利益や利用者の権利保護をどう考えるのかという点についていえば、行政契約理論の未深化な日本では、公共サービスの実効化を図るための制度的仕組みが不十分である。そこで行政・事業者・利用者の三者相互間において透明性と争訟可能性の確保を実現する必要がある、という。

「憲法における公益——日本憲法と一般利益の関係」（山元一）。（辻村みよ子）フランスでは一般利益の実現こそ人権保障の目的であり、一般利益に付される形容詞は民主主義的・普遍主義的という語であってポジティブに捉えているが、日本での公共の福祉概念は人権制約原理として考えられネガティヴな評価が与えられているという違いがある。

・感想——実定法の比較においても、その背景にある社会・歴史・思想の問題にぶつかり、結局は比較法文化論の問題になる（星野英一、今ごろなんでという感じ）。一般利益に「守るべき一般利益」と「推進すべき一般利益」とある（中田裕康、かつての自由国家的公共の福祉と社会国家的公共の福祉の区別の新版か）。民営化によって一般利益の概念の洗い直しもしくは国家と市民社会の関係の変容が問題になっているのではないか（吉田克己）。日仏が対等に議論できるようになり、テーマもグローバルな問題であったため研究集会は非常にうまくいったとの感想が述べられている。

5　二一世紀に入って、なお法意識を論ずる著作がある。これも、何を今さらという感じであるが、川島流法意識論が法学界で未だしばしば引用されることに触発された念のため批判論と考えれば納得がいく。

(1)　まず、高橋眞『日本的法意識論再考』（二〇〇二年、第一章「『日本人の法意識』再読」）がある。川島『日本社会の家族的構成』に照らし合わせながら『日本人の法意識』を検討し、併せてジョン・ダワー『敗北を抱きしめて』を通して日本人の社会観念の特徴を描いたもの。川島理論に沿ってその方法・目的の真意を捉えようとし、ダワーからは変化への強迫観念と大勢順応主義をひきだしている。

次いで、青木人志『「大岡裁き」の法意識』（二〇〇五年）がある。著者は比較法文化論の専攻者であり、人間の価値観は歴史や文化の制約をうけるという前提から、「大岡裁き」に代表される伝統的固有法とそれに対応する日本的法意識が法の継受によってどのような変容をうけたかについて論じている（序章）。法意識から法文化を語ろうというのが表題の趣旨であるが、「お上による保護とお上に対する国民の依存」という歴史文化的に形成された日本人の体質は変わらず、「権利・義務の体系としての法」を日本社会に根づかせること（自己変革から始めよという）が法文化論の課題である、と結んでおり、視座は川島・野田流の西欧法文化におかれている（?・）。

書き出しは、穂積一族の外見の変遷から当時における和魂洋才を説き起こして、継受法に和魂がどう向き合ったかについて詳説（九〇頁に及ぶ）する。そして野田説・川島説の解説に続いて、いわゆる隣人訴訟の経緯をなぞるところから「大岡裁き」が姿をみせるが、それに批判的な大木説、反批判の村上淳一説を紹介し、結局、日本人の訴訟回避現象に日本法文化の真相をみるというふうに結論は単純だが回路は複雑である。しかし、日本人の法嫌い・弱い権利意識というテーゼのたて方に批判的であっても、「大岡裁き」に日本法文化の特徴をみて自己変革・自己責任への脱皮を説かれては、所詮和魂洋才の堂々巡りに終わりはしないか。法文化論を西欧流法意識からみていたのでは、法意識の変革をめざすという答えしか出てこないだろう。

⑵　これに対し、同じころ、日・米・中という国際的社会調査を基にしたそれなりに注目すべき編書が公刊された。法意識国際比較研究会による『人間の心と法』（二〇〇三年）である。研究内容は、一九九四年―二〇〇二年に行われた「『所有権』概念発生の構造」「契約意識の国際比較――二二ヶ国の地域契約意識調査」「日米中三ヶ国法意識調査――東洋社会の法と西洋社会の法」であるが、これには前史がある。まず一九八六年に、加藤雅信とマイケル・K・ヤングによるジョイント・レクチャー「日本法――日本人とアメリカ人の法意識」およびアメリカ比較法学会における加藤報告「日本とアメリカにおける法と法律家の社会的役割」を皮切りに、一九九一年には日韓共同の法意識シンポジウムがソウルで開かれている。テーマは「東アジアの法意識」[3]である。

加藤雅信の主導のもとで、日韓両国法学者が、法意識論、紛争解決制度、家族の対比からみた固有法の問題について論じている。加藤「日本人の法意識」では、これまでの文化的差異論や司法制度の非効率性論などの法学説が語られ、伝統的文化原因論・合理的行動原因論がそれぞれ真理の半面を摑んでいる、とされる。朴相哲「韓国人の法意識」は、八〇年代末に「参加的市民文化」が形成され、国民の価値観が変わり始めたが、法を軽視する風潮がひろがり、長い眼でみると法意識は変わっていない、と述べる。かくて、日本人の法意識は一定限度においてアジア諸国のそれと共通しているのではないかと、加藤は総括する。

この研究グループが拡大改組されて、法意識国際比較研究会が一九九四年六月に発足し、中国（一九九五年）・日本（二〇〇〇年）・アメリカ（二〇〇二年）と「所有・契約・社会」の三テーマについて研究を行った。その報告が、特集「日本人の契約観と法意識」（ジュリスト一〇九六号、一九九六年九月一日号）であり、河合隼雄・加藤雅信編著『人間の心と法』である。前者は逸早く調査が完了した日本のデータについての中間報告であり、事例研究を基にして、日本人の契約意識を日本・アメリカ・オーストラリアから観察したもの。後者は日米中という国際調査についての中間報告である。

後者の著書は三部にわかれ、Ⅰ「人間の心と法」（河合隼雄）、Ⅱ「契約と社会」、Ⅲ「各国の社会と法」である。本稿の論旨構成上の都合で、Ⅰは次章に譲り、Ⅱ、Ⅲについて触れておく。

加藤雅信「民法の人間観と世界観――所有・契約・社会」は本研究の総論的なもの。所有の起源は社会において私人が自らの成果を独占したいという私欲を刺激することで生まれた概念で、遊牧・狩猟採集・定着農業＝社会においては所有権観念のあり方は異なるが、近代においては社会構成員が生産投資の成果の確保を保証するために必要であった（土地所有権・知的所有権）。契約遵守意識について日本人は低いという命題は神話にすぎず、世界的にみて平均的である。民法が前提とする社会観は「利己心をもつ人間」であり、ゲゼルシャフト的なものである、と結ぶ。

河合隼雄「法イメージの国際比較――東洋対西洋から日米中三極へ」。「法によらずに調和する社会」即ち桃源郷は、中国には存在せず、日本ではその名残が確認でき、アメリカでは政治家に道徳を求める別の伝統がある、という話から始まり、契約については、日本では常識に順うことが大切とされて法の影は薄く、アメリカでは法重視、中国は法重視だが常識によることも有力、と続く。結局、法イメージの比較では、日本人は正義感覚と法がズレており、アメリカでは法は正義のためにありと遵法精神も高く、中国も遵法精神は高いが、法を守るかどうかはまた別と考えている。かように日米中の法文化はそれぞれ異なっているが、特に、日本土着の正義感覚と法が二重構造となっているのに、中国では二重構造はみられないから、日本で二重構造が維持されていることの意味を問い続けたい、と結ぶ。

太田勝造・岡田幸宏「紛争に対する態度の日米中三ヶ国比較」。調停制度の利用が裁判より望ましいと考える傾向は中国や米国にもみられ、特殊日本的でも特殊アジア的でもない。法意識で近代化の程度を計る基準とみることはできず、日米中ではそれほどの相違はみられない、という。

藤本亮「契約を守る心」は二二ヶ国・地域の学生を対象に行った（長期）契約に関する調査報告である。まとめにおいて、日本は他の欧米諸国と近似しており、その特徴を法意識から明らかにしようとするなら動態的に把握しなければならない、と結ぶ。

ダニエル・H・フット『アメリカ人は日本人より日本的なのか』は、本件の調査結果が従来のステレオタイプの日米比較法論と多分に異なることを明らかにしようとするもの。

この稿に述べられた日本に関する調査結果が、前述の日本文化会議によるそれと、時に異なり時に同じくするという点に時代の流れを感ずるが、それはまた、近代化意識の伸長によって法の普遍性に従った法感覚の成育によるものもあれば、それにも拘らず文化的個性に後押しされて変化しないものもあるという、法文化の個性の存在を物語る証左となっているのではないかと思う。変わらない法文化の個性、それは戦後の法意識論史のうえでも生き続けた〝生ける法〟とか〝法外の法〟を示唆するものであることは確かである。

野田良之の比較法文化論の提唱からすでに四〇年、それなりに成果はあったというものの、法意識論にひきずられ「法に関する文化」の現況を論ずることが、これまでの主要任務と考えられてきた。つまり、〝生ける法〟や〝法外の法〟の因由にまで射程距離が及ぶことは未だ学界の常識とはなっていないようである。次章では、それを嘲るようにおきた〝生ける法〟の実相を示す事件を糸口にして、その文化史的意義を論じたいと思う。

(3)　ジュリスト一〇〇七号（一九九二年九月一日号）に、特集「東アジアの法意識――日本と韓国を中心にして」と題して掲載されている。

第五章　〝法と文化〟の自画像

一　〝生ける法〟の表情

1　自画像とか表情とか、法学らしからざる表題に戸惑う人もいると思うが、ここは法理論というより文化論の世界だと考える筆者の思いをうけとめていただきたいと思う。

さて、第三章、第四章と法文化論の学説史を素描してきた。基礎法学・実定法学の各分野の専門家が出揃って論じてきたのはほとんど現代日本の法意識論であり、その射程距離は、野田良之の強い期待にも拘わらず文化論にまで高められたものは少ない。確かに、現在の法意識が理解できなければ法文化も語れないという事情は判るが、法文化への導入に、それも法意識の史的因由について和の精神や大岡裁き以外の話題を提供するぐらいの工夫はほしいと思う。わずかな例外のなかで目を引くのは、心理学・人類学など門外からの発言であり、人間・社会・文化の歴史から法意識をみようとした人々が、時に〝生ける法〟の表情を探ろうとしたという点である。

(1)　例えば、法意識国際比較研究会における河合隼雄(1)の場合をみてみよう。論題はそのまま書名になった「人間の心と法」である。人間の欲望から話は始まる。まず、それは自然の秩序を破ったため、次にそれを禁止するが、しかし禁止を破る行為で文化が生まれ、そこに多くの神話が語られるようになったという。旧約聖書と日本神話を比べると、その文化差は父性原理と母性原理とでも呼べるものであるとして、次のような興味ある表で説明する。

	（父性）	（母性）
・機能	・切る	・包む
・目標	・個人の確立 ・個人の成長	・場への所属 ・場の平衡状態の維持
・人間観	・個人差（能力者）の肯定	・絶対的平等感
・序列	・機能的序列	・一様序列性
・人間関係	・契約関係	・一体感（共生感）
・コミュニケーション	・言語的	・非言語的
・変化	・進歩による変化	・再生による変化
・責任	・個人責任	・場の責任
・長	・指導者	・調整役
・時間	・直線的	・円環的

論者は、両性の原理について、どちらにも一長一短があるが、近年、自然との共存について、父性から母性への接近をみるという。しかし、自然の秩序と共に生きるだけなら文字も法もいらない。人間のための秩序保持に法が必要となり、一神教においては「神の言葉」として、法の基礎がつくられた。これに対し日本の場合は、神話の中心に原理原則を表わすものはなく、全体としての調和が成立しているという。このことを、一神教の「原理中心統合構造」、日本の「中空均衡構造」と称し、神話の心性から文化差の問題を語るという遠大な話となる。非理法権天、貞永式目の道理、天皇制などを例に中空構造が説かれ、個人と家族の文化（イエ・カイシャ・大岡裁き）にふれたのち、現代人の直面する問題で結んでいる。

河合には、すでに『母性社会日本の病理』（一九七六年）という下地があって、永遠の少年型社会と特徴付けているが、本書の父性対母性という対語は、文化論としても魅力的なテーゼであり、のちに比較文化論・宗教心理学の立場から松本滋『父性的宗教・母性的宗教』（一九八七年）という著作も書かれている。ルース・ベネディクトの『文化の型』に従えば、父性・母性のテーゼが、それを論ずるさいの重要な指標となることは明らかである。因みに、河合のいう文化差については、野田良之の日本人性格論や千葉正士の「アメーバ性日本的法意識」（中空均衡構造）などがバック・グラウンドにあることも想起される。「切る」と「包む」、「個人の確立」と「場への所属」、「契約関係」と「一体感」、「指導者」と「調整役」、「言語的」と「非言語的」など、これまでの法意識で論及された対比的個性に思い至るものが多くみられるからである。

(2) このテーゼを、さらに本稿風に敷衍して考えてみる。継受法の父性原理と日本法文化の母性原理、まず、そのギャップに「中空」（河合には『中空構造日本の深層』（一九八二年）があるが文脈は異質）があれば、母性原理からの助っ人によって、〃生ける法〃が生まれ、〃法外の法〃の表情をもつだろう。さらに、法文化の母性原理が父性原理の形相に変容を迫るような場合は、法のタテマエはホンネに変わり、ホンネに〃生ける法〃の表情をみることになる。このように考えると。〃生ける法〃には、母性原理が生んだ助っ人としての〃法外の法〃と、父性原理の変容した継受法の現実という二つの表情が読みとれることになるのではないか。

別の例で考えてみる。だいぶ前に述べたが、我妻洋は、法文化とは規範一般・政治的現実・表層深層心理の相互交渉系だといった[2]。この説明で本テーゼを考えると、タテマエたる父性規範が母性心理によって半母性化したホンネの現実が行われるという交渉ルートに法が表出したとき〃生ける法〃が観察できるということか。ここでは、助っ人とホンネという二つの〃生ける法〃の表情は後者の一つに収斂している。

ここまでの記述で〃生ける法〃が法文化の個性を決めるということになりそうだが、解説としては法文化によって〃生ける法〃が生まれるともいえる。筆者の法文化の定義に従えば、文化が生んだ法に関する社会通念＝法文化によって〃生ける法〃が生まれ、それが法文化の型（＝個性）を決定するという説明になろうが、現実問題としては法文化の型が〃生ける法〃を生むと説明できる場合もあるだろう。一言付け加えるならば、判例でよくみかける「社会通念上……」という観念は、〃生ける法〃のことを術語的に言い換えている場合が多いということを記憶しておきたいと思う。

ところで〝生ける法〟の実相はどうか。これについては学説史で紹介したように、各実定法の専門家が各人各様に、さまざまな角度から論じてきたことが判る。それも、川島以来、その刺激をうけて民法学において最も盛んであった。問題の発端が、裁判嫌いの調停好き、いいかげんな契約意識と法嫌い、両当事者の利害を調整しようという灰色の紛争解決感覚（比較考量論？）などにあることを考えれば、理の当然である。そして現在、それは各法域において進行中であることも、学説史をみていただければ理解されると思う。

2　一九八三年、日本の法文化を論ずるのに恰好の素材となる事件がおこり、民法学者・法社会学者を喜ばせた（?）。いわゆる隣人訴訟である。新聞・雑誌がこの事件を広く世間に伝えたので、法学者には周知のことなのだが、一般読者のために、その概略[3]と法文化からの見立てを記しておく。

ことの始まりは一九七七年である。それまでにX夫妻とY夫妻は、ため池の傍にある団地に同じころ引っ越し、息子同士が同じ幼稚園に通う遊び友達という、親しい間柄であった。ところが、五月の或る日、X夫人は「使いにゆくから頼む」といって息子をY夫人に預け、Y夫人も「子供達が二人で遊んでいるから大丈夫でしょう」といったので、出かけた。Y夫人は子供二人が遊んでいるのを一〇分ほどみて屋内に入った七、八分後、Y息子がY夫人に「X息子が池にもぐって帰ってこない」と告げたので、池に駆けつけるとX息子は溺死していた、というのである。

X夫妻は、国・県・市、建設会社、Y夫妻を相手取って損害賠償請求訴訟をおこし、津地裁一九八三年二月二五日判決はY夫妻に不法行為責任ありとし、五〇〇万円強の賠償義務を命じた、という。Yは三月一日に控訴。

法律論としては、XY間で準委任契約が成立するか、不法行為責任はどうか、注意義務の程度は、といった民法学習の好教材になるような法的問題もあるが、社会問題として、友達付き合いの両夫妻の間柄を考えれば、訴訟の提起は、団地内部はいわずもがな、一般的にも是認をえられるようなものではなく、他の解決方法があるはずと考えるのが当時の日本人の常識であった。これが問題の発端であるが、それでもXが訴訟を決意したのは、水死事故の様子を聞きにいったところYが会ってくれないとか、しかも私には責任はないとYがいっていると人づてにXの耳に入ったことなどで、感情的になり腹にすえかねたからと、のちに新聞は報じている。

しかし、判決直後からX宅の電話が鳴り始め「数日の間に六〇〇本の電話がかか」り、「手紙や葉書も五五通送られて」、これら「ほとんどの電話、手紙が非常に口汚なくX夫妻をののしるというようなもの」(森嶌昭夫)であったという。しかもXは商売の取引先から仕事を断られ、子供は学校でいじめられるという状態で団地にいられなくなり、Xは三月七日に訴え自体を取り下げた。ついで、Yに対しても嫌がらせや非難の電話(おまえはまだやるのか)がかかり、九日に取下げに同意した。

「近所付き合いに〝冷水〟」(朝日新聞)、「隣人の好意につらい裁き」(毎日新聞)。これは判決を報ずる新聞の大見出しである。このような報道機関の取上げ方が事件の展開に大きな影響を与えたことは否定すべくもないと思う。取下げによって判決は効力を失い、Xは二度と訴訟をおこすことはできなくなった。

次の文章は三月九日各新聞社の社説抜萃である。

日本人は家庭や近隣間の問題に法が介入するのを伝統的にきらう傾向が強い。それは同質性の高い地域社会では慣習などに基礎をおく生活規範で秩序を維持し、住民間の利害を調整することができ、あえて法の介入を必要としなかったためである。それに加えて……法の建前と現実の生活規範とのズレは、過去百年にわたり日本の法律文化を彩ってきた顕著な特色なのである。……(「朝日新聞」より)

……法律によって権利と義務を明確にしてゆく、新しい動きと、それになじまない、日本型社会の古さが露呈された感じだが……隣とのつきあいや、地域社会はいかにあるべきか。戦後の激しい都市化の波の中で、似たような「不安定な関係」にさらされている市民は多く、お互いの問題としてつきつけられた大きなテーマである。……

この裁判について世間では二つの点で強い異論が出た。一つは、隣人を訴えるとは何事か、これでは近所づきあいもうっかり出来ないではないか、という原告への批判。もう一つは、裁判官もおかしい、もう少し、世間の常識に合った大岡裁きが出来ないかという議論である。……（「毎日新聞」より）

もともと、わが国の社会には、契約の意識が薄いといわれる。約束事が、ハラとハラで決められたり、義理人情のしがらみが先行したりもする。そうした関係から、裁判で争うこと自体を嫌う風土も作られた。

物事をつきつめず、人と人とが、わかり合える社会は大いに結構な社会だ。あいまいといえば、あいまいだが、そうした伝統的風土をよしとして、重視する人はなお少なくない。その風土に、近代の権利意識が導入され、近年は、わが国の社会も確かに変わって来た。権利意識の高まりにつれ、最近は、何でも裁判の場に持ち込めばいいという乱訴の傾向も一部に出はじめたともいわれるほどだ。

今回の訴訟も、こうした風土や背景を考えると、議論の分かれる内容を含んでいることは確かである。……（「読売新聞」より）

筆者の独断で法文化に係わる部分を抜萃してみたが、これらを総見すれば、日本人の日欧混交した法感覚の様相を伝え得て妙である。他方、法文化論としてみれば、事件の推移を通じてみられた国民の法感情こそ、いわゆる〝生きた法〟ではないかという認識、それも習俗・道徳と法律との中間にあるルールではないかという認識が法学者の脳裏に閃いたことは確かであった。(4)しかも〝生ける法〟の表情を初めて知覚したという驚きを伴うものであったろう。話は、その表情とはどんなものかという命題に移ることになる。

3　筆者の実体験である。判決のあった二月二五日の昼すぎ、某新聞の社会部記者から電話がかかってきた。津地裁判決の概要を述べたあとで、筆者の感想を聞きたいという。そして「向三軒両隣という風習はなくなったのでしょうか」と尋ねる。御近所の誼で子供を預けたり預かったり、到来の品をあげたり頂いたりという近所付き合いは人の世の常識であって、たとえ相手に不注意があったにせよ、応対が気に入らなかったにせよ、友達付き合いの間柄なのに裁判で損害賠償を求めるという法的行為に訴えるのは〝世間の道理〟に欠けるのではないかという問い質しに違いないと思った。

確かに、高度経済成長後の社会変動によって、それまでの人の倫《みち》に大きな変容を迫るものが世相には多くみられるようになった。とりわけ、第二次大戦中の「隣組」は警察目的の相互監視組織でもあったという経験から、戦後に始まった町内会も胡散臭いと煙たがられるという具合で、近所付き合いはうるさがられるという風潮が、都会を中心に広がっていた。当時、マンション住いでは「隣りは何をする人ぞ」という話はザラで、逆に近隣関係のトラブル・争いが目や耳に入ることが多くなっていた。

こうして、無償の善意に支えられる近所付き合いは稀薄になったということが社会常識とされ、それを個人の確立という西洋近代社会の理念に基づく贈り物、「ムラ社会」からの脱却と評価する戦後科学によって後押しされていたから、〝向三軒両隣〟という昔からのナラワシによる問いかけは、〝世間〟もしくは〝知り合い〟による批判・非難を代弁する言葉、それも日本人の心になお生き続ける〝世間の道理〟もしくは〝知り合いのキマリ〟に則る抵抗と受け止められることになった。

隣人訴訟は、このように世の中のキマリで解決できる問題でも、権利侵害を伴う場合は、法的処理に依拠して権利擁護を計ると考えねばならないのか（男性原理による人権派の思考）、それとも、世間の異常な反応にみられるように、人間関係の合理的な法的処理はギスギスした地域社会を作ることになるので、近所の誼を基にした世の中のキマリに従うべきなのか（女性原理による物の道理派の思考）という、法文化にとって重要な論題を突きつけることになったのである。

新聞記者からの問いかけに対し、筆者は〝世間の道理〟の騒音によって法の支配は消されてしまったと考え、「道理が法を破る」と題して感想文を書いた。(5) 法務省が、「裁判を受ける権利は……最も重要な基本的人権の一つであ」り、「多数の者の行為により、これが侵害されるに至ったことは人権擁護の観点からは極めて遺憾なことというほかはない」という見解を発表したのは、それからまもなく四月八日のことであった。

〝向三軒両隣〟というナラワシには、いわば相互扶助的隣保制度のニュアンスがある。それが〝世間の道理〟という〝生ける法〟の表情なのかどうか、わが国の隣保制度についての検討が必要である。

ところでこのナラワシも、近隣の氏素性も知らないといった社会状況の現在では、次第に死語に近づいている気配もないではないが、前述した世相をみる限り、まだまだ生き延びているといった趣があろう。この用例はすでに江戸時代、式亭三馬の『浮世風呂』（一八〇九—一三年、江戸町人の社交場でもあった銭湯での会話や人物像を活写したもの）に「向三軒両隣のつき合をしらねへとんちきだ」と書いてあり（ほかに『東海道中膝栗毛』など）、隣保制度の俗な表現として近所付き合いの鉄則だったのである。

4

しかし、隣保制度の発端は、このような親しみ深いものではない。むしろ、反対に警察目的の官制組織としてつくられた、律令にある保（源流は唐制の戸令を白雉年間六九二年ごろに倣ったもので、近隣の四家を隣とし、その家を加えた五家を保といった）の制度である。戸令には「凡戸。皆五家相保《まも》（凡そ戸は皆五家相保れ）」とある。五保は犯罪防止・逃亡監視・徴税確保のための連帯責任組織として設けられ、早い例では七〇二年、遅い例では一〇〇四年の戸籍に記載がみられる。

そもそも律令は刑法・行政法が主で、民事も戸令・田令などの民政関係にみられるにすぎない。五保は民政に関する末端官制組織であり、相互監視機能を主にしたことは想像に難くない。しかし隣保組織は、近所の誼を人間の自然発生的な心情として生みだすから、それが相互扶助団体として機能した(牧健二)[6]と推測することも十分可能である。

五保の制は中央の威令が浸透している間は実行されたであろうが、律令衰退期に入り戸籍制度が紊れると、やがて鎌倉後期から中世農民の自治的共同組織「惣村」が形成される。村の鎮守を宗教的絆として結びつき、成員全体が参加する自治的協議機関たる「寄合」がもたれ、惣の規約たる「村掟」がつくられた。また自検断(村の警察権・裁判権)をもち、守護使・領主の使者の干渉を拒否する「守護不入」が行われた。山野・用水の共同利用のもと、この地縁的共同体にみられる政治的・文化的結合ぶりは、有名な「百姓の習、一味なり」(『東寺百合文書』一二四三年)もしくは百姓申状にみられる「一味同心」(仏教的な一味和合から)などの言葉によって、その本質が巧みに表現されている。村付合への参加は義務であり、その仕方にも基準があって違反に対しては制裁(村八分のオキテ)が行われた。いわゆるムラ社会の〃生ける法〃の古い見本である。

戦国時代でも貢納・支配の単位として設定されて村寄合・村掟などの自治的仕組みをもっていたから、その自治的精神を利用して、国主は領内の治安維持のために五人組を組織し(一五三六年に庄屋五人組の名がみえる)、秀吉も侍五人組・下人十人組の掟を設け(一五九七年)、次第に一般化する。[7]

江戸時代の五人組制度は、これらをうけ改組したもので、令の五保の制と同じく、五家(土地により二戸・三戸もあれば十数戸に及ぶ場合もある)から成る警察目的の武士・庶民を問わない近隣組織であった。その規約たる五人組帳(一四七ヶ条に及ぶものもあるが一般は五〇ヶ条前後)によれば、その内容は土地や時期によってまちまちだが、領主法の遵守、相互検察、異教徒摘発、共同警備、納税確保など本来のものから、家族法上の諸事件(婚姻・養子縁組・相続など)の立合、品行監督、近隣に関する道義(耕作協力・租税代納など)、倹約励行など、庶民一般の日常細部に渉る道徳的・教化的条項にも及んでいる。封建制維持のためであることはいうまでもないが、泰平が続くに従って重点が前者から後者、つまり相互扶助に移っていったのは人間の心情として当然の理である。[8]

幕府自らが「五人組のものは互いに親子の恩をなして一方不幸あれば他の四戸これを救い……」と命じたように、近隣互助組織としても期待していたことが明らかにされている。

五人組制度は明治二年六月までの長きにわたって行われた。もちろん地域により実施の程度に差があることは確かであるが、結局、それが世の中の道理として民衆の脳裏に刻みこまれていたことは間違いない。〝向三軒両隣〟は、それこそこの刷り込まれた互助組織を町っ子風私製版につくり直した世俗的表現に違いない。世の中の日常生活に通用するナカマうちの自律的道理として、心のなかに沈澱し土着化していったのである。

『浮世風呂』の会話が今も事件のネタになるという点に、〝生ける法〟の存在が読みとれるというものであり、そこに法が割り込もうとしても弾き出されたという事件、「道理が法を破る」と筆者が題した所以である。この問題の本質は、近隣紛争の法的解決如何という言い方では相応しからず、世間付き合いのなかで起こった争いに関するナラワシ（一種の道理）による処理如何と解するのが妥当である。もっとも、世間のナラワシ、道理が法を破った背景に、マス・メディアによって世間が全国レベルに拡大され、道理が法的実効性に類する強制力をもったのだろうと推測しうることは確かであるが、それでもなほ、〝世間の道理〟という〝生ける法〟の存在を証する話であることは疑いがない。「世間」の「道理」は、「社会」における「法」のあり方について、日本人が描いた自画像である。

（1）河合隼雄・加藤雅信『人間の心と法』第一章（二〇〇〇年）。
（2）我妻洋「社会心理と法概念」ジュリスト七六二号八三頁（一九八二年）。
（3）詳しくは、星野英一編『隣人訴訟と法の役割』（一九八四年）をみよ。ほかにジュリスト七九三号（一九八三年六月一五日号）に、土居健郎、広中俊雄、井原美代子、藤村美津、好美清光、池田が事件評を載せている。
（4）星野編・前掲注（3）一一七頁以下、星野発言より。
（5）池田「道理が法を破る――固有法と継受法のせめぎあい」ジュリスト前掲七九三号四四―四七頁。『憲法社会体系Ⅲ』三三七―三四五頁に所収。

（6） 牧健二『日本法制史論・朝廷法時代上巻』（一九二八年）。

（7） 滝川政次郎『日本法制史㊦』一一二頁（一九八五年学術文庫版・原作一九二八年）。石井良助『日本法制史概説』四二五・四六三頁（一九四八年）。

（8） 石井良助編『法律学演習講座・日本法制史』一九二頁（一九五四年）。

二 「世間」と社会

1　人は社会的動物であるといわれる（アリストテレス）。人との繋がりなしでは生きてゆけず、交わり寄り集まって共同生活をする。それが社会（西洋語ソサエティ（結合する）の訳語（西周、一八七七年訳）で福地源一郎が最初の使用者であるといわれる）である。それ以前の対応する日本語は本稿でいう「世間」であった。

しかし、今、一般的にいえば、「世間」には情的で古風の趣があり、「社会」は知的で現代風の言葉であるという、その経緯からくる時代感覚的な違いがあると捉えられているように思う。そのため、「社会の公僕」とはいうが「世間の公僕」とはいわず、「人間は世間的動物である」といえば批判さえ受けようが、「人は世間をつくる」なら受け容れられよう。逆に「世間の家庭では……」という言い方はできても「社会の家庭では……」というとおかしい。しかし「社会の風潮」とも「世間の風潮」ともいうように同義的使用もできるが、「世間話」と同義の現代用語を探すのは難しい。

双方は対応しているが、どこかが違い現代人は使い分けしているようにさえみえる。読者の理解のために結論を先取りしていえば、成り立ちから考えて、「社会」が西欧流の個人を中心とする組織とみる一般的概念であり、その組織形態の性格を表わす言語で複合語をつくり具体性をもたらすのに対し、「世間」は人間関係の存在の場を強調する茫漠とした概念で、組織の範囲や性格には全く無頓着かつ流動的であり、個別の組織に異名を付けてその具体的内容を語るというふうである。

例えば前者は、地域（国際）社会、地縁（血縁）社会、原始（文明）社会、市民（封建）社会、下層（上流）社会、情報（産業）社会というように、人間社会の広狭・時代・階層・文化に渉り凡ゆる組織形態に対応しうる用語であり、人々の集団を表わす便利この上ない言葉として一般的に広く使用できるのに対し、後者は組織内での対人関係のあり方・持ち方を表わす語を付け加えて情況を伝えるのには長けた言葉であるが、具体的イメージを表わすのには、周知のマチ、ムラを始め、結《ゆい》、○○講、○○神社氏子のように、その範囲・内容・性格までも画定する個別の組織名をあげる必要がある。〝向三軒両隣〟という「世間」の異名には隣り近所の誼という範囲と情的意味も込められているが、近隣社会ではそんなニュアンスはなく、ブッキラボウに領域だけを表わしているに過ぎない。隣人訴訟について重ねていえば、「世間」の問題として考えれば情的処理が優先するのに対し、近隣社会の問題であるといったら法的解決は当然と考えるというわけである。

情的処理というのでは現代法は入り難いであろうから、そこに〝生ける法〟が機能して、現代法からみれば〝法外の法〟が生まれることになる。このように考えてくると、「世間」と「社会」の違いは、法文化論からみて重要なキー・ポイントになることは間違いなく、後述するように詳細な検討が必要であろう。そこでまず、「世間とは何か」から。

2　改めて「世間とは何か」を考えてみよう。
『日本国語大辞典』によれば、まず梵語として、㋑「（梵語 loka の訳語。壊され否定されていくものの意）生きもの（有情世間）とその生きものを住まわせる山河大地（器世間）、あるいはこれら二つを構成する要素としての五蘊（五蘊世間）の総称」。㋺「（梵語 laukika の訳語。世間に属するものの意）世俗。出世間に対して、聖者の位に達しない凡夫などをいう」とある。そこで、仏教語としての原義は何かを詳しく知るために、中村元『広説仏教語大辞典』を調べてみると、一〇義に及ぶ解説と引用仏典が掲げられ、仏教語としても如何に多義的に用いられてきたかが判る。

①「うつり流れてとどまらない現象世界」（法華経）。②「自然環境としての世界。器世間」（法華経）。③「世の中。衆生が生活する領域。この世」（華厳経）。④「世の人びと」（雑阿含経）。⑤「世の中の生きとし生けるもの。衆生世間。有情世間」（法華経・阿弥陀経）。⑥「迷える輪廻のありさま。けがれた俗世間。迷いの世界」（維摩経）。⑦「有漏法の異名」（＝煩悩と随順し煩悩を増長するもの）（倶舎論）。⑧「出世間に対していう。有漏のこと。また世の中。世俗」（識身是論）。⑨「世の中のならわし」（別訳阿含経）。⑩「天台宗では世間に三種を立てる」。衆生世間（有情世間）・器世間・智正覚世間。「これらの世間を超越した仏・菩薩の境界は出世間である」（中論）とある。出典は馴染みのあるものに絞ったが、わが国でよく知られた例は「世間虚仮《こけ》唯仏是真」（天寿国しゅう帳銘文）である。

この解説に応ずるように、日本語でも、①㋑「五蘊世間の総称」（万葉集）、㋺「出世間に対する世俗」（今昔）。②「人が生活し、構成する現世社会。この世の中。この世」（懐風藻・竹取・好色一代女）。③「人の住む空間のひろがり」（大鏡・平家）。④「人々とのまじわり。世間づきあい。また世間に対する体面」（日本永代蔵）。⑤「この世の生活。暮らしむき。生計」（沙石集）など（『日本国語大辞典』より抽出）、用法は広い。書名の表題になった『世間胸算用』（井原西鶴）は大晦日の町人の生きざまを描いた短篇集である。

以上の引用は八世紀から一七世紀にわたっており、長期間通用した「世間」の常套句振りがよくわかるというものである。

以上、仏典・日本文学に共通して、この世の中、現世という意味の使用法が認められるが、本来の仏教語としては無常という時の流れがニュアンスとして含まれているのに対し、文学上の日常語としては、広い世間・狭い世間というように、現在の生活空間の意味合いがあるという違いがある。この時間から空間への意味合いの変化

について、井上忠司は、万葉集が大和ことばの「よのなか」に「世間」の漢語をあてた時に変質した、と述べている。(9)

3　さて、この世における人々の交わりは、さまざまな空間の広がりのなかで、さまざまな形態をとり、さまざまな他者との関係を保ちながら、夫々の人の営む人生を形造る。そこでは清濁混在する世の中で他人にいかに対処していくか、人生の処方箋が「世間」に関係した言葉として飛び交い、時に慣用句として処方箋的諺から風習ともなり、はては道理に見立てられるという例も珍しくない。

そこで、とりあえず、「世間」を用いる日常語について世の中の何を表現したいかを整理しておく。

独断的ではあるが、①世間の重要性を指摘したもの、②生活常識の基準を表現したもの、③処世訓となったものに分けてみる。

①　世間様《さま》、世間体《てい》、世間の眼、世間に出る、世間を渡る、世間付き合い、世間を知る（反→世間知らず）、世間を広げる、世間に詫びる。

②　世間話、世間ずれ（反→世間離れ）、世間騒がせ、世間構わず、世間外れ、世間の嫌われもの、世間に顔向けできない（反→世間に顔がたつ）。

③　世間は広いようで狭い、世間の口に戸はたてられない、世間に鬼なし（反→世間の風は冷たい）、世間名利につきる、世間の蜆門前の蛤など、世間をめぐる楽観・悲観が語られている。

今も使われている例をあげたつもりだが（世代間の差がある?!）、何れも、人々の生活や暮らし方を教える言葉として用いられるという点に特徴があり、対人間に関するもの、つまり「人（の）間」を「世間」の語を用いて説いた言葉である。前述したように、現代の「個人」中心の「社会」に対して、「人の間」中心の「世間」が、今も日本人の心に刻み込まれている証といえるのではないか。

4 「世間」と「社会」との違いを更に追いかけることにしよう。ここではまず、対人関係のあり様からみた「世間」の位置付けについての所論を紹介する。前述の井上忠司が「人はいったい、どこから『世間』とよび、どこまでを『世間』とよぶのであろうか」(井上・注(9)七一頁)という問題、つまり、対人関係の拡がり方から観察して「世間」の構造を考えよう、というのである。

(1) まず、社会心理学の手法により、「所属集団」(家族・親族・地域社会・学校・職場・団体など)と「準拠集団」(自分の態度や行動のよりどころとするような集団)と分け、「世間」は後者の一種とみる。そして、ゴードン・W・ウォルポートの「内集団」「外集団」の区別に倣い、「ウチ」(ミウチ・ナカマウチ)と「ソト」(タニン・ヨソのヒト)[10]に分け、両者の中間帯に準拠集団としての「世間」をおいている。ミウチやナカマウチほど近い存在ではなく、タニンほど遠い存在ではない、という位置付けである。

しかしながら、〝向三軒両隣〟の世間は、五人組からの成り立ちとしてナカマウチに近いものであったはず。それが現代のマスコミによって無限定の世間にさらされることもあると知ったのである。つまりは、「小世間」と「大世間」(?)とに区別されるということか。

人間の関係する生活範囲は、周知のように明治以降から特に拡大の一途を辿り、タニン、ヨソのヒトも時に「世間」に包み込み、その範囲は漠然としているというのが真相であろう。井上も「現象形態においては、今日ほど、『世間』観がバラエティに富んでいる時代はない」(井上・前掲(注9)九四頁)という。しかも、現在のIT社会では、ウチもソトも相対化してしまって、所属集団か準拠集団かの判別も難しい。地域社会、学校、職場は無論のこと、タニンのなかにも「世間」があることは、隣人訴訟が経験したところである。

準拠集団が所属集団(ミウチは別として)を巻き込んで「世間」化したとするなら、その観念基盤としての「人の間中心主義」[11]は一層強化され、「世間」の価値にコミットしてウチの行動を定めるという、〝法外の法〟が日常化すること請け合いである[12]。

(2)　隣人訴訟は、〝向三軒両隣〟という狭い隣保組織におこった事件が日本中の世間感情をよびさまして大きく拡がり、暮らし方の道理が法を排除した（小世間が大世間を動かした）という話である。そもそも〝生ける法〟は狭い生活領域内で生まれ易く、広い生活世界では生まれ難いと考えられる。広い世界では利害が錯綜し現代法が調整のために介入することが多くなるからである。始めは狭い世間の各所における暮らし方の問題であった入会が、広く世間一般の問題（この場合は「社会」問題）となって法化される（慣習が権利化され入会権になった）という例がある。このように「世間」が「社会」とよび変えられるようになったところでは、「道理」が「法」にとってかわられるという現象が生ずる。

しかしながら、①法が道理からズレるとタテマエとホンネの使い分けが生じ、法の適用が道理からズレると適用拒否が行われることが多い（隣人訴訟の場合）。②法化が行われても道理が生き続ければ法の軽視がみられ、〝法外の法〟現象がみられる。③道理が法の成文化から外れると〝生ける法〟として生き残るという道理→法化の関係が考えられるのではないか。

さて、ＩＴ社会の出現によって、その名の通り、「世間」は「社会」化するのであろうか。それとも名とは違って、「社会」の「世間」化を拡大するのであろうか？　この疑問は道理と法のせめぎあいに深く係わる重要問題であろう。くどい話になるが、「世間」と「社会」の違いに関する所説を紹介しよう。

5　フッサールの現象学の方法により「世間」を観察した佐藤直樹は、「社会と世間のちがい」について、次のようにいう[13]。

「第一に、社会と『世間』とのいちばん大きなちがいは、社会が契約関係を中心とした市場原理で構成されているのにたいして、『世間』は贈与・互酬関係によってむすばれている」。

「第二に、人間関係に関して、社会では『個人の平等』が貫徹されるが……『世間』においては目上・目下などの『長幼の序』に重きが置かれ、人間が平等だという考えは『たてまえ』にすぎない」。「第三に……社会は個人が集合してつくりだすものと考えられているが、『世間』では……個人が不在であり、まず『世間』という世の間があって、しかるのちに個人が存在する」。「第四に、……社会では聖／俗の分離がおこなわれるが、『世間』では聖と俗が渾然となっていて民間信仰のようなものが大きな位置を占め、犯罪もケガレとみなされる」。「第五に、社会はウチとソトの区別をしないが、『世間』はウチとソトの区別という排他性をもつ」。「第六に、……社会において人々は『社会を離れて生きていけない』と思うことは稀だが『世間』のなかでは『世間からつまはじきされたら生きていけない』と人々は思っている」。

ヨーロッパでは一一、一二世紀にキリスト教が「世間」を一掃したが、わが国では明治以降も「世間」は残り、戦後の一九八〇年代に高度消費社会が姿を現わすと、「世間」の露出が生じた、という。すなわち、それまで愛情原理が支配した家族が市場化して市民社会と結合し（家族の崩壊）、経済の安定成長のもとで血縁を前提にした縁故・地縁・既得権が息を吹き返して「世間」の露出が際立つようになり、ついで、職業・資産の「世襲化」の進行により「資本主義の中世化」現象がつくりだされて、閉塞感の強い「世間」が肥大化しているのが現状である、と佐藤直樹は分析する(14)。

一九九九年に設立された日本世間学会の一会員が、「『世間』はわれわれ日本人の運命である」。「もしも世間という場を認識することができないならば、われわれは自分たちの依って立つところを認識できないことになる」。「日本人にとって、『世間』は空気のような存在である。そして私たちは、その『世間』のなかに生きている。しかしそれはあまりに日常的な存在であるために、普段は私たちの意識にあまりのぼってこない(15)」とまで言い切るのである。もしもそうなら、社会の現代化と法化がいくら進んでも、「世間」が絶えず顔を出すのが日本法文化の個性ということになり、川島、野田を大いに歎かせることになってしまう。

6　梵語で五蘊世間と解されていた原義が、日本の日常語としてただの世俗「世間」一つにまとめられたため、漠然とした範疇・内容の不確定な観念となった。そのため組織化された個別の世間は固有の異名でよばれることになって、「世間」一般はむしろ流動性をまし、意味深長なニュアンスを含む言葉になったというのが現状である。

そこで最後に、「世間」（感覚）が社会生活のどんな「場」に潜んでいるかについて具体的に考察してみよう。いわば「世間」の社会的諸相の検証である。

(1)　ところで、この社会的諸相の構図について、『日本人の仲間意識』（一九七六年）を論じた米山俊直は、「社会関係のいちばん外枠を世間と呼び、家族のように血縁関係で結ばれている部分を身内と呼ぶならば、仲間というのは、いわばその中間に位置している、私たちが所属する集団ということができよう」（三七頁）という。この構図に従えば、人は「世間」「仲間」「身内」という社会的諸相に属するわけで、本節で問題にする〝向三軒両隣〟は「仲間」に属する中間形態であるが、すでに明らかなように、それも「世間」なら「仲間」も「世間」、つまり一般「世間」に対する「小世間」ということになる。したがって、世間について、この双方を念頭において検討を進めることにする。

ところで「世間」の発展史からみて、マチ、ムラを始め、さまざまな「世間」の型を探れる恰好の時期は江戸時代である。世の中が長期に渉って安定し、生活分野の多くの領域で対人関係の組織化が行われ、地域・信仰・職業・互助などについてとそれらの複合態の組織が、「社会」観念のない以前には「世間」と観念されていたからである。

(2)　そんな「世間」の基本形態（一般世間）は、「マチ」「ムラ」である。「マチ」は道路に面した家並みの

「街《まち》」(『説文』四通の道)の区画のある集落を指して「町」(『後紀』では土地の広さの単位で十段を一町《ちよう》と定めたが、のち住居地の区画を指すようになった)となった。現在の原形は室町時代にできたといわれ、門前町・城下町・宿場町・市場町・港町などとよばれ、マチの観念は様々で(統一した町概念ができたのは明治中期以降)それに適応する「世間」があった(日本の集落が道路に沿って生まれたという話は都市形成のあり方を考える上で極めて示唆的である、後述)。

これに対し「ムラ」は人が集まる「群《むれ》」を原義とし、古くは「里」「邑」を当てたが(書紀など)、一〇世紀には「村」となった。惣村の展開をへて、戦国時代以降に貢納や支配のために、「村組」「近隣組」(向三軒両隣の例)が設定され、村寄合・部落(村の一部の呼称で字《あざ》単位が多い)集会・村掟の自治的仕組みを通して、組織維持のための確固たる「世間」をもっていた。

ところで、町・村は末端行政組織として今も確かに区別されている。しかし平成大合併によって、中味の違いはほとんど判らなくなっているのではないか。筆者のよく知る例として、砺波市と共に「散居村」風景で知られる富山県南砺市は四町六村の合併で生まれたが、門前・彫刻町、機織り町、木工町、商業町あり、温泉や合掌集落まで含んで、混然たる連合的自治体である。市条例の法的制約の下で、合併以前の現存する土地のナラワシ・シキタリ、世間のキマリ・オキテはどうなっていくのか。隣人訴訟から三〇年たって、互助的小世間や一般世間が全国(大世間?)の反応を呼びおこすことがあるのか、という疑問である。

7 疑問はさておいて、「大世間」「一般世間」に次いで、現在、見聞きすることも少なく余り知られてはいないが、時に目にすることもある「特定目的の小世間」をみておきたい。互助目的のほか、信仰目的・社交目的などの、個別的目的をもつ「世間」もしくは「仲間」についてである。

(1) まず、私製版互助機能をもつ「結《ゆい》」(「もやい」ともいい、田植や屋根葺などで共同労働をする組織)がある。

「結」は、自然村とは異なる定住的居住が続いたムラ生活の労働にとって欠くことのできない自治的組織で、今もその実際をみることのままある例である。入会が法化されたのに対し、ここでは「仲間のキマリ」、つまり「世間付き合い」という生活規範の総体を表わす感情によって自律が守られるという、「社会」を観察する場合とは異なる人間関係のあり方に触れることができる。

(2)　次いで、「講」「氏子」「檀家」などの信仰上の組織について言及する。

「講」は現在、マス・メディアに登場することはほとんどなくなったが、信仰目的以外のいろいろな社会機能を果たすものとして、かつては広く利用された社会組織でありながら、学界で紹介される機会も少ないので、少し詳しく説明する。[16]「講」とは、もともと経典を購読する講経の集会のことで、古く飛鳥時代まで遡るが、平安朝初めに法華信仰が高まるにつれ法華八講会が流行して、民間に広く浸透した。中世になると、末法思想の影響による信徒の期待に合わせて仏教各派の組織化のために参詣組織として「講」がつくられた。神仏混淆の時代であるから神社の場合ももとより同様であり、①全国的に著名な神社・寺院について、②各宗派の信仰者によるまとまった参詣のため、③地方の山岳信仰に始まる土着的な諸宗融通の組織、④民間信仰に根差したもの、という形態をとりながら、日本全国に広まっていった[17]（分類は筆者）。

①　伊勢講・出雲講・富士講・春日講・熊野講・八幡講・天神講・稲荷講・善光寺講など。

②　西国・四国の札所巡礼、高野山講（大師）・成田講（不動）・報恩講（真宗）・身延講（日蓮宗）・観音講と地蔵講（曹洞宗）・薬師講など。

③　平安朝弘仁年間に山岳修行から成立した修験道によるもの。北から岩木山・出羽三山・早池峰・鳥海山・金華山・飯豊、妙義・榛名・古峰・筑波・三峰・高雄・大山、弥彦・立山・白山・戸隠・御嶽・秋葉、大峯、伯耆大山、石槌・剣山、英彦・鵜戸・霧島・阿蘇などの霊山信仰。

④　竜神・水神・雷神・荒神・庚申など雑多なのは陰陽や干支にからんでいるからで、道教からのものもある。

遠距離参詣の場合は、旅程が長く親睦的意味もあって物見遊山を兼ねることがあるのは、落語で馴染みの読者も多いだろう。

他方、中世から近代にかけて発達した「無尽講」や「頼母子講」は村落の互助目的でつくられた庶民金融のための組織だが、集められた講金は遠距離代参の資金としても使われている。双方の違いははっきりしないが、無尽は江戸時代の貧者に大いに利用されたといわれ、頼母子講は西日本に多くみられた。近代になって無尽の呼称が一般的となり、会社組織の営業無尽が行われるようになると、大正初期にはその数は数百までになったといわれている。

次に、氏子組織について述べる。祭祀組織である氏子組織には、①系譜神を中心とする宮座型、②崇敬神を中心とする信徒型、③地域神を中心とする氏子型があるが、系譜神が地域に定着すると地域神に変わる例が多く、また崇敬神は「講」集団として定着したから、氏子型が一般的形態となった。一つのムラには一つの氏子組織があって、社費徴収・神社清掃・祭礼・宮田の経営管理などを行った。

松平誠『祭の文化』（一九八三年）は、それを「日本人の基層文化のシムボルとしての神祀り」（一八頁）であるといい、「日本人の心のふるさとである」（一頁）と評する。本稿流にいうなら、日本の文化的遺伝子になぞらえられようし、生きている「世間」をみるともいえる。また、千葉正士『祭りの法社会学』（一九七〇年）では、祭祀組織における「社会規範は、実定法とことなるとはいえ、ある種の特定された社会的な正統的権威能力・サンクション・行動様式を……そなえているから、法の一種である」（二八三頁）とまで断言している。仮にそうなら、〝法外の法〟の見本といってもいいだろう。

江戸時代の社会的統制力をもつ寺請制度も明治の神仏分離、そして現代の都市化・世俗化によって家を中心とする寺檀関係を解体させ（イエまで解体?-）、地域社会の急激な変動は檀家集団の存在すら危うくさせている。現在、檀家制度が「世間」にどう係わっているのか筆者には不明である。[18]

以上、江戸期を中心として「小世間」の諸相とその後の若干の経緯をみてきたが、信仰を中心に、経済・社交など、庶民は重複してさまざまな「小世間」に属していたことが判る。繰り返しになるが、キリスト教が「世間」を一掃し、やがて個人中心の「社会」をつくったのに対し、混淆信仰のわが国では、神・仏・民間信仰の組織を通して「世間」が仲間感情を温存し、〝世間の道理〟を残存させることになったのだろう。

このテーゼは、現代憲法学でいう「部分社会の法理」に通ずるとの問題関心をよびおこすと気付く研究者がいると思うので、それはのちに論ずる。

（9）井上忠司『「世間体」の構造』一八頁（一九七七年）。
（10）「家（ウチ）と外」の問題を最初にとりあげたのは和辻哲郎である、『風土』一四四頁以下（一九六三年）。
（11）「個人主義に対する……『間柄主義』的な思考・行動様式は、今日の日本にも脈々として生きながらえている」というのは、村上泰亮・公文俊平・佐藤誠三郎『文明としてのイエ社会』二二五頁（一九七九年）である。
（12）仏教的意味の「世間」の解説から始めて、日本文学史における「世間」観（万葉集、鴨長明、兼好、親鸞、西鶴、漱石、荷風、金子光晴）を語り、なお個人に焦点をあてて「世間」を観察した兼好、漱石以後の文人の「個と世間」との葛藤を描いているのが、阿部謹也『「世間」とは何か』（一九九五年）である。
（13）佐藤直樹『「世間」の現象学』九五―九七頁（二〇〇一年）。
（14）前掲注（13）九九頁以下。なお田中史郎「いま、なぜ世間なのか」阿部謹也編『世間学への招待』七二頁以下（二〇〇二年）参照。
（15）瀬田川昌裕「法学における社会と世間のあいだ」前掲『世間学への招待』一二三―一二四頁。
（16）詳しくは、村武精一「地域生活」『日本を知る事典』八八頁以下（一九七一年）参照。
（17）民衆宗教史叢書全二〇巻（雄山閣）のなかに、伊勢・八幡・稲荷・天神・御嶽・出雲・富士浅間・庚申・白山・金毘羅・熊野・大山＝信仰などの諸説のまとめが掲載されている。
（18）詳しくは、五来重ほか編『講座日本の民俗宗教５・民俗宗教と社会』一〇〇頁以下（一九八〇年）をみよ。

三　世間の「道理」

1　これまで、〝世間の道理〟という観念で〝生ける法〟もしくは〝法外の法〟を論じてきた。また他に「世間のナラワシ」「世間のシキタリ」「世間のコトワリ」という言い回しを使いわけた場合もあった。この双方の関係は、筆者の概念整理では、ナラワシ、シキタリ、コトワリ、あるいはキマリを総括するものが「世間の道理」だといってきた積りである。

そこで本節では、世間の「道理」について考察したい。「道理」とは「道」の「理」であり、そして、「道」も「理」も漢字の母国、中国の思想文化を形造る基本概念である。幸い、その理解には、溝口雄三・丸山松幸・池田知久編『中国思想文化事典』（二〇〇一年、以下『中国』として引用）が有用であり、また早島鏡正監修『仏教・インド思想辞典』（一九八七年、以下、『インド』として引用）も参考になる。これらに頼りながら話を始めたい。

(1)「道」について『中国』の冒頭にいう（一一頁以下）。

「人が通行する道というのが原義だが、のちには広く人や物が必ずそこを通る道筋・法則・規範の意味になる。戦国時代、宇宙の理法の発見から天道が、また人間の規範の探究から人道が意識され、さらに道家の思想家が天地万物の存在の根拠という哲学的概念として道という語を用いてから、宇宙・自然・万物の普遍的規律や根源的真理として、また社会・経済・政治・道徳の当為や規範として、高い位置付けが与えられた。さらに宗教（道教・中国仏教）や文学・芸術などの諸方面にいたるまで、道は中国文化の重要な概念でありつづけた」と。云い得て妙である。

『インド』に興味ある記述がある（三三〇頁以下）。「道」にあたる幾つかの使い方をあげ、サンスクリットの「マルガ」（パーリ語ではマッガ）は「さとりへの道」、「ユクティ」は「道理」と漢訳され、「ガティ」は「六道」

を表わしている。が、特に注目をひいたのは、「ダルマ」は通常「法」と漢訳されており、「道」に近いという。そうすると、「道」「道理」「法」はお互い同義に近いということになる。事の当否は筆者に判断できないが、ありうるという感想を抱いている。

続いて『中国』の本文に入る。古字書の『説文解字』の「一達これを道と謂う（まっすぐに通る一本道）」が、『左氏伝』や『国語』（中国の史書）では哲学概念として天道・人道という語形で使われた。人道に具体性を与えたのが『論語』であり（「朝に道を聞かば、夕に死すとも可なり」）、しかも、天や人を外して「道」に普遍性を与え、価値概念としての普遍的真理と解した。他方、存在概念と解した『老子』は、存在の根拠を宇宙に求めて世界の本質を「道」とした。

これらの個人レベルでもとの根拠から「道」を考えようとする思想に対し、社会レベルから「道」の存在根拠を「法」に結びつけたのが、韓非子である（法は道によって設けられ、道によって行われるべき）。かくして「道」は、存在から生成として、時に当為から法則として、概念規定されたことが判る。

中国仏教が、老荘思想を借りて展開したことはよく知られていると思うが、「道」という語に核心的意味が与えられて、「仏とは道を体得した者である」（孫綽）、「道の究極を菩提と称する」（『注維摩経』）といわれ、悟りは「道」を介して得ると中国人に理解された。宋代以降の儒仏道一致論においても、「道」観念の絶対的価値は動かなかったが、次第に「道」の内容が多様化したことは否めず、その意味内容は曖昧になった、という。

(2) 次いで「理」について、『中国』は冒頭にいう。

「……古代では理は、すじめ・あやを原義とする名詞で……一定の状況下では必ずそのようになるということの表明に使われたのである。それゆえ理は、思想のみならずあらゆる分野で使用が可能な語であり、また日常語のなかには理の語を組みこんだ表現が少なくない。……理には、本来かくあるべきことと、現実はかくなってしまうことの両義があり、思想的主張においては前者が中心である。魏晋の玄学や、とりわけ仏教や近世儒教では、個々の理を統べる普遍性もいわれている。これらの思想にとって、日常的な個別的事象を通して現れる普遍性を語るとき、この語はとくに効果的であった」と。

冒頭の総括史的説明は不十分なので、本文の記事でそれを補おう。古代における理は玉の肌・すじなど、物それぞれの個別的性質を表わし、それを総括した普遍的原理は道といった。が、玉の器を作るには理に従って細工する必要があって、そこから則るべき秩序という意味が生まれた（『孟子』）。理は諸子百家の論議のなかで内容豊富となり、一般的法則の意味となり（『墨子』）、さらに人生に係わらせて、行動規範としての筋道にも結びつけられた（『礼記』）。荘子の注を書いた郭象（四世紀始）は、「天理自然」「道の理」「必然の理」「自然の理」など抽象的原理の意味の強い言葉として多用し、これが一般的となった。

中国仏教は、この方向をさらに独自に発展させて、「理は本来、常と無常を超越している」（竺道生『涅槃経』注）とし、その実体化について「あらゆる現象は無限に縁起しあう」（唐の澄観『華厳法界玄鏡』）と、理を絶対的な真理とする思想と説いた。

中国で「理」学といえば宋明代の儒学をいう。これまで個別的な秩序というニュアンスで考えられていた儒学の理が、仏教の影響をうけて普遍性をもつようになったのである。程顥《ていこう》の天理説、程頤《ていい》の理一説のあと、南宋の朱熹《しゅき》の理気二元論が唱えられる。経験的に知覚しうる気に対し、知覚しえないが実在を想定しうる理を個々の法則・秩序の意味に解しながら、その果てに形而上の理は一つという境地があると論じて、その後の思想家にとって哲学的表現の常用語になった。

しかし、やがて理の内容は何かが問題になり、元代では上下関係の固定化の要請と解されて、封建教学の代名詞としてのイメージがつきまとうということもあって、清代には強者の論理の思想的代弁者と批判された。

理はその抽象性・理念性の言語ゆえに、その使用範囲は古今を通じて広く、日常用語としてもなじみ深いものがあって、「情理」（？）と奇妙に熟したりもすれば、天下の「公理」と「理想」が語られることもある、と。

2　さすがに漢字の母国である。その基本理念的言語たる「道」・「理」は、今日まで極めて広範にさまざまな意味を与えられて使われてきたことが判る。このような原義をもつ漢字が、日本でどのような意味をもって使われてきたのか。しつこいようだが、改めて、事典ではなく、辞典によって明らかにしておこう。

⑴「道」。「みち」と読めば「人の歩くみち」であり、「どう」と読めば「仏道」を意味する（『遺教経』）。よって仏語の「道」から。①さとりへの道（維摩経）。②人間のふみ行うべき道、道理にかなっていること、合法なること（法句経）。③実践のしかた。④菩提（無量寿経）。⑤仏道修行。⑥道諦（仏教の真理である四諦の一つ）（倶舎論）。⑦宗教実践者の集団（雑阿含経）。⑧輪廻の世界、生存の状態、六道（宝性論）。⑨業道。⑩苦行、などと極めて多義的である。そこから日本語としては、①人の通行するみち、小さいみちは路、大なるみちが道。②人の守るべき正しいおしえ。③学問の専門分野。④八正道、などの意味が生まれ（『広説仏教語大辞典』『日本国語大辞典』より、以下同じ）、書道・茶道・華道などの芸の道から武士道・商人道などの人の道に関する言葉がつくられたことは、多くの読者の知るところであろう（詳しくは後述）。

では「理」とは何か。仏典では、①ことわり、すじみち（倶舎論）。②五官で確かめられる道理。③理論（倶舎論）。④真理、根本の道理（往生要集）。⑤現象を現象たらしめているもの（華厳経）。⑥すべてのものの本質、とある。さらに、真理として普遍的なもの（法華義疏）、「胎蔵とは理なり、金剛とは胎なり」（空海・秘蔵記）とあって密教胎蔵界の中心理念であり、宋儒では人倫を含む宇宙間の根本原理（山鹿語類）とあるように、ほとんど「真理」に近い観念である。日本語としては、①物事の筋道、不変の法則、道理（続日本紀）。②理性（平家物語）。③物の表面にあらわれた細かいあや、文理、というふうに「道理」に近い。つまり「理」一字で、「真理」や「道理」と同義的に解されている。「理の当然」と引けば「道理に合うこと」と辞典の解説があるというふうに。

『漢書』（武帝紀）に「将軍已に廷尉に下し、之を理正せ使む」とあり、これに関する唐の顔師固の『注』に

「師固曰く、理は法也。法律を以て其の罪を処正するを云う」とあり、律令の陳意見条（公式令六五）には「理に当れらば奏聞せよ。理に当らずば弾ぜよ」とあるのは、「理」は裁判規範と考えられたこともあるという証になる。

このような抽象度の高い普遍的観念だと、人間社会のさまざまな「ものごとのことわり」を表わす言葉として多種多様に用いられること自明である。

道理から思いつくものをあげても、真理、事理、妙理、摂理、条理、玄理、哲理、倫理、節理があり、法理からでは権理、経理、文理、心理、論理、弁理が、そして義理からでは情理、乱理、空理、非理が、そして定理、原理、公理、究理、審理、推理が、さらに総理についで管理、処理、整理、受理、代理、修理と続く。まだまだ天理、地理、物理、生理、病理はまだしも、調理、料理にいたっては不可解としかいいようがない。理とは何と万能な言葉か！

(2)　改めて考えれば、「道」も「理」も、その字源は仏典からの日本語として長い歴史をもち、ほとんど類語に近い内容をもちあわせている。しかし敢えていえば、前者は人間存在や行為のあり方、つまり「おこないのすじみち」に係わっているのに対し、後者は事物の核心について、つまり「ものごとのことわり」に係わっているということか。したがって、「道理」について、てっとり早くいうと「おこないのすじみち、ものごとのことわり」ということになるが、求知心の赴くままに、重ねて「道理」の意味を分析する。

これまでと同様に、仏語としての語義から考えると、事柄のみちすじ、あらゆる事物が存在し変化していくにあたって必ず依拠されるきまりや法則、生滅変化する一切万有をつらぬいている法則（瑜伽論・正法眼蔵、筆者は『愚管抄』を思い出す）などである。日本語としては、①当然のすじみち、正しい論理（続日本紀）。古い例では正当性の基準を具体的に示す場合に用いられ（除目では人事の基準を示すもの）、一般的・普遍的正当性を示すものではなかった。②訴訟で自分の側を正しいとする主張（東大寺文書、一一六九年）。③それぞれの分野での正しいあり方や筋道、ある事柄に関して正当性があること（その事柄を表わす語の下に添えて「……道理」の形で用いたり、種々の物事についての個別的な筋道・正当性・論拠などの意でも用いたが、特に政治・法律の分野に用例が多い、『平安遺文』に各例あり）。④特に文書に明証があること（文書道理という、東大寺文書、一〇一一年）。⑤人間として守らなければならない道（日蓮『開目抄』「賢王の世には道理かつべし」一二七二年）などと解説がある。

「道理」も、しつこいように多義的であり、法理としては融通無礙（「山階道理」の悪例も）でさまざまな法の領域に顔を出すようにみえる。その位置はといえば、「道理に向う刃なし」（譬喩尽、一七八六年）では「権力」の上位、つまり「道理の支配」だが、「道理を破る法はあれど法を破る道理なし」（太平記、一四世紀後半）では、いわゆる「非理法権天」の価値序列に適うのである。現代法でいえば、さしずめ、法の一般原則、格上げして自然法、格下げすれば条理ということか。中味はいろいろで具体的には曖昧模糊（現代法で考えれば権利と義務の区別はなく、むしろ同体と捉えている節すらある）。それが世間の「道理」として長い寿命を誇った理由かも知れない。世間学会が「世間」は生き続けるというからには、〝世間の道理〟も生き続けるのであろう。それは、〝世間の道理〟を和様の一言でいえば、「人の世のすじみちとことわり」あるいは「人の世の倫についてのキマリ」という、人間味豊かな母性的表情をもつ言葉として、日本人の文化的遺伝子に共鳴するからである。

ところで、法文化論としては、道理と法との関係が問題であり、重複する部分もあるが、それを「道理」の歴史のなかに探ってみたいと思う。

3　律令格式時代のあと、中世は「道理の世紀」などといわれる。実体的法規範が欠如した中世前半では、「道理」が法の基盤として機能した。具体的内容をもった規範としてではないが、「道理にかなう」ことが自らの正しさを根拠付け、対社会的な説得力をもつという社会的了解があった。しかし強制力はもたないので、「無理を通せば道理ひっこむ」という山階道理（山階寺は現在の興福寺）の例も見られる（大鏡）。

それが一三世紀になると、「道理」はいっそう盛んに説かれ、しばしば引用される鎌倉幕府の基本法典『貞永式目』という、道理を法と捉える成文法が制定される。新しい階級のための武家法であり、幕府役人が土地に関する紛争を処理するさいの基準を示したものという限定的性格のものであって、その判定事情をしるす、北条泰時から重時に宛てた消息状に「ただだうりのをすところを被記候也」と書かれている。王朝以来の武家の「道理」のなかから選択し成文化したものであるが、「新しき法」[19]といわれ、『法の支配』の原基ないし胚種の意義をもちうる」[20]と評せられている。

その後、随時、式目追加が立法され、室町幕府もそれを踏襲していたという。しかし、律令も補充法の地位を保っていたというから[21]、「道理」と「法」のせめぎあいが始まったとみるより、双方が混交していたと考える方が事実に即するのではないかと思う。

「道理」のもつ筋道の普遍的性格が表われた典型例は、広く紹介されている『愚管抄』である。「一切ノ法ハタゞ道理ト云二文字ガモツモノナリ」という言葉が広く知られているが、この書物に使われている道理の言葉は一三八回にも及ぶという調査もあって、「道理物語」という渾名さえあるが、そこにはさまざまな内容が盛り込まれている。法文化論としてその内容を考察すると、大まかにいって劫初劫末の道理、つまり時代を支える道理と、「世のため人のためよかるべきやう」の道理、つまり具体的事態に処する道理の二つがあると説明される[22]。今流にいえば、前者は「大方の道理」＝一般的道理、つまり法の一般原則であり、後者は個別的な道理、つまり条理である。

中世の後期社会においても、凡ゆる社会的実践がそれぞれの現場で法を生み出す源泉になったという[23]。特にローカルな法の実践は、筆者の解釈では「世間の道理」とも推測され、「道理」と「法」は観念として癒着（?）が続いていたと考えている。

中世の道理の法的性格については、古くからさまざまな解釈があって極めて多義的であるが、その描写から表情をうかがうと、「封建的道徳[24]」、「常識的な武士道[25]」などの道徳規範説と、「倫理感・道徳感に裏付けされた衡平観念[26]」、「権力や実定法を規定する超権力的な法[27]」などの法規範説の双方があって、現代法流にいえば条理から自然法にまで融通する法観念というところであろうか（?）。

他方、中世法思想について「法は時代時代の現実に即応して定立されるべきもの[28]」という総括がある。中世の法は生活規範であって、幕府法・家法・公家法・本所法などのほか、慣習や先例をさすこともあるが、何れも拘束力は微弱であった。それゆえ、現代に置き換えていえば、法と道理との法理上の区別は曖昧であり、使い分けしていたわけではない、というのが筆者の推測である。つまり、「道理」の側からみれば、時宜によりその内容を融通する法観念として中世の法秩序を形成していた、といってもよいのではないか。

4　中世後期以降は、「理」と「法」が拮抗する時代となる。すなわち、武士階級が領主層に浮上して、その道理がお上の法として成文化されると、これに抵抗しようとするさい、民衆は対抗理念として「理」を振りかざした。「理」は民衆の新たな超権力的法観念として芽吹くのである。ここで、「道理」は「道」と「理」に分離し、「法」は「仏法」と「王法」に分裂するという当時の思想状況について一考しておきたい。

「理」の意義について「根本の道理」（往生要集）と解説したことは記憶に新しいはず。「理不尽なやり方」は道理に合わない扱い方のことである。「理」だけで「道理」のことでもあるから、「道」が抜けても意味は変わらないのだが、「道」が抜けたわけがあったのか、なかったのか、推測にすぎないが、筆者の考えを記してみたい。

(1)　中国の『魏書』に卑弥呼について「鬼道に事えて能く衆を惑わす」とあり、吉備真備が唐から「書道」を伝えたという話から考えて、歩く「みち」ではなく精神的「どう」の観念が古くから移入されていたと考えてよい。日本書紀の「神道」（易経からの借用）は神に対する仕え方の意味で、その証となろう。奈良時代の大学寮における四道（明経道・明法道・紀伝道・算道）、典薬寮の医道などは学問の道である。

「神道」があれば「仏道」がある。「筆とるみち」（『源氏物語』絵合）が「書道」となれば、茶の湯が「茶道」、生け花が「華道」、となり、「もののふのみち」は「武士道」になるというふうに、「どう」のインフレがおこる（ほかに、町人道・農民道といわれる社会状況があったらしい[29]）。その果てに、『色道大鑑』（畠山箕山、一六七八年）という百科事典が著され、「色道」（好色一代男、一六八二年）によって、「どう」の値打ちは地に落ち破綻する。

近世における「どう」の花形は「武士道」であろう。しかしよく知られるように、新渡戸稲造の英書『武士道』によって欧米各国に紹介されながら、福沢諭吉『文明論之概略』のなかで痛烈に批判されたという経緯をもつ例もある。確かに、「もののふのみち」は形而上的な精神世界における個人の心構えを表わす言葉であったものが、「武士道」となって形而下的な単なる武士団の原理・原則を表わす言葉となり、将軍や大名たちのための御用道徳に成りさがったのである。「君君たらずとも臣臣たり」という戒律に変わったのでは、これも「どう」の破綻といわざるをえない。しかし重要な論点は、統一政権が成立して流動的な社会の固定化をもたらしたことが要因で、近世では厳しい「世間」が成立し、それと最も密接に結びついていたのが武士であったという点である[30]。

江戸時代では、名君と称された大名でも「世間」を気にしていたという多くの事例を知ると、悪い評判が藩の地位を脅かすという理由があったにしても、「どう」が破綻しているといわれようと、武士が「世間の道理」に苦慮せざるをえない心理状況が伝わってくる。

(2)　また「非道な仕打ち」という言葉が古くからある。ここでは「道」は「非」の対語として同位におかれ、「非は理に勝たず」により、「道」は「理」より格下げになった。「どう」の堕落を予見した民衆は「どう」を捨てて「理」に執着した、と筆者は考えている。というのは、一揆の時代、民衆の訴状のなかに「理」を掲げて、自らの主張の正当性を立証しようとした歴史的事例が数多いからである。この事例で注目すべきことは、「道理」が「理」にすり変わったことで、現代風の解釈におきかえていえば、権利・義務の区別が曖昧であった「道理」が、権利に重点を置く「理」に重心を移し始めたことを意味するのではないかという点である。

そうすると義務はどこへいったのか。筆者は「義理」がそれに対応して生まれたと考えている。理由はこうである。義理、この語意に「職業、階層、親子、主従、子弟などのさまざまな対人関係、交際関係で、人が他に対して立場上努めなければならないと意識されたこと」とあって、『曾我物語』（南北朝）が引用されている（多用されるのは江戸時代であり、仮名草子（一六五九年）・好色一代男（一六八二年）・椿説弓張月（一八〇七―一一年）などの例がある。「義理のしがらみ」「義理を欠く」「義理を果たす」「義理をたてる」など、現代でも義務感覚の表現に使われる用語である）。ただというか、当然というか、原語がサンスクリットやパーリ語（増一阿含経）にあり、特に「経典の説く道理」のことを指しているから、いわば道理と同義といってもよい。

しかも、興味を引くのは、「義理」の引用例に符合するように、同じ『曾我物語』に「理を破る法はあれども、法を破る理なし」という言葉がある。武士と民衆の対立関係を前提に、理・法の拮抗が始まったという点である。すなわち、支配階級の法が上か、被支配者の権利が優るか、それぞれの階級性をになって、理・法の拮抗が中世以後の歴史に彩りをそえることになる。

5 こうして、中世史に登場した理・法の拮抗は、近世になって、一揆の制圧を課題とした徳川政権によって解決が急がれた。『元和武家諸法度』（一六一五年）の「法をもって理を破り、理をもって法を破らざれ、法に背くの類、その科軽からず」（三条）という武士階級の法理である。つまり、「お上の法」の源流をみたということか。しかし、寛永一二年武家諸法度には、この条項はもうない。中田薫によれば、徳川中期には「理主法従」の新思想が現われ、『律令要略』（一七四一年）の「大法を以断ずといへども、道理に依て大法も雑用事あり」（第三節八〇条）に至って、それが原則として確定し、「理主法従」は幕末まで法曹の不変の信条であったと断定される。[31]

ところが、かの有名な「非理法権天」（『伊勢貞丈家訓』一七六三年）を想い起す読者もいれば、当時の諺語辞書『譬喩尽』（一七八六年）に載る「理を曲ぐる法あり法を曲ぐる理なし」の言葉を知る人もいよう。当時の世情では、各人の立場によって主・従の位置も異なるだろうから、安定した時代を通じて、理・法の拮抗が続いていたというのが真相か。これが筆者の所感であるが、武士ですら、前述した武士層の「世間」に対する思惑により、「武士道」の名において「理」が「法」に優る場面が時にあったと推論しうるのである。

追記風になるが、理法拮抗の学理上の成り行きは、朱子学の「理」観、すなわち「学問の道は先づ理を究め(る)」にあり、「理にかなうは善也。理にそむくは悪なり」（林羅山『三徳抄』一六二九年）という究理の普遍性追及に始まる。次代の山崎闇斎は「道理のままに明らかに、裁く」（『敬斎箴』一六五一年）と、あるがままの道理に戻るが、羅山に少し遅れて、陽明学派や古学派はその隙につけ入る。中江藤樹は「権の外に道はなく、道の外に権なし」（『翁問答』一六四三年）と述べたが、道理の批判者、伊藤仁斎は「凡そ事専ら理に依って決断するときは、即ち残忍刻薄の心勝って、寛裕仁厚の心寡し」（『童子問』一七〇七年）と、理を否定する。この延長に現われるのが『葉隠』（一七一〇年以降）である。「道理の外に道あり」、「武士道と云は、死ぬ事と見付たり」という言葉は周知。荻生徂徠の「理は定準なし」（『弁名』一七一七年）という言葉によって、江戸時代の究理学の結論は理の不可知で終わる。

「道理の風化」を論じた、相良亨は「理の存在が認められても、それが人間一般にとって不可知とされる時、人は、ただ制度への随順において、さらには習俗への随順においてのみ理にふれうるものとなる。ここには、定め・習い・例しという習俗を重んじた中世の道理観が、新しい装いをもって浮び上ってきた感がある」(32)と述べている。結局、「理」は民衆の条理として、慣習・風俗のなかに韜晦することになったというわけか。それなら、日本人の「法という文化」の個性は、ここに定着したということになる。

6　西欧法の継受期において、明治政府が民事慣例調査を行ったという記録がある。日本法では、律令に始まって式目・法度は刑事法・公法が中心であり、民事法分野で「道理」の働く余地が大きかったということがこれで推測できるが、明治一〇年五月に『民事慣例類集』、明治一三年七月に『全国民事慣例類集』（何れも司法省蔵版）が発表された。前者は、大木司法卿が民法編纂の材料に供するため「特に委員を各地方に派遣し民間慣行の成例に渉るものを採録せしめて之を類集し」たもので、幕末旧慣例をも併記し、権利義務に関係のない民俗的なものも多数収載している。後者は、これら慣例の増補追録版である。原著について検討する機会はなかったが、昭和一九年に風早八十二の解題本が刊行され、その内容について「氏神祭祀を中心とする家族乃至部落の慣行」、公の要請に対する滅私奉公精神、「村方三役と村民との間柄」等々、日本固有法の生きた慣行的源泉が提供されている、と紹介している（執筆動機は日本家族制度の国家的性格もしくは日本国家の家族的性格の発見にあるという当時の皇国史観に基づく）。

しかし、文明開化の大喚声のもとで、これらの調査に対しどのような配慮をしようというのか。「民法出デテ忠孝亡ブ」（一八九一年）という雰囲気のなかで、「理に定準なし」では、合理的法体系のなかに権利義務化しようとして法理上の位置付けに難儀を感じたであろうことは想像に難くない。家族制度の法典化は可能であったが、「法例二条」にその苦労のあとが偲ばれるというものである。こうして生き続ける「理」の叫び声が、時に「権利」の名において学界の耳目を驚かせたことは、その後の民法学説史のなかに読みとることができるのではないか。

（19）　笠松宏至「中世の法意識」『講座・日本思想3秩序』九九頁（一九八三年）。
（20）　大木雅夫『日本人の法観念』一五九頁（一九八一年）。
（21）　滝川政次郎『日本法制史(上)』学術文庫版二九〇頁（一九八五年）。
（22）　相良亨「日本人の道理観」『講座・日本思想3秩序』一六四頁以下（一九八三年）。ほかに、世俗権力世界の道理（顯の道理）と神仏世界の道理（冥の道理）の二様を捉える説もある、『日本思想史辞典』七一四頁（二〇〇九年）。なお黒田俊雄「愚管抄における政治と歴史認識」『王法と仏法』二三頁以下（一九八三年）参照。
(23) 新田一郎「中世後期の社会と法」水林彪ほか編『法社会史』一七八頁（二〇〇一年）。
(24) 石井・前掲注（7）二一三頁。ほかにも法制史の記述は本書を参照した。
(25) 上横手雅敏『北條泰時』八八頁（一九五八年）。
(26) 笠松宏至『日本中世法史論』二一頁（一九七九年）。
(27) 石井紫郎「伝統社会とその近代化・日本」『法社会学講座九巻』二六四頁（一九七三年）。
(28) 笠松・前掲注（19）一〇〇頁。
(29) 林屋辰三郎・上田正昭・山田宗睦『日本の「道」その源流と展開』（一九七二年）参照。
(30) 山本博文『武士と世間』（二〇〇三年）参照。
(31) 中田薫『古法雑感』法制史研究1三二一―三三三頁（一九五一年）。
(32) 相良亨『日本人の心』一一八―一二七頁（追記を含む）（一九八四年）。

四　「法」観念の分裂

1　さて、「法」と「理」との優劣争いという難題に止まらず、加えて、法律家は、法観念の分裂（？）という、これまで省みることのなかった難問をも抱えこむことになるのである。つまり、「法」は、「理」と同時に、別の法観念の挟み撃ちに遭って、守勢一辺倒なのではなかったかとの推察をすることになる。

そもそも「法」観念に二義ありとは、中国史の、いや更に古いインド思想史が物語る話であり、以下、『インド』の解説によって、話を始めることにする。

「法」の原語はサンスクリットのダルマ、パーリ語のダムマである。ダルマは中国・日本では一律に「法」と訳されることが多いが、実はダルマの意味は多岐に渉り一義的に捉え難いのである。曰く「それによってはじめて個々の存在者の存在が可能となり、また存在者相互のうちにあるべき特定の関係が成りたつところの、目には見えぬがいやおうなしに認めざるをえぬ何かしらある掟のようなもの」(「道理」に似ているとは筆者の感想)であり、形而上学的だが存在論的なもので、「近代科学の諸法則とは、根本的に異なるものである」。「真理・理法・世界秩序と訳して大過なく、その倫理的な面を強調すれば正義となり、また個人道徳、社会規範としての一面を捉えれば、義務または法律という意味をもつにいたる。……究極の正義、真理としてのダルマに従って生きることこそが、個々人の救いへいたる道ということになり、ここに、ダルマの本来宗教的な性格がうかびあがる。事実、インドでは、個々の宗教、また宗教家の教説はダルマの語をもって表わされ、……むしろダルマの……さまざまな語義には多かれ少なかれ宗教的なものとの関連が認められる……」、と冒頭にいう(四〇三頁)。以下はその個々の用法のあらましである。

〈規範としての法〉 現存最古『マヌ法典』の名は『マーナバ・ダルマシャーストラ』といい、ダルマ・シャーストラの一種で、民・刑・裁判法(相続・貸与・預託・契約・殺人・傷害・窃盗・証拠・神盟法・結婚など)を規定するほか、宇宙開闢・輪廻・業などの哲学的問題にも言及する。バラモン教的世界観による理想社会を前提にした生活規範を系統付けたもので、自らのダルマをまっとうすることが個人の理想とされる。

〈宇宙秩序としてのダルマ〉『リグ・ヴェーダ』において天則(自然・人倫を貫く統合原理)とほとんど同義に近い意味をもつ語と考えられている。

〈仏教のダルマ〉 原始仏教典にはさまざまな意味の「法」が記載されており、五世紀以来、その意義精査と分類に力が注がれている。「法則・正当・規準」の意味、および「真実・最高の実在」の意味では、『ヴェーダ』や『ウパニシャッド』にすでに用法があるが、仏教独自の「法」についていえば、釈迦の教説と経験的事実をダルマと呼び、教説の「法」は三宝(仏・法・僧)の一つとして「経蔵」に発展し、経験的事実はアビダルマ仏教(部派仏教)の「法」に発展したという経緯がある。のちに大乗仏教は、アビダルマ仏教の「法の実有」を「法の空」へと展開させて、仏教思想史上、「法」の意義は最重要研究の一つとなったのである。中国・日本でも、その意義が多岐に渉ることは当然で、それをこれから述べることにするが、専門的すぎないかという懸念を抑えてであることで寛恕を願いたい。

2 中国思想史の場合も、一つは諸子百家の一つ、「法家」の法であり、他は仏教の法である。

(1) 中国では、春秋末期ごろから法は統治の手段として重視されていたが、戦国時代に入ると、国力充実のため支配体制の建て直しの道具として法の優秀性が見出され、李悝《りかい》の『法経』六篇が著わされた。こうしていわゆる法家（申不害・商鞅・韓非など）によって、制裁をともなう君主の規範として臣・民の行為基準となり、賞罰をはかる道具と考えられた。秦代には法家は「法術の士」を標榜し、君主の政策立案や諸命令の整理、法典化に力を尽した。支配の手段としての法治を説いた商鞅、臣下の監察のための運用術を説いた申不害、実効性の根拠る「勢」を追求した慎到の考えを集大成したのが、戦国末期に登場する法家の代表者、韓非である。法を支配の道具とみて客観的な強制力をもたせるために、実定法の確立を強調する法実証主義（一種の客観的技術主義で「法術」思想ともよばれる）の立場をとり、中国最初の統一国家、秦の専制政治への道を拓いた。[33] 漢初の有名な「法三章」論は、秦の苛酷な法を除くための反省の表われである。

法家の思想は儒家の徳治主義に対する批判から出発したが、人心を忘れた法治は秦の悲劇を招き、次の漢代では儒家が新たな統治理論を提唱し、法治論と礼治論との相互干渉の下で、その統合を方途とした中国法思想の中核が模索されることになる。しかし、これでは法と倫理の境界が曖昧となり、ヨーロッパ流の法の支配が生まれるはずがないというのが、この話の結末である。

(2) 仏教の「法」についてはどうか。まず、仏典漢訳の経緯について若干の考察が必要である。[34] 中国の仏教伝来については諸説があって、最も有名なのは後漢明帝の感夢求法説（六七年）であるが、今日では歴史的事実ではないとされ、白馬寺の明帝創建伝説も後世の創作とされている。が、紀元一世紀に伝来し、白馬寺が最古の寺院であることは確からしい。伝来当時、黄老信仰や不老長生術の道教と同類視されていたが（例：老子化胡経）、後漢の桓帝・霊帝時代には経典漢訳が行われつつあった。提供したのは、安息国の太子である安世高《あんせいこう》と大月氏国の志婁迦識《しるかせん》である。

三世紀後半からの竺法護《じくほうご》の驚くべき活躍は、一五〇部をこえる漢訳であり、そのなかには般若経・法華経・維摩経・無量寿経などの著名な仏典が含まれている。

しかし、より重要な人物で忘れてならないのは、四世紀後半における亀茲国の鳩摩羅什《くまらじゅう》である。長安に迎えられた羅什は、一二年間に三〇〇巻以上の大翻訳事業をなしとげた。『大品般若経』『妙法蓮華経』『阿弥陀経』『維摩経』『仏蔵経』『金剛経』などの大乗経典、『中論』『十二門論』『百論』『大智度論』『成実論』などの竜樹・提婆系統の論書など、インドの中観仏教や主要な大乗経典を中国に移植した最大の功績者であった。

翻訳僧として日本で有名なのは、むしろ『西遊記』の玄奘であろう。『瑜伽論』研究とインド仏跡の巡拝を目的に（六二九年出発）、前後一七年間の旅行後、訳経を開始し七六部一三四七巻の多きに達したという（玄奘以前を旧訳《くやく》、玄奘訳を新訳という）。

こうした略史のなかでも、大乗仏典にみる限り、漢訳本のなかでの鳩摩羅什の比重は極めて高い。例えば、総合統一的な真理観・世界観・人生観を説いて最高の経典と誉れの高い『法華経』の漢訳本『妙法蓮華経』（四〇六年）、戯曲的構想によって現実的日常生活のなかに生かすことを主眼として書かれた『維摩経』の漢訳本『維摩詰所説経』（四〇六年）、衆生済度の誓願をおこした法蔵ビクが阿弥陀仏となって救いを説く『阿弥陀経』の同名漢訳本（四〇二年）は、中村元によって名訳と賞され、わが国現代語の底本とされている。[35]

(3)　漢訳本のなかで、ダルマ（「法」）はいかに解されたか、以下、『仏教語』の解説である。そもそもインドでは一般に、「①慣例。習慣。風習。行為の規範。②なすべきこと、つとめ、義務、ことわりのみち。③社会的秩序。④善。⑤真理。真実。理法。普遍的意義のあることわり。⑥全世界の根底。⑦宗教的義務。⑧真理の認識の規範。法則。⑨教え。教説。⑩本質。本性。属性。性質。特性。構成要素。」と解され、むしろ法学の「法」という理解になる、としたうえで、仏教語としては論蔵において「物事のあり方の本質」と解され、「認識や行為の軌範となるもの」（『倶舎論』）と考えられて、種々の意味に用いられる。例えば、「①真理。法則。軌範（『法華経』方便品、『維摩経』）。②縁起（『中阿含経』）。③仏法（『法華経』寿量品、『中論』）。④三宝の一つ（『中阿含経』）。⑤具体的な戒め（『遊行経』）。⑥心のあらゆる思い。心の対象（『般若心経』『金剛経』『中論』『維摩経』）。⑦事物。具体的個別的存在。もののありのままのすがた（『中論』『唯識三十頌』『維摩経』）。⑧一切の衆生が内に具えている心（『起信論』）。⑨三身の一つ法身（『唯識三十頌』）」などと解説されている。補足として、法に二義あり、物の軌則、のり、法則をいうとある。

3　どの本にもあるように、インドのダルマについて、一般的用法と仏教語的用法の二義ありということに始まって、中国では法家の「法」と仏家の「法」に分裂していたというのであるから、それらの文化を移入したわが国で、日本語の「法」が二義をもつというのは当然といえば当然である。

ここは興の赴くままに、『国語大辞典』の「法」の解説を参照してみたいと思う。閉口と感ずる読者もいるだろうが、瞥見してほしい。それは次の通りである。

「法」に[一][二]をわけ、まず[一]国語的用法について、「①事物の一定の秩序を支配するもの。法則（『易経』）。②特定の社会集団のなかで守られるべきとりきめ。おきて。規則（『万葉集』『源氏物語』）。③中世における生活規範（『平家物語』『太平記』）。④国家の強制力を伴う社会規範、法律と同義。⑤中国の法家。⑥方法。だんどり。方式（『にごりえ』）。⑦手本。模範（『東海夜話』）。⑧通常の程度。通例（『上杉家文書』）。⑨儀式のやり方。礼法。作法」などと解説。

ついで[二]仏語について。ダルマの訳、達磨、曇摩などと音訳する仏語として、「①本質を保持し軌範となって認識を生みだす基本的要素（『維摩経義疏』六一三年「汝今但以レ観二法生滅一為二無常義一」、『法華義疏』七世紀前半「経義者訓レ法訓レ常、聖人之教、雖二復時移改一レ俗、前生後賢不レ能レ改二其是非一、故称レ常、為レ物軌則、故云レ法」）。②色・心・事・理などの一切の万有に通ずる真理。真実の理法（『教行信証』一二二四年）。③法身。④心が対象としてとらえるもの（『維摩経義疏』六一三年、『往生要集』九八四―五年、『沙石集』一二八三年）。⑤事物としての存在（『法華経』「唯仏与レ仏乃能究二尽諸法実相一」）。⑥仏法（三宝の一）（『勝鬘経義疏』六一一年「大聖応レ世為レ物説レ法、不レ撰二経巻之多少一」、『霊異記』八一〇―八二四年、『平家物語』一三世紀前半）。⑦煩悩を伴わない善行。⑧出家の守るべき戒律（『書紀』七二〇年、『教行信証』）。⑨密教の修法（『宇津保』九七〇―九九九年、『源氏』一〇〇一―四年、『徒然草』一三三一年、『女殺油地獄』一七二一年）」などと、古代から近世まで、歴史の長期に渉り、仏教の「法」が通用していたことが判る。しかもここだけの引用にすぎないが、万葉八世紀後半に較べて維摩経義疏六一三年が古く、仏教の「法」優位が目につく。

因みに、聖徳太子の『三経義疏』は漢訳本そのものでなく、『法華経』は光宅寺法雲の『法華義記』、『維摩経』は僧肇の『注維摩』、『勝鬘経』は『本義』を参考に太子独自の解釈を示したものといわれている。[36]三経に通じ、「篤く三宝を敬へ」と教える太子のことであるから、『憲法十七条』の「イツクシキノリ」には両義の法の意味が込められていると、筆者は解したい。

しかし、仏教の「法」と法学の「法」は、当初どう区別されていたのか。『国語大辞典』の「補注」に次のような解説があるので、付記しておく。すなわち「古くは漢音は『ハフ』、呉音は『ホフ』で、発音によって意味が異なっていた。『ハフ』（平安中期以降「ハウ」）と『ホフ』（平安中期以降「ホウ」）とが混同しはじめた中世末期の『ロドリゲス日本大文典』（一六〇四―〇八年）には、両者の違いが述べられており、『ハフ』が法則・規定・命令や主人が家来のために設けた規約を意味する場合に使用されるのに対して、『ホフ』は仏法上の教法や教義を意味する場合に使用されるという」とある。疑問氷解である。

4　では、仏法の「法」と王法の「法」との係わりはどうであったのか。それを論ずる前提として、仏教と公権力の関係がどうであったかを検討する必要のあることが自明である。

(1)　日本の仏教が、その公伝以来、公権力と深い係わりをもってきたことは広く知られている。もっとも、その係わりが癒着的であったり、翼賛的であったり、提携的であったりと、その様相にさまざまな姿をみてとることができるが、凡そ協力によって終始しえたという点こそ特徴的である。つまり、室町末から戦国時代（特に信長の場合）は例外として、廃仏毀釈のような嵐に遭遇したときも、血なまぐさい対立・抵抗の事例はなく、逃避か妥協によって事態を凌いでいる。

世界史においても、公権力が民心統一のために宗教を利用した例が数限りないことは常識であろうが、ヨーロッパでは、国教化の例や宗派の対立への介入は無論のこと、場合によっては宗派同志間における優劣争いの激化現象の例さえみることができる。そういう点で、外国の場合を他人どうしとみたてれば、日本の場合は親戚付き合いと特徴付けられるのではないか。

このような特徴は、両義の法の関係にも表われており、ある時期までは、仏教が「法」の言葉を独占していたが、やがて王法仏法相依論が現われて親戚付き合いになってゆくという経緯がみられる。そこで、まず、相依論の前史、特に論が現われる因由から話を始めたい。

(2)　日本仏教史は、まず氏族仏教として発足したのち、天神地祇《あまつかみくにつかみ》が形を整えて神祇的祭儀が中央集権化すると共に仏教儀礼も盛んとなり、双方が共通の性格で理解されるようになったのが天武朝（六八六年ごろ）である[37]という。そして史上知られている宇佐八幡の大仏造営協力の託宣上京（「神我れ天神地祇を率い、いざないて必ず（大仏）成し奉らん」七四九年）によって神仏習合（鎮守として手向山八幡を造営）の素地がつくられる。加えて、称徳天皇の詔「仏の御法を護りまつり尊みまつるは諸々の神たちにいましけり」は律令国家における中央神レベルでの習合について、また「吾は久劫を経て重き罪業を作し、神道の報いを受く。いま冀くは永く神身を離れんがために三宝に帰依せんと欲す」(『多度神宮寺資財帳』七六三年)の例にみる神宮寺の建立(八世紀前半から気比・若狭比古・鹿島など)は民衆による地方神レベルの習合について、それが進行していることを物語っている。[38]

仏教が中央のみならず旧い地域共同体を越えて普遍的神性を獲得し、これまで対等・同格であった神仏の関係が転換し始める。神に菩薩の号が与えられる(宇佐八幡は護国霊験威力神通大菩薩という大そうな名前、ほかに多度、気多、熊野本宮など)と神仏習合の形ができ上がった(八幡神は鎮守の代表として各地に進出し、多くの国分寺や大安寺、薬師寺、勧修寺などに勧請されて、総数は稲荷に次ぐ)。それを一気に加速したのは、法華経寿量品の拡張解釈によって神仏の関係を理論付けた本地垂迹説であった。垂迹説成立の詳細は別著に譲り、簡単にいきさつを述べておく。[39]

一〇世紀末ごろに、神は仏の権《か》りに現われた姿とする権現思想が表われ、一一世紀半ばごろから、各地の有力神社が祭神を特定の仏の垂迹と考えるようになって一気に広まった。本地垂迹は、インドで理念上の釈迦と実在の釈迦の関係を説明するために古くに起こったものが、中国で儒教の聖人を仏尊の垂迹として儒仏調和のために用いられ、それがわが国で僧侶により神仏一体論として唱えられたといわれる。と同時に筆者の推測を加えれば、一〇五二年が仏教の末法一年で、この年、長谷寺が焼け落ちたのを始めとして名刹・霊像の焼亡が続き、「法滅の兆」と歎ずる声が高まった。法滅の回避こそ喫緊の枢要事であり、神祇との一体論は「渡りに船」(「法華経」薬王品)の妙策として一気に広められたのではないかと思う。[40]

因みに一二世紀における主要な神社の本地仏の例をあげると、熱田神宮(大日如来)、出雲大社(勢至菩薩)、伊勢神宮(盧舎那仏・大日如来)、厳島神社(観音菩薩)、大神神社(大日如来)、春日大社(不空羂索観音その他)、白山神社(十一面観音)、日吉大社(釈迦如来その他)、富士浅間神社(阿弥陀如来)などがある。

神を権現として宗教的・思想的基礎を固めた仏教が、公権力に対抗しうる政治勢力となりえたわけは、その武装化とそれを支える経済的基盤にあった。

(3) 黒田俊雄によれば、一〇世紀中葉ごろに「自治と自律の組織をもちかつ武装をも辞せざる僧侶集団が出現した」[41]と。現在、「僧兵」という言葉（初出は藤井懶斎『閑際筆記』一七一五年）は不心得者風（？）に理解されることが多いが、当時においては、学生《がくしよう》として僧房に起居する大衆（寺院に所属する僧）のなかに裹頭《かとう》（頭を袈裟で包んだ僧）・刀杖の装いをする風潮があり、不心得な堕落した姿というのとは無縁である、と。東国とは異なり、畿内では武士＝領主階級の成長を制約しようとする傾向があり（武士の出現は九三〇年代の将門の乱以後）、その発生と同時期に寺院大衆の武装化が生みだされた。つまり「寺院大衆（の武装化）と武士は……社会史が生みだした双生児である」と、黒田は述べる。

延暦寺と興福寺との騒乱時（一一一三年）には、双方、大衆数千の軍兵を引率しとの記録があり、また高野山は鎌倉時代以前から武士を従とした「寺院主従制」（主従関係締結の残存する最古の文書は覚鑁《かくばん》と源為義のあいだに交わされたもの、一一四〇年）をとっており、債権取立の紛争解決のために最初に武力を用いたのは高野山であった（「大悪党事件」一二九一—一二年）。特に、寺院の武士的側面を示す注目すべき点は、史上初の中世的山城を造ったのは比叡山（『天台座主記』一一六六年）であって、武士の城館建設より先行しているという事実である。土木技術や労働力の組織化について寺院が先んじていたからで、石垣積城郭を成しとげた織田・豊臣に先行して、これも根来寺や平泉寺が高度な石積施設をもっていた証がある[42]（現在もみごとな石垣や石塁で囲った寺院がある）。

これらを支える経済的基盤であるが、一一—一二世紀は寺社領荘園が飛躍的に発展した時期である。八世紀中葉に荘園が発生してから盛衰はあったが、一一世紀前半から地方豪族や有力農民の土地寄進が急増し、従来の権門貴族に加えて、白河・鳥羽・後白河の院政期には盛大を極めていた。また保護を求めて、末寺・末社の組織化が進み、多くの大寺院では「寺家政所」とよばれる事務局が整えられ、寺社の社会的・政治的勢力は、平安時代半ばごろから戦国時代まで続いた中世の顔の一つになった、と黒田はいう[43]。

より詳細な近年の中世寺院研究では、寺院はいかなる分野でも公家・武家を上回る最高の技術者が集合する場であり、最高の先進文明・文化地域であって、中世のテクノポリスであった。例えば、金融業・軍需産業（武器製造とその備蓄）・海外にも及ぶ経済活動の範囲・広範にして高度な土木建築作業に及び、それも寺院の世俗化・堕落とみる（人もいる）のではなく、むしろ寺院が果たすべき時代の要請であった、と評価する[44]（その当否について本稿は触れえない）。

評価の当否はともかく、中世の寺社勢力が、当時の国家存立を支える、もしくは国家を構成する二本柱の一方として位置付けられることに疑いはない。一〇三九年の叡山衆徒の関白頼通邸への強訴に始まって、よく知られる山門・熊野の神輿、春日の神木の動座などの宗教的威圧が絶大な政治的効果を発揮しえたという史実にその一端を窺うことができよう。

宗教上・思想上のみならず経済上も大きな政治勢力となった寺社が、公権力の支配原理を取り込んで、「法」の二義性を基盤に、王法仏法相依を説くようになるのは時の勢いでもある。そしてそれは、「理」に対する「法」の優位性の理論的根拠として、したがって政治支配の装置として仏教教団の力を必要とする公権力にとって願ってもない教説であったろう。王法仏法の相依相関性が、近世に至るまで人心統合の精神的支柱として説かれ続けた理由もそこにある。

5　(1)　王法仏法相依論は「法」の、いわばインド・中国への先祖返りである。そこで日本の王法仏法相依論の実状に話を戻そう。勿論、言いだしっぺは仏法僧の三宝を説く仏教側である。仏法の初出は勝鬘経義疏（六一一年）。これに対し、王法の初出は、多くの史書に記された『美濃国茜部荘司住人等解』（東大寺文書『平安遺文』一〇五三年）の「若無㆓王法㆒者、豈有㆓仏法㆒乎、仍興㆑仏法之故、王法最盛也」であり、一一世紀には、「法」についての王仏二元論が提唱されたことになる。

この『解』の前段に「相依論」の性格描写があるので引用すると「方今、王法仏法相双ぶこと、譬えば車の二輪、鳥の二翼の如し、若しその一闕かば、敢へてもって飛輪することを得ず」という。仏法側の、というよりは、王法側の依存振りが窺えるのではなかろうか。例えば、「伏して惟みれば、王法は如来の付属に依って国王興隆す。これを以て仏法は王法まもれてこそ流布すれ」（白河法皇『石清水八幡告文』一一二三年）、また「抑、神威を助くるものは仏法なり、皇国を守る者もまた仏法なり」（『白河法皇八幡一切経供養願文』一一二八年）とあり、白河法皇の積極的是認の雰囲気が伝わってこよう。

「仏法は王法に依りて弘まり、王法は仏法によりて保つ」（『文覚四十五箇條』一一八五年）という名台詞に続き、「王法仏法牛ノ角ノ如シ」（『愚管抄』一二二〇年ごろ）には相依りながら併立するという道理が示されており、「王法仏法牛角ナリ」（『平家物語』一二四三年ごろ）とくれば、〝王法仏法牛角論〟で極まるということになる。

ところで日本人自らの思索と社会的実践によって、時に公権力に抗した鎌倉仏教の場合はどうか。栄西は「王法というは仏法の主なり、仏法は王法の宝なり」といい、王法は行いのよりどころ、仏法は心のよりどころという牛角の役割分担論、日蓮は王仏冥合による仏法為本、真宗では次第に王法為本を説き、蓮如に至って「王法は額にあてよ、仏法は心に深く蓄よとの仰に候」という。

徳川時代に入ると状勢は一変する。[45] すなわち不受不施派の禁圧など、仏法為本は公権力が徹底的に否定した。幕府最大の宗教政策の特徴が寺請制度にあることは知る人も多いだろう。まず宗派寺院編成のための寺院本山法度を発布して（一六〇一―一六年）寺院組織を秩序化し、門跡の弱体化を計り、勅許紫衣之法度をだして、王法為本を徹底した。さらに一六三五年の寺請制度により「宗門人別改帳」が全国的に作成された（一六七一年）。かくして仏法為本の影は薄くなったが、しかし家単位の葬祭・彼岸の墓参・盆の法要などの仏教行事が行われるようになり、今日まで日本の習俗のみならず言語にも強い影響を与えていることは皆の知る通りである。そこに

〝世間の道理〟が韜晦していることは容易に想像がつくだろう。

(2) 参考までに、公権力における「法」の名称について一考しておきたい。まず、近江令・天武律令・大宝律令・養老律令、弘仁格式・貞観格式・延喜格式（以上古代）、御成敗（貞永）式目・建武式目（以上中世）の名称に始まって、戦国・安土桃山時代の分国法では、大内家壁書・今川家かな目録・伊達家蔵方之掟及び塵芥集・肥後相良家法度・武田信玄家法・結城家新法度・六角家義治式目・三好家新加制式・長曽我部元親百箇條など、ようやく法度の名がみえる。

法度という言葉は、古い「中国では『ほうど』と呼ばれ法制や模範とすべきことをいったごく一般的な意味で用いられており[46]」、日本においても古くは民間で「おきて、さだめ」の意味で、『玉葉和歌集』（一一七二年）、『正法眼蔵』（一二三一―五三年）、『梅松論』（「政道の法度……」一三四九年ごろ）に用いられていた。それが「禁令、禁制」の意味で『花折新発意』（「法度じゃ程に……」室町末―近世初）』に、「刑、とが」の意味で『御伽草子・二十四孝』（「帝王よりはつとに行はれ」室町末）に引用されてくる。

そして江戸時代に入ると幕府の公式制定法を表示するのに、一般的に「法度」「触書」と称されるようになる。その後は「公事方御定書」「相対済令」「水替人足令」「棄捐令」「人足寄場令」「株仲間廃止令」「全公事改革令」「諸問屋再興令」など、令が多く使われている。江戸時代の「法度」は室町末に続き禁制や刑罰、令はいわゆる行政法であって、「法」一般の意味ではなく、また道徳とも未分化である。しかし、幕府諸藩の制定した成文法の数は膨大であり、中世に比べると、公権力が制定した成文法の領域は格段に進歩したと評価しえよう。

こうして王法為本が主役にはなったが、しかし、法の両義性から「仏法」が消えたわけではなく、むしろ「王法」から分離し、その独自性を発揮するか、もしくは「道理」の一部として「心」のなかに持ち続けていたのではなかろうか。

そして近代である。

王法為本により「法」の主役を退いた「仏法」は、さらに近代の西欧法継受により、「脱亜入欧」の掛け声にも支えられて、「法」の舞台から消え去り、他方、法学の「法」のみの独り舞台となって、名も国法と改めた。こうして「法」の名で仏法を想起する研究者は誰一人いないというのが現状である。

(3)「仏法」の「道理」への韜晦、一例として仏法を語源とする日常日本語を探ってみた。近年、著作例が多いが、中村元編『仏教語源散策』（一九七七年）から。

「人間五十年、下天一昼夜」（『倶舎論』）。下天は須弥山中腹にある四王天で、一昼夜は人間の五〇年に相当。西洋では人間は自然と対立し神に従属するが、インドでは人間はその業で動物や虫けらにもなるという万物一体観をとったので、人間は自然や動物と調和しながら生きると日本人は考えた。

「諸行無常」は三法印（諸法無我・涅槃寂静）の一つで仏教思想の柱。人生のはかなさをいったものではなく、時の流れと共に万物は変わり固定的な実体は存在しない、という当然の理をいったまで。

「縁起」は他に依存して万物は生起するの意。他者が存在するから自己が存在するというこれも当然の理。縁起には一二の理《ことわり》があるが、一例では、苦は無明（根源的無知）が原因と考え、無明を滅すれば苦も滅するという。

「我慢」とは自我に執着して驕慢な心になること。我が強いと負けぬ気になると考えられて、辛抱すると誤用されてきた。

「無我」（アナートマン）とは、ウパニシャッドの原理の一つである我（アートマン）を絶対視するバラモン教に対して仏教が反対して主張したもの。大乗仏教で空観《くうがん》と結びついて事物に固定的実体がないという意味になった。

「観念」とは仏の姿を想い浮かべ念じ涅槃にいたること（『増一阿含経』）。

「馬鹿」の語源はサンスクリット語にあるが、意写についてははっきりしていない。アオサギの一種でずる賢いというイメージであるが、バカ鳥に譬えたのであろう。

「上品《じようひん》・下品《げひん》」は浄土教でいう九品《くほん》（上品上生・上品中生……から下品下生までの九）の分類の仕方。

「醍醐味」は牛乳精製品の最高の味のことで、涅槃に譬える（『涅槃経』）。

「他生の縁」とは前生に結ばれた縁。「多生の縁」と用いる場合もあり、多くの生を経る間に結ばれた縁ということであるが、「袖振り合うも他生の縁」というから仏教語としては前者であろう。

以上は仏教の理論面での日常語である。次に実践面について検討してみる。

「利益」に二義あり、リエキだと「もうけ」の意味であり、リヤク（仏教語）では仏が衆生に対して与える恵みの意味になる。サンスクリットのアルタの漢訳で、目的・対象・意味・財産などの多義的概念である。アルタ（利益）・ダルマ（法）・カーマ（愛欲）・モークシャ（解脱）が古代インドにおいて、人生の四大目的と考えられていた。

「中道」とは苦楽の中道、つまり快楽の空しさを強調する余り、極端な苦行に身を委ねても悟りに至れない。苦楽の両極端を捨て、中道を選べば涅槃に達するという意味で、中道の中味は「八正道」（正見・正思・正語・正業・正命・正精進・正念・正定）である。

「外道」とは「他の説を奉ずるもの」の意で、釈迦に前後してインドでは無数の思想家が現われ、九五種の外道があったという。

「乞食」はインドの伝統、食を乞う修行僧のことで、乞食のみで生活する人を「比丘《びく》」という。

「精進」とは「努力」の意で、初期仏教の実践行を示したのが前述の「八正道」であり、精進はその一つで、苦を滅するために努力すること。

「三昧」はサンスクリットのサマーディの漢訳。高い精神段階を獲得する方法であり、それを説く『般舟三昧経』『首楞厳《しゅりょうごん》三昧経』がある。阿弥陀仏を念ずる堂行三昧堂、法華経を誦ずる法華三昧堂が諸寺にある。

「出世」は「出世間」の略語。仏道に入ること、もしくは仏法の世界のこと。他に「仏が世に出現する」の意もあり、こちらが偉くなるの意味の「出世する」として日常語となっている。

「方便」は「うそも方便」と日常的に使われることが多く、「便宜的手段」の意であるが、仏教語（サンスクリットのウパーヤ）では衆生を救うための巧みなはかりごとを「方便」という。「人を見て法を説け」ということか。わが国で方便の経典といえば『法華経』の方便品がよく知られている。

「大衆」は日常的に多数の人々の意味で用いられるが、仏教語としてはダイシュと読み、修行僧の集団を大衆と訳した。

筆者の独断により、日常会話にでてくる仏教語で日本人の思惟方法に関係のある観念を解説してみた。それは歴史の舞台から降りた仏法が、「世間の道理」となって一般社会にその片影を落しているのではないかとの疑念を明かすためであったのだが（？）

(33) 金谷治「中国古代の思想家たち」『世界の名著10』四七頁以下（一九六六年）。ほかに溝口雄三・丸山松幸・池田知久編『中国思想文化事典』（二〇〇一年）の「法」、湯浅邦弘『諸子百家』（二〇〇九年）参照。
(34) 鎌田茂雄『中国仏教史』二五頁以下（一九七八年）。
(35) 中村元編『大乗教典』四二一頁以下（一九七四年）。
(36) 坂本太郎『聖徳太子』一七六頁（一九七九年）。
(37) 速水侑『日本仏教史古代』八六頁（一九八六年）。
(38) 義江彰夫『神仏習合』一一頁（一九九六年）。
(39) 村山修一『本地垂迹』三五頁以下（一九七四年）。義江・前掲注（38）二七五頁。
(40) 速水・前掲注（37）二七五頁。
(41) 黒田俊雄『寺社勢力』二八頁以下（一九八〇年）。
(42) 伊藤正敏『日本の中世寺院』四三頁以下（二〇〇〇年）。
(43) 黒田・前掲注（41）四九頁以下、まえがき。
(44) 伊藤・前掲注（42）二四頁以下、特に三一―三二頁。
(45) 詳しくは、井上光貞・永原慶二・児玉幸多・大久保利謙編『日本歴史体系3』三四二頁以下（一九八八年）。

（46）大藤修「幕藩体制の成立と法」水林彪ほか編『法社会史』（新大系日本史2）二八九頁（二〇〇一年）。

五　現代法にみる「道理」

1　ところで「世間」も「道理」も生きているという定評のもとで、しかし前述した如く、かつての、町・村・五人組などの地域組織的世間や講・祭り・檀家などの信仰組織的世間の存在が実感しづらくなった現代人にとって、条理や習俗・生活習慣のなかに潜む「世間の道理」をどう摘出すればいいのか。

隣人訴訟の教えるところでは、法的処理がふさわしくないと考える組織固有の行動文化ということになるから、個性的な行動準則に支配され合理的処理が軽視される組織・集団に着目すればいいだろう。そして直ちに想起されるのは会社世間であり、またジャーナリズム流に表現すれば「赤じゅうたん」「霞ヶ関」などの特権社会が浮かぶ。そして憲法学の「部分社会の法理」である。

(1)　部分社会論は、憲法訴訟論のなかで定位置を占めており、まず、この論議から簡単に紹介し、それを導入口にしよう。

部分社会論の言い出しっぺは、いわゆる米内山《よねやま》事件（最高裁大法廷決定昭和二八年一月一六日）における田中耕太郎裁判官の少数意見で、次の通りである。

裁判所が一々特殊的な法秩序に関する問題にまで介入することになれば、社会に存するあらゆる種類の紛争が裁判所に持ち込まれることになり、一方裁判所万能の弊に陥るとともに、他方裁判所の事務処理能力の破綻を招来する危険なきを保し得ない……除名問題について……裁判所は……裁判権を有しない。

この事件は昭和二七年三月に○○県議会がXの除名決議をしたところ、Xが除名処分の執行停止を求めて裁判所に提訴したことに始まる。それを肯定した地裁決定に対し内閣総理大臣が議会の自律権を侵すとして異議を唱えた（当時の行政事件訴訟特例法一〇条二項但書による）が、地裁は原決定を維持したため、議会の自律権に裁判所が関与できるのか、総理大臣の異議は適法かが問題とされた事件であった。

この事件のあと、最高裁は地方議会議員の懲罰議決について「自律的な法規範をもつ社会ないし団体に在っては、当該規範の実現を内部規律の問題として自治的措置に任せ、必ずしも、裁判にまつを適当としないものがある」（大法廷判決昭和三五年一〇月一九日）と述べて、田中意見を肯認した。これが後に、司法権の限界の問題の一つとして、一般市民社会の中には自律的な法規範を有する特殊な部分社会があるとする、「部分社会の法理」として観念されるようになった問題である。

(2)　部分社会論の対象としてとりあげられる組織・団体としては、ほかに大学・政党・労働組合・弁護士会・宗教団体などがあり、これらは昔流でいえば「仲間」、いわば「現代の世間」ではないのか、その自律的規範（仲間のきまり）を「道理」と捉えることも、あながち無理ではあるまい。

そうすると部分社会の論理はこれらだけに止まらず、比喩的に探索すれば、衆参両院の先例や霞ヶ関の内規（的慣習）に始まって、小じんまりと一般社会の親睦団体（この例こそ現代型〝世間の道理〟の働く集団かも知れない）などが俎上に載ることになろう。こうして〝世間の道理〟は、姿・形を変えて、現代の自律的社会のなかに多くのものがまだまだ生きているということになる。ただ、その組織なり団体なりを「世間」（古くさい‼）とはいわないだけの話である。

また、今でも新聞紙上を賑わす「根回し」や「談合」などは、会社世間のように法的規制がある場合でも、仲間における〝世間の道理〟と考えられているに違いない（安定と公平のため？）。

このような個性のある自律的集団は、人間が社会的動物であり、また絶えざる好奇心を抱く以上、何時でも何処でも存在しまたつくられ続けるものであるし、したがって、それを現代の社会問題として文化論の俎上に載せるというのであれば、本稿からみて、それらはすべて〃世間の道理〃研究の素材たりうるものということになる[47]。そう考えれば、周知の「タテ社会の人間関係」や『甘えの構造』も〃世間の道理〃に従う典型的例として(ただし日本人の仲間意識は対等・平等が前提という、米山俊直・前掲『日本人の仲間意識』七四頁)、恰好の研究材料となるとみてとることもあながち無理ではあるまい。

2 個性のある自律的集団の存在、それも集団毎に本来の個性もあれば、広く日本的と考えられる個性もある。いわば小世間、大世間、夫々の伝統性であるが、このような法現象の存在は、何も日本に限ったことではないのであろう。

オランダのアントニー・ピーターースが来日中(一九八一年)に講演した日本とオランダの比較[48]では、「日本社会の伝統性とオランダの伝統性にいくつもの類似点がある」、社会の近代化過程においては「伝統的行動パターンは……強化されて近代社会に残っていく」、「ブルジョア文化が社会のすみずみにまで反映している」オランダでは「国民全体の態度が実にプラグマチックであ」り、理論的な問題に首を突っこむことなく、寛容の精神を生んだ。フォーマル・コントロールよりインフォーマル・コントロールを望む傾向は、オランダにも日本にも強く、政治文化の伝統性には似ているところが多く、近代国家の制度的基盤は日本の方が強く発展していると結んでいる。

だとすれば、規範意識としての〃世間の道理〃という日本の個性的法文化をどのように観察すればよいのかという疑問が生ずるが、アントニー・ピーターースが一〇年後に行った講演「日本における『法』と『社会』」では、西欧法一般との文化的意味の比較を要領よく論じているので、それを紹介しておく[49]。

西欧ではローマ法の伝統を継承し、それを基盤とした法的思考様式が中世に広く学習され、合理性とか客観的妥当性とかいった文化的意味体系に基づく西洋独特の法的思考が日常的価値とされたが、日本では税収の確保と公秩序維持のための法であり、当事者間の紛争解決に有効なルールと要求の可否を判断する装置をもたなかった。むしろ契約事項よりは実質的バランスを計ることで人間関係をダイナミックにしようとしてきた。そのため、西欧法継受期には、人間関係に内在する世俗的社会秩序が生きており、法言語は日常生活との連続性をもたないため、法の発展を促す条件は不在であった、と過去を総括する。

そして、法の営みが伝統的社会と文化を根本的に変形させる事業であることを認識したのは第二次大戦後であるが、西欧法受容の当初から、それは伝統的社会と対立する原則であると考えられて、一つの文化のなかで二つの社会観が対決することになった。しかし、法は現実を判断する批判的規範と考えられて、政治や社会制度の現実と新しい法のモデルとの開きについて批判的役割を果たしているが、西欧ほどに法志向が支配的ではなく、伝統的社会にあった人間関係に内在する道徳が行動規範として今も生きている、と結論している（オランダはどうかの記述なく、前掲論文（注(48)）との関係は判らない）。

今、改めて知るような法文化についての論点はみられないが、観察は真っ当で、それだけに「生ける法」の存在が現在も外国人の目に付く法文化として語られるということの確認にはなるだろう。

3　これに対して、〝生ける法〟のより突っ込んだ検討をしようというのが滞日歴の永い、ホセ・ヨンパルト『日本人の論理と合理性』（二〇〇〇年）である。さすがに、今の現象面については観察も鋭く説明も詳細である。ただ、その歴史的因由については解説が少なく物足りない点があるが、順を追って紹介しておきたい。全体は二部構成で、Ⅰ「人間の論理と合理性」においては、「日本型合理性の裏にあるもの」について、その特長を四点（分類の視点ははっきりしない）にわけて論ずる。

その一――①和の精神、②強い集団主義と弱い個人主義、③甘えと義理人情。

その二――①「公」と「私」（例のパブリックとは官のことという話）、②タテ社会。

その三――①主義を軽視し状況を重視する、②素早い適応力（外国の技術・制度・思想を素早く自分のものにしてしまう）、③決断には時間がかかるが実行は早い、西洋は逆。

その四――①多くのものを信ずるが故に信仰心は薄まっている、②世論が最後の審判者と考えている、③自分の主義より他人の気持との和が大事なので、建前を押し出そうとする。

Ⅱは「人間の日本型合理性の検討」である。主観的に合理性があるといっても客観的に合理性があるかどうかについて判断したい、という。

その一――①個人の良心はかなり軽視されている（例えば名誉毀損の謝罪文の強制）のに対し、西洋人の宗教心は強いので日本より良心が重視されている、②日本人が恥と感ずるのは他人・社会・所属に対してであるが、西洋の場合は神に対してである、③「裁判官の良心」にいう客観的良心の言葉に魅力はあるが、一人の人間には一つの良心しかない。

その二――①責任のとり方に二種あり、世間に対するものと神に対するものがある。前者（日本）では自分が属する集団に対するものであるから、社会的儀礼として謝罪がまず必要であり、時に所属団体から身を引くという謝罪方法＝辞職によって社会的責任は果たされると考えられているのに対し、後者（西洋）では責任の根底に神の意識が働いているから神の前で自分が悪いと思わなければ謝罪はできず、責任ありと思う場合は自分で片付けない限り神から逃れられないと考えられている。〝死んで身の潔白を明かす〟という口伝が日本にあるが、社会の一員として認められない場合の日本的答責手段を表わしている。こうして個人の責任は徹底的に追及されるが、グループの責任は大目にみられるという。これが〝世間の道理〟（筆者）である（「責任の感じ方・とり方」についての美事な説明!!）。

その三――無条件の平和主義（憲法九条）と条件付平和主義（自衛隊の存在）を同時に実現することは矛盾であ

るが、それを放置する日本の法文化に西洋の合理性とは異なる「和」の精神をみることができる。

その四――日本国憲法の運用の根幹には「和」の精神が息づいている。例えば裁判所の妥協の技術は非常に高度であり、憲法規範固有の合理性が犠牲になっても現実的な合理性がそれを補っている。

その五――子供の育成および教育は親の自然の権利であるというのが欧米の法文化であるが、日本ではすべてが学校任せで、その権威は親の権威より強く、「私」より「公」が強い。

その六――欧米では国家からの自由と社会からの自由と二段階による個人の自由の獲得が行われたが、日本では「公対私」のモデルから国家も社会も「公」のカテゴリーに入り「国家社会」という奇妙な用語が使われる。国家・社会・個人モデルで構成される自由と、公私モデルにおけるそれとは別の形をとらざるをえない。

その七――①日本の宗教世界は非常に諸派統合的である。その一例として無教会主義があげられ、同時に日本にキリスト教が根づかない理由として、お祭り程度の薄い信仰心さえあれば生きるための心配も要らないという集団心理が働いている、という。②大臣の靖国参拝について、公私の区別が論ぜられるのは和を乱さないように参拝を認めるためで、大臣として参拝すると本人が望むだけで国家の行為になるのだろうか（大臣として飲酒するといえば公式飲酒になるのだろうか）という疑問があり、これは「私」よりも「公」に対して頭を下げることの重要性認識が残っているためであろう、という。

以上、日本通の著者であり、思わず肯く叙述が各所にみられる一方で、他方、日本通なるが故に、日本人が述べる法文化論と大同小異ではないかとの感想も抱いた。例えば、集団主義と和の精神、公私混同に頼りすぎという新味のない説明が多いという点が眼について、信仰上の論点を除いては、期待したほどの成果はえられなかったというのが筆者の感想である。

4　これまで〝世間の道理〟という観念に焦点を当てて〝生ける法〟の表情を説明してきた積りである。それ

が具体的に何を指すかは、隣人訴訟にみられるような「大世間」の道理であったり、古来の居住地域にみられる「一般世間」のそれであったり、さまざまなハレの行事のシキタリに基づく「小世間」のそれであったりであった。その具体的内容は、タテマエの規範に対するホンネとして世渡りの諺や格言に置き換えられ、世間のルール感覚として生き続けてきたといえる。

このホンネのホンネ振りを繰り返すなら、思案・行動の面からみれば、各個人の意思（「個人主義」）より人間関係に留意したバランス感覚に富む人情味ある判断基準（「人（の）間主義」）を求めることが多くなり、したがって紛争があれば、その解決に当たって、対立する利害関係についての明快な合理的処理を求めるというのではなく、〝社会通念〟に従って、双方が納得できる妥当案を模索しようとするか、法治主義を緩やかに解して（〝軟性法治主義〟）、融通性のある〝法的安定性〟と〝公平性〟に寄与した解決策を考えるようになることであった。

これまで時に触れた「比較考量論」は妥協案模索のための手法であり、また、公権力による拘束力のない「行政指導」という手法も柔軟法治主義の見本と考えられるのではないか。

二〇〇七年四月「裁判外紛争解決手続の利用の促進に関する法律」、いわゆるＡＤＲ法の施行は、暮らしのトラブルに第三者が立ち会い、訴訟なしに解決を計る制度として、現在（二〇一〇年には金融ＡＤＲも）、関心を集めていることは知る人ぞ知るである。

他方、当事者の責任の感じ方・取り方については、キリスト教世界では神に対する責任を重視した個人の良心に従うのに対し、日本で神仏に向きあうのは葬祭行事のときを中心としており、日常的に世間に対する責任を重視した道理を選ぶなどであって、こうした法感覚については、これまで単純に和の精神とか集団主義の法意識などと説かれてきたのである。

が、仮に一言で示せといわれたら、法的父性原理に基づく法文化に対する道理的母性原理に基づく法文化と表現すれば、本章の追求するホンネの核心を突いているように思うのだが。

これまで、第三章・第四章においては法文化論史について、第五章では〝生ける法〟の代表として〝世間の道理〟について、字義に関する解明から始めて、その史的経緯までクドクド論じてきた。特に字義に関するわずらわしい解説は読むに堪えないと感じた読者も多かったのではなかろうか。ただ、今後の法文化論の進展にともない、その叙述が参考になる場合があるやも知れぬという期待（希望？）もあって、調査の限りを記しておいた。今後〝世間の道理〟に対する本源的解明に関心が向けられたらとの期待を込めてであり、読者の寛恕を乞いたいと願っている。

特に第三・第四・第五章の解説は、法文化論の二つの課題、すなわち「法に関する文化」と「法という文化」について、前者を中心にした法文化論史であった。後者については、野田良之も宿題として抱えながら講ずるいとまのなかった論題であり、本稿の学説史をみても不十分極まりないというほかはない。大それた論題と自戒しつつ、次章以下で、「法という文化」に重点をおいた検討を進めたいと思う。

(47)　六本佳平『日本法文化の形成』（二〇〇三年放送大学教材）が参考になろう。
(48)　A・A・G・ピータース「近代化過程における伝統文化の側面」立教法学二七号二〇六頁以下（一九八六年）。
(49)　A・A・G・ピータース「日本における『法』と『社会』」ジュリスト一〇〇五号三九頁以下（一九九二年）。

第六章　自画像の形相

序　節

　これまで〝法に関する文化〟、とくに「世間の道理」（〝世の中の道理〟といえば大世間）に重点をおいて、〝生ける法〟や〝法外の法〟といわれるもの（ソフトロー？）について考察してきた。そして、それが文化に支えられていることは読者に理解していただけたと思う。しかし、〝法という文化〟の形相（姿や形）との関連については、ほとんど解明されていない。そこで本章以下では、文化の諸相の観察を通じて〝法という文化〟の実相を検討したいと思う。

　それには、日本人がこれまで描いた文化に関する自画像が、どこまで明らかにされたかを知らなければならない。ところが日本人が描いた自画像、つまり〝日本人の日本文化論〟（築島謙三『「日本人論」のなかの日本人』（一九八四年）という本すらある）といえば、正しく汗牛充棟の有様で、しばしば「日本人ほど日本論の好きな国民はいない」とさえいわれている。その証拠に、『日本人の心理』（一九五七年）、『日本人論の系譜』（一九八〇年）、『日本的自我』（一九八三年）を書いた南博が、その集大成としての労作『日本人論——明治から今日まで』（一九九四年）においては、選んだ参照文献が優に五〇〇点を越すという有様である。従って、本稿でもその助力をうることになるが、本稿の法文化という観点からいって、それを支える〝自我構造の日本的個性〟に関連する論説に注目して参考にしたいと思う。

そこで、日本文化に関する自画像の仕分けであるが、その原理的因由について、野田良之の外部的要因と内部的要因を頭におきながら（常識的!!）考えると、

① 外部的要因として、自然環境からくる風土のもたらす文化的特徴（一　自然と風土）。

② 漢字文化圏に属することに基因する「文字と言葉」に関する性格（二　文字と言葉）は外部・内部の双方にまたがるか。

③ 心理的・論理的発想にみられる文化的個性（三・四　心理と論理）と、

④「感性や美意識」に関する文化上の様相（五・六　感性と美意識）は内部的要因であろう。

次いで、次章以下では、これらの特徴・個性・様相に関連して生まれる、誰でもが認識しうる地表につくられた都市・建造物などの姿・形、つまり表層にみられる文化の表情（第七章）を。

そして最後に、これらの性格や表情により深層で無意識にあるいは潜在意識として自我構造の形成に不断の影響を与えている宗教上の原理的特質に目を向けたい（第八章）と考えている。

改めていうが、法文化形成の素因に〝自我についての個性〟があるということが前提にある。

もっとも、そうはいっても、各章・各節で紹介する文献のそれぞれがきちんとそこに収まるという具合にいかないことは、多くの読者にも予想がつくだろう。各節にまたがるもの、他章にも関係する研究は数多くあるので、どこで論ずるかについて筆者の独断が入ることに関しては宥恕いただきたいと願っている。

一　自然と風土

1　まず「自然と風土」について、

①　東アジアの辺境という日本の地理的位置からくるもの、
②　山・川・谷など自然地理的環境に基因するもの、
③　モンスーン地帯にあるといわれる気候から生まれる自然環境・地味のありようがもたらすもの、

と分けて考えると、②③が〝自然一般〟として混然と「風土」の名でよばれている。

とはいえ、①も風土の文化的特徴と決して無縁ではないが、「自然とともに生きる」という日本に関する表現が「自然を支配・征服する西欧」に対する比較文化論の当然の理として語られる場合は、風土論の比較として②③に主眼点がおかれていることは確かである。そこで話は②③から始めるが、その背景に、「風土論」といえば、和辻の名著からうける強い誘惑を避けるわけにはゆかないという事情もある。

(1)　ところで、自然とともに生きてきたのは日本だけだろうか。改めて問われれば、発展途上国は別として、西欧人にとっても自然（古くは原生自然、有史以後は人工の環境自然）は生活環境の重要部分として、市街地にある公園の広さ・数の多さが日本を凌駕することは多くの読者の知るところであろう。

そこで一言つけ加えるならば、西欧の場合は生活環境の整備のために行った人工的自然（環境自然）への改造が〝自然の支配〟という動機に基づくものであったということであり、換言すれば、日本では自然に手を加えるとき、環境自然を主役と考えるのに対し、西欧では自然はあくまで脇役におかれ、主役の文化に対するサービスと考えられたと、筆者は解している。

そうだとすれば、自然の文化化に際し地勢・気候によって植生が決まり、それによって造型された風景が生活の主役を演ぜられるのか否かによって自然と文化の係わり方に違いがみられ、それが風土の個性を決定付けているのであろうと思う。こうして、風土論は文化のあり様に関する外部的要因の最たるものと考えられ、『○○風土記』の言葉にみられるように、万葉の昔から使われてきた息の長い確かな観念であった。それ故、現代においても、日本（人・文化）論が語られるとき、風土論は必須のテーマの一つとなることはしばしばである。そのため、ここで取り上げる著書については「自然と風土」の節題に則して、それを中心に論じたものにしぼり、一部で論ぜられる著書は、書名に準ずる箇所（多くは「心理と論理」）で紹介することにしたいと思う。

(2)　さて、風土論といえば誰でも思い出すのは和辻哲郎『風土――人間学的考察』（一九三五年）である。比較文化の視点から日本を語った名著として、現在まで読みつがれてきたことは多くの人が知っている。もちろん、色々と批判される論説部分があることは知る人ぞ知るとして、「風土」の定義については、まずこの名著が冒頭にかかげた文章を、一瞥しておきたい。即ち、「風土と呼ぶのはある土地の気候、気象、地質、地味、地形、景観などの総称である」と。さらに「風土と文化」について「我々は……風土の現象を文芸、美術、宗教、風習等あらゆる人間生活の表現のうちに見いだすことができる」（一三頁）という。

ところで、「自然と文化」「風土と文化」に関しては、和辻本の前史があり、今でも引用される文献があるので、それから話を始めたいと思う。

古くは、まず志賀重昂『日本風景論』（一八九四年、一九三七年復刊）を想い出す。開明的な立場にたちながら日本の主体性を推し進めようという団体、政教社の一員として行動した論客の著作である。日本の地理的自然環境が日本人の心理に与える特質を名文で評価した論書として、多くの日本文化論史に掲載された著作である。

まず、日本の風土の特質として、各地の具体例を引用し、瀟洒（さっぱりして清らか、一〇例をあげ「日本の秋」を粋とする）、美（九例をあげ「日本の春」を精とする）、跌宕《てつとう》（眺めの雄大なこと、一六例をあげる）の自然美を説示し、その要因として、気候・海流の多変多様なこと、水蒸気の多量なこと、火山岩の多々なること、流水の浸蝕激烈なことをあげる。そして、これらの自然環境が文化の発達に影響を与えたという（緒論から）。なかでも、海流の影響と豊富な水蒸気によって春夏秋冬の各季節と雪・霜・霞・雷などの気象現象と多様な植生が生みだされ（第三章）、また多々なる火山群とそれがつくりだす風光は日本風景の代表である（第四章）、という。

人によれば、この著作にみられる自然観は西欧的発想（一九世紀ロマン派）に基づいており（ラスキン、ターナーなど)、ダイナミックで男性的であり、志賀はそれまでの閉鎖的・静的・平面的な日本像を打ち破り、積極的で力強い日本風景論を展開しようと火山描写に傾倒したという[1]。『日本風景論』が時代の書となったのは、日清・日露戦争を乗り切る当時の状況に的中したからであるが、しかし、風土の個性を見出して日本人の自然観を塗り替えたところに本書の真価があったといえるのではないか。

そして、気候・風土の作用を考察して文化の原点を探るというこの方法論が、後の和辻の風土論に引き継がれ、本格的に論ぜられることになったのである。

2　本節の主題に則して今も読み継がれているのは、和辻哲郎『風土――人間学的考察』である。書かれた時代思潮からくる論調に対して多くの批判も出ているが、その風土からの文化論として、世界風土の三類型(モンスーン・沙漠・牧場)からみた人間性の洞察(日本はモンスーン型)は、今も多くの論者に引用されることが多い。

(1)　前出したように、冒頭、風土の定義を掲げたのち、その基礎理論を展開する。即ち、風土は常識的には気候現象であるが、それに規定された生活手段によって、様々な生活様式をもたらすのみならず、文芸・美術・宗教・風習などの人間活動にも風土との関連性を見出すことができる。つまり、人間存在の型は風土の型であり、風土の類型は歴史の類型でもあるという。勿論、風土論は文化論でもあるから、本節にとっては本命の著作といえる。従って、内容を知る人も多いと思うが、日本の特徴に関する部分については、本稿でも改めて書き留めておきたいと思う。

①　モンスーン的受容性。四季の変化が著しく、調子の早い移り変わりは人間の受容性を要求し、感情の昂揚を尚びながら執拗を忌むという気質を生んだ(一三六頁)。

②　モンスーン的忍従性。自然を征服しようともせず、また敵対しようともせず、静寂なあきらめによって、思い切りよく淡白に忘れることを美徳とした(一三七頁)。

・受容と忍従といえば母性文化の真髄であり、結果を表情に出さず、自己主張を控える日本人の典型的性格に想い至る。前者については生々流転する人の世を、後者においては慈悲の心という仏教の要諦を筆者は想起するが、法制史になぞらえれば、前者は幾多の相対済令、後者は三方一両損の逸話が符合するのではないか。

③　人間関係のあり方について、日本では、個人でありながら、妻にとって夫は「うち人」であり夫にとって妻は「家内」というように、「間柄」の関係から人を見ており、「家」は「うち」であり、世間一般は「そと」であって、この区別は西欧にはない。西欧では、一方で個々独立の部屋について内と外とが区別されるが、他方、個人間の社交によって共同生活上の内は町の城壁にまで拡大し、日本の玄関に当たるものが町の城門である。個人主義的な距てはあっても、社交によって「内」となる、という（一四四―一四六頁、一六一頁以下でさらに詳説）。

④　「我々の神話がさまざまの原始信仰の痕跡を示すにもかかわらず、しかも力強く一つの祭り事によって統一せられていることは、ギリシアやインドの神話に比べて最も特異な点といってよい。それに比すべきものはただ旧約の神話のみである。しかし旧約の神話においては神と人とは截然区別せられた。しかるに日本の神々は人間ときわめて親密であり、血縁関係において理解せられている。前者においては人間の全体的な峻厳な、特に意力的な、威厳をもって人に臨むが、後者においてはそれは決して己れの意志をもって命令を発することなく、常に和やかな、特に感情的な、慈愛をもって人に臨む」（二四九頁）。

⑤　「『家』を守る日本人にとっては領主が誰に代わろうとも、ただ彼の家を脅やかさない限り痛痒を感じない問題であった……彼から『家』の内部におけるへだてなき生活をさえ奪い去る」ことがなければよかった。「それに対して城壁の内部における生活は……ただ共同によって争闘的に防ぐほか道のないものであった。だから前者においては公共的なるものへの無関心を伴った忍従が発達し、後者においては公共的なるものへの強い関心関与とともに自己の主張の尊重が発達した。デモクラシーは後者において真に可能となるのである。……総じて民衆の『輿論』なるものがそこに初めて存立する。」……しかるに日本では、「公共的なるものを『よそのもの』と

感じていること、……関心はただその『家』の内部の生活をより豊富にし得ることにのみかかっている……」（一六七―一六八頁）。

・和辻の比較文化的考察は、本稿にとって興味が尽きないところであるが、戦後における日本人論のなかにも同様の話題を見出すことがしばしばある。そのことは、本稿の「心理と論理」において納得されることと思う。とくに、個人中心と間柄中心、そして「うち」と「そと」に関する問題関心などは、この後も多くの論者の興味を引いて引用されることが多く、和辻の卓説には強い関心を抱かざるをえない。西洋の城郭都市と日本の城下町の違いからくる住民の意識の相違などは、これまで余り引用されていないようであるが、本稿にとっては第七章における貴重な話題として参考にすべき論点であると思う。

(2)　西洋芸術と東亜芸術の比較（「五・六　感性と美意識」の話題だがここで一括紹介）

①　「音楽における音の秩序正しい響き、舞踏における規則正しい運動、詩における長短の綴音の規則正しい連続、すべて秩序正しさが美的のよろこびをもたらすのである。視覚芸術における『比例』のよろこびもこれにほかならない。芸術的創作は、思惟の構成的な統一によって宇宙の秩序を把捉する能力と相並んで、構成的な形作る試みによってかかる秩序を持った対象を摸倣し、いわば神のごとくに或るものを創造する能力である。――かくて美とは感覚的なるものにおける『論理的なること』の現われであり、芸術とは調和的な世界連関の感覚的な現わしである。芸術家はこの世界連関を、論理的にではなく潑剌とした感情において、感覚的に見る。そうしてそれをその自由な創造力によって表現するときに、この世界連関が合理的なものであるに従って、おのずから『規則』のもとに立つことになるのである」（一七六頁）。

「かくてヨーロッパ的なる美術は……規則にかなうことを重大視するものとなった。このことは建築についても文芸についても同じように言えると思う。」「以上のごとく規則にかなうことを特徴とするヨーロッパの芸術に対して、我々は、合理的な規則をそこに見いだし得ぬような作品を東洋の芸術の内に見いだす。もとよりそこにはまとまりはある。そうしてそのまとまりは何らかの規則にもとづいているであろう。しかしその規則は数量的関係というごとき明らかな合理的なものではない」（一八三―一八四頁）。

例えばヨーロッパの「造園はただ幾何学的な規則にかなうように自然を区切るということの何ものでもなかった」し、近代の自然庭園も「ただ自然のままの風景を一定の框に入れたもの」で「芸術的創作力はきわめて弱い」。それに対し、「日本の庭園は決して自然のままではない」が、「無秩序な荒れた自然のうちから秩序やまとまりを作り出すという努力が……造園術についての全然異なった原理を見いださしめた。……人は無秩序な荒れた自然のうちに自然の純粋な姿を探り求め……それを庭園において再現した」。即ち「我々の感情に訴える力の釣り合いにおいて、いわば気合いにおいて統一され」『気』を合わせるためには規則正しいことはむしろ努めて避けているようにみえる」。「樹木にしても種々なる性質形状を持ったものの取り合わせがここでは重大であり、……四季の変化を通じての色彩のまとまりを作り出されねばならぬ。……これらの種々の樹をそれぞれの位置にそれぞれの大いさに布置し、季節の移り変わりに従って移り変わりつつ調和を保つまとまりを作り出し得なければ、優れた庭とはならない。これらをも人は自然のままなる山野のある箇所に偶然に現われている調和を模範としつつそれを偶然ならざる全体にまとめるのである」と（一八七―一九一頁）。

・ここの記述は本稿にとって重要な論点を提示していると思う。一つは「気合い」について「気の文化」ということが考えられ、二つには「無秩序」と「調和」という二元性の一元止揚に「成る文化」という個性が提示されていると思うからである（後述）。

② 「単調にして温順な自然に征服的に関係するヨーロッパ人が、土地のすみずみをまで人工的に支配しまたその支配を容易ならしめるために熱心に機械を考えるに対して、徹底的に征服するというごときことを人間に望ませないほど暴威に富んだ自然からその暴威の半面としての潤沢な日光と湿気を利用して豊かな産物を作り出そうとする東洋人は、人工的な手段を思うよりもむしろ自然自身のおのずからなる力を巧みに動かそうとする。か

かることがやがて合理的な性格の著しい技術とただコツをのみ込む事によって得られるような技術との相違になって現われるのでもあろう」。「かくの如く自然と人間との交渉において自然の特殊性が人間の生活の特殊性となって現われることは恐らく何人も否定し得ないところであろう」。「かくて東洋と西洋というごとき『ところ』の相違が精神的構造の相違を意味することになる。それはただに芸術の特殊性の問題に関するのみならず、物質的生産の仕方にも、世界観や宗教の形式にも、総じて人類の一切の文化産物に関する」（二〇〇―二〇一頁）。

「ヨーロッパにおいては、温順にして秩序正しい自然はただ『征服さるべきもの』、そこにおいて法則の見いださるべきものとして取り扱われた。……人はその無限性への要求をただ神にのみかけて自然にはかけぬ。自然が最も重んぜらるる時でも、たかだか神の造ったものとして、あるいは神もしくは理性がそこに現われたものとしてである。しかるに東洋においては、自然はその非合理性のゆえに、決して征服され能わざるもの、そこに無限の深みの存するものとして取り扱われた。人はそこに慰めを求め救いを求める。……自然とともに生きることが彼（芭蕉）の関心事であり、従って自然観照は宗教的な解脱を目ざした。かかることは東洋の自然の端倪すべからざる豊富さを待って初めてあり得たことであろう。人はかかる自然に己れをうつし見ることによって、無限に深い形而上学的なるものへの通路をさし示されていることを感ずる。偉れたる芸術家はその体験においてかかる通路をつかみ、それを表現しようとするのである。それがよし風景画であっても、彼はその体験によって風景の内の『法則的なもの』『不変なる構造』を捕えようとするのでは決してない。あたかも偉れたる禅僧がその解脱の心境を単純な叙景の詩によって表わすごとく、風景を単なる象徴として無限に深いものを現わそうとするのである」（二〇三頁）。

・自然と神と人間、この三者相互の係わり方に双方の文化的個性の違いが明確に読みとれることに注目したい（後述）。

「これらはすべて過去のことである。……しかしながら自然の特殊性は決して消失するものではない。人は知らず識らずに依然としてその制約を受け、依然としてそこに根をおろしている。……かかる宿命を持つということとはそれ自身『優れたこと』でもなければ『万国に冠』たることでもないが、しかしそれを止揚しつつ生かせることによって他国民のなし得ざる特殊なものを人類の文化に貢献することはできるであろう。……それによって地球上の諸地方がさまざまに特徴を異にするということも初めて意義あることとなるであろう」(二〇四頁)。

幾たび、原文の抄出をしようとしたことであろう。しかし「それは勿体ない」と感じ、ついつい、可成り詳しく引用せざるをえない破目となり、しかも本章後半で論ずる諸問題をかなり先取りする形で紹介する結果となった。国民性の特徴(三以下)、信仰の形態(第八章)、芸術の型(五)などについてである。とくに(原始)信仰の問題は、風土論のなかでも、国民性や芸術の深層に根付いている問題として早急に触れざるをえない問題であろう。

・余談になるが、長谷川如是閑『日本的性格』(一九三八年)では「日本人はまるで自然というものを理解していない」という少数意見を述べていることを附言しておきたい。本稿では省略するが、『日本を知る事典』(八三二頁以下)にやや詳しい紹介文がある。

3　ところで時宜や好し、和辻のあと、日本人の自然観について、自然美への愛着から進んで、自然に対する信仰と山里への憧憬を、史的素材を引用して実証的に論じた、家永三郎『日本思想史に於ける宗教的自然観の展開』(一九四三年斎藤書店、一九四四年復刊)が生まれた。

(1)　話は万葉人における自然への深い愛から始まる。そして歌人西行の熱烈な自然への追慕、それが夏目漱石まで連綿として続いているという。それは「人生の痛苦を自然の力によって癒そうとする、あの古い伝統が大正の代に於て猶依然として活潑に生きてゐた」(以下斎藤版・一三頁)からである。その理由は、

「自然が人生の痛苦を解消せしめるだけの大きな力を発揮し得たのは、全く自然美のもつ絶大な魅惑が人生の痛苦に比して圧倒的な優勢を保持したからに外ならないのであった。恰も弥陀の弘誓があらゆる罪障にうちかっ

て濁世の庶類を光明の広海に導くことが出来たのと全く同様に。換言すれば自然の魅力の絶対性が一切を決定したのである。それ故にこの絶対的な魅力は無条件に人々をこれに向って吸引したのであり、時としては人々をしてこれより逃れんとするも逃れ得ざらしむるにも至るのである」（一四頁）と。

そして藤岡作太郎『西行論』を引用し、「これを要するに自然はここ迄来ればもはや絶対者として神仏に同じい力をもつものであり、自然への憧憬は従って亦宗教と云っても差支へない性質を帯びてゐたのである。……而して自然がかくも人間の魂の内に大きな地位を占めるに至った理由として、我々の祖先の生活が其の内に営まれてゐた日本の国土の麗しい景観美を外にしては求め得ないであろう」（一六頁）と。

このように「自然美の魅力が仏道の安心にもまさる絶対性をもち、人生の痛苦を消除する無上の救済者として意識せられるに至る時、世の憂悶に耐へ兼ねた人々は一意その懐に投じようと駆りたてられないではゐなかった。……かくの如き條件を具備する場所として、重要な使命の下にあらはれてくるものが所謂山里であっ」た（一八頁）。

道心と自然美が深く融合するための、第一の条件は俗界からの遮断であり、第二の条件は自然美であり、この二要件をみたす場所こそ「山里」であった。法然、親鸞、日蓮などの宗教家の辿った道とは別に、鎌倉時代は西行や鴨長明の如き「山中ノ景気」によって救われるという行き方があったことは、救済の第二の道を示すものとして思想史上看過しえない事実である、と。

「とまれ山里の自然美は……あらゆる宗教的信仰に優越する力をもち、厭ふべきこの世に於ける唯一の浄土とも云ふべき地位を保有した」と、家永は解する。

こうして「自然による救済」は、西行、長明以後において、室町時代になり「茶室」という形で「山里」の精神はよみがえったという。茶室は「京中にあって而も山中の趣あるを意味するもので、とりも直さず山里の草庵と其本質を同じうするものに外ならない」（六五頁）からである。しかしこの話は、草庵中で喫する茶の風味によって閑寂の心を愛する禅僧のことである。

更に、山里の精神は、近世になって芭蕉の生活のなかに復活したという。その理由は「寂しさを寂しさとした儘でその寂しさの内に無限の法悦を獲得した、あの山里の逆説的な救ひの境地が、彼に於て亦最も典型的に、否一層徹底した形で実現されてゐる事実であった」（八〇頁）から、である。

(2)　禅僧や芭蕉の精神が当時の日本人にどれほど体験されていたかは判らない。著者はそれを承知の上で論じたのであろう。「宗教と云ひ、救ひと云ひ、既成宗教のそれのみを指すとあらばそれにてやむ、若し真に日本人の魂に救ひを与へたものを追求しようと云う意味に於ての日本宗教思想史を考える時、単に神道仏教基督教のみを取り上げて、それらより一層日本的であり、一層深い境地に達したこともあるこの『自然』の救ひを度外視するならば、我が国民の真の精神的展開を跡づけることは出来ないであろう」（八四―八五頁）と、家永は感じ論じたかったのである。

もしそうなら、日本の自然崇拝は、他の文明諸国の古代文明にみるそれとは全く質を異にするといわねばならないと筆者は思う。但し日本の場合でも、和辻が指摘するように、日本の「自然」には、「美としての自然」のほかに「暴力としての自然」があり、この二つの自然の間に行われる一種の弁証法として伝統的自然観が培われてきたことに留意しておく必要があるだろう。

4　家永の宗教的自然論は、日本人の自然信仰の本質にふれる卓説であると思う。しかし実地の問題として考えると十全とはいえないという感想が浮かぶ。

ところが、近年（急に時代が新しくなるが続篇のつもりで）、野本寛一『神々の風景――信仰環境論の試み』（一九九〇年白水社、のち本稿引用の『神と自然の景観論――信仰環境を読む』と題して二〇〇六年学術文庫に復刊）が、実体調査を行った結果をもとに、これまで日本人が神聖性を感じ神をみた景観を「聖性地形」の名でよび、象徴的に描写しているので、順序は狂うが、ここで紹介しておきたい。

「聖性地形を核とした風景は、日本人の魂のやすらぐ原風景であり、郷愁をさそう景観でもある」。それは「岬・浜・洞窟・淵・滝・池・山・峠・山の結界点・川中島・立神《たちがみ》と湾口《わんこう》島・沖ノ島・鳩間島・温泉・地獄と賽の河原・磐座《いわくら》など」、森や樹木で神々の座と目されているところである（七頁）、という。

筆者が理解しうる範囲内で、その具体例をあげてみよう。

(1)　まず環境畏怖を要因とするもの。伊豆七島火山の遥拝所である「伊古奈《いこな》比咩命神社」（下田市の式内社、三島大社の后神）、湖口の閉塞を祈る「角避《つぬさく》比古神社」（浜名湖の名神大社、現在の細江神社）や水源伝承をもつ渭伊神社（西遠江の式内社）や熊野川河口氾濫を祈る阿須賀神社（熊野遠玉大社の摂社）、巨木に簇生の如く鎌を打ちこんだ鎌宮諏訪神社（能登にある無社殿神社）や鎌田神明宮（静岡の磐田市）などにみる鎌信仰などがある。

(2)　地形を要因とする信仰。

水に係わるもの。①岬。「常世」への旅立ちの場。伊良湖岬に流れ寄る椰子の実から「海上の道」を想定した柳田国男・折口信夫の「まれびと論」の起点となった志摩大王崎、大隅半島の先端にある佐多岬の御崎神社、愛媛佐田岬の先島（岬の先にある島）にある野坂神社、能登半島の珠洲岬の当て山（漁場決定の目測基準になる山）である山伏岳の須須神社、伊豆石廊崎の石廊崎権現。②浜（「秀間」、めだつ優れた場所）。沖縄久高島は王朝時代の神の島、同じく竹富島のニーランの浜、紀州白浜町の白良浜、島根の稲佐浜は国譲り神話の舞台など。③洞窟。鵜戸神宮洞窟・加賀潜戸・江の島洞窟などの海蝕洞窟、岡山新美市の日咩坂鐘乳穴《ひめさかかなちあな》神社・岡山真庭市の井戸鍾乳穴神社の鍾乳洞など。④淵。若狭鵜の瀬の遠敷《おにゅう》明神（東大寺のお水取り）、遠野の常堅寺のカッパなど、多くの淵には伝説がある。⑤池。石見三瓶山麓の「浮布《うきぬの》池」（邇幣《にべ》姫《ひめ》神社）、羽黒山の鏡ケ池（出羽三山神社）、月山「弥陀ヶ原」の御田原神社、御前崎「桜ヶ池」の池宮神社。⑥滝。岡山県真庭の「神庭《かんば》の滝」、藤枝市の「宇嶺《うとうげ》の滝」と高根白山神社、熊野那智大社の那智大滝ほかなど、水に係わる自然信仰がある。

峠・石に係わるもの。⑦峠、峠神の座としての石。岐阜神坂峠《みさか》（旧「信濃坂」）に神坂神社、東山道の「鳴石」・「ゆるぎ石」（入山峠）・「鍵引石」（雨境峠）・「オメコ石」（有賀峠）、鈴鹿峠および木坂峠の「鏡岩」、小夜の中山の「夜泣石」、日本坂の「旗懸石」、「猫石」（宇津ノ谷峠）。遥拝所としての峠に、「地芳峠《じよし》」（石鎚山）・「鳥居峠」（木曾御嶽山）・鳥居ダワ（大山《だいせん》）・鳥居地峠（富士山）・「姥神峠」合戸峠（木曾御嶽）。ハレとケとの転析の峠に青崩《あおくずれ》峠など。⑧磐座。「いわくら」とは信仰空間の核であり、風景の要である。このような要石は各地にあり、神霊を負って地震を鎮め大地を安定させる石である。⑨賽の河原。恐山・立山などの火山系地獄、他界の入口を思わせる海辺の洞窟や峠道の山かげなどにあり、死者を葬ったことに起因している。⑩川中島。有名なのは熊野本宮大社の旧社地や下鴨神社、和歌山古座川町の河内神社、静岡市の木枯神社（川原の八幡さん）と白髭神社。⑪神の島。宗像大社の沖津宮・中津宮、伊勢の二見浦。⑫立神。岬の先に直立する岩で海神の依り代。鹿児島笠沙岬ほか鹿児島に多数、全国各地の海辺の湾口にある湾口島・先島。

⑬温泉。出羽三山の湯殿山（湯殿山神社）、走り湯権現（伊豆山神社）、（筆者・各地に温泉神社あり）。⑭山＝神奈備系（三輪山・三上山・三笠山など）・火山系（富士山・鳥海山など）・修験系・民間信仰系など、数多いことは第五章で説明した。

本書では、続いて「聖樹」（木魂への畏敬）、「神話」（天岩戸・高千穂・笠沙岬・鵜戸）、「道祖神」など、読者も知る話が語られている。

(3)　日本人は自然環境の何に対して神聖感を抱き、いかなる景観に神をみたのかという、正に風土・環境に関する信仰の観点から試みられた実地報告である。日本人がどんな風景に魂の安らぎを覚えたかについて先人達が選んだ「聖性地形」の報告書である。地形・地名・伝説・民俗から拾われた〝神々の風景〟といってよかろう。人工では不可能な自然環境の神秘性を讃える信仰、いいかえれば自然から汲みとる宗教感情に頼って生きるという点は他の民族においても珍しいものではないが、日本人の自然崇拝は豊かな様相をみせる様々な形態の地形に魅せられて、それを主役として生きるものであり、そこに八百万（誇張にしろ、報告にあるように、これほど多種多様の信仰対象があるとは!!）の神々の原型を予測することができる。他方、西欧キリスト教世界では（先史時代は別として）自然に手を加えて人間の安らぎに奉仕させる脇役として自然を観念している点が異なることを本稿で再確認できたといえよう。

最後に一点、引用された地名や神社には、筆者にとって意外性を感じたものがあり、そこに神社信仰の素朴な姿をみてとれたのも確かである（アニミズムについては、岩田慶治の『カミと神』『カミの誕生』『草木虫魚の人類学』（何れも学術文庫にあり）が参考になろう）。

5　風土から生まれる文化、とくに信仰の問題について、家永論から導かれ、時代を越えてその実相を考察した。そこで、また時代を戻れば、戦後早い時期に喧伝された京都人文研の提説を回顧する順序になろう。出版年順に、梅棹忠夫『文明の生態史観』（一九六七年）、上山春平編『照葉樹林文化――日本文化の深層』（一九六九年）、会田雄次『日本人の意識構造――風土・歴史・社会』（一九七〇年）・『日本の風土と文化』（一九七二年）などである。ただし、ここでは上山編著を取り上げ、梅棹と会田の論著は地理的条件に関連するものとして、後に論ずることにしたい。

(1)　上山春平編著は、弥生（農耕）文化以前の原始文化、つまり縄文文化を生態系からみた「照葉樹林文化」としてとらえる中尾佐助の仮説に則って、日本の古い固有信仰（神祇信仰？）の原型は照葉樹林帯にあり、今日の文化のなかで変形しながら、今も生きつづけている、という（文庫版「はしがき」）。刊行当時、日常的な文化要素との関連から日本文化のルーツを説明した論稿として、本書の表題は巷間に広く流布し、今も読み継がれているようである。

四〇年後に、佐々木高明が改めて『照葉樹林文化とは何か』（二〇〇七年）を書いているのは、山と森が生みだした日本文化の起源に対し深く共鳴した証しだろう。それ以前、すでに佐々木には『日本文化の多重構造』（一九九七年）の著作があり、そこには、北からきたナラ林文化、南からきた照葉樹林文化が縄文文化をつくり、水稲栽培・漁撈民文化の伝来によって稲作文化が形成され、倭人文化の基層が構成されたと書いている。こうして、日本文化の多重構造とそこにみられる統合性、つまり適応力と柔軟性のある日本文化の個性が特徴付けられたというのである。従って現代の結論は、西洋文明を理想とした単発的発想によることなく、文化の多元性を前提として、調和と協調の哲学を求めるべきだ、ということになる（三二五頁）。

(2)　北から、南から吹き込む文化、それが先史時代から〝吹き溜まり〟となって複合し、そのため調和と協調による文化の統合という〝抱き込み〟の個性を生み、遺伝子として刷り込まれたのだろうと推測するのは筆者ばかりではあるまい。なお〝風土〟の話は、第三節・第四節における総合的文化論のなかにも数ヶ所の言及があることに留意してほしい。

それを受けて二〇〇七年本では、日本文化の源流における照葉樹林文化の歴史的位置付けとその特徴が語られている。例えば、「雑穀栽培型」から「水稲栽培型」への展開における照葉樹林文化の役割などの基層部についてなど。とくに木造家屋の特徴とされる「柱」と「梁」で支えられ竹を組んだ木舞《こまい》に泥を塗るハンギング・ウォール（六六頁）の話は「木の文化」とともに「柱の文化」（筆者・「壁の文化」もしくは「木骨の文化」の対語）でくられる日本建築の特徴に結び付く話題となろう。

6　和辻が熱帯的・寒帯的二重性をもつモンスーン型と位置付けた日本風土（前掲・上山編著では亜寒帯・令温帯・暖温帯・亜熱帯の四重性、六五頁）の地理的性格には、①東アジアの東端に位置し、四方が海に囲まれた島国である、②東北から南西にかけて長く延びた緯度を保ちながら（例えば桜の開花時期に一ヶ月の開きがある）、幅員が狭い陸地の中央部に山岳地帯を重ね、急に降って盆地をつくり、やがて平野を抱くという、高低の変化に富んだ地形の妙は、多くの河川に滝をおとし、急流・渓谷・淵をつくるという特徴をもつことになる。

(1)　まず、東は広大な太平洋に面する島国であるということに起因する文化のあり様について評価が分かれるという点である（梅棹忠夫と内田樹の両者の間）。

一つは、前述の梅棹本はアジア旅行印象記であるが、文明の生態から観察して、インドの中華思想（古代文明を想起すればよい）を代表とする東洋とも西洋の何れでもない中洋が想定できるという問題提起である（梅棹・前掲『文明の生態史観』文庫版六七頁以下）。これに対し、日本と西洋では共同体の内部からの力によって歴史が展開し、高度資本主義を成しとげ帝国主義となった点で共通したものがあり、「わたしは、明治維新以来の日本の近代文明と、西欧近代文明との関係を、一種の平行進化とみている」（一〇八頁）という観点から、双方を第一地域と名付ける。そして中洋においては、共同体の外部からの力によって動かされて、ブルジョワは未発育、資本主義は未成熟で、多くの革命を経験し、独裁者体制をとっていることから、第二地域とよび（中国世界・インド世界・イスラム世界・ロシア世界、一六七頁）、第一地域とは社会構造が全く異なるという（一〇九―一一六頁）。

つまりは、生態史からみる限り、日本は「脱亜入欧」の完成品の姿をとっており、東端における西欧文明の吹き溜まりと印象付けることができる。

この第一地域における同工異曲を印象付けたのが、会田雄次である。彼の『意識構造』は、戦後における日本人の自信喪失の回復を願って、アメリカ旅行からの経験をもとに、主として雑誌「日本」に掲載した八篇の論文集のことである。その中で筆者が興味を引かれたのは人文研の機関紙にのせた書名となっている論題であり、そのなかに「作る平和とある平和」というテーマがある。即ち、日本人は「外部の変化と無関係に現状が維持できると考え、現状維持を平和を守ることと考える」のに対し、ヨーロッパ人は「平和というものは外部の状況に応じ、主体的に外に働きかけることではじめて守れると考える。平和はあるものではなくして、たえざる建設を要するものであるという感覚にどうしてもなる」。つまり「存在ということは、日本人の場合は現に『ある』のであるが、向うの場合は『作る』のである」（会田・前掲『日本人の意識構造』三四―三五頁）と。

ここでは、ヨーロッパの「作る文化」に対する日本の「成る文化」が、平和観について「作る平和」と「ある平和」として強調されている。ユーラシア大陸の西で陸続きのヨーロッパ諸国の間に、絶えない戦争による国境変動の歴史が続けられたという事実に対し、その東の端にあって太平洋に面する島国では、外国の侵略を受けることは滅多にないという結果につながり、易姓革命もおこりにくかったという史的経験（自称「日本」は白鳳期から今日まで）の違いが、この平和観の違いに表われていると推測する読者は多いだろう。

会田は更に『風土と文化』という論壇誌に掲載した論文集のなかにおいても、第一地域に関する平行進化説について、「ヨーロッパの表文化主義と日本の裏文化主義――生活の文化と生存の文化」という主題の下で、その差異を論じる。初っ端に「日本の宗教と哲学は、ひたすら死に思いをこらす。それに対し、ヨーロッパの宗教と哲学は、現実世界での生き方を追求する」と刺激的である。モンスーン地帯の日本の土地の生産性がきわめて高く、国家的秩序の維持が容易なのに対し、ヨーロッパ農業は土地生産性が低く新しい土地の征服が常態化し、神の選択によって生き残れると考える。そのため、「秩序世界を空気のように自然と考える日本人」に対し、「無秩序世界を自然とするヨーロッパの人びとの考え方」との間に対話は成り立たず、類似の歴史的過程をもつとはいっても、双方は、「一つのものの表と裏、あるいは陽と陰というような意味で、まったく対立する」というのである（一一―一九頁）。

ユーラシアの西端と東端で同じような歴史過程を平行的に進めてきた地域であるが、それこそ西と東という正反対の地理的位置の故に表裏の関係にたたざるをえなかった事情（その背景にキリスト教と仏教があることを暗示）が示唆されている話題は興味深い。

(2)　これに対し、時代は下るが、東端の島国性を強調した、内田樹『日本辺境論』（二〇〇九年）は先学の日本人論（丸山眞男・司馬遼太郎ほか）を参考にして辺境ゆえの病理的考察を描いている。例えば、「きょろきょろして新しいものを世界に求める」（二四頁）、「よその世界の変化に対応する変り身の早さ自体が『伝統』化している」（二六頁）、「自分自身が正しい判断を下すことよりも『正しい判断を下すはずの人』を探り当て、その『身近』にあることの方を優先する」（四四頁）、「きわめて重大な決定でさえその採否を空気に委《ゆだ》ねる」（四五頁）など、「辺境人」のメンタリティは「諸国の範となるような国に日本はなってはならないという国民的決意を基礎づける」（八九頁）、「世界標準に準拠してふるまうことはできるが、世界標準を新たに設定することはできない」（九七頁）、などという。

とりわけ、本稿前章で詳述したことだが、『『道』の繁昌は実は『切迫していない』という日本人の辺境的宗教性と深いつながりがある……『道』という概念は実は『成就』という概念とうまく整合しない」「おのれの未熟、未完成を正当化してもいる」（二六一頁）と「道」を批判する、「辺境人の最大の弱点は、『私は辺境人であるがゆえに未熟であり、無知であり、それゆえ正しく導かれなければならない』という論理形式を手放せない点にあり」（二六九頁）とさえいう。そして、表意文字と表音文字を併用するハイブリッドな日本語は、「外」と「内」の対立を架橋するための中華思想に対する辺境思想の表われとして、文化の深層構造を久しく形成していた（二二四・二四三頁）という言説に至っては、偏光レンズを通してみた片面的思考としかいいようがない。

(3)　東アジアの東端にある島国という地理的条件に関連して、文化面で筆者が注目したいのは、読者も知るように、韓国・中国に始まって、西域・西欧から持ち込まれる西からの外国文化（梅棹のいう第一・第二地域を問わず）に対処するわが国のあり様である。すべてを呑み込んだ「雑種文化」（加藤周一）という表現が、これまで類似の論書に多くみられるが、ほかにもその対応姿勢を説く「模倣文化」、その後の様相を語る「混合文化」「混成文化」から「統合文化」までさまざまに表現されている。

が、しかし雑種文化と極めつけるまえに、東端にあって行き処のない〝吹き溜まり〟（第二次大戦後におけるアメリカの場合はしばらく措いて）という状態に処する対応姿勢のとり方である。多少の取捨選択はあっただろうが（唯一の例外は近世におけるキリスト教弾圧）、消化不良をおこすことなく、自家薬籠中のものとして〝抱き込み〟、見事に融合してしまったという文化面での懐の広さである。この「吹き溜まりの融合文化」にみられる包容力と消化力は、一言でいえば母性文化の特質といえようが、とりわけ、島国の利点から古来外圧のなかったこと、それを利点に文化の基底が破壊されることなく生きつづけてきた〝通奏低音〟の存在にも注目すべきであろう（それが縄文文化に始まるという上山説その他がある）。

外来文化は、単に混然としている、あるいは雑居しているという状態ではなく、文化遺伝子によって融合され、個性ある形相をつくり出したといってもほめすぎにはならないと思うが。

例えば、モンスーン型風土の特徴である「木の文化」にみる日本人の独創性は、単なる「雑種文化」でくくられるほど生易しい個性ではありえないと思うし（詳細は本節の最後で詳細に論じたい）、さらに、他に例をみない独特の融合化を果した個性をもつ〝文字という文化〟つまり日本語のことを想起していただきたい。日本語については、前述したように、「法文化の基層」と筆者は考えているので、改めて次節で取り上げたいと思っている。

(4)　前述したように、東北から南西にかけて長い緯度にわたりながら狭い幅員のなかでつくりあげられた、山脈・山地・台地・渓谷・急流・滝・瀬・淵など、山と川がおりなす日本の自然景観は、中国と比べれば小規模ながら、盆景のような奇勝を生み、多様な植生と重なって生まれる変化に富む風景は、四季の移り変わりをともなって絶妙な印象を与える。〝里山〟の風景や〝棚田〟（全国の水田の六％を占める）の景観は、とくに望郷や旅の思い出に導かれて、その味わいは正しく多情多恨である。

同じモンスーン型とはいえ、これらの風土美は際だっており、複雑で巧妙な地勢から生みだされる有名な蔵王の樹氷（アイス・モンスター）、愛媛の「肱川あらし」（白い龍と称される川に沿って流れる霧）などの奇景の例は、中洋・西洋の自然美を知る人間にとっても感動を与える風景であろう。

こうした繊細で豊かな風土美に育まれた日本人の感性が、山・森・河川のかもしだす環境自然に向きあったとき、絶妙な賛美の言葉をつくりだしたことを、先に述べた自然に対する深い信仰と共に思い浮かべずにはいられない。

言語から日本文化の索引となるような言葉を探求した芳賀綏は、自然と人間との調和・一体感を表わす言葉として、アケボノ・朝ボラケ・朝霞・狭霧・五月晴レ・オシメリ・カゲロウ・夕映・夕霧・夜露・オボロ月・イザヨイ・淡雪・細雪・雪化粧……をあげ、その繊細な情緒を特徴付け、また四季の微妙な移り変わりをきめ細かく表現した、春風・春雨・花曇リ・花吹雪・風カオル・青葉若葉・新緑・夏雲・新涼・野分・秋草・秋冷・秋晴レ・秋日和・小春日和・冬枯れ……をあげて、四季の快い感触をイメージさせている[2]。俳句好きの読者だったら『歳時記』を想いおこす人もいると思うが……。

特にきめの細かさの点で、「雨」は際だっていると筆者は思う。春雨・秋雨は当り前として、穀雨・梅雨・小雨・霧雨・霖雨・小糠雨・冷雨・氷雨など、和漢両用の描写力は巧妙極まりない。

また風景・四季をほめたたえる四字熟語で日本でも使われる言葉として、千山万水・山紫水明・深山幽谷・白砂青松・長汀曲浦・清風明月・嘯風弄月・花鳥風月・桃（花）紅柳緑など。

そして自然の賛美歌といわれ、直ちに脳裏に浮かぶのは、むかし習った唱歌の調べ。故郷の自然を愛した岡野貞一作曲の、春の小川・春が来た・紅葉・故郷・朧月夜などは、日本人の肌に染み付いている「ふるさと」を偲ぶ歌であることは御承知の通り。神の賛美歌（キリスト教）とは好一対である。

(5)　自然の賛美歌こそ、自然に対する憧憬から崇拝、そして自然信仰へと昇華する必然の結果であった。その原型については、すでに紹介ずみであるが、そのなかでも各地に存在する「山の神＝山岳信仰と奥宮」「鎮守の森＝里宮」から石（磐座）や木（神木）までもが崇拝の対象となった。有史以前からのこうした自然崇拝は、日本人の生活意識となり文化遺伝子として刷り込まれたことは容易に想像がつく。環境自然に対するあこがれと崇拝は、現代人にとっても生活文化の一部となっていることは確かである。ここに、自然・神・人間三者の個性的な相互関係があり、日本の〝風土と文化〟の特質をみるといえるのも当然であろう。

もっとも、日本人が美しい自然を愛し季節の移り変わりに鋭敏なのは、志賀重昂や芳賀矢一の影響であるとの批判もあるが（斎藤正二『日本的自然観の研究』一九七八年、南博『日本的自我』二八七頁）、自然崇拝に日本人の信仰の源流をみる（人類に共通するといえるが、山・川・滝・洞窟・岬・淵・池のほか雷などの自然現象にまで神名を付したという特徴がある）ことに異論はないはず。それが現代にも尾を引いているところに西欧とは異なる文化をみることができる。つまり、自然・神・人間三者の関係性についての比較にこそ問題の鍵があるといえるだろう。

自然に抱かれ生かされてきた人間が自然を賛美し、そこに神をみて双方を同等視するという日本人の自然の姿については、これまでも述べてきた。その実相を西欧との比較でみてみよう。

①（西）自然を含む万物の存在は神に従う。
（日）自然は怒りもするが、生存の根元にかかわるものとしてその秩序をたっとぶ。

②（西）人間と自然は対立するが脇役としてこれを利用する。
（日）自然は人間と同等な主役として、これとの融合をはかる。

③（西）人間中心主義により自然は時に支配の対象となる。
（日）自然のもつ神的聖性は仏教教理に〝草木国土悉有仏性論〟として生きている。

7　誰がいったか、昔から「石の文化」（西欧）と「木の文化」（日本）という比較表現がある。「木の文化」といわれて木造建築を連想するのが通常だが、日本では〝住〟に限らず〝衣〟〝食〟の生活全般から美術工芸に、果ては仏像にまであてはまるという特色がある。とくに漆は先史時代から使われて、その工芸品は日本の特産物である。

他方、「木をみて森をみない」という警句がある。とすれば、「森の文化」というべきか（「森の文化」はヨーロッパの針葉樹林帯で使われるという記憶があるが？）。屋敷林という独特の景観をもち、森と林の面積は現在、国土の七割をこえ、そこに棲む生物は九万種以上、動物の固有種は約一三〇種（ガラパゴスでさえ一一〇種、イギリスは〇）、植物のそれは五〇〇〇から六〇〇〇種といわれる。大地は世界の四〇〇分の一に過ぎないというのにである（長谷川如是閑は「日本は木をみて森をみない文化」と評した）。

もっとも、有史以来、積年の人口増加による生活用資材の調達、とくに近代以降の建築用資材としての針葉樹林帯への転換と開発による乱伐、加えて、林業は衰退して森林管理の不足を招き、水の保全機能の退化に土石流の頻発をよんで、現在では〝森の復権・再生〟が叫ばれているという現実がある。しかし、それにも拘らず、人間生活全般に係る説明のキー・ワードとしてふさわしいのは〝森の文化〟より〝木の文化〟であろうと思う。

(1)　日本列島の誕生は大陸とくっついたり離れたりした後の偶然の所産であるが、地質の多様さは地球規模の変動の記憶をしっかりと刻み込んで（〝大地の博物館〟ともいわれる）、日本アルプスが欧州アルプスをはるかにしのぎ、それによって植物の群落も多彩をきわめ、そこに生まれた森の誕生とその植生の豊かさも自然現象に基づく偶然の産物とはいえ、頬もゆるむほどのものがある。例えば氷河期（一万年前？）は針葉樹中心であったものが、間氷河期を迎えたとき、海岸に沿って生き残った広葉樹が日本各地に広まったという（針葉樹林は三大美林「木曾檜・青森ヒバ・秋田杉」として、今も名を残す）。梅雨など年間雨量平均一八〇〇ミリという、さまざまな名でよばれる雨が、叙上の森の成育を促し、樹林帯は貯水池として、落葉樹は堆肥として役立ったことは知る人ぞ知るである。前述した通り、植物の種類は五〇〇〇から六〇〇〇種（生物は九万種以上）に及び、雪の森（広葉樹林）が下北半島にまで〝北限のサル〟をよびよせたという例外まである。こうして多種類の植物が多彩な風景を形造り、四季の自然には五〇〇種以上の色（もみじ色・ぶどう色・千歳色・雪の下色などの例）があるという、その多様性が風景美の完成度を高めていることは日本人の常識といっていいだろう。

真冬・真夏の〝ことば〟はあっても、真春・真秋の語はない。しかし、迎春・早春・初秋・中秋・晩秋などにみる春と秋の変化する景観美、とりわけ落葉広葉樹がみせる秋の紅葉は色彩豊かで二六種の樹（とくにカエデ）に及ぶと聞いたこともある（記憶は確かか?）。濃淡の黄葉、赤・赤茶と朱の紅葉は人の心を奪って止まない（メープル・カナダはほとんど黄）。イチョウ・スズカケ・ブナ・トチノキ・カエデ・ウルシなどの織りなす〝錦繍〟は錦秋に通じ、春の桜と共に秋の紅葉は日本人の感性を研ぎすますことになるのである。

(2)　さて、日本人の生活全般を見渡せば、〝森の文化〟というより〝木の文化〟という方がふさわしいと感じさせる著作がある。その植物的性格から工作品としての芸術性にいたるすべてを論じた、小原二郎『木の文化』（一九七二年）である。そこで、本書の記述から論点を拾ってみたい。

「われわれの祖先は、有史以前から、木の材質についてかなりの知識をもち、適材を適所に使い分ける能力をもっていたと考えられる」。「記紀に書かれている樹種は五三種あり、二七科四〇属に及んでいるという。……いわゆる有用樹種といわれているものがヒノキ（筆者・宮殿用）、マツ、スギ（舟）、クスノキ（舟）を始めとして十数種含まれている」（九頁）。

「西洋においては、黒檀や紅木のように見た目の美しい材が珍重されたにもかかわらず、われわれの祖先は、ごくふつうの木材（筆者・コウヤマキ）のなかの目立たぬ優秀さに着眼して、それを使っていた」（一六頁）。

「われわれは木の香の新しい白木の肌を好むだけではない。時がたてばやがて灰色にくすんでくる木肌を、こんどは『さび』といった独特の世界観の対象にして、別の立場から賞でているのである」。「わが国では、木材は単なる材料というよりも、銘木のように美術品として扱われることが多い」（一八頁）。

「日本人と木のつながり」について「日本民族の木材に対してもつ愛着の深さと感受性の鋭さとは、他の民族とは比較にならないほど強いものがある。その由来は、生きた樹木をみて感じる日本人の信仰にまでさかのぼらないと、本当によく理解できない」（二〇頁）という。

・木を崇める日本人の感情は、木を人間が利用する材料とみるに止まらず、そこに神性を感じ、人間と対等もしくは同視することは、前に引いた「草木国土悉皆成仏」の言葉によって明らかである。神木の観念の証は古社寺を訪れた日本人の見聞きするところであり、それを育てた鎮守の森や里山の風景は日本人の心の核心に描かれていることは否定できないだろう。

かつての「広葉樹林文化」の主題にも拘らず、樹木の利用法について、小原は「現在われわれが洋風の建物の内装や家具の用材として使っているのは広葉樹材で」あるが、「和風の伝統的な建築においては……すべてが針葉樹材で、広葉樹材が用いられるのは、むしろ例外に属する」（二七頁）という。

日本の彫刻の特徴として「多数を占めるものは木材で、おそらくその数において九〇パーセントを越えるであろう」（三二頁）という。

木材の工芸的利用についていえば、指物（板を組みたてて作る家具・器具）・挽物（ロクロを用いて挽《ひ》いてつくった器具）・刳物（内部・内面をえぐりくぼみをつけた器具）・曲物（檜・杉などの薄い材を曲げ合わせ目を桜・樺などの皮でとじた円形の容器、縮物《ワゲモノ》ともいう）がある（三五頁）。

(3)　次いで、筆者が重要視する仏像についてみてみたい。

今日現存する飛鳥と白鳳前期の仏像は金銅と木彫が主力で、約四分の一が木造、用材はすべてクスノキの一木造である（例外は広隆寺宝冠弥勒のアカマツ）。クスノキはいわゆる硬材で金銅物に近い硬さをもっており、渡来仏が金銅的硬さをもつ檀木であることから、代用材として利用されたものと考えられる（白鳳後半は乾漆・塑造が加わる）。

天平彫刻には乾漆・塑造・金銅などが数多く、木彫は少ない。しかし芯材にヒノキを選んでおり、それが木肌への郷愁を生んだのであろう。貞観彫刻にヒノキの一木造が現われ、木彫仏の興隆期に入る。その理由について、野間清六は平安密教では仏像に神秘的な霊力を蔵することが要求され、木造が見直されるようになったと説明している（六五―六六頁に引用）。

貞観彫刻の美しさはヒノキの材質に負うところが多い。そのため、像は木肌の美しさを求めて白木である。それには冴えた腕、美しい材料、よく切れる刃物が必要である。しかも、その木材美は針葉樹においてであった。「木の文化」のなかに占めるヒノキの位置はこうして根深いものになったということが判る（藤原期以後は寄木造となる）（七九頁以下）。

桃山時代ごろから、建築についてはケヤキが主材となってくる。ケヤキの材質が城郭建築の目的に適合し、雄渾な木目が建築様式に合致したことが、その理由である。しかし仏像彫刻としては木肌も荒く木目もはっきりしすぎて不適当と考えられていた（唐招提寺のケヤキ系の像は鑑真による中国製と考えられている）（八二・九一頁）。

(4)　「日本と西洋」の章から（一三頁以下）。

ヒノキは木肌が美しく材質も秀れていたため、二〇〇〇年間、「この木を選んで建築用材となし、さらに彫刻の用材に使って独自の造形技術を発達させ、世界に誇るべき幾多の作品を残してきた」。

「西洋における木材の遺構は、日本のそれに比べてはるかに少ない。しかもそれらは鉄や石材とともに用いられることが多かったので、おのずから硬木によって加工されたものに限られている」。「練瓦と石とじゅうたんとの住居の中に生活する西洋民族は、同じ神の宮殿を建てるにしても、大理石と幾何学とによって、さん然たる鉱物質のキリシャの神殿を構築する」。

「鉱物質に対する植物質、金属に対する木材、そして硬木に対する軟木の対比は、長い歴史の過程を経て、一方は智と意志との西洋文化を構成し、一方は情操と直感の日本文化を発達させてきたのである」（一二二―一二四頁）。

・日本人の心や美的感覚には木肌のぬくもりと木目の細かさに魅せられた「木の文化」に負うところが多いと思う。ことに木肌が美しく材質も秀れたヒノキは建築・彫刻の用材として「木の文化」を代表する木材であり、そこに例外を認めた日本人の美的感覚の包容性を察することができるといえる。

8　最後に、木の生活用具を通して日本人の精神構造を考察した、杉山明博『日本文化の型と形』（一九八二年）をみてみよう。

「日本人は『地的人間』で地理的な特色を持つ地的文化を形成してきた。この地的状況が日本人の精神構造を生み、繊細で、自然と同質化し、きめこまかい情趣をつくりだし、生活用具一つ一つに至るまで四季により器や掛け軸を変え、生活に重みを持たせた。四季の変化に命のはかなさと流れを知り、自然に木地の古びていく様子にほろびの美を感じ、暮れゆく秋に物のあわれを思ったのは、地的人間の影響である。日本人が木を愛し、木とともに暮らしてきたのは、世界でも稀な良質の木に恵まれたからである。『木』特に針葉樹の美しさが日本人の感覚を繊細にし、そこで共通に感じた感覚が底辺に存在して文化を支えてきた。柱や障子の桟は年とともに古くなり、障子の紙は張り替えられる。『崩壊』と『新鮮』の対比の中に『物のあはれ』『命のはかなさ』を知る。明り障子は四季の移り変わりを肌で感じさせ、自然との共存を可能にするから情趣がこまやかになる。障子やふすまは自由にはずせるから、固定したドアとは違ってすぐれた融通性がある。しかし障子で一旦仕切られた『場』は、絶対入りこめない閉ざされた空間となり、そこには精神的なしきりがつくられ、『結界』という作法が生まれた。……」（南博・前掲書二九九―三〇〇頁〔編注：以下、「南〇〇頁」と表記〕）。

ここには木造住宅における日本人の美的感覚が短文のなか美事に描写されている。「ほろびの美」「繊細な感覚」「物のあはれ」「命のはかなさ」「融通性」「精神的しきり」などの心理的表現は、日本人の心の感じ方をよくよく捉えた表現だといえるのではないか。たとえ木造住宅がコンクリート住宅に変わった今でもである。

もっとも、「石（芸術）の文化」がなかったわけではなく、「枯山水」や燈籠・野仏があるという反論もあろう。が、これらは精神性の高い、時に信仰（磐座の例）の対象にまつわるものとして捉えられたもので、本節の初めを想起していただきたい。
木の文化は「自然と風土」を終わるにふさわしい日本人論だと思うが。

（1）大久保喬樹『日本文化論の系譜』六一―一八頁（二〇〇三年）。
（2）芳賀綏『日本人らしさの構造』四五―四七頁（二〇〇四年）。

二　文字と言葉

1　「太初にコトバがあった。コトバは神とともにあった。コトバは神であった。すべてのものがこれによって成り、成ったもので一つとしてこれによらないものはない。これに生命があった。この生命は人の光であった」とは、『ヨハネ伝福音書』の冒頭の言葉である。キリスト教では、言葉は神であり、言葉は神とこの世との間の仲介者として、宇宙的・救済的な機能をもった人格的なもの、と考えられている。

(1)　日本ではどうか。古代に言葉そのものが霊力をもつという言霊《ことだま》思想があり、後に予祝の霊力をもった神の託宣という解釈が行われている。前者の例は「敷島のやまとの国は事霊のたすくる国ぞ真《ま》幸《さきく》ありこそ」（柿本人麻呂・万葉集）であり、後者の例は「こと玉のおぼつかなきに岡見すと梢ながらも年をこす哉」（源俊頼、堀河百首一一〇五―一一〇六年）などがある（『国語大辞典』）。言葉そのものに霊力が宿っており、その力によって現実が産まれる（母性的？）と考えられていることが判る。いわゆる「言霊信仰」である。

このような違いはあるものの、言葉は信仰の中心におかれ、文字通り文化の基層にあるものといえよう。古代遺跡を例にとれば、絵画・彫刻（らしきもの）と共に、人類の人類たる所以として言葉が存することは明らかである。

ところで日本の言霊信仰には、当然カミの存在が考えられる。言葉の抽象神と考えられているのは、興台産霊《こごとむすびの》神《かみ》（言霊の祖神、『日本書紀』岩戸隠れの条、中臣連の祖、ノリトの祖神アメノコヤネノ命の親）、一言主神（記紀の雄略紀、『古事記伝』には一言で凶事吉事を決定する神という）、八意思兼神《やごころおもいかねのかみ》（高皇産靈神《たかみむすびのかみ》の児、叡智の神で呪言の発案者）、八重事代主神（事代は言の信《しるし》なり・宣長、言靈のハタラキの司霊神・豊田）、太詔戸命《ふとのりとのみこと》（『釈日本紀』巻五「太《ふと》卜《まに》」の条、呪言の威力を擁護し忘却を防ぐ神・折口信夫）である。神の言葉がミコト（御言）、神の言霊を表わすのがミコトノリ（宣命）（神命の「命《ミコト》」は御言の尊称的信用『古事記伝』）、その伝達者がミコトモチであった。

当時の社会は氏族制で、ミコトノリは社会の実践と結びつき、氏族成員を拘束し、その神秘感を助長した。それが言霊思想を醸成し、言霊信仰はゆるぎないものになったと、豊田国夫はいう(3)（以下、豊田・同書引用頁）。

言霊の宝庫は『万葉集』である。①招迎《しょうげい》（あるものを招き迎えようとするもの）・祓除《ばつじょ》（あるものを祓い除こうとするもの）の歌、②鎮魂の歌、③招迎・祓除の習俗を示す歌（夕占問《ゆふげどひ》の歌）、④名前の歌に万葉人の言霊に対する関心がうかがえる。名前は単なる符号ではなく、名と実体は一つで、名に呪詛を加えられると傷つくと信じられていた（九二頁）。

また、呪詞《のりと》も言霊思想の代表例である。初出は天岩戸神話（『古事記』フトノリトゴト・『日本書紀』ハラヘノフトノリト）であり、平安朝に入ってから『延喜式祝詞』一七篇が成文化された。その後、幾世代にもわたって罪《つみ》穢《けがれ》を祓うため大祓詞《おほはらへ》が唱えられ、本居宣長はそれについてノリトの言霊賛仰論を唱えている（一〇九頁）。

さらに仏教の言霊思想については、奈良時代の護国三部経（金光明最勝王経・仁王般若波羅蜜経・妙法蓮華経）の読経、真言宗のマントラ（神聖で神秘的な魔力的唱え言葉）、日蓮宗の題目、浄土宗の称名念仏を理解できれば、言葉の神秘性とその効験を語る例として言霊に想いいたると思う（一六〇頁以下）。

(2)　ここには、西欧のロゴス的言葉観に対する日本の言霊的言語観（中村雄二郎）が読みとれ、思想・論理の道具概念としての言語に対する自覚は乏しかったと理解できるのではないだろうか。こうして、言葉をパトス的に理解するなら情緒的効果を強く期待することになり、確実な実体を伴なう概念を明らかにすることから離れる結果になる（ひどい現代の例はダジャレ・ギャグなど、感覚的な遊び道具としての言葉がはやるという堕落に日本人の心情が現われているということか？）このままでは西欧法の継受に対し、日本語化は極めて困難であったろう。継受に際して、先人がそのギャップに驚愕し、ロゴス的日本語の創造に苦労したことは想像に余りある。穂積陳重『法窓夜話・正続』に接したことのある読者ならば、その苦労話は、それこそ「知る人ぞ知る」である。

他方、言霊思想にみる言葉に対する強い感応からくるしぶとい執着心は、いやでも言語に対する豊かなそして鋭い感性を醸成することになる。日本語の歴史をふりかえると、言葉を伝えるための文字の工夫について、日本人ほどさまざまな工夫と努力を重ねたものはいないといってもいいのではなかろうか。

2　近年、日本語の源流は南インドのタミール語にあると説く学説（大野晋『日本語の源流を求めて』二〇〇七年）がある。かつては、漢字を借りる前に日本固有の文字があったと説く者（平田篤胤・鶴峰戊申）もいたが、しかし話し言葉は生き生きと存在していたはずであり、『古語拾遺』（平安期初め）「序文」には「まさに、上古の世で、まだ文字がない時、貴い人も賤しい人も年寄りも若者も、みな口で語って代々受け伝え、古人の言葉・古人の行ないを記憶していたと聞いています」（漢文訳・山口仲美『日本語の歴史』（二〇〇六年）三一頁）という。

(1)　中国の漢字が日本に入ってきたのは三世紀の終わりとのこと（記紀）、『論語』『千字文』との対面である。しかし、日本語表記の苦労については『古事記』序文が「漢字の音だけを借りる方式で述べてみると、恐ろしく文章が長くなってしまう。困った挙句、この『古事記』は表意文字としての漢字に、音だけを借りた漢字を交ぜて書くことにします。また事柄によっては表意文字としての漢字を連ねて書きます……」（山口前掲一九頁、以下同）と訴えている。

今に残る古い文章表記の例をみても、伊予道後湯岡碑文（五九六年、漢文）、十七条憲法（六〇四年、漢文）、元興寺丈六釈迦仏光背銘（六〇五年、漢文）、法隆寺金堂薬師仏光背銘（六〇七年、変体漢文）、勝鬘経義疏（六一一年、漢文）、維摩経義疏（六一三年、漢文）、法華経義疏（六一五年、漢文）、法隆寺金堂釈迦仏光背銘（六二三年、漢文）、古事記（七一二年、変体漢文）、日本書紀（七二〇年、漢文）など年表に残る文章には、日本語の語順で書いた変体漢文（漢式和文とも）の例は少ない。

(2)　アジアの東端にあって、当時、その中華文明の漢字しか継受しえなかったという事情を読者は理解する必要があろう。しかし、中国語では主語のあとに述語がくるし、中国語より多くの助詞・助動詞がある。とりあえず、漢字だけで日本語表記をするには工夫がいる。『古事記』の序文はその苦労を語っているわけで、漢字の表意性を無視して音だけ採用することにした。助詞も助動詞も、そして敬語表現もである。

それが万葉仮名である。夜麻（やま）・可波（かわ）・波奈（はな）などなど。万葉仮名は漢字一字で一音だが、散（さ）というように音の一部を省略することもあるし、訓読みの読みだけを使う（間は「ま」、跡は「と」など）こともある。つまり、万葉仮名は漢字の意味をすて「読み」だけを借りる一字一音である。前述の古文章である漢文・変体漢文に続いて、漢字の訓主体の和文（日本語の語順に漢字を並べる）に〝てにをは〟を送り、一字一音の音仮名表記をつくりだしたのである（二二一―二二四頁）。

しかし、平安時代の五国史、格式、学術書、仏教注釈書はすべて漢文である。また『凌雲集』『経国集』『文華秀麗集』などの文学も漢詩文である。ただその読み方は、いわゆる「返り点」を付した訓読であった。そして漢字の右上・右中上・右中下・右下に「・」を記す「ヲコト点」という助詞の書き込みを考案した。こうして漢文を和語で読み下すための工夫の末に生まれたのが、万葉仮名の一部分をとった「カタカナ」の発生であった。こうして漢字カタカナ交じり文が誕生した（例：『今昔物語』）。また万葉仮名の字形を崩し草体化して「草仮名《そうがな》」がつくられ、それをさらに崩したのが「ひらがな」である（五四―七二頁）。

これは日本人の創意工夫性の豊かさを示す恰好の話題であろう。漢字の表意性と万葉仮名のような表音性との両天秤に加えて、「カタカナ」「ひらがな」の発明、さらに、漢字についても、俗字（例：恥→耻、佛→仏など）、略字（例：應→応、賣→売、學→学、黨→党など）をつくり、果ては日本人がつくり出した国字（例：俤《おもかげ》、凩《こがらし》、峠《とうげ》、榊《さかき》、笹《ささ》、躾《しつけ》、辻《つじ》、閊《つかゆる》、鱈《たら》、鴫《しぎ》、麿《まろ》など、訓だけで音はない）というように、日本人の知恵を察することができる。[4]こうした日本語の使いごなしは、一方で豊かな語彙を利用した言葉遊びを生み、他方では感性の細やかで妙味ある表現を工夫することができただけでなく（感性の話題は五・六）、近代以後に移入されたアルファベットの処理について片仮名が巧みに利用されたことは周知の通りである。

3　いずれにせよ、日本語にとっては、古今を通じて漢字は必要欠くべからざるものであり、日本語としての漢字・漢文を解説する本が必要になってくる。この場合、字形によって漢字を知ること、字音によって漢字を知ることという複式タイプのものがなければならないことになるはずである。

(1)　中国では、字形によって漢字を知る『玉篇』『説文解字』、字音によって漢字を知る『切韻』、漢字の字義を説く『爾雅』などがあって、日本でもそのまま用いられていたが、平安期になると（平仮名・片仮名の発明も行われるが）、辞典の編纂が行われるようになる（以下『日本を知る事典』より）。

空海『篆隷万象名義』三〇巻（八三〇年）、菅原是善『東宮切韻』（巻数不詳、八五〇年）、僧昌住『新撰字鏡』一二巻（九〇〇年、万葉仮名の注記に日本製漢字四〇〇余を収め和訓（日本語読み）の漢和辞典・国語辞典として最古）、源順『倭名類聚鈔』一〇巻（九三〇年、日本最古の意義分類体の漢和・百科辞典、漢語に漢文の注記をほどこし和訓を万葉仮名で付記）、著者不詳『類聚名義鈔』三巻（一一世紀、部首引きの漢和辞書で俗字・通用字・異体字にも漢文の注や万葉仮名の和訓をそえている）、橘忠兼『色葉字類抄』三巻（一二世紀、日常使用の和語・漢語をいろは順に区分し、それぞれを二一部に序列し、和訓・用法を示した国語辞典で、寺社の縁起に詳しい）などである（七二八頁）。

こうして、平安時代には本義や出典を知り、自由に言葉を駆使し豊かな言語生活を楽しんだことは、みごとな女流文学の存在によっても知ることができる。目で見、心で思ったことを、できるだけ完全に描きおおせたという日本人の言葉に対する洗練された感覚を思いしらされるといっていいのではないか。

⑵　やがて、漢字を表音文字・表意文字の二様に用いていた日本人が、漢字を表意文字に、表音文字には仮名を用いる「漢字仮名交じり文」を思い付くのは時代の流れともいえる。こうして、平仮名を主にしたもの、片仮名を主にしたもの、漢字仮名交じり文、そして漢文体と四種の、また「男ことば」と「女ことば」の使い分けをし、さらには身内・仲間・同僚・年の上下・場の空気によって言葉の交わし方に気を付け、時に敬語の用法を考えるなど、時代を追うごとに日本語はきめ細かな妙味ある表現法を工夫するようになった。単純にいえば、外国人にとっては聞き方は勿論、使い分けについては大へん複雑極まりない語法を理解しなければならないという状況になったのである。

そこで、しばしば引用される一人称・二人称の数の多さ、そして敬語の種類（尊敬語・謙譲語・丁寧語）などについて、参考の程度に紹介し、つぎに、複雑なるが故に器用な表現法を娯楽として楽しんだ、いわゆる〝言葉遊び〟を紹介しようと思う。

⑶　国語というにふさわしい実体が形成されたのは、経済的・文化的に自立した庶民によって、彼らの心や感情を豊かに表現した文芸作品が生まれ、いわゆる庶民語といわれる言葉（前期は上方語の時代、後期は江戸語の時代）が確立した江戸時代である（七四四頁）。

現代でも複雑な例としてしばしば引用される一人称・二人称の江戸期の例をみてみよう。

①　一人称――おれ（身分を問わず一般的）、拙者、身、身ども、某、われ、われら、わたくし、わたし、わし、みずから、みども、こち、こなた、わがみ（女性）、うち（田舎者）など。

②　二人称――そなた（一般的）、御自分・お手前（武士）、御辺、其方、貴殿、お前、ぬし、おぬし、そち、こなた、われ、おのれ、汝、貴様、かたさま（遊女）など。

これらは、いうまでもなく、それぞれ階級、身分、上下関係、男女の別などが言葉に反映したもので、それが敬語などの待遇表現にも係わりをもってくることになる。普通語・敬語・謙譲語の順に、若干の例をあげる。「あう」―おあいなさる―お目にかかる、「行く」―おいでなさる―まいる・まかる・あがる、「言う」―おっしゃる―申しあげる、「きく」―お聞きなさる―うけたまわる、「見る」―御覧なさる―拝見する、「する」―なさる・遊ばす―する（七五六頁）というふうに。

(4)　現代日本語といえる共通語が広がったのは、関東大震災後（一九二五年三月）に始まったラジオ放送によるものである。その一般方針は「現代語の大勢に順応して、大体、帝都の教養ある社会層において普通に用いられる語彙・語法・発音・アクセント（イントネーションを含む）を基本とする」（七五七頁）であった。そして現代においても、敬語は一つの法則性をもった日本語の特色であり、そこには人間関係のあり方の緊密度が表現されており、その要素として、①人間関係、②関係の場が考えられている（七六七頁）。

が、日本語の簡素化によって、その法則性も乱雑になり、現在では、敬語法も形だけに単純化して〈お〉の乱用と謙譲語・尊敬語の混同がめだっている。現代の敬語法を例示するのは繁雑にすぎるので、抑制し省略することにしたい（例示は『日本を知る事典』七七〇―七七一頁に詳しい）。敬語は、ないほうが楽なことは確かである。しかし、それによって相手の心をなごませることができるのなら、まだまだ存在理由を主張しうるだろう。敬語は日本語の木に咲いた花であると、『日本を知る事典』の著者はいう。[5]

しかし、長い年月にわたる人称代名詞や敬語の複雑な使用法の慣例化によって自意識の確立や自我の発現が不安定になった（誇張か？）としても不思議ではない。

4　つぎに、複式言語の特性を活用した言葉の遊びについて述べよう。読者にとっては「息抜き」になるだろうという思い付きからであるが？

いわゆる「言葉遊び」は「漢詩人から歌人、連歌師、俳諧師、戯作者と、次第に作者の層に交替を見せて、ついには連歌から狂歌に、連俳から発句に、前句付けから川柳に」と変遷してきた（鈴木棠三編『新版ことば遊び辞典』一九八一年、はしがき）。

ところで言葉遊びのなかで文化的といえば、芸術的もしくは宗教的分野が直ちに想いうかぶが、それに関する話題は後述することにして、ここではいかにも日本語臭い趣きをもつと筆者が考える「なぞ」と「しゃれ」について幾つかの例を拾ってみたいと思う（以下、鈴木・前掲書）。

(1)「なぞ」の初例は、吉備真備が入唐したさい、迷路のように並べた漢字を、松尾明神と長谷観音の力によって首尾よく読み通したという逸話であろうか（これはテストであるという意見もある）。中世の公卿の間で行われた「なぞ」は和歌・物語・漢詩の知識を背景にコトワザを素材に発生した遊びであるが、中国では、古く六世紀半ば「魏書」にその例がみえるという。

日本では『日本書紀』の例があげられているが、平安時代にはナゾナゾ物語・ナゾナゾ合《あわせ》があり、言霊の認識があったといわれている。『古今集』以後の物名《ぶつみよう》歌（かけ言葉で物の名を詠みこむ）はその新生面で、次第に〝しゃれ〟や〝笑い〟をさそうものになったようである。『枕草子』『徒然草』の例などなど、ナゾを掛けたり解いたりして遊ぶ（和歌が中心）ことは、古くから行われたことがわかる（九三七―九四五頁）。

① ナゾの注目すべき発展は複式ナゾ、特に三段ナゾの出現である。例をあげよう。

お寺の坊さん　その日の新聞（今朝来て今日読む→袈裟着て経よむ）。

あすの天気とかけて何ととく　風呂敷包みととく　その心は開（明）けてみなけりゃ分らない。

女の櫛とかけて何ととく　出雲の大社ととく　その心は神（髪）をよせるじゃないかいの。

こんな調子で集めたナゾは、民間伝承のもの九頁、近世以後のもの二六九頁にのぼる。

②「やまとことば」（恋のなぞことば）の例として、

一升一合の米→搗（付）いて一升（一緒）になりたい。

蛇の一年子→まだ穴は知らぬ、童貞。

椎の木の上に鎌八丁→やかましい（八鎌椎）。

背中の鉄砲→逢うて（負うて）話し（放し）たい。

ほかに多いのが、和歌にかけた言葉・ダジャレ（歌枕にも）など。例えば、天の橋立→まだみたことがない（小式部内侍）、鮑《あわび》→片思い（藤原俊成）、うたた寝→恋しい人を待ちかねる（小野小町「うたた寝に恋しき人を見てしより夢てふものは頼みそめてき」）、沖漕ぐ船→焦れて（漕がれて）物思う、賀茂の社→物思い（古今集「千早振る加茂の社のゆふ襷ひと日も君をかけぬ日はなし」）、雲間の月→心配である（白河院「卯の花のむらむら咲ける垣根をば雲間の月の影とぞ見る」）などなど切りがない。平安文学に通じた読者には広く知られた話である。

(2)「しゃれ」について

「しゃれ」とは、①気がきいたさま、②滑稽・ふざけるなど、微妙なニュアンスの使い分けがなされているが、同音異義による言い掛けのおかしみを主とする遊びを中心にして、日本語の味わいをデッサンしてみたい（総一五〇頁あり）。

①　赤ん坊の小便→ややこしい（嬰児《やや》尿《こしい》）
　田舎芝居で花道がない→鼻筋が通ってない
　蛙の行列→向うみずな奴
　垣根の竹の子→出ると取られる（外出すると出費する）
　鐘つきの昼寝→一ゴン（言）もない

②「無理問答」について（五六頁あり）

赤い花でも葵（青い）とは如何→見るものでも菊（聞く）というが如し

生きていても士（死）族とは如何→うちに揃うて居ても家内（無い）というが如し
衣服に用いて着ぬ（絹）とは如何→夜昼着ても麻（朝）というが如し

(3)　戯語について（七三頁あり）

①　回文（下から読んでも同じ句）（六四頁あり）

池の岸雪やはや消ゆ四季の景
惜しめどもついにいつもと行く春は悔ゆともついにいつもとめじを
折るな枝野菊の茎のたえなるを
木はつらし春ちり散るはしら椿
消ゆるとも晴れじと知れば戻る雪

②　舌もじり・早口ことばについて（二九頁あり）

歌うたいが歌うたいに来て歌うたえというが歌うたいが歌うたうだけ歌え切れば歌うたうけれども歌うたいだけ歌うたい切れないから歌うたわぬ
瓜売りが瓜売りに来て瓜売れば振売る瓜をかぶる瓜売
かんかん尽しを言おうなら蜜柑金柑酒に燗小供羊羹やりゃ泣かん親の折檻子がきかん

表意文字と表音文字、漢語と和語、漢字と仮名文字の使い分け、この複式言語性が、このような滑稽で巧みな言葉遊びを生んだといえる。繰り返しになるが、複式言語は〝文化の吹き溜まり〟が生んだ日本人の智恵と工夫の賜物、やはり言霊の国である。そして、この絶妙な工夫は、同じ漢字圏といえども簡単に真似できるものではないだろう。それは日本の言語文化の個性として温存されるままに、他の漢字圏に利用されることはなかった。換言すれば、辺境からくる吹き溜まり文化の泣き処と評価されても止むをえないというところか。

5　しかしながら、この複式言語性が現代用語としては、さまざまな問題を生んでいることも事実である。石川九楊『二重言語国家・日本』（一九九九年）について、その主張を考えてみよう。

(1)　①　表意文字は書き言葉中心で、日本人は声を聞いているのではなく、文字を、あるいは文字で聞いているが、欧米人の表音文字は話し言葉中心で、声を聞いている（四七頁）。

②　書くことによって人間主体はつくられているから、書字中心言語がもたらす文化の中核は書であるのに対し、声中心言語がもたらす文化の中核は声と深い関わりをもつ音楽である。書の文化は「見る」文化の別名（「見られて恥ずかしい」恥の文化）であり、声の文化は「告白」「証し」「裁き」に象徴される罪の文化である。前者においては、看板・ポスター・掲示板が林立し、後者においては看板は少なく演説が人を動かし音楽・オペラが盛んである。外観からその本質を推量する前者には柳腰・うなじなどの言葉が生まれるが、美の本質たる文体を解く言葉は貧弱であり、擬音語・擬態語が多いのも外形・動作に魅せられるからで、「切れ長の目」「つぶらな瞳」など見る表現は豊かである（七〇―七三頁）。

・「見る文化」と「聞く文化」と考えると、筆者が思い付くのは「歌舞伎」と「オペラ」（演奏会形式もある）の対比なのであるが。

③　書字中心文化が生んだものは、毛筆を持つ手による箸の文化（筆者・箸使いについて、うるさいほどの禁じ手がいわれている、刺し箸・寄せ箸・迷い箸・撥ね箸・指し箸など三〇を超す）、生花・盆栽・庭木にみる枝ぶりの美学である。また音楽では歌詞に酔う小唄・端唄・演歌が、絵画では書きぶり中心の水墨・俳画・挿絵から着物の柄など線＝言葉の書法＝文字表現の構造を保存し続けている（西欧では色彩と形）（七四―八四頁）。

(2)　二重複線言語の構造を語る本書の本旨に入ろう。日本語は漢文訓読体と和文体という異なる二焦点をもつ文体によって支えられているというものである。文の構成は、名詞・動詞・形容詞などの「詞」と助詞・助動詞・接続詞などの「辞」からなっており、名詞・動詞の漢字（詞）に助詞・助動詞（テニヲハ）の仮名文字を併せて生まれる漢字仮名交じり文である。が、「テニヲハ」用法が難しく「ぼくは行く」と「ぼくが行く」は異なり、「学校へ行く」と「学校に行く」は異なる。

刺激的な表現は「日本語は中国語の植民地語、占領語の一種である」（一〇五頁）という文言。挨拶語や日常生活語、魚虫草木名などには和語が残っているが、高等語の過半数が漢語（五五％）、対して国有語は三〇％、漢語と和語の二重言語が日本語の本質であるとする。例えば、「春雨」は「はるさめ」（和語）と「シュン・ウ」の二重性をもち、それが日本語の微妙な感覚を鍛えたが曖昧さも含んだという（一一〇頁、「玉虫色」に思い至る読者は多いだろう）。

あと、四〇頁近く、漢字の誕生に始まって、その傳来、漢語・和語の複線化語彙の創出、日本語の成立と二重複線言語形成史の解説が続く。

また二重複線言語の文化の例として、落語の「下げ」「落ち」、「序破急」をモットーとする能は仮名文字＝女手を書く筆触の動きであり、歌舞伎の演目が漢語強調型の江戸の荒事系と和語強調型の上方の和事系と分かれるのは漢字仮名交じり体の演劇化である、という。

そして、二重複線性の日本文化の本源的特質に触れてゆく。

日本造形美術の二類型（例えば、貞観彫刻と藤原彫刻、桃山障屏画と肉筆浮世絵、日光と桂、瀬戸・志野・織部の茶陶と柿右衛門・京焼、白隠と良寛、北斎と広重）を縄文式原型と弥生式原型と説く谷川徹三説を批判し、漢字・漢語優位型と和歌・和語優位型だと説く。例えば、桂離宮と東照宮は平仮名の書と御家流漢字仮名交じり文で、複線日本語は一言語一文字文化とは異なる美意識を再生している、と。

その〝美学〟とは、①「川の流れのように――宗教なき言語」、②「月かたぶきぬ――国家なき言語」、③「花は散る――歴史なき地理なき言語」、④「日出づる国――政治なき言語」であるといわれると、筆者の理解をこえる。そこで興に任せて解説を続ける。

①　西欧では神に向かって縦に話すが、日本では垂直の天の観念（中国）がなく、傾斜軸に沿って、上方から下方への「流れ」の感覚を生み（「行雲流水」「時の流れ」など）、四季に準ずる自然讃歌や、左右斜めに配する「分かち書き」屏風（尾形光琳『紅白梅図屏風』ほか多数）の構図に執着するのである。そこに日本語における漢語と和語の分裂・協調をみる。個人としての信者はいるが層としての宗教は存在しない。

②　日本語の傾斜軸は「流れ」とともに「傾く」美学を再生産する。日本の民主主義は「支え合う」「凭れ合う」共生指向であり（土居健郎『甘えの構造』は凭れ合いの精神構造）、その発生源は日本語における漢語と和語の相互依存の構造にある。

日本は東アジアの東端の孤島として、外圧も文化も西から入り西へ出てゆくことが日本に独特の偏圧均衡と偏在図法を生んだ。例えば、絵巻物や『洛中洛外図屏風』の垣間見視線であり、和歌書きの「散らし書き」「分かち書き」「返し書き」にみられる斜めの斜視構図である。こうして傾き・斜視の構造は責任不在の国家を生んだ。

③　「傾く」美学はまた水平方向への美意識を生み（「タテ社会」は水平線上の上下関係にすぎない）、ムラ仲間につながり、真の〝孤立感〟や〝優越感〟は存在せず、単なる〝置き去り感〟と〝先進感〟にすぎない。「書」にたとえれば、線や時間に反する「返し書き」（起点・終点を明示せず三折法くずしの字画からなる文字を書き散らすこと）「重ね書き」「見せ消ち」（元の字句を読めるように字句を訂正すること）の書法は日本語の垂直意識の脆弱さを証している。それは各地における建築物の高度・美感の不統一を生み、他方で歴史意識の弱さを示している。

④　「散らし書き」＝水平の美学に関連する「日の出」の美学、対水平線参差《しんし》（高低・長短の差があるさま）の美学が、「日は昇り、月は傾き、花は散り、雪は降りつつ、水は流るる」と総括される文化から、「花鳥風月」「雪月花」の再生産をしている、という。「日出づる国」は政治的「たかぶり」である。

⑶　吉備真備以来の長い歴史をもつ書道に引きつけて日本文化を語るという発想の新味に魅力を感ずる読者は多いと思う。とくに「見る文化」と「聞く文化」は「読む文化」と「話す文化」であり、双方を比べると、「話

す文化」が討議の基礎となることは確かであり、古代ギリシャ文化を底流にして「討議民主主義」の現代に連なることに気付く。この点で、その発想に改めて肯かざるをえない論点が見え隠れしていることに驚かされる。しかし他方で、例えば水平志向が傾く斜視構図になるという日本美術史論については、垂直志向から斜視構図（ピラミッド構図も）をとる西洋画があることが西洋美術史の常識であることを想い返すと、筆者の記憶違いかと考えてしまうのであるが。

さて、著者の結論は、植民地語を脱するための方策として、和・中・西三言語の求心力と遠心力を引き出すためにルビをふって現在の複式言語構造の特徴を生かせという点にある。「リストラ《首切り》」「情報化社会《希望なき》」というような用法が例にあげられている。しかし一言評するならば、書法から国家・政治まで論ずることに無理はないのかという疑問である。

6　話を正道に戻し、「言葉・言語と文化」を論じた著作で、よく読まれた戦後本を、筆者の問題関心に従って拾ってみよう。

(1)　まず、鈴木孝夫『ことばと文化』（一九七三年）は、発行当時の言語学や人類学で常識となっている人間集団に伝承されている行動・思考様式上の固有の型を、ことば・言語行動から説明しようという意図のもとに書かれたもの。六章あるが、とくに、際立った特色をみせる一人称代名詞（本書では自称詞）・二人称代名詞（本書では対称詞）の構造的性格を論じた最終章をとりあげたい。

A　親族内の対話（一五一頁以下）

①　話し手（自己）は目上の親族に人称代名詞で呼びかけたり直接に言及することはできず（父や兄に「あなた」と呼びかけたりしない）、親族名称で呼ぶ（「お母さん」）が、下の者に親族名称で呼びかけることはできない（直接「おい弟」と呼びかけることはしない）。また、上の者を名前だけで呼ぶことはできないが、下の者を名前だ

けで呼ぶことはできる。

② 話し手が自分を名前で称することはできるが、下の者には通常これを行わない（娘が母親に「○子はこれ嫌い」といえるが、母が娘にこのようにはいうことはない）。また、話し手が下の者を相手にするとき、自分を相手の立場からみた親族名称でいうことはできるが、上の者にいうことはできない（兄が弟に対して「兄さんは」といえるが弟は兄に対して「弟ちゃん」とはいわない）。

B　社会的状況の対話

① 先生や上司に「あなた」のような人称代名詞は使わないが、逆の場合は「君の○○」ということは許される。

② 目上の人を地位名称（先生、課長など）で呼ぶのが普通だが、逆はありえない。

③ 名前を呼ぶときは地位の名称を付けるのが普通。目上に対し自分を姓で呼ぶことはできるが逆はない。

C　親族名称の虚構的用法（一五八頁以下）

① 血縁関係のない他人に対しても親族名称で呼びかける（若者が他人の年長者に対し「おじさん」といい、他人の女の子に「おねえちゃん」という）。

② 家族間の対話で話し手と相手の親族関係が話し言葉に反映しない（妻が夫のことを「パパ」とよび、母が自分の子を「おにいちゃん」というなど）。このように親族名称は具体的内容をもっていない（社会的使用基準から外れた）「自己中心語」といい、子供中心的な使い方（自分の夫がパパ）になる。

③ その結果、「日本の家族内で、目上の者が目下の者に直接はなしかける時は、家族の最年少者の立場から、その相手を見た親族名称を使って呼びかけることができる」。「目上の者が目下の者を相手として話す時、話しの中で目上が言及する人物が、相手より目上の親族である場合に、話し手はこの人物を自分の立場から直接とらえないで、相手つまり目下の立場から言語的に把握する」という法則が存在する。

D　ことばと行動様式（一七八頁以下）

「日本語の自称詞・対称詞は、対話の場における話し手と相手の具体的な役割を明示し確認するという機能を強く持っている」。日本人は自己をどう捉えるか、相手をどう把握しているかということで一人称・二人称を使い分けしているのに対し、ラテン語・西欧語では一人称・二人称の具体的性質と無関係に、ただ対話という言語活動の機能だけを考えればよいのであって、社会的地位や人間関係を考えなくてすむということである。

日本語のこの対象に依存するということは、自己の主張を明らかにすることが苦手で、相手の出方・意見にどう調和させるかという相手待ちの「察しの文化」とか「思いやりの文化」とかいわれるものではないかと思う。ここで著者は「このような個と個の融合を可能にするものは、あまりにも同質的な文化、民族、宗教である」（二〇三頁）という結論に到達している。

結論はいたって常識的であるが、そこに至るそれぞれの論点の説明は至れり尽くせりといった感がある。

(2)　ついで、金田一春彦『日本人の言語表現』（一九七五年）には、七〇項目にわたって日本人の言語生活の特色がさまざまな古典・文学・エピソードを例に語られており、筆者の問題関心に沿って拾ってみる。

①　「話さないこと、書かないことをよしとする精神がある」。「腹芸」とか「思い入れ」が芝居で発達し、「世の中は左様然らば御尤《ごもっと》もそうでござるかしかと存ぜぬ」という諺もある。「巧言令色鮮仁矣」が心に沁み込んでいる（一章より）。

②　一言を重んじ、縮小の辞世の歌や句に特別の意味を認め、また複雑な内容をギリギリの表現で表わすことに特別の感興をおぼえた。「どうも」という言葉は挨拶・出会い・別れ・祝い・悔み・ねぎらい・いやみなど、凡ゆることに通じるし、和歌・俳句のみならず、会話での省略は日常的で、圧縮の効果を楽しむ苦心の話題にこと欠かない（二章より）。

③　言霊信仰は忌詞となって、日本人に畏敬感を抱かせている反面、神という名の使われ方は極めて安易（小

説の神様・選挙の神様など）である。エゲツない悪口はなく（下品な代表が「馬鹿」）、規模の大きなうそはつけず、控え目な表現が多く（誇大でも「ものすごく」ぐらい）、言質をとられないよう用心する（「いずれ相談いたしまして」）（三章より）。

④　世間話が好きで（「井戸端会議」）、〝心境小説〟や〝私小説〟は日本独特のものである。当意即妙や「ものはづけ」の心理は豊かだが、抽象表現は苦手で花鳥風月に人生をたとえる風潮が強い（四章より）。

⑤　挨拶の言葉の特異さについて。「簡単ではございますが」という長い挨拶、「どちらへおでかけで」と聞かれて「ちょっとそこまで」と返事する。

流行歌の語彙でいちばん多いのは、「涙」「泣く」である（五章より）。

⑥　日本人は対立を喜ばず論理の組立てが不得手なため議論を楽しむことを知らない。日本語の「どうして」には how の意味と why の意味の両方を兼ねており、「ために」は原因と目的という違った双方の意味に用いられている。また、先例を引いたり故事を引用したり日本人の言語生活には決まった形式のものが多い（六章より）。

⑦　日本人のハイは英語のイエスと同じではなく、「なるほど」とか「やはり」を口癖に使う人が多い。「御承知と思いますが」も同じ。「すいません」という言葉の頻度が高く謝りさえすればよいという気持は相当にゆき渉っているし、言葉を濁し断定を避ける表現方法が多い（「と思われるフシがある」）（七章より）。

⑧　書き言葉・話し言葉の双方に長文が多く、裏から言う（例：否定の言い方を好む、「私は……しかできません」）表現が多いなど、間接表現を好む（八章より）。

⑨　コレ・ソレ・アレの指示語の濫用が多く、破格文は横行し（どこにかかるか判らない）、前後の脈絡がつかめず、つながりが明確でないセンテンスが多い（九章より）。

⑩　察しとか思いやりで了解する、話術では「間《ま》」のとり方が重要視される（「間の文化」といわれることもある、後述）。「目は口ほどにものをいう」「バツが悪い」「間が悪い」など英訳不可能な表現、これらは日本人特有の言

語表現法である（一〇章・一一章より）。

・引用された文献の数々は古典から現代文まで、芸事や流行歌、日常会話に亘るなど、例示は言語表現の百般に及ぶ。こうして、日本語の微妙なニュアンスも陰影も説き明かされ、話題の奥底にひそむ心理にまで筆は及ぶのである。現在では疑問符のつく例示もあるが、「日本人の言語表現」の解説としてはバッチリとの感が深い。ただ、それが日本文化の個性との係わりの考察という面で物足りないものが残ったというのも筆者の本音である。

7　この筆者の不満を充たしてくれようというのが、荒木博之『やまとことばの人類学』（一九八五年、ほかに『日本人の行動様式』（一九七三年）、『日本人の心情論理』（一九七六年）の著作あり）という比較文化論である。

(1)　①　「帰ろう」とはいうが、「帰りたい」とはいわない。「頑張ろう」とはいうが、「頑張る」とはいわない。この婉曲表現は「自然展開的」な意味をもつ「日本語の行雲流水性」にある。それは発言者と対象物が溶けあっている「主客合一の世界」が眼前する思いさえする、という。

「感ぜられる」といい、「見受けられる」という表現にみるように、「自然展開」と「可能」が混然として区別し難い等価的なものになっているという例をあげ、「れる」「られる」のもつ「自発」（から発して）「受身」「可能」「尊敬」の四機能をもつ。「それは日本人にとって何かが可能であるということは、みずからの主体性においてそれを可能にするのではなく、『可能』が他律的に没主体的に与えられるものであったからである」とし、その理由を「水稲栽培的定住集落的共同社会では……どのような個人の恣意も許されるものではなかった」からである（ムラの論理）と解く（一部一章より）。

②　「なる」という自然展開的表現は価値の認識を示す意味をももち、「出来る」という現代語として可能を表わす表現は「自然展開を意味する語」（例：「夕飯が出来た」）の意味をもつ。また「す」「さす」「しむ」という使役を表わす表現は尊敬を意味する（「する」の論理の否定）。

こういった、自我をすて流れのままにという表現は、そこに人間的魅力を感じた日本人の人生観からくるものではないか、というのである（一部二章より）。

③「……ねばならない」「……してはいけない」という強制・禁忌の表現は、発言者の判断を提示して相手の反応を自然発生的に待つという心情を秘めた表現で、婉曲的触発によって相手を動かそうとする「自発」志向の心情を表わしている（一部三章より）。

⑵　著者の比較文化論の基本的立場は、欧米対日本について、遊牧対農耕の両極において捉えようとするところにある。即ち、

遊牧の民は、「苛烈きわまりない自然と、放置すれば食い合い殺し合う人と人、徹底的略奪と全村皆殺しの如き惨劇のくりかえしであった」。「こういった情況のなかにあって、人が生存してゆくために要求される精神は、頼るものは自己一人といったあくなき自立の心構えと、もうひとつ共存のための知恵としての契約の精神であった」（六〇頁）。そして「個と個との断絶」とそこからくる「その断絶を超えしめるべきイデアへの憧れ」がヨーロッパ思想の本質に秘められている。「こういった人と人とが共同の生を分かちあってゆくためには……共存のための橋をかけねばならぬ。その橋こそが……「愛」と呼ばれるイデアであった」（六二頁）。「自律」「個」「契約」「愛」などの諸項目が欧米人の基本的人間認識の仕方であった。

これに対し、農耕の民、即ち「日本の共同体は……その中心に聖なる共同体の神をいただいた、きわめて閉鎖的にして神聖なる小宇宙であった」。日本の個人は「共同体の一員」として集団の構成要素にすぎず、共同体にコミットすることによって平和にして快適なる生活を送ってきた。このような連帯の原理は「和」の哲学（筆者・やっぱりでてきた）であり、「人間性の貴さも、醜さも、集団という依存母胎のダイナミックスのなかで、つねに稀薄化・類型化されてゆく」。

「日本の神は、……もともと共同体の神であり、共同体とのかかわりにおいて示現するのがその本来の姿で

あった」。それゆえ、神は共同体（ムラ）の全人格的支配への契機をもち、ムラ論理の象徴となった。このような神と人との全人格的支配によって、ムラびとの「集団論理性」「他律性」「受身性」は強化されてゆく。神の意志として、個の論理の否定、個性の廃棄が要請され、ムラびとは共同体を離れて個人であることは許されないのである（ムラは今もあるのだろうか?）。

土居健郎の「甘え」によれば「自他の分離の事実を止揚し、もっぱら情緒的に自他の一体の情緒をかもし出すもの」で、神と人との関係は、そのまま人と人との関係にほかならず、現実処理としての契約はまったく無用のものである。こういった人間関係における自己実現の方法は、「他人との連帯」において現実化しようとする「自然展開」的方法でなければならない。自己実現を「自我」の否定において現実化しようとすれば、宗教的・哲学的思索の方途として「無」の思想に結実させるほかはない、という。ただし、仏教的「空」観、老荘的「無」の思想からいえば無反省な重ね合わせにすぎないとし、日本的「無」は中国の「空」「無」とは重なり合わず、日本人が練りあげた独自の価値概念・思想である、とさえ言い切っている（！）（一部四章より）。つまりは中国思想の和風化（?）といいたいのであろうか。

(3)　やまとことばの「さだめ」は前世からの決まり・運命を指している。それは人間存在から超自然的存在に関する恒常不変の論理にまで広げて使われている。

同様に、日本人の行為・判断が依拠する原理を正当化する動機を示す「もの」（「人生は空しいもの」「出掛けに客が来たものですから」など）、当然に口に出して言うべき言葉を指示する「もの」（「物も言わずに……」「……に物申す」）、不変的もしくはさだめにふれて起こる情感を表わす「もの思ひ」「もののあはれ」、さらに「世間の道理」を「ものの道理」といい「ものわかりがいい」「物の心を知らぬ」という使い方になる。また、世間の役にたたない「ものの用に立たない」（逆は役に立つ「ものになる」）、自分の支配に組み入れる意味の「ものにする」があり、超自然的存在物をさす「物におそわれる」のほか、「ものおもしろい」「ものかなしい」という使い方では存在にかかわる情感を暗示している、という（二部一章より）。

(4)「もの」が原理的・法則的・不変的な「規範」の世界の言葉であるのに対し、「こと」（言・事）は「非原理・一回性・可変」の意味をもつ言葉である（「ことわざ」とは言葉の内的威力によって人を動かす言語の技芸）。日本人は生起変転する「こと」の世界に敏感に反応し、さまざまな反応の仕方を示したものが「ことわざ」である（「標語」も同じ）。標語は一回的な性質のもので、「こと」に当たって使われたら打ち棄てられてしまうのである。

標語は、言語に内在する言霊の力をかりて、「こと」的世界をひとつひとつ処理していこうとする言葉である。間投詞の「ヨイショ」「コラショ」「ドッコイショ」も、古い「こと」をなし終えたのち新しい「こと」に立ち向かう力を呼び込む移行の過程に発する一種の「はやし」（「生やし」と同根の生成を促進させる言葉で、民謡の例を考えてみよ）である。

先の「こと」を終え、新しい「こと」に向かう姿勢をみせようというときには、「それでは」「さらば」（「そうであるならば」の意味）などの別れの言葉を用いる。こういう態度を表現する言葉は日本人の行動様式に特有のもので、列車の出発風景には古い「こと」に訣別し新しい「こと」へ出発する、例えば「発車のベル」（ヨーロッパでは停車・出発に際し無音である）「停車時のチャイム」があり、またニュースの導入と終結の場面における案内（音）、式典での「起立・礼」の例にもみられる（二部二章より）。

(5)「やまとことば」は法律用語と余り関係がないと思う読者がいるかも知れない。法律用語に翻訳語が多いのは確かであるが、本稿での関心事が日本文化から法をみるという点にある以上は、日本文化の一環である「やまとことば」も検討の対象にせざるをえないことに留意していただきたいと思う。

それにしても外圧のない島国のこと、「やまとことば」の心理が現代までその影響を留めているという点を確認しえたことには一驚する。即ち、「自然展開的」、「自発志向の心情」、「他律的・受身的」心理、「自我の否定」など、法文化論に響き合うキー・ワードが打ち出されていることに注目したい。

8　最後に、山口明穂『日本語の論理――言葉に現れる思想』（二〇〇四年、ほかに『国語の論理』一九八九年、『日本語を考える』二〇〇〇年）をみておきたい。文中の或る言語と他の言語がどういう関係でつながっているのか、その形を通して、その言葉にこめられた使う人の意識を見究めたいという著作である。執筆の動機は、山田孝雄・時枝誠記に続く、「日本語独自の発想を知りたい」という思いにあるというから、次節の「心理と論理」に移るかけ橋になるだろうというのが、筆者の思惑でもある。

(1)　日本語の名詞は単数・複数を意識しない。釣り銭の計算は、日本は引き算をするが、欧米では足し算をする。日本での、多い・少ない、高低・大小・広狭などの判断は主観的である。同類の思想を表わす「ある」が動詞で「ない」が形容詞なのは、前者は変化の可能性を含んでいるからであり、後者はそれがないからである（一章より）。

(2)　近代化によって西欧語に導かれて日本語に適応した場合が多く、それ以前の古典とは異なる使い方になる（受身＋謙譲という古典語が不可解となる）ことが多くなった。その筆頭は主格（主語）であり、例えば「……が」を主格か対象語格か区別しなければならなくなった（二章より）。ともかく、日本語では主格にあたる言葉は曖昧（「鐘が鳴る」）もしくは省略（「鳥が鳴くので目覚めた」）されており、読者は推測するという文章になっている。「が」は主格表示の語ではなく（「犬が吠える」は犬が主語ではなく客観的な事実の表現にすぎない）、「茶が飲みたい」の「が」は対象語格である（三章より）。「花が咲いた」と「花は咲いた」の区別について、「が」は未知の情報（西欧語では不定冠詞）に、「は」は既知の情報（西欧語では定冠詞）についていうという区別が定説化しているが、「が」を使うのはその内容が絶対的であり、「は」を使うのは相対的なことになるのではないか（四章より）。

(3)　「いる」と「ある」の違いについて、これまで「いる」は生物・人・動物・動くもの、「ある」は無生物・物・動かないものなどを基準に使い分けしてきたといわれてきたが、著者は、「いる」は「時間の経過につれて変わると思われるあり方」、「ある」は「そのままそこに存在し続けるあり方」をいう、とする。古語でいう「あり」は植物・物だけでなく人についても使われていた（「昔、男ありけり」）のは主語の区別をする意識がなかったからであり、人の存在に「いる」を使うようになったのは西欧語の影響（主語への認識）があったからだという（五章より）。

(4)「イエス」が「はい」であったり「いいえ」であったり、「ノー」が「はい」の場合もあるというように、その場を基準にして「はい」と「いいえ」を使い分けるのに対し、英語の場合は事実を基準にしているという違いがある（第七章より）。

日・欧語双方の論理的比較に関する結論は、未だはっきり見えてはいないが、西欧文明の受容後における日本語の使い方の変化に関する話題にふれながら、古典以来の日本語の論理で辿れる説明が詳細にみられる。つまり、そこでは主格（主語）が曖昧で（時に省略され読者の推測に負う）、論理的言葉遣いは欧米人に比べて不得意であり、その場の空気に則して語るという発想（〃場の文化〃〃察しの文化〃というべきか）が強くみられることが、古典から現代文までを通じて、文典史をもふまえながら説示されている。「私がゆく」と「私はゆく」など（西欧語では区別できない）、論理というより心情の表現の違いといった方がよく、日本文では心情によって西欧流の論理的差異の違いを語る場面が多いことが説かれている。このことは、他の専門分野でもしばしば指摘される日本文化の特徴であり、本書はそれを言葉遣いによって証した自我観念の比較文化論となっているといえよう。

9　「内と外」観念の違い、「人の間柄重視」対「個人中心」、「自然の賛美歌」対「神の賛美歌」、「成る文化」対「作る文化」、「見る文化→読む文化」対「聞く文化→話す文化」、「垂直の文化」対「流れの文化」、「場の空気をよみ自然のままに、他律的となっても我の主張はさける」（「場の文化」「察しの文化」）に対し「論理的に考えて自ら行動し、自律の気構えをもって自我を保つ」（「自律の文化」「論ずる文化」）などが、本節までの〃文化からみた法〟に関する論結部といえようか。

（3）豊田国夫『日本人の言霊思想』四七―五八頁（一九八〇年）。
（4）漢字の受け入れから国字の誕生、漢字からみえる社会などについては笹原宏之『日本の漢字』（二〇〇六年）をみよ。
（5）杉本つとむ「ことばと表現」『日本を知る事典』七七一頁（一九七一年）。

三　心理と論理㈠

1　本節では、日本人の「こころ」のあり方・働きと「考え方」の筋道・理屈の言い方に焦点をあててみたい。自我の存在構造がみてとれる主題の一つと思われるからであるが、西欧文化の継受と関係の深い問題だけに、前節までの論著に比べると文献の数は比較にならないほど多い。いきおい筆者の既知文献を中心に拾わざるをえないが、特に戦前のものは愛国主義に根差したものが多いので、現在でも引用される著名なものに限定したいと思う。

(1)　そうしたなかで、芳賀矢一『国民性十論』（一九〇七年）は、西欧留学の体験を生かして、国民性の自画自賛に終わることなく文化史的観点からの定式の一つを提示したものとして注目され、戦後においても、まま参考にされる日本人論である。

「十論」とは、「現実的実際的」「草木を愛し自然を尊ぶ」「楽天洒落」「淡泊瀟洒」「繊麗繊巧」「清浄潔白」「礼節作法」「温和寛恕」（ほかに「忠君愛国」「祖先を崇び家名を重んず」）である。若干の解説をすれば、「現実的」は日本宗教の現世利益《げんぜりやく》で「実際的」は儒教の実際的道徳（筆者・確かに日本人は抽象的思考に弱い）、「楽天洒落」は神話や文学の単純さを表し、「淡泊瀟洒」は衣食住があっさりしており、「繊麗繊巧」は茶室・俳句・短歌・墨絵などに繊細な感覚を表し器用で小さなことを好む、というのである（南四七―四八頁）。

芳賀が示した国民性は武士道から生まれたもので、その長所を国民に示し自信を深めさせることにあった(6)。そのため、古風で難解な表現がみられ、現代人には理解され難いところがあろう。残念ながら、芳賀はその後、『日本人』（一九一二年）で皇室中心に向かい、『日本精神』（一九一七年）で国家主義に傾いてゆく。〝日本人の心理〟が〝日本精神〟に変身する見本である。

日本人の自画自賛を戒め、長所・短所を詳細に取り上げた論著として、野田義夫『日本国民性の研究』（一九一四年）がある。国際社会への登場という願いから書かれた心理学的研究で、日本人優秀説や西洋崇拝説に偏らない総合的日本人論として当時の評価が高かったものである。

長所として掲げるのは、①忠誠、②潔白、③武勇、④名誉心、⑤現実性、⑥快活淡白、⑦鋭敏、⑧優美、⑨同化、⑩慇懃。目を引くのは、神仏に現世利益を求める現実性、嗜好品・美術品にみられる淡白、自然をみる発達した美感からくる優美、外国文化の消化吸収にみる同化、敬語や贈答の習慣にみる慇懃である（南七二―七三頁）。他方、長所の反面としての短所について、忠誠に対する排外思想、潔白に対する偏狭、武勇に対する意地張り、名誉に対する恥の文化、現実性に対する実用主義、快活淡白に対する宴会・お祭好き、鋭敏に対する飽き性、優美に対する規模狭小、同化に対する模倣、慇懃に対する他人行儀など、現在でも通ずる教訓が垣間見える（南七四頁）。

しかし、芳賀も野田も総花的で、自画像の個性がもう一つみえてこないという難点があるようにも思えるのだが……。

⑵　野田と同時期における夏目漱石の講演『私の個人主義』（一九一五年）は、西洋崇拝に傾く国の時流に抗し、自己本位を主張する知識人の苦悩を吐露したもの。「第一に自己の個性の発展を仕遂《しと》げようと思うならば、同時に他人の個性も尊重しなければならないという事。第二に自己の所有している権力を使用しようと思うならば、それに附随している義務というものを心得なければならないという事。第三に自己の全力を示そうと願うなら、

それに伴う責任を重《おも》んじなければならないという事」。

留学したイギリスは嫌いだといいながら、その自由と義務観念に基づく行き届いた秩序をほめたたえ、個人主義を賞揚する。即ち「他の存在を尊敬すると同時に自分の存在を尊敬する」「党派心がなくって理非がある主義」であるから、「或る場所にはたった一人ぼっちになって、淋しい心持がする」が、「国家的道徳というものは個人的道徳に比べると、ずっと段の低いもののように見える」という(7)。

大正期における国際主義の見本である。しかし、現今では、当り前のこのことに、当時どのくらいの同調者がいたのであろうか。

戦前において、日本人の心情を名文によって美事に捉え、今でもしばしば引用されるのは、谷崎潤一郎『陰翳礼讃』（一九三三年）である。これを簡潔で巧みな南の文章によって紹介したい。

「日本人はピカピカ光るものを見ると心が落ち着かない。日本でガラス細工が発達しないで、陶器のほうが進歩したのは、日本人の国民性が関係しているに違いない。つまり『浅く冴えたものよりも、沈んだ翳りのあるものを好む』。『金蒔絵』は暗いところで、いろいろな部分が時々少しづつ底光りするのを見るから『余情』が生れる。日本人も明るい部屋を便利としただろうが、美は生活の実際から発達するので、暗い部屋に住んでいた先祖が『いつしか陰翳のうちに美を発見し、やがては美の目的に添うように陰翳を利用するに至った』。たとえば『日本座敷の美は全く陰翳の濃淡』から生れ、西洋人の言う『東洋の神秘』は『暗がりが持つ無気味な静かさ』を指すのだろう。また服飾についても日本人の皮膚には能衣裳が一番映える。要するに美は物体にあるのではなく、物体と物体のつくりだす陰翳のあや・明暗にある。そこに明るさを求める『進歩的な西洋人』と日本人の『気質の相違』がある。結論として谷崎は『日本が西洋文化の線に沿うて歩み出した』としても『皮膚の色が変らない限り、われわれにだけ課せられた損は永久に背負って行くものと覚悟しなければならぬ』……谷崎による日本人の美意識に関する考察は、彼の個人的な好みに左右されている面もあるが、国民性や気質のある面を鋭く指摘していると言えよう」（南一一七―一一八頁）と。

「心理」とともに「感性」（五・六）に係わる部分も多いが、「心」の琴線に触れる文化遺伝子をよく描いているという点で、古風で主観的すぎると思いながら、現代人の目を引く魅力をもつのではないかと想像する。

⑶　流石というべきか、意外にもというべきか、あの皇国史観の時代のなかで、ファシズムから距離をおいて日本人の心理・論理を観察した幾つかの論著に触れておきたい。

長谷川如是閑『日本的性格』（一九三八年）。南曰く「国民的性格を道徳的態度として見ると、客観的、リアリスティック、中間的、簡約、謙抑、平凡、常識的である。右の特徴の成立条件は、自然が比較的温和で、大きな経済的格差がなく、政治的には史前時代に民族的対立が整理され、家族主義的国家が成立し、外国から征服されなかったことである」（南一七三頁）。

「日本文化は自制の心理によって、けばけばしい美より、潜在的な美に重点を置く。人工的な完全より自然的な不完全に美を感じる。さらに日本文明と日本文化については、簡素、淡白、瀟洒、単純の文化的洗練は、大陸文明の雄大、荘厳、複雑、煩瑣な表現よりはるかに人間的な文明である」（南一七四頁）と。

後段は言い得て妙、現代でも通用する国民性描写である。

西田幾太郎『日本文化の問題』（一九四〇年）は西田哲学の「矛盾的自己同一」の面目躍如たるもので、日本精神は「すべての物を総合統一して、簡単明瞭に、易行的に把握しようとする」。風土そのものが「人間と自然とが一となる親和的なものであった」と西田はいう（南一七七頁）。
・自他一如の視点から法文化の一面をみようという本稿の立場が、「我は、我ならずして、我なり」という「矛盾的自己同一」の西田説に負うていることはいうまでもない。しかし、戦中は心理も論理もヘッタクレで、「日本精神」にひと括りにされてしまった。
⑷　もう一点、こちらは戸坂潤と唯物論研究会をたちあげた、三枝博音の『日本の思想文化』（増補改訂一九四

二年、文庫版一九七八年より引用）である。「日本的思想」「日本的精神」は文化と無縁（特殊具体的な「日本的なもの」を認識しようというのでは一般的理論的問題を見落とすことになるから）であり、本書では、道徳・宗教・科学的知識など人間生活が自然につくりあげた文化全体にゆきわたっている日本の知性（理性・思考・思惟ではなく）を把握したいという（序論より）。

①　日本人の生活をとりまく一切の道具器具は自然物か素朴な加工を経たものであり、また自然物にかたどった表現を学ぶなど、生活全体で自然に接した日本人が何故自然の知識（自然科学・芸術上の自然主義・自然法）をもたなかったのか。曰く「日本人は余りに自然に浸りきり、余りに自然に生活して居たからである」。複雑な自然の姿をそのまま受け入れ、衣・食・住は複雑なまま箇々の形・色合いをそのまま愛して芸術化にこだわったからである、と。そのため、実生活に芸術化の特質がみられるにもかかわらず、その内部構造や思想的連関の観察が欠けていたため、箇々の物のよさを愛することに執着して知性的なあしらいは軽くなり抽象の美を知らなかったためである（三五―三九頁）という。至言である。

確かに、日本の直観的愛着に対する西欧の一般的思想的関心との対比といってもよいが、しかし、日常性に富み思想性がないと思われている俳句を一例にとっても、そこには、骨を折り手数をかけたと思われる〝人間と自然を結ぶ知性〟や〝感覚を刺戟されて湧く歴史的世界との交渉〟という思想性をうかがうことができるし、また画家の心理や主観・心構えや運筆ばかりを考えて、描かれた画に枯淡の趣や清楚な風流を求めているように論ぜられている南画についても、画全体の緊張関係がもたらす論理を読まなければ、日本文化の特性を論ずることはできない（四九―六〇頁）、という。

これまで、日・欧の文化的比較として、総じて、精神的対物質的・直観的対分析的・体験的対論理的・並列的対構成的という一律的対比区分論が説かれることが多い。しかし著者は、知性は世界的に普遍性を有するものであって、わが国も例外ではない。ただ自然を処理する知性的性格の違い（一般性という抽象性を獲得できない）が思想文化の特異性をつくっているとして、知の日本的性格から考察しようという。

② 人間の知的訓練には三種ある。一つは、神や超絶者の存在に導かれてゆく形而上学的な論理的訓練であり、二つは、近代の自然科学と連繋して発達した自然的秩序の一般的法則に関する科学的な論理的訓練であり、三つは、国家の生存競争のための政治的な論理的訓練（現代）である。

これが民族の論理的訓練の流れであるが、日本の場合はどうか。第一の場合、豊饒な他国文化の受容について経験した論理的訓練、とりわけ仏教にみられる最澄・空海、鎌倉仏教の思想家たちによる形而上学的な論理的訓練がみられる。第二の場合、特徴的なのは江戸時代における宋学批判の日本儒教史にみる思想運動家、中江藤樹・山鹿素行・伊藤仁斎・伊藤東涯・荻生徂徠・太宰春台・貝原益軒などによる思想的訓練と明治時代における洋学摂取にみる苦難にみちた思想的訓練は、今日の日本文化のあり様に大きな影響を与えている（私智には長ける）が、科学を根拠に歴史・社会を観念する思想能力に欠けており（公智に欠ける）、わずかな例外は、三浦梅園の条理学（弁証法的な気の理論による）にみる「対峙は天地の条理」であるという自然弁証法であり、西洋の科学的知識については、「西洋ハ頗ル条理ニ従フ」という彼の論理思想に窺うことができるにすぎない（詳しくは一一八—一二六頁）。

かくして、著者は、西欧の近代科学移入前に自然観察の論理的思索を構成する自然哲学の開拓者として、三浦梅園の自然弁証法に注目することになる（自然を物としてみる魅力にとりつかれたのは唯物論のせいか?!）。

③ 自然主義は日本にも移植されたが、思想をもって受容せず、感覚をもってしたため哲学の不作を招いてしまった。その理由は、人間にとって自然物は働きかけうるものであるとして、その処理方法の発見に努めた西欧に対し、同じように自然物に接しながら（日本の方が豊富であったはず）、第一節「木の文化」で説明したように、自然物の一つ一つに執着して接し、抽象化して論理的思想に処理することに欠けていたからである。そこで「自然」解釈に関する日本文化史を概観しようという。

④　まず、日本において自然界処理のカテゴリーは、半世紀前まで貧困であり、天・地、陰・陽、理・気ぐらいのものであった。自然観照は個々の自然物に執着する余り、相互連関は思想上の魅力とはなっていない。自然との接触にむける感性はどの民族でも同じであるが、自然に対する思想的態度には甚だしい相違がある（一三六—一四〇頁）。

西欧の場合は、「自然」を思想の準拠として捉えたのに対し（自然概念の成立は近世）、日本の近世（江戸中期）には自然概念の発達は未熟であった。その理由を考えてみると、自然《ジネン》の例にみるように、「自然」の解釈はそれまで仏教によって占められており、空海、道元、沢庵、親鸞（「自然法爾」に注目）が俎上にのるが、自然の性質を抽象して思索するという自然観察に導くものではなかったからである（一四四—一五二頁）。

⑤　こうして仏教思想の性格の検討が始まる（第五章）。

まず、仏教は豊富な知的遺産をもちながら、そのイデオロギーは、山片蟠桃のいう私知（公知に対する真理から遠いもの）的性格である、と断ずる。悟り・無心など、すべて私知的である。空海『十住心論』の深秘について、真言学者は「深秘」の解釈における知的なものを明徹にしていない。自然哲学的長所を発展させるのではなく、知的作業は信仰の道ふさぎになると考えたのであろう。道元の無比な哲学的思索も、その後の経過は同様である。親鸞の自然法爾にいたっては、中世の西欧神学者なら、それを哲学に仕立て上げたであろうし、日蓮の歴史的批判も祖廟のなかにまつりこまれたままである（一七四頁）、と。

解説とか不立文字とかは、確かに私的（個人的）な感得の世界であり、むしろ非論理的な問題でもある。しかし、著者は仏教の知的遺産から現代教養に資すべきものを取り出して論理化を進めようとしており、しばらく耳をかしたいと思う。

著者が執着するのは最澄であり、いわゆる得一（徳一）との「三一権実論争」（特に『守護国界章』）であるが、その基礎にある『法華経』については浄土念仏等の混淆によって学問的に凋落した、と。

仏教史では、その後、「生死即涅槃」「煩悩即菩提」という安易な思想を選んだことで弁証法的にみえようとも枯渇した観念論的思想に堕した、という（唯物論!?）。

次いで儒教である（第六章）。空海のいう三教は儒・仏・道であるが、江戸時代にはひんぱんに神・儒・仏に変わり、儒教は「治世の教え」といわれた。

ところで近世の思想家には、外国文化の移入に努めるタイプ、三教の調合を特徴とする心の研究（心学）に専心するタイプ、社会（世の中）とその自然（天地の理）における根拠を考えるタイプの三つがあり、最後のタイプにおいて、自然という概念と社会という考えが成立し、市民的社会の成立を想定することができる、という。かなり心学的であるが、二宮尊徳などは社会と自然を見出したという点で市民的社会思想家ということができよう（二二四―二二五頁）。

自然を人間から離して考えて世の中を理解する。自然のなかの法則性を重んじて社会生活を完成する。その規準性に気付いたのは、貝原益軒や山鹿素行などであり、自然概念をつくりあげた思想家は三浦梅園や安藤昌益であり、社会概念をはっきりさせたのは皆川淇園、山片蟠桃、海保青陵などであった。青陵は「世の中」を一つの機構と理解し、彼には「まきあげの法」という国家財政論がある。第三のタイプの思想家たちが現代文化の発生源をなしたことは争われない（二三二頁）と。

・通説のようにいわれる〝日本の直観〟と〝西欧の論理〟の対比について、「知性」とか「感性」とかいう観念からみる限り双方は同位にあり、自然観の処理の仕方に、感覚的か論理的かの違いがあるにすぎず（感覚的のなかに知性の片鱗を観察した）、日本人のなかにも論理的処理に長ずるものがあったという新知識の提示は、当時における哲学家の逸材として面目十分な見解と感じたのは確かである。そして筆者は、「知性」と「感性」が同時に成りたたないとき、感性に一元化したのが日本であり、双方のバランスを考えながら二元論（知性優位か）で対応したのが西欧だということで納得した。それにしても深層に仏教家の教理が存在するという所見（その造詣の深さにも一驚）には、筆者も同意せざるをえない。これらの所論がすでに戦前にあったということこそ驚きであり、紹介が長くなったのはそのためである。

(5)　余談になるが、本節の表題「心理と論理」のことである。「心理」は、西周の造語（一八七四年）で、有名な用例に「人間の心理程解し難いものはない」（夏目漱石『我輩は猫である』）があり、「論理」は、久米邦武の造語（一八七七年）で「如此に論理を介し、日月を経て、商定せる憲法なれば、其良善を尽し、人心に入ること、猶天教を奉戴するが如く……」（『米欧回覧実記』）とある。西周は、津田真道と共に、幕府の「蕃書調所教授手伝並」となって、徳川幕府の翻訳家としての役についたことはよく知られている。津田の『性理論』、西の『万国公法』は何れも幕府在職中、留学前の翻訳書である。西の翻訳手法に儒教や朱子学ないし仏教用語が下敷きとなっていたことは、それまでの社会事情を考えれば当然のことであろう。因みに、哲学は「希哲学」「希賢学」「窮理学」などと訳され、哲学という訳語の初出は『燈影問答』（一八七〇年）である。論理学は「致知学」、倫理学は「礼義学」「名教学」、社会学が「人間学」（仏教語としての「人の世」の学の意味）から「社会学」となったのは『尚白箚記』（一八八二年）である。リーズンが「道理」と訳されたという話は本稿にとっても興味深い。(8)

こうして、「西周の哲学用語の翻訳から見えてくるのは、ギリシャ哲学とキリスト教とを根幹にもつヨーロッパ近代が、アジアの儒教・仏教文化と重層化されてゆくプロセスの、ひとこまである」という指摘は日本法文化にとって重要な検討課題である。

「これは西周ひとりに限ったことではない。ながく儒学をもって公認の学問としてきた江戸時代から、一挙に西洋化ないし近代化が進行してゆく明治維新に時代が移って、知識人は儒教的教養を主たる受け皿として西洋の諸学問を吸収した。その結果として、アルファベット文字によるヨーロッパ文化と漢字による儒教・仏教文化とが、近代日本において重層化していったのである(9)」と。

この重層構造が、前節で述べた如く、歴代文化の吹き溜まりで培われた遺伝子によるものであることは説明するまでもないだろう。

心理（学）・論理（学）・倫理（学）から、物理（学）・生理（学）・病理（学）、そして経理（学）・法理（学）など、アルファベットからの近代研究が、第五章で述べたように、「理」は究理によって真理に通ずると考えたことによって、日本化されたものであることは想像に難くないと思う。

2　戦後の日本人論に移ろう。

南は、現代篇の「総合的日本人論の流れ」について、第一期「対人関係論の時期」（一九六〇年から七三年ぐらい）、第二期「集団心理論の時期」（一九七四年から八五年ごろまで）、第三期「生活心理論の時期」（一九八六年から九四年現在までの時間意識・意地・未練などの国民性を扱う）と総括する。しかし本稿においては、対人関係論と集団心理論は「人の間主義」もしくは「間柄《あいだがら》主義」の問題と一括して考えたいと思う。

(1)　さて、南が現代編の最初、「総合的日本人論の流れ」の冒頭でとりあげたのは、丸山眞男『日本の思想』（新書版一九六一年）である。今でも戦後思想界のリーダー的人物と考えられ、愛読されて止まないというロング・セラーである。本書は四部にわかれ、書名になった論文（Ⅰ）は一九五七年発表のもので、「あとがき」によれば古事記から総力戦までを内包するとあるが、現在に接続する話を適宜引用する。

①丸山は、まず本書の目的を「自己を歴史的に位置づけるような中核あるいは座標軸に当る思想的伝統はわが国には形成されなかった」。そこで現代の自己認識のために「超近代と前近代とが独特に結合している日本の『近代』の性格を私達自身が知ることにある」という。

ところで、「私達の思考や発想の様式をいろいろな要素に分解し、それぞれの系譜を遡るならば、仏教的なもの、儒教的なもの、シャーマニズム的なもの、西欧的なもの――要するに私達の歴史にその足跡を印したあらゆる思想の断片に行き当る」。しかも「問題はそれらがみな雑然と同居し、相互の論理的な関係と占めるべき位置とが一向判然としていないところにある」として、「前近代」と「近代」が連続して存在することになった現象を具体的に観察したい、と敷衍する（「まえがき」より）。

その共存について丸山はいう。「新たなもの、本来異質的なものまでが過去との十分な対決なしにつぎつぎと摂取されるから、新たなものの勝利はおどろくほど早い。過去は……現在と向きあわずに……脇におしやられ、あるいは沈降して意識から消え『忘却』されるので、それは時あって突如として『思い出』として噴出することになる」。「日本社会あるいは個人の内面生活における『伝統』への思想的復帰は……急に口から飛び出すような形でしばしば行われる」（一二頁）と。その具体的経緯は次の通り。

「何かの時代の思想もしくは生涯のある時期の観念と自己を合一化する仕方は……本来無時間的にいつもどこかに在ったものを配置転換して陽の当る場所にとり出してくるだけのことであるから、それはその都度日本の『本然の姿』や自己の『本来の面目』に還るものとして意識され、誠心誠意行われているのである」（一三頁）と。

これは、まこと現実主義というべきか。彼の主張は次の通り。即ち、西欧の哲学・思想は部品として取り入れられる結果、それが、「あんがい私達の旧い習俗に根ざした生活感情にアピールしたり……『常識』的な発想と合致したり、あるいは最新の舶来品が手持ちの思想的ストックにうまくはまりこむといった事態がしばしばおこる」と。ドイツ観念論の倫理学説と朱子学を結びつけた井上哲次郎的折衷主義、またマラルメの象徴詩は芭蕉の精神に通じるとし、プラグマティズムは江戸町人の哲学だったとする例をあげ、この和洋両思想を接合するロジックとして流通した（流用された？）のは、○○即○○、○○一如という仏教哲学の俗流適用であった（一四頁、仏教家以外どこまで浸透していたのか）。

② こうして、あらゆる哲学・宗教・学問について、矛盾するものを「無限抱擁」し「平和共存」させる思想的「寛容」が伝統となっている。そのため積極的肯定が普遍化しているキリスト教社会において反語・逆説が現

実と激しい緊張感を生むのに対して、日本では無常感や「うき世」観によって逃避意識が生まれ、逆説も実生活においては、世はままならぬという感覚として常識化してゆく。こうなれば、現実と規範との緊張関係は、順応する生活感覚の尊重によって、支配体制への受動的追随となり、「ありのままなる」現実肯定に堕することになったと、実に巧妙な法文化論が語られている（一六―二〇頁）。

文学における豊富な感覚的表現、自然の四季への感情移入、日常的立居振舞の精細な観察、洗練された文体による微妙な心持の形象化など、伝統的な「実感」信仰への密着によって、規範に対する自我意識は好悪感情から分離せず、しかもそれは「仏教的な厭世観に裏づけられて、俗世＝現象の世界＝概念の世界＝規範（法則）の世界へという等式を生み、ますます合理的思想、法則的思考への反撥を『伝統化』した」（五三―五四頁）という。

著者の「おわりに」の言葉。「私達の伝統的宗教がいずれも、新たな時代に流入したイデオロギーに思想的に対決し、その対決を通じて自覚的に再生させるような役割を果しえず、そのために新思想はつぎつぎと無秩序に埋積され、近代日本人の精神的雑居性がいよいよ甚だしくなった」と。そして、加藤周一のいう雑種文化から積極的な意味をひきだせという提言の趣旨に賛成しながらも、丸山はいう。この精神的雑居については「ヨリ大衆的規模で考えるならば、多様な争点《イッシュウ》をもった、多様な次元（階級別、性別、世代別、地域別等々）での組織化が縦横に交錯することも、価値関心の単純な集中による思惟の懶惰……を防ぎ、自主的思考を高めるうえに役立つかもしれない。……雑居を雑種にまで高めるエネルギーは認識としても実践としてもやはり強靱な自己制御力を具した主体なしには生まれない。その主体を私達がうみだすことが、とりもなおさず私達の『革命』の課題である」（六三―六六頁）と（「あとがき」によれば、「理論信仰」の批判にアクセントを置いたつもりであるという?）。

③　第三部「思想のあり方について」は、例の「タコ壺文化」「ササラ文化」の話である。一般読者向きの解説をすれば、前者は「最初から専門的に分化した知識集団あるいはイデオロギー集団がそれぞれ閉鎖的な『タコ壺』をなし、仲間言葉をしゃべって『共通の広場』が容易に形成されない社会」であり、後者は「竹の先を細か

くいくつにも割ったもので……元のところが共通しているもの」、「基底に共通した伝統的なカルチュアのある社会」である。日本ではヨーロッパ文化の受け入れにさいし、専門化した形態が当然と解されて、そのまま継受され（タコツボ型）、西欧では、ギリシャ―中世―ルネッサンスと長い共通の文化的伝統が根にあって末端が分化しており（ササラ型）、「ササラの上の端の方の個別化された形態が日本に移植され、それが大学などの学部や科の分類となった」ので、「学問研究者が相互に共通のカルチュアやインテリジェンスでもって結ばれていない」（一三二頁）のである。

「近代市民社会が発達するに従って機能集団が多元的に分化してくる」と、ヨーロッパでは「別の次元で人間をつなぐ伝統的な集団や組織……たとえば教会、あるいはクラブとかサロンといったものが伝統的に大きな力をもっていて、これが異った職能に従事する人々も横断的に結びつけ、その間のコミュニケーションの通路になっている」が、日本ではそういった役割をするものが乏しく……近代的機能集団が発達しても、それぞれ一個のタコツボになってしまう傾向がある（一三七―一三八頁）、という。

内輪と外は峻別され、「各集団相互間にはコミュニケーションがなくて、かえって、それぞれのルートの国際的なコミュニケーションがある。こういう奇妙な事態が生じ」、マス・コミのもつ圧倒的な力もタコツボ相互のコミュニケーションにならず、反って、マス・コミによる思考や感情や趣味の画一化、平均化が進行し、組織の外でどれだけ通用化するかについての反省に欠け、多元的イメージを合成する思考法についての必要性が強く要求されている、と結ぶ（一四一―一五〇頁）。

④　以下は筆者の言。西欧法が近代日本に継受されたとき、その法観念に関する専門的用法はすべて翻訳語（「やまとことば」ではなく）によって語られることになり、それを巧みに操ることが法学者の常識とされ、常人の「世間（世の中）の道理」の言葉遣いとはっきり区別された。しかも、西欧文化の日本移入の仕方にタコツボ化の遠因があるということである。つまり、いくら法学論理を操り新説を振り回しても、タコツボのなかでは「世

間（世の中）の道理」と直接かかわることは全くないということになる。

前章の解説で明らかなように、双方の関係は実定法の解釈・適用にさいし、ホンネとタテマエとして使い分けられたり、「社会通念」として法律解釈の道筋のつけ方に利用したり、解釈論上の例外的措置として「法外の法」や「生ける法」を創作したりというようなソフトロー的措置がとられてきたのが、タコツボ型が生き延びた理由である。

賢明な読者にはすでにおわかりのように、法文化論はタコツボ法学を、文化一般を通じて論ずることで、ササラ化しようという試みである。改めていうが、法は文化の一つとして社会に存在し（この前提が崩れれば法文化論は成り立たない）、他の文化と相互に影響し合っていると考えることで、それ等相互の関連が明かされれば、タコツボ文化と批判されることはなくなるからである。

ササラの底部に存在する、ギリシャ文化・ローマ法・キリスト教に比せられる文化現象を日本法の底部に探求する。それが（日本）法文化論であり、西欧法と比すことのできる思想文化に執着するのは、そのためである。それをササラ型と同じように捕捉するなら、「日本文化」「世間の道理」「日本宗教」ということになる。しかもササラ型の根元にキリスト教を据えおくようにタコツボ型を考えれば、「日本宗教」が日本型ササラ文化の本源に存在するという仮説が生まれよう。宗教（民族信仰を含む広義の意味）が人類の思想文化の源泉にあるという通説に従っての話であるが（詳しいことは第八章で）。丸山説に従って改めていえば、法文化論とはタコツボ型法学のササラ化を論ずる学説であるといえる。

⑤　第四部「である」ことと「する」こと。一九五八年の講演会の記録。趣旨は「自由は置き物のようにそこにあるのでなく、現実の行使によってだけ守られる、いいかえれば日々自由になろうとすることによって、はじめて自由でありうるということ」である。制度についても同じで「民主主義というものは、人民が本来制度の自己目的化――物神化――を不断に警戒し、制度の現実の働き方を絶えず監視し批判する姿勢によって、はじめて

生きたものとなり得る」。そして「政治・経済・文化などいろいろな領域で『先天的』に通用していた権威にたいして、現実的な機能と効用を『問う』近代精神のダイナミックスは……『である』論理・『である』価値から『する』論理・『する』価値への相対的な重点の移動によって生まれたもの」と敷衍する（一五六―一五七頁）。

武士は武士らしく、町人は町人にふさわしくという徳川時代（「分」に安んずる社会）では儒教的道徳が人間関係のカナメと考えられて、「である」論理をモデルとして行動した（一五八頁以下）。他方、近代社会を特徴づける機能集団――会社・政党・組合・教育団体など――の組織は「すること」の原理に基づいているが、「日本の近代の『宿命的』な混乱は、一方で『する』価値が猛烈な勢いで滲透しながら、他方では強じんに『である』価値が根をはり、そのうえ、『する』原理をたてまえとする組織が、しばしば『である』社会のモラルによってセメント化されて来たところに発している」（一七四頁以下）と。

ところで、大都市の消費文化においては、床の間付客間に代わって台所・居間の進出と家具の機能化、宿屋のホテル化など、「する」価値のとめどない侵入がみられ、ただ前へ前へと進む「する」価値による近代化が、効率主義の氾濫をもたらしている。しかし、文化的創造にとっては価値の蓄積が大事であり、もたらす結果よりそれ自体に価値があるといえる。とすれば、「『である』価値と『する』価値の倒錯――前者の否定しがたい意味をもつ部面に後者がまん延し、後者によって批判されるべきところに前者が居坐っているという倒錯を再轉倒する道」をひらかなければならないという。つまり現代日本の知的世界に要求されるのは、「ラディカル（根底的）な精神的貴族主義がラディカルな民主主義と内面的に結びつくことではないか」と結ぶ（著者が「日本の『良き』思想的伝統を過去の歴史のなかからとり出して来る作業」という趣旨が、ここで生きてきたというのが筆者の感想である）。なお、丸山の「する」と「ある」の区別に対して、「作る」と「成る」の区別があることについては次章で論ずる。

⑥　野田は「教育」の重要性を強調し、丸山は主体的自己改革を主張した。教育によるにせよ、自己改革する

にせよ、その本源は人格上の自律による主体性の確立にある。しかし、丸山説では、それを日本の伝統宗教が拒んでいるという。これでは自己革命など遠い未来の不確実な話ということになってしまう。筆者の見解では、「文化の吹き溜まり」にみられる淬現象をどうするかといいたいのだが、詳細は第八章に譲る。

⑵　西洋の自我とは異なる日本人の「無自我性」をとりあげたのは、稲富栄次郎『日本人と日本文化』（一九六三年）である（南二一八―二一九頁）。南によれば「彼は日本文化の特性として公開性、混血性、矛盾性、急テンポ性、騒音性を挙げ」、「また日本人の自我意識を日常生活から見ると『無自我性』であると言う。たとえば着物の仕立ては……『風呂敷着物』であり……間仕切りのない家屋に住む。さらに社会生活では、物見高く、見栄坊で、風評や流行に支配される。国語については品詞・数・性・人称・格などの区別がはっきりしないし、主語の省略、敬語などが目につく。無自我性の原因については、日本人が異民族の雑種で民族的個性がないこと、島国根性で排他的独善的な小我に固まること、さらに鎖国の影響で他を知らず他と比べて自我が認識されないこと、明治になって西洋崇拝からくる劣等感を持ったこと、長年にわたる封建制度の下で没我・滅私などが強調されたことを指摘している。しかし、西洋的自我のような積極性がなくても、日本的自我は逆に無我・大我に帰一する目標を持っていると評価した」とまとめられている。

・自我のない人間はいないはずで、「無自我性」というのが「無我」の意味なら悟りをひらいた人の境地であり、正鵠を射ていない。問題は〃自我〃のもちよう・ありようであろう。

日本人の性格特性から日本人を論じたのが、世良正利『日本人の心』（一九六五年）である。一二回の連続放送の講義をまとめたもの。人間性の本質には自覚性と社会性があるが、日本人のそれに対応する宿痾的性格として、無自覚で受動的な「没我性」と「熟知性」があるとし（一四五頁）、両者の相互関連が日本人の性格をつくっているという。こうである。

まず、行為者にとっての目標が当為にかわるときに「あきらめ切れない心理」が行為者に生まれ、やがて「神に依拠しようとする心理」に、そして「依拠するものの指図に従属しようとする心理」(従属の心理)と展開し、「あきらめの心理」(自己否定の倫理)に転化するといいつつも、現在では、没我性の原理を否定するような社会現象もみられると(一五六頁以下)。

他方、人間の社会性の一表現形式として熟知的結合がある。そこでは「だれ」は選択できず、「どう」は閉鎖的である。親子、夫婦などから、親分子分型結合——例えば「派閥」——のように、「タテ型」結合に、人々の相互関係が成立する(二〇一頁以下)。

日本語が意思伝達の手段として成長しなかったのは、没我性から語るべき自己をもたなかったこと、熟知性により以心伝心的な相互関係であったことが原因であったと、追加説明し、近年は熟知性を否定する社会現象が生まれつつあると結ぶ(二〇六頁)。

・現在からみれば、読者には、いつごろの話かと推測したくなる話題であろう。何しろ一〇〇歳以上の老人が何百人と行方が判らない、あるいは孤独死がひんぱんに新聞報道される「世の中」である。血縁は勿論、地縁も死語になったのではないかという世相(「無縁社会」「孤族」)からみえる現代日本の真相なのだから。

南の年次を追えば、ここで中根千枝『タテ社会の人間関係』(一九六七年)のベスト・セラーが登場する。「タテ社会」という言葉は彼女の造語かも知れないが、中味はすでに述べられたことのある問題を社会学の衣でまとめたものである。

文化人類学では今も時折引用される、石田英一郎『日本文化論』(一九六九年)には、最後の五〇頁ほどに、「日本文化の特質」と「日本と西洋」が描かれている。①千年以上にわたり民族移動・外敵侵入の経験をもたなかったことからくる同質文化的「封鎖的安定性」(桑原武夫)、「族内婚的伝統」、および合理性に価値を認めない非合理性からくる善悪・主客・人間と自然・生死の類別化・対立の概念設定をしない思考様式に慣れていること(第五章より)、ヨーロッパでは、自己の存在基盤を守ろうとする主張・権利が強いのに対し、日本ではグループに対する忠誠心から反射される罪の意識が濃厚であること、遊牧民族の食うか食われるかの社会に生まれた逆説上の「愛の宗教」（筆者・日本では「慈悲の宗教」）というふうに考えると、「日本人にはヨーロッパ文明を完全に理解することはむずかしいかもしれません」ということになる（第六章より）。

すでにどこかで読んだ話題だと記憶する読者も多いのではないだろうか。

(3)　一九七〇・八〇年代は、まことに戦後日本人論の全盛期というべきか。それも、七〇年代は欧米への認識が高まるにつれ、日本人の劣等意識が目につく論者によって、その特性が語られた時代として記憶されるのではなかろうか。

日本人論に火をつけたのが、ベスト・セラーのイザヤ・ベンダサン『日本人とユダヤ人』（一九七〇年）である。法外の法、情状酌量に人間味を見出し、その土台に「日本教」をおき、さまざまな歴史的引例もあるが、独断的な論旨との評を免れえない（南二二三頁、筆者も同感）。

会田雄次『日本人の意識構造』（一九七〇年）は、日本人の「うつむき」姿勢から、内側を向いて守るという守備優先の心理を読みとり、不可変的な存在に身をおくことが平和につながると考える。つまり、分裂と統合をくりかえすなかでのヨーロッパの「つくる平和」に対する日本の「ある平和」の思想的根拠である。これを思想一般についていえば「作る文化」に対する「成る文化」ということになり、例えば災害復興時におけるヨーロッパの何ヶ年計画のような「あるべき」姿の建設は日本にはない（三四頁以下）。

「家庭生活でも、個人生活でも、攻撃、攻勢それが防御という……いうなれば、やはり精神が外を向いている」欧米に対し、「日本の場合は内へ内へと退いていく。そして窮極的においていちばん信頼できる人にだけコッソリ打ち明ける」と対比する（四五頁）。

日本人の意識では、表文化（公的な体制的文化）に対する裏文化（私的で非体制的な人間・社会＝関係）の優越がみられ、前者はウソの世界と考えられている（五三頁）。

つまり、「日本人の意識構造」の裏側的考察の見本である。

3　一九七一年にベスト・セラーの、土居健郎『甘えの構造』が発表され、後の著書にもしばしば引用されるなど大きな影響を与えている。「甘えは日本人の精神構造を理解するための鍵概念」であるという趣旨であることは、読者にも広く知られているはず。そこで解説はできるだけ、重要と筆者が考える結論にいたるプロセスを重点的にフォローするに止めたいのだが、精神医学からの日本人論はさすがにユニークであって、少々長くなることを許されたい。

(1)「すねる」「ひがむ」「ひねくれる」「うらむ」など、甘えられない心理を表す語彙の豊かさ。義理と人情という甘えに根ざす日本的心情。「気がね」や「こだわり」と同義の「遠慮」は甘えすぎに対する注意信号。遠慮の有無は「内と外」という人間関係の種類を区別する目安である。内と外の区別は個人の自由を阻害しパブリックの精神を乏しくさせる。外国文化の無批判な摂取によって甘えの人間関係も温存される。

日本人の罪悪感は人間関係の函数であり、外の眼を意識するときに謝罪し、自己の内側に向かうときに恥と感ずる。不祥事が生じたときには日本的な罪と恥の混成が生じ、集団の連帯感が優先して関係者が責任をとる。イデオロギーとしてみれば、天皇が国民の象徴というのは、身分として最高でありながら地位を国民に依存するという幼児的依存といえるのではないか。つまり、日本人は甘えの支配する世界を真に人間的と考えており、その制度化が天皇制であったといえる。甘えのイデオロギーを支える社会的慣習として、敬語の使用、祖先崇拝、祭りの習慣（めでたい気分が好き）がある（第二章「甘え」の世界）。

第三章「甘え」の論理。日本人の甘えは母子分離の事実を否定しようとする心理で、情緒的に自他一致の状態をかもしだすという点で非論理的直観的であると同時に、平等性を尊び寛容・包容的であるともいえる。ここで西洋の父性的心性・東洋の母性的心性（鈴木大拙）が引用される。無原則の原則・無価値の価値を説く神ながらの道も同様に無差別平等の道を説く（本居宣長）。丸山眞男のいう（『日本の思想』）座標軸の欠如である。
また、周囲との不思議な一体感を説く「わび」「さび」という日本的審美感（本稿五・六で詳説する）は九鬼周造のいう「いき」も含めて、本居宣長のいう「もののあわれ」であり、日本古来の独特な情感・思惟を養ったという（九一頁）。この感性も甘えの心性に外ならない、という。

法文化論として気になるのは、西洋的自由が個人の集団に対する優位を根拠にしているという点からいって、甘えと移入した西洋的自由の関係であるが、論者の結論は、近代ヨーロッパ人のキリスト教的個人の自由は信仰箇条として信じたもので、現代西洋人にとっては、マルクス・ニーチェ・フロイドの分析によって、それが空虚なスローガンにすぎないのではないかと悩みはじめており、個人の自由は欲望の充足でなければ他人との連帯を導くだけで、そうなると、西洋人の自由の観念も、自由の心理的不可能性を教える日本人の甘えの精神と究極のところ余り変わりないものとなる（一〇七頁）という。西洋人もまた隠れた甘えに侵されていたのではないかと、他の常識論とは異なる言説を吐露している点こそ興味しんしんである。

(2)　「甘え」の論理の最後は「気の概念」である。日本語に数多くみられる「気」という言葉（元来は中国の歴史的観念）の使われ方である。著者が引用する多くの例を列記してみる。

「気がある」「気が多い」「気が置ける」「気が利く」「気が気でない」「気が腐る」「気が暗くなる」「気が差す」「気が沈む」「気が済む」「気が付く」「気が詰まる」「気が遠くなる」「気が咎める」「気が無い」「気が早い」「気が張る」「気が引ける」「気が塞ぐ」「気が触れる」「気が細い」「気が向く」「気が揉める」「気が悪くなる」「気が気を病む」「気に合う」「気に入る」「気に掛ける」「気に食わぬ」「気に障る」「気にする」「気になる」「気に病む」「気を失う」「気を移す」「気を落とす」「気を替える」「気を挫く」「気を配る」「気を使う」「気を付ける」「気を取られる」「気を取る」「気を抜く」「気を晴らす」「気を張る」「気を引く」「気を回す」「気を持たせる」「気を揉む」「気を悪くする」「気短か」「気むづかしい」「気さく」「気前」「気立て」「気持ち」「気まま」など……。

これらをみると、欧米語の翻訳である理性・感情・意識・意志・良心などを一まとめにして「気」といっているが、厳密には瞬間瞬間における精神の動きを持することであろう（一一〇・一一二頁）と。それも絶えず主語として登場し快楽志向的であり、対象依存的な甘えに対し、それを客観視して、主体の立場を確保し他者との距離を維持しようとするときに、気の概念が用いられるのではないか（筆者には新発見）という。

「気の病」とか「気ちがい」などの言葉について、精神病理学からみて誇ってよい便利な言葉だと結ぶ（「気」の概念については、後に同学の木村敏によっても論ぜられていることに留意）。

(3)「甘え」の病理（第四章）についてはどうか。秘められた甘えである〝気がね〟・〝こだわり〟が身体的反応と結びついたとき、「とらわれ」（森田正馬）の状態となる。「人見知り」は内の者には甘えても外の者には甘えられないという状況で、それからいつまでも逃れられないと対人恐怖になり、あるいは恥の気持が相手に受け入れられないと、内向し硬化して対人恐怖となる。また強迫的（それをしないと「気がすまない」状態で欧米語にはない）傾向は日本人にみられる性向で、その勤勉さはこの強迫的傾向に関連する。従って遊び自体に価値を認めない（「遊び人」「遊び事」「遊び好き」などのマイナス表現）のも、遊びに甘えられず「気がすまない」という心境に低迷するからではないか、と。

「くやむ」と「くやしい」は甘え心理の延長線上にある感情である。甘えられないと気がすむように試みるが、気がすまないと「くやしく」感じ、どうにもならないときに「くやむ」からであるが、この心理は日本人に顕著な判官びいきの感情と関係がある（佐藤忠男）。「くやしさの感情を大事にする点は欧米人と随分違うところ」で、欧米人の場合は正義感と密接な関係があるが、日本人は正義感とは結びつかず甘えと関係がある（一五二頁）という。

加害者・被害者という法律用語は明治初期につくられた日本語で、被害的という言葉は精神科医が使いだしたものだろう。それ以前では「……された」という具体的事実を受身の用法で述べるいい方で表していた（金田一春彦）のではないか。それは甘える者がそれを邪魔されたと意識するからであろう。つまり、被害者意識は甘えと密接な関係があり、被害妄想は甘えの心理の病的変容である（一五七頁）。

「自分がない」という表現は自我を意識しない日本語独特のものである。何故なら、自己の利害が集団のそれと一致しないとき、甘えから発した葛藤として「自分がない」と感じ、また個人が集団から孤立したときも「自分がない」と感ずる（自己喪失）のであり、甘えを経験しなければ自分を持つことができない、ということになる。他方、欧米人の場合では現実に「自分がない」状態と知りつつも、自分に集団を超える何ものかがあると考えて、日本とは反対に自分があるかのごとく振る舞うのである（一七〇―一七一頁）。

ところで現代社会における人間疎外の状況（理性によって自立し自己充足できると思ったことがそうはならないという窒息感・畏怖感）について、著者は最後に、新しい世代が求める価値観が古い世代によって提供されず、甘えられる父なき現代社会は神不在の特徴をもつため、甘えの感情が増幅している。これは洋の東西を問わない子供の世紀の出現であり、大人も子供もなく、男も女もなく、皆一様に子供の如く甘えているという、人類の退行現象がみえかくれする、と結ぶ（二〇二―二〇五頁）。

(4)　人の間でお互いに甘えあって生きる日本人は、不満でも相手によって自我意識を融通するというフレキシブルな自我意識の特徴をもつのに対し、西洋人は自立しようとして頑なに強い自我意識をもとうとすると、これまで対比的に説かれてきた。

しかし筆者は、日本人が人に甘えるように西洋人も神の愛に甘えていた（対父性的なザンゲ・告白）のではないかと推測する。自立を強調しても隣人愛を説き（マタイ伝）、コミュニティ・チャーチ（アメリカ）が生まれるなど、甘えの対象が異なるにすぎないのではないか、と疑う。だから、血縁・地縁はもとより家族までもが崩壊しつつある日本の無縁社会における孤族に対し、神の愛を信じようとせず疎外感に苛まれる西洋と、その理由は異なれ、土居のいうように、現在、甘えの心情が社会的に表出することに洋の違いはないと筆者も思う。それゆえ、甘えによって自我がふらつく両洋の現状のなかで、その理由の差異は東西法文化の違いにどう影響してくるのかという点に、筆者の関心は移る。

4　同じ一九七一年の作品として、見田宗介『現代日本の心情と論理』、深作光貞『日本文化および日本人論——猿マネと毛づくろいの生態学』がある。

見田には、すでに『現代日本の精神構造』(一九六五年・新版一九八四年、六〇年代高度成長期の精神状況を考察したもの)があり、本書はその続編的なもので、冒頭の「新しい望郷の歌」には自然村秩序の解体による大家族制の崩壊で、都会への出稼ぎ型生活がおこり、それが崩れた後の新しい「家郷」の形成について論じ、次の七〇年代『現代社会の社会意識』(一九七九年)、そして八〇・九〇年代の『現代日本の感覚と思想』(一九九五年)と引き継がれる中間報告書にあたることになる。

(1)　深作は、日本文化の〝猿マネ〟論と、日本人の〝毛づくろい〟パーソナリティを論ずる。

まず、「死んで、生きる」という切腹は農耕民的思考であるという話から始まって、日本風の衣・食・住パターンの考察、つまり、夏向きの家・坐りの生活・風通しのいい着物・南国のうすべりから普及した畳という住生活、カロリーを補う混ぜ御飯・刺激のあるおかずに、カマドを避けた(荒神さまに無礼)鉄板のスキヤキ、外来〝カレー(ハヤシ)・ライス〟の日常化などの紹介があって、日本本来の農耕民的文化性をダメ押しし、外来牧畜民的文化の受容による日本文化の二面性(江上波夫)を説く。

しかし外来文化は〝猿マネ〟したにすぎず、農耕民的日本人にとって高度な文化は権威付け・箔付けのためで、日本人の精神面に根をおろしていない(うわべだけをまねる〝猿マネ文化〟)と。ところがである。新しさを追った明治百年の〝猿マネ〟によって(一九七〇年代)、①日本は辺境でなくなり、②農業は日本経済の基盤ではなくなり、③自然の破壊と伝統文化の商品化が進み、伝統的日本文化の転換が迫られているのが現状である(以上第一部）という。

D・モリス『裸のサル』に述べる人間の〝社会的毛づくろい〟は、情的・実利的の両面で日本人の感性・社会関係を説明するのに最もふさわしい概念であるというのが第二部である。日本の母子関係においては、男の子は過保護に育てられ、〝自我〟・〝自立性〟・〝個人主義〟の確立から遠ざかり、そして、親睦・気持の通じ合い・いたわり合いなどの名目で、〝甘え〟を要素とする〝社会的毛づくろい〟が社会関係のなかに構造化されてくる（一五一頁）という。例えば、男性世界に形成された女性の男性に対する世話という一方的毛づくろいがその根底にあるのではないか。しかも「してもらう」と「してやる」には双方が期待し欲求する意志がうかがえる、と。こうなると、男同士にも存在することになり（土居健郎のいう〝同性愛的感情〟）、しかも同性間の毛づくろいでは異性が隔離され、同性間で毛づくろいが充足したあとでは異性はセックスの対象として眺められるだけである（欧米と比べてみよ）。

ここで〝日本の伝統的女性美学〟（第三章）に入る。胴長・一重瞼で細いがパッチリした目・小さい唇が好まれたが、重要なのは「肌」（〝毛づくろい〟の条件で気質を肌でいう日本語が多い、「肌身離さず」「肌が合う」「文人肌・商人肌」など）と「髪」（筆者・髪は烏の濡れ羽色）で、外面的には性信号と考えられた。西欧の豊胸・くびれた胴・大きな腰に対する「いき」な柳腰（筆者）もある（〝美意識〟のちがいか?）。「いき」は江戸時代の町民文化が生んだもので、武家は「野暮」（立川市の〝谷保天満宮〟が野暮天）である。九鬼周造の『〝いき〟の構造』にふれればわかるように、ここには与えられた社会的拘束を打破する意志はなく、毛づくろい社会を逸脱しないよう受容することで「意気地」「諦め」を超越する生き方が示されている、とする。

⑵　最後は集団社会における〝毛づくろい〟である（第四・五章）。

①〝順位制における闘い〟では、相手を傷つけたり殺したりはせず、特有な降伏の動作によって闘いは終わり、②〝なわばり〟のための闘いでは力関係のバランスによって境界線が成立する。③族内婚的単一社会の日本では、

つねに上下間の毛づくろいが入念にゆきとどいており、④また自分の社会的存在のすべてを〝なわばり〟にかけているから、〝なわばり〟が変われば自分の属する〝なわばり〟に自分を賭けることになる。

⑤〝順位制〟にみられる〝毛づくろい〟。〝上〟にたつものは神であり祈願される対象として常駐はしない。気まぐれ・身勝手だが、免責、家柄・毛並みが必要とされる。従ってリーダーとして活動することはなく、実務は下の者に任せ、決定の名義人にすぎない。ここで真の実力者といえるのは神の威霊を代弁する呪術者を起源にもつ幹部であり、何もしない上＝神に代わってリーダーシップをとる。これは順位制における相互〝毛づくろい〟現象であり、それが情的精神世界の統制に必要と考えられている点で、〝力〟関係が通用する西欧秩序世界とは異なっている。

「中堅」に必要なのは足の活動ではなく手の活動であり、「片腕になる」という言い方は支配関係というより相互的〝毛づくろい〟関係である。従業員の場合は能率よりも残業の日常化が日本型の特徴であり、低賃金の仲間同士による相互〝毛づくろい〟によって「ウチ意識」をつくりだすことが好まれたと考えることができる。

この〝毛づくろい〟意識は日本の現代社会にとってどういう意味をもつか。まず〝毛づくろい〟が民主主義と結びつけば「悪平等主義」となる。また能力よりは信頼が優先し、契約思想よりは人とのつながりが重視され、主義主張よりは自我を軽視してタテマエの形骸化の道を求める（二三八頁）という。他面、現代社会の「人間性疎外」が問題となっているとき、情的〝毛づくろい〟が現代的条件に即応して、原因となっている近代合理主義の行きづまりを打開しうる武器となるのではないか、との期待が末尾を飾っている。

・ところで、本書が説く〝猿マネ〟が単なる模倣に終わらず、和様化して自家薬籠中のものとしたことは、日本文化史の語るところである。他方、〝毛づくろい〟がいわゆる慰め合い・慣れあいとは異なる深い意味をもつ情動であることを明らかにした点は、これまで「和の精神」でひとくくりにされてきた論点を細かく比喩的に解説したとして評価せずばなるまい。とはいっても、〝毛づくろい〟に無理強い説明されたのではないかと疑問視される個所もあると感じた人もいるだろうと思うが。

それにしても心理的特長を、「甘えの構造」とか〝毛づくろい〟とか、日常行動的動作による説明でポイントを押さえるという工夫には〝恐れ入る〟というのが偽らざる心情である。もっとも、象徴的にしろ一語で心理のすべてを語ることに無理があることに著者自身が気付いていた上で、という条件の下でであるが。

(3)　これまでの敗戦後の精神喪失期は、アメリカ社会を手本とした劣等感をどう克服するかという問題関心が強かったと理解できよう。そのため人間のもつ多面性について、特に欠点に目を向けざるをえなかったとの感が強い。

南の「総合的日本人論の流れ」をみると、このあと四四頁、三四点と時代順の抄出紹介が続く。著書の紹介を続ける筆者に対し、自らの論点を選定して紹介文の展開を望む読者も多かろう。しかし、これまでの例にみるように、「心理と論理」と題していても、著者の論述はその範囲を越えるものが多く、テーマを決めれば著者の解説が各処に分散することになる。しかもこの時期、明らかなように日本文化論・日本人論は百家争鳴の形となって噴出し、本稿のこの段階ではテーマの整理は不可能に近いと筆者には感じられる。結局、暫くは時代順に、しかし臨機応変に細工するという形で責を果たすことにしたいと思う。

しかしながら、この日本人論の殷盛と法文化論の創唱が重なっている（一九七二年）という事実は、単なる偶然ではないはず。つまり、日本文化論・日本人論のブームが比較法学における日本人の法意識論に火を点けたと考えるのが穿った見方というもの。一九七二年度に話を続けよう。

5　まず、木村敏『人と人との間――精神病理学的日本論』（一九七二年三月）は、土居と同じ精神医学の立場から〝日本的なものの見方・考え方〟を論じたもの。

(1)　とりあえず、「人と人との間」の書名に関連する、「われわれ日本人」（第一章）においては、キリスト教的表現としての「われわれ人間は」の背後には絶対的な人間中心主義があり、他方「われわれ日本人は」という発想には「われわれ日本教徒」（ベンダサンの造語）の意味が込められている。またキリスト教徒における「われわれ」の表現は個人の集合であるのに対し、日本人の場合は先祖の血を受けた「われわれ」の意味（超個人的な血縁史的なアイデンティティ）、つまり、日本人が何世代にもわたって受けついできた日本人的「生き方」の同一性を表し、自然との関係（風土？）の同一性であり、人間との関係の同一性であると、これが本書の出発点。

第二章は、「取り返しのつかない」事態における喪失感（メランコリー）における日本的特徴（悲哀・不幸・苦労・難儀、悲シイ・アワレナ・サビシイ・セツナイなど、多くの語彙にみる審美的態度）について論ずる。

それらを、日本的とされる義理・人情の精神構造ないし罪と恥の問題として、「人と人との間」という観点からみてみよう、と。

まず、義理（「人が他に対し交際上のいろいろな関係から務めねばならぬ道」『広辞苑』）とは自己意識と世間的配慮が未分化な状態における人と人との間の拘束性であるが、西欧においては、人と人との間に結ぶ役務・従服にみる拘束性は神の命令として認識されるから、西欧の神に対する義務・道徳を、人と人との間に下ろしてみたものが日本の義理ということになる。

日本人は、人と人との間に立つ自己の体面が問題であり、「平常から人一倍対人関係に気をつかって、人と人との間を無事に守り通そうと」するから、悪いことをしたと自分を責めるときには、人と人との間が回復不可能にまで毀損されたと感じて世の中に対する罪責感にさいなまれ、その自責の審判者を人情の原則に求めるのに対し、キリスト教徒にとっては、義務（差し当たっては道徳律であり窮極的には神）に対する罪責感と考えられている。いうなれば、西洋人は道徳的な罪を神と結びつけて垂直線上でしか考えないのに対し、日本人は道義的な罪を人と人との間に見出しているから、水平面上で考えていることになる。別言すれば、「西洋の罪責概念は……神との契約を破って神の掟に背き、しかもなお生きながらえていることについての負債である」。他方、「日本人は宗教的な戒律を無視し、またそのことを何とも思わぬが、人間の信頼的関係に即する道徳的実践という点ではそうとうに敏感であった」（中村元から引用）。「この『道徳的実践』こそ、……人情であり、義理として果されるもの」であって、義理を欠くことは悪であり罪であり負い目である。「メランコリ親和型」と呼ばれる……人とはこのような負い目を何よりも恐れる人である（七〇―七二頁）、という。

　また「罪と恥」（ルース・ベネディクト）の問題について考えると、「日本人にあっては、自己は自己自身の存立の根拠を自己自身の内部に持ってはいない」。その根拠は「人と人との間」であり、それも「外部」でありながら自己の「内部」でもある。つまり、西洋人の罪は他人に対し懺悔し贖罪することによって、直線上の罪が水平の回路を通って軽減するのに対し、日本人の義理の不履行としての罪は、恥との区別を超越した罪であり、それは他人への告白によって「人と人との間」の数をふやすことになるから、反って苦痛を増し、西洋人の罪よりも深刻な苦痛になる。従って問題は「何故に西洋人は垂直的に神と結びつき、日本人は水平面的に人と人との間に自己を見出すのか」（七八頁）である。そして答は、夫々の風土的条件にある、という。

　⑵　第三章は「風土と人間性」である。まず、自己が自然と対立すると自覚したとき、その「間柄《あいだがら》」を「風土」という、と規定する。人は生まれる前から風土の一部であるから、日本人、西洋人の夫々にとっては、その前提としての自然とは何かの問題から、彼らの精神構造の差異を論じたい、とする（分析的!!）。

　まず、和辻風土学の批判ののち、日本風土の非合理性・断続性に対する西洋風土の合理性・連続性を提案する。即ち、熱帯的かつ寒帯的である日本風土は季節的である反面、突発的変化をもたらすのに対し、春・秋の季節感のないヨーロッパは寒気と暑気・陰欝の両極間を連続的に推移するからである。そのため、日本ではこの非法則性によって左右される場当り性が偶然への随順を生み、暴威を振るわない西洋の自然は人間に従順である。そこで、西洋では自然と友好関係を結んで利用したのに対し、日本では「自然と一枚になっている自己の生命に忠実であるということが、自然に随順するということと、そのまま一体をなしている」（一一四頁）、と。

変化に応じて辛抱する忍従の繰り返しのなかであきらめる、という日本の精神構造。この人間性こそ非合理的・非連続的な風土の特色であり、そのため「自分と相手との間には突発的激変の可能性を含んだ持続性が、気短な辛抱という忍耐が支配している」。従って、「予測不可能な対人関係においては……相手の気の動きを肌で感じとって……臨機応変の出方をしなくてはならない」。……そこでは自己と他人は成立せず、自分を相手に預けなければならないから、「気心が知れている」という意識の下で、日本人の人間関係は築かれねばならない。それが不可能な関係においては「よそよそしい」という余所者《よそもの》態度をとることになり、ひとまず自己を他人に任せ切るか、自己防御的態度をとるか、そのつど臨機応変に、義理と人情に従う（恥の文化）日本に対し、西洋では、風土の規則性・合理性・予測可能性を意識して、法則性を可能にする世界創造の秘蹟に対し畏敬の念をもち義務と道徳に従う（罪の文化）という違いが生ずるのだと思う（一二四―一二七頁）、と。

(3)　第四章は「日本語と日本人の人間性」である。例の如く、人称代名詞の多様性（一・二人称とも）と省略される例の多いことが語られ、日本人と西洋人の決定的断絶と評する。即ち、自己と相手の人格性よりは人間関係を規定したものと捉えて義理人情が生ずる、と。次いで「甘え」について、その概念の発見は精神医学上の画期的貢献と評価した上で、土居理論（依存欲求的）の一歩先を論じたいという。即ち、それは自然に適応して生きる日本の風土的条件の下で成り立ったもので、自然に対する馴れ馴れしい信頼感を前提にした甘え（自由に振る舞うこと）である。しかし、自然と人間の自他同一感そのものではなく、自他の分離が生じたときに感ずる「自己疎外」に対し、風土に適応した「自分に対する甘え」が強くなって同一化の願望が生まれ自己への本源的統一という状態を仮想することによる……云々と（一五六―一六五頁）。

第四章の最後は、土居理論と同題の「気の概念」。双方の目のつけどころの違いはどこに（?）。まず「気」の用例について。気がある・気の多い・気が利く・気落ち・気おくれ・気軽な・気が重い・気が沈む・気が張る・気がふさぐ・気が強い・気が弱い・気が長い・気が短い・気楽・気苦労・気ざわり・気の毒・気構え・気疲れ・

気をつかう・気がつく・気になる・気がかり・気がね・気乗り・気味悪い・気がする・気がない・気がすむ・気が向く・気がもめる・気に入る・気にかける・気にさわる・気にする・気をくばる・気を持たせる・気をまわす・気をつける・気に病む等々（傍線は土居著と重なる）。筆者も以前から「気の文化」（後述）について気になっていたので、木村理論を明らかにしておきたい。

土居説では「理性・感情・意識・意志・良心等の翻訳語……を一くるめにして気という」とあるが、木村説では「知情意の種々相が全てそこから出てくる源泉として、知情意の具体相を超え出たもの」（一六八頁）をいう、とある。何故なら、気は一応自分のものと考えているが、実は、相手側の事情によって変化し、自分の自由にならない「人と人との間」にあるものであるからである。いうなれば、双方の差異は論題の違いに着目したものということがわかる。つまり、こころは自分自身の内部に含まれているのに対し、気は自分を超えて周囲に拡がり、むしろ自分を支配・規制するものであるから、主観と客観との間にある雰囲気的なもの（「気のせい」）で、「気分」「気持」も外部的・雰囲気的な「気」に自分が関与し、これを分有している様相である、という。

著者は、気の概念によって精神病を人と人との間の出来事として的確に捉えることができ、人間学的に精神病を理解する出発点になるといい、風土の概念との関係において双方は表裏一体、人が自然と出会う場では気を通じて風土が自己実現するのである、と結ぶ（一七八―一七九頁）。

そして、最後に、精神医学者の結論として、本題の「人と人との間」を因由とする日本人の精神病理的現象（対人恐怖症など）こそ西洋人との差異であって、文化的差異を超えたものである、何故なら社会構造・文化構造の背後には、それをつくりあげた人間の根元的な自然の生き方があるのであって、その逆ではないからである（「文化を超えた精神医学」と題する、二二一頁以下）、と。

「文化そのものを成立させている根源の場所」に「自然に向い合って人間が生きていくその生き方」があるというのが本書の結語であるが、しかし、これでは鶏が先か卵が先かの議論になってしまうのではないか（筆者）。

・土居は母子未分離の状態が自他一致を生むといい、木村は自他の間《ま》に分離が生じたときにおこる「自己疎外」が自他一致を生むという（興味ある所説!!）。何度かいったように法文化のキー・ワードは自他一如であり、その違いは、後に詳述する。

6　土居にしろ、木村にしろ、精神医学からの日本人論はユニークである。文化的（文科的）というよりは分析的（理科的）であり、穿った見方もあれば、科学論理的（超文化的？）観察もあるという感想を抱く始末であった。しかし、理科的分析までもが出現したという点に、日本人論の殷賑振りが垣間見えるということは確かであり、その方法論の行方が気になるが、社会学者もまだまだ言いたいことがあるという気構えをもって、日本文化のマイナス・イメージの社会性格を論じている。

(1)　まず、鶴見和子『好奇心と日本人』（一九七二年四月）から。「日本人は自己の集団外で発生した事物に対する好奇心が強く、外国旅行・外国語習得への願望が高い。……原始的な人間関係の構造を保存し、大人の中に子供の心性を持続させる装置がある。人間関係の閉鎖性と、外来の事物に対する開放性が混在し、外国に対する閉鎖と開放の志向とが交互に現れ、閉鎖性と開放性の多重構造が見られる。……日本文化の根底には、現在もシャーマニズムが潜んでおり、多重構造自体がシャーマニズムの構造と形態的に同一である。事物や思想に対しては開放的だが、人間関係は『秘儀の性格』を帯びるから閉鎖的になる」と、南は抄出している（二三〇頁）。次いで、作田啓一「日本人の連続観」『価値の社会学』（一九七二年八月）。ここで論ぜられているのは、罪悪観の弱さ（中国での残虐行為）、親の権威が弱く自律的主体的な人間を育てられなかったこと。これらは「超越神を持つキリスト教に相当する宗教がなかったことによる」（南二三〇頁）という。

(2)　他方、驚異的な経済成長と、その見返りとしての自然破壊、国際人として他国との接触がふえた日本ということになると、ここらで「日本人とは何か」を改めて検討し、その国際社会でのあり方の検討のために、風土・歴史・心性を始めとして、総合的な観察を果たそうという論議が出現してもおかしくはないはずである。筆頭は、樋口清之『日本人の知恵の構造』（一九七二年一一月）。表題からして、外来文化との適応・同化と日本的なものの良さを語ろうという常識的な論述である。自然、衣食住、生産・労働、科学・技術、芸能、信仰・精神構造と続く総花的文化論といえようか。

Ⅰ　まず自然。「湿気の文化」を巧みに生活にとり入れた。屋根裏、明り障子、泥壁である（現在、木造家屋は減りつつある。コンクリとエアコンは世界共通か）。日本人は近接異族の混血で、文化も多元的・複合的である。それらをどう調和させて生きていくかについて知恵を注いだ国民である。

Ⅱ　衣・食・住。貫頭衣に始まって、身八ツ口、衽《おくみ》・袖をつけた和服の原型が出来上がり、織り方・模様（自由画紋）に日本的な工夫をこらし、独特の家紋（平安貴族の牛車の車紋が起源）をつけた。結髪も江戸時代の女性は二〇〇種近い髪形をつくったという。また古代的な庶民の自由食が体力の維持に役立ち、武士階級を生む原動力になったという説明は面白い。室町時代の食物文化の発達は料理法の専門家をつくりあげ、京都公家の四条流・大草流・進士流、地方武士間の今出流・伊勢流を生んだが、流派の乱立は茶道・絵画・兵学・歌学にまで及んだ。日本料理の完成は江戸期、握りずしも。和風洋食トンカツやカレーライスは日本人の知恵の産物。鎌倉期末からの書院造り、畳（長さ六尺・幅三尺は身長にあわせた）を敷いた座敷をつくり、障子・唐紙による間仕切りの智恵は日本の風土に合わせた工夫である。しかし、そこには家はいつか建てかえるものという素志（木造は永久性に乏しいと？）があったからと述べているが、それが法文化の表層に見られる特徴であるという点については、次章で論ずる。

Ⅲ　生産と労働。狩猟・漁撈・農耕と生産技術の発展史を述べ、米の文化が郷土意識を生み愛国心を育てたという。

Ⅳ　科学と技術。古くからの医学的知識（「手当て」という治療法、平安期の「医心方」）、伊能忠敬の測量術、関孝和の和算、江戸期の土木技術、和時計の創造などの史実を紹介しながら、日本人は科学的技術に対応する能力を豊かに持っていた、という。

Ⅴ　芸能。まず茶道史、そして花道の展開と縮景芸術にみる〝自然の心〟の表現。仏画、絵巻物、水墨画、障屏画、浮世絵と美術史が語られ、外来写生画から抽象絵画（大和絵の例）の展開（日本文化との同化）のなかに神秘性・幽玄を理解する美意識の高さを日本人の特性とみている。続いて「やきもの」。日本は有数のやきもの王国で、安価で優秀。土師部《はしべ》・陶部《すえつくりべ》、奈良三彩、瀬戸焼（加藤唐九郎）から始まる日本窯芸の隆盛は世界に誇れるものの一つ、という。

日本人の祖先が多種多様の帰化人によって成り立っていることは、京都・五畿内の姓氏一〇五九種のうち帰化人の姓が三二四種に上るということでわかる。そこには血液的に外来のものを吸収し肉体的に対応したことと、外来文化の吸収に熱心であったことと無縁ではないという証しがある、と。

Ⅵ　信仰・精神構造について。仏教が日本人の精神構造に最も大きな影響を与えたことは疑いがない。日常的ものの見方・考え方にいちばん浸透しているのは仏教である。寺院様式・仏像の和風化、神仏融合、山岳信仰（大宝令では僧侶は除籍され無税となるため山に入るものがふえた）からの修験道の成立、そして音楽における伎楽・猿楽・謡曲（仏教用語）・狂言（勧善懲悪）など。〝あきらめ〟の気持は因果思想からきており、因果応報は日本人の道徳律となっていた。その上に儒教が乗って今の道徳が生まれ、陰陽・五行・十干十二支の道教、天体信仰からの妙見信仰など、包容・同化力のある日本の宗教が形造られた。

生の否定、欣求浄土の思想「寂滅為楽」は日本人の死生観となっており、心中・殉死・切腹を生んでいる。感情表現の下手な日本人、〝羞恥の笑い〟が欧米人を悩ませ、アルカイック・スマイルがもてはやされるのもその一例か。また〝お辞儀〟という作法は護身からでた智恵などなど……。

日本人は常に異国的なものにあこがれ、日本文化の特性を理解していないゆえ、改めて文化の多面性を理解し、それが単なる異国の模倣ではなく、合理的適合のための思考・選択を通じて再生産されてきたものであることを、無意味な自尊心を捨てて自問自答せよ、と結ぶ。

日本文化の内容を常識的に確認するための総括的略史としてはうってつけと評される著作であろうか。

⑶　次いで、常識的な知恵を深めて、専門の心理学からみた文化総合史をみておきたい。宮城音弥『日本人とは何か』（一九七二年一二月）である。著者は、この前年に、日本人個人としての「生きがい」をどう選択するのかという論稿を発表しており（『日本人の生きがい』一九七一年）、それをみた読者は、当時における日本文化の新しい位置付け論を発見し、その時代背景の思想的状況を理解できたと思う。即ち、生活水準が上昇し生きるための努力が不要になった、既成の生きがいが崩壊し個人が新しい生きがいを求め始めたという点である。それは宗教家や政治家に対してではなく、また企業でもなく、個人自らが見出さねばならぬと自覚し始めたという時代感覚を先取りしたものである。次年の当作品はそのための思考素材を歴史文化における個々の心理に求めたと位置付けられることになろう。

それは、次の六つの視角からする心理学的・精神医学的考察である。

Ⅰ　風土心理学的考察。①島国のため人間と文化の流入は、その隔離性によってルツボのなかでの融合となった。同族意識が生まれ、文化は借用・同化・変化の過程のなかで独自のものをつくりあげた。②山国（フランスでは八〇％が耕作可能だが日本では一七％）で複雑な地形をもつため近親結婚が多く以心伝心的話し合いが可能であり、個人主義的精神が未発達である。③気候はモンスーン型で稲作を主とし、寛容宥和の精神をもち（〝血〟をみることを嫌う）、里山（土地が狭いから）に開放的な木造住宅を建て（子供の過保護）外部の周囲に塀をつくった（家のうちとそとの区別）。屋内では、畳・坐るの様式をとった。日本人が自然との調和を考えたのには台風による風水害が原因しており、気候の動きに敏感となり、それが変り身の速さの原因となっている。

Ⅱ　人種心理学（体質を中核とする人種人類学による性格の研究）的考察。ドイツ精神医学・心理学者クレッチャーの、環境によって頭蓋の形態が変わるという説（不変の遺伝因子だけでなく）が、鈴木尚により、日本の場合、短頭（紀元前二世紀ごろまで）から長頭へ（一四世紀）、そして二〇世紀には短頭化が進んだ（世界的現象でもある）という。また気質は、分裂質が日本列島沿岸・東北に、躁鬱質が畿内から瀬戸内海沿岸・関東奥地・長野東部・山梨にみられる（同著『日本人の性格』一九七七年）。また、頭型、血液型、指紋などによる地域性から、日本人の混血性を述べ、人間の移動による多文化の流入を論じようという。

Ⅲ　言語心理学的考察。日本語の祖語研究における北方説・南方説を検討した結果は全くのナゾといえる。が、系統的にはアルタイ語系（北方説）に属するけれど、南方的起源をもつものがある（大野晋）ことは見過ごせない、という。

また失語症に近い性質（失文法症）をもち、文章の形式をとらない（電報のような）会話をしたり、あがってコトバが出なくなる傾向がある。

Ⅳ　歴史心理学的考察。歴史が事実を変容したり、神話の精神分析的解釈をしたり、下部構造による上部構造の心理学的予測をしたりなどについて語る。まず、日本神話について、アジア起源などの説話を質料因（過去の経験）、体系的かどうかのスタイル＝形相因、性欲・征服欲などの動力因（妄想を育てる原動力）、意図・目的をととのえようとする目的因（例：天皇家の系図の整備）の諸原因を関連させて論じよう、という。その起源は、集団的無意識たる民族の経験であるが、ヤマタノオロチはギリシャ神話のアンドロメダの話や「ニーベルンゲンの指輪」のジーグフリートに類似の話があり、ほかにアジアにおける神話と似た話が多い。日本神話の思想体系は天皇の系図中心であるが（体系化傾向）、その土台には庶民の感情が潜んでいる（夢と類似した非体系化神話）。オノコロジマ神話にみられる性的シンボルの話、讖緯《しんい》（陰陽五行に基づく予言）による「辛酉《しんゆう》革命」説を根拠に大化改新の一二六〇年前（神武天皇即位年）に革命があったとする説（那珂通世）に基づく神武紀元とその後（第九代開化まで）にみる目的因（想像と解釈による天皇制の体系化）による話、願望としての神功皇后の物語と続く。そして古事記にみる伝誦文学は伝統として、平安時代の文字文学に最高の形態をえて、その本質は徳川末期の西鶴や自然主義文学にいたるまで引き継がれた（長谷川如是閑）、と説く。

続いて邪馬台国をとりあげ、九州説・畿内説を広く紹介・批評し、大和説が心理的に妥当性をもつとしたうえで、シャーマニズムの心理学的検討からそれが天皇制や神道と結びついて日本史を支配した（一四五頁）という。

V　文化心理学的考察。風習・慣習から飛行機までの文化は、「すべて自然に適応するために生み出した生活様式であるから心理現象としてもみることができる」。文化を心理学的に研究することで国民性・民族性（個人主義的か集団的か）を問うことができる（フランスの文化心理学、アメリカの社会心理学にあたる）、とする。

まず、社会の秩序維持について、日本人は序列意識によることが多い（今日でいうなら「家元制」「ヤクザ集団」が典型例）。川島武宜『イデオロギーとしての家族制度』や中根千枝の『タテ社会の人間関係』が論じた現代人の序列意識は、宮城によれば〝外部に対するナワバリ〟意識と派閥性によるが、その原因は、①原始時代以来の環境を源流とする「世間」にみる身内と仲間（ジェームスのいう自我関与）、②近代化のおくれの残存である。

②についての説明。日本と西欧にだけ存在した封建制（条件付きの奉公・従士制・知行制・土地をもたない領民）は、日本では忠誠心を強固にして、近代化に当たって社会的・経済的近代精神の促進に役立っても、心理的・文化的近代化にはブレーキになったのに対し、西欧では中世文化の崩壊（例：ルネッサンスや宗教改革）によって個人主義が発展した（ジョン・マクマレー）という差異が生じたという。こうして日本文化の伝統が個人主義・自由主義・合理主義の発展を阻み、派閥性と結びついて他人に対する同調性により集団的行動に走り易く、プライバシー尊重の気持は薄い。家族・友人間は感情的コミュニケーションが主で、日常生活で合理的態度をとることに慣れていない。例えば「競《きそ》う」（自分が努力する）と「争い」（相手を攻撃する）の区別を知らず、友人と争う代わりに自分の能力をのばそうとする。

さらに、日本には祈願の儀式はあるが、贖罪の儀式はない。他人の目を気にして他人が認めてくれればそれでよいという安心感を頼りにして生活している（認めてくれなければそれは「恥」になるにすぎない）からである。

Ⅵ　性格心理学的考察。人間の性格は、中心に遺伝的「気質」（分裂質・躁鬱質・粘着質）があり、同心円的に外に向かって、幼児時代につくられる「気性」（強気・勝気・病気）、「習慣的性格・態度」（文化として形成されたもの）、「役割性格」（社会的地位に応じてとる行動）に則したものがあると解説する。

まず気質については、分裂質で内向的、タコツボが分裂質によって「被害者意識の氾濫」（丸山眞男）を生み、非合理的なものまで論理的に割り切ろうとする（病的合理主義）。また多くの「擬情語」（金田一春彦のいうイライラ・ジリジリ・ウキウキ・ムシャクシャ・ヤキモキなど）が示すように、情動反応が宗教思想の体系化をなした西欧に比べ、日本では別の形の情動反応（勝っても泣く）が採用される。流行歌・演歌にみるような「お涙ちょうだい」の刺激が求められるのは、そのためである。情動興奮は言語に結びつかず一時的な発散に終わるということか。

日本人の躁鬱質は、勤勉な仕事人間（活動家型）と俳句をつくるなど物静かな人間（温和型）に現れる。では分裂質と躁鬱質の混合から何が生まれるのか。強気（戦闘的で劣等感がない）の人間を生むのが西欧型、勝気（強気のようにみえてもそうではなく強者のフリをする）の人間を生むのが日本である。強気の心因反応（精神的原因）は妄想を主とするパラノイアであり、勝気のそれはヒステリーである。パラノイアの患者は我が強く自我肥大・自己過重評価の傾向があり、ヒステリー患者は暗示をうけ易くリーダーに追従する傾向がある。分裂質と躁鬱質には混合がみられるが、ヨーロッパでは強気を生み日本では勝気の傾向があるのは、自然に対する態度と子供の養育などの後天的条件による（二一〇頁）、という。

最後に〝感情〟について。日本人は自然と調和して生きてきたので、しつこさは発達しなかった。感情を決定するのは子供に対する養育態度であり、日本では〝甘やかし型〟か〝かまいすぎ型〟（過保護）で、抑圧を行うことはない。しつけの圧力も弱く欲求不満は攻撃となって現れる。それも本能的でヒステリック、それが日本人を勝気にし先進国に好奇心をもたせる。負けず嫌いだから自己中心的となるが、自己主張したり自らの力を誇示する（アメリカ人）よりは虚栄心の満足方向に走り、個人としての自己主張はできない（個人主義社会の未発達）。

結語が面白い。

①「群盲象をなでるに似て、自分の狭い専門だけからの日本人を考察する傾向がある」と。また「人文科学系の人たちは生物学的・体質人類学的な側面を無視し、医学その他、生物科学系の者は人文科学方面に関心をもたない」と。いわゆるタコツボ型研究である。

②「一つの標語で日本人の特徴をあらわそうとする傾向がある」と。例示は次の通り。「日本人は人情に厚い国民である。日本人は繊細な感情をもつ国民である。日本人は自然を愛する国民である。日本人は『甘え』を精神的特質とする国民である。日本人は好奇心をもつ国民である。日本人は残虐な国民である。日本人は利己的な国民である。日本人は勤勉な国民である。日本人は内向的な国民である」（二三二頁）。

③「歴史的、社会的条件を考えずに、現代の実状を過去にまで延長して考える」と。「個人主義の未発達が、じつに、さまざまの『日本的』と称される傾向を生んでいる」。例えば、「自分自身の考えをもつことが少なく、自主性が乏しいとか……『世間』のことばかり気にしているとか……党派性をもつとか……」いわれているが、これは「ヨーロッパよりおくれて社会が近代化したということは無視できない」ということにすぎないと。

④　不明確もしくは不完全なコトバ（例：憂鬱には耐えがたい憂鬱もあれば甘い憂鬱もある）で一括して日本人の特性を示すことが多い（特に流行歌）。

・こうして一九七〇年代に入ると、社会人類学・心理学・精神医学の研究者も参加してササラ型研究が自覚的に始まり、日本人の多面的考察が行われるという状況が生まれる。が、筆者にとっては、総花的日本人論となっていて、「法の文化」の観点から何を核心にピック・アップすればいいのか五里霧中の感を禁じえない。

7　にもかかわらず、七〇年代では思想史学・民俗学からの発言が残っているので、触れずばなるまい。

(1)　まず、仁戸田六三郎『日本人自身——日本文化にみるその実像』（一九七五年）。記紀・万葉・平安朝・中世・鎌倉期の日本人の確立・近世から現代への実存展開を述べたあとの「日本人の生活思想」から紹介する。外国思想の移入について、①調和・融合されて日本化されたという見方（保守派）と、②日本独特のものを創造できず現代に至るまで雑然としているという見方（進歩派）があるが、これらは西洋的知性で思想を規定したもので誤りである。日本人の場合は精神の主体的生態である生活思想の実相から考えたいと、著者は史的に論じた日本人的実存の視座から次のように述べる。「日本人の思想は西洋の思想と違って生活の思想である……知性によって考えられた思想ではなく（著者・西欧の場合）、人間自身に主体性を置く生活から滲み出て必然的に生み出される思想である」（三〇五頁）と。

最後の「現代の日本人自身」から。「今の日本人自身が日本について知らなさすぎる……」と。人間優位のヒューマニズムがキリスト教思想を原点としているのに対し、「日本人の思想傾向は人間よりも自然の方により多く傾斜している」ことが一貫しており、「今の日本には伝統的慣習と現代文明とが錯綜していて、殆んど解き難い問題を提供している」（デュモリンから引用）と。即ち、ヨーロッパ思想の知性で日本文化を解こうとすると、その真相を理解しえない日本の知性人が多く存在することになり、頭脳と生活は欧米人と同じ彼らは、タテマエに対するホンネを使い分けなければならなくなる（二重構造）。しかも最近は「ホンネが弱化してタテマエだけになって、それに向ってハッスルする傾向が強いようで……単細胞化しつつある」が、「キリスト教そのものも日本人自身は日本に共存させておくわけであるから」、「日本人の論理には中論的なものがある……」。それはアリストテレス的論理学や古代インドの因明など客観的概念を素材とするものではなく、根本原則を無視した、あるいは論理学以前ともいうべき、肯定・否定の中間論理が中庸の美徳だといわれるからである。

例えば、「世の中の矛盾を克服のための闘争によって解決するというのではなく、中論的発想によって矛盾する両者を自分のなかに包容し組み込んでしまう」のである。つまり、「欧米で両立できないものが、日本ではちゃんと両立して共存している」。〝宗教の博物館〟といわれる日本で神道・仏教・キリスト教・回教が共存しうるのは、日本人自身の中論的論理によるからである。これこそ欧米の合理主義的思考との大きな差異である、と。

故意に真意を避けて屈折した表現をとったり、心にもないことを平気でいったり、目は口ほどにものをいいななどなど。これを前近代的といって批判する知識人も恒心なく融通無碍で現実的であると論難する。

また、「どうせ」「しょせん」「人の気も知らないで」などの表現は、自意識を基盤とした西洋人からみれば他律的とか主体性放棄ということになる。しかし、日本人自身の実存心情は平静で（「平常心」）、臨機応変の手を打つこともある。それを「日本人は嘘つきだ」というなら「西洋人は狭量な怠けもの」と思いたくなる、とまでいう。

科学文明が発達し、民主主義になり、表現・信教の自由が保障された現代日本であるが、そのために必要な責任感の強い強靭な自意識はなく、反って人間喪失の傾向が強くなっていると危惧するものの、しかし、行雲流水的平常心はヘブライ的自意識とは別であって、「清濁合わせ呑み畏敬と敬虔にみちた自然の形而上学をお家芸として日本人自身を堅持」したいと、著者は期待しているように、筆者には思える。

・筆者は、この意見に賛意を表したい。キリスト教を基因とし人間の発見を基層にもつ西欧の文化遺伝子は、日本人にとって、知識として理解しその表層をとりいれても、実存的に体得したことにはならないから、西欧理念に基づく民主主義なり自由主義なり個人主義は、どうしてもタテマエの問題として理解しているといわざるをえないのが現況であろう。そうであればこそ、そこにホンネとしての叙上の諸原則が〝吹き溜まり文化〟、さらには現代社会における共存の〝抱き合い（う）文化〟のなかに、どのように根付こうとしているかという法文化論が成立する余地が生ずることになると考えるからである。

さて、民俗学（柳田国男編『日本人』一九七六年）の見解は未紹介のままであるのに、「心理と論理㈠」の予定枚数をすでに超えてしまった。しかし精神医学の両者（土居・木村）がとりあげながら、十分な説明のなかった興味ある主題〝気〟については、本節で一言せずばなるまい。それを最後に本号を終え、あとは想を新たに㈡においで論ずることにしよう。

⑵　中村元監修『比較思想事典』によれば、〝気〟は「漢字文化圏において、哲学・思想のみならず、あらゆる文化の基底に存する語。春秋・戦国時代から儒家、道家をはじめとする各学派の文献に登場した」と。中国においては、①「見えない『あるもの』」。天地自然の間にあって威力をもって確かに存在するもの。②「あらゆる現象の根源」、「万物を構成する究極極微のアトム的要素」、「人間の精神の源泉」。③万物万象の根源である気は宇宙に遍満して凝集・拡散・流動することにより一切の現象が生起する、と語義を説明する。それは「自然の気」・「人間の気」・陰陽・五行のような「原理としての気」の三種に分化している。ただし宋以後の性理学では気よりも理を根源の存在原理とし（朱子）、気は物質的根源としての性格を確立した。特に医学では体内の生命エネルギーを意味し気を養うための身体技法が開発された、という。

日本における気は、「心の持ち方や情緒、ないし一定の精神状態」を、もしくは「物事の漠然とした状態」（雰囲気・気配）である、と。改めて『国語大辞典』によれば、①空間にあって目に見えないもの。空気・大気・湿気・香気・臭気・寒気・暑気・暖気・熱気・水蒸気。②くうき。気化・換気・通気・気圧・気温・気体・気団・気泡・気流・気根・気孔。③いき。気息・気絶・口気・酒気・気管。④心もち・心のはたらき。意気・心気・志気・才気・気魄・気鋭・鋭気・侠気・狂気・豪気・剛気・士気・稚気・覇気・平気・本気・勇気・短気・気炎・気概・気質・気性・気風・気力・気脈。⑤自然界の目に見えないはたらき。天気・寒気・磁気・気候・気象。⑥物を動かす根元のはたらき。気勢・正気・精気・元気・病気・気運。⑦けはい・ようす・おもむき・いきおい。活気・生気・和気・陰気・陽気・鬼気・怒気・殺気・語気・霊気・邪気・雰囲気・気色・気味。⑧二十四気・節気（小寒・大寒・立春・雨水・啓蟄・春分・清明・穀雨・立夏・小満・芒種・夏至・小暑・大暑・立秋・処暑・白露・秋分・寒露・霜降・立冬・小雪・大雪・冬至）の使い方がある。

「気」の意義として、〔一〕変化、流動する自然現象。または、その自然現象を起こす本体。①風雨。寒暑など、天地間に現われる自然現象。②陰暦の二十四気（前述）。③万物を生育する天地の精。天地にみなぎっている元気。④空気。大気。⑤雲、霧、煙などのように、上昇する気体。⑥そのもの特有の味わい。かおり。香気。〔二〕生命、精神、心の動きなどについていう。自然の気と関係があると考えられていた。①いき。呼吸。②精気。生活力。③心のはたらき。意識。④精神の傾向。気だて。気ごころ。⑤緊張した、さかんな精神。気力。気勢。⑥何事かをしようとする心のはたらき。つもり。考え。意志。⑦あれこれと考える心。心配。⑧感情。気持。気分。⑨興味。関心。また、人を恋い慕う気持。⑩十分にはっきりとはしないが、そうではないかと思う考え（気がする）。以上、その使い分けが困難なほど多義的である。一般に使われている用例をあげてみようと思ったが、その数、何と一五〇弱というのには開いた口がふさがらない思い。

(3)　ところで（以下、赤塚行雄『「気」の文化論』一九九〇年の助力をえた）、〝気〟と〝心〟はどう違うのか。「気は心から」という。つまり、〝心〟は内に閉ざされているが、〝気〟は外に向かって動いているさまである。内なる〝心〟は〝気〟によって外に現れるといえば判り易いかもしれない。だから、「人の間」では「気を使う」が、心まではふみこまない（あるいはふみこめない）。外に現れるから、その具合（味）が判り、「気味が悪い」などという。

「気心が知れない」という。これは気と心が合っていそうもなく判らないの意であろう。「虫が好かない」「虫がおさまらぬ」も「気にくわない」の代りだろうが、気の中味が判らなくて、虫に代りをさせたのだろう。

仲間には「気がとがめる」ことはせず、特に「気の合う」者とは「気分よく」「気のすむ」まで語り合うというふうに、気が入っていなければ、「その気」になれず、気がくじければ、気が滅入ってしまう。相手は気を損じ、気が害される。

〝気〟をめぐる用法は無尽蔵といいたいくらいだ。日本人なら判るが、これらの言葉の外国語訳は不可能であろう。そこには、心理とか論理では考えられない微妙なニュアンスを含んだ日本人の心的情況が存在するようである。もっとも「気がない」とか「気を引く」というときは、〝関心〟のことであり、「気まずい」とか「気を悪くする」は〝感情〟のことであり、外国語訳は可能であるだろう。

(4) 朱子学では〝理〟を存在の始源だと考えたのに対し、反体制的・行動的な陽明学では理気二元論から出発しながら〝気〟にしぼられてゆく。日本でのそれは武家社会から町人社会への推移を物語り、〝気〟の語法も一七世紀ごろからくだけ始め、それが現在にいたっているといえる。特に、浮世の繁栄のなかで廓がにぎわい、〝気〟の使い方を考えさせる場所として、「〝気〟の用い方がいっそう意識化され、洗練されて、江戸文学を大きく開花させた云々」（一六〇頁）と。

ところで、〝気分〟と〝感情〟の違いは？　〝気分〟は一定の対象をもたないが、〝感情〟は特定の対象にむけられていることから、志向的という点で意志を伴っている。だから、「気分がよかった」というように、このような〝気〟には思い出の意識が残るが、〝気晴らし〟といえば思い出は残らない。というわけで、〝気に入った〟といえば思い出は残るし、〝気にならない〟といえば残らないし、〝気〟の使い方によっては、時の経過についてさまざまな表現ができるという便利さがある。正しく〝気〟は時宜に応じて人間関係を保てるという、融通する言葉の代表といえるものとなっている。

著者は、最後に「『気』は私たちの内なる心の動き、働きであるけれども、それは、しばしば周囲の事情によって働きかけられ、動かされる性質をもっている」。心は「自己の内部で持続される意識状態で、『気』のほうは、その場、その時、瞬間、瞬間に、心から発動されている触手・触覚の反応なのである」ともいっている（一九九頁）。

(5) 心理でも論理でもない、心や感情とも似て非なる〝気〟という観念が、日本人にとって会話が円滑に行われるための万能に近い言語であるとすれば、それは自我意識とどう係わっているのであろうか。「あいまい性」「融通性」の見本のようなこの観念は、日本法文化の特色を示す中核の一端をになっていると考えて間違いはない。が、しかし〝気〟の研究については、元祖の中国における〝気〟の展開史は別として、わが国では、その文化的性格について、ほとんど明らかにされているとはいえないだろう。

さて、本節の最後で、これまで論ぜられてきた法文化の一端について、ここで一言しておくことにしよう。

①「する文化」（西洋）に対する「ある文化」（日本）は、〝人の間柄〟の情意を重視して、法則的思考に対しては反発的傾向をもつ法文化観念である。

②〝人の間柄〟を重視すれば、人間関係については自ら寛容に傾斜し、現実的配慮が加わって、仮に規範が現実に対する責任を追及するような場面では、法的自我の発現を抑えて、自他一致的発想を加えた「甘え」とも捉えられる協調的で包容感のある母性原理が働くことになる。

③その時は、感覚的知性によって、大勢順応的にみえようと、曖昧な表現により中道ともみえる態度決定をとることで、タテマエを軽視しホンネを追求することになる。

以上、すでに本節の結論がみえたかに思われるが、なお重要な論説が数多く残っているので、次節で改めて、本節と同題の問題について再検討してゆきたいと思う。

（6）築島謙三『「日本人論」の中の日本人㊦』学術文庫一〇四頁（一九八四年）。
（7）三好行雄編『漱石文明論集』一二六―一三七頁より抜粋（一九八六年）。
（8）大橋良介『日本的なもの、ヨーロッパ的なもの』学術文庫四八―五一頁（二〇〇九年）。
（9）前掲・注（8）五二・五七頁。

四　心理と論理㈡

1　「心理と論理」について㈠㈡に分けたのは、第三節が余りにも長文にわたるということが大きな理由である。それゆえ、㈡は㈠の時期上の続編であることに違いはないが、㈡を分離した以上、時期的考慮は外せないにしても、そこに何らかの新味を加えたいというのが筆者の思いである。そこで想を新たに（?）、本稿で世話になった南博の著作の紹介から始めることにしたい。

そこには、戦後数年足らずであるにも拘らず、〝日本人の心理〟についての歴史科学的考察に始まって、四〇年後に総括的日本人論を著すという研究歴を考えると、その日本人論研究に対する熱意は本節の主題によく符合することは間違いない。その紹介から始めるという選択は当然のことだろう。

⑴　まず『日本人の心理』（一九五三年）のロング・セラーから始める。その「はしがき」によれば、「今日まで、日本人の国民性とか、民族性とよばれて、いろいろな研究や、観察が発表されてきている」が、「日本人の手によるものは、むかし、日本民族が優秀であることを證明するために書かれた、内輪ぼめ、うぬぼれが多く、自分のあばたもえくぼにみえる、自画自讃が多かった。そうして、戦争がおわると、逆に、日本人を、三等国民、四等国民におとして、自虐的な劣等感にみちた感想が目立ってきた。どっちも困ったことである。」と考えて、「日本人は地理的にも、歴史的にも、とざされた島の中に生長してきた国だから、心理の伝統も他の国にくらべると、くずされずに、今日のわれわれに受けつがれている部分が大きい」という。戦後数年という当時の社会的雰囲気を考えると、真っ当な学術的前提の下で、史的資料に目を配りながら、今日（当時）の日本人の心理の伝統について客観的考察をしたいというのである（社会心理学的考察であるから西洋論理的思考の面が強いが）。

その内容は、①自我意識、②幸福・不幸の心理的体験、③非合理主義・合理主義の法則性、④精神と肉体に関する態度、⑤人間関係のあり様と、筆者の構想を先取りしたような項目が並べられているので、筆者には、その内容の如何を確認したいという想いが募る。

①〝長いものには巻かれよ〟という権力への自動的な服従の習性（滅私奉公）による自我の成長妨害、〝触らぬ神に祟りなし〟という八方美人主義による自己の保安感情によって、自由な個人的自我は確立されておらず、自我の主張は利己心を満たすことに向かい、自己中心主義となる（現在でも個人主義に支えられた自己中心主義が）。

②幸福な状態についての生活感情を表に出すことに遠慮しがちな習性をもち、反面、不幸を忍ぶことが美徳であると考えている。それは、幸福のはかなさを感ずる無常観から幸福であることは却って重荷と思う心境があって、不幸の忍従が救いになるという心構えが日本人の心理的伝統になっているから。例えば、〝悲しい〟〝切ない〟〝涙〟などの言葉は流行歌の常套句である。

〝苦労は人につきもの〟という。生老病死の四苦は仏教の厭世観（?）であるが、「義務」観念によって免疫されるという〝あきらめ観〟は、権利に対応するそれではなくて、日本独特のものである。

〝身のほどを知れ〟という「知足安分」は儒教の言葉であるが、江戸時代のマゾヒズム的処世観であった。このことは現代でも処世術の一つと考えられている。

〝月にむら雲、花に風〟という自然現象の言葉は、「自然のうつろいやすさ、はかなさ……から、人生の不幸、不運を理由づけ」、「自然と人生を同一のもの」とみなすか、もしくは「人間を自然化して見る態度が、伝統的につづいている」ことを示しており、日本独特の心理的伝統に由来している、という。

〝浮世の旅〟というように、人生を旅にたとえるセンチメンタリズムは古来からあり、「旅のさすらい」「悲しい別れ」というように流行歌の常套文句となっている。

③「不幸の心理的対策が、あきらめから一歩進むと、なぐさめ」になり、その対象は「月雪花のたのしみ」にむかう（?）。しかしそれができなければ、日本映画の「母物」のような自分より不幸と思える世間を知らせて、

同情・共感をこえた〝身につまされる〟という不幸を分け合う言葉が生み出される。そして〝苦は楽の種〟といわれて報いられる、と。こうした逆境幸福論は特異な救いの止揚論であろう。〝失う何ものもない〟という心理的免疫法も肯定的意味を持っている、という。

・しかし、人間にとっての不幸は人類の共通苦であり、洋の東西を問うことはない。「失う何もない」という日本的免疫法について、中国では「本来無一物」（慧能）、西洋では「無的実存」(10)（小池辰雄による現代型表現）という創唱宗教による救済策が提言されている。ただ、その方便の違い（前者は悟り、後者は倫理的無私）が宗旨の特色として現在まで継承されているのであって、日本の場合は混淆信仰のなかの禅宗的要素に見出すことができる。

そうはいうものの、不十分・不満足を表す〝忍ぶ恋〟〝叶わぬ恋〟などの感情抑制に高い価値を見出す日本的マゾヒズムは、日本的無常観の純粋さを高めようとするもので、西洋ルネッサンスの精神とは相反する。伝統芸術の能にみられる、感情の外への表現を抑えて内面の高まりで表そうという心理的演技は、今もその芸術的価値を失わない。

同じように、茶道における〝茶禅一味〟でも、不足に甘んずることが真意とされ、侘茶、数寄などといわれて実用的目的が説かれる。不足主義から自我の解消へという自我否定論の見本がここにもみられる。もっとも、不足主義には階級的理由があり、茶人の〝物好き〟だという評（太宰春台）も紹介されている。

何れにしても、日本人の幸福主義は、「自然」「中庸」を出発点に、順応しながら欲求を満足させるという消極的心理に根拠をおいている、と。

④　第四章は「日本人の非合理主義と合理主義」と題せられているが、内容は、自然と社会の法則を否定し、運命論によって人生を説く日本的非合理主義を解明しようというのである。偶然のめぐり合せの定め（運命）によって、あらかじめ人間の一生が予定されているという宿命主義の話であり、因縁論・因果論が語られる（非合理主義の基礎にはもっと深遠な思想があると思うが？）。運命論の背景には知足安分思想が拠り所として使われ、一

方であきらめから自然順応主義となり、他方で淡白となって天命主義の心境になる。

もっとも、天命主義といっても、人智ではどうにもならぬ絶対運命と因果律があてはまる相対運命があって、人生の不幸は絶対運命に責任をもたせ、幸福は神仏の加護によって相対運命と考えられている（無智による楽天主義――窮すれば通ず）という（筆者は戦時中の神風を思い出した）。

運命主義は、仏教の因果論や心学の道徳観の底流となっている。が、心学の場合は応報論がきいて、現実的・積極的であり、人間の力を重くみているのに対し、民間信仰（例：天理教）では〝前生のいんねん〟を強調している。そしてかような因果論では、自己は神からの〝借りもの〟という滅私奉公論にもつながり、天命と人力の関係に話が及んでくることにもなる（「人事をつくして天命をまつ」）。

自然と社会の法則を否定する「世の中のことは理屈通りに行かない」という日本的非合理主義は融通がきき、エセ合理主義（世間の道理も入るのか？）をも生んでいる。それは処世上の合理主義で、損得の打算が物差しとなった要領主義ともいえる。

⑤　非合理主義が心理と結びつくと、超人間的精神力が働くという精神主義になる。「至誠天に通ず」「思う一念岩をも通す」「精神一到何事か成らざらん」という諺にみるように、知性によらず精神で感得する（第六感というものもある）というわけで、「ものごとは気の持ちよう」となり、物質のなかに精神をみる物神論ともなる。「梨」は無しに通じるから「ありのみ」といい、「すり鉢」は「あたり鉢」という忌詞《いみことば》の原因には物がもつ神性の考え方がある、と。

非合理主義に基づく生活観として、戦前は精神主義が語られ、戦後は常識的な肉体主義（「花よりダンゴ」「命あっての物種」「死んで花実がなるものか」）が著しかったが、後者は〝安逸に流れる〟として前者の立場から軽蔑された。が、アメリカの影響から積極的な肉体主義が強調され、体力、金力、権力などについての「力の信仰」が高く買われるようになり、現在は力の優越競争が始まっている、と。そして、それは性欲主義を生み、自我の存在を確かめる証拠として肉体が語られるということになるが、性についての精神主義はまだまだ残っており、それを通して、健康な肉体主義（「チャタレイ裁判」）も論理的に主張され出している、という。

⑥　最後は、〝人間関係〟論である。近代以前の「義理」は自分をとりまく人間に対してとるべき態度・行動についての約束であり、「世間」に対する「義理」が「世間体」である。このような義理も一方的に要求されるものではなく、〝恩〟に対する〝奉公〟というように、交換あるいは契約のような意味合いも含んでいた。それが明治以後は〝滅私奉公〟となり〝家長中心〟になるという一方的な関係に変わってくることになる。

この義理に対する反抗が〝人情〟という人間性の要求である。「義理人情」と一口でいうが、義理の約束で抑えられているのが人情であって、「義理と人情の板ばさみ」が文学作品のネタとして共感をよび起こしているというのが正確である。とすれば、主として人物の性格や関係から悲劇が生ずる西欧とは大違い。「晴れて名乗れぬ」母物のテーマが人気がある日本は、人間関係に涙の原因を求めているといえよう、と。

義理が対人・対社会関係における約束であるのに対して、〝本分〟はその人の場所にふさわしい行動の形式の全体である。今日の〝本分〟は昔の〝分限〟よりは自分の意志で選べる人間関係であるが、それでも、本人にとって公事と私事の区別はアイマイで、「本分という人間関係で……公が私を……食いあらしている」のが現状である、と。

近代西洋社会では、分に応じた権限がある半面で、分に対してとらねばならない責任があると考えるのが常識である。しかし日本社会では、権限と責任のバランスはくずれており、公私混同を因とした責任逃れが生まれてくるのが通常である。その由来は、日本人の自信のなさ・自我の弱さにあり、争いごとがあると、仲裁人を入れて話し合いをすることに現れている。この責任逃れは日本特有の心理的産物である、という。

「むすび」にいう。「日本人の非合理主義、精神主義、不足主義に共通な、何か『割り切れない』もの、『理屈では行かない』ものは、すべて、この人間関係に立ちこめている、フンイ氣のアイマイさから生まれてくるようである」。そして、「新しい日本を生み出していくには、社会の土台を作り直すこととならんで、むかしからのナゴリである、モヤモヤした人間関係と、それから発生する社会心理のくもりを拭きとることにも努力しなければならない」というのである。

・刊行当時の事情からいって、戦前戦中の話題が例として多く引用されるのは止むをえない（当然）としても、著者が科学的（社会心理学的）な考察に徹すれば、いやおうなく〝西欧からみた日本〟になることは予測しえたに違いないと思う（例：合理主義が非合理主義に優るという感を与える叙述）。が、当時としては、それが客観的考察とみなされていたことも推測しうるし、従って結論が野田良之説と同様になったことを、むやみに否定するわけにはいかないだろう。かくして、説明不足（説明困難というべきか）や首を傾げる解説があったにせよ、長文にわたって本書（四一項目）の紹介をせざるをえなかったのは、ひとえに、万般に関する巧みな〝ことわざ〟による説得があったからである。それがロング・セラーとして名を残した所以でもあろう。

(2)　いわゆる「日本人学」の樹立を心がけてきた、南博にとって、『日本人の心理』はその準備作業となったが、日本人の全体像をとらえるためには、先人が、これまでいかなる見解を披露してきたかをまとめる必要があったのだろう。そのための著作が、『日本人論の系譜』（一九八〇年）である。

・ただし、日本人の問題を研究の中心テーマとしてきた南にとって、「この間に日本人の生活と文化について様々な角度から取り上げた二つの論集『日本人の心理と生活』『日本人の芸術と文化』（いずれも一九八〇年）にまとめられ」た著作がある。両書は現在、『南博セレクション』の『日本の社会と文化』（二〇〇一年）、『芸術の心理』（二〇〇二年）などにまとめられている。

本稿における筆者にとって興味があるのは、南が日本文化の系譜を語るについて、どのような構成をとるかであった。しかし、①「日本人の先駆者たち」、②「風土と日本人」、③「美と日本人」、④「日本人の国民性」、⑤「日本人の恥意識」の五章で、当時の常識をふまえていたというべきか。

即ち、七〇年代になると、前節で述べたように、さまざまな日本人論が刊行されてネタも豊富、系列の取り方にも多くの前例が生まれてきたが、ネタの都合で、南の構想もそれから外れるわけにはゆかなった（一九八〇年一月から六月までの六回にわたって行われた朝日カルチャーセンターのセミナー「日本人論を読む」がネタである）というところであろう。

①〝先駆者たち〟としてあげられているのは、新井白石『西洋紀聞』（一八八三年）を始めとして、司馬江漢『春波楼筆記』（一八一二年、西洋文明の技術にくらべ遥かに遅れている）、山片蟠桃『夢之代』（一八〇二―一八二〇年）、箕作阮甫、佐久間象山をへて、福沢諭吉『文明論之概略』（一八七五年）、そして『明六雑誌』における日本人変化説（一八七四年西周）と不変説（一八七五年福沢）の論争である（中村正直一八七五年も福沢に同調）。しかし、より重要な論点は日本人劣等説が横行したことである。

明治一〇年代に入ると欧化政策（井上馨）がとられるが、他方、政教社の雑誌『日本人』では欧化運動を批判する井上哲次郎『内地雑居論』（一八九一年）が著される。そして、西洋人対日本人の心理的接触を客観的に論ずる態度が生まれる（一八九三年）ようになる。

福沢がいいたいのは、〝日本人は内を重んじて外を見ないから〟公共精神に欠けている、この内と外について日本人は家内の人ではなく戸外の人になるべきであるということだと結論付け（三二―三四頁）、南は、この気質はどこから来たのかと自問自答し、その方法は日本人の性格形成を社会的・歴史的に分析することだという。その第一段が風土論である。

②風土論のさきがけは、関祖衡『人国記』（一七〇一年）、三五ヶ国の民情・風俗を地図入りで書いたもので、民情・風俗は民心の情偽《ママ》（義?）、風気水土によってきまる、と。該書は、司馬江漢『春波楼筆記』（前述）から、志賀重昂『日本風景論』（一八九四年）、横山健堂『新人国記』（一九一二年）、加藤咄堂『世態人情論』（一九一二年）にまで影響を及ぼしており、加藤は、日本人の生活状態、人情の歴史的・地理的条件、宗教から社会心理に

及ぶ広範なテーマで論じている。ただ、この時期までは地方文化の紹介が主であり、世界のなかの日本に視点を向けるようになるのは、雑誌『日本人』の発刊以後のことになる（四四―四五頁）、という。

こうしたなかで世界主義的な日本人論を著したのは、周知の芳賀矢一（『国民性十論』一九〇七年）であり、後に和辻『風土』が書かれることになる。和辻の風土論は一九三〇年代のマルキシズム批判として登場したが、戸坂潤による反批判があり、これらに対し、南は、「人間学的風土と自然的風土の混用からくる不統一」があると評する（六七頁）。

戦後の〝風土論〟においては、生態学的風土論、地理学的風土論、歴史的風土論の三視点からの流れがある。「生態学的風土論」が時期的に最も早く現れ、その嚆矢は、梅棹忠夫『文明の生態史観』、そして上山春平編『照葉樹林文化』がある（本稿一参照）。「地理学的風土論」には、鈴木孝夫『風土の構造』（一九七五年）・同『超越者と風土』（一九七六年）があり、「歴史的風土論」に、飯沼二郎『風土と歴史』（一九七〇年）・同『歴史のなかの風土』（一九七九年）がある。

飯沼は、農業技術の側面を重視し、結局「風土に貴賤はない。あるのは、ただ、それにかかわりをもつ人間の在り方のちがいのみ……」と結論付け、そしてユダヤ教・キリスト教が神に誓い、ゆるしを乞うのに対し、日本人はケガレはミソギによって洗い流すというように「すがすがしさをよろこぶ、日本人共通の民族感情である」と比較している、と南は紹介する（七四頁）。

そして、南の〝風土論的日本人学の課題〟は、「農業生産、家族形態、生活様式、宗教など、さまざまな要因が、多元的にはたらきあって、ひとつの風土文化複合とでもいえる、文化的伝統と現在の文化的状況が成立する。従って、そのような風土にからみあう諸文化条件を究明することが、日本人学の風土論的な側面であろう」という。つまりは社会的文化論ということか（!!）。

〔補論〕　本節脱稿後に、木岡伸夫『風土の論理――地理哲学への道』（二〇一一年）が刊行された。本来は本章一で紹介すべき文献であるが、ここに記すことにする。

本書は、副題にある通り、風土学という地理哲学の樹立を意図したもので、和辻哲郎、オギュスタン・ベルクの〝風土論〟を継承し、その理論的研究の方法論を述べたものである。「気候風土」という邦語があるが、それを包括した研究「風土学」が「気候を含む自然環境の全体を人間・社会・文化に関係づける、一種の環境論」（八頁）であり、「人間存在の空間性および場所性を表す存在論の概念」であるという点で、地理哲学の一つの到達点を示しているという（九頁）。

「地理哲学がなぜ必要か」。それは「近代化」という西洋の一元化的価値追求（〝欲望の弁証法〟ともいえる）によって地球環境問題が発生し、それに抵抗する地理学的哲学が必須の課題として浮かび上がったからである。いうまでもなく〝欲望の論理〟の構造を解体するための構想は、哲学批判の性格を帯びる（一一頁）と。

まず、歴史哲学が批判される。それは特定の民族・国家を中心においた歴史の目的論であって、〝多〟の〝一〟への収斂を予想し、その必然的過程を叙述するものだからである。それに対し「一即多」「多即一」の理念を打ちだした一九三〇年代の京都学派が、〝近代の超克〟をスローガンに、人間存在の空間性を基礎とする哲学を構想した。

即ち、〝欲望の弁証法〟を克服するには〝脱中心化〟（ベルク）と〝周辺の自覚〟（和辻）を実践的契機として風土を論じなければならないからである。これこそ地理哲学創唱の糸口といってよく、本書は、その方法として風土論の「歴史的考察」（第一部）、「理論的考察」（第二部）の構成をとる。第一部では和辻説の成立から戦後日本の風土論（飯塚浩二―和辻批判、玉城哲、飯沼二郎、高島善哉、千葉徳爾）と、ベルクのメゾロジーが取り上げられている。

和辻説もベルク説も方法こそ違え（和辻は特殊から普遍、ベルクは普遍から特殊へ）、一つの風土学の構築へと踏み出している（一七〇頁）と。この普遍と特殊を統合する論理が著者の課題とされ、それが第二部を構成する。

冒頭、古典地理学は歴史の僕《しもべ》であったという話から始まり、それが、ヴィダル・ド・ラ＝ブラーシュによって、地理学は、人間と自然の結合態である「場所」において、生活様式の型を示す景観により、その特性を表現する「場所の科学」であると位置付けされた。新しい地理学は、こうして興り、著者は、エリック・ダルデル『人間と大地』（一九五二年）の示唆を受けつつ、それが風土学的反省を欠如しているとの認識（二〇〇頁）から、『風景の論理』（二〇〇七年）を書いた（第七章で紹介）。

風土は、空間における〝場所〟と、時間における〝瞬間〟の統一態に関する現実であるから、それを理念的に構成することが、風土学の第一課題であるとし、場所と瞬間、および空間の理念を論じ、最後に、五つの風土学のタイプ（人間的風土学・文明論的風土学・生産論的風土学・地域論的風土学・メゾロジー、三三二頁）の特色を整理して、メゾロジーを和辻風土学の正統的継承とみなし、前四者に欠けている都市社会についての風土学を補説する。

それは、農村の指標たる〝共同性〟と都市の指標たる〝公共性〟という風土における場所性の二つの様相を統一する「風土学」の射程を明かすためである。確かに都市の風景は、自然との関係ではなく人工環境との交渉によって成立し、また景観の安定は成立せず、「都市の風土学」は存立の根拠を失うかにみえる（三三八―三四〇頁）。が、風景論としてみれば、都市は、〝基本風景〟（無自覚的な）〝原風景〟（社会的意識の表れ）の後に表れる〝表現的風景〟（自律した個が社会に対峙した）を創出している。そこでは、第一次的な〝場所〟は否定されても、〝普遍空間〟を構成するために〝場所の創出〟を行い、〝共同性〟に代わる〝公共性〟を切り開いて、異なる主体の出会いに基づく〝都市の論理〟が構想されるからである、と結ぶ。

本稿と無縁な紹介ではないかと思われた読者もいるかも知れない。が、地理哲学としての風土学が、自然と人間の共生の維持を目的として成立したというからには、自然と人間の関係のあり方は、すでに読者も承知のように、法文化に深く係わる問題である。とすれば、同様に、法文化論は法哲学（あるいは法社会学）の一部門として、〝法文化学〟という地位を提示していると理解できる。補論を詳しく紹介した所以でもある。

③　第三章は〝日本人の美意識〟である。それを論じた早い事例は、連歌師の〝幽玄〟（世阿弥の『風姿花伝』）である。そして俳句に引き継がれて、〝わび〟〝さび〟の無常観が詠われる。芭蕉の語る〝わび〟〝さび〟〝しおり〟（しおれる、しぼむ、枯れるの意）〝細み〟（繊細の美）などを含めて、日本人の美意識には仏教思想が読みとれる。

また〝間〟〝余情〟を大切にし、邦楽、邦舞、演劇で重要視され、書道、絵画では余白の空間に意味をもたせている。文学作品では、すべていいつくさず、ことばに表さないところに美を感じさせようとしている。こういう次第で、日本人の美意識ではシンメトリーよりも、不完全さに美を求める傾向が著しい。ここにも仏教的無常観の影響がある、という。以上、総じていえば〝もののあはれ〟ということか。

「いき」（江戸、上方では「粋」）について、最も早く書かれた文献は、藤本箕山『色道大鏡』（一六七九年）であり、すっきりした趣味が「いき」といわれた。柳沢淇園『ひとね』（一七二四―五年）の「粋」、為永春水『春告鳥』（一八三七年）の「いき」、そして明治に入り、北村透谷「粋を論じて『伽羅枕』に及ぶ」（一八九二年）、大正時代の、阿部次郎『徳川時代の芸術と社会』（一九三一年）、西村真次郎『江戸深川情緒の研究』（一九二六年）と続く。こうして、九鬼周造『「いき」の構造』（一九三〇年）が出現する。

九鬼は、明治時代の帝室博物館長九鬼隆一の子として生まれ、美的環境のなかで育った。その影響で、江戸文学・浮世絵・邦楽などに関心をよせ、辰巳芸者に〝いき〟の見本を見たという。フランス外遊（一九二一―三〇年）により、フランス的な〝いき〟と日本的な〝いき〟の比較に興味を抱いたというのも自然であったろう。「あか抜けして張のある色っぽさ」、これが九鬼の定義であるが、南は、九鬼が「東洋文化の、否、大和民族の特殊の存在様態の顕著な自己表明の一つであると考えて差支ない」というのは当たらない、それは九鬼の〝いき〟理論の基本的弱点である、と評する（九六頁）。

九鬼は、日本文化の特色を「日本人の同化力に基いて外来文化を受容し集大成して文化が複雑性または重層性を示している」という。その契機は「自然」（神道の自然主義）、「意気」（儒教的理想主義）、「諦念」（仏教的非現実主義）であり、それぞれ三種の神器に象徴されると九鬼はいう。それは、「国家主義への傾斜であり、そこに時局の激動をみる」と、南は残念がる。証拠として、九鬼の『文芸論』（一九四一年）をあげ、風流を「離脱」「耽美」「自然」の三要素から分析して軍国主義から距離をおきたいという願望が垣間見えるから、と紹介している。

④　第四章は「日本人の国民性」。最も早い試みは、西周「国民気風論」（『明六雑誌』三二号、一八七五年）で、「圧制ニ安ンシテ自ラ奴隷視スルノ気風」あり、この気風を「天然健康」にするには「法学ヲ開ク」必要ありという。明治初めの日本人論は西欧との比較で日本人劣等論が強いのは当り前。そのなかで、福沢諭吉『文明論之概略』（一八七五年）は、文明を〝人間関係〟の面からみようと発想し、権力ある者に対する行使の制限が必要であり（権力の源泉は天皇制にあり、「日本には政府ありて国民なし」という）、そうでなければ正常な人間関係は成立しない、と。南が指摘した福沢のもう一つの論点は、日本人は両極端に走る気質をもっているということ。英・仏では個人の利益の前に、公共の利益・集団の利益ということを考えるが、日本人は自分にとって有利かどうかを考える。そのため、日本人の人間交際は上下に分かれ、権力偏重を生み独立心欠如を招くことになる、と。

福沢の次に紹介するのは、三宅雪嶺『真善美日本人』、『偽悪醜日本人』（一八九一年）である。前著では「日本人がその『特能』によって『白人の欠陥を補い、真極まり、善極まり、美極まる円満幸福の世界に進むべき一大任務』を負う」とし、科学的研究、正義を世界にひろめること、日本美術の特色（軽妙さ）を発揮すること、の三任務をあげる。後著では、「階級的学術社会」の「因循卑屈の風」を嘆き（偽）、「紳商」に代表される「拝金の醜俗」を非難し（悪）、「未開人民通有の性情」である模倣（醜）を非難する。南は、それを「日本人論で、これほどはっきり日本人のマイナス面を指摘したのは……福沢をのぞいて、明治時代に例をみないといってもいい。これも、福沢や三宅が、日本を憂えるあまりの、愛国者としての発言であった」と評する。

南の紹介は、その後、金子堅太郎（『太陽』掲載、一八九五年）、岸本能武太（『太陽』掲載、一八九六年）、神戸正雄（『太陽』掲載、一九一一年）、戸田海市（『太陽』掲載、一九一一年）と続く。神戸は、日本人は「国家あるを知って自己あるを知らず世界人道あることをも忘る」といい、戸田は、西洋では主我的傾向が強く団体は個人のために存在するが、日本では没我的傾向が強く団体が本で個人を末とすると、南は紹介し、双方の社会心理学的分析は、「従来の日本人論に欠けていた、客観性、科学性を加えたこころみとして評価される」（南一三二頁）と、芳賀論説より高い評点を与えている。

大正時代に入って、精細に国民性を論じたのは、野田義夫『日本国民性の研究』（一九一四年）である。狙いは、西洋の例を参考に日本の国民性の訓練に貢献しようという点にある。野田曰く、国民性は遺伝的な「生得」的要素と「習得」の要素からなり、前者は「国土の影響」「国民生活状態」「国民の歴史」「外国の影響」が加わった総計である（南一三三頁）と。

人間にとっての長所が、違う場面において短所となることは、多くの読者の識るところであろうが、野田も、その長所・短所について、次のように記す。

長所については、忠誠、潔白、武勇、名誉心、現実性、快活淡白、鋭敏、優美、同化、慇懃。

短所については、忠誠に伴う排外思想・依頼心・乏しい自治精神と公共心、潔白に伴う偏狭、武勇に伴う虚勢・痩我慢・無趣味無愛憎、名誉心に対する功名心・体裁をつくろふ風・度量に乏しい、現実性に対する浅薄な実用主義・現在主義、快活淡白に対する享楽的傾向・経済思想商業道徳に乏しい、鋭敏に伴う軽卒・早合点・性急・短気、優美に伴う規模狭小、同化性に伴う附和雷同、慇懃に伴う感情抑制、と指摘する（南一三五―一三六頁）。

第一次大戦後の第二洋化時代に、遠藤吉三郎『西洋中毒』（一九一六年）が、愛国心に基づく国家主義的論旨（「西洋宣教師は速に日本を去れ」と）を主張するが、社会主義の佐野学編『日本国民性の研究』（一九二二年）には、長谷川如是閑が対人関係偏重による公共心の遅れを指摘し、佐野は、民族的心理には現実主義、争いの回避、快活な感情などをあげ、政治組織のなかで発酵した国民的心理には集団主義的現象がみられ、階級主義的気分が濃厚で自由思想の発達が遅れ、模倣的・形式的知識主義がある（南一四二―一四三頁）という。

以上のような日本人の自己批判は、当時における進歩主義的思潮の反映であり、浜田耕作『古器物から見た日本国民性』による国民性の客観的批判論をも生んでいる。即ち、国民性は国民自身が研究するより外国人の公平な観察に任せる方がよい、というのである。

この客観的考察論が戦後に花を開くのは、読者の知る通りである（ここでは、土居健郎とともに中根千枝が大きく採りあげられている）。南は中根の「タテ社会」説に対し、欧米は決してヨコ社会ではなく、タテ型の社会構造は濃密に残っており、中根理論はエリートの理論で、タテ・ヨコの問題は簡単に割り切れる問題ではない、と批判する（一五六頁、筆者・ヨコの関係だけで社会が動かないことは自明）。

⑤　第五章は「日本人の恥意識」、土居理論から話が始まる。日本人にみられる視線恐怖は他人に対し〝はにかみ〟や〝照れ〟を意識し、〝恥〟の心理的規制が働くというように、甘えと恥は深く結びついており、世間体や体裁を気にして人間関係に支配され易いとして、ルース・ベネディクト理論を評価しながら、それに対する批判論を紹介している。柳田国男は、〝恥〟は武士階級に特有のもので、日本人の大多数は〝ツミ作り〟〝ツミのない顔〟などの言葉にみるように、前世の罪を説く仏教や祓と贖を説く神道の影響から、罪意識をもって生きていると評し、作田啓一『恥の文化考』（一九六七年）は、日本人の視線恐怖は職場・学校などの親密ではない中間集団内で甘えられぬがゆえに、恥意識がもたらされるという。

南の結論は、恥文化と罪文化との対立は現実面ではっきり対立するものではなく、日本の罪は〝けがれ〟として意識され、その体面たる〝汚名〟を除くために〝みそぎ〟がある。罪文化は超自我の問題であり、恥文化は自我と他我の問題であって（至言!!）、日本人の恥意識は西洋人の罪意識より複雑である（一八六頁）という。

この『日本人論の系譜』が、後の『日本人論――明治から今日まで』（一九九四年）に結実したことは、読者にも予想がつこう。

2　さて、長年（三〇年）にわたり、さまざまな角度から日本人の生活と文化を論じた南が、それらのテーマに共通する日本人の精神構造の基本的特徴を捉えようと試み、そこに一貫した方向と色彩を与える心理的基盤に日本人のパーソナリティを規定する自我構造があるとして、『日本的自我』（一九八三年）が書かれることになる。その自我構造は〝自我不確実感〟と名付けられ、法文化を論じようという筆者にとって大きなヒントになったことは、未だ記憶に新しい。

⑴　そこで、他著はさておいて、まず、『日本的自我』の構造的性格について紹介しておきたいと思う。即ち、その特徴は、主体性を欠く〝自我不確実感〟の存在であるという。一方では弱気、気がね、あきらめなどの消極面に現れるが、他方で思いやり、やさしさを生み、不確実感を克服しようと熱中・研究心・向上心・融通性という好ましい行動面を生む。この入り組んだ複合的自我に基づく〝自我不確実感〟が大部分の日本人が共通にもつ性格であると、その構造的特徴について提言している。

こういう自己と他人との対人関係についての心理が形成されたのは、いうまでもなく、社会が安定して精神状態の存在型が持続した江戸時代から明治にかけてである。しかも本書執筆当時の状況下では、管理社会化と人格の品質管理が進んでおり、自我不確実感はいっそう深まっているから、それに対応する心理的処理の手がかりを提案したいと、これが本書の「まえがき」にある。

構想は体系的で、Ⅰ自我不確実感の実相、Ⅱ集団我の形成、Ⅲ自我の位置づけ、Ⅳ慣行・儀礼・流行などにみる定型化と完全主義、Ⅴ文化・意識の多元性と進む。逐次、解説しよう。

①　自我には、主体的自我＝「主我」（する自分・見る自分）と、客体的自我＝「客我」（される自分・見られる自分）があり、客我はさらに自分自身を観察する「内的客我」と他者からみられる「外的客我」に分かれる。

内的客我には「自分はこれでいい」と思う肯定我の側面があり、それはさらに、自己実現の道を伴う理想我へと成長もする。これに対して、「自分はこれではいけない」と思う否定的な自己像としての否定我の側面もあり、それは劣等感、恥、罪などの意識をともない自己嫌悪に落ち込む傾向をもたらす。

他方、外的客我には、世間体を気にする世間意識、そして体面意識や自意識過剰など、他者中心的・他者依存的・他者本位的な傾向があり、「日本人の自我構造では、とかく外的客我の意識が強く、他人から見られている自分を意識しすぎる自意識過剰が、自我構造の全体に影響を与えている。外的客我の意識が強いと、それが内的客我を圧倒して、否定我を形成することになる」(四頁)と。

社会心理学的な自我分析は、なかなかややこしいと思うが、要するに、「内的客我と外的客我の両方から『足をひっぱられ』て、主体性が動揺し、不安を感ずるとき、そこに自我全体の不確実感が生まれる」が、この「自我不確実感は……日本的な自我構造の基本的な特徴」であるというのである。

そして、「不確実感は、性格特性として客我と主我の両面にあらわれ……一つは外的客我への傾斜であり、もう一つは主我の弱さであ」り、「この二つは日本人の性格特性として、自我不確実感にまで複合されて」いる。しかも「外的客我への傾斜は他者中心の傾向を生」み、「対人関係において気がねと遠慮の傾向にあらわれ」、「主我の弱さは、弱気、内気、心配、孤立感、ひっこみ思案、迷い、ためらいなどの消極的な行動傾向にあらわれる」(五頁)。

主我の弱さは意志の弱さであり、判断力はあっても、行動の結果についての予期からくる不安が先立ち、「取りこし苦労」をして、自己決定を回避する。さらに伝統的といわれる「和」の精神が、「その場主義」の態度を生み、自我の一貫性を欠いた不確実感が生まれ、西欧コンプレックスのなかで生き続ける(六・九頁)と。
②　自我不確実感からくる決定不安は集団への依存・帰属意識、運命依存主義によって、それが軽減され、対人関係における他者との位置付けが確認されれば(名刺交換・贈答など)、それは鎮められることになる。序列・

格付けは外的客我の序列に関心をもっていることの証しであり、日本人の番付・ランキング好みの傾向に現れている（一三頁）という。

このような定型化の追求は、自我の確実感に役立てようとする心構えともいうべきもので、慣行に従う儀礼的行動（礼儀作法・年中行事・敬語の型など）はその代表例であるが、その特徴は風俗・レジャーなどのライフ・スタイルにまで及び、そこには生活の画一化とそれを支える意識の画一化が促進されている（日本人の〝イミテーション意識〟）。しかも、こうした手本の型の修得には強迫的とさえいえる傾向がみられ、才能のある名人気質であれば完全主義を追い、凝り性の人はそれを生きがいとする人もいる（趣味の場合が多い）。

この強迫観念による完成への努力は内的客我のイメージを高め、「自我強迫」が自己満足を生み、完全主義に輪をかけることになる（一七頁）。

しかし他方で、日本文化の多元性は、臨機応変の融通性を生み、状況主義・その場主義の傾向をもたらしているが、そうすると、前述の完全性とこのあいまい性とは矛盾することになる。それがどう結びついているかは、後述するという。

(2)　日本人の自我構造は、前述したように、所属集団に深い親和感をもち自我を集団と一体化しようとして、〝集団我〟ともいうべき性質（所属意識と依存意識）を形成することになる。運命共同意識といってもいい。こうして自我は集団我によって強化され、個人の決定不安を解消することができるようになる。個人我は集団我におきかえられたといってもいい（「小我を捨てて大我に生きる」「小異を捨てて大同につく」）。そこで集団我がどのように集団行動の心理的基盤になっているかと、論を進める。

①　まず集団と自我の結びつきを、ゆるいものから強いものへと順を追うと、レジャー（社交）集団→職場集団→地域集団→国家集団→家族集団という序列が考えられるという（この序列と夫々の内容説明には現在通用しないものもある?）。このうち、特に西欧人に理解できないのは家族我の崩壊たる一家心中であり、疑似家族

(花柳界・やくざ集団)にも自我不確実感の強いものがある……。

集団我によって成員の心理関係を深め連帯感が強められたところに生まれる心理が〝義理人情〟である、と。

② 恥の文化・罪の文化の比較観念についていえば(ルース・ベネディクト)、日本文化には恥意識と罪意識が併存しており、複合体の性格をもつといえる。恥と罪の相互関係を図式化し、恥の軸と罪の軸の四つの組み合わせを考えてみる。

Ⅰ 恥・罪意識では、罪悪感に恥がともなうと自責感が働いて、罪ある自己に対し自我不確実感が深まり、法を守り道徳に従うことで解消する。

Ⅱ 罪・非恥意識は、他人の汚職にみられる自己犠牲などの例で、自我不確実感は高まり〝大義〟によって自尊心が強くなる。

Ⅲ 非恥・非罪意識は、厚顔無恥の例で、内心の動揺からくる自我不確実感は非常に強い。

Ⅳ 非罪・恥意識では良心の恥じらいを感じ、自分に批判的となり自我不確実感を経験する。生産的な不確実感と評してもよい。

次いで自罰について。恥意識は自罰(他罰の先廻り)による自己防衛の機能をもち、この機能は日本人が西欧人にくらべて強い。

恥・罪複合に関連する神経症として、視線恐怖症(視線意識過剰)があり、外的客我が不確実なことを心配して生ずる。それは親密集団や未知集団ではおこらず、中間的交流集団のなかでおこる。そこで他人のまなざしから防衛するために、余りしゃべらない、あいまいな言語表現をするということになるが、これは外的客我の意識過剰である。

③「間がもてない」「間が悪い」などにみる〝間〟という生活意識は、武道や芸術(世阿弥が見出し、歌舞伎などにもちこむ)にも使われ、おしゃべりにおける間のとり方は日本的である。日本は「間の社会」といってもよ

い（詳しくは後述）。

④内的客我の姿を薄笑いの対象にする照れかくしの笑いは自嘲精神の現れで、日本人特有の自罰の先取りであり、「一億総懺悔」という責任回避を生んだことは多くの読者の知るところであろう。同じように、他者からの強制を先取りして自我の安心をえようとする自粛・自罰は日本的マゾヒズム（自我の快感）と考えられる。このマゾヒズムは、自然災害という教訓からうける運命主義と結びついたもので、傍観者的政治的無関心を生みだすとも指摘している。自罰・自粛で安心感をえようという日本的マゾヒズムは日本の風土に影響されて生まれたものである、という。

次に、南曰く「日本的マゾヒズムが、自嘲、自責、自粛のかたちをとって、自己の欠点、罪過、他者による規制の先取りによって、結局は責任の回避と免除をねらう心理的な防衛のメカニズムだとすれば、それに対して責任を他者に転嫁する心理的な攻撃のメカニズムが、日本人に特有の日本的サディズムである」（五七頁）と。いかにも西欧流の心理学者である。

⑤日本でいう〝心〟のあり方について、このように美事な社会科学的説明ができるとは（!!）、これも比較文化のための方法論の一つとなるのであろう。南によれば、隣人訴訟における原告に対する非難は日本人の言語的サディズムであるという（五九頁）。西洋人を〝毛唐〟といい、「アメ公」（アメリカ人）・イタ公（イタリア人）という呼び名は、サディズムの屈折した表現ではないかと。集団的サディズムもあり、みんながやっているという責任の分散から、同類意識を強化して個人我の不確実感を解消し、集団心理に支えられるという例にみられる。

⑶　次いで「自我の位置づけ」を論ずる。

①　あいさつと名刺交換、②贈答、③地位の格付け、④番付とランキング、⑤西欧コンプレックスという各節の表題から、読者はその内容の推察が可能であろう。簡潔に紹介する。

①　自他の関係を確認しようとする強い傾向は、あいさつにおける自他の相互確認、西洋起源の名刺の交換

（日本では地位の誇示）などに現れる。

②　季節ごとの贈答におけるお互いの地位確認。

③　自分の関心事について序列化を試み、一つの秩序をつくることが安定感をもたらすので、自分の地位シンボルを表現しようとする（「地位表現」とよぶ）。自家用車・別荘はかつての典型的事例。所有蒐集狂としてのコレクションには自我拡充という面がある。作家・小説家・劇作家・脚本家・政治家・画家・音楽家・舞踊家・声楽家・工芸家・書家・建築家・写真家・演出家・落語家などなどは評価される格づけとみられ、医者・作者・出演者・演奏者・役者・芸者などといえば親しみがこもる。この中間にあるのが詩人・歌人・商人・芸人・芸能人・役人・仲買人・文人・新聞人・放送人・映画人・演劇人などである。さらに、医師・美容師・理容師・技師・猟師・漁師・殺陣師・講釈師・絵師などは技術をもつ専門家。国家試験があれば、弁護士・弁理士・経理士・会計士・税理士・栄養士・建築士・消防士などとなり、それが広がって、国家試験がなくとも専門家の意味を込めて棋士・弁士・文士・力士などの例がある。

格付けを高める呼称には、伯がつく画伯、豪がつく文豪、聖がつく画聖・詩聖・書聖・剣聖・棋聖など。身分関係では皇室関係の用語（天顔・竜顔・聖寿、聖旨・叡慮など）が。

戦後においても、序列意識に基づく偏見は天皇制があるかぎり消え去ることはない。敬語表現（尊敬語・謙遜《ママ》語・丁寧語）の使い分けはその影響であり、敬語コミュニケーションの使い分けは対人意識を過剰なものとするが、人間関係の精神的安定をもたらす心理的機能をもつことにもなる（八七頁）。

明治以後、身分表現がなくなって、敬語として、一般的に「先生」という呼称が使われるようになり（外国にはない）、しかも当事者双方がお互いに呼びあうと、人間関係は自我の安定感に役立つことになる。しかし、「先生」は必ずしも尊敬の意味を含まないこともあり、この敬語の社会的降格は対人関係のあり方の変化を物語るものとみることができよう。

④　日本人の序列意識で独特なものは、番付とランキングである。番付は江戸時代に相撲や歌舞伎の世界で力士・役者の格付けとして、さらに、女大学・店の小僧（『為教訓』）などの教訓番付も行われるようになった。明治以降では『大正百馬鹿番附』（大正一二年）（例：女房にまかれる亭主・嬶に逃げられて騒ぐ亭主など）まで現れ、名産・名店・名所は諸国にまで広がった。これらの序列付けは、そこに一定の価値観を与えることで秩序付けが行われ、自我不確実感に役立った、という。

現代では、歌手・俳優のベストテン・リスト、歌謡曲レコード・CDの売上枚数のランキング（それらで出演料がきめられる）、なくなったが納税者の分野別ランキングなどがジャーナリズムを賑わせていることは周知の通りである。

⑤　江戸時代の身分社会（分際意識社会）は明治以降に西欧コンプレックスとなって現れ、大正末からのモダニズム（モガ・モボ）、敗戦後はアメリカ風俗への同一化がおこり、内的客我における「日本人離れ」の価値観は、風俗や芸術にまで広がった。外来語の氾濫は時期を同じくしておこり、それは現在まで続いている（雑誌名はほとんど外国語）。

(4)　どんな社会にも行動の型があるが、日本の場合は、義理を原則とする慣行、道理を原則とする風習、情理に基づく生活習慣に行動の大切な型があり、非日常的な祭や音楽・造型芸術などにも型が重要とされる。いうなれば、「型の文化」と規定できる〝型どおり〟を追求する文化がある、といえよう。

①　日本人は法嫌いと法社会学で指摘されるように、「その分だけ、慣行、風習、習慣で、固定化した行動型が尊重される」（一〇二頁）。例えば、教官人事にみられる年齢順、卒業順、着任順などの前例によることが慣例になっていることなどである。この慣例が非合理的であることに疑いはなく、それゆえに「非合理故に我信ず」の譬えとなる。

慣行にも法的強制力はないが、集団のメンバーから追い出されることがある。そこには未来への永続性が期待されており（未来志向性）、旧家の家格が高くみられているのは、未来の繁栄が約束されているだけでなく、過去志向の考え方があって、古ければ古いほど正当性が認められることになっている。老樹が神木とみなされるように、古いものが尊いという過去志向は、「古式」にのっとる儀礼が大切にされ、生活の近代化があっても婚礼の古風な儀式や建築の上棟式（ビル建築でも）が行われる例があるように、伝統的型への強迫観念が日本人の心理に影響を与えている、と。正月の神社参拝（テレビの「ゆく年くる年」も）も現世利益を求めるものとはいえ、そこには同調型の過去志向が働いている（西欧にも同じ例が多いと思うが!!）。

この種の社会心理の最も著しい例は〝祭〟である。

祭の非日常性は現代の若者にとって、都市・町村のいかんに拘らず、新しい世間集団をつくりだした。住民の共同体意識が高まり、学校問題・地域問題、そして公害問題への関心を深めた。祭のマス・メディアによる視聴の全国拡大は、自己表現欲を刺激して管理社会の日常性を打ち破っている。しかし、と南はいう。「その非日常性は……依然として行事の慣例であり、過去志向に従っている」（一〇九頁）と。

・過去志向はどこの国にもある（史的遺産を大事にする心理は西欧の方が強い）と思う。だから、史的に形成された自我不確実感の一貫性を追求しようという日本人の心理は、それなりに自我意識のハードな側面を語っていると評することもできる。つまり、自我不確実感の観念は、法の基礎たる西欧的自我観からの評価と考えられる点で、それなりの正当性がある。

② 日本における〝型の社会〟は、組織・コミュニケーション・心理についての人間関係にみられる、と。組織関係でいえば、企業における同僚・同輩のグループ別（出身校・出身地など）の型があり、子供の能力別による型分けは類型化された学生を生み、日本型管理会社の品質管理によって規格品的人間の大量生産をもたらす。このことは江戸時代における社会のなかで、世帯・職業などが固定化し始めたことと無縁ではなく、〝○○気質《かたぎ》〟などといわれた。それが今日でも、血液型によるタイプ分け、十二支や星座による性格論がいわれ、そこ

に他者との対人関係における自我確実感を定型化しようとする欲求がみてとれる（一一五頁）、と。

コミュニケーション関係における書き言葉の型は、公文書や日常の手紙にもみられ、その定型が繰り返されることで習慣となり、組織関係のなかでの自分の位置付けとなっている。これは話し言葉においても同様であり、敬語の使い方、男性用語・女性用語の違いだけではなく、職業上の話し言葉（デパートの店員・呼び込み・物売り）には独特の型がある。集団における職業用語や隠語（ほし・やばい・ずらかるなどの犯罪者用語）もある。

流行語も集団語の一種であり、その担い手である若者の文化も、定型化の型破りのようにみえるが、所詮アメリカの若者文化への追従であり、おとなの西欧崇拝と大差はなく、集団との一体感を求めているにすぎない。つまり、個人の自我不確実感を集団我によって強化するというメカニズムの一つであろう（一二〇―一二二頁）、と。言語行動が特定の意味をもっている場合は、その定型化は〝手本〟として一層明確化する。リクルート・スーツに始まって、何種類ものハウツウもの、日常生活における礼儀作法のパターンはいうまでもない。

・日常生活にみられる一定のパターンがここまで論理的に説明されると、社会心理学的考察とは何と味も素っ気もない学問なのだろうと感ずる読者もいるのではないか。例えば、祭や礼儀作法にみる定型について土着文化を語る心情的考察からみた別の評価的解説があることは間違いない。民俗学からみてどう説明するのか聞きたいものである。

定型化の話を続ける。「流行と風俗」である。日本社会の風俗的流行は西欧ファッションがモデルであり、女性美の標準型についてまでといいたいほどである。就活における服装髪形の没個性化については前述した。そして、社員服から言語表現まで、定型化は対人認知の基本である。著者はさらに、料理法の画一化、住生活の様式化（個室の確保、ダイニング・キッチンなど）を例にあげ、その定型化を強調する。さらにレジャーの定型化（ツアー旅行の集団化現象、年中行事と結びつく記録写真に対する熱意、スポーツの型にこだわる修業法、慰安旅行・忘年会・カラオケにみられる執着心など）は日本人の手本の〝型〟への研究心（完全主義）を物語るものである。

〝型の社会〟にみる模倣性については「物まね」を始めとする「まね物」好きがある。そして、日本庭園は自然景観の縮写ともいうべき自然の模型であるとし、その定型化は盆栽・盆景・生け花という形にまで及ぶという（日本文化は形無し!!）（一五三頁）。自然の模型に対する人間の模型は、からくり人形、あやつり人形（文楽）、そして機械の模型（ミニチュア）というように、話題ははずむ。

型の〝とどめ〟は、その修得技術から生まれた芸術に対する観察である。いうまでもなく、家元的な制度としての、秘伝・奥義などの伝授にみられる型の修得に関する話題である。お稽古事の生活技術・学問の伝承にみられる家元制度・徒弟制度における固定型の伝承など。そして〝男らしさ〟〝女らしさ〟〝子供らしさ〟の区別が論ぜられている。

最後に、強迫観念に裏付けされた研究欲にみられる完全主義（「求道」）の定型化について（一六三頁以下）。江戸時代の身分制のもとで、学問・芸術・趣味の世界で有能な人間の立身方法として形成された。細工物・浮世絵・和算（関孝和）・国学（本居宣長）・文学（近松・西鶴・芭蕉）などである。近代に入ってから、西欧文化を手本の型とした活動が盛んになったことは周知の通りである。スポーツ・遊びに始まって、教養もの・芸道まで……。

・自我不確実感が生む定型化について、日常生活から学問・芸術までもがとりあげられ、ここまで合理的心理分析が徹底されると、無味乾燥な理論だけからの説明という気持が湧いてくる読者もいよう。

(5)　魅力的なテーマと感じて始まった自我不確実感、文化の日本的特質のすべてをそれで説明しようとする著者の最後のテーマは「多元性と融通性」である。

①　まず、家庭、職場、アフター・ファイブなど、その場ごとに、それにふさわしい行動様式をとる「その場主義」は行動様式の多元性を物語っている。この多元性は歴史的重層性と空間的分離性の両面をもち、前者はさまざまな国の文化輸入の結果であり、宗教を始めとして芸術・科学・技術の面で多元的となり、江戸時代の鎖国によって、それを今日まで保持している。ここで著者が強調しているのは、〝粋《いき》〟と〝間《ま》〟の美意識であり、〝和

魂洋才〟の多元性である。後者、つまり空間的分離性で著者がいいたいのは、昔の江戸と上方、今日の関東と関西、および太平洋側と日本海側の住民文化に関する二元性である。ただ、日本人の心理は、この多元性を分離・対立としてではなく、多元的共存・混在という形で統合している、と。

しかし、文化の多元性は階層性で高級文化と低俗文化に分裂し、地域性の面で中央文化対地方文化、東京文化対農村文化の対立をつくっているが、これはマス文化の動向のなかで混在を深めており、流行への参加志向によって等質化が進み、複雑な意識構造がみてとれる、という。

② 文化の多元性は、また生活行動の多元性につながり、「二重生活」とか「和洋折衷」とかいわれる生活が特徴となっている。とくに流行感度の高いファッションについては多元化の傾向が極めて強い。と同時に、衣生活の多元性が型の追求をいっそう強め、流行服・礼服・パーティ服など服装の多元性にも及んでいる（現在では礼服と平服の使い分けをやめようという生活合理主義の現れから衣生活の多元性がなくなりつつある）が、そこには自我の確立という個人主義の形成の傾向はみられない（一八五頁）。

また、和・中・洋（それも多様な）の食の三元化、住宅の和洋折衷の多元性は周知の事実である。しかし、住生活におけるウチとソトの区切りは現在も生活のけじめとして残っている。

③ 最後は、〝意識の多元性〟である。先述した生活行動の多元性は生活の合理化から生まれたもので、日本人の融通性を表しており、社会心理の土台における重要部分となっている。

状況主義・その場主義による生活意識の多元性と融通性、その同調性（根まわし）とタテマエ・ホンネの使い分けは、正に自我不確実感の社会心理学的表現といってよかろう、と全編を結ぶ。

・社会心理学による日本的自我の構造分析は、初版当時、筆者には新鮮で魅力的であった。日本法文化の深層にはこれがあると感じたからである。が、いま読むと〝書きすぎ〟ではないかという感想を抱いたところもあり、それは時代状況の変化と筆者の年齢からくるのかもとも考えた。しかし、書名には依然として深い関心を寄せており、ために紹介文も丁寧になりすぎたと感じている。何れにしても、日本的自我の構造的性格については、再度検討する必要があるだろう。しかし、ここで総括すれば、現実的融通主義による多元的融合型文化というところか。

⑹　ところで、自我不確実感からくる外来文化に対する関心が日本文化の多重構造をつくりあげたことは、読者にも推測可能であろう。そこには〝日本人の好奇心〟という恰好のテーマが存在していることは自明である。それが、鶴見和子『好奇心と日本人』（一九七二年）であり、ここで簡単に紹介しておく。

好奇心には、他生的な事物への関心と自生的な事物への関心、および、できあがった事物への関心と創り出すことへの関心という二タイプがあるが（六九頁）、日本人は他生の、でき上がった事物に対する好奇心が強く（七三頁）、明治以来の日本近代化の驚くべき早さは、当時の西欧文化に対するこの種の日本人の好奇心によるという桑原武夫の言に刺激をうけて、鶴見は本書を書いたという。

日本人の好奇心は、原初的心情に基づく、いわば「甘え」の情動による受身的対象愛であり（三九頁）、従って、その好奇心に基づく文化の取り込みは、世界中に及び、しかも自己同一性を保つために、自国文化の部品として消化してしまうのである（前述した、衣・食・住、それに片仮名・平仮名の巧みな混用による外国語表現）。

こうしてみると、日本人の好奇心が触発されるときの緊張処理のパターンは多重構造型（外に、独占型・競争型・統合型）である。その特徴というのは、①対立する原則・価値は切り離して直接の接触を最小限にし対決を回避する、②矛盾律の法則を無視する（筆者・統合する絶対弁証法?）、③人間関係の閉鎖性と外来事物に対する開放性が混在する、④文化の多重構造のなかに古い考え方・行動様式・情動が生きていることである（一二二頁）と。

要するに、外来文化の頻繁な移入によって形成された自我意識の融通性が、矛盾の調整能力を高め、それが再び自我の融通性に貢献するという相互作用によって、自《オ》ら好奇心を増幅し、外なる世界を「のぞき」続け（第五章）、自らの食欲を満たしたというのであろう。その結果が、日本文化の多重構造的性格を生んだが、その基盤に、東アジアの東端にあって、孤島的性格から〟猿マネ〟でも、矛盾を厭わず脱亜入欧に専念したことがあることは、読者も既に承知のことであろう。

3　欧米流の社会心理学的考察で日本人の心理・生活・文化を論じた南説と対比して、日本の常民（庶民）からみたそれらはどのように目に映るのか。次に民俗学からの日本人論に注目したい。前節で書き洩らした柳田国男編『日本人』（一九七六年）である。時代は戻るが、ここで語るのも一理があろう。柳田の序文「日本人とは」に続き、九名の執筆文がある。

⑴　柳田は、国固有の特徴〟日本人かたぎ〟は人口の増加により、次第に稀薄となって、外部の制裁による自己形成、つまり、〟世間の思惑〟という公衆道徳は貧弱となり、物事を批判する正しい知識の基礎は乏しくなった。そして、「漠然とした概念をそのままうのみにして、早合点する傾向」（一一頁）があり、「魚や渡り鳥のように群に従う性質」が強い（一二頁）のでは、民主主義は根付かないといい、そこに民俗学が考えねばならぬ問題があるという。

⑵　「伝承の見方・考え方」（萩原龍夫）

まず、自国に対する誇りと卑下の両極端が併存していて、歴史的自覚が乏しい、と。外国との交渉が頻繁に行われていた西欧においては自国に対する客観的考察が進んでいたのに対し、日本は島国であったことにその理由があるが、西欧は西欧本位にものを考えるのに対し、却って、日本人には世界的視野で考える使命が残されている。それへの道は民俗資料の多い「日本人のこころ」（基層文化）に科学的に到達するところにあり、民間伝承など常民性の発露をいたるところに見出しうる国情からいって、それは可能である、と。

和歌森太郎『日本民俗学』が分類した民間伝承は、①基本的伝承（住・衣・食）、②取材的伝承（産業・労働・交通など）、③社会存在的伝承（村構成・家構成・組連合・年齢階級）、④社会形成的伝承（誕生・成年・婚姻・葬制）、

⑤知識的文化伝承（命名・言葉・しつけ・伝説・医療など）、⑥厚生的文化伝承（年中行事・昔話・語り物・民謡・舞踊・競技など）、⑦倫理的文化伝承（社交・贈答・制裁など）、⑧信仰伝承（祭・兆・占い・忌み・まじない・妖怪など）の八種である。伝承には統制力があり、それが日本人の根性を育成しているといえる（常民文化）。伝承はさまざまな伝統的集団によって、時に旧家によってになわれ、その豊富な内部的慣行は壮観の一語につきる、と。

(3)「家の観念」（柳田国男）

「法律が一つ変れば、長い習慣に育てられた世の中の姿も一挙に改まる」というものでもない、という話から始まる。また、家族主義と個人主義の対立という考え方も奇抜であり、家族主義の下でも個人は個人なりのことを考えて生きてきたし、自由な生活をしていてもしばしば小さい群れの生活に戻ることが多い、ともいう。法律をかえれば制度は変化するもののようにいうのは、過去の経験をもたない、また経験があっても反省する心がけのない人についてのみいえることだ（三四頁）、と。あと、「家と女性」「死後と家」「家の持つ意味」「家の分化」と続く。

(4)「郷土を愛する心」（堀　一郎）

「山水の美にめぐまれている」が、「自然風土ははなはだけわしく、きびしい」日本の風土が、「日本人の生活様式や精神を強く律してきている」という郷土愛の本源の話から始まる。そして、自然環境・遺伝・社会的遺産・集団（社会）の四要素に支えられて、世代的な定住事実が「ふるさと」意識という「文化複合」によって作り上げられた人格・心性を形成した。そこには、「山と川、森と林、四季の変化、生れた家、神社、寺院、墓地といったものが、……家族、同族、親戚、マキ内、村人」によって行われた「春秋の祭や年中行事、冠婚葬祭、儀礼、組内の義理、つきあい、共同労働や共同慣行」を通して「土地と建物を中心に有機的にかかわり合い、からみあっている、その伝承的、類型的な生活と文化そのもの」、……つまり「郷土複合」のなかで育ち、身につけてきた自己の人格、心性の自覚と反省の上に意識されてくる感情が郷土愛であり「われわれ」の意識である

（六六頁）と、誰でもが知っている常民の郷土意識を端的にまとめている。

「われわれ」意識は伝承性に支えられて特有の生活型を形造り、生活類型（社会的遺伝となる）と精神的類型によって維持される。そして社会的遺伝はまた伝承を通じて習得され、一定の生活型（模倣・暗示・同調・同化）に適応した人間の精神的類型に作りあげられる。日本のように、環境的・歴史的制約の変化の少ない集団では、伝承度は強く、特異な文化的形質をもつ社会的人格をつくることになり、それがまた住民相互の精神的紐帯となる。郷土色はこのようにして形づくられ、その意識・自覚が「われわれ」意識を強化するのである（六九頁）。

「われわれ」意識の最たるものは方言である。言語の同一性こそ共同感を強くするもので、そこにつくられるコミュニティ意識は世間のすべてである。島国のなかで、内観的・保守的な寛容性と順応性にめぐまれた団結力の強い民族性の著しい国民性から生まれた生活文化・芸術・宗教・文学の成果が郷土的人格を形成し、祖先崇拝・氏神信仰がふるさとのシンボルとなった（七八・八五頁）、という。

・ふるさと意識が「型の文化」の構造的性格を規定し、それがハードな自我意識の形成を阻み、〝自我不確実感〟を生みだしたことがよくわかる。その日本的自我は歴史的所産であって、いま、その善し悪しを論じても意味はない。しかし、〝型の文化〟を法文化の観点からみれば、法がそれと齟齬を来すことは決してないのではないか。なぜなら、型にみられるルールは拘束力をもち、西欧法のそれと大同小異である。「社会あるところ法あり」は西欧も日本も同じ。小異こそが法文化である、と読者はすでに了解されていることと思う。

(5)「日本人の生活の秩序」（直江広治）

長い歴史のなかで変らず残る人間生活の基本的部分、いわば生活の秩序について論じたもの。まず、生活の位相をハレとケに区別し、それを対照させながら日常行為を律する態度について、年中行事（節供）がある。月の数と日の数を重ねた〝重日〟、旧暦の朔日《ついたち》と一五日、七日・八日や二三日・二四日（満月・上弦・下弦の月）。そして人生の節目（誕生・成年・婚姻・年祝《としいわい》・葬儀）を意義付ける通過儀礼。以上の恒例のハレの日に加えて、新築、講、天気祭、旅立ちなども。これらのハレの日には食物・衣服（ハレ着）を改めた。これらの区別は、現代における生活条件の変化に従って（ハレの日をふだんの日にも再現したいという欲求）、まず都市生活のなかで混淆し、ハレとケのけじめは淘汰されつつあるが、全く喪失した生活になるとは考えがたい、と結ぶ（一一八頁）。

(6)「日本人の共同意識」（最上孝敬）

われわれの共同意識が培われてきたのが村落を中心としたものであったこと、それは経済・信仰・娯楽慰安など生活の多くの面に及んでいたことなど、ここに述べられていることは周知の事実であろう、と思う。

(7)「日本人の表現力」（大藤時彦）

われわれの生活表現が、それが培われた封建時代から今日まで残存していることも周知に近いことと思う。目つき（「目は口ほどに物をいう」）、身ぶりとしぐさ（失敗を笑ってごまかす、鼻先でフンといって相手を見下すなど）、敬語・ことわざ・あだ名に表れる表現形式があり、表現が外形にとらわれる性向として、主観的・感情的・連想的な面が強く、西洋にくらべて精確度に劣る、という。

(8)「日本人の権威観」（和歌森太郎）

① 何が〝権威〟であるかは時代によって異なり、奈良・平安は〝美〟、鎌倉・室町は〝聖〟、江戸では〝善〟、明治以後は〝真〟が最高とされた（平泉澄）。が、これは指導者の理念における見方であり、著者は大衆一般の権威観を問題にしたい（一七三頁）、という。

② まず、身近な範囲で権威を見出す傾向があり、人間が対象となる。例えば、中世の僧侶、近世の儒学者、現代の科学者などであり、さらにある媒介を通じて、その存在をしらされる場合があれば、血筋・閨閥などの族制的性格つまり〝毛並み〟である。そして、これらの権威観が現れるのは会合における座席順である。しかも、この座席順の立て方にも型があって、一に信仰上の役割（現代では希薄）、二に役付きによる順は村の祭・寺の行事や冠婚葬祭などにみられ、三に家柄（名門）の順、四に年の順序・経験の長短などがある。

③　自立自存に自信のない日本人は他力依存が通性になりがちである。そこには親分・子分的組成をもつ日本社会の型が遺存し、ひとりに集中する権威をできるだけ個々ばらばらに分散させる西欧社会からみれば、一人一人に公共社会が開かれておらず権威分散の経験のない歴史的事由がそうさせたといえよう、と。そのため、パブリックなものへの責任感が弱く立身出世主義の傾向を生んでおり、権力への抵抗も行動的表現によるよりは、諷刺的抵抗が発達した。室町期末の狂言、江戸後期の川柳による諷刺などは、その典型的例である。

(9)　「文化の受けとり方」（萩原龍夫）

①　日本文化の世界的位置付けについて優秀とか低劣とか、両極端の議論がとびかっているのをみると、この両極端の意見では、むしろ外国文化に対する正当な判断が行われていない証拠とさえ思える。正当な判断のためには、脱皮の経験を繰り返した日本文化の場合、民族文化の中核、つまり民間伝承や常民文化の重要性に注目しなければならない（二〇一頁）という。つまりは、明治期における文化の継受についての間違い（例：家督相続）は、指導者が常民文化についての正しい評価をなしえなかった点にこそ問題がある、と。

②　矛盾を含んで錯綜した重層性の日本文化について、重層性は外来文化と固有文化から成ると説明しがちであるが、真因は表層文化と基層文化との相互関係にある、と著者は断言する。一般には表層文化に目を引かれがちで、地域性や歴史性（地方史や郷土史の例）と結びつけて理解され易いが、文字の偏重からくる年代記による歴史構成ではなく、特殊性を越えた文化形成の本質的問題、つまり基層文化への理解が必要である。

例えば、祖霊信仰と接合した盆の儀礼（ハレの行事!!）は民族信仰（仏教で説く説は部分的）から、元旦は朔《つい》日《たち》・晦日《つごもり》の常民による年中行事から来たもので、文字の知識による暦の上の話ではなく、生命の秩序から捉えられた自然をもとに考えられた基層の常民文化としてであった。従って各地の民間伝承は雑多なもののように思われがちであるが、そこには遠隔地同志における一致が明確に示された例は頗る多いのである（民族の統一性）、と。

そこで、民間伝承の比較から見出される体系をもとに高度な文化との結合関係（基層文化と表層文化の統合）を考えると、民間伝承が高度文化によって形を与えられている、と。つまり、実質的なものは民間伝承に備わっていることが多く（祖霊信仰を基本とする墓制、神祇信仰や祭の作法にみる民間信仰の祖形）、外来文化の受容も固有のものを残し、双方が対決するという機会をつくることはなかった。

③　文字が民衆の面前につきだされた例は法令（明治期以後）であり、とくに民間の慣習の存在を考慮していなかったため、不幸な出来事を招く例があった（二二〇頁）が、外来文化に対し根強い対応をして、表層文化の建設の母胎となった、と結ぶ（筆者は法のタテマエとホンネの話題を想起する）。

・本章の解説について、明治・大正・昭和一桁生まれの世代の読者は常民学について改めて考えたと思うが、戦後生まれの研究者には、今さら古い昔のことを振り返ってもと感ずることの多い論述かも知れない。しかし筆者が第二章で論じたことを想起すれば、的を射ている部分が多いと評しうる記述があることに気付くと思う。

⑽　「不安と希望」（堀　一郎）

日本人の精神生活史において、不安をどう感じたか、それをどう処理したか、それによって日本人の生活文化・人生観・宗教的態度に、どのように反映し性格付けしてきたかを論じたもの。不安を感じたときの解消のため、呪術や宗教が生みだされことは人類史の共通話題として論ぜられているが、日本の場合はどうか、と問う（すでに一で論じたものがあるが、この堀一郎説にも注目したい）。

①　まず、農耕社会にみられる時間と場の占有を契機として生まれる人間の有限性の自覚は〝劣性感〟（人間のはかなさと社会現象の流転）の認識と超人間力への依存心をかきたてる。そのため、まず生活の伝承性と系譜性の明確化をはかり、共同社会意識の強化を育むことになる。

この意識は共同体結合の強弱と比例し、優性感というよりは、存在不安からくる劣性感に基づくもの、つまり、防衛のための優越強調に外ならない（二二八頁）、と。この不安解消の方途として生まれたのが、民俗信仰と儀礼様式（自然の変化に対応する恒例の儀式、生活秩序の激変に対する臨時の対抗儀礼、内部的人間関係の変化に伴う不安に基づく儀礼の三種）という超人間力への依存である。これらは人間共通の要素でもあるが、それを特徴付ける特色のなかに日本人の性格を見出すことができる、という。

②常民の信仰には、公共的なものと私的なものがある。前者は村・同族集団によって保持せられ、氏神・産土神、寺檀関係の形をとり、祖先祭祀の一形式である。対して後者は門口・大黒柱・神棚の周囲に大黒棚・恵比須棚・荒神棚を祀り、講は同信の個人の集団であって自己防衛・生活力強化のために外から受け入れた信仰に基づくものである。そこには宗派・仏像に係わる教理は関係なく、神前読経さえ行われ、三三所巡礼、千社詣などは風俗とさえなっている。そういうわけで、個人の自由選択とはいっても、偶然もしくは盲従的傾向があり、日本人の古い信仰形態の影響がみられるといえる。

この古い信仰形態とは何か、それは生命の永続性と家の永続性を秘めた祖霊信仰と他界観念である、と断ずる。

・人生の無常に対する心情は巨石・巨木に対する畏怖心と神聖性（神の依代にすぎない点はアニミズムと異なる）に倣い準じて、人間世代の連続性に対する強い関心から自己の存在を再認識し、さらに他界での再生を念じて、祖霊信仰と他界往生を観念したのであろう。

③「このように農耕定住生活を媒介として獲得された自己存在についての限界性の認識と、外界および人間間、人間内部における法則的秩序的な変化、もしくは突発的偶然的変化、破壊などによってひき起こされる不安は、人々を駆ってその原因をさぐり、これを解消すべき方法の発見へと向かわしめる」。そして、「前者からは神の存在、霊魂観、人間観、罪の意識といった民間神学が生れ……後者からは変化の原因性探求による科学的と呼びうる断片的な経験知が集積されるとともに、変化によって破れた平衡関係を新しい秩序にもたらそうとする儀礼様式が生れてくると考えられる」（二二九頁）、という。

ところで、儀礼様式には、自然法則的な変化とみるべきもの（例：稲の循環過程）に対する儀礼群、生活秩序の激変（例：天災地変・疫病など）に対する対抗儀礼、そして人間関係の変化に伴う不安から導かれる儀礼群

(例：通過儀礼・死者儀礼) の三種がある。

これらの儀礼群を通して民間伝承が維持され、神話・伝説が創られ記憶され伝播されて、民衆を律する一定の行動と思考の組織を作り出し、さらに、これらの人生観・世界観・他界観・霊魂観に関する型がタブーの観念を、そして心理・倫理にかかわる思索を通して常民の精神に注入される。このような過程は、ひとり日本に限ったことではないにしても、文化的環境によって民族的信仰として現れる情緒的反応は一様ではなく、その具体的様相のなかに民族・人種を性格付ける特徴を生み、日本人の宗教的態度を特色付けているのである、と。

この場合の日本人的特色は、とりも直さず農村的人格型であり、農耕の季節祭と先祖祭が合体して常民信仰ともいうべき民間神学を生んだものと考えられる (二五一頁)。

この民間信仰といわゆる本地垂迹思想との融合は正しく国民性の然らしめるもので、日本文化史を特色付けており、そこに長所的特徴が存したとも、模倣性の強い他動的性格を形づくる欠陥を内蔵しているともいえよう、と結ぶ。

・日本人の個性考察に民俗宗教の検討は欠かせない、と筆者は考えている (第八章参照)。その点から民俗学による日本人論は必須の課題である。もっとも、それに関する多くの事実は、戦前・戦中世代の研究者にとって昔からの〝しきたり〟〝祝いごと〟〝祭〟として知っていることは多いと思う。柳田編著の紹介を読んで頷かれた部分の数々が、それを証拠だててくれたはずである。しかし、それが法文化論の素材としてどこまで生かせるのかについては、筆者に確たる自信はないが、本書がいうように、常民信仰が日本人の基層文化 (筆者は深層文化と名付けたい) に深く係わっている以上、その素材の扱い方に留意すれば、日本人の法観念を特色付ける論点が見出せることは確かである。

4　これまでの叙述によって、西欧的な社会科学的考察と日本的な民俗学的検討の較差は如実に顕在化したといえると思うが、その何れにも納得できる指摘があって、〝雑種文化〟とか〝混合文化〟とかいわれる所以もここに存するといえる。もっとも、人間性の考察に当たって、その表裏性（この場合はタテマエとホンネ）とか二重性とか、果ては多重性とかいわれる民族あるいは国民はほかにも多くあることは読者の方が御存知であろう。そうすると、その二重性や多重性のそれぞれの性格ならびに融合のあり方に特色があれば、それが当該文化の特徴ということになるのであろう。

ところで、これまでの論書だけでも、「日本人の心理と論理」にみられる二（多）重的性格の各要点は論ぜられていると思うが、なほ、思想界の大物〝よろずや〟中村元が自我の実相的〝見立て〟をわかり易く説いた『日本人の思惟方法』（一九八九年）が残っている。しかも、それに関連する幾つかの重要著書があり、本節の筋立てに従って、中村説の紹介かたがた、それらにも触れてゆきたいと思う。

(1)　中村著の中味は、「序」に続いて、「与えられた現実の容認」（第二章六項目）、「人間結合組織を重視する傾向」（第三章一五項目）、「非合理主義的傾向」（第四章七項目）、「シャーマニズムの問題」（第五章）、結語となっている。

まず「序」においては、外国文化とくに仏教思想の導入にあたっては、知・不知を問わず、母国のそれとは異なった独自の変容を示しているが、それを厳密に検討したいという。そこに本書の独自性を見る思いがするということか。

(2)　第二章より。現実主義といわれれば、筆者が直ちに想起するのは、〝日本宗教〟の「現世利益《げんぜりやく》」と、継受法の理念（タテマエ）に対する文化遺伝子の適用にみる現実（ホンネ）であるが、とりあえず中村説の主要論点を精察していこう。

①　山・川などの自然物、森・木・石などに神霊の降下を仰ぐ万有神的な神祇信仰、および「空」の理法より世俗の立場にたって護法の唯識説を研究する仏教哲学は、現象や実相のうちに絶対者をみようという立場にたっている。そのため与えられた現象世界に安住するという思惟方法をとることになる。従って精神をもたない自然

界の「非情」（有情の対）も成仏する（草木国土悉皆成仏）のである。釈尊も成仏、我も成仏、草木も成仏という思惟のもとでは現実肯定に終始すること明らかである。それが日本人の自然愛好心に基づくことは、読者にとって、すでに自明のことであろう。

ただ自然愛好といっても、日本人は小さいもの（盆栽・盆景など）や優美なもの（華美ではなく）を尊重する傾向があり、それは個々の花鳥草木への愛によく現れている。また自然愛好が季節感と深く結びついていることは誰もが感じていることであろう。しかも、このような自然との一体感が、人間の現実世界との強い調和ごころを生み（殺生感の熾烈な他国との比較からみて）、現実肯定の感覚を刺激することが強かったと推測しうるのである（以上第一節）。

②　現世を穢土、来世を楽土と考える世界の諸宗教に対し、原始神道では現世に価値を認めた。そして精神的要求に応ずる仏教が入ってきても、却って仏教を現世中心的な、祈祷呪術の類を主とするものに変容してしまった。しかも、理想的人間の表徴を仏像のうちに集約的に表現し、輪廻転生の哲学は現世における覚者の思想（例えば即身成仏）として強調された。浄土教、例えば真宗ですら平生業成《へいぜいごうじょう》（平生に往生の業が完成する）の立場にたって、往相に対する還相《げんそう》（かえるすがた）を重んじた。

参考のために、今までしばしば引用してきた有名な道元の寸言による説示を引こう。「草木叢林の無常なる、すなわち仏性なり。人物身心の無常なる、これ仏性なり。国土山河の無常なる、これ仏性なるによりてなり。阿《あの》耨多羅三藐三菩提《くたらさんみやくさんぼだい》（最上のさとり）、これ仏性なるがゆえに無常なり。大般涅槃、これ無常なるがゆえに仏性なり」（『正法眼蔵』仏性）。

仏教に対する現世中心的な採り入れ方は、もともと現世主義的な神道にも影響を与え、完成した伊勢神学の神道五部書の『宝基本記』においては「天下和順、日月清明にして、風雨は時を以てし、国富み民安し」と説き、兵戈すら無用とまで述べて、現世主義は近世において、著しく顕著となった（四六—四七頁）。

とくに目を引くのは、インド仏教の身体不浄観（小乗仏教に伝わる）・厭世観は、花鳥風月の世界に浸ることで乏しくなり、自然への愛着心に姿を変えたという卓説も説かれて、現世中心的教説に置き代えられたことが強調されている（以上第二節）。

これこそ、日本宗教の特徴と目される「現世利益《げんぜりやく》」（家内安全・病気平癒・学問成就・商売繁昌）の基層に外ならないといえよう。

③現実主義のクライマックスは「人間的自然」である。

恋愛の情熱に至上的価値をおくインド思想は、儒教の倫理観をも弱体化させて変容し、「夫婦別あり」の儒教は、日本では夫婦和合を説く人間自然の本性に従うことになってしまう。愛欲を成就する民間信仰の対象として、聖天（歓喜天）や愛染明王が本尊とされている寺院を知る読者もいるはず。

僧侶の結婚は人間的自然の本来の姿であり、戒律の破棄は道徳的秩序のそれとは異なるのであるとまで解されることになる。さらに、法要に当たり飲酒が通例になっている（不飲酒は五戒のひとつ）ことは衆知の事実である（以上第三節）。

④社会事象の特徴として、権力的支配関係より構成員相互の親和感が表面上現れている。従って寛容宥和の雰囲気のただよう様相が濃い。平安時代の約四〇〇年間は死刑が行われていないという事実は、他国に例をみないはずである。こういう宥和的精神状態は、これまで多くの論者によって「和の精神」とよばれ、古く聖徳太子までもがしばしば引用される解説が容易になされてきたことに同調する論者は多いはずである。

確かに西洋の場合、同一の宗教的伝統のなかで異論を主張したり批判運動をおこすときは、古い伝統にプロテストするという形で意見が表明されている。それに対し日本の場合は、南都六宗批判の古い話から鎌倉・室町期における新宗教の主張の例までを含めて、新宗教は旧宗派に対して、それに敬意を払いながら新しい道を辿るという方法をとったことを想い起こしてみればよい。が、この話の詳細は法文化の深層にある信仰における自我意識のあり方の問題として、第八章に譲りたい（以上第五節）。

⑤　この寛容の性格は、外来文化の移入に当たって、よりいっそうその威力を発揮した。つまりは、ユーラシア大陸の東端に位置する島国として、有史以前から物資は勿論、文化においても、圧倒的な西からの移入を経験し、すでに述べたように様々な文化の溜り場となっていた。整合性を考えたり統一法を編みだす工夫をする余裕もなかったに違いないが、それでも異質だからと排除する気配さえみせないで調和点を探し整合性を考えて、自前のものとして消化してしまったのである。寛容・融通・貪欲といわずして何であろう。つまりは、寄せ集め文化でありながら、そこに個性をもつ自前文化をつくりあげたのである。

民族学の、佐々木高明『日本文化の多重構造』（一九九七年）の結論をかりれば、「日本文化は多元的な起源を有し、系統や系譜の異なる文化がその基層に蓄積され、多重な構造をつくり出していることが明らかになった。言葉を換えれば、日本文化は、本来多くの文化を容易に受け入れ、しかも、それらの諸文化を統合するプロセスの中から、新しい特色を創造する『受容・集積型』とでもいうべき文化的特徴を有することも明らかになったのである。このような受容・集積型の特徴は、日本文化にある種の柔軟性、多様な文化にさまざまな形で対応できる柔軟性を付与することになったといえる」（三一九頁）、と。

しかも「二一世紀の指導理念は……西欧的文明（自由・平等・人権・市場原理などを指す）を理想とした『単系的な発展と進歩』の思想ではなく、民族文化の限りない多様性を前提とした『調和と協調の哲学』が、二一世紀の指導理念として求められることは間違いない」（三二五頁）と、法文化の多元主義に同調している点に注目したい。

⑥　ところで「調和と協調」とは〝自らなる論理〟である。

そこで、同じ問題意識をもつ論説、日本文化の根源的な契機として「おのずから」思想に着目する、相良亨『日本の心』（一九八四年）の「なる論理」についても一言したい。それは「日本人の自然観」から理解される

「おのずから」という言葉に触れた章（二一九頁以下）であるが、自然観としての「おのずから」は、また歴史観としても捉えることができるという論説の部分である。即ち、「キリスト教は、宇宙は神によって創造されたものであるという。そこには『つくる』論理が働いている。しかし、これとは対照的に日本の神話は、この世界を、なりゆく世界として捉える。……キリスト教的な『つくる』論理ではない、『なる』論理がここにはある」と。続けて「日本人は、歴史を『つぎつぎになりゆくいきおい』とうけとる。……そこには、ことの本質、あるべき秩序の観念はなく、『おのずからなる』という『自然的生成の観念』が中核となっている」（二二五頁）と。

このような「おのずから」の論理の指摘は、相良に止まらず、本書以前に、九鬼周造、丸山眞男、唐木順三などにもみられるが、法文化からみれば、「日本において自生的に形成された『ところにつけたる定』の習俗への随順が、『おのずから』への随順であった。習俗にないことを、智をもって『別に定め』るのは『天地にそむける』行為である」（二三九頁）という、相良の言葉は、「おのずから」の定め＝世間の道理と「別の定め」＝法律とのあり様に関する法文化の定言である。

・人為を加えず自らそうなるという心情に、人の意思を想定する読者がいるかも知れない。確かに、親鸞の「自然法《じねんほう》爾《に》」とは正《まさ》しく、〝教え〟そのものという例がある。つまり〝おのずから〟といっても、〝自然のままに〟という判断が働いているわけであるから、そういう意味で〝成る文化〟も単純にホットケというわけではない。それに対して、「非想非非想処」という仏教語を想起する読者がいると思うが、詳細は第八章に譲りたい。

(3)　中村説の第二点（第三章）は「人間結合組織を重視する傾向」という主題である。主題の中心は「人の間主義」、つまり、人間関係を重視する心情・考え方の話である。その行動様式として、中村があげる論点で注目したいのは、具体的人間関係の重視と独立した個人的自覚の不明瞭さ、および、人間結合組織の絶対視と力による組織擁護であり、何れも個人の自我意識のあり様に密接な関係をもつ問題である。もっとも、すでに論じられた問題と思う読者がいるだろうが、中村説の要点を確かめておきたい。

①　著者は、まず「日本人の思惟において人間関係が重視されるということは、現実の外部的な実践的行為において、日本人が礼儀作法を重んじるという行動様式のうちにあらわれている。一般に西洋の社会においては、人々のあいだの応対挨拶がごく簡易であるのに対して、日本人のあいだではきわめて丁寧である」（一一九―一二〇頁）と。

このような礼儀を重んずる傾向は、中国における礼の観念（『周礼』『儀礼』『礼記』など）の移入によって十七条憲法第四条に結実し、身分的・階位的秩序（儒教の礼とは異なる）として近年まで重視されたことは広く知られている。とくに、この人間関係を重視する方向の顕著な例が「義理と人情」の観念であり、多くの日本人論のなかで言及される論点であることも同様である。

しかし、表現は異なるが、西洋にも同様の倫理観を表す考えとして、イギリスには「友人を見捨てない」という言葉がある。が、中国（とくに現代）にもイギリスにもない日本の礼の顕著な例は、「お辞儀」である（一二一―一二二頁）と。そこで多くの論者が言及している定言、「義理と人情」について一考しておきたい。

②　「義理」とは、もとは仏教用語で、ことわり・道理（『増壱阿含経』）、ためになること（『瑜伽論』）、仏性の性（『梵網経』）、事柄・わけ、経典の説く意義、正しい道筋（『沙石集』）などがあり、日本語としては、つきあい・交際などの対人関係で人が務めなければならないと意識されたこと（『曽我物語』）・世間的交際の上で仕方なくする行為＝お義理（『浮世風呂』）などの用例がある。近世には「ぎりと褌」といわれて、処世上欠いてはならないという意味の諺となり、義理に制約されて思うようにならないことを「ぎりの柵《しがらみ》」といわれて、仲間主義のマイナス面で捉えられる面が多い。

「人情」も仏教用語で、人の気持（『無量寿経』）、迷いの心・執着心・思慮分別・世間的なものにとらわれる心（『正法眼蔵』）、一般的通念・世のしきたり（「天理」と対、『景徳伝灯録』）などをいい、日本語としても、人間が本来もっている心（『続日本記』）をいい、殊勝の意をもつ言葉である（『仏教語大辞典』『日本国語大辞典』より）。

しかし本来、神妙な意をもつ双方の言葉は、人も知るように、西鶴・近松から明治以後には、情緒的傾向（中村）ないし皮膚感覚的人間関係(11)（板坂元）を表す意味に曲解されて使われるようになる（日本的ということか）。

③　ここで、源了圓『義理と人情――日本的心情の一考察』（一九六九年）を紹介せずばなるまい。冒頭、彼は「文化との関連においては『恥と共感』の文化の問題として、……『義理と人情』の構造を明らかにしてみたい」といい、「『情と共感の文化』と呼んでもよい」という。それは、安土・桃山時代に自覚的に形成された「人間が人間らしく生きようとする態度」、つまりヒューマニズムと理解できるというのである（四頁）。

「西洋の古典的ヒューマニズムは、個人の完成と個性の尊重ということを柱として成立していた」のに対し、「情を中核とする日本のヒューマニズムにおいては、それが『物のあはれ』という美的理念を生み出したとき、西欧ヒューマニズムとはちがった仕方ではあるが、そこには個人の完成への志向があったと言ってよい」（一五頁）と。

そして、〝個性の尊重〟という点で日本ヒューマニズムが不十分であったのは、自と他との厳然たる区別がなかったという点に、その理由がある。「情と共感の文化」においては、〝甘え〟によって「自己の欲望を自我によってコントロールすることを知らないため、自我の発達が十分でなく、他者との情的なつながりがたちきれることに不安をいだくから」であり、「日本的ヒューマニズムは、やさしさや思いやりの念にとむとともに、個性の強さ、個性の尊重に欠ける」からである（一七頁）と。

「『情と共感』の文化」（日本的ヒューマニズム）に続き、源が説くのは「義理の構造」（個別主義的社会の人間関係）である。冒頭、「義理と人情」という言葉ほど厄介なものはないといいつつ、「義理とは義務であり、公的世界にかかわる人倫である」、「人情は、人間の欲望や感情の自然なはたらきであって、私的世界にかかわるものである」とし、「対概念に置き換えると『公と私』ということになる」という。従って、「『義理と人情の板ばさみ』などと言うとき、社会的責務と、自己の人間性にもとづく要求や情緒との葛藤に悩むわれわれの心的状態を示すことがかなりにある」ことになる（二四頁）。

ところで、義理には、「冷たい義理」（「お義理でする」というように「させられる」ということ）と、「暖かい義理」（情的でパーソナルな人間関係において成立する内的規範）があり、「われわれの生活の中に機能している義理の大半は、この二つの義理の世界にまたがって、明瞭な輪郭をもたないもやもやしたものであろう」（二七頁）。その理由は、義理とは、「好意を与えた人と好意を受けた人とのあいだの人間関係が長期にわたって存在すること、さらに彼らの所属する社会が閉鎖的な共同体であることが、その成立の基本条件」であり、一つの習俗として生活規範になったものであるから（二八頁）と。

「冷たい」とか「暖かい」とか、この自己矛盾的性格は義理の観念を判り難いものにしているが、はっきりしているのは、「普遍主義の立場に立つ倫理ではなく、個別主義の立場に立つ倫理である」という点である。そして、この点は人情の場合も同様であり、「義理も人情もともに個別主義的性格の社会や文化の産物である」。違うのは、「関係の規範的側面が義理であり、心情のはたらきの面が人情である」（三〇頁）。

ルース・ベネディクトは義理を最も珍しい日本的なものである（『菊と刀』）といったが、源は、西欧の市民社会においても義理的事実は存在すると考えているといい、改めて、日本人の義理観念の史的展開についての検討を進めることになる。

④　村落社会のなかで成立した「公と私」の区別のない倫理観念の下では、普遍主義的倫理観は育たず、共同体の一員としての役割から生まれた個別的性格のものであったため、一方で思いやりとか共感とか、他方で他人との関係を拘束するなどの矛盾した「恥と共感」の文化として形成された（四五頁）と。

また、西欧における神と人との契約から生まれた法の下では、普遍的な客観性と尊厳性を保障された倫理観が基本にあるが、個別主義的約束の意をもつ日本では、契約という言葉はあっても、「好意にたいする返し」（筆者・御恩と奉公）という意味であって、普遍的な法意識は日本社会の中には生まれにくかった、と述べる（四六

―四七頁)。

・義理は公的、人情は私的な倫理として、そこに日本的ヒューマニズム観がみてとれるが、双方の情的色彩が心中一体となって心理的拘束観念に展開したということか。

⑤　人間関係の重視について、中村の著作に戻る。中村は、次いで、言語文化の型を論ずる。ここは敬語の問題であり、拙稿二と重なるが、中村説の流れとして、簡単に見ておきたいと思う。曰く、人称代名詞はなかでも複雑豊富で、いわば敬語法として特別に発達している国である、と。話す相手・話題と自分との関係(目上・対等・目下・親疎・力関係など)に応じて、人称代名詞が異なっており、それを混同すれば摩擦を生ずること請け合いである。そしてこのような制約が名詞や動詞の使い方をも制約していることは多くの社会人が経験していると思うが、そこには、個人を等価値な独立した存在とみていないという心理が働いているといえる(一二四―一二五頁)。

・表現方法の制約について、その具体例の説明はいらないと思う。が、詳しくは『類語辞典』の「私」「あなた」などの項目を引けば、多くの表現とその使い分けを知ることができよう。

ところで、このような人間組織(世間?)において個人を強調しないことは、古代や封建社会においてはどこの国でも認められる現象であるとの反論を、西洋史を学んだ読者なら誰もがするに違いないが、日本の場合は親和感が強く(それが「人の間主義」である)、その性向を現代まで引きずっているというのがここでの問題である。中村によれば、米を常食として一定の村落に定住して社会構成員相互の間での系譜上の立場が知れわたっていたことに原因があるという(一三一頁)。一言でいえば、「ムラの論理」とか「イエ社会」とか、これまで広くいわれてきた問題の一つであるが、同旨の次の重要問題に移ろう。

⑥　「人の間主義」といっても、抽象的な人間ではなくて、限定された特殊な人間結合組織に従属する人間である。本来、能動態で表すことを、間接的な受動態で表現し(「する」が「せられる」の例)敬意を生かす例など

は今でもよく知られているが、それが特定の人間結合組織においてはとくに顕著である（以上第三節）、と。

中村によれば、仏教における人間結合組織は、教団の構成組織と信徒の崇拝形式にみられ、そこでは普遍的教理よりも個別的教団が重視されて排他的・閉鎖的な傾向がみられる（本願寺教団について顕著であることは史的に証明されている）という。そして、この傾向は仏教教団に限らず、神道諸派においても、さらに、もろもろの芸能領域にも及んでおり、日本人一般の社会的習性にもなっている（結果でなく原因と中村は考えている）のではないか、というのである（第一〇節）。

この人間結合組織の擁護は、名誉をまもり、道義をまもるためであって、その強さは「いのちを鴻毛の軽きに比す」と表現されるほどであった、と説く（第一一節）。一般に〝日本人の仲間意識〟といわれる事象である。

米山俊直『日本人の仲間意識』（一九七六年）によれば、この意識は〝両刃のヤイバ〟だという。「顔をきかす」・「なわばりをつくる」という例では、悪いイメージを表した言葉として使われているが、地位・立場を楯に有利にことを運ぶとか、仲間の勢力範囲をきめるとかは、動物の生活本能でもあり、人間社会においても、日常生活の現場でどこにでもみられる社会現象ではないだろうか、と。そういう認識の下で、米山は、なお日本の場合について、組織の活性化という一面と不自由な社会という一面の、功罪両面を表す独特の意味内容を含む心理を表現している（一三二頁）、という。

⑷　〝具体的人間関係の重視〟と並んで、中村がとりあげた論点は、〝力による組織擁護〟の問題である。

中村曰く「人間結合組織をまもるということは、単にその物質的な利益をまもることではなくて、また名誉をまもることであった。それはまた道義をまもることでもある」（二九〇頁）と。このことは日本独特のものではないが、その傾向のとくに著しいのが日本であって、その根拠は、かつての武士道における慈悲の徳にあり、その影響は一向宗や日蓮宗の武力使用の場合にも及んだ、と。自己の属する宗教教団を擁護するための武力による献身的努力は、秀吉の刀狩令によって、その後は力によって教団を護持・拡大しようという思惟傾向に変わり、例えば鈴木正三の二王禅の荒々しい説に、沢庵の柳生但馬守に対する剣道の教え（『不動智神妙録』）（中村二九七―二九八頁）のなかに、力によって生かされる精神活動の根拠を見出すことができる。そして、このような考え方は日本仏教に特有であるという。

また、仏教は出世間の教えであるが、わが国では「世俗的生活のうちにおいて絶対の真理を体得すべき」（三〇一頁）と教える。在家のままで救われるという思想家としての親鸞（彼はいう、非僧非俗と）の名を知る読者は多いと思う。また道元の「只管打坐《しかんたざ》」が一般人の修養に資するものであることも同様である。

・このように人間の実生活を重視する傾向は、人間結合組織を超える具体的真理に基礎付けられて、教団の宗教意識を高めたと中村はいいたかった、と筆者には思える。

もっとも、「日本人は宗教に対して無自覚である」という評価が一般に行われていることを知る読者は多いと思う。確かに、日本人の現実主義はそのときどきの便宜主義におちいって、不変の宗教真理に無関心であるという例を、われわれは実生活のなかでしばしば経験している。そういう現状のなかで、宗教教理から日本人の心理を論ずることにどれだけの意味があるのかという疑問をもつ読者も多いのではないかと思う。が、この問題は第八章で考えることにしたい。

5　これまで述べた論点は、中村の「人間結合組織を重視する傾向」（第三章）である。ここで強調されたのは、これまで多くの論者が日本人の心理的特徴として言及してきた〝集団主義〟（それも西欧流の個人主義の対概念として）という論点の立ち入った解説であった。つまりは、単純に集団主義で一括りにできない、〝人の間主義〟から発想した自我抑制の歴史論理的解説である。

(1)　中村説は、宗教学という立場からの考察で、特殊専門的だと感ずる読者に対して、筆者は、ここで、社会文化の観点から集団と個人の関係を簡明に解説した、荒木博之『日本人の行動様式』（一九七三年）を参照してみたいと思う。

まず、日欧の行動様式を比較するキー概念として「集団と個」あるいは「他律と自律」が極めて有効という提示から始まる（集団の論理は規範であり、他律はそれに従って行動する属性である）。それは、石田英一郎説に従って遊牧民型と農耕民型で捉えられ、次のような荒木の図式に従って示されている。

牧畜民的基層文化―移動的個人社会―自律的個性（個の論理）―男性原理

農耕民的基層文化―定住的共同社会―他律的個性（集団論理）―女性原理

「両図においてもっとも対比的なものは、遊牧対農耕という基層的な文化の相違から発する牧畜的移動的社会構造と、農耕的定住集落的共同社会の構造の差であるだろう」（二一四頁）。

「農耕的定住集落的共同社会においては、生存のための食糧生産という大前提の前にはいかなる個人の恣意も許されなかった。集団の成員は、共同の作業に、共同の祭式、儀礼にお互いの連帯感を深めながら相互依存的に生きていかざるをえなかったのである。個人の恣意の許されない世界を動かすものは、当然集団の論理であった。そして集団の論理が絶対的に支配する世界は、すなわち他律の世界にほかならない」（二一四頁）。

「広漠たる草原を牧草を求めながら羊のおもむくままに移動してゆく孤独な遊牧民をイメージとして思い浮かべるならば、彼らが農耕民に比していかにその本質において自律的・個性的でありえたかは容易に想像することができる」（二一五頁）。

そして「図式に示された遊牧民の男性原理、農耕民に於ける女性原理という対比は、それぞれ、自律、他律の従属概念として当然導入されるべきものであるが、石田英一郎氏も唯一神的、峻厳な家父長的最高神を祀《まつ》る文化として牧畜文化に男性原理を、原始母神、母なる大地につらなるものとして農耕文化のなかに女性原理をみたことは、牧畜文化と農耕文化の本質の一局面をそれぞれ違った道筋から探り当てたということもできるわけできわめて興味深い」と、石田説との関連を説いている（以上第一章）。

次に（第二章）、全体社会的「ムラの構造」の解説に入るが、そこでの互助機能と個人の存在様式については、読者も充分承知の話題であろう。しかも現在は、変革の途上にあるということも広く知られていよう。

(2)　ついで「集団論理と個の論理」（第三章）「他律の概念」（第四章）という法文化の重要論題に入る。まず、「百人が百人かならず……集団論理に基づく発言をした」としても、「個の論理は本音《ほんね》であり、集団の論理はたてまえである」（五三頁）という提言があって、建前優先の集団論理に従って行動するから、本音の個の論理は常に抑圧されており、こういった個の押しつぶしが日本では美談といわれている、という。

例えば、勤労にからむ「一種の『お互い』意識、共同体の成員としての集団意識」が生活の潜在意識となって、集団との同調志向が重視され、「お互いに頑張ろう」という集団心理が個人行動の抑制を招いているが、集団の雰囲気との同調によって、却って自我が回復しエネルギーを出し切れており、こうして他律が行動指標になっている、というのである（以上第三章）。

次いで、他律的行動様式は女性原理的に動いてゆくという話。自然観照の繊細さ、身辺の出来事を細々と描写する私小説の存在は女性原理的な例証であり、土居の『甘えの構造』も他律性とその下部概念としての女性原理に組み込めるし、歌謡曲に表れるセンチメンタル・イメージ（別れ・夢・花）の「ふるさと志向」も他律の徴表である、と。こうした女性原理に基づく他律は自我の不在につながる（可変的自我という）として、日本人の行動様式のもつ一面を解き明かしている（以上第四章）。

(3)　以上の解説を補完するように、深層心理学的考察の、河合隼雄『母性社会日本の病理』（一九七六年）が現れる。この論説は『中空構造日本の深層』（一九八二年）において一部補正され、さらに『人間の心と法』（二〇〇三年）（前出・第五章）において総括されている。七六年版から簡単な解説をする。

母性原理は「包含する」機能をもち、すべてのものを平等に包みこむため、自我の確立は行われにくい。対して父性原理については「切断する」機能に特性があり、主体・客体、善・悪、上・下などに分類する。日本人の自我は他人に対して開かれ以心伝心で同意に達し、意識の構造は無意識内の自己を中心に形成されるから、人間関係において無意識の自己相互を共有しあい一体感をもつ。好ましいのは「察しのよい関係」で、契約は無関係である（南二三七頁）と。

八二年版は、日本を母性社会と呼んだのは欧米と比較したからで、アジア諸国に比べると、日本は父性と母性のバランスの上に立っている。古事記神話をみれば、「中空性」が基本となっている。中心が空であれば善悪・正邪の判断を相対化し対立する者の共存を認めることになるから、統合者を決定する戦いが避けられる。そこで中心は空性の体現者として存在し、周囲がその中心を擁して戦うのであると天皇制を位置付けている（南二四八頁、二〇〇三年版は第五章参照）。

(4)　時代を戻そう。「人の間主義」について「間人」という概念で問題提起をしたのは、浜口恵俊『「日本人らしさ」の再発見』（一九七七年）である。

「浜口によると西洋の個人中心の人間観に対して日本では人間《じんかん》としてのひと、『対人関係の中に内在化された』ひと、『間人《かんじん》』であるという。間人の三つの基本属性として相互依存主義、相互信頼主義、対人関係の本質視を挙げる。第一は、『人は互い』という考え方である。第二は、相互信頼感に支えられ、互いの私生活にも触れる交遊や、腹を割った親交である。第三は、間柄自体が本質的な価値を帯び、相互の連関を持続させることだけが望まれたりする」。

「日本人は、伝統的に、集団の中でこそ自己が生きると考えてきた。その一例が稟議制度である。起案者には……制度的に自律性が確保されているが、関連部門と調整（根回し）して、組織全体を配慮した原案をつくるから、稟議制度はまさしく連帯的自律性の上に立っている。……日本人は、近代的自我を持たない弱い個人だという評定も、西洋人的視角からの表面的観察である。各自の自己表出は、属する上位システム（家・地域社会・組織体）との関係で良好なホメオスタシスを保つためには、戦略的に限定されざるを得ず社会的に高度に洗練された形態をとるにすぎない」（南二四一―二四二頁）という。
まさしく、個の論理は本音であり、集団の論理は建前であるという、荒木説と平仄が合っているのである。

(5)　さらに精神分析学による、小此木啓吾『モラトリアム人間の時代』（一九七八年）は流行語にまでなったベスト・セラーといっていいだろう。

南は「社会意識の表層で否定される『母なるもの』が、深層心理では今日でも人々を支える日本社会を動かしている」という紹介文で始める。

日本人に特有な「罪をゆるし、ゆるされる」母性原理は、欧米の「罪に対してそれを罰し償わせる」父性原理と対照的である。そして、「西洋的な個人主義の確立に挫折した時の拠り所となるのは深層心理に生きている『日本の母』である」と。さらに、「絶対的な悪人も、絶対的な善人もなく、状況に応じて善くも悪くもなるというのが、日本的人間観である。以心伝心の日本的なコミュニケーションは、自然に相手の気持を察し、相互性の対人関係を無意識のうちに期待する……」（南二四四頁）。

南は、この小此木説に対して、彼の「母性原理論は母子関係には適用されるとしても、それを上司・教師と部下・学生の対人関係にまで拡大して一般化するのは、複雑な日本社会の条件を考えると疑問がある」と評している。

(6)　筆者も、対立概念で日・欧の違いを、一方を強く肯定し他方を否定するという分析方法をとる説明では腑に落ちない。それでは個性の説明ではなく異質な対立的分析に終わってしまう嫌いがあるということは、すでに読者に了解されていると思う。むしろ、川本彰『日本人の集団主義――土地と血』（一九八二年）がいう「日本人の伝統文化の中で育成されてきた集団主義は全体主義ではなく、個人の確立も否定しない。日本文化では集団と個人は相互に許容しあい、補完しあうものである」（南二四九頁）とみて、実際問題に応じ、どちらに加担して考えるかという臨機応変の態度が、中村のいう〝現実主義〟に見合うのではないかと思う。

また、浜口恵俊・公文俊平編『日本的集団主義――その真価を問う』（一九八二年）で、浜口は「日本的『集団主義』とは、各成員が仕事をする上でお互いに職分を越えて協力し合い、そのことを通じて組織目標の達成をはかると同時に、自己の生活上の欲求を満たし、集団レベルでの福祉を確保しようとする姿勢」である、と述べ、『個人』と『集団』との相利共生を目指し、成員間の協調性（人の和）が重視される。それは、福祉組織の確立による自己充足をはかる『協同団体主義』とも言える。日本人の組織では……職場集団……を単位として業務がなされるから、成員は協力して職場をカバーする必要がある。集団レベルでの行動主体性を『連帯的自律性』と呼ぶ。その特徴を持つ日本人は、人間モデルとして『関与的主体』の典型で、欧米人の『単独的主体』と対照的である。欧米人が『個人』であるのに対して、日本人は自他の間柄自体が自己を規定する『間人《かんじん》』である。間人は、間柄それ自体の維持・充実をはかり、その関係性にある意味で神性を与えるような強い価値意識を持つ。これが『間人主義』である」、と。

「公文は間柄主義的な社会集団の組織・原理を、物（仲間・ウチ）中心主義、所属の原則、応分の原則、過分の原則、興味と無常の原則、競合いの原則、とまとめている」（南二四九―二五〇頁）と。

・「間人主義」「人の間主義」「間柄主義」などの観念は、論者の名付け方に違いこそあれ、同じ意味内容をもつ概念であろう。ここまでくると、日本人の行動原理について、これまで単純に個人主義と集団主義の対立概念で説明してきた比較文化論は色あせてみえる、と筆者は感ずるがいかがであろうか。南博の〝日本的自我〟が発表されたのが同年というのは偶然ではあるまい。筆者の問題関心も、自我構造如何の深層から法文化を論じたいという欲求に始まって、南の論著に注目したということを思い出す。

しかし、それはそれとして、これまで参照した日本人論史をみると、一九七〇年代後半から八〇年代にかけて、日本的自我と個人・集団主義の関係の問題が論者の強い関心を引いていたことがわかる。専門による重点のおき方と見方の違い、それに伴う方法論の違いが各様の論旨を生み出し、隆盛期となったといえる。

それにしても、〝日本人の集団主義〟論は根強い。典型的な論説として、筆者が紹介したいのは、間庭充幸『日本的集団の社会学——包摂と排斥の構造』（一九九〇年）である（南から引用）。ここでは、「日本人の集団には包摂と排斥の構造があるとし……包摂とは、一般には集団が他者……を集団規範になびかせて同質化し、自らの内部に取り込むことである。排斥とは、一般には集団が他者を異質化して外部に押し退けたり、集団内で差異のしるしをつけ象徴的に排斥することである。日本の社会は同質のもの同士の同調性が強いため、自分だけが異端視されるのを極度に恐れる。異端は結局孤立し、何も実践できなくなる。異端者を締め出すことで同調性を強化し、包摂力を高める。包摂も排斥も、つまり同化も異端も生身の人間まるごとに対して要求されるのであり、特別なイデオロギーや信仰だけが対象となるのではない」と、南は紹介する（南二六四頁）。こうした心理構造下での個人主義の提言（日本国憲法）では、「日本の個人（主義）はモノ取り、カネもうけ主義のエゴイズムに変身してしまう。……解放された個の『権利』と私的欲望（利権）は一体のものであるが、それが後者に中心を移したといえよう。近代的なマイホーム主義、企業一家主義、組合家族主義、大国ナショナリズムなどの新しい同調集団を「集団型共同体」と呼ぶ」（南二六五頁）と論ぜられると、後段の解説が思い当たるだけに、まだまだ集団主義論批判の説得力は不十分なのかという疑念が湧く。

6　中村元「人間結合組織の重視」（第三章）を契機に、「義理と人情」「日本人の行動様式」（集団主義か）、「日本人と個人主義（可変的自我）」へと話題を広げることになった。こうなれば、〝日本人の個人主義〟に言及せずば、法文化論として画龍点睛を欠くことになろう。再度、論及する機会があると思うが、これまでの論議について、ここで触れておくことにする。

そこで中村・第四章に入る前に、この論題について一言しておきたい。

火付け役は、山崎正和『柔らかい個人主義の誕生——消費社会の美学』（一九八四年）および続篇の『日本文化と個人主義』（一九九〇年）である。

⑴　まず前者から（ここでの引用は一九八七年文庫版）。一九五〇年代の「所得倍増計画」から六〇年代の「経済大国化」、七〇年代の住民運動による「地域の時代」を経て、個人は職場と家庭の縮小という社会状況のなかで多元的な帰属関係をつくりはするものの、孤独な自分自身に向きあうという、個人主義的性格を強める条件を芽生えさせてくる（二九頁）。モラトリアム状態の出現である。つまり個人の個別化は個人の自立を促す条件ではなく、自己の内面を個性化しえず、社会のアトム化を形成するにすぎない。つまりはミーイズムという個人主義の頽廃現象である（四九頁）。

そして、ミーイズムは新しい社交の場所を求め、新しい自我による未来の個人主義の芽をのぞかせている、と解説する（六四頁）。

本書における日本の時代は「脱産業化社会」の形成期（知識集約型社会）であり、中産知識階級の成長によって「高度大衆社会」が出現する。大衆は〝生きがい〟を求めながら、それが何かがわからないというのが現状である（九七頁）と。こういうとき、人は自由すぎる自分の行動にたいして外的拘束を求め、伝統的な年中行事を復活させる一方で（筆者・町おこし・祭などの世間の復活か）、珍奇と非常識に走ることになる。

さて、原初において「満足を急ぐ自我」から始まった生産を目的とし手段とした自我は、感情を拒否し、自らの意志の貫徹をめざす剛直な自我をもって、近代産業社会における華麗な個人主義思想の体系をつくりだしたのである（二〇〇―二〇一頁）。

しかし、この硬質な自我も時代の産物であり、大衆消費の時代に入れば、生産的自我は消費的自我に転移する。そして、この消費的自我は他人を内部に含む自己満足であるから、生産的自我が自己を超越して自己観察する自我であるのに対して、自分を眺めるもうひとりの満足する自己を確認する二重の自我の存在を認めることになる。醒めた自我に対する酔っている自我といってもよい（二〇六頁）。それこそ、消費的自我は自分の欲望を限定しない自我であり、心身全体の機能を動員して気分として確認してゆく自我であるから、自分を評価してくれる他人の眼が必要である。つまりは、「他人にたいして柔軟にふるまひ、よりひかへめな自己主張を持つ自我になるほかはあるまい」（二一一頁）。即ち、より柔らかい個人主義の主張となる（柔らかい自我のイメージは過去の西洋思想史にも先例があるという）。

かつての乱世にいわれた「一期一会」は、孤独な自己の姿を見つめ直し、他人とともに満足を味わって幸福な自己を確認する機会を求めているという意味で、現在も通用する金言である、と結ぶ。

・いわゆる〝文化〟の機能に欲望充足・社会化・社会統制の諸機能が東西の別なく存在することは社会学での常識である。しかも欲望充足機能は山崎の指摘をうけるまでもなく個人の能動的自我から出発する。そして社会化機能によって、個人相互のつながりが生まれ統制機能がそれを強化する。それを組織というか集団というかはともかく、個人主義も集団主義も、同じ文化の両側面である。それが確かなら、東西文化について個人主義対集団主義と対語によって区分けしたことをどう説明していいのだろうか。

「一億一心」という戦時下の標語についてなら日本人の集団主義という設定も頷ける。その影響からか、近年いわれる「赤信号みんなで渡れば恐くない」との諺も、集団主義の証拠として引用されることが多いが、赤信号でも渡ろうという個人の前向きの意思を確認しないわけにはいかない。つまりは、これこそ「柔らかい個人主義」というもので、そう考えると、東西両文化の心理的基底を説明するこの対語は正確とはいえないという結論になる。文化の三機能でみたように、日本文化の自我の解説に向けて、個人主義から出発した山崎説は、その限りにおいて的を射ているのだろう。しかし日本人集団主義説が間違いだというわけではなく、個人と集団の対局のなかで、どちらに片寄っているかの位置の違い（相対的相違）にすぎないというところが真実だろう。それが筆者のいう〝融通する自我〟で、時に個人主義、まま集団主義に向き合うということである。そのため、慣れない個人主義が相当程度にずれた場面をつくり出すのではないか（現今のミーイズムによる無縁社会・孤族の出現!!）。

(2)　山崎の後著『日本文化と個人主義』(一九九〇年)に移ろう。
前著の、大衆社会・消費社会における〝柔らかい自我〟から、その後の思考経緯を通して生まれた〝柔らかい個人主義〟の立場にたって、学者仲間がいう「イエ社会」や「間人主義」などの日本文化特殊を批判し、〝日本文化の世界性〟を論じた書である。

まず、これまでの日本文化論には、「過剰な特殊化」と「決定論(文化原点主義)の危険」があったとして、八〇年代までの論調に異論を唱えることから始まる。表題は正しく「日本文化の世界性」である。その偏りは、まず「日本文化の農業的特性を強調しすぎる」こと、「人間どうしの集団的な協調や……濃密的な情緒的つながりを強調する傾向」(「間人主義」「間柄主義」ともいうべき独特の文明的特性)があったという説明にみられる、つまり「日本人の協調主義と西洋人の個人主義とは……対立する二つの人間存在の違い、人生の生き方の原理そのものの違いとして説明されている」(一三―一六頁)ことを批判し、日本人の個人主義について問題提起をしようという。例えば、村上泰亮・公文俊平・佐藤誠三郎『文明としてのイエ社会』という画期的業績においては、イエ社会構造が日本近代化の促進要因であったと解し、従来の俗説に対する革命的分析をしている点は評価できるが、イエ社会の間人主義的構造は日本人にとって宿命的であり個人主義とは無縁だという解釈を批判する。

そして、「日本文化の主流」について自説の展開が行われる。即ち、日本文化の核となるものは室町時代から江戸時代にかけて形をみせるとして、和室・和食の始まり、生け花、茶の湯、能、狂言などの芸能、西欧人との初の交流によるキリスト教の移入と鉄砲・造船・医術などの恩恵、そして、江戸時代の歌舞伎・浮世絵・三味線音楽などの芸術を紹介し、宗教観・政治観・経済観などが言語化されて近代前夜に及んだ(二〇頁)と。

こうしてみると、日本文化の中枢的伝統は、農民的でもなく、すぐれて家族主義的でもなく、むしろ都市的であり、商工業的であり、個人主義的であったし、町人の実質的な社会的支配力と旺盛な文化的自己主張は、一七世紀以降の西洋文化に似ていたことになる、と。その背景には、中世における公的世界観とそれに対する信義誠実の感覚があり、集団を離れた個人としての倫理観があったから、という。
武士階級は「殖産興業の指導者であり、土木技術、建築技術、立法、司法の技術の熟達者」であり、「農民そのものが、技術革新と新規事業へのあくことのない意欲を持っていた」（二七頁）と。

かくして、「日本人は中世を近代的に生き、工業時代の姿勢で農業そのものを営んでいた」（二九頁）ということになる。しかも、こうした素地は一般民衆の知的水準の高さに負うており、文化的感覚の繊細さに支えられていた（三〇頁）、と。畳・建具・食器・和服にみられる部分の統一と組み合わせにみられる技術の普及は一般民衆にまで拡がっていたことが、その証拠だと考えられ、さらに時間感覚の確かさ（分単位）、それを守る倫理を考えると、近代産業の根幹にもかかわる重要文化だといっていい（三一頁）、という。

大衆の寺子屋による就業率の高さと読み書き能力の発達、茶の湯・連歌・能の拡がりから、歌舞伎・浄瑠璃の民衆レベル化といった大衆文化が成立した（江戸時代）が、その背後には、多くの住民が個性の多様化をみせ都会人の意識をもっていた都市化現象があり、室町時代には京都の住民はさまざまな価値観をもつ生活様式を主張し始めている（『徒然草』）。しかも最初から都市は農村から孤立しておらず、そのあいだに文化的交流があったという特色がある（三四―三六頁）。

室町・桃山の文化人が憧れた平安時代の私的世界（日記・随筆のたぐい）への執着と個人生活への強い関心は、江戸時代には歌舞伎の恋愛・家族愛にみられ、「いき」の感覚には、「自己を十分に表現しながら、そのことによって他人の自我を侵すことを避け、むしろ他人との美的な同意のなかに、自己の個性を確立しようとする努力が働いている」。「他者を身近に置きながらそれを畏怖し、あえて他人の評価のなかに自己の実現をめざす、いわば柔らかい個人主義の姿勢だといえる」（四八頁・傍点筆者）と主張する。

また江戸時代の国際通商の理論（例：藤原惺窩）には、異質文化への寛容性をこえた国際交流の普遍的原理を提案する姿勢さえみられるように、現実主義であり、人間は人間でありうるという〝普遍主義的個人主義〟があった（五五―五七頁）という。つまり、「日本文化は個性的であってもおよそ特殊ではなく、彼らが国内で信じていた公的世界は、そのまま海を渡って、文字通り地球的世界につながっていたのである」。また、江戸時代における企業家精神は、勤勉、忠誠心、均質性、協調性といった「日本的経営」の特質と共に、「連」（俳諧・狂歌などの社交的サロンの絆）にみられるような大衆文化の人間関係に支えられて、情報や物資の流通が行われ、近代産業化と資本主義的市場の形成に役立った（六〇頁）というのである。

(3)　第二次大戦後、それまでの政治的圧力が弱まり、個人に自由が保障されると、村上その他の「イエ社会」、浜口恵俊の「間人」、井上忠司の「仲間主義」などの新しい認識が発表されて過去の投影から解放された。柔らかい個人主義の徴候は「イエ社会」（イエの原型は平安末から鎌倉初期の関東領主がつくったもの）の二〇年後に見え始める（擬制的家族としてのイエの妥当範囲は江戸時代でも日本社会の構成原理としては半分の地位を占めるにすぎず、イエ社会の構成員はイエに属したまま同時に別の人間関係に属し、社会の情報はイエ以外の人間関係からえていた）。「イエ」の存立を裏付ける〝間人主義〟〝間柄主義〟（浜口恵俊による）は、自己中心主義・自己依拠主義・対人関係の手段視という西洋に対し、相互依存主義・相互信頼・対人関係の本質という特徴をもち、「真に社会的な個性は間人のなかに現れ、それが逆に個人全体と集団全体の両方を性格づける」（八〇頁）と、〝日本人の集団主義論〟を批判する。他方で、この理論は、人間関係のなかで顔のみえる隣人によって自己の個性を見出し、この関係の連鎖として社会全体をみるという、関係から実体をみようとした点で革新的であった、と評価もする。即ち、協調と自由を両立させ、思いやりと競争を背反させない説明で自国文化を弁護している、というのである。

が、「間人とは協調的な心を持った個人の別名にすぎない」（八二頁）とし、個人主義とは人間主体のあり方の違いではなく、精神態度の程度の差にすぎないと指摘する。つまりは、人間を個人たらしめ、また間人たらしめる人間行動の構造的違いを説かなければ、間人主義は、日本社会の特性というより普遍的な観念を述べたにすぎない、と。

・日本人の心理について個人主義が説かれるようになったことに、戦後四十数年たった時代思潮の変化、とくに憲法の影響を考えないわけにはいかない。しかし、山崎により、個人の行う社交によって人の間（関係）が生ずるといわれれば、個人（主義）も間人（主義）も同じことになってしまう。

この問題についての筆者の感想は、〝融通する自我〟によって社交が行われる日本に対し、西欧では自律できる自我が社交を行うのであって、換言すれば、親和的な世間において、時に他人でも利害が伴う関係があるときは、自我を融通して人とのつながりを考える日本人に対し、自我の欲求に基づいて拘束の少ない社会システムを見つけるか作るかして自己実現を企図する西欧人というふうに、自我の保持態様に違いがあることを認めざるをえない。

この点から個人主義との関連を考えれば〝個人主義〟の思想的概念規定には二義、即ち自由と強く結びつく個人至上主義（リバタリアニズム）と語り合いによって価値の共有を不可欠とする共同体尊重主義（コミュニタリアニズム）があって、日本文化における人間関係の親和性を尊重する心理（世俗に〝和の精神〟という）も個人主義を本源とするもので、〝集団主義〟という反対概念で早とちりするのは誤りである。というわけで、個人主義の両義性に注目した山崎説は、この時期における画期的見解と評価できると思われる。

確かに、（調）和とか包容とかの言葉で評すれば、俗にいう世間という人の集まりにおいて求められる個性を指し、個人を離れた人間関係重視の心理と考えられ勝ちで、行きつく先は〝集団〟に通ずると解されても止むをえない。しかし、それでは比較的視点を強調したあげくのオール・オア・ナッシングの考え方に近づくことになるのではないか。もっとも、現在の日本における個人主義の社会通念には共同体尊重より個人至上主義に傾く気配が強いように思われる。核家族が喧伝され、さらに結婚についても契約説が提起される現状においては、何度かふれたように、俗にいう世間は勿論のこと、コミュニティ論も色あせてみえる。かくして、国家と個人の中間団体が崩壊し始めると、個人至上主義には国の人権保障義務しか頼れるものはない。それが不完全では、残された個人にとって無縁社会・孤族から孤独死の環境しかないことになる。つまりは、かつてのイエ社会に代わる中間社会組織・コミュニティをどう造ってゆくのかが喫緊の課題となる。〝成る文化〟に代わる〝作る文化〟の出番のようにみえるが、要するに、地縁社会の再生と活性化である。

著者の歴史認識は、「日本には社会を動かす二つの原理が併存しており」、それは「イエ社会と個人主義の原理であり、『一所懸命』と『一期一会』の原理」である。「農民、武士的な組織原理と商人の行動の原理だといってよい」。しかし、「イエ社会の方が圧倒的にめだち、ともすれば、日本社会の中心的な特質のようにみえる」言説の方が多いと思う。そこで「個人主義の原理をあらためて擁護し、あわせて日本社会の今後を予想しておく」（八四頁）ことを、本書の結びにしたいという。

⑷　まず、近代における産業化は個人主義を強化し社会の人間的可能性を拡大したが、大部の労働者から自己実現の機会を奪い没個性的存在にした。個人主義が幻想になったとき、日本人は社会をイエ型（企業一家）につくって、組織的に成長し（一九七〇年代が頂点）、社交による共感の醸成と入念な合意形成（根回しか？）を行った、と。

「近代的個人主義は内面の信条と一方向的な自己主張と、それにもとづく競争を是とする人間観」（一一八頁）であるが、個人主義のかたちとして唯一のものではない。この意味で、「個人主義は西洋文化特有の性格とはいえない」。西洋の悲観的な罪観念に対し、日本人は楽観的な「信」を抱いたままで、それ以前に個人が自己の尊厳にめざめたことは普遍的な原理（文化の原初的段階において）である。西洋の一七世紀から二〇世紀半ばまでは、個人が実体であるように思えるが、個別化の進行と個体の分裂によって、二〇世紀後半は複数の帰属関係をあらわにし、日常の自己を抑制し、立場や主張を棚上げにして会話を楽しんでいる。これこそ〝間人〟論であろう（一二〇頁）と。

しかし、山崎は、翻って間人論を批判する。それはこうである。間人論は日本社会の実証的観察研究として興味深いが、個人主義批判を趣旨とした「日本文化の大国的自讃につながりはしないだろうか」（一二四頁）という。

批判の第一、「間人論が小集団の意味を重視するあまり、個人についてやや狭い先入見を抱き、最初からそれを閉鎖的、孤立的なものに見すぎていたからではないだろうか」。「個人は多様な立場の複合体であり、複数の帰属関係の接合点にすぎない存在で」ある。

批判の第二、「人間が一定の集団をかたちづくって、その内部で相互の依存と信頼の関係が設立していれば、それだけで、どんな集団でも社会のホロン的な構成要素になりうるのか」（一二五―一二六頁）と自問し、個人主義は西洋だけの一般的思想ではなく、社交的意味（社交は社会化の純粋形態である）でいう間人主義は広く近代人の眼にも認められていたではないか（一三二頁）と。

しかし、筆者は、個人中心の便宜的なその場主義の単なるつき合いが社交であって、間人主義は、社交以上のいわば〝世間〟における外聞的人間関係にみられる間柄主義ではないかと思えるのだが。

西洋近代の個人主義が爛熟に達したとき「行きがい」感の喪失にあえいで求めたのが他人との社交であると考えると、それまでの「堅い個人」から「柔らかい個人」にという個人主義の変わらざる一貫性がみられる。他方、山崎著の八〇年代前半の日本の場合は、経済上の効率主義が職場・家庭を破壊し、ばらばらの自由な個人を生んでいるという現実がある。こうした個別化とその多様化が、個人による新しい人間関係を求めて、『柔らかい個人主義の誕生』をみることになったというのである。

・しかし考えてもみよ。間人主義の源泉が個人である以上、個人のつながりを社交というなら、確かに間人主義も個人の社会関係であるが、その個人は融通する自我をもつ以上、「柔らかい個人主義」は多様で多元的である。〝世間〟を先に論じた本稿において、〝世間〟は残るという明言を肯定するなら、日本が目指す個人主義は〝世間における個人主義〟であり、それが不可能なら〝孤族〟に落ち込むことになり（前述）、単なる社交における個人主義とは似て非なるものなのではないだろうか。「二十世紀の終末にいたって、日本文化の世界性はふたたび証明される可能性を見せている」（九四頁）という結語は褒めすぎにみえるが。

7　そこで関連した三著者を、ここで紹介しておきたいと思う。

青木保『「日本文化論」の変容——戦後日本の文化とアイデンティティー』(一九九〇年)であり、樋口陽一『自由と国家』(一九八九年)その他であり、小田中直樹『日本の個人主義』(二〇〇九年)である。

(1)　青木は、まず、戦後の日本文化論の時期区分として、

一　第一期「否定的特殊性の認識」(一九四五—五四年)

二　第二期「歴史的相対性の認識」(一九五五—六三年)

三　第三期「肯定的特殊性の認識」前期(一九六四—七六年)、後期(一九七七—八三年)

四　第四期「特殊性から普遍性へ」(一九八四年—)

と分け、戦後日本の〝文化とアイデンティティー〟の結びつきを検討しようという(二八頁)。

①「日本人とは何か」「日本文化とは何か」について、生活様式・価値観などの全体像について、外部から戦後初めて提示された『菊と刀』から話を始める。日本の伝統文化についての独自なシステムを評価したその影響力の大きさについては、読者も周知のことであろう。

著者がとりあげた二点は、その立場が「文化相対主義」であること、欧米対日本の比較であることであるが、比較によるその差異が強調されていること(クリフォード・ギアツ一九八八年から引用)、そのことによって東洋の神秘に対する西洋の明晰さが同じように脱構築されたことになっているという。その意味でベネディクトの態度を「西欧至上主義」と決めつけることは浅薄すぎることになるし、同時に、日本文化論はイデオロギーである(ハルミ・ベフ)という見解も至当であり、文化論はあくまで「仮定」といわざるをえない、と。つまりは、「設問と答えの有り様は、時間の流れの中で、さまざまに変化してゆく。国の発展、社会変化と文化変容、外圧と国際環境の変化など多くの要因がそこには働いている」(四六頁)というのが著者の立場である。

そして、第一期で引用される論文は、坂口安吾『墮落論』(一九四六年)、桑原武夫『現代日本文化の反省』(一

九四七年）、川島武宜『日本社会の家族的構成』（一九四八年）が、日本の後進性を。

第二期については、加藤周一「日本文化の雑種性」（一九五五年）、梅棹忠夫「文明の生態史観序説」（一九五七年）が近代西欧との相対的比較を説き、ロバート・ベラ『日本近代化と宗教倫理』（一九五六年）を引用する。

第三期については、中根千枝「日本的社会構造の発見」（一九六四年）、作田啓一「恥の文化再考」（一九六四年）、尾高邦雄『日本の経営』（一九六五年）、土居健郎『甘えの構造』（一九七一年）、木村敏『人と人との間』（一九七二年）が前期を、浜口恵俊『日本らしさの再発見』（一九七七年）、村上泰亮・公文俊平・佐藤誠三郎『文明としてのイエ社会』（一九七七年）、エズラ・ヴォーゲル『ジャパン・アズ・ナンバーワン』（一九七九年）が後期を代表する。

第四期は、特殊性を肯定的に観察した前期に続いて、尾高邦雄『日本的経営』（一九八四年）、ピーター・デール『日本的独自性の神話』（一九八六年）など、日本文化の肯定的特性の認識に対する反省として、①日本文化の連続性を強調し、そのなかで国際化の問題を処理しようというものと、②日本文化の特質中心主義だけではやってゆけないから、「自文化」を制限しつつ「国際化」を行おうという立場のものが現れる、と。

本稿でこれまで述べてきた文化論の系譜を想い起こせば、青木の系譜論の内容も理解できると思う。とくに、前述の山崎正和論が、本書の第四期に正しく符合することがわかる。

この戦後日本の「日本文化論」の四時期は、次のような軌跡、即ち、「経済の高度成長に応じて、『否定』から『肯定』への、『自信喪失』から『回復』への、『前近代的』から『超近代』への、『後進』から『脱産業化』への、あるいは『モダン』から『ポストモダン』への、明らかな変容を示すものである」（一五〇頁）と、青木はまとめる。ただし、「『日本文化論』が『外部』に弱いことは、それ自体の固有の『価値』をもたないからである」（一五一頁）ともいう。

② そこで日本文化の今後のあり方についてであるが、まず「文化相対主義」の立場にたって、「『異文化』と

『自文化』のインターフェイスを作用させるものこそが、本当の『文化論』である」（一五五頁）と。ところが、ウォルフレン『日本権力の謎』（一九八八年）によれば「ニホンジンロンは、日本人であることのイデオロギーを、個人尊重の西洋人の概念の侵入と西洋的な政治主張そして日本の政治システムに対する西洋的論理法があたえる脅威に対して防衛しようとするものである」（一五八頁）。またジェームズ・ファローズ『日本封じ込め』（一九八九年）曰く、「自分たちの生活が世界のどこの人間の生活原理とも同じような原理に則って動いているということを日本人に感じさせる理念が弱い」（一六〇頁）とも。つまり、ここには、「ウォルフレンもファローズも、『日本文化論』の隆盛に刺激されているが、日本人および『日本システム』にみられる『普遍性』の欠如の理由に、『日本文化論』の主張する『肯定的特殊性の認識』の論点をあげている」（一六〇頁）。が、双方の日本論は「閉じられた議論のサイクルをまわる印象を与えずにいない」と、青木は論駁し、西欧近代「絶対主義」は文化相対主義へと転換しており、「世界各地の個々の文化は独自の自律した価値を有し、何人もそれを侵犯することは許されないとは、国連の理念の基礎にある考え方となっている」（一六五頁）と。文化の『普遍性』と『個別性』のバランスこそ、いま世界では何を語るにせよ、主張するにせよ、強く求められることなのである」（一七一頁）と結ぶ。

「おわりに」で、青木は、七〇年代にかけての文化人類学者による日本文化礼讃論には生理的嫌悪感さえ感じていたと感想を述べる。近代史における「拝外」と「排外」のサイクルは、論理的というより感情的（あるいはイデオロギー的）性質からつくられたものであるから、そこから抜けて、〃特殊性〃と〃普遍性〃を世界に提示したかった、というのである。

(2)　個人主義は、いうまでもなく日本国憲法における「個人の尊厳」の主題でもある。そこで個人のあり方、つまり、社会と国家との三者関係についての憲法論についてみておきたい。

広く知られているのは、樋口陽一の論ずる、①ルソー＝ジャコバン型国家観（フランス）、②ホッブス＝ロック型国家観（イギリス）、③トクヴィル＝アメリカ型国家観の系譜である。①では、身分的中間団体は革命により解散され、解放によって自由となった個人は国家権力と直接対決するのに対し、②では、国民国家の成立により国家に保護を求める個人が誕生して、その権利を国が承認する、そして③では、多元的社会の役割を積極的に評価し、公的・私的権力による個人の自由侵害を防禦する後見人とみる個人主義観である。[12]

ところで、革命後、権利の主体となった個人は自立し自律できる人間として想定されている。身分共同体の拘束と保護から解放された「二重に自由な」個人である。つまり、この個人は自己決定をし、その結果を自分自身が引き受けるという「強い個人」でなければならない。[13]しかし考えてもみよ。「人は人なしでは生きられない」という格言すらある。従って革命後のフランスでは、家族を積極的に肯定することになり（一八〇四年フランス民法）、一九世紀中葉まで家支配権が市民的自由の砦とされていた。これが、のちに家族からの解放を目指すフェミニズムの主張を生むことになったのである。[14]

さて、現実に存在するのは個人である。しかし、人なしでは生きられない個人が個人とつながって、そこに社会が成立すれば、個人あっての社会ということになる（社会名目論）。しかし、この点について、社会的関連がなければ個人の観念は存在しないという見方もできる（社会実在論）。この個人と社会の関係の見方のなかで国家権力をどう捉えるかには違いがあり、その違いはそれぞれの国の政治（思想）史の流れのなかで出来上ったもので、ルソー型かロック型かに分かれ、理念型として想定されたものではない。とくに国家権力のあり方の出来具合（民衆が国家をつくったアメリカと、君主制の存在を前提にするフランスとの場合における違い）によって、この場合、国家権力・社会・個人の三者の対抗関係に違いがでてくるからである。

日本の場合は、戦前における集落や家族制度を中心とした濃厚な地縁・血縁関係の影響の下で、戦後に憲法の個人主義を規定したのであるから、その遺制として戦後も保持した「イエ社会」「会社社会」の存在によって社会実在論に傾くことになったことは多くの識者の指摘するところである。しかし、新憲法が「個人の尊厳」を受け入れたときに、識者が頭のなかで予想したのは、初期人権宣言における「強い個人主義」だったに違いない、と筆者は推測する。〝全体主義から個人主義へ〟という重い響きに〝振り子の原理〟が共鳴し、〝自由と責任〟が強調されて、個人主義を憲法典の金科玉条と印象付ける解説が広く行われたからである。

しかし、社会の実相は、なおイエ社会的労組や会社の終身雇用などの中間団体的要素を遺制として再生していたから、その後も人権保障の強調は永く広く行われ、強い個人主義に基づく自由論は、自己中心的自由の支えともなって、中間団体を排除し、その結果、いわゆるミーイズムの氾濫から核家族の分裂・崩壊を招くことになったことは多くの読者の知るところであろう。そして、政治の無策の結果が無縁社会であり、孤族の出現であり、孤独死が新聞紙上を賑わす結果となったのである。

これぞ、ルソー型国家観の猿マネの結果であり、個人主義徹底論は日本人には不向きであることを教示する実例となった。

しかし他方で、人権保障論がアメリカ型の多元的社会を構想する場合、戦時下における〝隣組〟などに対する反発もあって世間からはうるさがられ、時流にも乗って、〝国家〟による保障（社会権が典型的）に向けられるというのが研究者の思想的趨勢となった。いわゆる「国家の人権保障義務」の問題提起である。「からの自由」に対する「による自由」の人権保障論は、ロック対ルソーの憲法論として一七世紀終りからあったが、日本国憲法においては自由国家（国家よ去れ）対社会国家（国家よ出でよ）の国家観対立の問題として、再び俎上に上ることになったのである。そして「国家よ出でよ」の声がＩＴ社会に結びついてでてきた問題が国民総番号制であった。

・日本の場合、その「お上」意識には単なる庶民収奪機構と同時に恩恵賦与機構とみる観念があり、世間による救済機能が弱化すると、「お上」があてにされるという観念が歴史的にあったというのが筆者の感想である。が、ここでいう「お上」とは徳川封建制度のもとでは、天皇か、幕府か、藩主かという問題がある。法制史について寡聞の筆者には藩主と思われ、幕府や天皇ではない点に日本特有の鍵があると思う。つまり、それらは現代流の「国家」ではないから、その恩恵をうける（「国家による自由」）という場合でも、「国家からの自由」に矛盾しないという意識があるのではないかと推測している。

再び、樋口説に戻り、「現代法思想の類型基準としての個人主義の意義」を論じた部分から紹介する[15]。西欧では、『「個人』と『社会』の緊張よりも融合を強調する思想」が、「より民主主義的な・より社会国家的性格を強調」することになると説かれている。その理由は、国家の社会に対する介入が全面化して、私的社会と公的国家の活動が不可分になり、「国民主権の統治構造のもとで治者＝「国家」と被治者＝「社会」の自同性が実現した」からである（藤田宙靖説より）と。

こうした反（非）個人主義社会観に対し、個人と国家の緊張を出発点とする個人主義社会観は、「アトム的個人」への解体とナチズム登場という歴史的経験と表裏をなしており、〈主権の成立と個人の解放〉に密接な連関をもつがゆえに重要である。国家・社会二元論は、国から自由な諸個人がつくる社会であって、国家と個人の中間に社会が存在するわけではない。自由な個人の活動領域が社会にほかならず、諸個人の総称としての社会も国家と対置しているという意味で二元論である。これに対し、国家社会一元論は国家も社会の一形態として捉えられ、「下からの民主的創造」が強調される一元論である。この両論についての日本的終着点はどこかという問題に対し、どう答えればいいか、それこそ難題である。

(3)　さて、人権思想における「強い個人」はどうなるのか、樋口は、近著『国法学——人権原論』（二〇〇四年）のなかで総括しながら、こう述べる。

「強くなれない個人の空虚を補う代償として、『階級』や『民族』や『宗教集団』などにアイデンティティを求める主張、さまざまの形態のコミュタリアニズムが『人』権宣言以後の二世紀のあいだ、かたちを変えては反復してあらわれてくる」。かくして「西欧文化圏のなか自体で、『個人主義』という言葉で、『強い個人』、つまり、自立し自律する個人の理念を想定する論者と、反対に、私的領域に逃避し非政治的で無気力な個人の実在を問題とする論者がある」（五三頁）。近代法が「個人」をつくり出したときにつくられた例外の「家族」は、正式の婚姻をした夫婦とその間に生まれた未婚で未成年の子女を含むに止まり、家長に絶対的権限を与えたという。その背景には、家支配権が市民的自由の砦とされていたからだというのである。そのことが、後にフェミニズムの攻撃の標的になるが、家族からも解放された場合の個人はどうなるのかが問題である。

日本の場合、「個人の尊厳」を規定する以上、家族解体の論理をも包含していると見るべきだ、と樋口はいう（五六頁）。「強い個人」の立場にたてば、尊厳死、妊娠中絶、臓器移植のための脳死などの態度決定に肯定的影響を与えることは間違いない。つまり、個人の自己決定とは「魔術からの解放」という形式であるが、個人の自立・自律といえば、意思主義を根本におくと同時に、「個人の尊厳」という客観的価値を倫理的前提とする内容に係わる問題である。自己決定という独走の危険と客観的価値の追求との間の緊張関係を自己に課したのが、近代個人主義の二重構造的性格である（六〇―六一頁）と。

しかし、「強い個人」の本源的欠点は、「社会的・経済的弱者」である。福祉国家といえど、それを「強い個人」にすることは不可能だ。そう考えれば「強い個人」はエリートのイデオロギーであるか、もしくは憲法上の単なるスローガンと考えるほかはない。「弱者が弱者のままでは『自由』にはならない」とは、加藤周一の言葉[16]である。

「強い個人」のさまざまな問題的様相を考えてみると、山崎正和の「柔らかい個人主義」の出番がきたように思われる読者は多いだろう。そこで、樋口は、それをどうみているのかについて一言する必要がある。樋口曰く、山崎のいう「柔らかい個人主義」が『他人との調和的な関係を含む』ことによってはじめて成立する『個人』というのなら、この『柔らかい個人主義』は、つまるところ個人主義ではないだろう。『他人との調和的関係』を意識的に展望する……ということならば、そのためにこそ『剛直で硬質の自我の自己主張』をする個人が不可欠だ、とするのが西洋近代思想の主流だったはずである。日本の伝統風土を基準にすれば、前者のコメント（個人主義ではない）があてはまるだろう。『柔らかい個人主義』の提唱者自身については、後者（「剛直で硬質な自我」）の論及があてはまるはず……」（七九頁注14）と。

ところで、樋口の見解は、「単純な普遍主義と単純な相対主義の双方を拒否した批判的普遍主義によって人権の普遍性と文化の多元性を両立させようとする途」（容易ではないと断りつつ）であり、「一方で『伝統的・共同体的価値』と集団のアイデンティティとの尊重という名目で諸個人間の対話を断ち切ってしまう傾向には抗し、他方で『普遍』の名のもとに『相違』を地均ししてしまうことを拒否」するという、「普遍を、どんな具体的な歴史的実在とも混同しないこと、それを『ひとつの引照基準、ひとつの願望、ひとつの分析道具、ひとつの指導理念』として位置づけることだ」（七六頁注10、ドミニク・シュナッペルの引用）というのだから容易ではない、と。

・この矛盾する解決策における個人のあり様は、それこそ法文化の課題であるが、集団主義を誤りとみる筆者の解答は、今のところ、「融通する自我」（無我まである）による「現実主義的個人主義」と仮に考えている（第八章で詳論する）が、「個人の尊厳」を「強い自我」による「自己中心主義」と感違いしている世間があることは、何度も説いた。

(4)　日本文化にとって、個人主義との対応が難問であることは間違いない。樋口説からだいぶ経って、経済史学者の、小田中直樹『日本の個人主義』（二〇〇九年）が発刊され、大塚久雄の経済史学を終始引用しながら、戦後における「自律による経済成長型個人主義」をめぐる時代思潮の流れが論ぜられた。

まず、戦後、一貫して個人の自律が日本人の課題として、いかに論ぜられたかから始まる。地方分権に関する三位一体改革（二〇〇四年）、ゆとり教育（一九九九年学習指導要領）、就活にみるニート・ひきこもり（二〇〇五年調査では卒業者の一七・八％）などが、経済成長実現のための政策原因とされているが、その政策の本源に「個人の自律」が求められている、と。そこから、自律の意義（二章）、自律のメカニズム（三章）、自律の先にあるもの（四章）が語られる。

日本で個人の自律（丸山眞男「自由なる主体的意識」）が求められる理由（ここで川島武宜説を引用）、そして、著者が惹かれた大塚久雄の言論活動（戦前戦中の発言からマックス・ヴェーバーの影響、そして敗戦後の論壇登場とポスト近代主義の所説批判）をめぐる内外学説を紹介し、「大塚が提示した個人の自律のメカニズムは、教育による啓蒙、啓蒙による個人の自律」とまとめられる（八七頁）。さらに、個人の自律を他律的に実現する他者啓蒙には宗教意識が必要であるとし、無教会派に属した大塚を紹介する。次いで、他者啓蒙（最近の生涯学習までを含む）の役割、あるべき公的秩序を議論する「公共空間」論（自律と他者との対立との妥協による）、宮沢俊義の「八月革命説」にみる個人の自律の創造……と諸学説を大塚史学と交流させながら紹介し、自律する生活の困難性からくる社会的関心は、自分の利益を最大にしようとする利己的行動になり勝ち（アダム・スミス）であり、自律が社会のシステム化につながってしまうのでは民主主義は行われないことになるから、「自律した個人は、自他を批判する懐疑精神という属性をそなえていなければならない」（一七六頁）と。

個人の自律というためには、「懐疑精神とコミュニケーション能力を兼ねそなえ、そのうえで『自ら立てた規範に従い、自らの力で行動すること』である（一八〇頁）という。このような個人主義について、大塚説を引用し、「自律による社会的関心&経済成長という類型」があるとし、それには「個人が自律し、利己心と同感にもとづいて自分の利益について合理的に考え、それを最大化しようとつとめれば」いい、ただし社会的関心が必要で、それは個人主義の延長線上に存在しうるのであって、何れにしても自律という現象から思考を進めろ、と自説を結ぶ（堂々巡り?）。

・アジア東端の島国で育った日本人が国際社会のなかで活動するようになった最初の社会分野は貿易・金融などの経済活動であり、しかも、欧米流の「契約」主体の取引の形態であった。いやでも欧米流の個人主義を理解し、見習わねばならぬ場面が終始存在したことは、ジャーナリズム誌上を賑わせたことで、素人にも理解できる（「経済成長型個人主義」の言葉が何よりの証拠）。著者が経済史学者であり、その道の先学の一人、大塚久雄に魅かれたことは当然の事理である。しかし、個人主義の正しい論理が一般人にまで浸透したかとなると、未だ時期尚早という感がある。

個人主義感覚について、日本と欧米との間に大きなギャップがあることを感じている読者も多いと思う。ことに個人主義とミーイズムの混同がみられる社会状況を考えると、日本社会は個人主義になったとはとうてい言えない。しかも、最大の難題は、他律を唱導する大宗教団体が日本人の心を捉えてきたという歴史的事実である。憲法の「個人の尊厳」の行方がどうなるかは、西欧憲法史に練達の人、樋口説にとって大きな関心事であろう。と同時に今後の憲法学の課題でもある。特殊の枝に普遍をどう接ぎ木するか……。外国文化の受容と消化・融合は日本人の特技であったはずである。

8　さて、再び、中村元『日本人の思惟方法』に戻り、その第三主題「非合理主義的傾向」に入る。その中味は、非論理的傾向、直観的・情緒的傾向、客観的秩序に関する知識追求の弱さを中心に論ずる。

(1)　まず、言葉から入って「日本語の表現形式は、論理的正確性を期するというよりは、むしろ感情的・情緒的である傾きがある」という。「純粋の和語をもって思想を表現する哲学は最近にいたるまでついに発達しなかった」(三七一頁)。その最大原因は「抽象名詞の構成法が十分に確立していないからである」し、文脈において関係代名詞がないため、思考過程を発展させる語法に欠け、論理的に思考を進められないためである（ここで「風が吹くと桶屋がもうかる」の話がでてくる)。

また、断定的にものをいうことを避けるが、それは相手の感情を傷つけないよう配慮するからであり、普遍的概念で判断を要約し表現することを好まないからである（三八〇頁)。しかし、日本の知識人の最近の傾向は、理論的な学問を愛好しているように思えるが、それはドイツ哲学が好まれ、その影響であると評している（三八三頁)。

(2)　実は、仏教には因明《いんみょう》という論理学があって、奈良時代以前にすでに移入され、奈良朝の因明学者たちが、「相違決定」の名のもとに、カント哲学の二律背反の問題を論じていたというから驚きである（三九四頁)。しかも、因明は当時の僧侶にとって普通学とされていた。が、江戸時代になると、論議とか問答と称されて極めて形式的・儀礼的なもの（論争表現の技術）に堕してしまったことは残念である。具体的な人間関係から切り離された推理の学としての論理学は、こうして国民性の非論理的性向によって、敬虔な作法に落ちついてゆく（詳しくは三九六頁以下）と。

抽象的論議を儀式化・芸術化してしまう日本人。中村は「日本人が論理学に適しないことは、ほとんど宿命的なようである」（四〇三頁）とさえ言っている。しかし、因明の術語から日用語となったものに「立破《りゅうは》」（主張と反対論）＝立派、「無体」＝無理などの例があり、論理学を普及・発達させることは可能である、と期待もする。

次いで、中村は和辻説（日本語は感情・意志の表現が表立ち、実践行動を了解する趣きを保っている。知的内容と関係のない言葉を音の同一・類似と感情的情緒的内容のつながりで具体的感情を表現することに長けている）を引用して「直覚の表現、個性の感情的表現には非常に適している」、「日本人の思想は理知的・体系的な理論としては発達しないで、むしろ直観的・情緒的な芸術のかたちをとって表現されることが多い」（四〇八・四一〇頁）という。

・法相宗の「唯識論」は、西洋心理学のイメージとはかなり性格が異なり、実践的心理学の理論であって、外界の事物の認識ではなく、「自己認識」、つまり自己の本性を探求してゆく体験知、「ほんとうの自分を探す」認識である。それは「空の心理を心の上に、つまり主体の側から明らかにしていこうとする性格」(17)のものである。

(3)　「西洋人がなんでもはっきりと具体的に細かに明示する」のに対し、「日本人のあいだの人間関係は、直観的表現にたよることが多い」（四一七頁）。それは「日本人の学問のしかたはてっとりばやく結論を求め、実際的であった」（四二六頁）からである。とくに「人間関係から切り離して事物を客観的に問題としようとしない態度は、おのずから、客観的な領域をそれ自体として考察しようとする思惟的態度を成立させない」（四四七頁）ことになる。「個別的・基本的なものと普遍的・属性的なものとの区別が直ちに意識される」ことは日本も西洋と同じだが、「秩序ないし法則は、客観的な事物についてではなくて、人間関係に即して、把捉されやすい傾きがある」。そのため「人間の思惟を客観的・論理的方向に純化させるのではなくて、むしろ個性の表現記述の方向におしすすめた」と。対象を表す語、「もの」は、客観としての「物」と主観としての「者」をも意味している。また、対象の認識に発展する「知る」は「情を知る」「人と知り合う」という体験了解や相互了解の意味が強く、知識や認識に相当する語ではない（四四九頁）。

「こういうわけで日本人の思惟方法の通性として、客観的現実を直視して自己の生活を反省するという点において薄弱であった。日本人は実践的であり、行動的技術に関して卓越しているといわれているが、行動意欲の貫徹に急なるあまりに、実践の成立する基盤に対する客観的考察が不十分となる傾きがあった」（四五〇頁）と。「構想的思惟能力にもとづく学問的省察よりも、直観的な「勘」が重んじられた」（同頁）日本では、自然科学的思惟がほとんど現れず、自然認識の学は、数学的基礎付けをもっていなかった、と第四章「非合理主義的傾向」を結ぶ。

・日本文化史の流れについて、異文化の受容と和風化の繰り返しと総括されたことが多い。このことを近代以降に限れば、普遍化の努力と特殊化による包容といえようか。「猿マネ文化」の評言をかりれば、猿マネで普遍化しようと異文化移入の努力をするが、文化遺伝子がそのままの受容による接合を不可能視し、つまりは和風化することで個性化の形をとり結実することになるということである。

中村説をかりれば、現実主義的性向に従って抵抗なく異文化（西洋文化）を受容するが、「柔らかい自我」では、論理的処理に筋は通せず、合理的処理に欠陥をもたらすということになるのではないか。

9　そこで一九九〇年代に現れた異文化受容の問題点を論じた著書に移ろうと思う。小坂井敏晶『異文化受容のパラドックス』（一九九六年）である。明治以降の『西洋化』を異文化受容過程の一形態として、社会心理学の立場から考察したもの」（はしがき）。経済発展によって、日本が西洋に追いついたころの証言と考えられよう。

⑴　まず異文化受容の原因から。「日本は西洋諸国による植民地化を免れた、世界の歴史上稀有な運命を辿った国」であるからこそ、「自発的に異文化を受容した」のであるが、伝統を保持していたはずの「閉ざされた社会」のもとで、異文化受容という「開かれた社会」がいかに可能であったのかという謎解きをしたいというのである。ここでヒントとしてあげられているのは、西洋人滞在者数〇・一%をこえたことがないという状況下で直接的交渉の影響がなく受容に対する拒否が生じにくかったこと、変容をうけて親和性の要素がある場合の異文化は日本人の集団主義（?）によって受容の促進効果を生んだということの二点であり、西洋と日本の接触の仕方、日本社会における対人関係のあり方という二要因を扱いたいという（序章より）。

①　まず、文化要素における西洋・伝統の共存について、「〈日常性〉の世界に属するものは西洋化度が低く、〈非日常性〉の世界に属するものは西洋化度が高い」（三一頁）のは、日常性＝不可欠であり、非日常性＝余剰に関連しているからで（三一頁）、日常生活における一般的言語使用では外来語の使用度が低く（現在では?）、外来語は非日常性的言語として余剰の世界におき外部にとどめおかれている（四二―四三頁）。

②　身体に関する美意識では、白人志向が支配的で、これは日本だけにみられるものではなく、世界に共通する社会現象である。ただし、黒髪は例外であり（六二頁以下、現今の茶髪をどう理解するか?）、日本人の伝統的美意識が生きていることを考えると、西洋要素は〈異物〉という認識をもち、異文化受容という表現には能動的・自発的心理をみることができる（六九頁）、と。

③　「日本人であることは、日本列島に住んで先史以来共通の先祖を持ち、日本語のみを話し、日本文化のみを所有するという」こと（九一頁）と、日本人の特殊性を強調しながら、「言語や身体美意識などにおける価値観の顕著な西洋化・白人化の傾向をそこに重ね合わせて考えたとき、日本人が世界の中で自己を位置づける方向性が自然と浮かんで」くる（一一五頁）。即ち、「日本人離れしている」という誉め言葉が、それを表象しているが、この「白色人種優越論」というイデオロギーは、どこからくるのか。

初代文部大臣の『英語国語化論』(一八七二年)、「日本語は不完全で不便」という志賀直哉「国語問題」(『改造』一九四六年四月) のフランス語の採用提案 (二一九頁) という脱亜的日本人論が主張されはしたが、やがて梅棹忠夫の「文明の生態史観序説」(『中央公論』一九五七年二月) にみるように、日本と西洋の文明同質観が現れ、そこには日本人の屈折した民族アイデンティティが読みとれる。即ち、西洋の近代的価値観が支配的である今日の文化状況にあっては、それを拒否することはできず、しかし、その文明化は決して西洋に劣らないと自負するジレンマが読み通せるのである、と。

④　異文化受容に際し外来要素の変質を試みることは日本に限った現象ではないが、「日本人ほど敏感に新しいものを取り入れる民族は他にないと共に、また日本人ほど忠実に古いものを保存する民族も他にないであろう」(和辻哲郎)。しかも、そのことが「表裏一体の関係にある点である」(二〇一頁)。「異物は日本文化に受容される際に大きく変容を受けるからこそ、日本文化自体には急激な変化をおよぼさないのである」。つまり「受容に際してこうむる変容のおかげで、異物がいわば解毒あるいは中和され、〈土着〉との親和性が高まるゆえに正面衝突が回避され、日本文化への統合が無理なく行われるのである」(二〇三頁)。

(2)　してみると、この日本文化の強力な「免疫システム」の正体は何か。鶴見俊輔のシャーマニズム的世界観、加藤周一の「超越的価値を含まぬ世界観」、丸山眞男の「平和的共存の思想的寛容」を紹介しながら、「マス・メディアから発せられた情報は、直接個人に届くのではなく」、様々な集団に属する情報先駆者が情報をふるいにかけて、周囲を説得しながら個人に届くという「二段階の流れ説」を自説として述べている (二一二頁)。

①　その根拠は、西洋と日本の関係、および日本社会の集団特性にありとし、まず、前者についていう。「異物を吸収する位相と異人に同一化する位相が分離されることにより、異物がもとの文化的文脈から解放され、受け入れ側の世界観との相互作用によって変容をこうむることを通して、異文化受容が容易になる」(二一四頁) と説明する。いささか難しい説明になっているが、外国文化を受容するときは、自国文化に適合しうるよう変容

させて受け入れるということか。それができるのは、外国との接触が間接的なため、外国の現実とは違った意味を付与することができるから。つまりは「このような情報環境のおかげで、外的要素は生のままでなく、無意識にもすでに受け手の価値観という濾過装置を通るがゆえに、受容が円滑に行われる」（二一六頁）という。本題にいうパラドックスとは「日本は外国に対して閉じているにもかかわらず開いているのではなく、まさに社会が閉じているがゆえにその文化が開かれるのである、と」（二一八頁）。また、日本は外国の支配を受けたことはなく、西洋文化受容も強制的雰囲気のなかでなされたわけではない。脅威や抑圧がほとんどなかったからこそ自発的西洋化が行われたのである、と。

・江戸時代のキリスト教禁止以前、「パウロの回心」を題材にとった〝吉利支丹《きりしたん》能〟が能楽師によって各地で演じられたという（朝日新聞二〇一二年二月九日）。

②　次に、後者について、「社会の凝集性、すなわち社会の各成員に対して相互に作用する均一化への圧力を挙げる」ことができるという（二二〇頁）。社会統制は文化の一要素であるから、社会構成員の相互作用による均一化はどこの国にも存在する。が、ここで「日本人の集団主義的国民性」について論じているので、改めて紹介しよう。

まず、日本社会の同質性が高いがゆえに均一化への圧力が比較的強いのは当り前。そこに何らかの有機的関連を成員相互間がもつのも当然である（二二五頁）。しかし、集団の凝集性が高ければ、異文化がその異質性を残したままでは受け入れられにくいことは明らかで、日本社会の凝集性は異文化に対する防波堤になっているといえる。つまりは、「日本社会の価値観に対する外来要素の親和性がある水準にまで達しなければ、それを越えて日本文化に侵入することが困難になる」（二二九頁）のである。逆にいえば、異文化要素が解毒されて和文化との親和性を帯びてくれれば、集団凝集性の防波堤をこえることができるというわけである。そして異文化要素が親和性を強く備えてくれば（筆者・変容によってか）、集団凝集性の高さが受容促進の要因となるのである。そして、この親和性への変容はどうして起こりうるのかといえば、丸山眞男がいうように、日本の思想には原理的座標軸がないから、日本に移入される過程で独創的思想に変容発展することになるからである（二三四―二三七頁）と。この革新性はシステムの質的変化をもたらすことは疑いなく、それが日本文化史における〝猿マネ文化〟の和様化という発展を見せることになるのであろう（筆者）。

「自己を閉じながら同時に外界に自らを開く〈免疫システム〉は、日本文化に緩やかな開放性を保証してきた……しかし、西洋化という形をとって進行した日本社会の近代化に、この緩やかな開放性が果した役割は軽視すべきではない」（二三四頁）と結ぶ。

・異文化受容の問題のなかでも、「法律」は最たるものの一つである。受容に当たって、日本語表記でいかに苦労したかについては、穂積陳重『法窓夜話』が、それを物語っていることは知る人ぞ知るである。本稿においても「世間」が「社会」に変わったことから起こった法律問題が、本稿執筆の動機になったことについては、第五章で詳しく述べた。

法文化論からみた日本社会の心理的特徴について、これまで多くの論者が語ったキー・ワードは、「和の精神」であり、「集団（性）心理」であった（「和の精神」については本節の最後に検討する）。本書でいう「集団凝集性」は、「日本人の集団主義」と決まり文句のように使われる場合と異なって、理論的根拠をふまえた心理上の説明として、それなりの説得力があると思う。しかし、筆者にとっては、「融通する協調性」という言い方が納得できるのだが。

(3)　社会学会が生まれて四半世紀、高度情報消費社会の出現、地球環境と資源の危機、グローバル化中の日本など、大きな社会変動を経験する人間社会で、新しい課題にどう取り組むかは社会学界にとって必須の問題であろう。一九九五年に現代社会学講座全二七巻が発刊を開始した。筆者の目にとまったのは『日本文化の社会学』（第二三巻、一九九六年）である。一一編の論稿が収められており、そのうち、とくにグローバリゼーションに関連するものを中心に紹介しておきたい。

① 「日本文化という神話」（杉本良夫）

日本文化の特徴を論ずる場合に、日米関係と共に変容するという事実に着目して考えると（三二一頁以下）、第一期の占領期には、日本の間違いを前提にした日本文化の特殊構造を問題にする。ルース・ベネディクト、丸山眞男の説など。

第二期（一九五〇年代から六〇年代半ば）は、漸進的改革による近代化モデルになることが強調され、マルキシズムに対抗しうる枠組みとしての近代化理論が主潮となった。

第三期は「新国民性論」の時代で、六〇年代半ばから一〇年ほどのあいだであり、日本文化の理解には「センチ尺」ではなく「鯨尺」が必要であるという主張が展開され、日本の特殊語彙の解析が有効だとされた。日米関係における日本の自信回復を映し出している。

第四期は「日本礼賛論」が海外でも活発になった一九七〇年代中頃から一〇年間ほどである。『ジャパン・アズ・ナンバーワン』（エズラ・ヴォーゲル）が注目を浴びた時代で、日米両学者の日本文化観に共通の視点が多くみられた。

第五期は一九八〇年代半ばから一九九〇年代後半まで続く日本の経済強国時代である。アメリカでは「日本異質論」が発生し「ジャパン・バッシング」が行われた。日本文化は特殊なものとアメリカで理解された一方で、日本人の間では日本文化の普遍性を主張して、日本にあるものが外国にはないという「逆・欠如説」も現れる。日米経済摩擦から日米文化摩擦への発展がみられた時代でもある。外国紙には、大多数の日本人には無関係な歌舞伎、茶華道、禅などの外国人の異国趣味をかきたてる記事が満載されるようになった。また、日本は集団主義で欧米は個人主義という命題が強い影響力をもち続けてもいると。

日本文化論の重要な課題として、ある社会特有の成員にしかできない概念（エミック概念）と世界共通に使用されている概念（エティック概念）のバランスをどう取っていけばいいかという問題がある。これまでの諸論には、日本エミック概念のエティック化を模索する試みが強かった。また文化相対主義の主張は国家間におけるそれであって「対内文化相対主義」ではなかった。さらにジャパン・リテラシーそのものが、多文化主義的日本文化の分析によって分散化し拡大解釈さえ許容してしまう。こうして外国人の日本文化体験は多種多様化し、同化主義と綱引きの現状にある、と結ぶ。

②「国際化のなかの日本文化」（濱口恵俊）

欧米文化だけが普遍的で、どの社会にも通じる同質性をもっているという近代化理論、それに対する各文化はそれぞれ特殊であるはずであるという相対主義的特殊論、この二つの立場について、後者の立場にたちながら、日本文化が国際社会に対しどのように意味付けられるかを検討したのが本論稿である。

そのさい、生活様式に関する価値観としての「文化」と、生活様式のなかの具体的制度としての「文明」が考えられるが、前者は特定社会に固有なものであり、後者はグローバリゼーションのなかで他社会に導入しうる普遍性をもつものであると考え、双方の相関動態に注目しながら、「国際化の中の日本文化の基本的性格を明確化したい」（四一頁）という。

まず、〈個体的自律〉対〈組織的統合〉という西洋対日本に関する二元論的分析枠組みの批判に始まる。個体集約型な「個人」対関係集約型の「間人」という対立的見方ではなく、「間人」は「個人」の特殊的形態の一つであり、「にんげん」システムの一般形態である（四八頁）と。むしろ、人間の「個別体」と「関係体」といいかえた方がよく、そうすると、単純に〝独立自存〟する自己充足的な「個別体」などはありえないから、「関係体」が「にんげん」システムの一般的原型であるといえる。従って、この「関係体」こそ、個人の行動のみならず組織や地域社会の構成・運用要因として機能するから、日本文化の研究対象として重要な意味をもつ（五〇頁）、と。

ところで、先述した生活様式に関する価値としての文化と、生活様式を成立させる具体的用具や社会生活の仕組みとしての制度である文明との区別から考えて、前者は価値という当該社会に固有な選好性を表明する特定性を帯び易いのに対し、後者は通文化的な普遍性を有する。『文化』という設計図に基づいて『文明』が構築されるだけでなく、後者の効率化・高度化に伴って、前者のパターンの修正、すなわち、設計図の書き直しが行われることである」（五三頁）。従って、外から導入された「文明」との間で「文化」はコンフリクトを引き起こす可能性が高いから、双方の相関ダイナミックスは複雑であり、日本文明にみられる普遍性の傾向が問題となる。

この点について、文明を情報システムと社会システムに分けて考えた場合、前者の情報システムについては伝統的文化とうまく接合し国際化に対しても順機能的に作用するのに対し、他方、社会システムの方は、機能的に優れた他の「文明」制度が導入されても、社会の文化に旨く適合しうるとは限らない。例えば、日本型経営法が欧米企業に導入されてもうまく運用される保証はない。日本経済システムの特徴は相互信頼と話し合いによる「関係依存型」であるから、アメリカの契約関係に基づく「ルール依存型」に適合しないという例である。つまりは、社会システムにおける「文明」と「文化」のインターフェイスは確保され難いのである（五六頁）。

こうして論者は、A関係体パラダイムのもとで日本文化論をどう構築するかについては、欧米起源の社会科学パラダイムを理論的に超克しないかぎり、海外では理解されない、B「文化」と「文明」の相関動態に注目すると、通文化性をもつはずの「文明」も「文化」との間にギャップがあるため十分に受け入れられない（五七頁）という。

しかし、Aについては、ニコラス・ルーマンのいう「システムは……閉じられているが、外部環境世界との意味的・価値的世界において自己認識する点では、むしろ完全に開かれている」（一九九三年）の言に従えば、「関係体」パラダイムにおいても社会システムは信頼されているから、社会の文明化の過程において安定的な適応をもたらすだろうという。

Bについては次のようにいう。個人主義は、自我中心主義、自己依拠主義、対人関係の手段視の三属性をもち、間人主義は、相互依存主義、相互信頼主義、対人関係の本質視の三属性をもつと、従来からいわれているが、論者の社会調査の結果において、個人主義対間人主義という比較社会論には疑問がある、間人主義は日本固有のものではなく国際的遍在性をもつ、ということが判ったから、双方は決して二律背反的価値観ではなく共存が可能である、「相補的連関を保ちながら、『社会編成』にかかわっている」と結ぶ。

③　「和の精神」の発明——聖徳太子像の変貌（伊藤公雄）

「和の精神」については、本節の最後に論述するので、ここでは聖徳太子の「和の精神」は、近代天皇制の成立にともなう「伝統の発明」の一環として作り出された可能性がきわめて高い、という結語を示すにとどめておく。

④　「日本文化の可能性」（副田義也）

石牟礼道子の著作活動を素材に、表題（妙な表題だが？）に接近したいというのである。日本文化は、官僚文化、知識人文化、大衆文化、農漁民文化の重層構造をもっているが、現代の労働者階級を基軸とする資本主義社会は資源の浪費と環境汚染によって行きづまっており、その破局を防止する有効な方法として、石牟礼の農漁民文化による現代社会批判が、その可能性を示している、と。

まず、石牟礼は「悶え神」（人間のそばにいながら悶えて心のつながりはもつが救済できない神）であり、その極限化した愛他の表現から感じとれるのは、患者の農漁民に日本の祖像を見出したことである。つまり、下層民衆の苦難の歴史が水俣病患者の症状に集約されているとみたのである（二〇八頁以下）。それは、祖像がもつ村民権という慣習法に基づく諸権利の侵害であり、農漁民の伝統思想が現代人権思想につながると論ずる。

⑤　「変容する日本文化」（塩原　勉）

一九七〇年代以後の文化の変化を、集合行動と宗教という変動期に活況を呈する二領域について論じたもの。その視角は、「異質な複数の層が成層をなし重合している」こと、「異質なものや対立するものが同時存在し、相互作用し合っていること」、「社会および文化の変動トレンドは、つねに非可逆的であるとは限らないこと」の三点である。

集合行動には、原初的な群集行動、組織的な社会運動があるが、宗教も意味を求める危機対応・危機解決の努力にほかならないという点で、宗教運動は集合行動である、そして両者ともに社会と文化の変動を敏感に映し出す標識である、と。

このあとは、戦後の集合行動史が活写され、組織的な労働運動から、全共闘、住民運動（環境保全・消費者・市民）などの「新しい社会運動」の登場にまで及ぶ。

一方、宗教は一九七〇年代に転回がおこる。七〇年代までの世俗化は、宗教が特定の生活領域に限定されること、呪術から解放されること、宗教が私事化したことによる。他方、七〇年代を境に、宗教の拡散、呪術の再活用、他者とのつながりを求めて、新新宗教・民族宗教の活性化がおこる。これが今日みられる宗教の流動性であり、近代とポスト近代のせめぎ合いである。

以上の、集合行動と宗教にみられる日本文化の変容は先進諸国とも共通しており、この点でも、単一の国民文化という静態的タイプの捉え方は反省の必要がある、と結ぶ。

・台風、地震、津波と荒れる自然災害にみまわれる山と海の日本、明日はどうなるか判らないと実感すれば、現実主義者になるのは当り前。理屈で理念を追ってみても、社会的現実が急変して目標が変わるなら、構築理論は総崩れになること必定である。哲学的思考が宗教思想史を除いて未熟なのは止むをえない。文化の吹き溜まりの渦中で蠢いてばかりいても「雑種」といわれるばかりである。そこは人間の知恵、古くからの通奏低音といわれる深層心理に基づいて自家薬籠中のものにしたいと思うのも必然的である。そんなことを長いあいだ続けていれば、〝かたい自我〟など出来っこない。自我が時に融通するのは当り前である。そして融通する自我が習い性となれば、理屈に合わない行動をとるため、それを理論化しようと努力するのは持ち前の真面目さである。二律背反でものを考えれば矛盾に耐え切れず、なんとか理屈の世界から抜け出して、弁証法をかりながら、どこかで一元的世界で解決できないかと考える。もっとも、以上のことは内心の問題であり、それが通用する世間は何とか通してしまうが、相手が契約社会では商売にも差し支えがくるから、そこにグローバル・スタンダードで法治国家になりかわればよい。こうして融通無碍な世界観を深層において、ホンネとタテマエを旨く使い分けできれば、国際的にも通用するのではないか。ある学者の言に従って、世界に共通する原理に従う制度を「文明」といい、その国の価値観に基づく社会活動を「文化」というなら、日本は文明と文化の使い分けの名手になることである。

10　日本文化の「心理と論理」の個性と普遍性について、これまでの紹介からみて、二〇世紀にでつくしたの感があると思うが、二一世紀に入っても、日本人論は絶えることなく論ぜられているのが現状である。そのなかで目を引いた著作について、本稿の手順に従い紹介するのが筋目だと思う。

(1)　グローバリゼーションの世の中でも、東と西とでは根本的に異なる思想について論じた、小坂国継『西洋の哲学・東洋の思想』（二〇〇八年）がある。

「世界観や人生観にかかわる文化は……一朝一夕に変化するものでもなければ、同化するものでもない」。「こと文化に関しては、むしろローカリゼーションということの方が大切なのではなかろうか」。「文化のモノトーン化や画一化は、文化の発展にとって、阻害要因の何ものでもない。世界の各々の民族が、それぞれの民族的伝統にもとづいた特色ある文化を保持し、それを発展的に継承していくことが、もっとも望ましいことではないかと思う」。「文化や思想は……どこまでもそれを特殊化し、個性化していく必要があるように思う。それが個人の内面をより豊かにし、より深みのあるものにする途《みち》ではないだろうか」。「東洋と西洋では、その世界観や人生観……自然観や人間観など、その基本的な思惟様式において顕著な相違が認められる」。それを「文化的類型の相違として明らかにしようと試みた」のが本書であると「はしがき」にいう。文化の一層の多様化と個性化の方向について論じたいと、その視点は明確である。

その方法は、哲学の動機、自然観、実在観、人間観、歴史観、価値観などについて比較思想史的見地からの考察、つまりは、東西思想の差異を、主として文化的・風土的類型の差異として捉えることにあり、そして、それを東西の相互理解や対話の素材として活用することがグローバリゼーションの前提である（「あとがき」）という。

第一章「西洋思想と東洋思想」が本書のエッセンスである。

①　思考様式の相違は人間による相違というより文化類型の相違によるものである。例えば美醜とか善悪の観念は人それぞれであるが、例えば、「有」「無」などの思考について、西洋人は無を欠けていると考えるが、東洋人は無を一切の形の根源と考える。それは、その背景にある文化的伝統の違いがあるからである。

②　哲学は、世界の本質を理論的に解明しようとする「学」（西洋）と、人生問題の解決を図ろうとする「教」（東洋）に分けられる。世界観と人生観の違いといえば判り易い。

哲学の根本問題は「実在」の探求にあり、西洋は実在界のほかに超越的世界を考える「二世界論」（二元論）であるが、東洋（とくに仏教）では、現象の世界が実在の世界であるという「現象即実在」である。それは、煩悩即涅槃、穢土即浄土というように、一方は他方の心の反映に外ならないと考える（「三界唯一心、心外無別法」『華厳経』）からである（二四―二五頁）。また形而上学についていえば、西洋では真実在は自然を超えたところにあると考えるのに対し、東洋では真実在を自己の最内奥に求める（「脚下照顧」の例）。真実の自己が真実在という一体不二であり、穢土・浄土は心の反映である。西洋の「自然の形而上学」に対する東洋の「心の形而上学」といってもよく（二六頁）、真実在は「絶対他者」である西洋に対し、東洋の真実性は「絶対自者」である（「一切衆生悉有仏性」）。

③　つまりは、西洋では、「現象と実在、現実と理想、個体と普遍」、あるいは「感覚界とイデア界、神の国と地上の国、感性界と叡智界、自己と世界」、さらに「精神と物体、主観と客観、自己と神」というように分けて

考える傾向が顕著であるのに対し、東洋では「一切のものを一体にして不二なるものとして平等の立場から見ていこうとする傾向が顕著である」（二七頁）と。東洋の代表として西田哲学をあげ、主観即客観の純粋経験や絶対的客観主義の立場では純粋経験こそ唯一の実在であり、精神と自然、意識と対象などは純粋経験の内部における差別相であるし、絶対的客観主義では自己を世界の要素と考え、自己を包んだ世界と自己を世界自身の側からみていこうという考え方であると説く。一切のものは無差別平等で、主観即客観、自己即世界、内即外、一即多と考えられている。この「無分別の分別」は無分別という分別のことで、東洋の伝統的思考様式である（ここには『華厳経』の「理事無礙」の影響がある、三〇頁）と。

この考え方は、西洋の「有」の思想、東洋の「無」の思想にも比せられる。古代ギリシャ人は「無から何ものも生じない」と考えた。この考え方は今日でも西洋に継承されているが、東洋では有の本源を何度尋ねても究極的な実在には到達しないから、「有は無から生ずる」と考え、無はどんな形にもなる風呂敷のようなもので、「無」や「空」が万物の原因と考えたのである。それは「有」の根源としてあらゆる形を生み出す能動的無であり非有ではないと、西田は「無の文化」として特徴付けた。仏教の「一切皆空」「諸法無我」の観念である。田辺元の「絶対無即愛」、和辻哲郎の「空の弁証法」、久松真一の「東洋的無」、高橋里美の「包弁証法」も同様である（三四頁）。

「有」を実在と考える立場は自己肯定の論理にたつことになり、「無」を実在と考える立場は自己否定の論理にたつことになる。前者の自己を実体的にみる倫理感は西洋の傾向であり、人間の利己的本性を否定せず、かつ、合理的に統御しようとして、法律や契約が必要になり、自然法や制裁の観念も生まれる（三二頁）。これに対し後者では、人間の作為に否定的で自然に従うことが望ましいと考えられた。この自己否定の論理は、神祇思想における「惟神《かむながら》」、親鸞の「自然法爾《じねんほうに》」、道元の「身心脱落」に通底し、近代の、西田幾多郎「行為的直観」、和辻哲郎「人間存在の理法」にも認められる（三九頁）、と。

④　最後は自然観である。キリスト教では自然も人間も神により創造されたものであるが、人間は自然の上にあって、これを支配し利用する権利を神から授かったものとする。近代の科学観では、自然は生命のない大仕掛の機械であり、色も音も香りもない無味な物質的世界と考えられた（四一頁）。他方、日本では「無為自然」の思想が古代から伝えられ、愛すべき対象として、それと一体になることにより無常の喜びを享受すると考える。「自然がそのまま真理であり」、「神聖そのもの」である（四四頁）、と。ところで第二章以下は、第一章で述べた東西両思想の差異を、学説史を中心として詳述したものである。本節で紹介レベルでは煩瑣にわたる嫌いがあるので、ここでの紹介は省略したいと思う。

・さて、前述の分別と無分別、有と無、肯定と否定などという思想的差異を考えれば、東西両文化の共通項は全く見当たらないといっていい。とくに、その違いは、思想の根幹に係わる文化の深層差異ともいえるもので、本稿の第八章で詳説しようと思っていたものである。しかし、法文化に関する予備的知識の観点からすれば、日本が西欧法を理解することは至難という結論すらここででそうである。国家対個人（憲法）、原告と被告（民法）、被疑者と検察（刑法）という対立が前提の西欧法では、その受容に当たって、「憲法の発布」を「絹布の法被」と取り違えたり、「民法出デテ忠孝亡ブ」と非難されたりしたという事実には、さもありなんという実感が伴う。しかし、それにも拘らず、民衆が継受に強い抵抗を試みなかったのは何故か。中村説にいう現実主義・不合理主義によって咎める気にならなかったと推測もされ、また「脱亜入欧」との「和」こそ、富国強兵を願う明治人にとって必要な心情と思われたからではなかろうか。異質なものとの共存という文化受容を何度も歴史的に経験した日本人の文化遺伝子を考えれば、「心理と論理」に関する論稿として（第八章の予備的考察にもなる）、まず本節で紹介した。そして最後に、日本文化論が共通して論ずるキー・ワード「和」についての評論を紹介しておきたい。

(2)　長谷川櫂『和の思想——異質なものを共存させる力』（二〇〇九年）を、例にとりあげる。

①　日本が中国とつきあい始めたとき、中国は日本を「倭国」、日本人を「倭人」と呼んだ。「倭」とは身を低

くして相手に従うの意味である（中国は世界の中心の意）。それが室町時代に「わ」と音読して、「和」と書くようになった。互いに対立するものを調和させるの意味である（やわらぐ・なごむ・あえる、とも読む）。ただ「古今和歌集」（九〇五年）の例があり、その序に「力をも入れずして天地を動かし、目に見えぬ鬼神をもあはれと思はせ、男女の中をも和らげ、猛き武士の心をも慰むる」（紀貫之）と、「和」の働きを説いている。「和」は明治以後、日本風の意味に使われ、和食・和菓子・和服・和室などといわれた（ただし、日本画・日本酒・邦楽の例がある）ことは誰もが知っている。そしてこれらの言葉は、洋風のものに対する言葉として、双方の共存を意味している。

面白い例を引いている。「おしゃれ」の話で、洋服の場合は同系色の組み合わせが無難と考えられているのに対し、和服の場合は相容れない色同士の組み合わせの流儀が昔から存在した（平安朝の襲《かさね》の色目の例）と。

② 生け花を例に、「間の文化」を語る。「フラワーアレンジメント」と違って、花によって空間を生かし、その空間が花を生かしている、と説く。花の生けられる空間は、私達が生活している空間である。「間《ま》」である。「すき間」「間取り」など。

次に時間的な間がある。「間がある」「間を置く」などといい、日本古来の音曲では、琴、笛、鼓の例にみるように、音の絶え間があった。

さらに心理的な間があった。間の使いこなしの例でいえば、「間に合う」「間がいい」など。使い方を誤ると「間違い」、間に締まりがないと「間延び」、間を読めないと「間抜け」となり、間の使い方は日本の「基本的な掟であって、日本文化はまさに間の文化ということができるだろう」（九〇頁）と。

間の文化、とりわけ美術界の代表作品は、多くの人が知っている、長谷川等伯「松林図屏風」（国宝）だ。数少ない松の余白にみる朦朧と霞む空気である。西洋絵画では絵の具で埋め尽くされているのに比べると、この余白こそいきいきとしている。音楽の場合も同様、音で埋め尽くされた西洋に比べ、日本の場合は沈黙に意味があるといえる。著者が「間の文化」の代表としてあげるのは俳句である（著者は俳人）。総じていえることは、沈黙の美徳と間を読む洞察力によって洗練された伝達の技術を日本文化にみることができるという点である（一〇九頁）と。

・「間」は心理であると同時に感性の問題であるともいえる。本稿では、便宜上、次節で詳しく論ずることにしたい。

③　外国人は体を触れあって親愛の情を示そうとするが、日本人は決して体を触れあわない、理由は、高温多湿のわが国では体を触れあうこと自体が暑苦しいからである（一三三頁）。九鬼周造の『「いき」の構造』（一九三〇年）によれば、「垢抜けして（諦）、張のある（意気地）、色っぽさ（媚態）が「いき」である。すっきりと涼しげであることで、反対は「べたべたして暑苦しいこと」（野暮）である。「いき」も野暮もこの島国の蒸し暑い夏を抜きにしては決して生まれなかった言葉」である（一三三—一三四頁）。また、「この国では何ごともこだわるより、なりゆきに任せることが重んじられる」。「なぜなら、周到に準備したり、完璧に整えたりすること自体がわずらわしく暑苦しい思いをさせるからである」（一三五頁）と。

また「何ごとにもこだわらないのがいいという日本人の感性はこの国の文芸に深くしみこんでいる」（一三七頁、例として「連歌」があげられている）。しかも、「この国では慎ましやかさが美徳のひとつに数えられ」、生活・文化のいたるところでできるだけ言葉を使わない工夫をしてきた。短歌、俳句のような短い詩が多く詠まれてきたのは、その代表例である。

和風で思いつくのは、着物、和食、和室であるが、その起源は中国や東南アジアである。それを解体して変容したのが和風である。その受容の段階で選択の基準となるのが、簡素で涼しげであることである（一七三—一七五頁）。このように書いてくると、「和の思想」とは、蒸し暑い夏を凌ぐため、すべてを簡素化して異質なものを調和させ、新たに創造する力を生みだす感じ方、考え方を指すということになろうか（筆者・さすがは俳人）。

④　しかし「和の思想」は、非常時になると、「和の精神」として大和心に猛々しい大和魂をダブらせて国体

思想と共鳴させ、盛んに喧伝された。そのため、和を固定し、日本独自の偏狭なものとしてとらえられることになった（一九〇頁）。その先駆けは明治新政府の神仏分離令であり、廃仏毀釈の嵐を巻きおこし、多くの寺を焼き仏像を破壊し文化財を海外に流出させたことであろう。多神教の国でありながら、さまざまな神々の共存、宗教同士の融和を忘れたからである。地球は、一神教の神を含めて異質な神々の共存する多神教の星である（一九五頁）と。著者は、意のままにならないこともおもしろいと思う寛容な姿勢、臨機応変ともいえる思想、それが「和の思想」といいたいのである。

何度も引用される『陰翳礼讃』、その日本文化論は「西洋への讃美と東洋への侮蔑の上成り立っている」といい、日本人は心のどこかに谷崎と同じ屈辱感を隠しもっているが、そのわけは、和を固定的にとらえるからであり、和は「さまざまな異質なものを共存させる躍動的な力のこと」である。その理由は、野山と海原のほか何もない空白な島国だったこと、この島国にさまざまな人々と文化が渡来したこと、夏は異様に蒸し暑いため、それを嫌い、涼しさを好む感覚を身につけていったこと、にある、と。

「こうして、日本人は物と物、人と人、さらには神と神とのあいだに間をとることを覚え、この間が異質のものを共存させる和の力を生み出していった」（二〇六頁）と。著者は重ねて、和の力とは「受容」「選択」「変容」という三つの働きが合わさった運動体である、といって結ぶ。

(3)　ところで、「和」は、日本思想史上、独特の倫理観だと思っている読者が多いのではないだろうか。しかし、類似の観念は外国にもあるという（『比較思想事典』を参考に）。漢字「和」は「他の声に応じ発する声にて應ふること」（『大字典』）とあり、その英・独訳はハーモニーである。ハーモニーの語源は、「建材の各部分がぴったりと接合していることであり、それが比喩的に転用されて、調和、一致、和合を意味するようになった」と。論語には「和して同ぜず」とあり、「各々はあくまで個別の存在としての多様性を保持したまま、その多様性を生かしつつ調和する。そして……各々は全体を構成する不可欠な部分として承認される」ことである。即ち、調和のために力を働かせる連動体の意味が「和」に含まれていることが判る。

さて西欧であるが、古代ギリシャのピタゴラス派は、「調和（ハーモニー）」は宇宙的秩序と捉えられ、星々が軌道を回転するとき発する音が宇宙の音楽となり、それを聞くことで人間の魂は浄化されると主張した。こうした調和に連なる人間観は、後に、ケプラー『世界の調和』（一六一九年）を生んだ。

かように、「全体に包含される個と個との関係を有機的にとらえようとするとき、和が主張されてくる」ことは、日中欧いずれも同様であるが、「力点のおき方はそれぞれの思想で相異なり」、「ギリシャでは、全体の数学的な整然とした秩序が、……日本思想においては、個と個との心情的和合が強調されたのである」（以上五六七頁）と。同じように「和の精神」といっても、日欧相互間に思想上の相違があるとすれば、それに基づく異なる法文化の解決方法には、やはり一考・再考を要するといわざるをえない。

長谷川著は、『陰翳礼讃』を中心に、俳句・和歌を素材に論じた文芸風の解説である。読者の誰でもが経験した理解できる常識的な説明で違和感はないはず。思想的に、より深入りした解説を期待した読者には、満ち足りなさを感じた人もいると思う。しかし、「和」を、躍動的な力と捉え、運動体とまで言い切る洞察力はやはり鋭いと思う。

「雑種（文化）」では支離滅裂のままである。そこに「力」が働いているから、調和とか統合とかが生みだされるのであり、そのプロセスに働く力が運動体に帰せられることになるのだろう。

その力が「融通する自我」に支えられて、無礙な包容力をもち、非合理な現実主義の心理においても、合理的な論理に従う受容された正義を実現しようという気持になるのであろう。ただし、欧米とはまた異なる正義観であろうが、そこに法文化論が成立すると考えるのは独りよがりであろうか。

現実と理念、個人と集団、非合理と合理、われわれ継受法の下で育った法学研究者は勿論のこと、一般の知識人でもすべて西欧の論理概念に基づく用語によって、文化を語ることが多い。まして、社会心理学者が日本人の心理を検討すれば、それは西洋人がみた日本文化論になること請け合いである。こういう社会科学の二元論を、日本特有の一元論で語ることは可能だろうか。それは一元論に腐心した仏教哲学に依拠することになろうが、それでは一神教の立場の人を納得させることは困難である。それこそ、双方を統合した文化理論があれば話は別だが……。

最後に、本節で多くの論者が言及した「間の文化」の解説はそのままである。「間」は心理の問題であると同時に、感性の問題でもあることを考慮して、次節で紹介することにする。

(10) 小池辰雄『無者キリスト』二八七頁（二〇〇一年）。
(11) 板坂元『日本人の論理構造』一六〇頁以下（一九七一年）。
(12) 樋口陽一『日本と国家――いま「憲法」のもつ意味』一一九頁以下（一九八九年）、同『近代国民国家の憲法構造』六五頁（一九九四年）。
(13) 樋口陽一『憲法　近代知の復権へ』一六六頁以下（二〇〇二年）。
(14) 樋口陽一『人権』五〇頁以下（一九九六年）。
(15) 樋口陽一『権力・個人・憲法学――フランス憲法研究』二五頁以下（一九八九年）。
(16) 樋口陽一『国法学』六八頁より引用。
(17) 服部正明・上山春平『認識と超越〈唯識〉』三四六頁以下の湯浅泰雄の解説（一九七〇年出版・一九九七年文庫版より）。

五　感性と美意識㈠

1　前節は「心理」と題し、本説では「感性」と題する。定義的にいえば、前者は外界の刺激に対する精神の持続状態を意味するのに対し、後者は刺激に対し直観的に反応する感覚能力と区別できる。そのため、著作の表題に従って、文献の引用を一応区分けして説明することにしたが、内容が双方にまたがる場合が多いことについて読者の了解をまずえたいと思う。しかも、和語には「心」という、知識・感情・意志などの精神的働きのもとになる言葉があり、〝心の文化〟を論じた著作があるが、「心理」の節ではほとんど触れえなかった（「心」は「心理」を含むと思うが、「心」は和語、「心理」は訳語という違いからだけではなく「心理」の項が満杯という事情もあった）。そこで、本節では、宿題の「間の文化」のほか、〝心の文化〟および周知の〝わび〟〝さび〟〝幽玄〟〝雅《みやび》〟など、わが国特有の個性研究も、感性に関する問題として解説したいと思っている。

(1)　まず、心理でもあり感性でもある〝間〟について、剣持武彦『「間」の日本文化』（一九九二年）から始める。

〝間〟の語義（『大辞典』）には、①空間的、②時間的の二義ありという。「まがある」「まがいい」「まが欠ける」「まが抜ける」「まが延びる」「まが持てない」「まが悪い」「まに合う」「まもない」「まを合わす」「まを置く」「まを欠く」「まを配る」「まを拾う」「まを持たす」「まを渡す」などが例示されているが、おおかたは時間的か。「間を詰める」「間をはかる」「間をうかがう」といえば、双方の意にとれる。また「間抜け」といえば人間的な意ともなる。空間的な間の代表は、いわずと知れた部屋の一区切り（床の間、寝間）がある。これは几帳、障子、襖などで区切られた一区画で、それが独立すれば〝部屋〟になる。〝間〟とは不可思議な単語である。

剣持は、冒頭に曰く、「日本語は『間』を介してイメジとイメジを並べ、ひとつで言語空間をつくる」（西欧語は概念やイメジを前置詞・関係代名詞によって組み立てる）。そのさい、「情緒空間を介して、前と後のことばがしっくりと調和」し合っている。つまり「『ことば』にあらわさないことばを持つ言語である」、その「ことばにあらわしえない空なる部分を構造の一部に含んでいる言語だという意味で、私はこれを『間』の構造と名付けている」。

「『間《ま》』の感覚は、調和の感覚」である。「異ったものが間を介してあわせられ、ひとつの調和の世界を形成する」。その調和してとけあうところに間がある。歌合、連歌、俳諧、そして落語では話し手と聞き手のいきがあうといって感情を共有する「間」の空間をだいじにする。また、和風住宅では、床の間という空間があり、間（部屋）と間はつながりながら広い間になり、しきりをあけると庭に続く、融通無礙の空間をもつ（「まえがき」より）と。

① 日本語は〈息〉の出し方で「間」をとるという感覚が発達している。「その呼吸《いき》、その呼吸」、「もうひといき」、「呼吸があう」など、いきの出し入れを表現する言葉が多い。呼気と吸気のあいだの「間」が、日本人の言語感覚の基本である。それが意識構造となったときに「風間《かざま》」、「波間《なみま》」の言葉が生まれでる。

② 「日本音楽独自の『間《ま》』の感覚は……緊張をはりつめた無音の時として具現した一形式である」、「奏者みずからいきを止めるその緊張によって、ききてのいきを殺させる」（小倉朗『日本の耳』（一九七七年）より引用）、つまり、「主客を一体化する日本の伝統芸能の気合いが感じられる」、『間』に充満しているものが『気』なのである」（三九頁）と。

③ 「行間を読む」「眼光紙背に徹す」など、書いてないことを書いてある文字から理解したり連想したりする読書能力をたたえる言葉がある。これを例に、日本語は感覚的といわれることがあるが、言語である以上、論理のしくみをもっているはずで、日本語のもつ論理・感覚並存のイメージ構造が面的思考（西欧人の線的思考に対し）をもち、そこに「間」がつくりだされて、感覚空間をもち連想をつくり出すのである（四五頁以下）。

④ 西欧人の観念する「時間」と「空間」の双方を、日本語では「間」の一語で表すことができる（「間がいい」「間をとる」などの例）。しかも、空間意識について、西欧人は「天」が中心であるのに対し、日本人は「地」が土台であった。例えば、キリスト教徒は天を仰いで神に祈るのに対し、日本人は地にうつむいて手を合わせるという、これが東西の空間意識の違いとなった（六五頁）。

玄関・縁側・床の間を大事にするのは「間」を重要視する空間意識によるものであり、他方、障子、襖の間と間のしきりは融通無礙という、この空間意識は先述した言語構造と関係が深い。つまり、言語構造は自然といっしょに呼吸している一方で、「間」は自然と人間の連続の姿を象徴する媒体となっている（七二頁以下）からである（「部屋」と「庭」をつなぐ縁側の例を考えよ）。

⑤「『風』を自然の呼吸と見、その一呼吸の『間《ま》』を『風間《かざま》』という」。モンスーン圏の日本では空間を吹き抜ける風に敏感となり、「間」の感覚に合致すると。また、地震や台風の多い日本で、人は順応の姿勢が強くなり、「そのときはそのとき」「その場その場で」「ときとばあいにより」の言葉にみるように、臨機応変、融通無礙の生き方をし、意識の世界でも「間」を大切にした（九五―九六頁）といえば、前例が思い当たろう。

⑵　芸術における「間」を考えてみる。

①　まず、落語の「間」について。「落語が『間』の話芸といわれる」のは、読者も承知のことだろう。例にあげられているのは「たらちね」「湯屋番」の広く知られている演目である。声色の使い分け、しぐさ、観客の笑いに「間」をとる呼吸は、落語の醍醐味を味わわせてくれる。落語という日本独自の話芸が生まれたのは、自然と人間を結ぶ風土が生んだ「間の文化」によって育てられたからである。

②　短歌こそ、「間」の文芸である。また、西欧における印象主義、象徴主義が日本の短詩型文学と関係が深いことは知る人ぞ知るである。それは『間』の芸術としての伝統をもった短詩型文学と、ヨーロッパ伝来の近代象徴詩の合流点が、この時代であったからだ」（一二三頁）という（ここでは、ヴェルレェヌの「間」の感覚が要領よく説明されている）。

さらに、小説における「内面を描かない心理描写」（西欧ではリアリズム）、劇の構成にみられる「能」の組み立てとの類似、そこには「間」が多くとり入れられ、無言の「間」がセリフ以上に読者・観客に予感を与えている。つまり、西欧の描きつくそうとする精神と日本の描きつくすまいとする精神の違いがみてとれるのである（一三七頁）。

③　西欧では、ドームにステンドグラスをはめこんで五色の光線をとり入れ、ホールにはシャンデリアを下げ

て、空間に光の効果を充満させるのに対し、日本では茶室の例にみるように、装飾は単純、一個の傑作品で空間を生かす叙情空間である。

(3) 日本のような多様な価値観や複数の宗教が併存する国家では法治主義が必須であるが、日本人の生活行動では法律よりも社会常識（道理か？）がゆきわたっている。そのわけは、楽天主義と性善説にある、と著者はいう。しかも、法律は接続詞や前置詞の使い分けが明快でなければならないが（西欧語然り）、日本語では「間」を設定すると論理的整合に空白を生ずるので、それを避けようとすると法文は悪文にならざるをえない（一五五頁）。

西欧の権利義務の観念は、権利という批判精神と義務という公共精神は等価の裏表で、この関係は明確であり、そこに「間」は存在しない。日本の場合は義理と人情という不明確な関係で、情と理が兼ねそなわればしこりがなくなるという。その情と理の交錯のあいだに絶妙な「間」の感覚があるはずで、それを使いこなすことにより交錯の処理が可能となる（一九三―一九六頁）。これぞ、まさしく法文化論（!!）。

最後に、「間」は空白・欠陥の状態をいうのでなく、あくまで創造的観念である。それは、生活空間や芸術の本質に生きており、日本語における強靭で柔軟な個性であるから、『間』は、異質の文化をも包合《ほうごう》し調和する、日本人の文化的エネルギーの源泉となってきたのである」（二一三頁）と結ぶ。

2　本節冒頭に述べた順序に従って、「心」と題する諸著の紹介に入る。一応、出版順に。

(1) まず、世良正利『日本人の心』（一九六五年）がある。この本のことは前にも触れたので、ここでは一言に止める。「〝自覚性〟と〝社会性〟が人間性を保証する本質である」（一四三頁）が、日本人の宿痾的性格として〝没我性〟と〝熟知性〟が指摘できる（一四五頁）と。

日本人としての自覚は自発的・能動的でなく、受動的な没我性にあり、また、その生活原理は熟知性に力点がおかれている、というのである。〝あきらめ切れない心理〟が〝神に依拠しようとする心理〟（いわゆる〝神だのみ〟か）に展開し、〝依拠するものの指図に従属しようとする心理〟に隣接してしまう（第七章）。そして、人びとの結合形式は「だれ」について非選択的であり、「どう」について閉鎖的である（例：親子関係が主で夫婦関係は従であるというタテ型家族主義的結合・第八章）。

・「古い‼」と思う読者は多いだろう。

⑵　次に、唐木順三『日本人の心の歴史㊤㊦』（一九七六年）をとりあげる。上巻「はしがき」にいう。「心」とは感情・気持・情緒に深くかかわる言葉で、実践や生活でとらえられた精神に近い（日本語はやはり曖昧か？）と。

日本人は季節感に敏感な感受性をもっているが、それは「日本の風土が、四季折々の變化を、花鳥風月、山川草木において鮮かに示してゐるといふ自然的條件」と「農耕の民族であつたといふ社會的條件」および「自然の氣象から恩惠と同時に損害をつねにうけて來たといふ地理的歴史的條件」のもとで、古代の八代歌集から影響をうけた雅《みやび》という文化的条件を育て、季節への税敏な感受性をつちかってきたからである、と。そこで、「時代によつて異なる季節感覺……嗜好の背後にある時代の性格を描きだし……日本人の心の歴史を誌したい」という。

①　そして、冒頭「序論」は「日本人の感受性の特色――感性の論理」（傍点筆者）と題す。本稿では、まず序論の要点を挿話風に記すことにする。広く知られている、利休の〝一輪の朝顔〟は、「一が多を、部分が全體を象徴して剩すところがないといふ、東洋風の象徴主義がここにある」。

〝名月や疊のうへに松の影〟「この其角の句を……ブルノ・タウト……は日本の日本らしさ、日本人の風流心を十全に示すものとして特に推賞してゐる」（『日本文化私觀』）。

九層の天守閣に対する二畳の茶室（筆者・秀吉と利休）、さらに草庵を否定すれば「日々旅にして旅を栖《すみか》とす」（芭蕉）となり、究極の結果は達磨の面壁九年となる。草庵も十七文字も究極を志向しており、でなければ、ただの〝數奇〟〝わびずき〟〝さび氣取り〟〝さばしたる〟にすぎない。

「一所に固定してゐる草庵、家屋も、實は無限の時間の流れの上に浮いてゐる。言葉の奥には、緊張した沈默がある。……個別存在の背景には普遍があり、色の背後に空があるといふやうに理屈づける以前のところで、日本人はそれを感覺的直觀的に感受してゐる」（二二頁、芭蕉のことか？）。

「自己とは何かと問ふその自己を徹底的に追究して、その果に自己そのものが透體となつて蒸發して、自身が本來空の圓月相なるとき、山川草木、有情無情との眞の道交感應が成就せられるだらう」（二四頁、道元のこと）。

「畫における餘白は詩歌においては餘情《よせい》、餘韻であらう。言表の文字、言葉の周邊にただよふ情趣、ひびきである。餘情をもつことによつて文字は肥える。庭園の枯山水や石庭は、水墨畫のいはゆる『殘山剩水』、花鳥畫の『折枝』といふ構圖方式の自然を相手にしての適用であらう。自然の一片をとつて自然全體を暗示し、一枝の花において自然の生命を感じさせる方法、構圖といつてよい」（二七頁）。否定のゆきつくところに全体をとりこむという、日本文化の真髄を表現した美文である。

② 以上の引用について、西洋を〝理性の論理〟というならば、これらは、いわば〝感性の論理〟、つまりは個別のうちに普遍を感受する智慧の論理ということになる（三二頁）と。

「西歐の哲學が、我とは何かを追尋しまた追尋して、『コギト』に達したり、根源存在は何か、第一存在は何かを究めて、或ひはイデア、或ひは物質、或ひは一、或ひは多、また時間や空間、力や生起といふ、無色無記透明なものに達したりしてゐることと比較して」、日本の心情の特性は、「根源に參じて我執を離れた透脱境は、柳綠花紅、山高水長の、あたりまへの眼前觸目の境だといふことである」（三四頁）。

また、『理』よりも『事』を、目にふれ、耳にひびく眼前卽今の事物を大切にし、それをつくづくと見とめ、わきまへることが、いまにいたるまで日本人の特色をなしてゐる。自然の中に働いてゐる普遍的な法則を導き出さうとする合理主義とは趣を異にして、個別の個物に限りない注意と關心をむけ、そしてその事や物を卽ち法として、法の具象として感じ取つてゐる」（三九―四〇頁）。その感じ方は論理的、哲学的ではなく、審美的、藝術的である、と。

③　次いで、「一一（章）否定の美學」から。

中世はそれ以前の時代とは質的相違があり、「空や無や死が、卽ち存在（有）や生の否定が、積極的な意味をもつて出て來たこと、否定は單に肯定の反對、對立であるばかりでなく、反つて肯定の根據であることが經驗を通して自覺されて來たのである」。

「死は既定の事實である。無常は日常である。生は絕對の意味をもちえない。……だからといつて、生を憎むのは愚かなことである。死にとりかこまれながら生きてゐるのだから、生はむしろ僥倖だが、その『存命』の束の間をいとほしみ、生をたのしむこそ、よき人、賢き人だ」（兼好、二一六頁）。

④　「一三（章）季節の實相」「一四（章）芭蕉の發明」から。

「近代の西洋が自然の最奥にメカニズムを發見したこととの對比でいへば、自然、人間を含めての究極處はリズミカルであつた。言葉の高い意味での風流、風興、風雅であつた。禪家の風流の源底は大地有情そのものの風流性である」（二五九頁）。風雅とは「造花の四季折々を友とすることが卽ち風雅の姿である」（二六三頁）と。その先駆者は、西行、宗祇、雪舟、利休であり、さらに芭蕉において「物我不二」の境地に達する（二七六頁）。

・文化の個性に関する日本と西洋の違い、ここで論ぜられた文芸的考察によれば、感性の世界に対する理性の世界、非合理（物我不二）と合理など、嘗てにおける相違は際立っており、それが現代にも尾を引いていることは想像に難くない。これでは〝西欧法の妥当性〟などは夢のまた夢。法文化からみた固有文化の対応や如何に（?）。〝融通する自我〟でなければ、後における西欧法の受容など不可能に近いはず。その後における感性の展開に注目したい。

⑶　唐木順三『日本人の心の歴史㊦』に移る

①　西鶴の〝遊廓讃美〟によって、古来の風雅はパロディ化し、新しい偶像をつくりあげた。即ち、色欲を藝術化した「いき」「はり」「通」というは〝色道〟の理念である（一一三頁）と。

② 原勝郎によれば、足利時代こそ日本のルネッサンスだといふ。第一に、「古典への傾倒また古典文學の地方への傳播である」。第二に、「堺商人が代表する町人の進出である。堺は政治勢力の介入を許さぬ自由都市、自治都市として、足利時代に繁榮した」。「堺の豪商たち、いはゆる『納屋衆《なやしゅう》』は……海外貿易によつて得た巨利によつて自衛の實力を整へた」からである。「茶道の武野紹鷗、津田宗及、今井宗久、千利休等はいずれもこの豪商の出であるといふ一事をもつてしても、此地の文化意識がどれほど進んでゐたかがわかる」。第三に「個人主義的な思想と行動の出現である」。即ち、「足利期において充分に個性の妙處を發揮してゐる肖像畫が初めて描かれた」ことが、その証拠だと。そして第四に「いはゆる下剋上によつて、下層階級が浮び上つて來たことである」という。

この原説に対し、唐木は「近世へ、世俗化へと、強く推し進む要素と、中世を文化的に仕上げてゆくやうな要素が折り重なつて出てきてゐるように見える。だからこそ、安土桃山時代と美術史の上でいはれる豪華絢爛たる方向へ行く解放的要素とともに、それにつづく鎖國といふ閉鎖の時代、窮屈極まる身分制度と封建制へ歸る要素が潜在してゐた」と評する（三二一—三二三頁）。

情痴の世界を味わう一休の自由、そこには「中世的超越的な一面と、近世的現世的な一面が混在してゐる」（三二八頁）。そして「わび茶」の出現（珠光）と大成（利休）である。「過剰と貧寒、豐富と微少、多彩と淡彩、その小にして寒を撰んで、大にして剰を捨てるところに『わび』『侘』は成立する」と。対立概念の統一である（法觀念と矛盾撞着!!）。

「憂世《うきよ》」が「浮世《うきよ》」となり、憂きままの現世が続くと考えられたのは『閑吟集』（一五一八年）あたりである。西山宗因は〝無用坊〟になって初めて自由を味わうといったのが七〇歳（一六七五年）ごろ（『釋教百韵』）、わびる自由さえなかった。西鶴が唯一の自由を許された遊里に向かい、芭蕉はこもをかぶる自由をえようとした（四六頁）。談林派からでた二人が、好色物から町人物へ、他方で西行、宗祇、利休へと回帰したことに、この時代の時代色がうかがえる。が、西鶴の画くあくなき人間・人情は、人間社会への旺盛な好奇心である（五〇頁）。

③　徳川政権が儒学（とくに朱子学）を文教政策の旨としたことはよく知られていよう。中世の禅からの転向は、禅僧藤原惺窩のそれによって容易に行われたと、唐木はいう（五四頁）。惺窩が住した相国寺は、公案の思量工夫より朱子学を学習するという風潮すらあった（宋代の儒学そのものが釋・老・孔の合成であった）と。一三世紀から一四世紀前半にかけて、大應・大燈（大徳寺開祖）・関山（妙心寺開山）により禅宗はピークを迎えるが、その後、五山の僧は文学僧となって詩文に興じ、禅の偈頌、孔老の書、唐宋の詩文が学識の源となったからである。しかし、儒学は合理主義に立脚する哲学体系であり、我が国に合理的哲学体系が論ぜられたという画期的時期でもあった（六九頁）といえる。

「日本民族は元來、體系よりも個々物に關心し、普遍よりも特殊に意を注ぎ、個物、特殊において反つて全體また普遍を感受するといふ傾向がある。卽ち感受性において纖細鋭敏であるが、壯大な思想體系を構築するといふ能力また意欲に乏しい。……風雅またみやび、風流また洒々落々は體系の窮屈を嫌ふ。はかなくあはれなるものを、まさにはかなくあはれなるものとしていとほしむ心、無常なるものを無常なるが故に愛惜する心は、體系の形而上學を嫌ふ。山河草木また山水を以つて自然を代表させ、月雪花を以つて季節を代表させる所では、自然といふ文字、言葉さへ無く、公平無記に持續する抽象の時間もまた無い」（八三頁）と。

他方、「徳川時代は、日本において最も體制の整つた時代」であった。「家康が藤原惺窩を招いて『貞観政要』の講義を聴いたという一事が示すやうに……仁義禮智信、君臣父子夫婦長幼朋友の秩序を説く儒學、宋學が迎へられたのである。然もその五常五倫が、單に人倫の道ではなく、天地乾坤の道に通じ、太極また天理に通じ、日月星辰の運行に通じてゐるとすれば、單に政權維持の政治目的にかなふばかりでなく、天下の公道にもとずくといふ擬制を保つことができる」（八三―八四頁）と、唐木は解する。

後は、林羅山などによる幕府の基本諸法の制定によって完成される警察国家体制（日本法制史参照）の説明がある。

④　第三章は、閉塞した封建体制における特殊地帯、〝くるわ〟の〝義理と人情〟から話が始まる。そして、荻生徂徠による朱子学批判、石田梅巖の「心学」による町人道徳の説諭があり、第四章に入り、近松の心中物、浄瑠璃の歴史……と続く。

江戸文化の特色について、「中世の枯淡に對する江戸期の裝飾過剩、……水墨畫と金泥畫、能と浄瑠璃また歌舞伎、桂と日光、すべて極端な對立である。それは憂世に對する浮世、現世否定に對する現實讃美、無、無常を基底とする人生観世界観に對する有または享樂を肯定する人生観世界観という對立に照應してゐる」。「自然の風物、四季折々の景物は、人間生活を装飾するアクセサリイとなつてきた。山野に出て行つておのずからの自然を見、たのしむといふことに代つて、花鳥風月を障子や屏風に描き、それをめぐらした部屋の中で生活を樂しむといふことになつた」。その要因は、幕藩体制のもと、士農工商の身分制度の確立、世襲制の強制、五人組制度の出来などによって、移動の自由が制限されたことによる（一二二―一二三頁）と。

こうして文人墨客の風雅は、幕末の廣瀬淡窓、江村北海（一八世紀中葉）の指摘によれば、書斎・詩屋のなかでの〝こしらへた風流〟（「温藉《おんしゃ》」）となり、享保以後は、身分制度が弛緩し、法度・禁令が拘束力を失うと、蘭学の影響は、実証的精神を培い、伊藤仁斎の古義学、荻生徂徠の古文辞学が、徳川イデオロギーからの自由という形で示された。司馬江漢『西洋畫談』（一七九九年）の「畫は寫眞に非ざれば妙と爲るにたらず……」は、その適例であろう。こうした実証主義・合理主義への関心は、実利実用の学という傾向を促し、〝文明開化〟への途に拍車を掛けることになった（西欧法継受の下地とみてよいか?）。

また、前野良澤や杉田玄白の解剖実験は、観念から事実への転換の契機となり、その実証主義は次のような考え方を生んだ。「主観に對する客観はすべて物的對象である。天地山川も草木鳥獸もすべて一定の法則、科學法則によつて存在し運動してゐる物體また物件である……これは主と客との、主體と對象との二元の世界である。

……人間と自然との間は斷絶して、その間には直接な交渉はない。物心一如、物我一體などとは凡そ反對の世界である。自然の聲に耳を傾けたり、庭前の柏樹が卽ち佛法そのものだつたりすることとは無縁な世界である。そして實證主義、合理主義、科學主義は、この主と客とを二元とする世界において成立し、發展して來たのである」（二一四頁）と。

・主客の二元対立、合理主義の成立が、西欧法継受の素地となったことは読者も了解されることと思う。しかし、平安朝以後の、雅、主客合一、わび、さび、いきなどは、依然として、日本人の〝心〟のなかに生き続けている。融通する自我による現実主義は、この錯綜する多元的文化をどのように融合させようとするのか。誰でもが知っている例の、衣・食・住に関しては、併存もしくは混合である。

⑤　第八章は「東洋的なものと西洋的なものとの葛藤と融和」と題する。やはり出てくるのは夏目漱石である。曰く「漢學に所謂文學と、英語に所謂文學とは到底同定義下に一括し得べからざる異種類のものたらざる可からず」（二四一頁）と。唐木は「東洋風の倫理……卽ち人と人との間柄の倫理と、西歐風の自己本位の倫理とを、どのやうにして一身において統一調和しうるかという大問題が漱石に懸つてゐた。個別と普遍を、自己本位と道を、どのやうにして結びつけるか、『私』と『天』とをどのやうにして調和しうるかといふ大問題である」と紹介する。また「東洋學者に從へば保守になり過ぎる。西洋學者に從へば急激になる。現にある許多の學問上の葛藤や衝突は此二要素が爭つてゐるのである。そこで時代は別に二本足の學者を要求する。眞に穩健な議論は、さういふ人を待つて始めて立てられる。さういふ人は現代に必要な調和的要素である。然るにさういふ人は最も得難い」という森鷗外の〝二本足の學者〟の説（明治四四年、田口鼎軒七回忌での講演）を引用し、鷗外こそ稀な二本足の学者であると評する。さらに「上州武士の魂と科學的合理主義と福音信仰とを矛盾なく一身において體現するといふ、理論の上では不可能と思はれることに、彼は一身の情熱を傾けた」内村鑑三、「禪の大道と西洋哲學の眞智を自分自身の内部において、本體と四肢との關係のやうに關係させること、それがさまざまに形を變へ

ながら……生涯の課題となつた」西田幾多郎の『善の研究』（明治四四年）と、それに続く『自覺に於ける直観と反省』（大正六年）における〝己事究明〟という生涯続く悪戦苦闘が語られる（二三八―二四七頁）。

そして大正期は、阿部次郎が『三太郎の日記』（三―七年）によって、「多知多解の能力を頼つて、あれもこれも、ニイチェもトルストイも、釋迦も基督も孔子も理解し、それによつて自己を豊富にしようと計る」ことになった、と。

和辻哲郎によれば、これぞ〝文化の重層性〟である。「日本人ほど忠實に古いものを保存する民族も他にはないであらう」（『續日本精神史研究』昭和九年、唐木二五二頁）と。唐木曰く「教養ある文化人には『狂』も『士魂』もまた『道』も縁の遠いものとなつた。釋尊も孔子もソクラテスもキリストも、等しく『人類の教師』として學ぶべきであるといふ立場には信仰の葛藤はありえない。これら四人は各々一つの文化現象である。それを文献を通じて正しく解釋するといふことが任務である」（二五五頁、正しくその通り、筆者もその一人か？）と。

⑥　第九章『寫生』は、「日本人は明治の二十年代の後半から三十年代にかけて、やうやく再び生きた現實の自然を恢復した」との文から始まる。徳川時代は「直接に自然に、また自然の景物に接し、それを文字にまた畫面に表現するといふことはほとんど無かつた」（二六二頁）から。〝生かさず、殺さず〟の庶民生活では知足安分、また文人墨客とて置酒風流、遊里風流、狂歌風流に身を投じた。良寛、大雅、浦上玉堂など個性の強い人は別として……（二六三頁）。

そして明治。二〇年までは〝脱亜入歐〟の意気盛ん、政治・経済の実学の時代である。が、反動も確かであり、雑誌『日本人』の発行（明治二一年）をみる。こうしたなか、森鷗外による近代批評の発足（明治二二年『柵草紙《しがらみ》』）、北村透谷の「想世界」（「實世界」の対、『三日幻境』）、田山花袋の〝自然主義文学〟への移行（『近代の小説』）などが現れる。

その頂点に、三〇年代の徳冨蘆花『自然と人生』、国木田独歩『武蔵野』があり、ありのままの自然に対する高い関心は、さらに長塚節『土』という〝寫生文學〟を生んだ（四〇年代）。

⑦　さて、現代（昭和四〇年代）の自然美、水尾比呂志『美の終焉』（昭和四二年）の「巨大な自然破壊行為が、科學文明の發達と社会福祉の旗を掲げて日々自然美を蹂躙してゐる」の言をあげ、唐木は「自然の破壊は、そのまま人間の心情の崩壊につながる」（二九五頁）といい、その原因は、一に、西欧近代の主知主義と合理主義、二に、真理探求の自由による近代技術の発展、三に、生産技術の進歩に支えられた資本主義経済による利潤追求であり、それらによって支えられた経済優先の社会組織にある（二九七—二九八頁）という。

他方で、自然破壊の現代風景に対する抵抗が、日常生活の経験のなかから大衆の自然発生的意識によってさまざまな形で芽生えている。「有限なる人間の僭越を顧み、人間の自然、本然とは何かを問ひ始めるにいたつた」（三〇九頁）と結ぶ。

・ここに書かれた〝日本人の心〟は、現在でも、多くの読者に対し共感をよび起こすはずだと、筆者は思う。その史的経緯を述べた本書に深い感銘をうけた当時の気持を、いま、本稿を書きながら想い起こしている。「法文化」の観点からいえば、近代にかけての〝文化の重層性〟にみる文化人の葛藤が西洋法の継受を可能にしているのであって、そこに「法文化」を検討する基盤が存在していることになる。

(4)　「自分が、現に感じていることを、あるいは無意識に心の底で思っていることを、ありのままに見つめ、これを伝統とのかかわりにおいて理解し、自らのうちにある可能性を追うこと」（「まえがき」より）というのが、倫理学者の相良亨『日本人の心』（一九八四年）である（すでに、本稿第五章三で「道理の風化」について引用ずみ）。

①　「交わりの心」（一章）から。人間関係重視の話である。西行の「人の身のはかなさ」による「あわれを分かちあう心」「温めあう情」から始まる。個人的な親愛の情、他者のあわれに共感する情、物のあわれを知る心、そして、近世における夢幻観からくる人間関係（人倫）の重視（儒教）と「多生の縁」（仏教）、「一所に死なん」という契り。このような同情共感のかかわりからくる慈悲と共敬（道元）、さらに、自力の慈悲ではなく、阿弥

陀のはからいによる自《オ》らの慈悲「現生正定聚」（親鸞）が生まれる。

このように、日本人は人間関係を、無常観を超えた基本的よりどころと捉えたと、相良はいう（三九頁）。

②「対峙する精神」（二章）から。武士の倫理観には、内面から押し出される、閑かな強みがあり、「独り立つ」ことが標榜された（とくに戦国武士の生きざま――名と恥を重んずる――を中心に、朝倉宗滴・武田信玄・大道寺友山・山鹿素行・佐藤一斎・吉田松陰などへ続くが、封建時代における敵・味方の二元論は当然ともいえる）。この独立の主張は、福沢諭吉・内村鑑三にひきつがれ、その独立性は「人は人たり、我は我たり」（内村鑑三、参考「爾《なんじ》は爾たり、我は我たり」『孟子』柳下恵の言葉）という西欧近代の個我思想に近いものであった。が、異なる教派への寛容の発想があり（宗教戦争はない）、他との葛藤をうけとめることが真理の体得と考えられていた。

そこには、自己の絶対化をたしなめ、生けるものすべてに尊重敬意の念を抱くという思想（道元）、そして人間関係重視の人倫的土壌が培われていた（石田梅岩）ためであり、そこに八百万の神による究極神の不存在を因由とする宗教観が根底にあったから、と著者はいう（六八―七〇頁）。

③「純粋性の追求」（三章）から。「日本人が自らに求めた生き方の、もっとも基本的なあり方」について論ずる。結論は、「心情の純粋性、無私性の追求」（七三頁）であるという。

宇宙を貫く理法の実現を考えるギリシャ人やインド人、神の命令としての律法の実現を考えるヘブライ人、天道の地上での実現を考える中国人などの場合は、何らかの客観的な理法・規範の存在を認めて、それに従い実現することに生き方の基本を求めている。それに対し、「日本人は、歴史のそのはじめから、ひたすら主観的な無私清明な心を追求し、それを十全な人間関係を実現する倫理として捉えてきた」。そのため「客観的な理法・規範を追究する姿勢は、今日なお、十分な成熟を見ないでいる」（七四頁）と（「法文化」にとってはオヤオヤである）。

古代の〝清き明き心〟・中世の〝正直《せいちょく》の心〟（神祇信仰?）、近世以降の〝誠実〟と変化はしているが、その底を貫くものがある。それこそ〝誠〟であり、それを引き出した主人公は〝古学〟である。

伊藤仁斎は「理」を重んずる儒学に対し、「忠信」即ち「純粋な心」を説き、「まこと」を重視した。「今日、人格の尊厳、人命の尊重が説かれているが……それらは単なる知識にとどまり……生きたものとなりかねている」のは、感情の純粋さを重視する伝統がなお生きており、「人間の本質を客観的に捉えようとする内的な必然性がわれわれのうちに熟していないからである」。いうなれば、理論に生きようとする心情におきかえたつもりでも、誠実の無私性・純粋性からのすりかえがうまく機能しないからである。しかも「心情の純粋さを求める」心理は、「良心」という考え方の風化につながる、と相良はいう（八六―八七頁、日本人の心は、人格の尊厳・良心の自由を阻害するということか？）。

だが、誠たることは容易でなく（親鸞はそれを他力に訴えた）、近代に流れこんで、西田幾多郎にまで継承され（『善の研究』）、「至誠こそ『善行為の動機』である」、善とは伝統的な誠のモラルの近代化である（九五頁）と。

筆者は、かつて江戸時代の儒学は究理を求めて不可知論に陥ったと書いた記憶があるが、相良は、ここで、「究理の排除において誠重視の傾向が押し出されてきた」（九七頁）。そして近代化は、その制度機構を「民衆が、下から誠実のモラルによって支え、生かしたところに、驚異の発展がありえた」。日本人の勤勉は、「おかれた状況に純粋にかかわることを良しとする誠実のモラルが働いている」（九八頁、なるほど融通か!!）と記す。仁斎学を批判し経世済民を説いた徂徠学も、見解が異なるとはいえ、人と人となりのかかわりについて〝まこと〟を説いている点は、一つの土壌から生まれた二つの思想である、と説く。

最後に、清き明き心→正直の心→誠の心とつながる「日本人の心情の純化の標榜は……今日において、あるいはまた国際的な場において……その限界を示すことになる」。しかし、それでも、他者とは何かと問わない、心情の無私性・純粋性を追求することは、建て前と本音を使いわける今日、強調しすぎることはない、と第三章を結ぶ。

④　第四章は「道理の風化」である。「理は定準なし」（荻生徂徠）の言葉は、かつて紹介したことがある。「理

は、人間にとって主観的にのみ捉えうるものであって、社会生活における人々の共通のよりどころとはなりえない」（一二五頁）とは、相良の評である。そして〝理〟が不可知となれば、「習俗への随順においてのみ理にふれうるという思想をも生みだした」と。しかも「日本の伝統には道理の存在に対する確たる意識がない」（一二八頁）とも。それにも拘らず、〝今への持続〟（当時）が国学者によって尊重され強調されて、習俗への随順による社会体制の持続が善とされ、普遍的・客観的規範意識が否定されたのである（第五章「持続の価値」より、一四六頁）。

これでは「日本人には、時空を超える普遍的・客観的規範意識がない」ことになる（一四九頁）。丸山眞男の、歴史は「つぎつぎになりゆくいきほひ」であるという言葉を引用して、相良は「日本人にとって、変革も、『なりゆくいきほひ』としての歴史の無窮の持続への参賛、参入なのである」（一五〇頁）という。

⑤「日本人がどのように自らを救済し、この世に生きる姿勢を確保したかを考えると」、『あきらめと覚悟』（第六章）において捉える」ことができる。とくに「『あきらめ』の心は……仏教や儒教や神道の理解をも着色してきた」と。

まず神話では、この世は「妣《はは》の国」といわれ、万葉集では、「世間《よのなか》」、つまり、彼岸《ひがん》に対する此岸《しがん》の世界のことであり、「うつせみ」は人間世界の意味で、そこでは「すべなし」（解決する方法がない）と捉えられている。この世はもの思いの尽きない世界であるが、「あきらめ」が生の支えとして、自らを安定させ救済している（一六〇頁）。それが、中世になると〝隠遁〟によって救済を願うようになる（一六一頁）。その後、「あきらめ」を思想的に展開したのは、本居宣長であり、儒仏渡来以前は「せんすべなし」と捉え、死を悲しむということ自体に心の安定がある（神道の場合）という。宣長の「あきらめ」は、自らの身をまかせることで得られる心の安定であり、それは夢幻能の、舞うことで亡魂のやすらぎをうるという心根のなかにも読みとれる（一七〇頁）と指摘する。

「あきらめ」は、不如意を嘆くなかで安定する心であるが、「覚悟」は不如意の嘆きのなかで断念を決意する心である。つまり、悲壮感がない仏教の悟りにくらべて、覚悟に悲壮感があるのは、「あきらめ」を決意したからで、双方にはつながりがある（一七七頁）からであるが、それが日本人になぜ可能かについては第七章・第八章へ、と。

⑥「死と生」（第七章）から。

死は人間の原罪ゆえにうけると解するキリスト教にくらべ、日本人に死への恐怖はない（一八六頁）。それは、おそれであるよりもやすらぎである（一八八頁）ためだと。

また、先祖の魂を迎え送る〝盆〟の行事を考えると、日本人の死のイメージには、魂が抜けでたり帰ってきたりするという理解があるが（〝遊離魂〟感覚）、このような魂《たま》の信仰は、近世儒者の死の理解、柳田国男の祖霊の民話にも記述があり、日本人に共通の感情であろう（一九四頁、加藤周一『日本人の死生観』）と。

「生と訣別する深刻な感情も、死後の世界の親しさによって、やがて『あきらめ』られてくる可能性をもってくる」と、相良はいう（一九七頁）。とくに信仰をもたない日本人が死に臨んで「あきらめ」大騒ぎしない理由が、ここにあるということか。織田信長の「人間五十年、下天の内をくらぶれば、夢幻の如くなり……」の巷説を憶いだす読者も多いと思う。

生の追求を近世の町人の生き方に探れば、うき（憂・浮）世となる。〝人生は一寸先は闇〟であるが、この世を去れば〝やすらぎ〟の世界に帰るの思いである（二〇二・二〇五頁）。いわば天地への随順である（二〇七頁）。

ところで、現実に生の営為を考える一方で、現実を越えた形而上的世界で生を考える立場がある。磯部忠正『「無常」の構造』に、「日本人の生き方は神中心でも人間中心でもなく、自然中心であるという。その自然とは……『大いなる自然のいのちのリズム』とも『宇宙の大生命』ともいいかえてもよい」。日本人は「現世中心のようにみえて、じつは現世軽視である」を引用し、相良は「日本人は現世の生においてすでに幽に生きているのであるから、幽に帰する死について案外に淡白だ」と評し、賛意を表する（二一一頁）。

続いて、「実存の内実の不透明さを捉えたとして思い出されるのは宿世《すくせ》・宿業《すくごう》である」。〝縁の意識〟〝輪廻《りんね》〟という感じ方は、生に関する形而上的なそれであり、「形より上なるものとのかかわりにおいて『あきらめ』は可能であった」と、この章を結ぶ。

⑦　終章は「おのずから」である。著者がいうように、この感覚は「日本文化のより根源的な契機」である。主語の存在に内在する力によってなることを意味する、「成る文化」の話といえば、「作る文化」（西欧）と共に思い出す読者もいよう。

この話は、今までに述べたことがあり、くどくなる嫌いもあるが、相良説を追ってみよう。「おのずから」は自然観の問題として取り上げられる場合が多いが、著者は、〝自然観〟と〝おのずから形而上学〟とを混同するなという。

「宇宙は神によって創造されたものである」というキリスト教では「つくる」論理が働いているのに対し、「この世界を、なりゆく世界として捉える」日本神話には「なる」論理が存在している。歴史は「おのずからなりゆくいきおい」、「自然的生成の観念」が中核で、秩序の観念はない。「現在の勢いに即した今の『おのずから』のあり方が、そのあるべきあり方とされている」。

こうして、「自然観において『おのずから』が『みずから』であり、『みずから』が『おのずから』であったように、歴史観においても『おのずからなる』は『今からなる』であり、『今からなる』が『おのずからなる』であった」（二三六頁）。九鬼周造は「日本の実践体験では自然と自由とが融合相即して会得される傾向がある」（「日本的性格について」）といっている、と。

「明治の西田幾多郎が、『善の研究』において、最も厳粛な内的要求に生きることを善とし、それを至誠とし、またこれを宇宙の統一作用に生きる生き方としたことが思い出される」との紹介文によれば、筆者ならずとも、自然法的自由観こそ日本文化の伝統であると解さずにはいられない。習俗への随順だけが「おのずから」への随順であった（二二九―二三〇頁）とも。そして、前近代的な制度・習俗の下での自由と、近代法治主義の下での自由との違いはと考えたときに、比較法文化論が意味をもつということになろう。

相良は、このあと、賀茂真淵・本居宣長の「おのずから」観を追求し、老荘の自然観との違い、安藤昌益の主体的・内面的生き方と捉える「おのずから」観、親鸞の「自然法爾」を説き、最後に、本書の全体を「おのずから形而上学」とまとめ、日本人が重視する人倫（〝道〟〝直《なおし》〟〝道理〟など）からは、「普遍的な理法・規範を客観的に追究する姿勢は容易に生まれない」。欲望・その挫折、死、無常は、すべて「おのずから」の世界の探求、つまり無限定で不定な宇宙の「おのずからなる」運動のうちに己れを見出し、今のわれの真実のありようを問うという、形而上的な営みであるから、『おのずから』をふまえる日本人の心の襞《ひだ》を、深く見つめ、そこに秘められる豊かな可能性を見出したく思っている」と結ぶ。

説の当否はさておいて、相良の説く「日本人の心」は、「法という文化」から考えると、何と遠い彼方にある心性であろうかというのが、多くの読者の抱く感想であろう。自我の融通力で処理するとして、日本人の法観念についての形相はどんな様相を示しているのか、筆者の抱く疑問も、読者と同様、そこにある。

3　感性というか心性というか、日本人特有のものとして、戦前から説かれた感覚用語に、〝いき〟〝わび〟〝さび〟〝幽玄〟〝みやび〟などがある。近年のドライな世相においては触れられることが少なくなったが、七〇～八〇年代にかけて関心をもたれ、現在でも、時に魅力的に語られることがあるので、〝感性〟論の出版年に従って、紹介したいと思う。

(1)　古い例は、本稿での紹介諸著書によって何度も引用された、九鬼周造『「いき」の構造』（一九三〇年）である。『「いき」とは畢竟わが民族に独自な『生き』かたの一つではあるまいか」と、「序」にいう。その論理的考察（①内包的構造、②外延的構造、③自然的表現、④芸術的表現）の書である。そして、「いき」の体験とその概念的認識の間には言いつくせないものがあり、「いき」の構造を客観的表現で基礎付けようとすることは間違いだと知りつつ、それを論理的課題として追跡したのが本書である。結論を先取りしていえば、「いき」の意識は西洋文化にはない。それゆえ、「いき」の核心的意味がわが民族存在の自己開示として把握されたときに、初めて理解したことになる、と。

① まず「序説」では、類似の外国語を紹介するが、「いき」についての意識を把握し、存在形態としての「いき」を理解すれば、そこには民族的特殊性が著しい語であることがわかる、という。

そのために、内包的構造を解明し、類似の意味との違いを外延的に明かしたい、と。

第一の徴表は「異性に対する『媚態』」である。「いきな話」といえば、異性との交渉に関する話を意味し、媚態とは「なまめかしさ」「つやっぽさ」「色気」を基礎にした緊張をいう。

第二の徴表は「意気」＝「意気地」である。「いなせ」「いきみ」「伝法」などに共通する気品で、異性に対し反抗を示す意識である。

第三の徴表は「諦め」、即ち、運命に対する執着を脱した無関心、現実に対し瀟洒とした恬淡無礙の心である。「兎も角も『いき』のうちには運命に對する『諦め』と、『諦め』に基づく恬淡とが否み得ない事實性を示している。さうしてまた、流轉、無常を差別相の形式と見、空無、涅槃を平等相の原理とする佛教の世界觀、悪縁にむかって諦めを説き、運命に對して靜觀を教へる宗教的人生觀が背景をなして」（二八頁）いる。そして、媚態は「いき」の基調を、『意氣地』と『諦め』は民族的、歴史的色彩を規定している。

「要するに『いき』とは、わが国の文化を特色附けている道徳的理想主義と宗教的非現実性との形相因によって、資料因たる媚態が自己の存在実現を完成したものである」（二三頁）。それを「『垢抜して（諦）、張りのある（意氣地）、色っぽさ（媚態）』と云ふことが出来ないであらうか」と。

②　次に、『「いき」の外延的構造』である。それには「上品」「派手」「渋味」などがあるが、「上品」「派手」は「いき」「渋味」と異なり、その公共圏は、前者が人性的一般存在であり、後者は異性的特殊存在である。そして、上品は下品と、派手は地味と、いきは野暮と、渋味は甘味と対立する。

上品は媚態と交渉はなく、下品は反価値的（「いき」は有価値的）で「いき」と関係はないが、前者は有価値的であるから「いき」に連なり、上品と下品の中間とみなされる理由となる。

派手は〝葉出〟、地味は〝根が地を味ふ〟で積極的か消極的かの差であり、非価値的のものである。積極的な派手は「いき」に通ずるが、〝諦め〟とは相容れない。消極的な地味は、〝諦め〟に通ずるが、媚態をもち得ない。渋味・甘味は、対他性において積極的か消極的かの区別があるが、異性的特殊存在の様態であり、「いき」に通ずる。つまり、甘味、「いき」、渋味は直線的関係にたつといえる。「渋いつくりの女」（荷風）の例では、甘みから「いき」を経て渋味になったということだろう。

このように考えると、「いき」は趣味として価値判断の主体および客体となることが暗示されているといえる（五七頁）。

以上のことを直六面体の形で表示して、他の趣向を示す語の内包を考えると、「さび」は上品、地味、意気、渋味となり、「雅」は上品、地味、渋味を内包とする（六二頁）。

③　『「いき」の自然的表現』や如何に。これまでの、意識現象としての「いき」に対する客観的表現の形をとった「いき」の考察である。

ところで、「いき」の客観的表現には、自然的表現と芸術的表現の二様がある。前者には、聴覚に関するものの言い方、例えば甲高い音よりも〝さび〟の加わった次高音の方が「いき」であり、視覚においては明瞭かつ多様な形、例えば表情と姿があって、全身での表現には、〝姿勢を軽く崩す〟〝うすものを身に纏ふ〟〝湯上り姿〟があり、姿には〝姿が細つそり〟がある。顔については〝細おもて〟、顔の表情には、〝流し眼〟〝脣の微動のリズム〞〝秋の色の頬による微笑〞、そして〝薄化粧〞、略式の髪（銀杏髷、潰し島田など）、抜き衣紋、左褄（裾さばきの媚態）、素足、手を軽く反らせ曲げる手附などの身体的表現などがある。

以上の説明には、年輩の読者なら納得するところ大であろう。

④『「いき」の藝術的表現」（第五章）について。「いき」の芸術形式には、客観的芸術（芸術の内容が具体的表象そのものに規定される場合で、絵画・彫刻・詩など）と主観的芸術（芸術の形成原理が自由に抽象的に作動する場合で、模様・建築・音楽など）がある。前者では、「いき」が具体的な形のままで芸術の内容を形成している場合である。絵画だと輪廓本位の線画で、色彩が濃厚でなく、構図が煩雑でないこと。それに対し、後者では、「いき」は自由芸術の形成原理のもと鮮やかな形で表現されてくることになる。

自由芸術として、第一に模様は〝縞〞それも〝縦縞〞である。横縞は縦縞にくくりを付けているとき（例：縦縞の着物に横縞の帯を用いた場合）は「いき」と感ぜられるが、垂直の平行線と水平の平行線が結合する縦横縞は「いき」とは縁遠い。また正方形の基盤縞より長方形の格子縞が「いき」であり、複雑な模様や曲線を有する模様は「いき」ではない。絵画的模様や雑多な色彩のものも同様である。

「いき」な色は、灰色・褐色・青色である。

次に建築について。「いき」な茶屋建築では、木材と竹材との対照、天井と床との対立が主であり、煩雑を避け（円窓・半月窓は別として曲線を避ける例）、材料・色彩・採光照明は模様における色彩と同様である、と本論を終わる。

・しかし、何しろ昭和初期の話である。感性の観点からいえば明と暗の中道、「陰翳禮讃」の世界で、ＬＥＤ照明の現在ではどこまで理解されうるのか。が、渋い色を好む若者（イタリアとの対比を考えてみよ）をみると、媚態にかかわる「イキ」というより目立たない〝渋い〞に生き続けているのかとも思う。〝喪服美人〞という慣用語があることを考えると、薄墨色の方が「イキ」に思えてくるが。

(2)　年代を追えば、大西克礼『幽玄とあはれ』（一九三九年）、同『風雅論』（一九四〇年）がある。南はいう。「大西によれば『幽玄』とは、『露わではなく、明白ではなく、何等か内に籠ったところのある』『仄暗さ、朦朧さ、薄明』を意味する。さらに、静寂、深遠、充実相（無限に大きなものの集約・凝結）、神秘性または超自然性、という意味も出てくる。『あはれ』とは、第一に特殊心理的な哀れ、第二に一般的心理的な感動一般、第三に一般的な美意識としての優・麗・婉・艶である」。また「『風雅論』で、俳論に『風雅はもとさびしきもの也』とある。『さび』は『閑寂』という狭い意味ではなく、俳諧独自の美的概念であるとした。『さび』はまた、万古不易の自然の古さをとらえ、それによって物の本質が表れてくる。茶室は閑寂性、遊戯性、自由性という性格を持ち、特にその『反相対性』は、非合理性を好む民族的美意識の根本的な特色であるとした」と。

(3)　戦後に移る。まず、とりあげるのは、望月信成『わびの藝術』（一九六七年）、数江敬一『わび』（一九七三年）である。

①　望月はいう。「『わび』は“wabi”の語で現在の欧米人にも広く知れわたっている日本語であるが、『わびしい』と隣りあわせの、みじめな存在の意味に解釈されている様子がある。しかし、〝わび茶〟では複雑で深遠な意味をもつということは広く知られている。そこで、その文化性、芸術性を歴史的に明らかにしたい（「緒言」）」と。

②　まず、美を追求するのはどの国民でも同じであるが、平安時代の和風美（束帯・十二單の例）、戦国時代の鎧・兜・装劔・馬具にみる美の追求をみると、いつの時代においても、合理化を犠牲にして徹底した美化に精進したことが他の比ではないことがわかる。しかも他方で、「幽玄」に理想をおき、双方を両立させた（華美と風雅の両存が矛盾しない）ところが、文化史上興味深い一面であるといえる（二章二二一―二二三頁）。

・矛盾撞着を意に介さない自我など西洋人には理解できないだろう！。

仏教伝来により、縁起・因縁・輪廻の思想を知り、諸行無常の考え方が広まって末法を迎える。ここで華美は、仮りもの、質素・淡白な趣向への転換が始まる（三章）。

「応仁の大乱」は、この世の地獄絵巻を見せたので、美しいものへの憧れ、美意識の向かうところは、〝禅〟であった。仏像彫刻や仏画のすばらしさは鎌倉時代で一応終りを告げ、禅門の〝心外無仏〟（仏は心のなかに存在する）、〝教外別伝〟（仏像・仏画・経典に関心を示さない）、〝直指人心〟（自分の心のなかに仏を見出す）の教えが人々の心を捉えた。とくに宗峰妙超・関山慧玄による臨済禅の目ざましい発展は、大徳寺の創立とその活躍により「わびの芸術」に深い関係をもつようになった（四章）。

③　ここから「禅の芸術」（五章）の話が始まる。第一に、祖師を尊重する。鎌倉仏教は、浄土宗・真宗をとわず、あるがままの姿をとる祖師像をつくり（空海の場合は威厳ある姿態）、それをまつる祖師堂・御影堂は伽藍の中心的地位に置く（それまでは関山堂に安置）。祖師への報恩・思慕が仏に結びつくとの考え方である。禅宗は、この考え方が顕著であり、祖師像を〝頂相〟と呼んで、塔頭ではこれを本尊とするところが多い。

第二に、祖師の遺品を尊重する。衣鉢、遺墨など、とくに書画幅が仏像仏画より尊く礼拝の対象として取り扱われる。そのため、禅門の徒は祖師の肖像画や彫像の製作に励むことになるが、凡てが技巧的に優れた作品となるわけではない。素人の域を脱せざるものも多く、彼らは絵具の取り扱い方も判らないから、もっぱら墨一色で一切を表現した（なるほど!!）。水墨画は唐の時代に完成期に達し、宋の時代に大成し、わが国にも伝わっていたから、墨の濃淡だけで表現する水墨画は時代に乗ずること大であったといえる。

周文、雪舟の影響により、室町時代の水墨画壇は黄金時代を迎える。しかし、画僧の大部分はしょせん余技にほかならず、自然離れした形象表現に見とれることも多かったに違いないと予想される。つまり、師僧の揮毫ということに価値があり、写実の如何は無視されて、画風の稚拙は問われなかった。自己流の大胆な描写法で、ときに単純化、抽象化されてデフォルメが自然に行われ、禅という宗教的悟道に徹した作品であれば、気韻の生動に圧せられ、時に判り難いものほど存在価値が高まることになった。この禅宗芸術の価値が「わび」精神をふるいたたせ、わび茶と一体となって、日本文化に強い影響を与えることになる、と。
・禅画に話が及べば、心理・論理・感性とかいう観念は全く無縁になること必定。

④「わび」観念が育成され大衆化して日常生活に影響を与えたのは茶道である（わび茶というくらい）。〝茶〟に関する最古の書は、陸羽『茶経』（七六〇年ごろ、三巻）、わが国の古い記録では、弘仁六年（八一五年）近江の梵釈寺で永忠が嵯峨天皇に茶を煎じて奉ったことが記されている。（『日本後記』）。つまり、茶の伝来はこれより古いことになる。茶は、当初、病後や疲労快復のための薬湯として用いられた。後世、茶道とよばれるようになる茶の移入（一一九一年）は、栄西によるもので、同時に喫茶の法式も伝えられた（『喫茶養生記』一二一四年）。京都、栂尾の明恵上人が栄西から贈られた茶の栽培を始めたことは読者も承知のことと思う（この地の茶は「本茶」とよばれた）。

鎌倉時代になり書院造が登場すると、嗜好として喫茶が楽しまれたという史実は想像にかたくないであろう。〝書院の茶〟は新しい喫茶の儀式を興し、銀閣の同仁斉は茶室四畳半の原型となった。能・芸・相の三阿弥の茶道史上の功績は知る人ぞ知るの例である（いわゆる〝台子の茶〟）。また、清巌正徹の説く「茶数寄、茶飲み、茶くらい」の三形式は、当時の喫茶好みの人物の風雅上の区分けであり、喫茶が一般化し日常的に浸透・愛用されていたことがわかる。

いわゆる「わび茶」は、こうした日常的な喫茶儀式のなかで、応仁の乱後の混沌とした世相を通して生まれた特殊な茶の飲み方からの呼び名であった（六章）。

しかも現在、「わび茶は何びとも簡単に親しむことができると同時に高度な内容が常に展開される極めて特殊な文化性があるものである」（九七頁）と。こうしてわび茶の発展を辿り、「わび茶」の精神に触れたい、と続ける。

まず、わび茶の発生は、禅門のあいだで娯しみのための喫茶から始まり、書院の茶から儀式の一部をかりて成立したのではないか（通説では村田珠光が始めたと伝えられている）と。以下、余談になるが……。

珠光は、一休に参禅し、三阿弥が伺候する義政に茶道をもって仕えたので、後世には珠光が茶道の宗匠とされ、『山上宗二記』に「珠光開山」（「茶湯者の伝」）とあり、また「四畳半座敷は珠光の作事也」（『南方録』）とある。四畳半は方丈（一丈四方）ともいわれ、維摩・文殊の問答が行われた部屋として知られる（現在、日本でも寺院の重要な建物の呼称として使われている）。珠光は、豪華な〝書院の茶〟に対する簡素な茶の湯のため〝かこいの茶〟を創案し、この独立した飾りのない一室での茶は、後に〝わび茶〟とよばれるようになった、つまり、わび茶の萌芽と解説する（一〇四―一〇五頁）。

同時期、能楽の金春禅竹が万物みな枯れ尽きたとき風情が最もよいといい、世阿弥元清がもの淋しい冷えた能がよいというなど、不完全で不備ななかにも面白味があることを発見し、やがて、これにあこがれを持つ趣好が一般化して、日常生活にまで浸透し始めたとき、この面白味を一応「わび」と呼んだというわけである（一〇七頁）。

客を招ずるのに四畳半の小室、ここに簡素な茶道成立の糸口があるというわけで、〝書院の茶〟に対する〝草庵の茶〟が生まれ、殺伐とした下剋上の世相のもと、その気楽で静かな友愛の場が人気をよんだのである。まさに戦国時代のオアシスであり、日常の生活様式に影響を与えたことは容易に想像しえよう（以上七章）。

いよいよ「わび茶の完成――千利休の出現」（八章）である。「室町時代中葉以降の日本文化史は茶道史を無視しては論ずることが不可能であるほど茶の役割には顕著なものがあった」という評価に始まる。

まず、武野紹鷗。わび茶の整備と位置付ける。茶人には周知の人。四畳半の部屋に土壁・明障子を用い、素木のままの草庵式茶室とした。二本柱の台子《だいす》・袋棚を使用したが、書院の茶から脱し切れていない。しかし彼が、名人の条件としてあげる「唐物所持」は、今の茶人にも通用するほど、その影響は大きい。

そして周知の、利休による「わび茶」の完成である。彼が秀吉の命に従って造営した黄金の茶室と山里の数寄屋、矛盾しているようだが、前者の三畳敷と後者の二畳敷ということを考えれば、ここに「わび茶」の完成があったと考えていい。数寄屋で使用する道具類も日常生活で使用するものから選ばれた。唐物を離れて、見すてられたものの美の発見、それが心安さを秘めた「わび」である（現在の茶道と比較してほしいと思い詳しくなった）。

⑤「わびの本質」（九章）に入ろう。紹鷗は「正直に慎み深く奢らぬさまをわびといふ」と理解する（一四〇頁）。が、禅思想、とくに枯山水の影響を忘れてはならない。龍安寺、真珠庵、大仙院の例が引かれ、本来無一物式な思想からくる簡素枯淡がわびに通ずる、という。

そして「十牛図頌《じゆ》」（北宋・廓庵師遠）の解説に入る。一般読者には難解かも知れないが、禅に関心のある人は知る人もあると思うので、興味ある人のために。それは、

第一図絵＝尋牛。どうすれば牛を捕獲できるか（悟りがえられるか）を暗中模索する。

第二図絵＝見跡。牛の足跡を発見、跡を追い捉《ママ》えようとする（悟りを得べき曙光を見出す）。

第三図絵＝見牛。ついに牛を発見（修行の効果が現れ目的到達の確信をもつ）。

第四図絵＝得牛。牛を捉えたが、野性を発揮して柔順でなく綱を引き締め鞭を振う（悟りを得たと思うものの、それの真否は定かではない）。

第五図絵＝牧牛。牛はようやく柔順となり引手に順う（悟道は間違いなく完成に近い）。

第六図絵＝騎牛帰家。牛に騎って住む家に帰る（安住の域に入り安心の境地に至る）。

第七図絵＝忘牛存人。悟りという牛が外にあると思ったことが誤りで、自らの心の中に牛があったことに気がついた。絵は牧童が家の前でひとりいねむりをしている。

第八図絵＝人牛倶忘。悟りを開いたと思った自分自身も忘れてしまうの意で、一切の執着を超越した「仏性独朗の境地」。白隠の「隻手の音声」の例が引かれ、絵は円相だけが描かれている。利休の精神はこれではないかという。

第九図絵＝返本還源。春は花咲き秋には紅葉し、止まることなく運行する眼の世界は、諸法の実相である。絵は花咲き水が流れる自然のままを描く。いわば「空即是色」の境地。

第十図絵＝入鄽《にってん》垂手。自己の完成をなしとげた上は大衆の救済こそ重要であり、それに余念がないことを示す。絵は布袋和尚が子供と戯れているところを描いたものが多い（わが国では狩野探幽、富岡鉄斎らの作品がある）。

ここで「色即是空、空即是色」が解説される。

⑥　次に「わび」と「さび」は同じ言葉かの解説がある（「さび」については後述の著書がある）。

望月曰く、「錆《さび》」には三種の解釈、即ち、一に「物のすさびたる意」、二は「古びて趣致のあること」、三は「金属性の酸化したもの」であり、何れにも「わび」との共通点があるように思えるが、『言海』によれば「荒」（殺風景の意）、「宿」（年を経て古びたこと）、「錆」の三種がある。「茶道などにいう閑寂《さび》」は後者である（一六三頁）と。著者の意見は、「さび」は「わび」の一部を示すもので、「わび」は「さび」よりもさらに深い意味をもつと解する、という。「わび」の美は幽玄であり「崇高」でなければならない、茶の湯の本意は、茶を喫するだけにあり、仏心の露出するところにある、と。遁世者や世捨人然らず、優雅で静閑な気持を養うために清寂を貴ぶものにほかならない（千家三代宗旦元伯の言）。

⑦　「わびの芸術」では、茶の湯芸術の花生、茶碗、水指、茶室、茶杓についての長い説明が続く。わびの芸術による美の発見は、世界に誇れる大発見である、と。

本書の締め括りは、「わびの究竟致」。有名な、利休の〝一輪の朝顔〟の話こそ、わびの究竟致を物語り、欧州諸芸術が写実表現に傾倒してきたことに比べると、わび茶の奥意は「無の美」である。詩歌の「わび」は俳句にあり、という研究者もいうように、「有情非情互に寓し合い、こころをば大無に所し、理を去り玄をもとめ、人の教戒にかゝはらざるにあらず」（『芭蕉葉ぶね』）とは、俳諧のみならず、諸芸術に通用する真善美一致の境地の考え方である、と結ぶ（二一四―二一五頁）。

「結言」にいう。「禅の考え方を充分に検討し、その修行を徹底して身につけないと『わび』の真の本質は了解できないものであるらしい」と。

・〃わびの心理〃といえばおかしい。〃わびの感性〃でも不適当。やはり〃わびの心〃である。そうなら、「わび」は日本人の〃心〃に関する個性（簡素でもの静かな趣）である。「苫屋の侘び住まい」などという。〃わびの心〃が日本人の生活感情のなかに浸透していることの証しでもある。「わび」が茶人にしか理解できないなんてウソであることは明瞭。著者も、建築、装飾、絵画、文学、能、俳諧から日常生活にまで〃わびの心〃が沁み込んでいるという。その本源を「禅」に求めているが、庶民が「禅」の「わび」の真髄を理解しているとは到底思えない。本著がその解釈の一つであることは間違いないが、その全容となると、筆者も巧く説明できないことは確かである。

ただ法文化との関連から考えて、「無の美」こそ「わび」の究竟致といわれれば、西欧の法観念とは無関係、いや、その非合理性からみて対立観念といわざるをえない。〃わびの心〃で法観念をどう理解するのか、読者に訊いてみたいところである。そこで、「わび」を論じたもう一冊の著書を見てみたいと思う。

(4)　数江敬一『わび——侘茶の系譜』（一九七三年）

副題に明らかなように、この著も茶道史の話である。

①　そこで前著との違いを意識して、「はじめに」にまず注目しよう。

わびやさびの美意識は、色彩でいえば、鮮やかな原色とは縁がなく、冬枯れの風土の色である、と。また、枯淡、閑寂という言葉におきかえても、わびの語感からは縁遠い。だから「わび茶」といわれても、「その内容を的確にいいあらわすことは、まず絶対に不可能だ」（一〇頁）ということになる。しかし、わび茶の美的理念についていえば、造型にかかわる言葉（同様に「さび」は俳句などの文芸的精神を言い表す）として使われているにちがいない、と。

②　まず書院茶から。同朋衆、能阿弥、書院座敷の飾りの話に始まり、唐絵、院体画、水墨画、花入れ、天目

茶碗と続き、座敷中心に総合される書院茶の観想的性格が語られる。そして、そこから生まれた「わび」という東山文化の特殊性が、王朝時代の〝わぶ〟（思い煩う、悲観して日を送る）という消極的意味（現代でも侘言、侘び住まいなどと使われている）から、侘び住まいに風流を感ずる（謡曲『松風』の「わざとも侘びてこそ住むべけれ」）というふうに、風雅をあらわす積極的な意味に変化する経過が、例示をもって説かれている。

こうして、「心細く、もの哀しく、うらびれた心境をあらわす」王朝時代の「わび」は、中世末期になると、乏しい状態になんらかの意味を見出そうとした（人生観における価値転換）。そして、室町時代になって、対象そのものの価値を見きわめようとする観想的立場が、そこに人生の生きがいを見出したのである（読者には「自《オ》からの文化」を想起してほしい）。

③　話は、東山文化の建築について（鳳凰堂と銀閣の比較）、庭園について、絵画・文学・芸能について、自然観照の精神性が語られる。応仁の乱を経験した彼らは、「運命に対する一切の抵抗を投げすてて、締めの生活にささやかな心のよりどころを求めようという誘いに惹かれていった」からである（四八頁）と。

「わび」は、まさに「枯淡閑寂の境地に息ぬきの場を求めようとする隠者的な性格をもつもの」であったと評する。この後は、いわゆる茶道史と「茶の湯におけるモラルと美」（終章）に入る。

前述したように、わび茶は珠光流の茶に始まる。「道具一種サヘアレバ侘数奇スルガ専一也」（『山上宗二記』）とある。「わびの美」とは「満たされない不足の状態にかえって積極的な意義をみいだし、そこに情趣を感じ」とることである。つまり、「歴史的・風土的な制約のもとに生まれた、きわめて特殊な性格をもつ美意識であった」（一七九頁）。対して、利休のわび茶は「わびの美」を統一的につくり出した点にある、と。例えば、唐物と和物の取り合わせによる枯淡に通ずる調和（晩年には和物の使用が著しくふえたという）であり、さらに、不足の状態に感性の快さをみ、そこに積極的意義を認めるという否定の契機を含む心となり、そして無限定の多様さをみる想像性が〝わびの美〟を生むという。

次いで織部の芸術観を説く。

④　茶の湯におけるモラル、それは『山上宗二記』のいう一期一会と独座観念（一期一会の茶会のあと亭主が独り茶を点てて喫むこと）である。人との出会いの尊さ、而今に生きるすすめ（道元）である。孤独な人間存在の根源、それを突き抜けてこそ直心《じきしん》の交わりも可能になるという。

それにしても、茶の湯になんと道徳的訓えの多いこと。身の処し方、対人関係にいかに心をくだくかなどなど。「茶湯ハ禅宗ヨリ出タルニ依テ、僧ノ行ヲ専ニスル也……」（『山上宗二記』「茶湯者覚悟十体」）。そうはいいながら、茶の湯道具の美に惹かれるとはなにごとか。数江曰く「美の小宇宙を創ることに協同する」（二三九頁）からである、と。

西欧芸術では作品は作品として独立しているが、茶の湯そのものは芸術作品といえず、亭主と客とのかかわり合いのなかにつくられる美の世界、心と心の交流という精神世界（制作者と鑑賞者の心が響き合う連歌の影響もある！）、そこに、茶の美、「わび」という主観的な無限定の美、それも修行に通ずるようなおのれの心の追求と直心の交わりを求める芸術的表現がある、と結ぶ。

・美の追求について主観的で無限定な精神を強調する茶の湯のモラルは、主客同化のつきつめたかかわりのなかで極めて自主的・自律的な心を求める芸術である。しかしながら、このような精妙な芸術意識に論理的法意識はどう係わるのか。

⑸　「さび」は「わび」とどう違うのか。改めて、復本一郎『さび——俊成より芭蕉への展開』（一九八三年）を取り上げる。副題から考えて論点が前著と異なること一目瞭然であり、本書での理解を辿ってみよう。

「はしがき」が紹介する、山口諭助『美の日本的完成』（一九四二年）によれば、さびとは「我執を蝉脱して一切とつながる大き静けさの姿」を意味するという（南一八〇頁）。復本によれば『さび』と言えば、芭蕉がすぐに思ひ浮かぶ」が、俳諧固有の美ではなく、和歌、連歌、茶にも求められた美で、中世から近世になっても歴史的に求められた観念であり、本質としての「さび」と、変質としての「さび」の二部がある、と。
①「さび」についての必須の資料は、『去来抄』(一七〇二年、去来五二歳の著で、師芭蕉は八年前に逝去)であり、芭蕉によって完成された美だとされている。が、『万葉集』に「さびしい」の意で使われた歌があり、藤原俊成には「さび」に美を託した歌がある。そして西行、慈円、心敬《しんけい》・宗祇も「さび」の形象化に成功している。句の「さび」には、去来(「しほり」〝あはれ〟の情にかかわる美)、心敬など芭蕉の門人が、それに関心をよせており、「さびしさ」を「さび」の要素と考えている(二三頁)。
次いで、「さび」の発見者俊成の話に移る。『住吉社歌合』(一一七〇年、俊成五七歳)が、「さび」の評語を初めて用いた例だと。「すがた、言葉いひしりて、さびてこそ見え侍れ」の評語であり、表現からにじみ出る余情の美しさを指している言葉だという(三三頁)。また、かぎりない「あはれ」の情、あるいは「幽玄」とも(四一・四二頁)。

西行の「さび」は、てんめんとした「さびしさ」の情趣であり、心敬は、無常を観ずる余情の心(〝艶〟という胸の内?)をいうと説く(五七頁)。そして連歌の「さび」、例えば、宗祇の「さび」は、心敬の心に比べ、形象化の傾向が強い、と。
②次に、『『わび』と『さび』』(五章)。
わび茶というが「さび茶」といわない理由から、「さび」を説く。まずわび茶について、寂庵宗沢『禅茶録』(一八二八年)を紹介。『『わび』とは『物足らずして一切我意に任せず蹉跎する(衰える)ということ』』。「正直に慎しみ深くおごらぬさまを侘と云ふ」(『紹鷗侘びの文』)。「不自由なるも不自由なりと思ふ念を生ぜず、不足も不足の念を起さず、不調も不調の念を抱かぬ」境地を獲得するのが「わび」である(九四頁)。また、『わび』にとって、一番大切なことは、『ありのまま』『自然』ということだ」(九七頁)。

こうして、「わび」の用例を追うと、「茶の美というよりも、もっと根本的な、茶における規範としての位置を占めていたことがわかる……生活そのものを『わび』とすることによって、はじめて、心の『わび』を獲得することができた」（九九頁）と（すでに聞いた話だと読者は思うはず）。

これに対して、茶の「さび」は、「わび」の中に収斂されている。「連歌は枯かじけて寒かれと云う。茶の湯の果ても其の如く成りたき」（『山上宗二記』）。筆者は「茶における『さび』は、ある特定の対象の性質を示すのに使った言葉のよう」で、「対象に密着して言う言葉として理解してよい」（一〇三頁）という。

自然のさび（「さびたる」という）はいいが、人為的なさび（さびめかした＝さばしたる）は悪し（片桐石州）。また「求てさびたるは、却てさびならざる也」（一〇五頁、五世藪内紹智『源流茶話』）と。

そして、「さび」は「〝結構〟あるいは〝富貴〟との『取合』によって、より『さび』の美が明らかになると考えられていた」（一〇七頁）。「取合」の要は「其時々ノ機変コソ肝要ナレ」（『茶事秘録』）と。

③　説心素隠『三昧詩鈔』による、景趣の「さび」と境致の「さび」について。そこには「さび」の用例が三四例あるが、旅の孤独を通して体験する心情、草庵における友なき孤独という境致としての「さび」、および自然現象としての荒涼たる「さび」（景趣の「さび」）など、即ち、内なる「境致」としての「さび」と、外なる「景趣」の「さび」が示されている。

芭蕉後の俳句の「さび」について、夜が明けて光を弱める月の「さび」（許六）、老いの死を迎える「さびしさ」（許六、去来、支考、其角）、蕪村、涼袋、也有など、芭蕉の「さび」の享受者たちの句が解説され、幽玄の視座からみた「さび」が最後に語られる。

「さび」と「幽玄」のかかわりを指摘したのは、許六である。許六編『本朝文選』に「幽玄の細み」とあり、〝余情〟の意という。〝幽深玄遠〟（『集義和書』一六七六年）のことである。

・〝自然のまま〟とはいいながら、なんと自我の確かなことか。また「わび茶」にはきつい規範が整えられている。その形相がどうであれ、茶道の根源には、強い自我の存在が予想されていると思う。法文化論からみれば、まこと「部分社会あるところ法あり」といえる。

(6)　幽玄の語が出たところで、草薙正夫『幽玄美の美学』をみておこう。

①　ところで、その前史に大西克礼『幽玄とあはれ』（一九三九年）がある。「大西によれば、『幽玄』とは、『露わではなく、明白ではなく、何等か内に籠ったところのある……仄暗さ、朦朧さ、薄明』を意味する。さらに、静寂、深遠、充実相（無限に大きなものの集約・凝結）、神秘性または超自然性という意味も出てくる。『あはれ』とは、第一に特殊的心理的な哀れ、第二に一般的心理的な感動一般、第三に一般的な美意識としての優・麗・婉・艶である」と。

また同『風雅論』（一九四〇年）では、「『さび』は『閑寂』という狭い意味ではなく、俳諧独自の美的観念で……万古不易の自然の古さをとらえ、それによって物の本質が表れてくる」（何れも南一八一頁）とある。

②　さて、戦後の草薙の著作には、これに対して大きな野心が含まれている。

「序」に曰く、これまで「一般に日本には、厳密な意味で哲学といわれるものがなかった」。が、兼好、世阿弥、利休、宣長、芭蕉の芸術思想を中心として、実存哲学の立場からこれを取り上げ、日・欧両者が根底的な立場において共通の場にあることを論じたい、という。

まず「実存的思想家としての兼好」（第一章）から。

兼好の出家は自由人としての生活への憧れにあった。清少納言の「つれづれ」が環境上のそれであったのに対し、兼好の場合は、求道・思想としてのそれ、つまり「純粋に思索する思想家の自由を意味する言葉」であった（一四頁）と。

老荘の虚無主義と儒教の現実主義、仏教の超越的理想主義を教養的要素としてもつ彼の場合、それらが統一なく矛盾しながら並存していたことは想像にかたくない。また無常の思想が根本にあったにせよ、特定の宗門に属する説教僧ではなく自由な仏徒であった。彼が何れに固執したわけでもなく、弁証法的統一を試みたわけでもないから、そこに論理的矛盾が存在するのは（文化の重層性）、むしろ日本的知性人の実存的生活態度の証しでもあろう、と。

次いで、兼好の無常観哲学、即ち、有限的無常観と無限的無常観、相対的無常観と絶対的無常観の区別の実存的根拠を論ずる。

生の価値は生の無常による（財・位官・学識を頼むものは愚か）。存在はすべて有限的・相対的であり、それが人間存在について捉えられたときは実存的なきびしさをもつ。兼好の場合が、そうだという（三三頁）。それは実存哲学における「限界状況」と「挫折」の問題である。「兼好の文学は、かれ自身によって書かれた、存在そのものの実存的な暗号文字であって、まさに『賢者の文学』の名に値する」（四八頁）と。

こうして、兼好の「実存的無常観の立場では、あらゆる存在が肯定の眼をもってみられること」になり、『ものゝあはれ』という美意識あるいは美的価値として具体的芸術的表現を獲得する」。いいかえれば、「『もののあはれ』は、実存的な限界状況や『究極的な挫折』の意識から生まれた実存的な美意識なのである」（四九―五〇頁）。それは近代西洋美学における心理学的な純粋美意識とは区別されるが、兼好がしばしば説く「無関心性」の美意識は純粋美意識の要素でもある。

「もののあはれ」の美意識は、時間的な流動における美の意識であって、特定の対象に固定されることはなく、四季それぞれのうちに美を見出し、全体を対象として生死の無常相を捉えている。例えば、雪舟の『山水長巻』、大観の『生々流転』など。事物の移り変わりにおいて「もののあはれ」の美が捉えられていることから、〝幽玄〟とか〝余情〟などの美的範疇において、「未完成の美」とか「抽象性」とか「簡素美」などという日本芸術の諸規定が生じる（五五頁）、といえる。

無常観では、すべてが生々流転するから完成というものはなく、そこに「未完成の美」が生じ「官能より心へ、趣味から哲想へのうつりである」（富倉徳次郎の言）といえる。芸術の未完成性が超越的なものと考えれば、〝余情〟こそ、日本的芸術意志による訴えといえるのではないか（五八頁）と。

③　兼好に関する第一章に続き、「日本芸術の理念」（第二章）に入る。

世阿弥の能楽論の中心概念「幽玄」は、俊成に始まり、定家に受けつがれて中世歌論の主題となったことは、すでに述べたと思う。「幽玄」概念のもつ実存哲学的内容に注目すると、非実存的な西洋美学に対するその独自性に注目する必要があろう（西尾実『中世的なものとその展開』）。幽玄美論を比較美学の対象にするのは、このためである。

西洋の伝統的芸術思想には、第一に「人生のための芸術」、第二に「芸術のための芸術」（美意識の普遍妥当的な法則性の探求＝芸術の純粋観照性）、第三に「理想としての芸術」（理念の直観的表現として捉える＝芸術哲学）の型がある（芸術の効用性・純粋美的性格・精神的意義）が、型にはそれぞれに独自の意義があり、一つを絶対化することはできない。芸術は、存在が美意識を通じて象徴的に顕現するという意味で、「美的実存」と捉えねばならない。いいかえると、一方で、芸術は感覚や日常的効用に仕えるものではなく、存在の真理にかかわるものであり、他方で、芸術家は自由な自己存在としての実存である（芸術作品と芸術家の実存との不可分離性）。

これに対し、幽玄という言葉は、世阿弥の「絶言語、不二妙体」という超越的存在を表現しており、そのため、客観主義的合理主義的な〝哲学〟が生まれず、実存的な弁証法的思惟が発展したというわけである。そして、現在、奥深い、奥ゆかしいという日常的用語として使用されているのは、中村元のいう日本人の現実主義的国民性からである（七一頁）と。

ともかく、日本の現実主義は超越的存在を抽象的形象ではなく、具象的な「自然」の形象において、しかも内在的に捉えようとするから、「自然」が超越的存在を示す象徴となり、無意識的な幽玄的な存在となる。つまりは、日本人の自然愛は形而上学的性格をもっている（七二頁）。

④　話は「自然」にとんで、日本人固有の美意識は「優美」である。気候・風土が温和で、四季の移り変わり

が規則正しく、景観がおだやかなことは、自然に対する親和感から愛情を育み、生活との結びつきを不可分とし、あらゆる文化形態を特徴づけて、そこに「優美」（「きびしさ」に対する）という美的観念を見出した。まさしく自然美は美の原型である。

こうして。早くから風景画が生まれ（筆者・日本美術の主流が心情的風景画にあることに留意）、幽玄体を本質とする歌の多くが自然を詠じ、神は自然のなかに内在すると感じた。「従って自然美を歌うことは、自然の模倣作用ではなくて、『幽玄の境に入る』こと、換言すると存在の根源へ帰ること、神を称えること、を意味する」（七四頁）。それは自然、即ち自我の根源へ帰る「感情帰入作用」（感情移入作用ではなく）というべきであり、「日本人にとって自然は、幽玄としての形而上学的知と優美としての美的感情の根源であるということが、芸術思想において統一されているといってよいだろう」（七五頁、繊細で余情ある融通の自我による〝自然と自我の一体性〟といってよいのか?）。

しかし、優美は幽玄の美的内容ではなく、幽玄は美の深さ・高さを示す語で美的内容を示す言葉ではない。仏教思想が背景にある幽玄は優美に対する制約を意味しており、その過程の歴史が、わが国中世の歌論史でもある。つまり、優美と幽玄が史的過程で総合統一されたところに生まれたのが「幽玄美」という美的理念なのである（七七頁）。

では、幽玄が優美と結びついたのは何故か（?）。答えは日本風景の「奥深さ」、即ち幽玄感が固有の優美に結びついて、「奥深い優美」・幽玄美が生まれたと、著者はいう。そして三つの美的類型、即ち、㈠純粋な「幽玄美」、㈡幽玄の稀薄な（感覚的美感の）幽玄美、㈢優美の稀薄な（抽象的・哲学的な幽玄の）幽玄美を提示し、それは芸術の様式や価値に係わる規準になる（七九頁、なるほど!!）と。

幽玄を芸術の評語として用いたのは、壬生忠岑（『和歌体十種』）で、単に「深さ」を意味したにすぎなかった。それが優美と結びついて「幽玄美」となったのは、二つの途、即ち、鴨長明の「余情」の方向において（後述）、そして、定家の「有心体」の方向においてである（八二頁）。定家の場合は、幽玄と心（美的情趣）は一応区別されながらも美的内容を有したものでなければならないと解して、幽玄美の実体をつかみとっている。

あれこれ考えると、中世の芸術思想は、形而上的「幽玄」と純粋感覚的「優美」を両極とし、その中間にあって両者が結合統一された「幽玄美」という理念として捉えられたといえる。とすれば、「抽象的な幽玄への方向は、非芸術化への道であり、純粋感覚的な優美への方向は、芸術の低俗化、頽廃への道である。従って優美を欠く幽玄も、幽玄を欠く優美も、ともに本来の芸術たりえない」という、中世日本の芸術評価の規準が生まれることになろう。と同時に、鴨長明の「余情美」や、忠岑の「高情念」としての、あるいは心敬の「ひえたるさび」という「きびしさの美」などの、中世独特の美的範疇が生まれたのである（八五頁）。

こうして、美の本質に「深さ」が規定され、「芸術が単に快・不快の感情に関わるものではなく、何らかの意味で、存在者の真理あるいは超越的存在に関わるものであるという見解」にたったことで、現代実存主義哲学における芸術の本質的意義と同様に捉えられたことになる（それも中世初期において）のは注目に値しよう（八六頁）。・人間を主体的に捉えて自由と責任を強調する実存主義になぞらえられたとは驚き（！）。「心」の態様を「感性」の哲学として考えるという問題提起である。

ところで、幽玄における「心の深さ」とは何か。久松潜一は、定家の「心」を注して、感動の深さのみならず知性（知的なはたらき）の深さも加わっている（八九頁）という。これこそ実存的な知である。そして、この芸術的主体性の実存的意義は、世阿弥によって明確に捉えられるようになった（八九頁）。言い換えれば、庶民的狂言が高度な能芸術になったのは、この幽玄美（深さの美＝きびしさの美）という知性的美によってである。

著者は次のようにまとめる。「私は中世において確立された日本芸術の理念を、『幽玄美』として規定し、さらにそれを『深さの美』『知性的な美』『きびしさの美』などという、対立概念――一般的にいえば、知的な精神的要素と純粋な感覚的要素の対立概念――の弁証法的な統一理念として捉えた」。それが世阿弥の能楽論である（九二頁）。西洋の芸術が、クンストまたはアートといわれ、「技術」（筆者・理論的）の意味に使われてきたのに対し、日本では「芸道」という言葉で、西洋と異なる特殊な意味をもって強調されてきた点に芸術観の大きな違いがあるといえる（この点は芸術一般についていえると筆者も考えている、後述）。この「道」とは、インド論理学が発展させた仏教的弁証法であり、徹底的な否定の過程であって、存在・非存在は止揚された空の思想に他ならない（九七頁）と。このような日本独自の芸術理念は「きびしさ」（豪毅《ママ》）と優美（柔か味《ママ》）との調和である（一〇四頁）。

⑤　さて、幽玄美のもう一つの途、鴨長明の「余情」についてである。

「余情美」は幽玄美の無限性から生まれる。従って、自然の心に触れた心情の表現は余情に託されざるをえないと考えたのが忠岑の余情の意味である。対して、余情と幽玄を同一視した最初の人は、鴨長明で、幽玄と余情を同一視し、和歌の本質が余情に存することを強調した。つまり、幽玄美なくして余情美はありえないという。

しかし、余情美即幽玄美と解するなら、余情美は日本芸術独自の性格になる。なぜなら、双方が同一なのは、芸術存在の形式についていわれるのであって、その内実についていっているわけではなく、美的感情に深さをもたらすものとしていっているにすぎないからである。つまり、余情は芸術一般の特質にすぎないのであって、幽玄美の未完成性と関連しているというだけのことである。従って、未完成性としての余情は、現実の超越的表現を意図する芸術意思がとる〝訴え〟としての表現様式の一つであるということになり、「未完成の美」あるいは「簡素美」という美的範疇を形成する日本的性格の芸術といえる（一一一頁）と、著者はいう。

このような芸術美を「無常観」の立場で強調したのは、吉田兼好である。

そして、世阿弥にみる未完成の美意識は「無心の能」として幽玄美能の理想形態にまで発展したという。彼のいう「心」は事物の本質を捉え感得する心であって、作者と鑑賞者間にあるのは美意識ではなく「実存的交わり」であり、そこに芸術の成就がみられるという意味である。余情はこの美術的実存の交わりにおいて成立するわが国独自の美意識であると、第二章を結ぶ。

次いで第三章「余情の論理」である。すでに述べたように、中世日本芸術は仏教的＝形而上学的性格のもので、美的実存と超越的・形而上学的存在の対決が行われた舞台であった。歌道・美術・音楽など。幽玄と余情が芸術作品の本質的価値と見做され、それが超越的存在（日本の場合は自然）とかかわることで芸術が成立すると考えられた。そこで幽玄美を理念とする芸術作品の場合、余情は未完成の性格をもつとされ、芸術家が超越的存在と関わる創造活動を営むときは、作品は未完成であり余情は芸術家の訴えとしての表現形式であるということになる。結局、中世以来の伝統的日本芸術は、無常観を余情として成立していると特色づけられる（一二七頁）という。そこで、ヨーロッパで日本芸術の未完成さが注目されるときは、その未完成さこそが芸術形式の本質的完成として意図されたものとされ、そこに余情の観念の存在が考えられているということになる。

・「未完成こそ本来の芸術作品の本質である」（ガントナー『ロダンとミケランジェロ』）という外国人もいる（一三三頁）。〝未完成の完成〟は洋の東西芸術をとわず芸術一般についていえることかも知れない。しかし〝不完全な完成〟といえば、筆者は前述した「間の文化」を想い、そこに日本文化の個性を見出す。未完成性に積極的意義を自覚的に捉える「余情」もそう、完成は鑑賞者に委ねられているのである。筆者が「未完成即完成、完成即未完成」の思想として捉えているのは、けだし至言である。

⑥ 以後、利休のわび（第四章）、芭蕉のさび（第五章）、「もののあはれ」（第六章）と続く。

まず簡単に「わび」から。「わび」は茶道・俳諧の根本精神であると始まる。そして、ヨーロッパ美学で美的実存の主体性がもっぱら抽象的な美意識一般として捉えられるのに対して、「わび」という美的観念は極めて実存的な意義をもっており、実存的美学の性格や本質を探ることで、「わび」を芸術哲学的に基礎づけることができるはず、と問題提起する（一四九頁）。

まず、この「わび」の問題点から。「『わび』はもともと純粋な美的概念ではなくして、むしろ人間の実存的な生き方を規定する一層根源的な実存哲学的な概念である」。「『わび』は……悟りの彼岸に到達するための条件である」（一五〇頁）と（筆者も賛成、しかし実存哲学では〝悟り〟を知ることは不可能である）。「わび」には仏教、とくに禅宗の悟りを条件とした意味があり、茶禅一味という言葉を知っている人もあるはず。こうして、「わび」の根本には日本文化の本質を理解する鍵があるということになろう。

ところで、仏教における「無常観」には、実存哲学における「人間の能力によってはいかんともし難い状況が存在する」という〝限界状況〟と共通する点がある。従って、「『わび茶』における『わびること』は実存哲学的意義でいわれる『実存すること』と同じ意味をもつものといわねばならないだろう」（一五四頁）と。ただし、実存哲学では超越的存在を対象的に認識することは不可能であるから、超越者が存在するという認識だけに限定して、それが限界状況を超出すると措定することによってのみ禅の悟りが理解されると考えている。そこで、禅の悟りが実存的な超越と係わりをもつとすれば、「わび」に実存的超越の意味を見出すことは不可能ではない、ということになる。

「わび」は、このように限界状況の意識であり、それを克服し超越することに、その本義がある（一六五頁）。このように茶道の精神文化的価値が高まったのは、「わび茶」が「侘数奇」＝侘茶＋数奇茶の数奇という趣味的要素が禅的要素に代わったためである。

さて、紹鷗の「和敬清寂」（の交わり）、「直心の交わり」（『南方録』）は、実存哲学における「実存的交わり」（神を媒介とする人間の交わり）の精神とふれ合う（一六六頁）という。「実存とは自己自身に関わり、そのことによって超越者に関わることである」（キェルケゴール）から。

わび茶の交わりが実存的交わりと関係する一例をあげると、「珠光以後高僧の墨蹟を茶室に掛けることが、わび茶の習わしとなっているが、……高僧の墨蹟が頂相画の意味をもつかぎり」、それは「仏を媒介とする交わり、すなわち実存的交わりを象徴的に示すものであるといえるだろう」（一六八頁）。「点茶は全く禅法にして、自性を了解するの工夫」（『禅茶録』）であり、「一期一会」は絶対的交わりである。また、実存的交わりも自己を実存的に実現してゆく過程である。つまり、一期一会と実存的交わりとは同意義であるといってよかろう（一七一頁）と。

こう考えると、「わび」はどこまでも実存哲学的概念であって、美的概念ではない。しかし、わび茶が茶室・露地・茶道具・掛軸などの芸術と深い関係をもつかぎり美的感覚が働かざるをえないのは当然であり、従って茶道の芸術性は「わび」と美意識（優美）によって成立するといわざるをえない。この芸術精神こそ幽玄美なのであるから、逆にいえば、幽玄美とは優美が「わび」によって制約されるところにあるということになる（一七三頁）。二畳の待庵（山崎妙喜庵）の簡素な様式、即ち室床（三方の壁と天井も土塗り仕上げ）、隅柱の塗隠しは、この茶室のもつ酷しさと深さと柔らか味を調和し、「わび」と優美の統一をつくりだしている典型例である。そして、その独特な芸術美が、芭蕉の文学において形成されたものが「さび」である。

・実存哲学における限界状況と茶禅一味という悟りの共通性について著者はこのように語る。が、前者は神に対する自我中心、後者は自我のなかの仏性中心ということを考えれば、前者は他者への問いかけに対する実存であり、後者は自らに問いかける実存という違いがあると筆者には思える。美について同様に考えれば、美的感性によって美を客観視しているのが前者であり、対して、自己の美的感性にどっぷり浸っているのが後者であると考えられるが。

⑦「限界状況における文学──芭蕉における『さび』」（第五章）に入る。まず「わび」と「さび」の違いについて、前者は「実存的態度や気分を示すところの哲学的概念に属する」のに対し、「さび」は、語源的に「淋しい」という主観的感情を表す言葉であるが、文学においては「普遍的＝客観的な美的概念として、特殊な意味で用いられた」という。「すなわち純粋な美意識が、『わび』によって制約されて、芸術の理念となったものが、芭蕉風俳諧が理想とする『さび』なのである。そして実存的な生の態度として、『わび』を徹底的に実践することによって、この『さび』の美的理念を確立した人が芭蕉に他ならない」（一八〇頁）と。

「わび」の実践形態は、芭蕉の場合、旅である。「芭蕉は明確な意識をもって、おのれの実存を旅にかけた」

（一八三頁）。「この道や行く人なしに秋の暮」というとき、旅は徹底的な「わび」の実践であり、「実存すること」の意義の獲得、つまり「限界状況」の意識に他ならない。（一八四―一八六頁）。草薙は『幻住庵記』を読んでいう、「芭蕉は世俗的なものを一切断念したばかりでなく、仏道における救いをも断念し、そのうえ俳諧そのものさえ放棄しようと思ったのである……このような徹底的な放下によってかれが限界状況を『わび』として経験したこと、そしてそれによって最後に残されたものが、芭蕉独自の風雅（俳諧）の道であった」（一八八頁）と。「限界状況における文学」、これが草薙の芭蕉に対する視点である。

かくて、「芭蕉に残された生の唯一の意識は……『人間であること』以外の何ものでもない」（一九一頁）。つまり、芭蕉には『実《まこと》の人間存在』の在り方を積極的に追求しようという意図がみられる」。「真の人間の在り方を……単なるしかし純粋に人間らしい人間と解したい。このような人間観が、芭蕉の実存と詩の底に流れているヒューマニズムの根底をなしている」。「限界状況に出会い、それを越え出ようとするところの可能的実存としての人間の在り方を意味する」（一九二―一九三頁）と。

また、芭蕉の考える「人間らしい人間は『造化に従い、造化に帰る』ことを根本課題とするのであって、超越的存在たる造化は、造る自然でもあり造られた自然でもある実体的存在といえるから、芭蕉の実存的な究極課題は、形而上学的性格をもつ、つまり「虚無的きびしさ」の「わび」と、形而上学的な「深さ」「安らかさ」の感情によって、芭蕉文学の内面的構造が形成されている（一九四頁）と。

⑧　芭蕉は、「わび」の徹底的実践、即ち限界状況を経験することで物の真実がわかる、という。晩年、「軽み」を強調したのは、「重み」を通り抜けて到達しうる経験であり、限界状況を越えて造化に帰るという、実存の絶対的意識によって聴くことのできる超越者の言葉としてであった（二〇〇頁）。

ヤスパースは超越者の言葉について、超越者の秘密の言葉（形而上的言葉）、伝達可能な芸術としての言葉（美的実存）、哲学としての言葉の三種をわける。そして、芭蕉の俳諧が代表する日本中世の芸術様式は、いうまでもなく第二の、それも象徴されるものの客観化ではなく、それ自体が自己固有の意味をもつ象徴主義、いいかえれば、東洋哲学でいう「空」であり、それは美意識によって美的に鈍化されているから、宗教・哲学のそれとは異なる。なぜなら、実存的芸術は、超越的存在（造化・自然）の意識と純粋美意識（優美）による弁証法的統一の理念としての「幽玄美」に導かれているからである（二〇〇―二〇二頁）。

先に、芭蕉の文学を「限界状況における文学」と特色づけたのは、実存的な「深さ」の美、「きびしさ」の美が、「絶望や不安の限界状況において、永遠的なものとの瞬間的な触れあいからのみ生まれた独特の詩情を意味するからである」（二〇三頁）。一言でいえば、「さび」とは美的感情が表現されたときの実存的美的理念である、あるいは、「実存的態度をもって物に応ずることによって自ら生まれた『心の色』なのである」（二〇四頁）と。

芭蕉の句が永い年月にわたって多くの人に愛誦されてきたのは、一切を放下した後においても、おのずから生まれた「なる句」（「する句」でなく）であって、それが日本人の自然観・宗教的感情におけるおのずからの精神的風土に見合うからである（二〇六頁）という。

人間の生活態度には二つの型、即ち、目的を達成することに人生の意義を認める客観的なそれと、ただ生きるために生きるという主観的なそれとがある。ゲーテの生活の型は主観的生活と客観的生活との融合型で、そこに偉大さがある。それに対し、芭蕉の場合は主観的な生活態度といえるが、その反面、俳諧を芸術的文学作品に高めたことによって偉大な客観的生を生んだのであって、ゲーテに比することは不当とはいえない（二〇七―二〇九頁）という。

この章の最後に、草薙はいう。「世阿弥の能と珠光から利休に至るわび茶と芭蕉の『さび』の文学に共通する弁証法的な内面構造が、日本中世の美的理念である『幽玄美』の伝統に連ら《マヽ》なるものであることを知ることができる」（二一〇頁）。

⑨　ようやく、本書の最終章に届いた。「もののあはれ」という語について、それが「特定の美的内容をもつ

美的範疇であるのか、それとも……普遍的な美的理念を示す言葉であるのか」、これまでの歌論・芸術論で美学的反省のなかったこの問題について検討したいというのである。

「もののあはれ」の美的意義を初めて論じたのは、本居宣長『源氏物語玉の小櫛』であり、その考察から始まる。宣長の「もののあはれ」は「特定の客観的な美的内容を現わすものでなくて、単に深い感動という意味しかもっていなかったということは明らかである」。「『あはれ』は……普遍的な美的理念であり……美意識のア・プリオリな形式的原理……と解される」と評する。従って、「『もののあはれ』を知る能力は、先天的に万人に具わって」いるが、そこから「歌が生まれる条件は、もののあはれを知ることの深さなのである」から、その心の深さは、本来的に実存に関わる問題であり、そこに日本芸術論の特色があるとして、それを考えたいと、著者はいう。

「宣長は『源氏物語』の文学的本質を『もののあはれ』の純粋な表現と規定し……道徳的感情や宗教感情と明確に区別しながら、『物語』の本質である『もののあはれ』を純粋美的概念として解釈した」（二二三頁）。しかも、『もののあはれ』を知る心としての美的主観は、……単なる抽象的な美意識一般を意味するだけでなく、……実存的な性格をもつものである」（二三三頁）と。

その実存的性格とは「永遠の根源への思慕」であり、本来的にいって悲劇的な美意識（俊成の「哀感と静寂」と同じ）である。つまりは、「もののあはれ」は本来「限界状況」の意識において成立する「わび」や「さび」の精神に通じるものである（二三六―二三七頁）。

こうして、最後にまとめていう。幽玄美とは、美意識としての「優美」が哲学的概念である「幽玄」の制約をうけて成立する統一的美的理念である。優美は頽廃美への方向、幽玄は非芸術的方向であるが、芸が禅の影響をうければ芸術性は減少し、人間としての実存の自己形成、即ち内面的実践となり、自己を実存的に形成していく過程となる。芸術は実存的でなければならず、芸術家は形而上学的な「深さ」「きびしさ」を求めた（二四四頁）

と。

・「限界状況の文学」とは。何の限界か、恐らく人間として（知性・理性・感性）の限界を記した文学の意味なのだろう。そして限界の外は、神か、自然か。ヨーロッパの場合が自然をつくった神、日本の場合は自然という神だろう。自然に神をみる日本人にとって諸行無常・諸法無我の悟りは、しかし単なる限界状況で説明はつかない。悟りは自己と他者（自然・神）との合一であり、ヨーロッパでは自己と神はあくまで向き合った対立者であり、自己が自己を越えるという考えはない。つまり自己に限界があるのに対し、自他同一（自即他）では自己の限界はない。ヨーロッパにおける人間を中心とした神との二元論のもとで、限りなく神に近づくにしても、西歐の実存主義哲学で日本人の一元論的〝悟り〟を説明することは困難だと筆者には思えると同時に、日本人の感性にみられる情念は強い自我意識に支えられていると感じたのだが。

何れにしても、日本の文芸論を哲学的に解析しようとする筆者の視点は、日本人のみた西欧文化的考察として読者の関心を強く引いたことと思う。

4　これまで、〝日本人の心〟の働き、そして翻訳不能な心のあり様、〝いき〟〝わび〟〝さび〟〝もののあはれ〟〝雅〟という「感じ」の個性をみてきた。それは「日本人の心理」ではくくれないだろうが、〝感性〟でくくることはできるだろう。が、感性という観点から日本文化を観察すると、センシビリティという原語、つまり識別能力とか感情・神経という感覚に関する論理的考察からの観点が強くなる。字義的にいえば、感性は悟性・理性などとともに認識のための能力をいうのだから、「心」よりは理論的概念であり、「心」を西洋哲学の観点から論述したのが前著であった。そのことは、日本文化を西洋文化の受容によって解明するという狙いであるから、文化受容という日本的特質からみて異とするに足りない自然の成り行きとも考えられる。筆者が第五節の表題に選んだのも、その成り行きに従って、できるだけ理論的考察をしたいという狙いに従ったからである。

⑴　戦後早い時期に〝感性〟をとりあげた論著は、山本正男『感性の論理』（一九七一年）である。

①　まず、「感性」の意味について、第一に、対象から触発される感受性であり、第二に、われわれの日常生活における欲求・性向・激情といった自然本性の要求全体をいい、第三に、美的対象に対する能動的認識で美学成立のもととなるものであり（一六九―一七〇頁）、本書で扱われるのは、この第三の意味の感性である。

その基礎付けについては、自然説（民族伝説・童話・神話など）と精神説（いわゆる美学）があるが、美学では〝あるべき完全な感性的認識〟のことであり、感性と理性・自然と精神＝の統一調和・未分化融合（シラー）までもが予想されている（一七五―一七七頁）。しかも、西洋近代においては美的観念に分化の傾向がみられるが、芸術の純粋性は美の自律性に基づいており、感性による単なる複合的全体ではなく、法則的構造を担う全的統一が機能している、という。

かくして「美とはまさにあるべき完全な感性的認識にほかならず、……この認識に規範を与えるものとしての美学は……自由芸術の理論となる」（一七五頁）。換言詳説すれば、美的自律性によって把握された芸術の純粋性が、感性による対立的諸機能を構造的統一に導いて、人間と対象をつなぎ、美と芸術の統一を設定する場となっているということになろう（一八七―一八九頁）。

②　ところで、美的法則という感性の論理構造には、自然中心的―人間中心的、感動的―直観的、形象的―理念的といった動的契機の三種があり、その類型学的考察はどうか。さらに、感性の真理、即ち美的真理の性格について検討するのが当然の課題となる。

この点について、われわれがすでに知りえたことといえば、感性の論理としては、第一に、作品内容について主張された経験的表現技術、例えば、遠近法、比例と調和、点描や色彩分割による色の視覚混合、などがある。第二に、感性の先験的・認識論的な論理の性格についての、感情移入とか純粋感情や直観主義に関する美学があり、換言すれば、われわれの経験や現実をこえて、体験的明証の先験性を主張するもので、全現実性秩序の小宇宙的象徴といわれているもの（キュビスム）。そして第三に、美の存在論やその形而上的意味に関わるものである（シュール・レアリスム）。

何れにしても、〝美〟は、感性のダイナミックな作用にみられる法則に従い、体験として直接に確実性をもって目の前に存在する（原文の難解な用語を平易に説いたつもりだが？）という（一九五頁）。それを人間の営みという観点からみれば、「自我の視と問いがあらたな生の場を開き、生の場がまたあらたな自我の視と問いを導くこの無限の連続は、けっきょく自我が世界をもつこと、いや自我が自我であること……にほかならない」（一九六頁）と。芸術の場における美的関心は自我が自分の世界を持つことであり、感性にとって美的とは、対象からくる感受性ではなく、対象を触発してあらたな作用に高める能力を指しているといえる。

③　前述した〝心〟とここで述べた〝感性〟とを比較すれば、東西の〝美〟に対する関心の違いは明瞭である。この著者からみた日本の芸術論を是非とも聞きたいと望むのは筆者だけではあるまい。ついては、「日本民族の美意識」（一九七八年ミュンヘン大学・ハイデルベルク大学講演）、および「わが国芸術精神の類型的特性」（同年ミュンヘン大学講演）が掲載されているので、それを紹介しよう。

まず前者から。西欧美意識の歴史には三区分の時代的特性が見出せる。即ち、古典古代における美・善・真の諸価値の融合、中世における聖なるものに規定される美意識の他律性、ルネッサンス以降における諸価値の自律性である。それに対し、日本の、「うつくし」は、語源「いつくし」が神の霊を尊崇し愛護する意味で、〝崇高なこと〟と〝美麗なこと〟の二つの意味に使われた（『万葉集』）。

古代歌集での「うつくし」の対象は自然、それも内的世界中心のもので、美的自然主義的表象語である。奈良時代の「うつくし」の美意識は「みやび」で、自然感情と生活感情との美的融合がみられ、仏教の影響もあって〝もののあはれ〟の美意識が成立する。平安時代には、密教の影響もあって、「幽玄」、暗く神秘な美に変貌し、歌論の中心的理念となった。連歌、能楽への影響はいわずもがな、芸道思想として発展する。鎌倉・室町期には禅の影響をうけて、〝無〟の世界観・人生観をふまえた美意識として「さび」がいわれた。閑寂・枯淡の意味から、すべての矛盾を包括する「無」の情趣である。江戸時代は、「をかし」（〝愛する〟の意）が、さらに「いき」が生まれた。

つまり、日本の美意識の時代的文化特性には、「みやび」「もののあはれ」「幽玄」「さび」「をかし」「いき」を中心とする美の様相がうかがわれる（九三頁）。

④　次いで〝美的真理〟と〝芸術的真理〟の〝一致〟についてふれる（西欧の場合は〝分離〟）。双方を結びつけた第一の契機は美的自然主義（汎神論的自然観をふまえた人間の体験的表現としての美）で「風雅」とよばれるもの、第二の契機には風雅にみられる「花月の遊び」、そして自然に対する嘆賞と自然への帰依があり、伝統美と芸術との結合という第三の契機が現れる。

伝統的美意識にとって、美的・芸術的真理は人間の自我によって創作されるものではなく、おのずから成るものである。換言すれば、芸術創作は素材たる自然を支配して自己の美的理念へと形成するのでなく、素材の美的生成発展を助けて美的理念の顕現に関与することといえる。創作は素材を生かすことで、茶室建築はその代表例。〝成る〟意識において創作と享受は重なり、日常生活・社会生活のなかで文化機能を果たすのである（九五頁）。

その日常・社会生活の美意識の一つとして「芸道」（美的生活芸術）がある。それは、第一に芸術の総合的教養性であり、第二に個我が自然と重なる大我になることである。こうした「芸道としての芸術」は、まさにモラルとしての美的行為にほかならない」（九八頁）と。連歌・茶道などは「美的共同体験の場の構成であり、特殊な芸術価値の創造でもなく、日常生活そのものの美的深化である」。「しかもこの場合、生活の芸術化はその個性化・人間化というより、むしろ普遍化・自然化にほかならない」というのである（一九七八年ミュンヘン大学、ハイデルベルク大学講演）。

⑤　次いで後者、「わが国芸術精神の類型的特性」について紹介する。そこには、自然中心性、美的特性、形

式的特性の三傾向があげられている。

〝自然中心性〟とは「汎神論的世界観の伝統に基づく自然主義」（一九六頁）である。「人間を含めた、すべての存在者の根源は自然の真理、自然の法則に従うことである。この法則は『道』とよばれ、これを実現し、輝かすことは、すべての存在者のモラルである」。「芸術が作家の個性的な理念としてあるのではなく、自然の真実の輝きとしてあるという見解（筆者・狩野安信）は、日本のすべてのジャンルに共通する」。西洋芸術の精神が人間中心的な象徴であるのに対し、日本のそれは世界中心的な象徴であり、宗教性・自然感情・造形意識の三つの規定要素をもつ。

庭園に例をとるなら、回遊式のような周遊の場、借景式のような憧憬の場、枯山水のような静観の場、露地のような居住の場に分れるが、いずれも自然感情と生活感情の微妙な融合調和への配慮があり、そこに日本人の美意識の基盤がある（橘俊綱『作庭記』はこの自然観の古い著作例）。

次いで〝美的特性〟について。西洋の主知主義・主意主義の流れに対し、日本は唯美主義であり、芸術的と美的の本質的連関、観照と感受の力学の上に成り立っている。それも自己価値の感情移入ではなく、自然価値の感情的汲取りであり、そこでは、個我の抹殺によって人間と美的世界のおのずからなる関連成就がなされる。美的価値意識は自然体験による深さの意識であり、墨線による抽象的表現、余白・余情にみる表現意識がその例である。

第三の〝形式的特性〟について。日本人の求める美的形式の特性は、世界と自我の存在領域が不可分だという点にある。つまり、芸術は技術による単なる作品の生産ではなく、生を美的自然主義に基づいて現実化する「芸道」とよばれるものである。いうなれば、「美的生としての芸術は、伝統の美的自然主義に基づく或る精神的生の形式」を生みだす〝形式的特性〟（二一四頁）をもつといえると。そして、伝統芸術にみられる形式主義は、芸術表現の形式の重視というよりは、普遍的な美的体験のための類型の許容であり、絵画における自然形象・題材の類型化およびそこにみられる自然と人間を貫く法則、つまり「道」の現象形式などに例がみられる、と。さらに、西欧芸術の伝統では、装飾は表現の付加的効果として考えられ、芸術意義の確認は近代のことで、地の上の図柄・文様の反復・呼応・左右相称・均斉・リズムなどは事物の存在形式の抽象・移調による類型化であるが、わが国では、装飾は自律的な芸術表現の一様式、即ち美的自然主義をふまえた体系的構成法則に従っている。この伝統芸術における形式主義こそ、自然と人間を包む世界の「道」、「すなわちすべての存在者のモラルとの理念的相関を表現するための、形象等価と形式等価とへの努力に他ならない」（一一七頁）という（一九七八年ミュンヘン大学講演）。

・西洋美学の眼で観察した比較芸術論である。参考にされたのが西欧流美術用語による解説書であるから、われわれに馴染みの薄い翻訳語がヒンパンに使われており、そのため、説明の繋がりにも難解な箇所があった。が、そこは筆者流に解いた箇所もあり、誤った紹介になったのではないかという不安が残っている。

しかし、彼此の対比について、その違いが明白になったのも確かであり、筆者も啓発されることが多かった。簡単ではあるが、自我の発露にみられる人間中心の美に対する超個我による自然中心の「道」の美、そして、主知主義・主意主義に対する唯美主義という比較文化論は有用であるとみた。洋画に肖像画が多く、寫実的風景画が主題として現れるのは一七世紀なのに対し、日本画では一五世紀以降の心象風景画が隆盛（水墨山水画の例）というのも頷ける気がする。

⑵　〝感性〟概念から日本文化を論ずるのは容易ではないと思う。西洋包丁で日本料理をつくるという比喩で合うかどうか、その後、日本人の〝感性〟論が書かれたのは二一世紀になってから。佐々木健一『日本的感性』（二〇一〇年）である。冒頭に「日本人の個性的な感じ方に注目し、そこから新しい美学のモチーフを汲み取りたい」という意図をもって、〝美〟に注目するという。西洋の「感性」の学が日本の「美」の学であるという執筆意図は明白である。何故なら、感性は文化的個性の基盤であって、それをもとに「美」が生まれるからである、

と。

日本的美学といえば、これまで、幽玄・あはれ・わび・さび・いきなどを個性的感性として取り上げてきたが、佐々木の場合は、日本的感性の構造を〝和歌〟に求め、世界の美学に寄与したい、という。

① その冒頭に「感性とは何か」が論じられているので、再論をいとわず、そこから話を始めることにする。彼によれば、感性とは「感ずるはたらき」であり、a身体的感覚、b美的知覚、cそこに発する連想、d情感的なもの、e感覚（漠たる知覚）、f心のなかにおこる情感・情念、g行動につながる共感、と極めて多義にわたるため曖昧さを免れえない、と。

筆者も、「感受性」とどう違うのかが気になる。カントは、「感受性」は心理的な、「感性」は哲学的なニュアンスがあり、「悟性」「理性」と区別された人間の能力であるというが、本書での吟味を続けてみよう。

感性とは感ずる能力あるいは働き、また、感覚的な刺激が引き起こす反響である。「侘しい」と感ずるのは、自分が侘しくなっているのではなく、感性への反響を指しており、精神の働きを含んでいる。感性が実存に触れたときの最たるものが感受性である。

「感性には、文化により、個人によって個性的な感性がある」（一六頁）と。

② まず、「花」に対する感性である。日本の桜と西洋のバラをとりあげ、西洋では人間の主観がバラを対象として（客観化して）捉え、意識を集中して感ずるのに対し、日本では数点の対象を視覚的に捉え、全身で触覚的に感じとると対比させる。もっとも、近代に入り、日本でも〝一点集中型〟の感性を示す和歌も多くなるが、フレームの意識がないという点で、西洋の対象志向的なものとは異なる（四〇―四二頁）。日本の場合は、実景ではなく、イメージ（〝おもかげ〟）である。

面影とは記憶像が心に深く浸透していることで、〝名残《なごり》〟が連想を生み、実体の変容を創出することもある。「なごり」は「尽きぬ」もので、「なつかしさ」を想起させる。それは、心に沁みる思い（〝しみじみ〟の情感）を感じさせるからで、それが懐旧の契機となっている（五七頁）。

しかし、この過去的契機は〝はかない〟（典型的事例は〝香り〟）ものの滞留であり、この精妙な経験こそ文化のしるしとして日本的感性の特徴となっている。

日本人には「なんとなく」という心情、つまり、ことがらを突き詰めて考えないという傾向が強い。それは、「そこはかとなく」あるいは「わけもなく」物悲しいという心性、心の拡散である。言葉にしたくも捉えがたく内面に傾斜した精神のありようといえよう（七八―八〇頁）。

ところで、心は「うた」によって造形することができるが、それ自体は無であるといえる。しかし、「うた」における叙情の根底にある感性こそ心である。しかも心は、鏡を用いて世界を認識しているというようなものではなく（鏡は道具ではない）、心はあくまで虚無であり、感性的経験だけが現実を写しとるのである。見るものの感性が心のありようを決定するといってもよい（一三六頁）。

つまり、日本的感性が、（心のありようで）われと外の世界の一体化をもたらすのである（筆者・感性による主体と客体の合一か）。俗にいえば、われは感性にうったえたものに注目し、それと結びつくことで安心するといえばよかろうか（西洋では感性は対象と常時むき合っているということだろう）。

日本の絵画的表現にみられる感性は、遠景と近景の取り合わせで中景を欠いている。西洋の遠近法が計算されたように遠景・中景・近景が連続的につながっているのに対し、日本では「行き渡る」「冴え渡る」「知れ渡る」「晴れ渡る」など、空間的広がりと時間的持続を含む広大な描写を示し、「中景を飛ばして遠景を近景と結ぶその構造こそ、日本的感性に固有の空間性と見ることができる」（一五五頁、「間」の話!!）と。西洋の透視的画法では、中景が中心となって、遠景・近景とは均質であり、遠近法によって位置の違いを表している。日本の場合は、空間に関する客観的論理に従うのではなく、感性的論理によって支えられている。例えば、近景を支えとして遠景を捉えるという空間の認識方法に、その特徴をみることができる（一五六頁）と。遠景を近景と均質にしたのでは望遠鏡で覗いたのと同じであるともいう。また、近景にわれが参与することで、遠景も具体的なものとなり、全体がわたしのものになる、ともいう。

③「結び」は「日本的感性の構造」である。

ここで扱われるのは「一つの文化のなかで形成されてきた感じ方のありようである」（二五二頁）。結論を先取りすれば「西洋近代の世界認識のかたちは、主観が対象に向かい合うという構図」であり、「そこでは感性そのものも知覚に傾斜する」のに対し、「日本的精神は、本質的に感性的である」（唐木順三『日本の心』『日本人の心の歴史――季節美感の変遷を中心に』参照）と。知性的西洋対感性的日本の構図である（傍点筆者）。ここで著者はいう。素材を和歌に絞って考察したのは、そこに日本文化に固有の感性の構造をみることができるからである、と。

その第一は、美的対象に集中する感性によって、心に焼きついた残像が、「われ」を「包む空間」に接触するかたちで「世界」に結びつく関係になるという触覚的性格のものであること。つまり、この触覚性を基調にして、われと世界の関係性と動性を変数として構造化されるのが日本的感性である（二五六―二五七頁）という。

次に、残像の広がりと射程であるが、まず「おもかげ」という経験がある。陰《かげ》にしろ影《かげ》にしろ、光に対する反対語として二元的に捉えがちであるが、月影にしろ山影にしろ一つのものであって、純粋に自然現象であるが、そこには残像のメカニズムが存在する。この残像は名残であり、心に残る情感の「なつかしさ」である。そして、「なつかしさ」は派生的なものではなく、元のものと等価な隠喩的交感ともいうべきもので、元と名残は生きるドラマのなかにおける照応関係にある（二六九頁）。

④世界とわたしの交感は、「けしき」（気色→景色）として独特の感性に結晶し、空間の全体についての特性、つまり雰囲気（大気の感性的特性）として、風が宇宙と人とのあいだを循環していることだ（二七〇頁）という。

こうして、「われ」は固定的ではなく、過去の残像をみつめ、強い内省的意識を伴って、豊かな記憶を形成することになる。「日本的感性が自然と想像力を活性化する」（二七九頁）といってもよい（原点の浮遊化）。

最後に「日本的感性の構造」を、次のようにしたためる。

感性とは世界の状況や対象を知覚しつつ、わたしのなかでその反響を聴く働きである。この点について、西洋では「世界に対して距離をとり、明晰判明な像を結ぼうとする」のに対し、「日本的感性は直接の接触感を求める」という、「知覚と感性的認識の違いだと言ってもよい」（二八三頁）と。美しい空間の広がりのなかで、その空間に包まれる触覚性、端的にいえば自然に注目し好んでそれに感応する感性の日本。感性は身体的記憶となり、残像の記憶は豊饒なものとなる。

〝きよい＝さやか〟は日本的美意識の代表的概念である。

それは月のひかりと水の流れ・瀬音を想起させる天地照応の概念で、その残像により隠喩的交感が実現した触覚的感性である。つまり、この天地照応の概念が、〝きよい＝さやか〟によって日本的伝統となったことにより、「世界―われ」の基軸の上に、時間と変化による自然および意識の動きが感性の多様な具体相を演出したといえる（二八七―二九〇頁）。

「かくして日本的感性は、触覚性を本質的要素とし、〈世界―われ〉の基軸上の位置と、宇宙と意識それぞれの動性という二つのパラメーターが、触覚性を多様化することによって展開する」と結ぶ。

⑤　なお、著者には『美学への招待』（二〇〇四年）の前著があり（後述）、本書はその続篇で、日本的感性の全体像を論ずるものとされている。そのさい、新しい美学を構想するため、モチーフの汲み取り方に二一世紀的試みがなされ、題材はあくまで和歌でありながら、分析概念とその用い方には西洋型の論理的方策がとられ、西洋側を向いた視覚が用いられている。〈世界―われ〉の関係論など、和歌の通人には理解しがたい概念構成であるし、隠喩的交感とか天地照応などの用語は日本通に理解されうるかどうか。

ただ文化論からみて、客体に対する主体は一点集中視覚型の後者重視（西洋）に対し、客体が主体を包み込む雰囲気体感型の前者重視（日本）は、これまでにも本稿で取り上げた比較ポイントで、それを和歌により詳細に論じた点は参考になろう。それにしても、主体を包む客体環境についての感性、つまり〝わび〟〝さび〟〝いき〟〝幽玄〟などの観念が一向に姿をみせなかったのは何故か。また、邦語特製の〝心〟とか〝心情〟の日常語が消えたのも気にかかるところである。

5　そこで、美とは何か、美学の方法論はいかがかについて尋ねたい気になるのは当然である。中井正一『美学入門』（一九七五年）の題名と目次に惹かれて、まずこの本から。

⑴「第一部―美学とは」「第二部―美学の歴史」とある。

①　冒頭、「美とは何であるか」から……。「美しいこととは何であるか、芸術とは何であるかを考え、たずねていくことが美学なのである」と。ただし、「景色が美しい」、「建物が美しい」、「絵画が美しい」はそれぞれ異なると思われる。

第一に自然が美しいというが、この未だ解けていない問題に対する疑問の数々が美学の歴史にほかならない。しかし、気持が自然の景色のなかに包まれ宇宙の秩序のなかに引き込まれて、心身ともにそれにゆだね気持が開けてゆくときに、美しいという意識が生まれる。シルレルを引用して、「人間が、自然の中に、自分の自由なこころもちを感じる時、それを美というのである」（一一頁）と。

第二に、「人間の技術がつくりあげたものに……美しいなと思うことは、どんな意味をもっている」のかについて。例えばスポーツのフォームでも、人間の創りだした「技術」の法則であって、自然の法則ではない。同じように、家・乗物・衣類なども。そして、人間が用途を離れて美を求め、新しい秩序を創り出したときに芸術の世界が生まれる。しかし、美を探し求めることは自由であるが、自分の中に「ああこれだ」といえる充ちたりた心を求めることは極めて困難で、芸術の美しさを求める苦しみには終りがない。

自然・技術・芸術のなかに美がどんな形で現れてくるかについて考えると、自分の深い世界にかくれている美という神秘的なユートピア的なものを自分のなかに見出すことだという点で、美は同一である。この考え方は象徴主義といわれているが、美には神秘的なものの象徴の一面があるという点については、古今東西を問わず同じ感性があると、筆者には思える。

しかし、西欧では、芸術が自然や理想をつくりだすのだという考え方が提唱されている（オスカー・ワイルド、ニーチェ）ということをきけば、日本の自然中心に対する西欧の人間中心という相異点がはっきりしてくると思えるのだが。ルネッサンスは、自分を追い求めて、追う自分と追われる自分が一致したとき美が生まれると考えた（二九頁）。

対して、日本の美の理想は、行く雲・流れる水のように、清々しく、滞りなく、さやけきものが美しいとされた。万葉の「さやけさ」、中世の「数奇」・「わび」・「もののあはれ」、近世の「いき」は、滞るもの、もったいぶるものから脱け出すことをめざしたのが美であった。茶室の柱や屋根に対する、ギリシャ建築の柱、教会の尖塔といった違いである（三六頁）。続いて、「間の文化」の説明が続く。

② 時間・空間・光・音・言葉などを媒介に、人々の感覚に生きているようにうったえるもの、それが芸術である。人は、生きていることに不安・疑い・畏れを抱き、命の一瞬一瞬に自分自身にめぐりあったとき、媒介物によって、いのちが表現されれば、それが芸術となる。さやけさ、清明、わび・さびは、深く切実な一心の集中によって、人生の奥底を虚とみたときの自分自身の心根である（四七頁）。しかし、その心根は無限に存在し、対象によって時に変わり、空間・時間によっても変わる。しかも日本では、その変わってやまないことにも美の類型を見出したといえるのではないか、と筆者は考える。「美は無限に変わりつつある」（五一頁）のだ。

③ 「描くということ」についていえば「いろいろの立場がある」（五二頁）。第一は、肖像画にみる似せて描くこと（筆者・似絵か）。第二は、自分が語ろうとするものを表現すること（例：表現主義、東洋の芸術観に多い）。

第三に、真にリアルであろうとして、それを越えるシュール・レアリスム（印象派・点描派はその前段階）、現実を表現するために現実に見る以外の方法によろうとするもの。第四に、存在論的立場というべきか、存在自身に対する問いの重なる投げかけによって自分から脱落してゆく方法、〝画竜点睛〟の瞬間に訪れる存在の自覚とでもいおうか。

〝光〟に対する考え方についていえば、一方では陰影のない絵画が水墨画であり、他方では神の光の下に描かれた欧州中世画があり、ルネッサンス絵画で太陽の光に気付いてからは、すべての光は自分中心に集まっていると自覚した。しかし、光の氾濫は一八〇〇年代で終わり、シュール・レアリスムの流れを生む。

〝音〟についていえば、人類としての生活を始めてより、人は音に対する感情を紡いできた（次節）。日常生活のなかで、道具の発する音を喜びや悲しみを表すものとして感じ、それを音楽という美の創造へといざなった。まず、米麦をつく臼の音のリズムを出発点として打楽器の基礎をつくり、植物や石の空洞が発する音から管楽器が生まれ、みずから歩くテンポにあわせてのどから発する歌の世界が生まれてきた。こうして、生活手段としてのあらゆる労働などを通じて音楽が生まれた。

労働の唄は、やがて宗教の歌に追われ、時に追いつめられる。西欧ではアカペラの聖歌がとって代わり、東洋では声明が加わる。宗教音楽は信仰の感情を表現するために芸術の形式をもち始める。そして西欧の領主は、宗教的要素を残しながらも、宮廷にふさわしい遊びとしての宮廷音楽を求める。こうして、自由な表現力をもつ音楽が、主題をもって作曲される。主題音楽は、生活からはかけはなれ、音の約束の世界で自由な芸術として花を開いたのである。

しかし、その音楽にはリズムに一定の制約があり、メロディが一定の構造をもち、ハーモニーにも約束がある。それが一九世紀までに築きあげられたルネッサンス以後の欧州音楽の姿であるが、二〇世紀に入ると、これらの音楽様式が崩れ始める。そこには東洋音楽の影響があったことは知る人ぞ知るであろう（六〇—六二頁）。

④　第二部は「美学の歴史」である。プラトン、アリストテレスに始まって、〝古代的なもの〟は「模倣」の「技術」であると。この考え方は今も生きているが、対して〝近代的なるもの〟とは、美しいものの創作であり、道徳的か不道徳的かは関係なく、また人生にとって無用のものであり、自然は芸術の模倣である（オスカー・ワイルドからの引用）。

精神現象に三つあり、知・情・意がそれ。知は理論、情は感情（その自律が芸術）で、意は道徳の世界である。感情は知・意の中間者として他の二つをつなげる紐帯である。以後、三分説の哲学史と芸術論の史的変遷が続く。

それにしても、西洋の美学で〝日本の美〟を解くとどういうことになるのか、興味ある問題である。本書で、「美学入門」に続いて、〝日本の美〟を論じているが、それはしばらくおき（次節に）、〝美学〟を論じた近著を紹介する。

(2)　佐々木健一『美学への招待』（二〇〇四年）によれば、「感覚的な働き方をする精神」（三七頁）を感性とよび、「美や感性に関する哲学的な考察」（一一頁）が美学であり、美的で感性的なものというより「知的な性格を強めてきたものが芸術である」（一九頁、傍点筆者）という。

つまり、「精神の働きのなかに《感ずる》と呼ばれるものがあり、その感ずる精神を指して感性と呼んで」おり、「感覚と同じような働きをする精神」（三八頁）である。「感性は……西洋に生まれた近代美学にとって最も中核的な観念の一つ」（三七頁）で、美学は感性学に他ならない。〝感ずる〟という働きは、まず対象を直接捉え、次に、直ちに反応もしくは判断がなされ、第三に即刻なされた判断が示す総合性から成っている。そして「感覚的に捉えられた刺激が、人格の内奥へと反響してゆく、という傾向」がある（四〇頁、大へん判り易い説明）。

①　美学は、およそ西洋的学問である。その理由の第一は、日本ではカタカナ語で表記されるという点に表れている。とりわけ、ミュージアム（もとのラテン語では哲学的な瞑想を行う場所、最初の用例は一五世紀、メディチ家のコレクションを指す名称）が代表で、その、基本的概念は知的活動のための原物資料の収集と展示を行う施設

のこと（博物館）で、美術品を収蔵するところが美術館である（一八七二年、わが国では一九三〇年の大原美術館）。しかし、わが国ではアクアミュージアム（水族館）の例もあり、「伝統的な芸術領域が崩れつつある、という変化の事実を表わしています」（五四頁）。

そして、〝デザイン〟は芸術か、版画（複製）は、ＣＤは、どうかとなる。「われわれを取り囲んでいる文化環境のなかでは、複製の存在が圧倒的なヴォリュームをもっています」（八二頁）という。しかし、「かつて芸術は、公共性を形成するという役割のものであった」ことを考えると、コピーは個人的・自閉的なものである。

また、〝舞踊〟を考えると、〝身体の芸術〟という言い方ができるのかという問題がある。リズムは身体的現象であって、アンダンテ（歩くような）、アレグロ（快活な足の運び）、プレスト（反応の素早さ）、ラルゴ（幅広く）などの例は、音楽通なら誰でも知っている。芸術は身体感覚と不即不離である（筆者は、バレエにその典型例をみるが？）と。

〝現代芸術〟といわれるもの（絵画・彫刻・音楽など）は、内部に独特の緊張がみなぎっているのだろうが、それを多くの鑑賞者が捉えることは難しい。現代芸術はとくに理論的普遍主義の傾向が強いので、わが国の心情的鑑賞者には尚更そうであると想像される。十二音技法の楽曲をモーツァルトと同じように聴くことは不可能といえる。現代音楽は〝口ずさむ〟ことはできず、風の音や雨の音に耳を傾けるのと同じように、意識的に構えなければならないだろう。

しかしながら、日本はもちろん、発展途上国の音楽は、独自の音階をもっていても聴くことができるのは何故か。筆者には解説不可能。

・われわれが今歌っている音楽は、西洋の一七世紀以降における近代五線譜法によるもので、明治一二年（一八七九年）に設立された音楽取調掛が発展解消されて設立された明治二〇年の東京音楽学校が行った音楽教育によるものである。他方、日本伝統音楽の場合は、箏・三味線・尺八・雅楽・謡曲などそれぞれの記譜法があって、現在、プロか趣味人にしか理解できず、音楽は、文化の継受にみる西欧の影響の最たるものである。
・重層文化だと一口にいっても、日本芸術の現状をどう説明するか、伝統と受容の関係を一口、二口で説明することは不可能なほどである。本稿に引きつけていえば、「人は社会的動物である」「(部分）社会あるところ法あり」を前提とした、正式な和語の〝とりきめ〟〝おきて〟と欧米法との係わり、あり方を説明しようという法文化論が一筋縄でゆかないことは読者にも容易に想像がつこう。

本筋で論ずる「美学」が西洋では哲学といわれるまで論理性で徹底しているのに比べ、わが国独特の感性で表現される日本美の理論化は果して可能なのだろうかという疑問すら湧く。感性が繊細・緻密で情緒的である芸術論は法文化論と関係なしとして無視していいのかという問題である。

手近な問題で、〝花の美学〟を考えた場合に、「何れ〝あやめ〟か〝かきつばた〟」といわれるように、その区別も難しい日本の「花」についての美的表現が一層困難であることは明白である（蓮・ふじ・はぎ・水仙など一部の例外はあるが）。

② 芸術が知覚的卓抜さによってではなく、哲学的問題提起として捉えられたとき（アンディ・ウォーホルのブリロ・ボックスが例にあがる）、つまり、芸術が感性によってではなく知性によって哲学となったとき、鑑賞者の対応は限界に達し、これは永遠型の芸術ではない（しかしアートだと著者はいう）ということになる。近代美学は、「感性的な像のなかに思想的なものを込め、精製した像の力によって、魅惑とともに、この思想を現出させる」（一六八頁）ものだから。しかし、像の力（美）を永遠のものと思うのは不正確で、それは折々に大きな変化を経てきており、時に革命的な新様式を生むことは美術史を学んだ読者は御存知のはず。そうはいっても、流木だけを対象にしたオブジェ・トルヴェ（遺失物）、建物を平面素材で包むラッピング（梱包）、雑多なものを集めたアキュミラシオン（集積）、カラー・フィールド・ペインティングなど、スキャンダラスな形態による芸術の実践となると、民衆の鑑賞者にとっては芸術といえないのではないかと思う。しかし著者はいう。「世紀単位くらい

の長い時間軸で考えるなら……結局、何を芸術とするかは、コモン・センスの判断による」(一七四頁)と。「プリロ・ボックス」はこのコモン・センスが認知しているともいう。

それでも芸術の愛好家の多数は永遠派である。《古典の高人気、現代作品の不人気》という事実は「歴史上異例の事態である」(一七六頁)と著者はいう。

③　芸術が時代と共に変化してゆく証しとして、「オペラ」の成立が語られる(一七七頁以下、筆者・バレエも同じ)。日本で、能楽は世阿弥の世代になると新作はほとんど作られず、古典的レパートリーを上演するだけになるが、歌舞伎は今までに幾つもの異なる脚本があるように、新たな上演にあたり異なる脚本がつくられるということが普通であったことは知る人ぞ知るである。オペラの場合、一五八五年に行われた『僭主エディポ』(原作はソポクレス『オイディプス王』)の舞台では装置がルネッサンス期イタリア様式による作り付けであった。またギリシャ悲劇の再興として行われた、ヤコポ・ペーリ作曲『ダフネ』(一五九七年上演、第二作は同『エウリディーチェ』一六〇〇年)では、ギリシャ演劇をもとにしながら全くの新作を作り、古典主義の演劇といわれ、オペラが誕生した。ラシーヌの作品は現存するギリシャ悲劇の焼き直しで、上演するのは当時における現代のものの性格をもっていたという点である。オペラは当初において演劇としてみられ、音楽としてみられる転換点は一八世紀中頃と考えられている(オペラ・バレエについては次節で)。

音楽についていえば、当初の教会典礼音楽、王宮での祝祭音楽、貴族私邸での娯楽と変化して、コンサートに発展したのは、一七世紀後半のイギリス共和制下であり、一八世紀のパリにおけるコンセール・スピリチュアル、ドイツのコレギウム・ムジクムといわれた。テレマンが活躍したころである。御存知のバッハがライプツィヒのコレギウム・ムジクムの指揮を引き受けたのは一七二九年である。

④　話は美術に戻って、一八世紀から大英博物館(一七五九年)、ウフィーツィ美術館(一七六九年)、ルーヴル美術館(一七九三年)と、ヨーロッパ各国にミュージアムが造られ、音楽におけるコンサートの定例化と対応す

る出来事となる。新作より古典の方が一般的となるのはこのためである。ただ、フランスのサロン展（一六六七年）のように、新作から古典へという力点の移動がみられた例外もあるが、〝古典の人気、現代作品の不人気〟との現象がおこるのは何故か。

「不易流行」は芸術の常道のはずで、ルネッサンス様式の絵画では、立体感を出すための影だけに限られたことが、カラヴァッジョやレンブラントになると、画面全体に光と影の特徴が現れて、暗い空間に一部分だけ光を浴びるという構図になる。何らかの新しい工夫をこらしたという証しである。しかし、この新しさは芸術家の意欲によるものであり、近代芸術の新しさであるイデオロギー（精神の創造性）の要求に基づくものとは異なる（一九一頁）。精神の創造性は理論の裏付けを要求する。つまり、近代芸術は新しい美学的主張を求めているということになる（銭湯でみる富士のタイル絵には精神的深味がないから芸術とは考えないという例を考えればいい）。

古典的芸術を、さきに自然模倣といったが、背後にある精神的意味を開示するのが目的だったからで、それが近年になると、その意識の焦点は作品の表層から深層へと移行し、これまで愉しんでいた表層の根拠を作者の創造力に求めるようになる。つまり、創造力の理論＝美学の時代の出現である（一九三頁）。

そもそも芸術という概念自体が近代になっていわれた理論で、それが古典的作品群への関心を培ってきたことは事実であるが、今日の美学では作品を伝記的に理解するに止まらず、作品背後の思想を解釈しようというのである。こうした美学の近未来における課題は何か、について最後に論じておこうという（第九章近未来の美学）。

⑤　現今以降の重要主題は〝美〟である。しかし、〝美〟は時代遅れとなり〝美しくない〟芸術が展開されているという。

まず問う、「美は本当に自然な主題と言えるのでしょうか」（二〇〇頁）と。日本語の「美」は、立派であるとか、見事なことを指し、「うつくしい」とは違う。「美しい」はビューティフルの訳語であり、原語は〝華やかで感嘆を誘うもの〟の意味である。しかし、芸術が美しかったのは過去のことで、一九世紀以降の芸術における関心事は精神性に向かい、芸術とは何かという自己反省に移行して、美しいは古い観念となっている（二〇七頁）。アートという概念は人間の活動全般を含み、芸術哲学としての美学において美を語ることは時代錯誤というが、美学における最先端の主題は、いぜんとして美である（二〇八頁）という。

ここで話は一変し、旧約聖書『創世記』が引用される。「神がその造られたすべてのものを御覧になると、見よ、非常によかった」（関根正雄訳）。この場合の「よかった」は、ギリシャ語版によると「美しい」と同義であると。設計を現実化して、「よかった」という恵みとして与えられるのが美である。キリスト教の立場からすれば、世界の創造を称える言葉として美以外にはないからである。また、美は人間の思惑で左右できるものではなく、恵みとして与えられるものだからである。

さすれば、美学の激動期にあるいま、喪われてきた美の感覚を取り戻すことが重要だと主張したいと、著者はいう（二一三頁）。主張の動機は二〇〇一年国際美学会議（四二ヶ国・地域・三三六名参加）における〈二一世紀の美学〉のテーマにあったと告白する。近代の人間中心主義（人権宣言・産業革命を例示）に基づく文化・文明のためのグローバルな自然破壊は、人間が自然の一部であることを忘れたツケに他ならず、そんななかでの美の観念はナンセンスでしかない。美は人間以上の偉大なものの存在をわきまえることによって観念化が可能になるはず、と。近代芸術が自然模倣の理念を捨ててきたことは、芸術家が神の創造力と競い合おうとしたことを意味する。かくして、著者は『人間を超える』美学としてわたくしが考えているのは、芸術美よりも自然の美」である。「美学は美のこの性格と、その体験における効果を語らなければなりません」と結ぶ。

・後半、現代美学の様相が語られたとき、著者の結論はどこへゆくのかと不安を覚えたことは確かである。それだけに「神の創造力」（自然美）が最後のしめくくりとなったときの〝拍子抜け〟も大きかったというのが実感である。「自然」は日本文化起動の原点であり、『創世記』に頼らずとも、〝自然の美〟という言葉は日本人なら〝耳にタコ〟の感があろう。

さすれば、西洋の美学思想を追いかける日本の現代美術は、西洋の（サル）真似にすぎなくなるのではないか？

6　こうなると、西欧における美に関する歴史観の展開を知りたくなるのが人情である。が、日本で開かれる西欧のヒンパンな各種美術（館）展や、ヨーロッパ旅行ブームによる鑑賞頻度のことを考えると、読者のもつ予備知識も大きいと思う。

参考のため、ウンベルト・エーコ、川野美也子訳『美の歴史』（二〇〇四年）をみておこう。

⑴「序論」から。美は、本来、自然が有する特質としていわれるものであり、アートで美というときは、単に「みごとに」というほどのことで、前者と異質なはずだが、近代美学ではアートの美だけを認識するようだ。それは、美を語ってくれるのは芸術家たちであり、彼らがその範例を残してくれたからである。そのため、美は時代により国によって異なることになる。その「比較表」が〝裸体のヴィーナス〟〝裸体のアドニス〟〝着衣のヴィーナス〟〝着衣のアドニス〟〝ヴィーナスの顔と髪形〟〝アドニスの顔と髪形〟〝聖母マリア像の変遷〟〝キリスト像の変遷〟〝君主像の変遷〟〝女性君主像の変遷〟〝プロポーションの変遷〟の項目に従って写真として掲載されているが、その分類・例示が人物のみであることに気付く読者は多いはずだ（確かに西欧では「自然美」の比較は困難で、「美」の対象の例示が人物中心で技術重視のアートの比較になることは止むをえないであろう）。

本文は、「ギリシャの理想美」（第一章）から「メデアの美」（第一六章）まで連綿と続く。さて、その処理をどうしたらよいか？　筆者が注目した解説を拾って伝えるしかないだろう。

①　古代ギリシャ人にとって「最も美しいものは最も正しいものである」（デルフォイの言葉）、美はつねに「中庸」「調和」「均整」の価値に結びついていた。

クセノフォンの美的カテゴリーは、理想美（自然）、精神美（魂の美）、機能美（役に立つ美）。

プラトンは、調和と均衡としての美（ピタゴラスに由来）、輝きとしての美に分け、媒介とは別の実体を有するもの。

② アポロ風の調和の美と、ディオニュソス風の不安（?）の美（ニーチェによる）について。

③ 常識的には均衡のとれたものを美しいと判断するのは古今を問わない。ピタゴラスの考えた美が、規則ある数的見方で万物が秩序づけられている、それが美と存在の条件であるとしたことに由来する（ギリシャ神殿の均衡をみよ）。弦の長さと音程を研究した最初の人々である。均衡はボエティウスの音楽論（五世紀）により中世に伝えられ、パリのノートル＝ダム大聖堂にみるように建築の均衡を生み、ルネッサンスの建築理論に霊感を与えた（六九頁）。

また、人体の部分にみられる比例の原則は、神により創造された宇宙の奇跡である（中世の哲学的概念）と同時に、人文主義における数学的省察の理論でもあった。

このルネッサンス期の数学研究の正確さが頂点に達したのは遠近法の理論であったことを知る読者は多いと思う。当時の美術家は、それを写実としてだけでなく、視覚的に美しく快いものとしても感じ、その理論を知らない文化は原始的で未熟とみなされたほどだったという（八七頁）。また、トマス・アクィナスは、比例を倫理的価値とみ、それは宇宙の統一を説明する形而上学的原則となった（もっとも、ボッティチェリ、クラナッハ、ジョルジョーネの各「ヴィーナス」が同一の比例原則に基づくかどうかは判らないともいう）と。

しかし、ルネッサンスの黄昏期には、数学的比例原則は不安な緊張からねじれて、ねじれの美の思想が歩き始める（九五頁）。

⑵ 「中世の光と色彩」から。

① 美学の起源のひとつは神が光と同一視されたことによるが、中世においては、光によって提供される空・太陽と月・花々などの自然が提供する色彩の恵みがあったからであった。一般的な装飾も光と色彩に基づいており、色彩の鮮やかさに意味があった。ゴジックの大聖堂のステンドグラスは「単純な色の鮮やかさをその色に浸

透する光の鮮やかさと一致させて最大限に利用した造型技術が精巧なものとされた」（一一七頁）見本である。ロマネスク聖堂のステンドグラスをオジーヴ（尖頭穹窿）・ヴォールトの要石で接合して窓を高くし、そこから差し込む光の剣が聖堂を突き刺した。バットレスやヴォールトで支えられた壁に開いた広い窓から差し込む光の効果が西欧中世の人々を魅了したことは、広く紹介されているから知る読者は多いはず（ゴシック聖堂、発案者サン＝ドニ修道院長シュジェールの残した証言がその魅了ぶりを伝えている）。

このような色彩の美は、広く日常生活にも採り入れられたが、色それぞれについての評価は社会的に必ずしも一定してはいない。つまり、中世はほぼ一〇世紀ものあいだ続いていたから、色彩についての確信も変化したのは当然である。が、青についていえば、初めの数世紀は価値の低い色と考えられていたが、（青い色の染が手に入りにくかったという事情がある？）、一二世紀からは高貴な色となり、薔薇窓・ステンドグラスに使われ神秘的価値をもつようになった（青衣のマリアの例）。

一三世紀には、光はあらゆる美の原則となった（ボナヴェントゥラ『光の形而上学』）。

② 中世までの美の理論は〝醜〟を〝美〟のアンチテーゼとみなした。比例の規則に反する不調和は醜であった。が、芸術は醜を美しく表現する力をもっているし、写実的忠実さは醜を受け入れた。苦痛・苦悩・拷問・肉体の変形はキリスト教的感性によれば重大問題である。〝醜〟の古い典拠『アレキサンドロス物語』は一〇世紀以降のヨーロッパで流行し、中世の百科全書にも登場する。怪物は神の摂理による計画に組み入れられ、われわれの未来の運命についての鏡のように思われた。では、どのように天地創造の調和のなかに忍びこめたのか。答えは、怪物も神意によって生まれたのであり、われわれが慣れ親しんでいる自然に反しているだけなのだと（ラバヌス・マウルスの言）。影は美しくないが、光をより輝かせるし、醜いと思うものも全体的秩序のなかでは「美に必要不可欠な醜」（節の表題）となる（弁証法的二元論である）。「怪物たちは愛され、恐れられ、警戒されながら、同時に容認され、その戦慄すべきものの魅力をまるごともって、文学や絵画のなかにますます入っていった」

（ダンテの地獄など、一四八頁。筆者はパリ、ノートル＝ダム大聖堂のキマイラを思い出した）。しかし、一六世紀から一七世紀にかけて、怪物に対する態度は変化し、自然の生んだ好奇なものとして、研究の対象となった。

③　他方、一五世紀になると、〝美〟には「自然の模倣の美」と「視覚的に認識不可能な美」とがあると考えられたが、ダ・ヴィンチ、ヤン・ファン・エイクなどが、遠近法表現の完成と油絵画法の普及により、人物表現に超自然的な光の効果をつくりだし、超感覚的な美こそが本当の美だということを示した。ジョルジョーネ（一五〇九年）、ティツィアーノ・ヴェチェリオ（一五三八年）の「ヴィーナス」などなど。ルネッサンス期の女性は芸術面で積極的役割を果たしたことの証しである。一七世紀には、フェルメールの実用的な美、ルーベンスの官能的な美、カラヴァッジョの写実的だが不安な美、がみられ、時代は〝優美〟から〝不安〟の美へと移る。

「美とは、均整と適切さから生まれ、そして諸物の調和から生まれる優美さにほかならない」（ピエトロ・ベンボ、一五二二年）。それに対して、美を比例に還元する教義に対しての批判は、空間描写の複雑化（透視画法の変化・歪像作用）から均衡のとれた秩序は保留となった（二二〇頁）。アンチンボルト『夏』（一五八五年）をみよ。不定形・あいまい・複雑・想像力の見本である。美醜や真偽を越えた美の複雑さである（二二一頁）。マニエリスムがルネッサンスの規則と闘った証しである。

この不安は、どこからおこったのか。著者は、コペルニクス革命によって宇宙の中心を失ったことに気付いた恐怖によって、ルネッサンス・ユートピアの調和のとれた世界に黄昏がおとずれたことにあるという（二二五頁）。つまり「知の危機」（表題）である。

バロックの世紀は、「善悪の彼岸の美」を表現した。それは、コペルニクスやケプラーによって天体が複雑な関係に追いこまれて縮小と拡大をもたらし、不動・無機的な古典美は劇的緊張をはらむ美に取って代わられたからである。〝劇的な悩める美〟（ベルニーニ）と、〝憂鬱な夢の美〟（ヴァトー）は現実と夢の両方の美を表現している。

(3)　「一八世紀にバロックの美が根強く続いたのは、生の甘美さに没頭する貴族趣味があったためだ」と、『理性と美』（第X章）の初めにいう。ブルジョワの理性、新しい貴族の改良主義が、生の様々な甘美を生み、ロココの多種多様な美を用意した。

これに対抗したのは、（多くの）古典主義であり、理性の〝光〟はカントが、〝影〟（不安）はマルキ・ド・サドが代表した。

さらに、新古典主義（一八世紀半ばから一九世紀前半）の厳格なナチュラリズムは、英国の建築様式に明白に表されており、バロックからの過剰の排除、屈折した線の牽制が〝美〟とされた。ヴェルサイユ庭園は反面教師となり、調和のとれた風景が魅力的と考えられた（二四二頁）。

新古典主義は、ポンペイの発掘（一七四八年）などの考古学的研究と無縁ではない。ルネッサンスにおける古代世界のイメージは古代末期の退廃期のものと考えられて、真の古典美の探求について、ディヴィド・ヒュームは、美は事物そのもののうちにあるのではなく、事物を観察する心の内に実在するという『主観主義』（一七四五五年）を主張した。古代建築物の遺跡を眼の前にして、ヴィンケルマン『古代のモニュメントの美』（一七五五年）は、「ギリシャ彫刻の美は自然の中の美よりも先に見出さる可きものであり……自然の美のように散らばっておらず、一に統一せられていて人を動かす力が一番強い」（二五一頁）という。

一八世紀の美学は、「美とは……客観的な喜びを与えるものである……そこで快を与えるものこそ、われわれが美しいと定義するものである」（カント『判断力批判』より）。著者はいう「趣味の判断の普遍性は一致する観念の存在を必要としないから、美の普遍性とは主観的なものである」（二六四頁）。

(4)　新古典主義の〝多様性の統一〟〝比例〟〝調和〟という〝美の条件〟に代わって、一八世紀には〝想像力〟〝感情〟が美の観念を形成しつつあった。いうまでもなく、これらの観念は、客体の特徴とは無関係であり、主体の能力や気質と関係するものである。美についての議論は、判断するものの意識の分析によって決まるから、美は認識のためのルールの探求から、それを生みだす効果を考えることに移った（ヒューム『趣味の規則』一七四五年）。

こうして、美は快感の認識と密接な関係をもち、その対象として〝崇高〟という観念を重視した。そして、崇高の観念は自然と結びついた体験とも同調し、新しい土地を知る楽しみは〝旅人の時代〟をつくり、「山の詩学」をも生んだ。崇高の観念を広めるのに貢献したのは、エドマンド・バーク『崇高と美の観念の起源に関する哲学的考察』（一七五六年）である。曰く、美は肉体の客観的性質であり、〝五感〟を通して、人間の精神に働きかけるもので、均整と調和のうちにあるという考えに異議を唱え、優雅さと上品さに美の典型をみた。また、崇高については、暴風雨・雷などの荒々しいことが、恐怖として激発したときに生まれるなど、美と崇高のあいだに統一的な観念はないが、恐怖の実害がなければ崇高の原因ともなる。美が必ずしも心を楽しませることをせきたてることがないように、恐怖も実害がなければ、美と崇高は深い絆で結ばれる、と著者はいう（二九〇―二九一頁）。美と崇高の相違点・共通点を正確に定義したのは、カントである。簡単に紹介する。

快楽に利害関係がなく、自己存続の目的と美自体の規則をもち、概念に普遍性がないのが美の特性で、理屈じゃなく感情に基づいている。崇高には数学的なもの（例：星空）とダイナミックなもの（例：嵐の光景）がある。前者はわれわれの理性や想像力すらこえて無限を公理と考えさせる時に感じ、後者は無限の広がりがわれわれの知覚能力をこえて生じた不快感をば道徳的に処理できた時の感性である（二九四頁）。

(5)　われわれの知覚能力をこえたことを自覚させる無限を表現する言葉が崇高であり、それはもはや芸術に対してではなく、自然に対するものであった。それでもロマン主義的感性は、自然の光景を眼の前にして、その印象を芸術化しようとした。美は形であることをやめ、混沌としたものになった。パリのサロンで誕生した新しいロマンスが、ロマン主義の美の感覚に深い影響を与えた。ミレイ『オフィーリア』（一八五一年）にみるように、死ですら魅力的な美と考えられた。理性ではなく、感情・自発性による〝名状しがたいあいまいな美〟は個人の重要性が増してくるにつれ強くなった。自然は、はっきりした形をとらず、またその雄大さを体験しなければ実感することはできない。個人の重要性がませば自由市場での競争が激しくなる。そのため、人を驚愕させる感覚的効果を利用する必要がある。シュトルム・ウント・ドラングの出現である。ゲーテのいう「文学的過激主義」は内的感情を成長させ理性の規則を拒絶した（ロマン主義の美的カテゴリー化を唱えて、その衝動的美意識を正常化しようとしたのはヘーゲルの〝無限への渇望〟と〝美しい魂の結合〟を説いた『精神現象学』（一八二一年）である）。

一九世紀のオペラも、美はエロティシズムと悲劇の運命に一貫した構成を与え、愛のための死のなかに美の完成をみた（例：ヴェルディ『トロヴァトーレ』）。

⑹　一九世紀の後半、無名の群衆によるメトロポリスの拡大と新しい物質の機能を誇示する機械に攻めたてられて、美は芸術のために実現すべき価値とされ実用性から切り離された人生の魅力的なものとして、ロマン主義的感性を極端な結果に導き、芸術至上主義（唯美主義）の形をとった（XIII章）。そして、ダンディズム（ボードレール、オスカー・ワイルドなど）が。他方、フランスのデカダン派は近代に対する反逆の形をとったが、レフ・トルストイ『芸術とは何か』（一八九七年）は、ワイルドと正反対に、芸術と道徳、美と真実のつながりを再確認し、クールベやミレーによる人間と自然の写実はロマン主義的風景を民主化した（三三八頁）。

美と芸術は融合したが、人工的なものだけが美でありうるとされ、芸術は第二の自然を創造するとまで考えた（唯一の自然物は花、エミール・ゾラ『ムーレ神父のあやまち』一八七五年）。

デカダン派の重要な美術運動は〝象徴主義〟である。ボードレールの詩によって始まり（『悪の華』一八五七年）、マラルメ、ランボー……と、今日までヨーロッパ文学の流れとして追随者を刺激している。

印象主義も絵画技法の工夫による新たな空間を生みだすことを望み、超越的美を実現しようとはしていない。芸術家は美的法悦をかきたてることを考えず、芸術を知識の道具と思うようになっていた（三三九頁）。

（7）美の概念は歴史の時代によって、また国によって変わることは読者も承知だろう。そのなかで、一九世紀の後半から、ブルジョワジーの美は、実用性・持続性などあいまいを嫌い堅固な美（？）を好んだ。長い年月に耐えるオブジェ・装飾は、日常的機能を超えて商品となり、美は商業的価値を誇示するものに変形した。このヴィクトリア朝に代表される美が経済的危機によって脅かされた世紀末から二〇世紀初めには、新しい素材（鉄とガラス）による美（とくに建築美）の革命が始まる。最初の公共建築物は、サント・ジュヌヴィエーヴ図書館（ネオ・ゴシック）とフランス国立図書館であり、社会的・実用的な美のモデルが形をなした。この新しい美は道徳的宗教的価値を踏みつぶしたため、他方で中世の社会形態（田舎の村々）への回帰に憧れる空気をも醸成した。以下、アール・ヌーヴォーの多彩な美、アール・デコの機能美、そして最終章の〝機械の美〟と解説が続く。

・本稿における「美意識」の課題は美術史を語ることではない。西洋美術史の著書・訳書の類はシリーズ・概説を含めて、正に汗牛充棟の有様で、そこからの引用は筆者のよくするところではない。日本人の〝美意識〟との差異を明らかにするという意図でエコーの訳書をとりあげたが、しかし、その史的経緯に興味を引かれて、詳しく論ずる始末となってしまった。

そこで、ひとまず、筆者の感じた比較文化論的感想を、大ざっぱながら、重複を厭わず、ここで簡単にまとめてみたいと思う。

とりあえず、〝美〟の表現様式にかかわるポイントを、主題と（空間）構成からみようというのが筆者の視角である。主題について、西欧の目立つポイントは、古代神話と中世キリスト教芸術に続いて、人物・肖像を中心とした人間に対する強い関心が目を引き、風景画の比重は小さい。人物の背後に添景として現れる程度で、その比重が大きくなるのは、常識的にいえば一七世紀以降のオランダである。自然より人間に深い関心があったという文化論的証しになるのに対して、日本の場合は、古代からの自然に対する宗教的憧憬に基づいて、風景画が終始主流を占めている（主たる例外として似絵《にせえ》・頂相《ちんぞう》があるが、似絵については真贋論争がある）。

空間構成については、科学的（厳しい遠近法）もしくは論理的な客観描写（アートとして）の西欧に対して、日本は感じたままの非合理を問わない主観的描写という傾向が強い。立体的描写に対する平面画法（絵巻物に顕著、文人画も）の対比という比較も可能である。前述した日本の「間の文化」に対して、西欧の場合は「空間の文化」といえるだろう。それを、次の文章によって論じたいと思う。

7　かつて、西洋絵画における〝空間表現と自然観〟について美術展が開かれ、それを通覧した記憶があるので、比較文化の参考に、ここで記しておきたい（建築における「空間」論については次章で）。

『西洋の美術——その空間表現の流れ』（一九八七年三月、国立西洋美術館）

『芸術と自然』（一九九三年二月、東武美術館）

⑴　前者は一二編の論稿をカタログの冒頭に記す。

①「西洋美術と空間の知覚」（E・H・ゴンブリッチ）

「絵画における空間は、個々人の想像力の問題なのである。この単純な事実を多数の概要的な線描画によって示すことは、容易である」。「物体が空間内にあるという解釈をもたない芸術的表現形式はありえない」。これは、先史時代の洞窟画も古代エジプト画にもあてはまる。そのなかで、極東美術が描き表した自然のイメージを包む空間を暗示する方法は見事な成功を収めてきたが、「西洋美術における空間表現はひとつの特別な問題、すなわち光学と知覚の学とに関係づけられるべき問題として見られた」。つまり、空間の三次元的効果は光と陰（明暗の諧調）の巧妙な扱いによって達成されるとされてきたが、一五世紀初めにヒィリッポ・ブルネレスキによって行われた幾何学的光学の実験によって、遠近法《パースペクティヴ》が空間の表現に決定的役割を演ずること（レオン・バッディスタ・アルベルティ『絵画論』一四三五年では「法則的作画法」）が明らかになった。

この作画法は一九世紀には極東にまで影響を与えたが、その前提には物の形についての予備知識が必要という仮定が存在しており、想像上の情景には現実を離れた無数の空間的脚色を表現しうるという問題があった（ものの形が平面上に輪郭線で描かれると多数の解釈を可能にするという欠点）。そこで、空間における位置判定のために光と影のコントラスト（離れている物体より近くの物体の方が強くみえる）によって奥行を示すことになる（空気遠近法として知られる）。それでも実際の水平線は曲線なのに、絵では一本の直線として表現しているので、平面のカンヴァスに描かれた風景画は知覚的経験を再現してはいないことになる。

パノフスキーは、直線を真っ直ぐに表すという古典的方法は非現実的であると断定した（「象徴的形式としての遠近法」という）。また一点の静止した目でみた遠近法では、見る人が同じ視点に目をおかなければならないが、見ている人がどの位置にたとうとも肖像画の目はこちらを指しているという錯覚に陥っている（知覚的不変性）。それは、見る人の移動に従って変化する物体の位置に対して、想像上の空間をみているからである。つまり、遠近法は視覚と知覚のズレを利用しているわけで、〝無垢の目〟とは視覚的経験を忠実に描く法をわが物にするしかないということになるだろう……と。

・このように空間描法について、余りにも科学的に考えようとする西洋画では、無機的・技術的となり、感情を重んずる日本人の芸術観からはかけ離れてしまうだろう。もっとも、それが、現代のコンピューター社会に見合う芸術だというならば何をか言わんやだ!!

②「西洋美術とその古代観」（ジュリオ・カルロ・アルガン）

冒頭、東西両美術の相異についていう。東洋美術は、主題・様式について何世紀にもわたって伝承された（筆者・西洋に較べて）伝統の不変性と連続性を有するのに対し、西洋美術は、起伏に富み、苦悩に溢れ、つねに飛躍を試みるものの、絶えざる回帰と危機を経験している、と。

・筆者は思う。日本の場合、時代変化（公卿―武士―四民平等へ）による社会変動は文化の輻輳を招いただけに終わり、西欧のルネッサンスのような文化遺伝子の変化をもたらさなかったことに、比較文化の骨子があると思う。

西洋文化においては、ギリシャ神話やローマ諸観念にとって必須の役割を演じた審美観と芸術は、ローマ帝国の崩壊後、キリスト教道徳に反するとして否認された。

中世千年の造形美術は、東方のビザンチン文化と西方のロマネスク・ゴシック文化である。後者の文化の最大哲学者は、いわずと知れたトマス・アクィナスで、市民が都市を建設するさいの芸術的性格に強い影響を与え、ジョットの出現によって完成されたという（三二頁）。

ルネッサンスでは、宗教改革を惹き起こし、ゴシック様式（語源は非文明的と考えられた「ゴート族の」の意）も非ラテン的であると蔑視されて、有機的なヨーロッパ（国民文化の連合体）の観念が取って代わった。芸術では、客観性の追求と現実認識が重視され、一五世紀初めにはフィレンツェとフランドルが、一方は急進的で理論的な、他方は優雅で明示的な、後期ゴシックをリードした。アルベルティの遠近法的空間理論が、印象主義に至るまで、美術制作の基本図式であり続けたことを知る読者は多いと思う。あとはルネッサンス芸術家の特徴……、カラヴァッジョの写実主義……。

③「古代ギリシャ美術と空間」（イオアニス・A・サケララキス）

〝ミュケナイ文明〟、〝アルカイク美術〟（神殿・彫刻）、とくにアテネのアクロポリスのパルテノン（紀元前五世紀、美と大きさの調和、浮彫にみる遠近法）、紀元前四世紀の個人的特徴を示す肖像彫刻。ギリシャ美術はアジアの辺境にまでヘレニズムの刻印をうちこんだ（五一頁）。肖像彫刻はその最たるもの（仏像彫刻はとくに有名）である。

④「イタリアとローマ」（リチア・ヴラッド・ボレルリ）

ローマ美術は、ローマが支配する版図全体の美術を取り込む傾向を有しており、その表現形態は版図の周辺から中央へ遠心力と求心力をもって作用し、相互的影響関係にあった。が、ギリシャの影響の強さは読者も承知であろう。コリントスから移住した美術家によるエトルリアの造形美術（構築的な人体表現の青銅像に特徴をもつ。かの有名な「カピトリーノの狼」も）がいい例である。

遠近法（言葉はルネッサンスで初めて使用された）は紀元前五世紀からギリシャ人に知られており（スケノグラフィア＝舞台画とよばれた）、ポンペイ壁画も舞台画の影響をうけている（五七頁、パノフスキーは単純な幾何学的整合性に由来する「均質な空間」についての哲学的概念であるという）。

ローマ美術は、ヘレニズムの造形法を基にしながら、視界の奥行は形象の曲線上に配置する（ギリシャでは観る者に並行する一直線上に配する）という、それとは異なる空間性を確立した。その代表例を、われわれはトラヤヌス記念柱にみることができる。そして、観る者が標的とする一種の逆遠近法（コンスタンティヌス記念門浮彫）、抽象性・象徴性を付加した肖像彫刻……と変化し、ヘレニズム文化の伝統的規範は変質していた。

キリスト教の布教、西ローマ帝国の滅亡により、古典美術の系譜は断ち切られ、ビザンチン美術・中世美術への道が拓かれた（五九頁）。

⑤「古代建築における空間の解釈」（ジョルジョ・グッリーニ）

人間活動の所産は一定空間の中に実現・具体化されるのであるから、空間とは、人間が自らの創造力を測る尺度の一つであるが、所産の解釈については複雑多岐にわたるという点に人間と空間の関係が存在する、と冒頭にいう。が、動産としての生産と建造物の造営という区別があり、後者は有史以前（古くは前四千年紀のシュメール建築）より豊かさと権力の象徴であった。

空間解釈の最初の革命はギリシャ文明の幾何学文様式の時代（前九世紀から前八世紀末まで）に起こった。高さ・長さ・奥行の三次元が総合される空間解釈の確立である。こうして直角の規範が生まれ、建築と都市計画（第七章で詳しく述べる）に幾何学文様式の時代が始まる。建築における部屋の定型オイコス（平面短形で短辺に入口がある）の立体感が生まれ、それが平面プランを基盤にした建築法に発達してゆく。「この幾何学的起源は、ギリシャのアルカイク期および古典期のすべての建築の中で発達し、本質的には建築様式全体を規制する程であった」（六四頁）。列柱建築のリズミカルな反復も立体感からのものであり、ギリシャ文明を特徴付ける空間の三次元的解釈は、〝論理的構図〟と呼ばれ、精神的示唆から直接的処理に発展し、都市計画の街割り法を造形美術の分野でも実現した（市街地の中心は広場ではなく市街地を横断する街路となる）。

このような空間解釈はローマ建築にも残り、ルネッサンスも、この空間解釈を高く評価している。が、ローマ皇帝ネロの治世から都市のイメージが変わり、新しい空間概念が現れて、トラヤヌスの大造営事業が始まる。アポロドロスによる広場と列柱道路の組み合わせによる都市空間である。空間の三次元的解釈は姿を消し、機能的な都市観に基づく空間結合の実現であった（現在も残る「トラヤヌスの市場」）。利用可能な空間の相関的結合が本質的要素とされて、視覚的には二次元に回帰した。

⑥「中世の美術における空間」（ヴィリバルト・ザウアーレンダー）

ローマ時代の壁画が、絵画空間に建物や人物・動物を包み込んでいるのに対し、カロリング朝時代のペン素描では、山・木・建物は物語情景の道具立てとして統合されているように思う。とくに一一世紀の社会においては、土地・自然は実用の対象とみられ精神主義的要素と呼ぶことはできない。また次世紀においても、絵画表現は伝説や歴史物語の忠実な視覚的報告であって、空間的イリュージョンは最小限にとどめられている。さらに、一三世紀には、ゴシック大聖堂にみられるような建築革新が行われたが、絵画における空間表現に新しい展開はみられない。

他方、ゴシック美術の発展からとり残されたイタリアでは、一三世紀末に行われたフレスコ画の修復から「空間の再生」が一四世紀から行われ、パドヴァのアレーナ礼拝堂において「絵画空間」の再生が完結した（ジョット）。自然・風景の美を享受し始め、風景画として制作された。一五世紀の『ペリー公のいとも豪華なる時禱書』にみられる〝色合いの変化による遠近表現〟では、拡がりのイリュージョンがあり、光と空気に満たされた風景が、自然の美的体験の喜びを映し出している（人物は風景の引き立て役）。また、ヤン・ファン・エイクによるゴシック教会堂内の空間イリュージョンは大傑作といわれている。ただし、主廊に立つ巨大な聖母によって、このイリュージョンは断ち切られ、ファン・エイクの絵は寓意的イリュージョンとなっている、と。やはり中世の伝統の生き残りか（九八―九九頁）。

⑦「ルネッサンスの空間と絵画における遠近法の誕生」（マルコ・キアリーニ）

空間表現と結びつく、〝立体性〟に重きをおいた絵画は、一四世紀フィレンツェの、ジョット・ディ・ボンドーネに始まり、美術を数学と遠近法の法則に従わせたのは、フィリッポ・ブルネレスキであった。彼はローマに行き、円柱・柱頭など古代建築の諸要素を採り入れようとし、ヨーロッパ美術に新しい時代を開いた。それが「ルネッサンス」である。その基礎的理論研究によって新しい遠近法（一焦点）の法則を体系化したのは、アルベルティであり、ドナテルロが製品化した。

サンタ・マリア・ノヴェラ聖堂、オルサンミケーレ聖堂、サンタ・クローチェ聖堂など、フィレンツェの舞台にみる革新的作品は、マザッチオとドナテルロの制作によるもので、激しい写実主義によっていることは有名である。そこには、もはや古代世界の反映はみられない。このあと遠近法の詳細な発展が記されているが、本稿の読者には煩雑なだけと筆者は思うので一言だけ。

ブルネレスキ、アルベルティ、ボッティチェリ（遠近法に関係なく線の視覚的戯れによる現実の詩的解釈にむけての理性的抽象化）、そしてダ・ヴィンチ、ミケランジェロ、ラファエルロの三人の天才による空間概念が語られている。時代は〝光と影〟に移り、ティツィアーノの自然な空間描写、ティントレットの不安定な遠近法から、カラヴァッジョの明暗法へと移る。

⑧「イタリアの役割――ルネッサンスと遠近法」（デチオ・ジョゼッフィ）

一九世紀半ば、写真技術が発達すると、絵画のもつ「記録」としての機能（肖像・旅行・歴史的事件の記録など）は奪われ、ヨーロッパ絵画の「写実主義」による経済的基盤は全面的に侵食された。こうして前衛的芸術運動が生まれ、とくに、日本絵画のもつ生き生きとした〝生命のリズム〟を内部から観照しようとする精神的態度を評価し始めた。しかし、その美しい筆法や様式化を摸倣はしたが、その伝統は閉鎖的・固定的・循環的で歴史をもたないものと捉えていた。

著者は、ここでイタリア遠近法の発見と展開を紹介している。ブルネレスキ、アルベルティ『絵画論』（一四三六年）、ピエロ・デッラ・フランチェスカ『透視画法論』（一四九二年）、ジャン・ベルラン『人工的遠近法』（一五〇五年）……。そして写真の遠近法。遠近法こそはヨーロッパ人の世界観を変え、科学技術革新の口火を切ったものといえる、と。

⑨「一六世紀北方ヨーロッパ美術における空間」（ポール・フィリポ）

北ヨーロッパにおける空間表現の芸術問題は、一六世紀全般にわたって、人間性を中心に捉えたイタリア造形文化と対話することこそ、重大問題として重視せざるをえなかった点にある。ブルネレスキの遠近法は、絵画上の技術に止まらず、空間構造そのものとして登場し、比例方式による造形美術のみならず建築をも支配したからである。

しかし、アルプスの北では、空間は人間中心的見方からは遠く隔たり、環境の視覚的広がりとして、事物とそれをみる主体とは分離することなく、主体は像のなかに呑込まれ、部分と全体との比例は無視されていた。中部ヨーロッパのゲルマン世界では、等高式教会堂にみるように、連続した梁間は解体し、網目ヴォールトの中に統合されている。祭壇彫刻では彫刻を確固たるものにするため遠近法は無視され（この世ならぬ変容表現力によって空間の統一が図られた）、絵画は画面を分節化する表現豊かなモチーフの増加のなか、金地面を豊かにすることで超越的価値を保持している。

フランドル絵画（代表はヤン・ファン・エイク）では、見る者は超越的存在によって画面のなかに呑み込まれている印象である。

こうしたなかで、普遍的遠近法を末期ゴシック像に統合しようとしたのは、アルフレッド・デューラーである。

その影響は決定的で、生動感のある、それまでの北欧芸術は、遠近法的統合により強い緊張感を与えられるようになった（一七〇頁）。また、デューラー自身が、風景描写は自立した美術であることを発見した点は重要である（一五世紀末から一六世紀始めにかけて）。

環境としての空間描写がフランドル美術の伝統として継続した一六世紀に、独創的に展開したのが〝風景画〟である。パノラマ風景を創造した、ヨアヒム・パティニールのあとに、山・谷・河口・村落・街並から構成された特定の場所を描くことが好まれるようになり、ピーテル・ブリューゲルが美術の舞台に登場する。水平方向に大きく広がる谷、うねる川の流れ、起伏ある山の連なりなどが一つに溶け合い、地形の本質そのものが描かれた、彼の風景画の創造は、一五五三年から五八年にかけて成熟した。人間も自然と共に宇宙の規則正しい律動に同調している点で、イタリア人文主義とは異なって、人間を呑み尽くす宇宙的自然が強調されている。ここには、宇宙的ビジョンの空間というフランドルの伝統と新しい人文主義との最後の総合がある（一七三頁）。

世紀が変わると全く新しい風景画の歩みが始まる。

⑩「一七・一八世紀美術における空間」（コンラート・レンガー）

一七世紀初頭の空間表現は、鋭く差し込む光と強調された明暗性を特徴とする、カラヴァッジョによって代表される。彼の画法、即ち「スポットライトを思わせる強烈な光の表現は、絵画空間の全体にわたる驚くべき短縮法、および登場人物の感情の起伏と心理を表わす劇的な身振りに結びついている」（一九九頁）と。彼の描く聖書やギリシャ神話の出来事にはすべて庶民が使われているのも特徴の一つである。

そして、著名なルーベンス、レンブラントが出現し、ピーテル・ヤンスゾーン・サーンレダムの、望遠レンズでみるような対象に接近した視点からの空間体験型から、ヨハネス・フェルメールのデルフト派へと続く。

御存じ、フェルメールの遠近法は、日常生活を描いた室内に適用されている。日頃、身のまわりにあるものを詳細に観察することは、オランダ絵画の本質的特徴であった。それは室内の空間に止まらず、都市や城壁の外の風景についても、そうであった（二〇二頁）。

既述したように、風景画は、一六世紀半ば、ピーテル・ブリューゲルによって主題とされたが、視点は高く、地平線は画面の上端に及び、新しい空間の捉え方を生みだした。しかし一七世紀には、低い視点、低い地平線、狭い帯状の地面と広い空によって空間が構成されるようになった。光と影の縞模様、塔の先端と木の梢、川・運河の土手、小舟、波頭などが空間を明確化した。中葉に登場した、フィリップ・コーニンク、メインデルト・ホッペマ、そして、かのロイスダールである。そこには、雄大で立体的な構造の雲が登場した（二〇三頁、「鷹狩の見える風景」「ウェイクの水車」「オートマルスムの眺望」）。

一七世紀のオランダは、世界を股にかける一大海上勢力となっていたから、無限に広がる空・海の空間を描く彼らの風景画は、実際にある日の姿であったろう。教会堂内部に描いた作品にみる風景画とは全く異質のものであった。

次いで、一八世紀の宮殿天井画の空間描写は、ヨーロッパ天井画の最後の輝かしい頂点に達するが、その解説の詳細は省略する（二〇四頁参照）。

⑪「一九世紀美術の多様な空間」（フランソワーズ・カシャン）

一九世紀の空間表現は、現実の反映をやめて、芸術家の感情・信念を強く表すことになる。イギリスのターナーとドイツのフリードリヒは、北国の詩情・自然の神秘と宇宙に対する新しい感受性を表現した。

高い位置の視点から明暗濃淡の変化によって深い空間表現を意図する空気遠近法は、西洋絵画史においても珍しく、ターナーのこの手法は観る者を眩惑した。他方、フリードリヒは、可視的外観世界の奥にある彼岸の聖なるものを見ようという。「ターナーは、神が遍在する空間を、壮大な眩惑の表現によって示し、フリードリヒは自らの宗教的信仰を伝えるために風景を利用したが、両者ともに、西洋の北方にきわめて特徴的な文化と詩的感性」（二三五頁）を描いている、と。

フランスでは、コローの叙情的風景画、クールベの官能性をも日常的に描きだした〝レアリスム〟に続いて、絵画的空間の偉大な革新性をもたらした、マネがいる。彼のプランは、伝統的遠近法を無視し、下から上に積み重ねて空間を遠のかせるという奥行表現を用いた。以後のフランスは、ルネッサンスの遠近法法則による現実空間の再現をやめ、自らの刻印によって画家特有のビジョンを表現するようになった。空間は、ここにおいて絵画という空間そのものであり、宇宙・現実・感覚を反映するものではなくなった。

ドガの高い視点からの俯瞰図（踊り子）、とくに中心を外した視点による、見たことのない画面構成は有名。セザンヌの、理性によって再創造された絵画的空間（視覚の心理的再構築）をへて、ブラック、ピカソが、キュビスム創造の扉を開くことになる。他方、モネの空間は、『水の風景』（睡蓮の池）にみるように、水・空・植物を描く絵具の触覚による楽しさを表現した西洋絵画空間の創出の一例である、と。

・日本画とは全く異なる美をもつにも係わらず、日本人の印象派びいきは淡い光と色合いによる線描のない柔らかい描写によるものだろうか。しかし、空間のすべてを色彩化する西洋画は無彩色の「間」をもつ日本画とは異質である。

⑫「第四次元」（ジョルジョ・デ・マルキス）

一九一三年から一四年にかけて、ヨーロッパ文明は、美術を通して完璧なヨーロッパ的輝きをみせた、と冒頭にいう。

二〇世紀の前衛美術は、これまでに確立した様式を、その価値・慣習とともに破壊し改変するための強い衝動より生まれたからである。こうした地殻変動に呼応して変化が生じた芸術の諸傾向は相互対立して、「何々主義」という妥協しえない形で主張された（美術の多元中心主義）。歴史的伝統における権威の拒否、自然で判り易い外観をもった真実性の拒否という二重の拒否である。

この難問の解決にあたった作品は一九一〇年代に始まり、一〇年間続いた。そこでは空間に対する新しい実験、即ち、民族学や人類学の盛んな研究の刺激をうけて、民俗文化・原始文化に興味を抱き、神秘主義思想に関心をもち、超歴史的リアリティを求めたものや、また現代的分析科学や数理的テクノロジーを用いれば、現実認識への新しい道が拓けるものだと思うものもあった。而して、この波乱に富んだ発想に基づく一〇年間の作品は、新印象派の段階を経て、空間に関する新しい実験場となった。

キュビスム絵画で示された空間は、対象物の構造的特性に関する幾何学的表現により、極めて綿密な秩序の公式化といえるが、眼に映る外観からは遠く隔たっている。それは無限の面をもつ立体で、空白はなく無限の視点と同義であり、途切れのない実体構造としての空間である。つまり、全空間があらゆる方向に向けて交差する無数の面によって構成されているといえる。光は解体され断片化されて反復し、後に「移動遠近法」（メッツァンジェによる）または「四次元の導入」（アポリネール）といわれた。

そして、ピカソの「分析的キュビスム」、ブラックの「パピエ・コレ」（貼り紙）。キュビスムに色彩をとり戻したドローネ（『窓』『円形』）の抽象的形態の空間表現……。

・空間描写を本領とした絵画は、写真術の発展により遠近法のさまざまな描法を邪魔されて、現代美術は、空間構成に腐心したこれまでの芸術活動を根底から問い直さなければならなくなった。それが、一般常識では理解できない難渋な描出を工夫した理由だろうと、筆者は思っている。

著者は続けて、現代美術思想の解説をしているが、筆者には説明困難な箇所が多い。簡明に要約することを心掛けることで責任を果たそうと思う。

一九一二年の未来派展において、アポリネールは、空間を変異させる運動に興味をもち、運動は時間の物理的顕現であるから、現実は「空間＝時間」という単位によって形成される主観的要素であるといい、ポッチョーニは、この主観的感受性のみが多様なリズムを知覚して測定し同時表現を行うことができるのであって、その同時表現を鑑賞者に伝えるのである（二六〇頁）と。バッラは、運動の表現はダイナミックな空間の造形的表現であり、対象は消え去っている、という。こうして、運動は機械と同一視され、現代の経験と感受性から生まれる空間表現は、スピードが運動にとって代わられる。「空間＝時間」における多次元空間にみる重なり合いは放射状・螺旋状の形態を重複させ、前方へ向かう一直線の回転運動の投射となる。

芸術が、芸術家の創造的自由の主観的・個人的表現であるとすれば、客観と主観の間の矛盾についてのこの考え方は恒常的に増大する影響を与えずにはおかないだろう（二六一頁）。キュビストは現実の恒久的空間構造を分析しようと望み、未来派はそうした空間が絶えまなく変貌していくことを証明しようとした。

そうしたなかにあって、シャガールにとって、絵画は招魂の場であり、超自然的なものの現前する場であった（チューリッヒ聖母教会の袖廊に彼のステンドグラスがある）。彼の空間は、「内なる自然、すべてを含んだ流れる自我としての主体的時間」（二六一頁）であった。ジョルジュ・デ・キリコも、また、合理的思考や科学的知識とは無縁に、「閃きを通して、事物の外観の背後に、純粋に知的な方法によってのみ直観され得るもの」（二六二頁）と理解した。彼の空間は、関係性が完全に不在であり、遠近法を解体して無限への飛翔を暗示して未知なるものへと向かうのである。

こうした空間的関係性の抹殺は、時間的関係性の抹殺と対応し、「人は、歴史と時間の彼方、自然と空間の彼方にある、意味深い本質に注意を向ける」（二六二頁）。平面は劇場舞台となり、あらゆる種類の事物が劇的要素として提示され同時的出現が可能な空間となる。現実の時間・空間は意味をもたず、すべての絵画は劇場の上演を表すことになる。

マルセル・デュシャンの場合は、二次元と三次元、イメージと形態、触知感と可視性との間は曖昧となり、キュビスムの空間の解体と再構成、未来派の〝時間＝空間〟の発展は変形と変成の過程となり、機械的なものと生物的なものは有機的相互作用となり、辛辣な皮肉にも似た反応状態の過程となっている。

フランスのキュビスト、イタリアの未来派と違って、ドイツでは表現主義の精神、ロシアでは神秘主義とのかかわりあいをもって、フランスやイタリアが解釈された。表現派達は「芸術家はその作品においては深く沈潜した感情と個人的苦悩のみを直接表現すべきである」（二六四頁）という。

カンディンスキーは、対象の再現を放棄し自律的発生に任せた非再現芸術（内部の自己と直接に関わる自律的言語の示唆による）、つまり、形や色は、精神的なものを内面から体験することで、現実から独立した心的世界に現れるのであるから、カンヴァスにそれを転写することで可視的になり、精神的な響きをもつ言語を話しさまざまな感情を語りかけることになる、と。それは、現象的形態の世界より豊かで遥かに広大で常に揺れ動く世界であり、精神の創造的活動を伝える固有の表現力を具えた語彙をもつ絵画であるからという。

次いで、ロシア（マレーヴィチ）、オランダ（ピート・モンドリアン）のキュビスムと続き、パウル・クレー、マックス・エルンストが語られている。

「クレーの絵画の空間は、色彩と線によりイメージの発生学的過程を転写するという、空間化の作業の場所となる。それはまた、イメージの生殖作用とあらゆる方向への発展、反復、結合と連合の過程であり、線と色彩により活発化され、固有の秩序、固有の時間、形態に関する大いなる自由と物語的豊かさなどと共に開花する過程なのである」。そして、「画面上の色彩と線の統語法は、しばしば幾何学的といってよい構造」をもち、「幾何学的構造は有機的となる傾向をみせる一方、有機的形態は幾何学的になる傾向にあった。そして事物は建築的な外観を帯びるようになり、同時に建築は生きた人間の姿になってゆく」。「そこでは、抽象と具象、精神と物象、直観と感覚、主観と客観、全体と個別、装飾と描写の間で、多義的ではあるが明澄な、ある物語が芽ばえ、つぼみを開くのである」（二六六頁）と。

マックス・エルンストはシュールレアリスムの創設者の一人である。そこでは、あらゆる芸術的テクニックを拒絶し、非合理なもの、偶然的なもの、無意識の自発性、無秩序への解放などが評価され、初源的純粋さという政治的ユートピアへの禁欲的渇望が認められると、反芸術的方法で伝達しようとした……。

解説者は最後にいう。「ヨーロッパ美術とは、きわめてソフィスティケートされた知的操作の産物なのである」。

「実際には美術は、宇宙物理学や純粋数学と同じ程捉え難いものなのだ」と。

・残念ながら、現代美術についての東西の比較論は筆者には無理だが、日本の油彩画は西洋画の物真似だろうと推測している。難解な点は双方同じ。しかし、その画法を日本画で想像した場合、どのような理由付けも不可解と感じられるほど、醜いものになるだろうと思う。

何れにしても、西洋画の手法が日本画にとって不自然なことは、例えば、北斎の、西洋画の線遠近法を援用した浮世絵に明らかである。

前にも述べたように、肖像画・人物画に執着した（オランダの例外を除いて）西洋画に対し、風景画に魅せられた日本画という、美術史上の違いは大きい。が、西洋で風景画が描かれた心理的背景は何か、日本画の場合と比較した違いについては、興味津々であろう。

(2)　そういうわけで、『芸術と自然』（東武美術館）に付された解説を参照したいと思う。「自然観の変遷」（ロラン・レヒト）である。説明には、これまでとのダブリも多いが、筋を辿る意味で全体を追ってみよう。

①　まず、ここでいう「自然とは、人間が生み出したのではないすべての事象である」。その生成が人間によらない限り「鉱物、植物、動物や人間をも含めた生命あるものすべて」であるが、「最も重要な主題は風景である」と。ただし「この自然界を構成するすべての創造物は……神の最高の創造物である人間を中心として位置付けられている。このような人間中心的世界観においては、人間以外のものの表現に専心する必要はない」と。従って、「ユダヤ・キリスト教思想に支配された時代、特に中世において、二次元平面の表現様式が考え出されたのはこのためである。つまりすべての形象を同一平面に置き、位置の上下によってヒエラルキーを定めたのである」（一〇頁）。

②　「ところが、一四世紀半ばに西洋絵画に起こった変化は……現実の人間を描いた肖像画が一つのジャンル

として確立し始めた」ことである。そして「人間との関わりにおける自然がしだいに表現されるようになる」(傍点筆者)。ここで、ロレンツェッティによるシエナ市庁舎壁画が紹介される。また、ペトラルカの自然に対する讃辞は、アウグスティヌスの言葉によって、魂の問題に回帰せねばならないとの反省に至ることになる。

しかし、イタリアのアルベルティに次いで、ブルネレスキによって幾何学的遠近法が考案され(一四二〇—一四二五年)、北方フランドル画家たちによる写実主義的表現が開発されて、「一五世紀の美術上の革新は、人間と空間、特に人間と自然とが融合した絵画世界を築き上げた」。つまり、人間は自然の構成要素として表現されるようになったというわけである。とくに、アルフレッド・デューラーは、現実の景観に触発されて純粋な風景を表現した(一四九四年)。

③「風景という言葉は、一六世紀初頭のヴェネツィア絵画に初めて用いられ、特にドメニコ・カンパニョーラの素描やジョルジョーネの〝嵐〟を指す用語であった」。「また静物とは……自然に対する関心のもう一つの表れである」(一一頁)と。

このような美術の方向性の変化、即ち、それまでの宗教図像を減少させた理由は、聖像崇拝を禁止したプロテスタントの教えであり、静物画・風景画・風俗画・歴史画を求めたのは、新興市民階級による需要であった。そして、この自然探求における表現手段の基盤となったのが〝光〟であった。「光を巧みに使いこなすことによって、草叢や草花や大地の起伏といった自然界の事物が目に映じるごとく画面に出現し、芸術世界のうちに統合される」(一二頁)というのである。光と遠近法を統合したピエロ・デッラ・フランチェスカ、遠景・中景・近景を色調で統一することにより、微妙に変化する自然景観をパノラマ的視点により豊かに表現した、ピーテル・ブリューゲル。

「こうして一五、一六世紀の人文主義、宗教改革、そして地理上の発見といった近世を告げる一連の歴史的事件を経て、西ヨーロッパの人々は中世的世界観と訣別した」(一二頁)。

「一方、古典的風景が誕生したのは一七世紀のイタリアにおいてである」。ボローニャ、ローマ……。「アンニーバレ・カラッチは、古典的風景を描いた最初の画家の一人である。観察に基づいたモチーフと画家の想像の産物を融合させ、見事な総体となした彼の絵画はまさに古典的である」。古典主義と別様なのは、ニコラ・プッサンで、「知性によって構想を練り、効果を考慮しながらイメージを組み立てた」。同時代のクロード・ロランは「光を巧みに用いて、一日の時間の経過による最も微少な転調を再現し……憂愁に満ちた魅惑的なローマ平野を描いた」（一三頁）と。

④「一七世紀は……オランダ風景画の黄金時代」であることは、すでに何度か述べた。「広大な風景、開かれた空間を見ることのできるこの低地地方の社会……に呼應した絵画」においては「自然は征服すべきもの、また特に観賞すべき対象であった」（傍点筆者）。「しかし風景画は純粋な風景画ではなく、また……寓意がもり込まれていなかった。……ヤコブ・ファン・ロイスダールは、その深遠な風景表現において、例外的な画家であった」（一三頁）。

一七世紀には、また一種の道徳哲学を基盤とする風景式庭園が、イギリスのシャフツベリ伯によって定式化された。それまでのフランス幾何学式庭園を捨て、現実よりも真実らしく自然が配置された。さらに、イギリスは、二つの新しい美的概念、「ピクチャレスク」と「崇高」を定式化した。前者は、「情景や景観が絵画的性格を有すること」であり、後者は、「野趣にあふれた自然や険しい断崖の高山や、無限に広がる大洋などを目の当たりにした時」におこる美的感情である。こうして、一八世紀の人間は新しい感性を追求することになった。ただし、それは産業革命がもたらす社会的緊張から人間本来の姿に回帰させる避難所と捉えられていたのである（以上一四頁）と。

こうして、自然との関わりのなかで生きる農民が画家を魅了した。クールベ、ミレー、ピサロなどがいる。

⑤「一九世紀は……別の自然を捉えた時代である」。フランスのタゲールが銀板写真技術を完成させた（一八

三九年)。が、それ以前に、自然の捉え方に変化があった。クロード・ロランやユベール・ロベールの素描にみる細部の構図を設定する描法、コンスタブルやヴァランシェンヌの広大な空と雲に対する興味が、写真のように、現実の断片を切り取って表現する手法によって、従来の構図法を放棄していたからである。

マネやドガは、注意深い芸術家が社会的人間を観察した写真のように切り取ったイメージを描いた。だから、その風景は、人間劇の場面として利用されたもので、モネは風景を断片化し、ドガは部分的に風景を放棄している。モネ、シスレー、ピサロら印象派の画家にとって、自然は社会的緊張からの逃げ場であり、その風景は光の下で変化する自然の諸相を網膜的現象として再現したものであった。しかし、自然を知った画家達は、「自然界固有の時間を自然と共有し、絵画は植物のように自生するマティエールのなかに埋もれてしまうのである」(一五頁)と。が、セザンヌは、「カンヴァスの空間を構築するモティーフの可能性を開発するためであった」から、「空間は自然の空間を手本とすることを止め」、「画家の法則・尺度にしたがって一つの世界を秩序立てるようになる」(一六頁)。

こうして、「デューラー以降、ある特定の景観が絵画として描かれるようになり、自然が絵画を導いてきたとすれば、セザンヌをもって自然は、人間にその高度な教えを享受させたのちに、絵画から身を引くことになった」(一六頁)と結ぶ。

8　展覧会の解説論稿では、テーマの重点の置き方の違いから、双方の間に画家の扱いについて多少の差異はあるものの、西洋における〝空間観〟〝自然観〟は明らかになったと思う。それを日本人の側からは、どのように理解したかについて解説してみたいと思う。二点ある。

まず、寺尾五郎『自然概念の形成史――中国・日本・ヨーロッパ』(二〇〇二年)である(第一節で触れる問題だと思う読者が多いかも知れない。が、「感性」の視点および筆者の都合によってここに)。「第一部　ひどく乱れた

『自然』という言葉」、「第二部　『自然』という概念」、「第三部　『自然』概念の形成史」から成り、第三部に、中国・日本・ヨーロッパが分説されている。〝自然〟という言葉についての「何でも屋」である。適宜、検討していこうと思う。

(1)「第一部第一章　『自然』の語の乱用と混迷」

①『自然』という言葉で人びとが思い描く中身が、じつは人それぞれにちがっている」と。

コマーシャルの使用例にみる「自然」の語の乱用、キャッチフレーズ化が自然についての認識を撹乱しているという例。

「自然」と「生命」「緑」とを、また「地球」「環境」とを、あたかも同義語であるかのように使う混乱さえある(第一節)。

「自然の神髄」、「自然を守れ」「自然保護」のあいまいさ(第二節)。「自然を守る」ことと「緑を守る」こととは同じではない。自然との「調和」「共生」「一体化」という無内容な言葉。水田を見て「あっ、自然はいいな」と叫ぶとき、水田は人工美である。同じように、武蔵野の雑木林も三〇〇年かけて形成された第二次自然である(三四頁)。「白砂青松」も同じ。しかし、「緑したたる自然」という言葉は生活用語としてはすばらしい(第三節)。「母なる自然」という言葉は、「自然すなわち命」にすりかわる思考である。確かに「自然とは『天地』と『万物』との総体」であり、万物はあらゆる生きものの意であるから、「命あるもののすべてを自然という」が、大気・水・天体(星)の無機物も自然である。従って、「『命を守る』ことと『自然を守る』ことは同一でない」。命が命を食って生きているのが生きものだから。『命を守る』とは、主として人間の、次いで特定の動物の命を守ることを意味」している。しかし、人間は動植物を食って生きているから、結局は人間の命を守ることに行きつくことになる。

「『生きとし生けるもの、そのすべての命を守りましょう』などは偽善者の詐欺師である」。インドのジャイナ教は、すべての生き物を殺すことを禁じたが、その不殺生戒は、人間の実生活をほとんど不可能にしてしまう。金光明経の「捨身飼虎」は錯倒逸脱の見本ともいえないか。とにかく、自然とは「命」のことではないし、また「命を守る」という考えは「自然」を誤るもとになる（以上第四節）。

「東京に自然がない」というのは、人間にとって滋味ある生きた自然環境がないというに過ぎない。昔の人がいった「花鳥風月」こそ、自然に近い。しかし、一〇〇年ほど前まで、〃天地〃と〃万物〃は別物と考えられており、それらを合わせた「自然」は成立していなかった。「自然」は「緑と命」だけと考えて、身辺的な「小さな自然」が自然観の基礎であった（第五節）。

自然とは巨大な矛盾運動である。それは人間にとって恩恵でもあれば、脅威でもある。つまり、人間は自然によって生かされているのではなく、それを加工・改造し、自然と格闘して生きているのであって、自然の恵みは、常に人間の能力にかかっているといえる。人類が人類となったのは自然の脅威と格闘して、自然のなかに潜在する〃恵み〃を発見し管理して、文化を形成したからである。

いうなれば、自然の恵みと脅威の矛盾を直視しない「自然観」や「自然の思想」は成り立たないといえる（第六節）。

だとすれば「自然公園」や「自然食」の語は、まことにうさん臭いと思わざるをえない。「自然に親しもう」といわれれば、自然の方が迷惑するだけ。自然を保護しようというなら、観光化はダメ。そのうえで、適正規模の観察者とそのための施設を認めるということしかない。ふだんから近隣の自然に親しんでいるなら、屋久島も白神山地も写真集をみるだけで一定の理解はえられるはず。観光誘致をして、弊害が現れた後に制限するというのでは、自然がすでに荒廃していることに他ならない。自然を愛するならエコツアーなど、もってのほか。「自然に親しむ」ためのアウトドアライフ、ネーチャーライフ、エコツアーなど、都会生活をそのまま自然のなかにもちこんで、何で「自然と触れあう」といえるのだろう。「カタカナ書きの代物はみな反自然ないし自然破壊と見て大過ないと思ってよい」(以上第七節)。

「自然に帰れ」という言葉ほど空しく馬鹿げた言葉はない。「自然」とは山なのか海なのか、それとも故郷なのか。「帰れ」とは「社会の作為」をはずしたらの意味なら生活は成り立たない。「人為」を為さない者は人でなしになる。「自然に帰れ」というのは、〝たわ言〟〝うわ言〟の類である。「人間は自然から出生したのだから……自然に帰ろうとするなら、静かに死に帰すればそれでよい」と(第八節)。

〝自然を守る〟という。沙漠を守るのか、鹿や森か、イナゴか稲か。自然それ自体が闘いあっているさいのどちらのことか。自然のむら気は強く、それをなだめる力は人間にはない。

人間の愚行・蛮行による自然破壊は、特定の人間集団による営利目的か権勢欲かによって惹起する。その破壊者と闘うのは、〝自然のため〟ではなく、〝人間のため〟(人間が生存しつづけるため)に自然を守るといっているのである。

そこで、あらゆる生物に、人間の人権と同じように権利を与えよという言説が、アメリカのディープ・エコロジー派からもでてくる。が、それを行使する能力のないものに、権利は不要であり、人間が自然を守ればいいのである。しかし、自然は人間を攻撃もすれば養いもするという矛盾関係を人間ともつ。だから「自然を守る」とは、この矛盾関係の総体を円滑化することに努めるということであり、この正しい自然観なしには不可能である(環境自然という)。「自然にやさしく」とか、「自然の権利」とか、「自然に帰れ」などは空言に過ぎない(第九節)。

② 「第一部第二章『地球』の語の乱用と混迷」

最近、エコロジーでいう「自然にやさしく」とか「地球にやさしく」とか「地球の危機」などと叫ばれる。が、危ういのは地球ではなく、人間であり、地球は命の「場」にすぎない。「宇宙船地球号」などは譬えの話だとしても人工機械ではない。現代が、いかにハイテク情報社会であっても、馬鹿げた話である(第一節)。

「地球を守る」ということだけなら、人類滅亡の方が効果的だ。人間は地球表層を食いつぶしながら増殖し続けてきたのだから。まして、「地球人の責務」とか「地球市民の道徳」とかいわれると蕁麻疹が出る（第二節）。「自然」「地球」に代わる語として「環境」が使われることが多い。家庭環境・地球環境・社会環境・国際環境、そして自然環境である。

現在使われている「環境破壊」の語は、地殻変動・火山活動などの自然破壊や、動植物の自然移動は除外され、オゾン層破壊の例では生活感覚の埒外の問題となる。そうすると、環境問題といえば公害などの犯罪行為であり、そこから「環境倫理学」が設立されるとして、学説を紹介し、「環境問題は倫理では解決されない」、環境問題は環境破壊者に対する大衆闘争によって解決される、と直言する（第三節）。

③　「第一部第三章　『共生』の語の乱用と混迷」

現今、「『自然』の語は、常に『共生』の語と連れ添って歩いている」と。「共生」＝「エコロジー」として、「共生の哲学」「共生の論理」、「都市と自然の共生」など。政治の世界でも、「自立と共生」「自治と連帯と共生」とバーゲン・セール中である。何と何が共に生きるのか、内容不明のうわ言に過ぎなくなるだけではなく、対立の解消をもくろんで優勢勢力を支持する言葉になりかねない（第一節）。

元来、「共生」は生物学用語（一八七九年アントン・ベイリーが使用）で、「異なる生物が一緒に生活する」現象のすべてを指した。それには、相利共生、片利共生、寄生の三種があるが、現在の共生は、冒頭の相利共生である（第二節）。

しかし、相利関係の例として誰でもが知っている昆虫と虫媒花の関係は、事実の結果からみた人間の解釈であり、この解釈に基づけば、人間と農作物の関係も、食物連鎖も相利共生となってしまう（第三節）。

相利共生は下級生物に限られている。サンゴと藻・小魚、マメ科植物と根粒バクテリアなど。しかしながら、地球規模の〝地球共生系〟（川那部浩哉『共生と多様性』）という考え方があり、四〇億年前の原始海洋と原始大気から始まっている。「地球上の環境は、生物との相互作用のなかで、その結果として作り上げられ、いわば『共生進化』してきたのである。『地球共生系』とはこういった内容を一般的に示すのだ」と。これに対し、著者は、ここでの共生概念は全生物間の系的相互関係（地球生態系）のことであり、「共生」のイメージを超えていると批判する。共生とは敵対関係の可能性ある生物が相利的な共同生活をすることだから……。

「大きな共生系」を考えるよりは、「自然」「地球」「生命」などの基本概念の厳密な検討が必要というのが、著者の基本にある。すべての生物を擬人化するのは邪道であると難じ、細胞内共生で進化の真実には迫れないと断ずる（第五節）。

「一見相利共生と見紛うほどの関係でも、必ず双方のどちらかが能動的で、一方は受動的である。これを『共生』の一語で抽象化するなら、強者の『片利』も『共生』に化けることになる」。「生物学上の概念を、そのまま社会的な矛盾の解決にもちこむことは、根っからの誤りである」と（第六節）。

そこで「人間と自然の共生」について論ずるが、この問題の立て方自体が誤りである、と。なぜなら、人間は自然内存在であり、種と種の関係ではないから『「共生」とは『異なった種の生物個体の共同生活のこと』』。「人間と自然の共存」というのなら、まだしも論理的には成立する。人間は沙漠と共生できず、火山噴火・台風・洪水とも共生できず、猛獣・毒蛇・ハチ・ノミ・寄生虫とも共生できない。共生幻想の元祖は『イザヤ書』（第一一章六―九）にある。

人間は自然の脅威と闘いながら、自然を食って生きているのである（第七節）。

共生論は生態学から発して、政治・経済・社会についての文明論・政策論にまで発展して、「みんな仲よし論」という他愛もないものになりさがった。このような共生論の流行は、柔軟和語（傍点筆者）の流行と平行している、と。

筆者がここまで共生論批判に徹するのは、黒川紀章『新・共生の思想』に原因があるようだと、筆者はようやく納得できた（一三〇頁以下に詳説）（第八節）。日本の風景画は〝自然（神）との共存〟観念から生まれたのではないかと筆者には思えるが。

⑵「第二部『自然』という概念」

①「第一章『自然』の語の二つの意味」について。

「自然」の語には、「自《おのづか》ラ然《しか》リ」の意味で、副詞・形容詞・その名詞化したもの、および、「自然界」の意味で、人為によるもの以外の全存在の総称（集合名詞）の二種がある。語源的には前者が古く古代・中世に使われ、後者は近代に入ってできた訳語である。

前者は、「おのずから」（『続日本紀』）、「ひとりでに」（『枕草子』）、「天性」（『古今和歌集』）、「本性」（『太平記』）の意である。何れも、「人間の力が及ばぬ世界で」、水の流れ、草木の自生などに使われる。

後者は、ネーチャーの訳語で自然界のこと。人間の営為による社会・文化を除く、天地とその間の万物・万象。人間と無関係に存在する外界。人間社会をとりまく環境的外界。都市に対する農村・山野のことなどに使われる集合名詞で、現在の「自然観」「自然科学」「自然観察」「自然保護」「自然環境」「自然改造」「自然破壊」などの「自然」は、みなこの訳語である。

「シゼン」（漢音）とよむも「ジネン」（呉音）とよむも、意味は同じ。後者の典型例は、親鸞の「自然法爾《じねんほうに》」である（第一節）。

ヨーロッパ諸語においても、「生まれつき」「本性」「生成力」、および「万物」「自然界」の二義があった（第二節）。

洋の東西を問わず、如上の二義が発生したのは何故か。「それは人間の自然認識の過程、人類の自然認識の深化・発展の過程そのもの」が二義を生んだのである。即ち、人間は自然物を観察したとき、「おのずから成るもの」「生成力」と認識する。次いで、「おのずから」な認識を蓄積した上で、そこに共通性・同質性・普遍性を見出して、それら全体を概括して「自然」と呼んだからである。従って「自然」の二義とは二つの意味ではなく、人間の認識過程の二段階を意味していることになる。「自然性」から「自然界」への進化の過程には、アニミズム、神観念《カミ》、造物主観念が介入していることは、読者にもお判りだろう（第三節）。

自然界のことを自然という観念は、古代・中世にはなく（「自《おのづか》ラ然《しか》リ」）の意で、「ひとりでにそうなる」「あるがまま」のこと）、当時は、「あめつち」「天地」「造化《ぞうげ》」等々といった。「自然」と称したのは、安藤昌益の『自然真営道』（一七五三年）が最初であるが、江戸時代には、ほとんど知られず、狩野亨吉が一八九九年に発見し、戦後、ノーマンに紹介され有名になった（詳しくは『日本歴史大事典』）。もっとも、ヨーロッパで自然界の意の自然概念が確立したのも、一八世紀のフランス百科全書派によってである（第四節）。

②「第二章　自然界のさまざまな呼び名」

「自然」は和語にも漢語にもない。そこで和語の「天地」「乾坤」「造化」……について検討し、なぜ「自然」概念が成立しなかったのかを論ずる、と。

まず、古くから最も多く使われたのは「天地」の語である（『記紀』『万葉集』あめつち）。「天地」は上下の意があり「天」が上位であるから、自然界は「上天」に集約されて、「天地」と「万物」は別物という思考が働いていた（第一節）。

「乾坤」は易学上の言葉であり、「乾ヲ天ト為シ、坤ヲ地ト為ス」（『易経』）とある。「乾坤一擲」は今でも使われている（第二節）。

「『宇宙』とは、古今・世界の総体のこと」（『荘子』『荀子』）。「往古来今、之ヲ宙ト謂ヒ、四方上下、之ヲ宇ト謂フ」（『淮南子』）。宇が空間、宙が時間で、自然界の無限の広がりと永遠の流れを表している。しかし、「万物」は含まれず、自然の実体を表現できていない。『日本書紀』にいう「宇宙《あめのした》」は天下の意である（第三節）。

「世界」はサンスクリットの漢訳語で、「三千大千世界」のこと。『傍厳経《りょうごん》』に「世ハ遷流ヲ為シ、界ハ方位ヲ為ス」とあり、時間・空間を合した「宇宙」と同義である。古い日本では『竹取物語』『蜻蛉日記』『源氏物語』

など で、「宇宙」の意で使われている。現代では、地表上の諸現象となり、天体は除かれた。だから、「星の世界」といわねばならない。また、社会現象を中心にした国際関係の全範囲をいい、自然界とは無関係である（第四節）。

「造化《ぞうけ》」とは、万物を創造し化育することで、造りだされた森羅万象の意ともなるが、それを為す力もしくは者のことをいう。初出は『荘子』（「偉ナル哉、造化」）で、造物者のこと。日本では、記紀、『本朝文粋』、『神皇正統記』、『笈の小文』、『おくのほそ道』など、「天地自然」の意に多用されているが、天地そのものではなく、それを創造する者の力の意味に傾いている（第五節）。

「風土」とは特定の地域圏の気候・地味・地勢・産物などのことで、自然それ自体ではなく、社会・文化の自然環境を意味する。似た言葉に「風水」という語がある。「天の風気、地の水気」のことで、風・水が生活に与える影響、つまり「自然」を意味し、中国で地相術として広く使われた（第六節）。

地上の自然について「山河（山川）」といい、「山水」ということがある（第七節）。

「万物」は、自然界にあるすべての事物・現象を意味するが、「天地」は含まれない（第八節）。

以上のように、自然界については、さまざまな呼び名でいわれてきたが、天地系・万物系に分けて考えれば、両者は洋の東西をとわず、古くから別物と考えられてきた。しかし、双方を同じ自然物と考えるようにならなければ、「自然」の観念は成立しない。この人間の自然認識についての問題が、本書の後半となる。

(3)　「第三部　『自然』概念の形成史」

①　「第一章　中国における『自然』の語」

本稿の、日欧比較法文化論の経緯から外れるので省略する。

②　「第二章　日本における『自然』観念」

日本の古代典籍における「自然」の語は、すべて「おのずから」の意の副詞か形容詞である。ネーチャーを意味する語は、「天地」「乾坤」「天壌」（「あめつち」と訓む）である。

中世で注目すべきは、親鸞の「自然法爾」である。中国の善導の言葉「自然ハ即チ是レ弥陀国ナリ」が『教行信証』に引用され、『浄土高僧和讃』には「自然の浄土にいたるなれ」「念仏成仏自然なり、自然はすなわち報土なり」、とある。この「自然」は幻想観念上ではあるが、「浄土」という一種の対象的世界を指している（『教行信証』の「自然」は「おのずから」の意である）。

道元『正法眼蔵』に自然界を「尽十方界、山河大地、草木自他」というが、それは実体的な外界ではなく、「心」だという。

吉田神道、観阿弥、世阿弥では、「自然」は「おのずから」の意、『作庭記』ですら「自然」は「生得の山水」と述べている。

華道では、自然界を「陰陽のこと」（『八帖花伝書』天正年間）、茶道でも「自然」「天然」が使われている（『南方録』）が、自然は「うっかりと」、天然は「カヲ加ヘズニ真ナル所ノアル道理」の意である。そのほか、暦学・医学を含めても、中世では、「ネーチャー」の自然概念は成立していない（第一節）。

近世に入っても、朱子学・陽明学における「自然」はすべて「おのずから」の意で、自然界のことは「天地」「万物」と呼ばれている。ただ古学系において、山鹿素行は「天地自然」といい、「天地」は「自然」と接近している（『山鹿語類』）。

天文暦算家、西川如見の場合、『町人嚢』では「おのずから」の意だが、『日本水土考』『水土解弁』の「水土」は環境規模の「自然」概念である（例えば「水土自然」と四字熟語になっている）。農学の分野では、宮崎安貞は、自然界を「天地・陰陽」「天地ノ生理」といい、大蔵永常は「天地ノ造化」という。また、天文学の志筑忠雄『暦象新書』では「天地」と訳し、万物を含めた外界・自然界のことを指している。

日本思想史上、自然界の意の「自然」を駆使した哲学が出現するのは、安藤昌益（一七〇三―一七六二）によってである。彼のいう「自然真営道」（「自然が真に営む道すなわち自然の真の運動法則の意」）であり、この「自然」は「天地」と「万物」を合した全自然界である。「自然」は造物主による被造物ではなく、それ自身の「無始無終」の自己運動の力によって生まれた自己形成的な「自然」である。「自《ひと》リ然《ス（ママ）》ルナリ。故に是ヲ自然《しぜん》ト謂フ」と。「自然」の語を「おのずからしかる」ではなくて、「ヒトリスル」と訓んだのである。昌益は、勤労者の一員として、自然を内側から見て、そこに愛情をもち賛嘆の声をはなったのが「自然真営道」である。そこにはネーチャーとの接触はなく、彼独自の創出であったが、西欧語の観念と一致していた。が、その観念は、やがて忘れられ、普及することはなかった（二二六頁）。

三浦梅園、司馬江漢、山東京伝、二宮尊徳、横井小楠、佐久間象山と考察して、自然界の意味の「自然」はないという。

ただし、山片蟠桃『夢の代』（一八二〇年）に、万物は「天地自然ノモノ也」、万物の生は「天地自然ノ理ナルノミ」という記述があって、自然界の意ととれる。また、与謝蕪村『新花摘』に「仮山の致景、自然のながめをつくせり」とある。

さて、蘭学・洋学におけるネーチャーの語は、どう訳されていたか。

日本最初の理科学の教科書、青地林宗『気海観瀾』（一八二五年）の「凡例」に、自然界を「自然」と呼んでいる（ただし本文では「気海」という）。川本幸長『気海観瀾広義』（一八五〇年）、広瀬元恭『理学提要』（一八五二年）にナチュールの邦訳和語としての「自然」はでてこない。

ヨーロッパ語の和訳辞典はどうか。オランダ人フランソア・ハルマの蘭仏辞書をもとにした、稲村三伯『波留《はる》麻和解《まわげ》』（一七九六年）にナチュールの訳語として「自然」が登場するが、その後は「自然」はなくなる。それは英語についても同様で、堀達之助『英和対訳・袖珍辞書』（一八六二年）、ヘボン『和英語林集成』（一八六七年）、柴田昌吉・子安峻共編『英和字彙』（一八七三年）、高橋五郎『漢英対照・いろは辞典』（一八八七年）、島田豊『雙解英和大辞典』（一八九二年）にも「自然」の訳語はでてこない。

フランス語では、村上英俊『仏語明要』（一八六四年）に「自然・性質」の訳語がみえるが、定着しない。

日本最初の哲学辞典『哲学字彙』（一八八一年）におけるネーチャーの訳語は「本性・性質・天理・造化・宇宙・洪鈞・万有」であり、ヘーゲル『自然哲学』は西周訳「物理上哲学」である。自然科学の、ジェー・ジーウード『ネーチャー・アンド・アート』の訳書、石川千代松『百工開源』ではネーチャーは「天造・天造物」となっており、法律用語では、ナチュラル・ローの西周訳は、「天律」（幕末）、「性法」（一八七一年）、「理法」（一八八二年）、井上操は「性法」（一八八一年）と訳している。

中江兆民のネーチャー訳は、明治初期は「万物」「庶物」「天地万物」「世界庶物」であるが、『理学鉤玄』（一八八六年）に「自然ノ意象《イデー・ナチュレール》有リ……凡ソ世界自然ニ生ジテ人巧ヲ加ヘザル者、皆自然ノ章象ナリ。草木禽獣即チ是レナリ」と。『民約訳論』（一八八二年）では「此レ天理ノ自然ニ本ヅクニ非ズ」と訳しているが、ネーチャーは「天理」で、「自然」は修辞にすぎない。兆民の「自然」は出たり消えたりである（以上第二節）。

ネーチャーに「自然」の語が成立するのは一八八九年ごろからである。即ち、『国民の友』と『女学雑誌』のあいだで交わされた、森鴎外・岩本善治の論争のなかで、岩本はエマーソンの『自然論』を引き合いに、「文学は自然の侭に自然を寫す」と主張し、森は「自然とはナツールのこと」と述べている。このころからネーチャーの意に「自然」の語が使われ広まり始めた（二三六頁）と。芸術上の「自然主義」概念も鷗外に発する。

こうして、「おのずと在る」自然界を、誰もが「自然」と呼ぶようになった。例えば、内田魯庵の「自然の法則に逆はんとして猶ほ且つ自然の法則に余儀なくも服従し……」（一八九一年『文学一班』）、国木田独歩『武蔵野』（一八九八年「ここに自然あり」）に生活と自然の密着を描いている。志賀重昂『日本風景論』（一八九四年）、徳富蘆花『自然と人生』（一九〇〇年）と続く。

美術界では、明治初期から写実的な「風景画」への移行が顕著であり（それまでは「山水画」）、「自然画」と呼ばず「風景画」と呼びつづけている（第三節）。

要するに、「自然」の語は、一八世紀中葉まで「自《おのづか》ラ然《しか》リ」の意であり、自然界の意味で使われるようになったのは、森鷗外などによってネーチャーの訳語として広まったということである（第四節）。

③「第三章　ヨーロッパにおける『自然』概念」

ヨーロッパにおける「自然」の語の起源は、ギリシャ語のフュシス、ラテン語のナトゥーラである。フュシスは「誕生」「起源」「生まれつきの性質」の意で、ノモスと対応する。フュシスをネーチャーと訳した近代ヨーロッパが、自然概念は古代ギリシャから存在したと錯覚したのであって、「ギリシャには『自然』概念はない」と、出隆は述べている（第一節）。

ラテン語のナトゥーラはフュシスのラテン語訳（キケロ）であり、ものの「本性」を主要内容とする。ガレノス『自然の力能』（自然は生命力のこと）、プリニウス『自然誌』（自然は万《よろず》のもの）の例があるが、ネーチャーの意味はない。

中世においては、キリスト教神学のもとで、自然は神の被造物とされて、おのずからなる自然は存在せず、ネーチャーは「本性」の意味で用いられた。アウグスティヌス『自然と恩寵』では人間本性の意であり、アクィナス『神学大全』でいう「自然」は、人間の心的な本性のことである。

一〇世紀をすぎると、ヒルデガルド『自然学』、カンタンブレ・トーマ『自然の事物』、アルベルトゥス・マケヌス『自然の鏡』が書かれるが、「人間・動植物に限られ、大地山水は含まれない。つまり『創造における神の英知』」（一六九一年ジョン・レー）のことである。自然界を「神の御作業《みわざ》」と読みとるのは、フランシス・ベーコンまで続く（第二節）。

「対象的外界の総体を『自然』と呼びはじめるのは、明らかにルネッサンス以後である」（二六二頁）。しかも、日常語の使用に始まり、自然界の総体を意味することに近づき、学術用語として定着するのに、二、三〇〇年の時間を必要とした（二六二頁）と。

ダ・ヴィンチの場合、『手記』に多くの「自然」の語がみられるが、それは自然界のことである。天地万物の総体、即ち、日月星辰、光と熱、風と雨、植物・動物、男女の人体を日常語で「自然」といっている。「画家は自然を師とする」とも。しかし、同時代人はそれを共有しなかった。

フランソワ・ラブレー『ガルガンチュアとパンタグリュエル物語』には、多くの「自然」の語があるが、極めて多義的に使用され、「おのずから」、「天然」、「造物主」などから、「自然界の総体」に近づいている。

医化学の祖、パラケルスス『自然の光』における「自然」は、外界としての全自然界、即ち、惑星、鉱物・動植物、人間の「生命の精氣《スピリトウス・ウイタエ》」の総称である。が、「聖霊と自然と一つなり」といい、自然は神の被造物である。

自然哲学者ジョルダノ・ブルーノは、「自然とは事物に内在する力」であり、「能産的自然」（「原因的自然」「造る自然」）と「所産的自然」（「結果的自然」「造られた自然」）がある。「天地」「万物」を含み、無生物も生物も含む全自然界のことであるが、それは神の展開であると考えた。

シェイクスピアは、「自然」の語を多義的に使っており、「おのずからの本性」「造化の力（女神）」のほかに、「自然界」の意にも使っている（『リア王』『マクベス』『アントニオとクレオパトラ』『冬物語』）。そこには、「花」や「女」の美しさを産みだした自然の賛美が多い。

一六世紀ルネッサンスが、自然界の「自然」を語りだしたのは、神の支配する自然ではなく、人間のなかに自然性を発見したからである。しかし、生活語のなかに普及はしたものの、学術語としての概念化は未だしであった（第三節）。

一六世紀の自然科学において、天文学者コペルニクスは、天空と地上の無機物を「自然」とよび、生物学者ヴェルサリウスは、地上の生物だけを「自然」と呼んだ（第四節）。

フランシス・ベーコン（一五六一―一六二六）がめざす「自然の探求・解明」は、「天地」「万物」を合わせた大自然であり、実体的外界としての自然界である。「歴史には、自然の歴史と、世俗社会の歴史と、教会の歴史と、学問の歴史とがある」。また、学問は「神に関する哲学、自然に関する哲学、人間に関する哲学あるいは人文学である」（『学問の進歩』）と。

あと、デカルト（一五九六―一六五〇）、パスカル（一六二三―一六六二）、スピノザ（一六三二―一六七七）、ロック（一六三二―一七〇四）と続く。

一七世紀に「自然法」の思想が台頭し、グロティウス、プーフェンドルフ、モンテスキューが活躍するが、その「自然」とは人間の「本性」の意であり、自然法は自然界が与えた権利の意味ではない。一七世紀ヨーロッパで「自然」概念が成立し始めたといえるが、依然として神の被造物としての自然であり、「神」がかかわりあっているあいだは、「自然」概念の確立とはいえない。「天地」も「万物」も自然の産物であるという認識と、それら自身の力で出生・存在しているのであって、神とは係わりがないという認識があって、はじめて「自然」概念が成立する。

ベーコン、デカルトなどの「自然」の語は先駆的に使用されているが定着せず、ネーチャーは、依然として「ものの本性」が主要語意であった。西欧の自然概念の確立は、もう一世紀ほど後になる（第五節）。

「自然」概念の確立について決定的役割を果たしたのは「百科全書派」の思想家たちである。

ヴォルテール、デニス・ディドロ。後者は、「天上の自然があり、地上の自然がある……」、それらは総体として生きて動いているもので、「神の創造」も「神の恩寵」も必要としない。神とは無縁の「自然的自然」である、と。また、百科全書派理論の集大成といわれる、ドルバック『自然の体系』で「人間は自然のうちに存在し、自然の一部分をなす」といい、創造者の意志を排除し、自然はそれ自体の内部にある矛盾を原動力として運動することを明らかにした。対して、「自然に帰れ」といったといわれるルソーの場合の「自然」は多義的で乱雑、定見がないのが特色であり（三一四頁）、「甘ったるく、かつ、利己的なもの」と酷評する。

こういった経緯のもとで、百科全書派の「自然」概念は、一気に全欧に広がる。

カント曰く「自然と人間とに関する経験は、あわせて世界認識となる」「外的感覚の対象としての世界は自然であり、内的感覚の対象としての世界は心ないし人間である」(『自然地理学』序論)。ベートーヴェンの「合唱」では、声たからかに「自然」を歌い、ワーズワースは全自然についての自然哲学を作詩している。

フランス美術では、コロー、ミレーなどのバルビゾン派、クールベが、自然と人間の労働力を描き始める(第六節)。

ヨーロッパの自然観史は、コリングウッド(『自然の観念』一九六〇年)によれば、ギリシャの自然観、ルネッサンス以後の自然観、一八世紀末から現代に至る自然観の三期に分けられるという。

人間が「自然」観念を発見したのは、「西にディドロ、東に昌益」といってよい、それがほぼ同時代である。ただ、西欧が自然の征服を開始した時期である(〝資本が「自然」を発見した〟)のに対し、安藤昌益は「自然の働きに参入し、『直耕』(労働)し、自然を理解し、自然を増幅する回路」にいた(〝労働が「自然」を発見した〟)という差異があることに注目すべきであろう(第七節)。

・西洋では、人間が主、自然が従であることから、自然への関心が遅く始まることは理解できるが、日本で、自然が〝神の依代〟であるにもかかわらず、自然との共生もしくは共存が遅く花を開いたことには疑問が残る。大きな理由は読者も想像しうる如く、自然破壊が資本主義の発展によることから考えて、それが明治以後であったという点に、次いで、〝神の依代〟としての自然は、個々の山・川・湖沼・木であり、〝自然〟が余りにも身近すぎて一般的自然観がそれまでに喚起されることはなかったという点にあった、と筆者は考えている。

筆者が本書で述べる〝自然〟の語のはき違えは、言語が時代の要請に応えてさまざまな用い方をされるという一般常識から考えて、とくに身近なはやり言語の場合、その言語上の不正確さを酷く責めるわけにもいかないという気もする。が、ここまで深く吟味されれば一段と興が湧き、それに引かれて、その要約が思いもかけず長くなってしまったことについては、読者にお詫びしなければと思っている。

9　西欧において、神によって造られた人間と自然、それも人間より下位のものとして、人間による支配をうけた自然を考えると、自然を主人公とする風景画の評価は自《お》らきまってこよう。風景が描かれても、それは人物、肖像を中心とする絵の、たかだか背景にみえる添え物でしかなかったことはおおよそ推測可能である。

しかし、自然界という自然概念の確立をみた後に、本格的な風景画が現れるであろうことも想像がつく。とすれば、山水の風景画を絵画の文化遺伝子と考えることも可能な日本美術史と比較して、そこにどんな差異が考えられるのか興味はつきない。記述の部分が多々あるとはいえ、美意識の比較文化論として、既述書との違いに留意し、さらに、このテーマに深入りしたいと思う。

そこで、越宏一『風景画の出現（ヨーロッパ美術史講義）』（二〇〇四年）によって、その考察のあとを追いたいと思う。

(1)「はじめに」には、古代ギリシャでは人間の姿の造形に心を砕き、自然には関心を抱かなかった、とある。また「人間は、自分自身から逃れたいという衝動に駆られた時にはじめて、自然、すなわち風景に興味をもったようである」と。これこそ日欧比較文化の一要点であろう。

「ギリシャ人が構想した造形世界は、もっぱら凸形の立体的形体によって成り立つ擬人的なものであり、中性的な『地』から『図柄』（筆者・図でいい）としての人物像が浮き出すというのが、ギリシャ美術の原理であった」（四頁）。これには理屈がつく。「私たちのまなざしは生まれつき物に向けられている。目を物の周囲の空虚な空間に向けることは、あとから習得しなければならないことである」（W・メッツガー『視覚の法則』より）から、ギリシャ人は自然現象を擬人化し、神話的人物を作り出した。これでは習得する〝自然〟〝風景〟はなかったことになるが（ローマのナボーナ広場における四大河の噴水の擬人化は知っている読者も多いだろう）。

それでも、ローマ近郊の別荘遺跡やポンペイ遺跡からは、庭園・公園の樹木・草花を描いた壁画が多くみつかっている。が、筆者は、それらが近代風景画とは別の体質のもの、即ち、古代では空間の連続性が欠けているのに対し、近代のものには物体空間と自由空間の統一性がある（一二―一三頁）という。季節感もないし地誌的表現もない（空間・時間の個性化がない）のが古代である。風景の擬人化はそれを補うためだともいう（なるほど‼）。

(2)　古代末期・中世初期には、「触覚的物的世界の非物質化とともに、現実空間との関連が急激に薄れ、それによってすべての空間表現の基盤が根底から覆されることになった」（一九頁）。ただし、『ユトレヒト詩篇』の線描挿絵（八二〇―八三五年）などの例外はある、と。

中世盛期では、「事物の外観を表現することではなく、多かれ少なかれ抽象的な、慣習的な絵画的符号の助けを借りて、ある特定の理念を呼び覚ますことにあった」から、「風景を考える場合、……象徴でもって視覚化することはほとんど不可能」（二四頁）であった。が、一三世紀には風景自体が表現の主題となってくる。風景画の基本条件である〝自然感情〟の存在を表明した最初の中世人、ペトラルカが現れる（筆者は『カルミナ・ブラーナ』の挿絵入り写本に多様な鳥や動物でにぎわった森を表現しているという。ただし空間が欠けているが）。

(3)　風景表現を三次元的絵画空間として捉えたのは、かのジョットである。もっとも、彼にとっての風景は登場人物にとっての活動空間にすぎず、登場人物のドラマの性格づけに援用されたものである。が、彼の画面における風景的要素は、その造形思考の面で決定的刺激を与えることになった。スクロヴェーニ礼拝堂（パドヴァ）の壁画は、登場人物は最小限で、ドラマの舞台として風景が描かれた（〝舞台の小道具〟）。サン・フランチェスコ聖堂（アッシジ）の壁画は、逆に〝書き割り的〟で人物の背景にすぎないが、地形的個性があって、風景に個性がある。

次いで、シエナ大聖堂の大祭壇画（一三〇八年―）を描いた、ドゥッチオ・ディ・ブオニンセーニャをとりあげ、岩山の段丘風景がもつダイナミックな性格は、絵の内容的要素と関係する人物の動きに調和して、出来事の現実化に貢献し、見るものに身近な出来事と思わせることに成功している、と説く。

また、ドゥッチオに学んだシエナ派の画家、アンブロージョ・ロレンツェッティは、シエナ市庁舎の評議会室の壁画を描いた。彼は、「精神の眼の代わりに肉眼で見ることを敢えて行い、……理念を感覚的に体験できるように具体的に表現した」。「これは、造形的想像力の画期的な転換を意味するもの」で、「ここに脱象徴化のプロセスが始まった」（四六頁）。つまりは、彼が風景画の基礎を築いたといってよいが、その後、発展をみることはなく、一四〇〇年ごろフランスが彼を評価することによって、シエナの風景画が世に迎え入れられるようになった（五二頁）と。

フランスの写本画家、ジャン・ピュセルの『ジャンヌ・デヴルルーの時禱書』（一三二五―二八年）・『ベルヴィルの聖務日課書』（一三二三―二六年）のカレンダー頁に描かれた自然景観は、それのみの新しい感覚で描かれた画期的なものである。そして、彼の工房においては、その後継者が、また新しい風景表現を行っている。

ついでに述べると、中世後期の風景表現についてのもう一つのルーツは、〝タペストリー風景〟である。タペストリー風景は城館などの壁画を飾るイリュージョン壁画、即ち世俗美術として発達したものである（ヨーロッパ風景画は世俗美術の領域で発達した点に留意）。

メルキオール・ブルーデルラム（フランドルのイープル工房）が、シャルトル（カルトゥジオ）会修道院の大彫刻祭壇の両翼外側を担当した絵画装飾は、人物も風景もダイナミズムに満たされて、ロレンツェッティ以前の伝統的風景ながら、明暗法を用いて自然主義的に解され、後の世紀を先取りしていると解されよう。

(4)　ランブール兄弟の『ベリー公のいとも豪華なる時禱書』（一四一三―一四一六年）の月暦図は、ピーテル・ブリューゲルから、一七世紀オランダおよびフランドル風景画へと、直接、一本の道がつながっていると実感する（七四頁）と。彼らは、ビザンチンの定型表現の中に遠視的要素を認め、それまでの前景―背景という次元でなおざりにされていた、険しく近寄れない山岳に現実的性格を与えたのである。ここでは、風景が主で人物が従の風景画を目にすることになる。即ち、風景が物語にとって特別な意味がある場合に、風景を熱心に利用したというわけである（七六頁）。

しかも『ベリー公のいとも豪華なる時禱書』の月暦図では、自然そのものが表現対象の主役になっているのをみると、〝労働の表現〟から〝大地の表現〟へアクセントが移ったということであり、キリスト教世界観からの離反そのものと認めざるをえない。換言すれば、支配の対象であった大地の自然が絵画的表象の世俗化過程で主役に躍り出たことになる（八〇頁）。つまり、自然は、彼らにとって理想的な表現対象と思われたのであろう。地面が下げられて生まれた深い空間には、目に見える全部について、現実感のある対角線システムが発見できる（一四世紀中葉のシエナの風景パノラマを思い出してほしい）ことになる。

(5)　第一四章の冒頭、「ネーデルランド美術は……ヨーロッパ美術においてイタリアと並ぶ重要な地位を獲得」、「その独自性を証明した分野の一つは風景表現である」（一一一頁）と。

その最初の作例は……『トリノ時禱書』（一四一七年ごろ）である。そこに描かれた聖人伝の諸場面や歴史的エピソードを表す場面では、人物像が完全に風景全体の中に組み入れられている。そのために、水平線は低くなり、広い空は視覚的な効果の助けを借りて、光と大気が表現されていることに気付く。広がる平地と大気の感じは、一七世紀オランダ風景画家の大きなカンヴァス画に劣らず、完璧で徹底的なものだ（一一七―一一九頁）という。つまり、オランダ風景の特質を示すすべてのものが含まれているといってもよい（一二〇頁）と。

ファン・アイク兄弟の制作画『ゲントの祭壇画』の「仔羊の礼讃」（一四三二年）、ヤン・ファン・エイクの『ロランの聖母』（一四三四年）に触れながら、「ここに近代の風景画に必要な要素がすべてそなわっているように見える」が、「風景はまだ、全画面を構成するまでには至っていない」と第一五章を結ぶ。

ヤン・ファン・エイクの「窓からの眺望」を口実にした風景は、画面における窓枠が絵画の枠と重なるに至って、風景は遠くの背景から前景へと移動した（宗教画における「窓の風景」がメイン・テーマとなったのが「風景画」というわけか!!）と（第一六章）。

⑹　第一七章の冒頭に曰く、「一六世紀初頭、一人のフランドル人画家がヨーロッパ風景画の成立史上、まことに注目すべきことを成し遂げた。ヨアヒム・パティニールである」。アントウェルペンで活躍した彼は、この都市にふさわしく、新しい空間感覚と距離に対する造形的表現を見出したのである。彼の得意とした鳥瞰的パノラマ風景は〝世界風景〟とも評され、広大な空間を表した仮想的風景画を特色とした。もっとも人物を完全に欠落したものはないが、それは宗教主題に口実を与えるだけの理由で選ばれたもので、あくまで風景描写が優位にあり、そのスペシャリストとして、最初のネーデルランド風景画家と位置付けることができる（もっとも風景という語の古い意味は「地域・地方・あるいは広い範囲の土地」のことであった）（一三六頁）。

そのパノラマも鳥瞰図が特色で、海・湖・川・丘・山・樹木・町・村が一望の下に配された〝空想の風景〟であり、文字通りの〝世界風景〟である。そして、直立しているものは通常の視点からのもので、平面図的なものと立面図的なものとが同時に示されている。

とにもかくにも、風景画の基本たる巨視的視覚の確立、個々のモティーフの統一という絵画手法を創造し、色調の変化によって距離感を表現する空気遠近法を確立したのは、彼である。

ヤン・ファン・エイクの顕微鏡的・近視的風景表現の、中世的価値序列に基づく色彩の二元性を克服して、単なる背景としての風景を、深い空間の描出に役立たせ、新しい眺望の視覚的統一を果たしたことが、一七世紀オランダ風景画を生みだした大きな要因となっている、と結ぶ。

⑺　最後に、パティニールのドイツにおける好敵手、アルブレヒト・アルトドルファーについて語る。ドイツの風景画について最初に引用されるのは、ふつう、デューラーである。確かに、彼の風景画は、あらゆる時代を通じて最高の作品に数えられる。しかし、ドナウ派のアルトドルファーは、デューラーが人間・動物・植物・河

川・湖沼など個々のものに生命を与えているのに対し、可視的なものすべてが、〃植物化〃され（その先輩はルーカス・クラーナハ、一五〇二年）、風景表現の価値を自然らしさにおいて、自然体験の親密さと自然の偉大さを結びつけた。風景自体が造形に最もふさわしいとして、風景は実景に基づくものとなった。画面から人物が消えて、活気に満ちた自然が認識され、〃純粋な〃風景画、風景のための風景画が自立した絵画として成立した、と第一八章を結ぶ。

「おわりに」、デューラーを取りあげ、「イタリアで彼は、合理的な空間表現法、すなわち、線遠近法を習得したのみならず、空気遠近法に魅せられている」。つまり、ヴェネツィア派の風景背景を抽出して、それを、一種の自足的な芸術的構造のランクに引き上げた（水彩画『北から見たインスブルック』一四九五年）と。

その彼も、一六世紀に入ると、ルネッサンス的人物像に目を奪われており、その美意識は、まだ風景を表現に値する主題と見なしていないと明かす。かくて、盛期ルネッサンスの人間中心芸術の呪縛から解放され、本格的風景画芸術が成立するのは、通説の如く、一七世紀初めである、とする。

しかも、付け加えて、「一九世紀に至って、初めて風景画は時代の主導的芸術となり、風景画自身の新しい美学を創造した」（ケネス・クラーク『風景論』一九四九年・佐々木英世訳一九九八年）と最後を結ぶ。

・「風景画の出現」というからには、中世にまで足を踏み入れるのだろうと想像はしたが、そこにはカンヴァス画はないはず。果してネタは祭壇画に止まらず、祈禱書やタペストリーにまで及ぶとなれば、感嘆ひとしきりである。その詳細な考察・分析による結果、風景画の出現が中世のキリスト教最盛期にあったといわれると、想像外ながら首を横には振れない。西欧風景画といわれれば、油彩・水彩の寫実的カンヴァス風景を脳裏に描いた讀者も多いのではないか。

つまりは、中世宗教画の背景に描かれた木立や草花にキリスト教の寓意は読みとれても、風景の主張は感じとれそうもないから、日本の〃風景画〃観と異なることは明らかである。たとえ、それが造られた環境であるとはいえ、山川草木のみどり豊かな自然風景を脳裏に刻まれた日本人にとって、それが、誰でもがいう〝日本人の心のふるさと〟であることは否定のしようがない。とすれば、〝自然〟の清澄な生命感の与える心情を巧みに写しとった風景画の観念からいえば、こちらは色の映えに敏感な美意識が捉える知性的な風景画という違いを感ぜずにはいられない。空間を彩色で埋める「空間の文化」（前述）である。中世に興味のある讀者は、浅野和生『ヨーロッパの中世美術――大聖堂から写本まで』（二〇〇九年）を参考にして下さい。

また、「風景」を論じた著者は本節引用以外にも数多いが、〝景観〟の比較文化を論ずる次章で取りあげることにしたい。

さて、『美学入門』で残した〝日本の美〟については類書も多い。本節も長くなったし、ここは節を改めて、〝日本の美〟を論ずるのがベターだと思う。これが㈠㈡とわけた筆者の趣意である。

六　感性と美意識㈡

1　前節で紹介した、中井正一『美学入門』（一九五一年）前半の同題名部分に続いて、後半で「日本の美」（一九五二年）に関し、簡明にして具体的に、総論三説、各論八説、結論二説を説いている。筆者流に、著者の意を察しながら要約紹介することにしたい。

⑴　総論は「西洋の美と日本の美」「中国と日本の美」「日本のこころと日本の美」の三章であり、適宜、重複論旨を整理しながら論及する。

①　〝西洋・中国の美と日本の美〟では、中国通の、グローヴァ・クラーク氏の言を引いて「ほんとうの文明の社会とは、人が他人を抑えつけたり、人の意志や信仰を強制したりすることなく、おたがいに、正しく、敬いあい、ゆるしあうことによって、人間が共にとけあって生きる社会のことである」と。そして、中国社会は儒教

に従って、家族・村落・職業を中心とした協同体によって発展したもので、二千年の文化によって独特で高度な爛熟をとげていると評し、ひるがえって、同じように、長い伝統の中で共同生活をしたわが国について、鍛錬された独特な文明が生みだした芸術をもう一度確かめたいという。

東洋には、極彩色の手の込んだ緻密で重い美しさと、筆数の少ない墨一色の淡々たる虚ろさにみえながら緊張した感情を表現した美しさの二種類があるが、日本は前者の技巧（例：日光廟）を受け継ぎながら、後者を評価し（例：南宋の牧谿）それをひきつごうとした。その結果、日本美術は「清く新しく、滞るものを嫌うこころ、軽く、柔らかく、浅い川を流るる、水のごときものが、日本のこころとして、日本の美術の中に独特なかたちをもって、できあがってきた」（一五二頁）という。

②「日本のこころと日本の美」について〝清純〟であることをあげる。伊勢神宮を例に、〝打破すること〟〝ぬけだすこと〟〝流動すること〟のなかに、清純の美が生まれる（一五五頁）と。「常に生きているというしるしのさわやかなるものをとどめ、くさり、汚れるものを脱ぎすてて、清く新しく、生き生きしたところのものに、身をひるがえして飛び込んでいくところのものを、いさぎよしとする」。その具体例が、『万葉集』の〝さやけさ〟、『古今集』の〝わび〟、世阿弥の〝幽玄〟、中世の〝すき〟、江戸時代の〝いき〟である（一五八頁）。

(2)　各論に入り、まず「文学1」では〝さやけさ〟と〝もののあわれ〟が強調される。『万葉集』の清明の精神（筆者・これぞ〝神祇の心〟）、『古今集』の〝深い切なさ〟〝淡い哀感〟が語られる。「文学2」では〝幽玄〟と〝わび〟が、『新古今集』によって「滞《とどこお》らぬ、さわやかな世界」が、世阿弥によって両者が導きだされる。「文学3」では〝軽み〟と〝いき〟が、江戸時代の精神として語られる。芭蕉のいう美は、「浅い川を水が自由に、自在に、みずからの道を流れ去るように、あくまで軽く、あくまでいさぎよく、新しくあるべきである……これは江戸の新しい精神『いき』の根底を流れるもの」である。「たとえ極彩色でも光琳、宗達、一蝶の芸風は、この洒脱、洒落……いさぎよさの美しさがそこにみなぎっている」（一七三頁）と。

①「美術1」〝無所住心〟（住みつく所なき心）という自由の心こそ日本人の魂であり、この心から美が生まれでている。ブルーノ・タウトが伊勢神宮の建築美に感じ入り、「西洋の人たちが『日本から学びとったところのものは、清楚……明澄……単純、明朗、自然の与える素材に対する忠実』」であると述べた言を引用し、「悠々たる空虚、無限の変化、機に応じて適するところの柔軟きわみなき心の構えがある」（一七六頁）と、著者はいう。

建築について、著者は続けていう。ギリシャ建築は重さを支える感覚のエンタシスをもつ柱にみるように、「運命をたえる」想いを現している（「あきらめの魂」）が、ヘブライ（教会）建築は全部いっせいに空に向かっている柱によって天に登ろうとする「あこがれの魂」を現しており、遠い未来にあこがれて現在をのがれていることになる。対して、日本の茶室建築には重さを感じさせる感覚が全くなく、天に向かう気持もない。襖をはらえば傍らの松とよく調和し、松の林と思えるたたずまいで、〝無所住心〟がみなぎっている（一七九頁、建築については次章で詳しく述べる）。

「美術2」は、まず〝捨身飼虎〟の厨子壁画を例に、身を投じて愛に殉じ新しい命がよみがえるという〝清新を愛する〟感性を語る（中宮寺の思惟像、東大寺法華堂の執金剛神なども）。即ちアジア民族は、絶望の現実から生の営みが芽生えることを信じている。従って、絶望のなかに立ちつくした仏を彫りだすとき、〝願い〟のかたちを組み合わせて理解しているといえる。それが〝いさぎよさ〟の意味を深く理解した証しである。こうして、「鳥獣戯画巻」の水の流れ、仮名書きの書の線にまで、それはつながり、みずからの否定・脱落、現実への絶望から生まれる強靱な願い、深い感動を通じて「新しさ」「すがすがしさ」が現れてくる、と断ずる。

「美術3」。絶望のなかに再び壮麗な願いをたてるというのは、大乗仏教の心であるが、死後における蘇生のときの新鮮さは、大同石窟の大仏・奈良の大仏にみる宇宙の秩序の巨大さに対する驚きをもって表現されている（一八六六頁）。長安の乞食より生まれる布袋《ほてい》、山中に住んだ寒山・拾得は、逸脱した自由人が愛した象徴的人物である。

日本の雪舟や光起の筆も、天地に至る心をもって〝軽み〟、即ち自由で変化のある清新の運びにみちており、浮世絵にみる線の流れは快い階調で〝軽み〟を奏でている。しかし、そこにひそむ調子の深さ・高さはいうまでもない、と。

②「音楽」。「僅か五十年（一九七五年当時）にして、西欧の音楽をかくも広汎な人々をもって理解し、音楽レコードの購買力をして、世界有数のものたらしめている」のは、日本人の「音の感覚に対する敏感さと、訓練の涯《はて》にのみもちうる確固たる信念がそこになくてはなりません」。

他方、邦楽では（例として端唄か）「リズムがそのときそのときで、伸びたり縮んだりする」が、「リズムのかかる特有の構造は、日本音楽における「間」の問題に最もよくあらわれている」という。ここで、能における太鼓の例をあげ、「それまでの一切の時間が、切ってすてられたような感じ」である（オーケストラのリズムのように次から次に続くものの一つではない）。このきめつける〝間〟で、頭のなかは快い気持になって、モヤモヤ感が全部一度に切っておとされるような感じになる。これが「日本の芸術全体にみなぎっている『芸術的時間』」であり（「時計の時間」ではなく）、「自分の生きていることを確かめている」〝間〟である（一九三頁）と。即ち、「もう耐えきれないと思われる訓練の涯《はて》で、ほかにありえようもない一つの秩序、『間にはまる』『間が合う』という……やわらいだ快さが、肉体をもって伝わってくる」と説き、この「間」という特有のリズムに到達した（型があるのか？）日本音楽をゆるがせに見のがすな、と教える。

・ここには日本の〝伝統音楽〟（江戸時代にまで成立したジャンルのもの）についての記述はない、が、「日本の美」として論ずるには、その概括でも知りおく必要があろうと思う。だが、伝統音楽はその系譜だけでも一筋縄ではいかないことは読者も承知であろう。そこで、本書の紹介を終えたあとで、伝統音楽の概略を紹介することにする。

③「舞台」。舞台芸術におけるスタニスラフスキーの理論（訓練）の話から始まって、世阿弥の「年来稽古条々」（『花伝書』）、即ち、無心の練習によって切り開く境地には無限の深さがあるという話が続く。「無心の位

にて、我がこころをわれにもかくす安心にて、せぬひまの前後をつなぐべし。是則、万能を一心にてつなぐ感力《かんりき》なり」と。つまり、著者は「方法論さえ正しければ二、三カ月の練習で、新劇を一人前（に）できるという」のとは異なるのが日本舞台芸術の伝統であると説く。

・ここにも日本の伝統的〝舞台芸術〟の細かな記述はない。これも音楽と同様に、その詳細（？）について説明が必要と訴える読者がいると思う。音楽と同様に、その概略を後述に任せることにしたい。

(3)「世界における日本の美の位置」。日本の渋い美しさには酌めどもつきぬ性質の美しさがある。燦爛の美は世界いろいろの国で現れているのに対して、滋味の美の探求は日本芸術のあらゆる世界にゆきわたっていて、世界近代美術に対する新しい指針となっていると、著者は解している。

「日本の美を貫くもの」。外国の〝これ見よがし〟の心からいかに脱落すべきかが、日本人の芸術における苦しみであり、精進への態度であった。それは、「万機もぬけて物にとどこほらぬこころ」（定家）、即ち、自分が自分自身を対手にする態度こそが芸術的対象であり、阿吽の呼吸ともいうべき芸術的時間において対象と対決することである、と。

流動してやまざるもの、変化し清新でありながら、心を虚ろにしてそのなかからぬけだし脱落して見えたものと対決するという態度こそ、日本人の美意識である、と結ぶ。

・簡潔に、機械文明に対決する日本人の心根を述べた中井の美学である。山田宗睦は、中井が、現代の機械文明がもたらす新しい感覚的構成（例：映画）の時間的感覚的形式（静的空間原理から動的時間原理への肉薄）を批判し、自己の美学を本書で展開し、日本美学史の「創造的な出発点」をつくった、と本書の最後に評価している。が、東西の具体的な違いという点になると、美術・伝統音楽・舞台芸術について具体的解説に関する不満（「入門」には無理？）は多く、法文化の観点からいえば、真逆の感性重視・状況偏重のようにも思え、その係わり方について何がしかの「美」の理論的ヒントがほしい（望蜀か）。

2　そこで、〝日本の美〟について、さらに深入りしたいと思う。が、美術となると、全集ものでも数多く、解説書・評論書の類は汗牛充棟の有様である。ここは筆者の手元にある著作から、気掛かりな若干の論書を紹介し、次に伝統音楽・舞台芸術について具体的な話題を提供したいと思う。

(1)　表題からみて、興味を引かれたのは、まず、吉田光邦『日本美の探求――その背後にあるもの』(一九六八年)である。四章(建築・庭・工芸品・絵画)あり、始めの二章は本稿第七章に譲り、ここでは「絵画」に注目したい。

話は古墳の壁画から始まるが、本稿では人間のために描かれた絵、つまり平安時代から紹介する。公的世界における屏風絵は中国の山水画を模して描いたものが用いられたが、私的生活に対応する屏風絵には歌の名所、あるいは四季の季節感のある風景が描かれた。しかし絵は、自然から求めた理想の様式を描いたもので、自然の観察から生まれたものではない。

自然の美の発見は、なんと明治になってから、と。それまでの絵画は非日常的世界へ人間を連れ去ることを発想として描かれ、宗教との関係でいうと、キリスト教の場合(シンボルによって表現)と似たりよったりである。ただ、仏教の場合は、超越的・抽象的なものの表現ではなく具象化されたもの(仏の世界も人間の世界)で、日本人の宗教意識にひそむ特徴を示している。つまり、仏教の僧は理性的な写実を考えたということである。ただ禅宗の場合は、悟りの契機となる直観に結びつく寓意画を生んだ。単純な筆致による水墨画で、啓示の象徴という意味では抽象画である。

安土・桃山の金碧燦爛たる絵画も、やまと絵の再認識により、水墨に加えて濃彩・淡彩の色の配合をつくりだし、その障屏画は狩野元信から永徳によって完成され、金碧画と水墨画の協働という〝明るさと哀愁〟〝行動と思索〟の対比を意味する二元的思索の表現となった。この思索は琳派にもうけつがれ、水墨とやまと絵の協働を生んだ(筆者・彼らのやまと絵に対する執着がみてとれる)。

この二元的思索が明治以後における洋画法の受容追求を容易にしたのだろう。しかし、黒田清輝のいう「日本画の長所は運筆が軽妙で、描線の簡潔なこと、また西洋画のように、物の影や日なたには関係せず、おだやかに色調をつくるという、実に重苦しい西洋の絵には見られない高尚の処がある」(二一二頁)を引用し、吉田は「東西の文化は完全に異質である……その異質さは理解できても、その価値については、ついに十分な理解の生れることはない」(二一八頁)と。

日本美の背後にあるものは日本人の〝精神像〟であり、〝自然観〟であり、「聖なるものと俗なるものとの対立と転化によって、日本の造型はいつも新しい方向、新しいスタイルを生みだしつづけてきた」。それに対し、「西洋近代の精神は、その俗なるものに独自の価値をみとめ、俗なるものに発展と進歩の観念を与えたのである。聖なるものは永遠の価値にあり、不動のものである。しかし俗なるものはたえず動きつづける。彼らはそれに進歩の名を与え」(二一八―二一九頁)、宗教国家から聖なるものを引き離し世俗的な政治国家として近代化をはかった。

明治以後における日本の美がさらされ続けたのは、この価値観であり、この世界共通項の観念のなかで、それを装飾したのが日本の風土であった。しかも現代美術においては、機械によるコミュニケーションが、世俗世界の共通手段となって、無国籍化を進め、風土性はその領域をせばめつつある。非日常的な美を生産するのも、この機械が果す機能(例：コンピューター化)によって作られたもの、と結ぶ。

(2)　次いで、これも表題に目がいくのは、高階秀爾『日本美術を見る眼――東と西の出会い』(一九九一年、増補二〇〇九年)である。初版の「あとがき」に曰く、「日本の美術を外国、特に西欧美術との対比において見ることにより、これまであまり意識されなかった特性が浮かび上ってきたり……日本と西欧の文化の特質という問題を考えさせられたり」したと。

その方策は、「Ⅰ　日本美術の方法」、「Ⅱ　東と西との出会い」、「Ⅲ　移ろいゆく美　繰り返される記憶」からなる。

①　まずⅠの冒頭「日本美の個性」から。

美は〝うつくし〟と読む（以下、大野晋『日本語の年輪』一九六一年からの引用）が、万葉集では小さなもの・可憐なものの意味であり、今日の意味になったのは室町時代から。現代の「美しい」は、奈良時代は「くわし」、平安時代は「きよし」といわれ、さらにキヨシ（細）、キヨラ（清）、ウツクシ（細小）、キレイ（清潔）と変わり、日本人の美意識は、善なるもの、豊かなるものというより、清なるもの、潔なるもの、細かなものと同調する傾向が強いように思われる（以上）。

②　従って、日本人の美意識の特質は、A情緒的、心情的、B愛らしいもの・清浄なものということになり、西欧人の理想化された〝真〟や〝善〟のように人間より上位の神に属する価値であったということとは極めて異なる。ただ西欧では、近代になって合理的なもの、例えば比例関係から幾何学的原理に基づくものとなり、客観的・合理的に捉えるようになったことは、多くの読者の知るところであろう。それに対し、日本人にとっての美は心のなかに存在するものである。日本人の美意識の歴史は「心情の美学」とでも呼ぶべきものが重要な役割を演ずるようになる。「山川草木、森羅万象、あらゆるものが「美」の対象であり得る」（八頁）と。そこから、不完全の美、欠如の美、廃墟の美への意識が生まれてくる。

「このような日本人の美意識の特質は、……美術作品の世界にも反映されている。たとえば、小さなもの、微細なもの、あるいは『縮小されたもの』に対する強い好みは、日本の『美』の表現の大きな特色」となっている。例えば、数坪の広さのなかに深山幽谷を表す造園、盆栽、箱庭などの「縮小されたもの」、工芸における蒔絵、染織、焼物、金工、木工についての丹念な表現などに、精巧微妙を愛した祖先が「うつくしい」ものを感じたに相違ない。絵画においても、截金《きりがね》を駆使した仏画に始まって、近世の金箔をつかった障屏画にいたるまで、しばしば「縮小されたもの」に対する愛着を示している（近世初期の風俗図屏風はその適例）。

「一般に日本の絵画は、西欧の絵画と比較すると、平面的、装飾的であって、写実性に乏しい」といわれ、「西欧においてルネサンス期以来発達してきた遠近法や明暗法による三次元の統一的空間表現を知らないという点では日本絵画は『写実的』ではない」が、「全体の空間構成においてではなく、細部の描写において『写実的』であった。そしてそのことは、『縮小された世界』に美的喜びを見出す日本人の感受性と無縁ではない」（一〇頁）と。洛中洛外図、四条河原図、祭礼図などの風俗屏風が例にあげられ、その画面構成が、全体の構成であるよりも、数多くの細部の緻密な描写が俯瞰構図で描かれている。しかも、「西洋の遠近法表現における鳥瞰図のように、町全体をある想定された一視点から見下ろして描いたものではない。……画家は……あたかも京都の町の上を自在に移動しながら町を見下ろしているかのようである」。つまり「普通の人間の視点で、すぐそばで見ているように綿密に描き出されている」。例えば、「女たちの着物の柄模様まで、はっきりと見分けることができる」ほどである。

「画面のあらゆる部分において、このような綿密な『縮小された』世界を繰り返していけば、西欧的な意味での統一ある空間が生まれてこないのは、当然のことであろう」（一二頁）と（筆者・西欧の単焦点型遠近法に対する多焦点型省略写実法）。

③　また、「清らかなもの」「清浄なもの」に美を見出すのも日本人の感受性の特色である（伊勢神宮の例）。余計なもの、うとましいものがないという消極的な状態の、いわば「否定の美学」である。墨一色にすべてを賭けた水墨画、派手な装置や動きを極度に抑制した能の舞台などの例であり、「わび」「さび」の美学と相通じている。さらに、小さなものに対する愛着と、余計なものを切り捨てる「否定の美学」が結びつくと、中心になる主要なモティーフのみを描く草花図の例が生まれる。西欧の、咲き乱れる花々や周囲の状況に結びついた（花瓶やテーブル）画面に比べて、草や花だけ、それも部分だけのこともある（酒井抱一の「夏秋草図屏風」には草花以外わずかに水流がみられるだけ）。風俗画においても主要なモティーフ以外、すべて切り捨てるという省略と単純化の効果を狙っている（例：誰が袖屏風・彦根屏風）のに対し、西欧の場合は周囲の現実世界を示すさまざまな要素が

描きこまれている（一四―一七頁）。

こうしたモティーフに対する強い関心をもつ日本画の場合、対象のごく小さな部分をクローズアップしてみせる手法を用いることもしばしばである。桃山時代の障屏画にみる樹幹中心の構図や広重の版画の有名な例が広く知られているが、その大胆な構図法が西欧の画家に新鮮な驚きをもたらし、例えば、日本の浮世絵版画が一九世紀後半に西欧の画家たちに大きな影響を与えたことは広く知られている（一九頁）。

④　西欧の単焦点型遠近法に対する日本の多焦点型省略写実法の好例は、「絵巻物」である。絵巻物が好まれたのは、「空間を連続したものとして捉える意識がそれだけ強いということを示すものであろう」（二三頁）。平安・鎌倉のものが有名だが、近代になっても、下村観山（「大原御幸」）や横山大観（「生々流転」）による名作が生み出されている（中国では「画巻」といい、北宋の張択瑞筆「清明上河図」が有名）。この空間の連続性という日本人の美意識は、造形芸術にも顕著であって、建築にみられる軒下、濡縁、渡廊下など、内外の中間部分が重要な役割を果していて、内部と外部が自然につながっている（水津一郎『景観の深層』（一九八七年）が「クギリ」「ツナギ」の言語コードによって説明）。「建物の内部空間が外部空間と峻別されていないということは、人間の世界と自然の世界もまた、連続的につながっているということである。日本人は、自然を人間と対立するものとは見ずに、逆に人間もまた自然の一部であり、自然と別物ではないという自然観を発達させてきた」（二四頁）からであると、余人と同様の表現がみられる。

また、日本では美術作品が、生活のなかで他の要素と結びついて、ひとつの美術世界を作り上げるのに参加している。襖や屏風などの家具が美術品となり、掛軸が床の間の美術空間を作り出すなどの例においては、絵画と工芸の区別をあいまいにし、そのため、同一のモティーフが絵画にも工芸作品にも繰り返し登場してくるということになる。日本人の生活が西欧化し伝統的生活様式が次第に失われつつあるようにみえても、過去の優れた芸術作品が残るかぎり、日本人の美意識は変わらず、美を愛する人々に語り続けてゆくだろう、と冒頭の評論（一九八三年）を結ぶ。
・美術世界の創造は東西何れも同じ。近年、日本では美術館・博物館に限らず、無形文化財による〝町おこし〟が観光名所と謳われて旅行客の目を楽しませていることは万人の知るところ。日本人の伝統的感性の持続を願うこと大。

⑤「日本美術の方法」の次節は『「もの」と「かた」』。話は伊勢神宮の遷宮から始まる。西洋の建造物は時代の刻印を数百年にわたってはっきり残している、つまり、西洋美術史の論理では、それぞれの時代の特色をそのまま残すということなのに対して（シャルトル大聖堂のロマネスクとゴシック混在の例）、遷宮はこの歴史的論理に対する挑戦であり（新しく同じものを造れば、それはコピー・模作となる）、「ものそのものに価値を置いていない」（法隆寺の年代論争はどうして？）ということである。つまり、「西欧における精神性は個々の物質的存在と分かち難く結びついているのに比べて、日本では物質的存在がそれほど重要視されていない」だけでなく、精神（霊魂）を重要視してきたということだと、土葬と火葬の例をあげる。個々の霊魂と肉体が結びついているという「ものの思想」に対して、「かたの思想」（形見の重視）という違いともいえる（三八頁）。その「かた」の代表として〝歌舞伎の名跡〟をあげて、襲名は伊勢神宮の遷宮とよく似ていると、思わぬ例をあげられ感服しきりの筆者。その「役割意識」は「かた」であると断言する。一般的にも、「個人としては別の意見だが、立場上こう言わざるを得ないという言い方をよくする」（三九頁）。この日本的な言い方は、個人と役割がつながっていると考える西欧人には、不可能だと説き、捕獲した相手の駒を再び使えるという規則はチェスにはないと、将棋の例もでてくる。それが日本特有の「役割意識」だという（四一頁）。

⑥次いで、安井曾太郎とアングルの肖像画を例にあげて「視形式の東と西」の違いを論ずる。安井の「ぎこちなさ」とアングルの「自然さ」の違いである（詳論省略）。その違いは、ルネッサンス以来の西欧絵画の基礎である「ものの見方」（視形式）からいって、安井の肖像画はそれとは異なるからだという。安井の視形式は日

本の伝統的技法をうけついでいる（伊東深水の場合も）。それは、「人物像表現にみられる……『平面化』の傾向」で、「風景画においても顕著な特色となっている」（六六頁）。セザンヌを理解しようとした安井であったが、セザンヌが〝奥行〟をいかに表現しようと苦労したかは安井に伝わっていない。司馬江漢が『西洋画論』で、東洋画の筆法では円と球との区別がつかないと指摘したごとく、輪郭線で対象の形を捉えようという日本画のやり方は、洋画家の高橋由一にも伝わり、〝西洋画法〟習得のための努力の痛々しさが、彼の作品からみてとれるともいう。

次のテーマは「枝垂れモティーフ」である。モネの『睡蓮』にみる〝枝垂れ〟という部分によって全体の暗示を論ずる。この〝部分にみる全体の暗示〟は西欧美術ではモネが初めてで、それは日本美術から発見したものである（七九―八〇頁、広重『名所江戸百景』の「亀戸天神境内」）。

日本では、桃山時代に中国の「折枝画」が愛好され、江戸時代に多彩な展開をみせた（例：光琳『紅白梅図屏風』、応挙『藤棚図屏風』、広重・春信の浮世絵）。「『枝垂れモティーフ』は江戸の絵画においては、いわば決り文句のような常套手段だった」（八三頁）と。それは「部分によって全体を暗示する」というやり方で、「枝垂れモティーフ」はその代表例であり、部分で全体のイメージをよびおこす方法は日本人芸術家の得意技であった。

対して、西欧では、「絵画は周囲の環境や空間から独立したひとつの『ミクロコスモス』であり、……画面はひとつの世界としての完結性を持たなければならないという理念が強いからであろう」（八六頁）と較べている。曰く、「完結性の美学」（西）に対する「連続性の美学」（日）だと。「このような、『連続性』は……建築や、都市計画や、演劇や、さらには生活感覚においても、共通して認められる日本文化の大きな特色のひとつである」（筆者はかつて「つなぎの文化」と特色付けたことがあるが）。あの、尖鋭な〝西欧派〟の、司馬江漢が描いた油絵にすら「枝垂れモティーフ」が登場している。それも画家自身にとって無意識のうちだと、著者はいう（九〇頁）。高橋由一・藤島武二・黒田清輝・岡田三郎助・和田英作も同例。

続く話題は、「旅の絵」による表現を好んだ日本人の感受性である。とりあえず『信貴山縁起絵巻』の解説。日本で自然のなかを旅する絵がしばしば描かれるのは、自然崇拝を伝統と考える日本人の宗教観念によるもので、それこそ西欧の風景画との大きな違いである。『エジプト逃避』、ジョットのスクロヴェーニ礼拝堂壁画に旅する人の姿はあっても、自然の描写である風景は重要な要素ではない。これこそ、「日本人と西欧人の自然観」の違いである（一〇二頁）といいきる。

日本人の旅では「世態、風俗、人情、歴史などへの強い興味が見られ」、旅そのものが重要と考えられるのに対し、西欧人の旅では目的地が重要なのである。巡礼を例にとると判るように、西欧では目的地に到達するための直線的旅であるのに対し、日本では〝巡る〟旅という円環的なもので、堂巡り・岩巡り・山巡りなどの巡る宗教（三十三か所巡礼は典型的な例）であり、お百度詣りはその変容した名残りである。最終目的地を目指すというより、それぞれの寺に寄ることが大切であった。

このことを絵画の世界で考えると、絵巻という形式こそ適例であろう。一定の枠のなかで完結した世界を構築しようという西洋絵画形式に対して、非連続な版画形式の連作によって連続性を確保しようという『東海道五十三次』が好適例である。

・〝非連続による連続〟という融通する非合理の文化的特性をいいたかったのであろう。

⑦　「日本美術の方法」の最後は「装飾性の原理」である。印象派が登場するまでの西洋絵画では現実再現的表現を基本と考えていたから、そのころに日本美術をみたものが、その影響をうけて、「ジャポニスム」の流行をみたことは多くの読者の知るところであろう。その「ジャポニスム」の特徴として、シンメトリーの欠如、様式性、色彩の三点をあげ（エルネスト・シュスノー）、さらに彼は、後に「構図の思いがけなさ、形態の巧妙さ、色彩の豊かさ、絵画的効果の独創性、そしてそのような効果を得るために用いられている絵画手段の単純さ」が西欧芸術家の讃嘆の的となった（一〇九頁）と明言している。

「遠近法・肉付法・明暗法など、三次元の空間と三次元の対象を、眼に見える通りにそれらしく再現しようとするやり方」、即ち、現実再現のための写実主義では、二次元の平面という画面本来の特性を尊重して、きわめて複雑な空間構造を明瞭に表現した方法（『洛中洛外図』を例示）に驚異の眼を示したことは容易に想像がつくだろう（一一〇頁）。

一定の場所に視点を固定し、一定不変の状態を描く西洋画法にとって、『洛中洛外図』では、画家が「町のなかを自由に動き廻って、さまざまの場所を観察し、店先の様子や人びとの姿などをいわば至近距離から眺めて、それぞれの部分を次つぎと画面の上に並べていった」（一一一頁）こと、つまり「複数の視点による都市の姿を画面の上に並置したもの」で、「相互のあいだに距離感はなく、全体として画面は平面的な拡がりを見せることになる」。また視点の移動は高低にも及び、「高い塔の上から町を見下ろしたかのような具合に描き出す」のである。まこと、俯瞰視と水平視の共存である。

また『源氏物語絵巻』の「吹抜屋台」では単純化の原理の現れをみることができる。これぞ〃切り捨ての美学〃である。

西欧画においては画家の視点が絶対であるのに対し、日本では客体を尊重し対象の特性に応じて視点を変え、豊麗な色彩と左右非相称の講図によりながら、それを同一画面のなかで共存させているから、一元的世界観対多元的世界観の差異ともいえるし、「写実性の原理」対「装飾性の原理」による表現形式の差異ともいえる。この装飾形式の金地の使用には、日本人の美的感受性にかかわる二つの造形的特質がある。一は平面性の強調であり、二はモティーフだけを浮き立たせるという不用なものの切り捨て美学である（例：尾形光琳『燕子花図屏風』）。利休の〃一輪の朝顔〃にみるエピソードは、「あらゆる部分を隙間なしに飾り立てるのではなく……主要なもの以外を切り捨てる大胆さ」を物語っており、金碧障壁画の金地にも通じるものである（グレコの絵画を思い出した!!）。等伯の『松林図屏風』こそ〃切り捨ての美学〃の代表的作品であり、日本絵画の名品だと、筆者は思う。

濃彩の金碧障壁画とこの淡白な水墨画に共通した美においてこそ、日本的感受性が読みとれるというものである（筆者・矛盾的自己同一か）。

しかも、この〝切り捨ての美学〟にみられる独特な形式には、もう一点〝クローズアップ〟の構図法という特色が注目される。画面の完結性も左右相対の安定性も無視したこの画法がドガやロートレックに影響を与えたことは知る人ぞ知るであるが、光琳『紅白梅図屏風』は多くの人に知られていよう。著者は、〝切り捨て〟のほか、〝複数の視点〟の共存、クローズアップの美学を、この屏風絵にみている（一二五頁）。

それを、『『美』を生み出す日本人の独創的能力」（一二六頁）というなら、絵画にみる東西両文化の違いは、〝真逆〟（俗語）ということになり、いよいよ日本法文化の基盤は怪しくなってくる気配である。

⑧「Ⅱ　東と西との出会い」については、「ジャポニスムの諸問題」をとりあげる。「ジャポニスム」は読者も承知のように、「一九世紀後半の西洋芸術に見られる日本の影響現象のすべて」を指すが、まず、それは主題やモティーフに限られるのか、表現様式か、さらに美学・思想も含めて考えるのかという問題がある（一八二頁）という。

しかし、影響といっても、直接的か何らかの類縁関係かという問題があって、ゴッホの場合は日本趣味の直接的影響があったことは確かであるが、当時、「シノワズリー」（中国趣味）との区別についての明確な認識がなかったこともあって、双方の混同があったことには注意が必要。しかし、西欧のコレクションからみて、一八世紀には「ジャポニスム」の関心が高かったということも確認できている。そして印象派の世代には日本への関心は燎原の火のように拡がり、半世紀にわたって続いたということも確かである。それは美学的側面のみならず、社会的・文化的側面に関してもであったから、当時の改革派的芸術家たちは「日本の範例のなかに自分たちの問題に対する回答を見たのである」（二〇一頁）と述懐している。

即ち、「画面構成の新しさ、デッサンの妙、色彩の輝き、絵画的手段の単純化等」造形的表現に関して、新しい美学を提供したのである。しかも、芸術は日常生活の一部をなすという点、つまり生活と美術の融合のもつ重要性についても認識させた（二〇五頁）と結ぶ。

⑨　次に、「Ⅲ　移ろいゆく美　繰り返される記憶」（二〇〇八年）に続くことになる。

雪舟『四季花鳥図屏風』、狩野元信『四季花鳥図屏風』、海北友松『四季山水図屏風』、松村景文『四季草花図』、池田孤邨『四季草花流水図』など、室町後期から江戸時代にかけて、四季を表した絵画が数多く描かれたが、そこでは、花や鳥がまとまった情景を形成し、画面の右から左へと季節が移り変わる点で共通している。自然の景物の種々相を描きながら、その変化と時間の推移を表現している点は、日本絵画の大きな特色である。これが西欧の場合では、フランス古典主義のプッサンの『四季』連作にしろ、有名なモネ『睡蓮』の連作にしろ、画面はひとつの独立した世界で時間は動かないのが基本的である。ただ、日本絵画の影響をうけたモネ連作の場合は、睡蓮の池の変化する姿が描き出されているが、夫々は個々の作品が額縁の枠に収まっており、その枠を取り払わなければ、ひと続きの画面につながるわけではない（筆者・日本画もどき）。

日本人にとって親しみ深い自然、それも季節によって移り変わる姿を描きだした「四季絵」の大物は、雪舟『四季山水図巻（山水長巻）』である。その美事さは、だいぶ前に述べたことがある（憲法社会大系Ⅲ五二一頁）。四季の移り変わりのほかに、特定の季節と結びついた年中行事も絵画の主題として取り上げられることが多い。狩野長信『花下遊楽図屏風』・狩野内膳『豊国祭礼図屏風』・狩野秀頼『高雄観楓図屏風』などの名品があり、通常は風俗図として扱われている（西洋の宮殿・市庁舎にみる壁画にも風俗図といわれることがあっても季節図といわれることはない）が、自然の季節は画面全体に存在し、風俗も大きく季節に依存している（二一八頁以下、広重の『名所江戸百景』が有名）。

規則正しく繰り返される四季の流れに共感する日本人の感受性が文学や演劇などの分野でも大きな役割を果していることは、和歌・俳句を思い出してみれば容易に理解しうるところ。『古今和歌集』（九〇五年）での配列が季節の流れに従っており、季節による分類は『新古今』以下の勅撰集に受け継がれ、藤原公任『和漢朗詠集』も同様である。俳句の場合、この趣向がいっそう顕著になることは「季語」なる約束語を考えれば、周知の事実といえる。

⑩　また、西欧では「絵と文字、イメージと言葉は、まったく別の世界に属する」として、ミシェル・フーコーの次の言葉、「造形的表現（かたちの類似性）と言語的指示（類似性の排除）との分離を確立した」（二三八頁）を引用する。ルネッサンス以降の西欧絵画では、画面は全面絵画であり、文字は作者の署名だけ。他方、日本では、屏風・襖・絵巻物・掛軸などに絵と文字が同居している例はいくらでもある。室町時代の絵の余白に「讃」を書き込んで、詩と絵の競演を楽しんだ詩画軸が好まれる。また、装飾料紙に書かれた歌集、琳派の歌色紙などは、現在でも一般家庭で愛好されてきた（変わった例では百人一首）。歌と文字の関係は多様で、有名な『扇面法華経』では絵の上に文字を重ねている。双方は重なり合って豊かな造形世界を生み出しているとさえいえる（二四〇頁）。

西欧における絵と文字の分離を尋ねると、印刷技術の登場が浮かびあがる。活字の組合せによる活版印刷と銅版による挿絵とでは印刷形式が異なるため、別々に印刷せざるをえない。テキストと挿絵は両者の分離を当然のこととしたのである。他方、日本では、安土桃山時代に活版印刷がもたらされ、木製活字から、さらに金属活字の版本さえ生まれたが、活版印刷は定着せず、木版印刷が隆盛をきわめて、絵と文字が同じ仲間として同一画面に併置されることになったのである。

西欧では、絵は筆、文字はペンと道具が区別されたのに対し、日本では絵も文字も筆という道具の差異による（中国でも「書画」という）もので、文字の特性というところであろうか（三四一頁）。日本の表意文字は極めて形象性が強く、仮名との併用によって文字の造形的表現力は豊かになり、絵と文字が一体化し易いのである（「へのへのもへじ」はその好例）。文字を隠した文字絵、北斎の『六歌仙』はその傑作といえるものであり、「葦手絵」

(風景のなかに文字を隠す)も同例である。現在、俳画をかいた葉書は筆者にも馴染み深いものになっている。「歌と言葉の共存競演において、特に西欧と比較して見た場合、文字が、墨の濃淡、線の肥痩、形の大小、そして自在な配置ときわめて変化に富んでいて、それが豊かな表現効果をあげていることは見逃してはならないだろう」(二五四頁)と。

さらに、有名な、尾形光琳『燕子花図屏風』では花が並んでいるだけである。だが、その背後に『伊勢物語』の世界が拡がっているといわれれば、花以外はすべて暗示にとどめられているわけであり、これこそ高階のいう「否定の美学」の好例といえよう(二四九頁)。

⑪　西欧世界におけるモニュメント(ピラミッドやパルテノン神殿)は、人の記憶を永遠に伝えたいという強い願望の産物であり、その蓄積と継承が文化を形成すると考えるのに対して、日本の場合は、「型の継承」「儀礼の反覆」「土地との結びつき」の三つが、文化遺産の観念を支えている、という。

まず「型の継承」について、伊勢神宮の「式年遷宮」の詳しい説明がなされている。西欧では、記憶の蓄積と継承こそが文化を形成すると考えるが、日本では記憶ははかなく、物も滅び易いと考えて、「もの」を残すのではなく型を継承することを第一に考え(西欧ではロマネスクからゴシックへ、ルネッサンスからバロックへと様式が変わる)、古事記に登場する五・七・五・七・七の型は今日まで残され、能・歌舞伎の古典芸能、茶の湯、華道では「型」の継承が重要視されるという伝統的事例がある。

「儀礼の反覆」について、「時間」は循環し元のところに戻ってくるものであるという考え方がある。これに対し西欧では、時間は直線的なもので、忘却と破壊をもたらすものと考えられていた。が、日本では、年中行事が特別に重要視され、「名所」は多くの思い出を担った地名の言葉であり、背後には、四季のめぐりとともに繰り返される行事によって継承された膨大な記憶が遺産と考えられていたという史実が豊かである。絵画における「四季絵」「月次絵《つきなみえ》」は、名所や年中行事と結びついた風景画であり風俗画であった。そこには「途切れることなく循環する時間」がみられるといえる（二七〇—二七三頁）、という。

「土地との結びつき」については、その場所に多くの記憶が蓄積されて成立した「歌枕」は、時間における記憶の集積である「年中行事」に対する、空間における記憶の集積点である。「名所」といいながら、その主題が季節や行事と結びついた場所であることが多い好例は、広重『名所江戸百景』であろう。

以上、述べた三つと結びついた日本の記憶の遺産は、モニュメントを中心とする西欧とは違った形で、日本文化の伝統を支えている。連歌、連句のような循環的時間の芸術活動は、直線的時間の西欧における個性信仰にとって、その行き詰まりを打開する方策である（二七八頁以下）と結ぶ。
・さすがに高階である。結果、微に入り細をうがった比較美術論の紹介をせざるをえない仕儀となった。高階自身は述べていないが、筆者は、彼が「移ろいの美学」「滅びの美学」を語るときに、「諸行無常」を思い、「循環的時間」を説くときには「生生流転」を考え、「否定の美学」を称するときは「諸法無我」に想いいたった。次の対話に明らかなように、日本美術の心情的基盤に宗教的背景をみていることがわかると思う。つまり、美術という「欲求（欲望充足）文化」は宗教という「規制文化」を深層にもつということ。
(3)　高階は、これより少し前に、平山郁夫と対談し、主題と画面構成・色彩などの画法によって、西洋画と比較した『世界の中の日本絵画』（一九九四年）を出版しているので、両人の対話から日本美術対西洋美術の比較論を拾ってみよう（高階については当然前著とダブるところがある）。
①　「日本美術の特質」から。
(高階)　日本美術は「心情的、叙情的あるいは感覚的な傾向があって、自然にひとつの特色が出るような選択と創造をしてきたと思う」（二〇頁）。

つまり、心情的な「もののあわれ」という美を語る人の感じで問題にしており、シンメトリーやプロポーションのあり方でなにが美しいかというような議論で論理的に築きあげる西洋の美学のようなものは成立しなかった

（「心情の美学」）。客観的な美の基準がないことは一神教が生まれなかったことと関係があると思う。

（平山）日本人は情動的傾向があり、「悪いことをしたらきれいに散って、初めて救われる」という滅びの美学で、「合理主義の世界とはまったく違う」（二二頁）。

「原因と結果の因果関係だけあって、すべては空《くう》であるという思想」に基準をおいているから、美学は宙に浮いてしまう（二二頁）。

（高階）風景画（西洋では一七世紀）と山水画（日本では一一世紀に出現）は、語感からみて違う。山水画には普遍性がなく、その感覚は風土的なもので、その説明は非常に難しい。同じ山水画にしても、中国では人物が小さく下の方に描いてあり、宇宙観が反映しているが（人間を超えた自然の表現）、日本では自然におさまる人物表現をしており、自然との共存の感覚がある。これを空間表現の問題としてみると、日本では平面的に処理（逆遠近法）しているが、西洋では遠近法（マザッチオ『聖三位一体』一四二七年に採用）がルネッサンスで完成し、人間中心主義になっている（二七頁）。

（平山）空間表現が、日本では感覚的で樹木・石を利用した〝にわ〟であるのに対して、西洋の庭園は左右対称で直線的である（三〇頁）。

（高階）建築も、自然の摂理に従って、変わりながらもつなげて伝えようというのが日本式（伊勢神宮）である。また、型・格・精神を継ぐという歌舞伎、茶道、華道の名跡伝承も同様。しかも、伝承方法に従えば可なりで、流派が異なっても共存して残ってゆくことになる（三三―三四頁）。

（平山）永遠に保とうとするのは西洋的な考え方で、ピラミッドが典型的（筆者・それにゴシック聖堂）。

写実の徹底については油絵の描写力が上回り、実在感を出すには材質的・素材的に油絵にはかなわない。日本人は淡白で、実在感に迫ったつもりでも詰めが甘い（三五頁）。

外来と土着の交流において、大きな流れからいえば、マクロでは日本的に処理しているが、ミクロでは夫々の国のことがわかるというのが、日本文化の特長である。とくに根そのものは中国からの一時的移入であるが、どんどん日本化していった（三八頁）。

②「様々な表現世界」から。

（高階）死生観については、日本では輪廻の思想、キリスト教では終末観（最後の審判）が、前者ではとくに感傷的に、温かく柔らかに表現され、後者では思想的（教義に基づいた）にキリリと描かれている。前者における穏やかな表現は自然との協調という感性（死んだら自然に戻る）からくるものと思うし、後者における直線的死生観ではすべてが終わる（四八頁）。

（平山・高階）寺院建築でいえば、初期はともかく、平安時代以後の日本的様式は地形に応じて廊下で結ぶという融通の型式であり、自然と折り合いをつけて生きるという自然観が基盤となっているのではないか（五三頁以下）。

宗教絵画でいえば、西洋では必ず有翼の天使が出てくる。日本の飛天では天衣がたなびき、自然的発想だということがわかる（五四―五五頁）。

世界観でいえば、西洋の絶対神の世界では、現在の生は過去の集積であり、現在の集積が将来に向かうという直線的なものであるから、悪事も連続する（筆者・原罪説?）。そういう世界観がキリスト教美術を生んでいる（五六頁以下）のに対して、日本の場合は、仏教美術が基本にあり自然にかえる輪廻思想が重視されている。ただ一二、三世紀ごろまでは、日欧に共通部分がある。

しかし、空間表現の違いが現れてくると、日欧間は全く対話不能になってくる（「吹抜屋台」の説明は不可能）が、優劣の問題で考えるのではなく、方法論の差異として捉えたい。日本人は遠近法も使うし俯瞰図も平気というように、この方法論の違いを現実の絵画において巧く使い分けしている。

西洋でも物語の背景に風景を描いているが、ぶっきらぼうなかたちでしか扱っていない。山水画は中国から日本に入ってきたが、中国の場合は、巨大で人間を威圧するような自然が特色なのに対して、日本の場合は、自然と通いあうような親しみ易い山水のなかにいる人物になっている。花鳥風月といわれる世界が芸術を育み、自然に対する愛情を生んで調和しているから、そういう感覚にあわないものは切り捨ててきたのが日本の美術史だと思う。それも、カメラのシャッターでとらえた一瞬の風景ではなく、一画面に四季が入っている。これは、季節の循環が日本人の感性を育ててきたからで、例えば「もののあわれ」という言葉が生まれることになる。もっとも、近年における生活の変化によって、「花一輪」に感ずる感性は失われつつあるのかも知れないが（六一―六三頁）。

日本人は整然としたものは性に合わず、曲がりながら伸びた木に美を感ずる。そのためか、平城京・平安京は別として、整然とした道路ができて家を建てるのではなく、昔からの道に沿って家を建て、整然とした都市にはならない。江戸の景観図をみても、すでに街区のまとまりは失われている。西欧の教会を中心とした街造りが中世・ルネッサンス・近世と続いてきたことに較べると、日本は集落の塊が巨大になって街になる。建築そのものも継ぎ足しを重ねているという状態で、都市計画という観念は生まれてこないというしかない。（「建築」は第七章で論ずる）。

（平山）　日本画を描く場合も似たようなところがあって、全体の構図はあっても、実際に描いていくのは隅の方から、つまり部分から描いていく。絵巻だと紙がなくなれば継ぎ足せばいい。初めから大きく構えていっぺんに描こうとすると失敗する。つまりは、部分の集積です。だから街造りも、どこかを中心にして広がっていくというのではなく、副都心を次から次へと――丸の内、新宿、池袋、六本木という風に――つくる。いろいろなところに何々銀座ができて、みんなが楽しむ（六四―六五頁）。

（高階）　建築の場合も融通性があって継ぎ足しができる。しかも、都市計画の場合をみると、なんとはなしに自然とのつながりがあって街造りができる。この自然との折り合いが日本人の知恵だと思う。ただ、それを理論化することをしなかった（六五頁）。

（平山・高階）庭園の場面も同じ感覚で、「中心から左右対称に幾何学的な図形に基づいて、整然と造る」西洋に対し、日本の庭は「狭いところに塀も設けないで……幾重にも木を植えて……複雑に見せて楽しむという美意識」である。絵画でいうと、余計なところは見せない、例えば雲でかくして、それで装飾的な効果も出すし、各場面の境界もぼかしている。また、絵の上に文字を重ねるというデザイン感覚までみせて取り合わせ効果をあげて調和もしているが、西洋の装飾写本の場合は、絵と文字は分かれている（六六―六七頁、中国の「詩画一致」でも重なってはいない）。

そういう調和の美意識は、日本人の場合、生活のなかでも意味をもってきていると思う。左右相称は崩れていても全体としてのバランスはよくとれている。アンバランスのバランスがあるということであると思う（六六―六八頁）。

（平山・高階）絢爛豪華な障壁画と墨による幽玄な山水画の二面性が日本画にはある。この二面性は個人においても存在し（前田青邨・安田靫彦の例）、異質なものが共存している。極彩式と線描式、歴史画と世俗画、描き方における写実的なものと象徴的なものなどの共存である。西洋画の場合は、若い頃は暗く、油っこく、粘っこいが、壮年期は明るく、バロック的な形になり、時代によって様式の違いをくくれる。日本の美術は、古いものを残しながら新しいものを採り入れて多様性を保持し、それが個々の作家の個性の展開と重なりあって多面性をつくりだしているといえる（六八頁）。

西洋の写実は、絵具の塗り重ね、陰影、遠近法などによって現実的にしようという方法だが、日本の場合は、〝線の美学〟で、緊張感のある高次元の線（小林古径）、品格のある教養の高い線（安田靫彦）、闊達で動きのある線（前田青邨）など、自身の実感を個性的な線描で表現している。剣道の極意を表現した宮本武蔵『枯木鳴鵙図』は一瞬の気合を表現しており、また、微妙な筆づかいによる味わいの極致は長谷川等伯『松林図』で、日本的墨絵の代表だろう（七〇—七四頁）。

　写実では絵にならない見本は、禅画であり文人画である。前者は人格そのものの絵、後者は素朴な味わいのなかに品格をもつ詩画一致の思想の表現である（浦上玉堂・田能村竹田・富岡鉄斎など）。その全人格の表現ともいえる禅画・文人画は「うまい」「へた」の評価とは無縁であり、西洋がそれに気付いたのは二〇世紀に入ってからである（七四—七五頁）。

　装飾画についていえば、やまと絵にしても琳派にしても、西洋では工芸品にみえるものでも洗練された見事な障壁画に仕上げ、装飾性と同時にデザインも非常に優れている。琳派の場合、文字と絵が重なり響き合っているし、『燕子花図』では、二色のワンパターンなデザインでありながら、構図の面白さで、みごとな効果をあげている。西洋だったら空・地面をかきわけ、幾何学的な写実となる装飾と対照的に、ここでは象徴的に装飾的な空間表現の世界を作り出している（七五—七九頁）。

　風景画では、代表的なフェルメール『デルフトの眺望』（一七世紀）は人間がみた自然な景観（一点透視図法）であるのに対し、『洛中洛外図』（一六世紀）では視点がメチャメチャに移動し壁画的である（八一頁）。この違いは二〇世紀になって価値観の違い（多元的）、というようになった（八一—八二頁）。

　肖像画の場合、日本では禅宗の「頂相《ちんぞう》」を除いて桃山時代まで権力者の肖像画がない（似絵《にせえ》はカリカチュアに近いもの）。

　カリカチュアの伝統は、日本では宗教画（地獄・極楽・来迎）に生かされ、ひとつの価値として認められていた（八三—八六頁）。

　ルネッサンス以降の西洋絵画は、遠近法と一瞬の時間表現（印象派）が特徴だが、日本では多焦点であると同時に、時間は流れているのが特徴である。とくに「四季絵」は西洋人には説明しにくい。キュビスムでは複数視点があって、それを一画面で処理しているが、時間は流れてはいない。他方、「早来迎」や「飛天」には優雅な運動表現がみられる（八七―八九頁）。

③「世界における日本文化の役割」から

一九九〇年代に入って、世界の図式が変わると、中国とは違い、東南アジアとも違う、日本が主体性を示す文化はどうあるべきかが問題となる。

（平山・高階）西洋文化にも変化が起こっており、そういうなかで、日本の美意識が世界のなかで、どういう役割を果しうるのかを考える必要がある。西洋の一神教では、一つの絶対的基準（人間中心主義）があり、それですべてを割り切ってしまう。美術でいえば人体表現が基本にあり、その理想的形態にしたがって、彫刻や建築も人体比例のアナロジーでとらえ発達してきたのに対し、日本では自然の存在が大きく、人間はその一部であるというように考えてきた。しかし、地球の環境について論議されるようになると、人間中心主義ではやってゆけず、日本人の自然との関わり方が世界に対する新しい方向性を示すことができるのではないか、と思うようになった。

しかも、西洋文化の源泉ギリシャは多神教で日本と共通する物語があるから、日本的自然観が西洋でも見直されてくると思う。ただ、日本の場合、四季の変化をも同一画面にかいて時間の要素を取り入れているが……（九四―九八頁）。

（平山・高階）平安時代における宗教色を払拭した〝やまと絵〟をみると、素朴で人間的情感を表現しようとしており、大陸的な合理主義文化を好んでいない。そして自然を感性で受け止める場合でも、人間化された自然として、地理的場所でも文化を背負った歌枕として、双方が結びついた形で伝統化されている。美しい景色をみても文化がくっついており、枕詞で単純化しながら深みのあるものをつくりだしている。それが、派手で威圧感のある中国に対する「もののあわれ」の情感であろう。

やまと絵、金碧障屏画の装飾性も、材料・技法の点で西洋と異なり、洗練された淡白な装飾性だといえる（九九頁）。

④（平山・高階）合理主義文化には普遍性があるから世界に広まったのは当然で、とくに西欧文明の基盤たる科学技術はフランス革命以来の二〇〇年を通して戦争のたびに飛躍的に発展し、その経済力・武力を通して世界の中心になったのは当然である。（この点はルネッサンス以前の先進的なイスラム文化についても同然）。しかし、合理主義に疑問を感ずるようになった現在時においては、日本文化の骨組みを実物を通して理解してもらうことが重要だと思う。にもかかわらず、日本人自身が日本画の特質を説明し伝えようという努力をしてこなかったといえる（一〇二―一〇六頁）。

（高階）「明治の近代化がうまくいったひとつの理由には、すでに、江戸時代に外国の文化を受け入れる地盤ができていた」（一〇七頁、司馬江漢・秋田蘭画・渡辺華山）から。しかし明治に入っても、黒田清輝の油絵はやはり西洋のものとは違う。

（平山）江戸三百年の文化が日本独自の立場で非常にうまくいっていたのは、日本全土が自治権をもっており、しかも、封地替え・参勤交代などで江戸を中心に物や情報が流通していたから（一〇八頁）。

（高階）加えて、明治になって呼んだ外国人が、日本文化の伝統に気付かせてくれた。ただ受容力・適応力があって外国を学ぶことはうまいが、外国に教えることはへたです。

（平山）西洋に行って文化に接する場合、日本画対西洋画の感覚で考えてたら吹き飛ばされてしまう。そこは五分五分の気持で接しないと。春草『落葉図』は西洋を意識しながらの空気描法（朦朧体）で、日本の伝統的技法は受け継いでいる。

（高階）洋画家の高橋由一・黒田清輝・藤島武二・岸田劉生など、西欧技法を学んだ人ほど、その作品には日本の伝統的感覚や日本的美意識が流れている（一〇九―一一〇頁）。

（平山・高階）今は国を閉ざすことはできませんから、外国文化を飲み込むのと醗酵させるのを同時にやらないといけないが、これまでをみていると、猛烈に受け入れて、また違ったものを生み出している。それが日本のいい加減なところのよさかも知れない。こっちもいいけどあっちもいいと、ポケットいっぱいに詰め込んでしまう。しかし、今度は出さなければならないわけで、終着駅では困るんです（一一一―一一二頁）。これまでは西洋美術の展覧会を通じて文化の片道切符だった。

⑤（高階）西洋では三次元らしくみえるように遠近法や明暗法を使うが、日本は二次元だけの世界であるから、自然の法則を無視して装飾的自然の世界をつくる。花びらがみんなこちらを向いているというように。あるいは、光琳『紅白梅図』のような水流の表現は写実主義ではないが、水流をよく表している。一見、自然から離れているようにみえるが、自然に近いというように、西洋のリアリズムとも違うし抽象的装飾とも違う。写実と抽象の中間で自然に近い表現を生んでいる。速水御舟『炎舞』も写実を残しながら品格の高い世界に到達している（一一二―一一三頁）。

（平山）西洋は目に見える今の現実を描こうとするが、日本はある瞬間のリンゴではなく、リンゴはリンゴとして描く。丸いものに影をつけて丸らしくかいたら画格は落ちる。リンゴを通して自分を描いている。絵に限らず、表現を抑制し禁欲してギリギリのところで表現する。花一輪を描いても、最後は宇宙を目標にしている（一一四―一一五頁）。森羅万象、何を描いても神（筆者・日本の）に通ずる。この日本画の精神性・芸術性について、欧米の研究者に語っていただくと、交流が深まると思う（対談終わる）。

⑥　両者対談のあとに、辻惟雄「『映し鏡』に見る日本美術」が掲載されている。七世紀・飛鳥時代から現代までの日本絵画のなかから一一〇点余りを時代順に並べて、それぞれに、「画題・モチーフ、場面、表題といった点で比較の材料となる外国の絵画を、時代にこだわらず自由にあてがう、という方式」で、「両者の特質とその異同・影響関係を具体的に浮かび出」させようという企画である。

そのポイントは、平山・高階対談のなかにでてくるので省略するが、美術好きの筆者が興味を引かれた若干の例について紹介したい。

『伝源頼朝像・伝平重盛像』（伝藤原隆信一二世紀末、現在は別人との説が有力）対『ウルビーノ公夫妻肖像画』（ピエロ・デルラ・フランチェスカ一五世紀後半）。

前者はわが国ではまれといわれる肖像画で写実的なところが珍しい。西洋では肖像画が絵画の主流であることは読者も承知と思うが、前者の写実性は簡潔という点で西洋画と区別されえようと指摘する（六六—六七頁）。

『洛中洛外図』（伝狩野永徳一六世紀後半）対『善政の寓意』（アンブロジオ・ロレンツェッティ一三三八—一三四〇年）。

前者は室町から江戸初期にかけて盛んに作られた都市風俗画。後者はイタリアのシエナ市公会堂の壁に描かれた都市図。前者の俯瞰の構図に対して、後者は左寄りの視点から横への空間の広がりを表しており、西洋風景画の最初の作例といわれている（一三二—一三三頁）。

『松竹梅図・松に叭々鳥《ははちょう》図』（海北友松一六世紀末—一七世紀初頭）対『こうのとりの巣のある古い樫の木』（カスパー・ダヴィッド・フリードリッヒ、一八〇六年）。

「ともに樹木を主題としながら、表現法における東洋と西洋の違いの際立った二作品である。柔らかな毛筆と硬い鉛筆という道具の差もあろうが、友松の略筆による表現は暗示的であり、フリードリッヒの描写はどこまでも克明である。……」（一四二—一四三頁）。

『瀟湘八景図』（池大雅一八世紀後半）対『ポール＝タン＝ベッサン、外港（満ち潮）』（ジョルジュ・ピエール・スーラ、一八八八年）。

前者は日・中の多くの画家が手掛けてきた画題であるが、大雅は八景を一双の屏風に織り込んだもので、様々な筆法を用いているが、中央付近に黄・藍・緑・朱を用いた点描で柳が描かれ、柳葉は陽光を受けて新しい生命を吹き込まれたように輝いてみえる。この外光表現はフランスの印象派に先んじたものとして注目される。他方、西洋画の点描といえば、スーラが思い浮かぶ。彼の場合は科学的な色彩理論に裏付けられたもので、色彩は計算し尽くされており、光には凝結したような静けさが漂っている（一七八―一七九頁）。

『木の間の秋』（下村観山、一九〇七年）対『道、リラダンの森』（テオドール・ルソー、一八四九年）。前者は、英国留学後の制作で、写実的描写がうかがえるが、絵具の濃淡による奥行表現、雑木林の思い切ったトリミングなどに、日本画の伝統的技法が生きていて、双方が絶妙なバランスを保っている。他方、ルソーの作品は森の小道にまばゆい陽光が差す真夏の情景で、暗い木々が明るい緑と黄の階調を引きたてており、光の微妙な表現と色彩の透明感が油絵具によって生みだされている（一一八―一一九頁）。

『アレタ立に』（竹内栖鳳、一九〇九年）対『ラ・ジャポネーズ』（クロード・モネ、一八七六年）。前者には、西洋画的な近代感覚があるのに対し、後者はモネの日本趣味を示す作品として、よく知られているが、そこには、互いにないものを求める西洋と日本の感性がみられる（一二二―一二三頁）。

『落葉図』（菱田春草、一九〇九年）対『赤い木のある風景』（モーリス・ヴラマンク、一九〇六年）。「同じモチーフで描かれながら、表現の方向性をまったく異にする二作品である」。前者には樹幹や枯葉の質感まで伝わる写実性がみられるが、余白を生かしたリズミカルな木々の配置は琳派の画面構成に共通するものがあって、日本と西洋の伝統が無理なく折衷されている。これに対し、後者は陰影法・遠近法を拒否して、色彩と形態により主観的感覚を表現しようとするフォーヴィズムの方向性を示した鮮烈な色彩と激しい筆触をもつ作品である（一二四―一二五頁）。

・以上で本書の解説を終えるが、比較美術論の観点からいえば、西洋の、人間中心・立体的（遠近法）・装飾的な光と影に対して、日本の、自然中心・平面的（逆遠近法）・叙情的で陰影に境がないという、これまで述べたことのまとめと同じことになる。が、これが美についての文化遺伝子にみられる共通項の証しなのであろう。

真・善・美に対する関心は、文化史の永遠の課題であるから、文学・哲学・美学、そして理学からの論及はそれこそ無辺というに等しい。先述したウンベルト・エーコの著述はその一つの証拠であるが、本稿での紹介がそれこそ欠陥だらけなのは筆者の能力からしてむしろ当然かもしれない。

が、神とか宗教とかにおける秩序・調和と深い関係があるということが判っただけでも、同じ「規制文化」である法文化からみれば大きな収穫だったといえよう。そして、西洋美術と西洋法文化が同質の土壌上にあるのに対して、日本美術の土壌と日本法文化のそれとが全く異質であることが、これほど明確であったと認識した読者は多いだろう。

3　さて、中井著について、少しく具体的に知りたい分野として、日本の〝伝統音楽〟と〝舞台芸術（芸能）〟がある。美術同様に、手元の利用しうる資料から考察しよう。

俗にいう〝歌と踊り〟が単純な形で太古の昔から存在したことは、天鈿女の神話（〝囃子と踊り〟）を引くまでもなく、諸民族のあいだで広く行われていたことは多くの読者も知っていよう。この〝囃子と踊り〟の原初的要因に〝音楽の意味〟があったことも読者には想像がつくと思う。即ち、人間の情動的体験が神秘性を伴って一定のパターンをとるようになると、音楽という芸術的形態ができ上がり、「文化の型」が生まれることになる。

というわけで、日本の〝伝統音楽〟という「文化の型」について考察するが、周知のように、その系譜は無節操と評されるほど多種多様である。しかも、一定の型式をふまえた固有名をもつ文化史上のそれに限定すれば、多くのものは異国の要素を採り入れ日本化したもので、江戸時代までに成立している。

(1)　まず、最古の例といえば、考古学上の銅鐸・埴輪にみるように楽器が使われていたことは確かである。史料上の初見は、前述の通り、天鈿女の岩屋戸での踊り（『古事記』『日本書紀』）。古代では、タマフリという神意伝達の呪法が芸能化した神職による鎮魂神事（六八五年）が宮廷で行われ、「御神楽」といわれた（内侍所御神楽）。それが近世以降、民間諸神社でも行われる「里神楽」として拡まった（とくに明治の「神職演舞禁止令」以降は神官から民間に移り庶民のなかに浸透していく）。この間、今も観賞しうる「里神楽」は、散楽・田楽の要素を吸収して多用化し演劇的に発展したものである。岩手の早池峯神楽（大償神楽・岳神楽）、熊本人吉の球磨神楽、宮崎椎葉の椎葉神楽、青森東通の能舞などが知られている。

神楽の淵源からいえば日本固有のものであり、その型からの区別として巫女神楽、出雲流（出雲・石見・隠岐）神楽、伊勢流神楽、獅子神楽（とくに石見神楽が有名）があるが、説明は省略する（詳しくは本田安治『神楽』一九六六年）。

(2)　異国から移入が多い伝統音楽のなかで、稲作農耕行事が芸能化された〝田楽〟も、神楽同様に固有のものであろう。文献上の所見は、九九八年松尾神社の祭礼に関するもの（『日本紀略』）である。また、藤原道長が催した記述（『栄華物語』）もあり、平安から鎌倉時代に大成した。それに従って、寺社の祭礼で田楽を演ずる職業芸能者（田楽法師）も現れ、一三名ほどの役者が腰鼓・大鼓・笛・簓《ささら》などで囃しながら踊るもので、室町時代には猿楽の大成に大きな影響を与えている。〝座〟とよばれる組織も生まれ（京都白河の本座、奈良の新座）、一〇九六年の〝永長大田楽〟では公卿・検非遣使までが参加して踊り（大江匡房『洛陽田楽記』）、鎌倉後期には能をとりいれた田楽能が上流階級にも愛好された。一三四九年に四条河原で行われた〝勧進田楽〟では桟敷が倒れて多数の死傷者を出すほど賑わい、室町期の応永年間にはさらに頻繁に行われるようになったという。

しかし、江戸時代になると人気は歌舞伎に奪われ、大規模な田楽は行われていない。現在、残存するものとしては、春日若宮御祭の田楽、和歌山那智の田楽のほか、愛知設楽の田峯田楽、静岡水窪の西浦田楽が知られているくらいである（木戸敏郎『百科大事典』ほか）。

(3)　催馬楽《さいばら》も、日本古来の民間歌謡をもとに、平安前期に雅楽の曲調に編曲されたもの。その文献上の初見は貞観元年（『三代実録』八五九年）で、そのころは和琴による国風の伝統音楽であり、宮廷の歌謡として、正式な宴座（「御遊」）のあとのくだけた〝穏座《おんのざ》〟で歌われた。九二〇年に藤原忠房が歌詩の収集を行い、のち源雅信が改撰した。そのため、歌曲は源家と藤家の二流が対立したが、平安後期には催馬楽の様式の完成をみた。その内容は恋愛歌・童謡が多いが、唐楽風の呂律が整備され、横笛・篳篥《ひちりき》・笙・箏・琵琶などが伴奏楽器として用いられた。盛時期は花山・一条天皇のころで、応仁の乱後一〇〇年間は廃絶の憂目にあい、江戸時代の一六二六年、御水尾天皇の勅命により復元された。現在、宮廷で行われているもの（七曲？）は、その時から伝承されているものであり、そのほか民俗芸能化したものとして、熱田神宮・住吉大社の踏歌祭における催馬楽や、神遊《かみあそび》歌・田植祭歌・盆踊歌・浮立《ふりゅう》芸のなかに、その命脈を保っている（詳しくは今井道郎『日本歌謡の音楽と歌詞の研究』一九六七年参照）。

・神楽・田楽・催馬楽は日本人の信仰・生活から生まれた〝音と踊り〟である。それゆえ民俗史の観点からみれば、形を変えながら今日まで伝えられた地域もあり、現在、それらは「町おこし」の目玉行事として珍重されて、コミュニティ復元の原動力ともなっている。

(4)　猿楽は、奈良時代に中国より伝わった散楽がもとで、当初は歌舞・滑稽物真似・幻術などを含むものであった。宮廷における御神楽の余興として行われていたが、平安中期に猿楽といわれ、寺院芸能の呪師と結びつき、また民間芸能者の田楽・傀儡の影響から新猿楽と称されて国風化した（藤原明衡『新猿楽記』）。鎌倉時代には、声明の影響をうけて寺院芸能に発展し、修正会・修二会における降魔的所作となり、地名を冠する〇〇猿楽とよばれる一方で、歌舞劇として能・狂言にとりこまれることになった。

観阿弥は大和猿楽の創始者であり、世阿弥は『風姿花伝』に猿楽（申楽とも）の縁起を記しているほどである。室町・江戸時代を通じて「猿楽」と記されたが、明治一二、三年ごろ、野卑を理由に能楽に改められた（詳しくは林屋辰三郎『中世芸能史の研究』一九六〇年）。

(5)　伎楽は、奈良時代から平安初期にかけて伝来した唐楽・高麗楽が、わが国において野外で演じられるようになった滑稽味をもつ仮面舞曲である。正史によると、百済の味摩之《みまし》が呉で学んだ伎楽をもって帰化した（推古天皇六一二年）とあり、「呉楽」（くれのうたまい）とよばれ、雅楽寮で育てられた。のち、橘寺・四天王寺・太秦《うずまさ》寺（広隆寺）などで供養音楽として扱われた。（東大寺の大仏開眼供養で上演されたことは知る人ぞ知るである）。

「師子」「呉公」「金剛」「迦楼羅」「崑崙」「力士」「婆羅門」「大孤父」「酔胡」の九曲からなる組曲形式で、曲ごとに異なる伎楽面をかぶり、きらびやかな衣裳の舞人が行列をつくり、決められた場所で、曲の順序に従い楽器（笛・鉦盤・腰鼓）の伴奏によって、次々に滑稽な演技をする無言劇である。平安中期以後に衰弱し始め、「伎楽面」だけが残されている例が多く、型通りに行われているのは四天王寺の「師子」にすぎない。が、今日の祭礼行列で先導する悪魔払いの「獅子舞」の元祖はこれである（蒲生美津子『百科大辞典』より）。

⑹　雅楽について、まず簡単に語義・沿革から。中国における「雅正の楽」、つまり上品で正しい音楽のことで「俗楽」に対するもの。中国の春秋戦国時代に儒教の礼楽思想を根拠に成立したが、日本に伝来したのは唐宮廷で行われていた宴楽であった。日本の古い記録では四五三年允恭天皇の葬儀に新羅の楽人が合奏を行った（『日本書紀』）とあるが、確証があるのは『大宝令』（七〇一年）にある治部省の雅楽寮という皇室系・神祇系の祭祀用音楽の教習機関の設置である。教習は上代歌舞・唐楽・三韓楽のすべてで、歌が重要なもの、舞が中心となるもの、舞と器楽によるもの、器楽だけのものなど、さまざまであった。

が、それはほぼ三系統に分かれ、㈠は皇室系・神祇系祭祀音楽の神楽・東遊・久米歌・倭歌《やまとうた》などで、今日でも宮廷で行われているが一般の目に触れることはほとんどない。組曲形式か多楽章形式で舞が中心。㈡は大陸系宴饗音楽で、紀元五世紀ごろから遣唐使廃止までの四〇〇年間に渡来した器楽合奏と舞で構成され歌のないものである。㈢は平安時代の歌曲で、今様・歌披講《うたびこう》を含め郢曲《えいきょく》とよばれたものである。そして、この三種が時代により〝はやりすたり〟があったことはいうまでもない。

平安時代に楽制改革が行われ、唐楽を中心に日本古来の祭祀音楽が整えられ、神祇系（神楽歌の楽譜『琴歌譜』が残る）は創設された楽所に移り、新しい日本歌謡の催馬楽・朗詠も雅楽と呼ばれた。とくに興福寺・四天王寺の楽家の活動は活発で、応仁の乱後の朝廷衰退時には宮廷の楽人となり伝統を保持しえたのは、これら楽家（京都・奈良・大坂出身の「三方楽人」）の活躍によるところが大きい。

江戸時代には、京都御所とは別に、江戸城内の紅葉山に集められた紅葉山楽人の存在があった（安倍季尚『楽家録』）が、明治になって太政官雅楽局が設けられ、楽人は伶人とよばれた。それまで公卿が受け持っていた催馬楽・朗詠も伶人が演奏することになった。戦後一九四九年から宮内庁楽部と改め今日に及ぶ。

今日の雅楽の特徴を一口にいうと、旋律が曲の構成要素であり、リズムは四拍子で強弱の要素をもつものが大部分。能楽とともに極めて体系的で精密な音楽理論をもっており、呂《りょ》と律に分けられる（ロレツがまわらないを想起）（蒲生美津子『百科大事典』ほか）。

4　日本の伝統音楽にふれた個人著、小泉文夫『日本の音』（一九九四年、一部紹介ずみ）がある。雅楽その他について観点の異なる考察をしているので、ここでその部分を紹介しておきたい。

(1)　「正月の芸能と民族音楽」

正月の芸能・行事には「田植踊り」「裸祭り」「門付芸能」（獅子舞・万歳など）「神社祈願」（流鏑馬・湯立かぐらなど）「人形芝居」の五種があり、古くからの習慣によって行い、〝昔の姿を振り返る〟〝生きる喜びを感ずる〟という意味をもっている。

民族芸能には、人々の生活や仕事に結びついて日常的な感情をあらわす「民謡」がある。音楽といえば西洋音楽のことという現代において、「生きてることのよろこび」を味わえ、しかも、素人がちょっと練習すればできる昔ながらの音楽で固定した形がないという利点、これこそ民族芸能の価値である（一二八頁以下）。

(2)　「雅楽」について

日本人が外国人に紹介する日本音楽の代表は雅楽である（一三二頁）。何よりも、管楽器・弦楽器・打楽器の合奏という点で、オーケストラと同じようなアンサンブルになっており、また、源流が外国といいながら陶冶をへて日本に根付いたという点が西洋音楽と同じであり、〝人類一般の音楽の美しさ〟に共通する証しだと強調する。筆者は、楽器のアンサンブルを中心に声楽を含み、それが舞踊の伴奏音楽となっている（舞を伴わない「管弦」だけのものもある）というから、西洋流にいえば、オペラとバレエの最古のコラボ（？）だと思う。

古代貴族のあいだで広まった雅楽は武士社会では衰え、江戸時代における復活の動きに応じたのは催馬楽であったが、その伝承はほとんど失われており、厳密に再興することは困難であった。ただ、現在、林謙三による解読研究とレコードを通して、かつての旋律・リズムの骨格は窺い知ることができるという（一四二頁）。それによれば、当時の西欧音楽「グレゴリオ聖歌」（単旋律）に較べて、管弦楽の合奏は音楽文化として進んでいたと評価できるがゆえに、西洋音楽の輸入に接した明治時代の日本人は、その受容についても非常に積極的な態度をとったに違いない。

さらに、雅楽の音楽的特徴や理論は三味線音楽の地唄などに大きな影響を与えるなど、雅楽は現代の伝統的舞台芸術を考える上で逸することのできない音楽である、と結ぶ。

小泉の立場は、音楽文化の民族的多様性（文化相対主義）の視点から、西洋音楽もひとつの民族的文化として捉え、相互が影響しあって異文化と自文化は相対化するというもの。つまり、ある地域に単一の音楽文化があるのではなく、様々な音楽文化が連接したり重なり合っているのだといいたいのだろう。確かに、現在は、一人の人間が複数の音楽文化にコミットして楽しんでいるという状況が諸国で出現していることを考えれば、時代を先取りした考え方ということになるが、……（中川真「解説」より）。しかし、日本の伝統音楽行事に較べて、西洋音楽のクラシック、ポピュラー、ミュージカルなどの人気がより一層盛んという現状をみると、日本の場合、伝統音楽にグローバルな普遍性がないのではないかという疑問が残る。

歌舞音曲の伝統芸術について、西洋で人気があるのは歌舞伎でしかないという現状は何故か。

⑶　日本の伝統音楽は歴史的に極めて多種多様である。この際、その事情を明らかにして、読者の見識を広げる素材に供したいと考える。

小泉曰く「極端な言ひ方をすれば仏教音楽に関係のないような伝統音楽……はないくらい、われわれにとって大切な音楽」（一五一頁）であると。それは、第一に出家が儀式のときに行う「声明《しょうみょう》」であり、第二に「御詠歌」、第三に郷土芸能化した〝念仏踊り〟〝雨乞い踊り〟〝盆踊り〟などである（一三一頁）。

声明といわれる仏教音楽の源流は、天台声明・真言声明であり、また臨済宗の一派である普化《ふけ》宗（一七世紀開宗）からは「普化尺八」がでて、それが、今日の伝統音楽の「琴古流」になっている。また和語による七五調の四句一節を基本として節をつけ詠唱する「和讃」（古いものは奈良時代）があり、浄土各宗派では和讃を法要の主部に据えた勤行形式が現在も多用されている。もっとも、歴史的に有名なのは〝大仏開眼供養〟（七五二年）における「四個法要」（唄《ばい》・散華《さんげ》・梵音《ぼんのん》・錫杖《しやくじよう》）であり、今日でもこの四曲は伝承されている。

「声明」は寺院で普通に使われている言葉であるが、歴史的には鎌倉・室町の時代に「講式」「論義」が加わり、対話形式の音楽となり、オペラのように演じられることもあった。それが演劇的に展開されて、「能楽」となったといわれると、成程と頷かざるをえない。記譜法も整備されてきたことはいうまでもない。

他方、和讃・御詠歌といった庶民信仰における仏教音楽は、踊りも加わった念仏踊りになったり、盆踊りになったり、風流踊り（出雲の阿国）になって、江戸時代の歌舞伎へと発展する。著者曰く「江戸時代の豊かな日本音楽……の出発点は、やはり仏教音楽に根ざしている」（一六〇頁）と。仏教音楽は、今日、東大寺二月堂・薬師寺の悔過《けか》法要などに残っているのに対し、その源流のインドでは全く影をひそめてしまったという。声明は単旋律、無伴奏だが、旋律・音域は豊かである。そして、中世に琵琶の伴奏がつくと〝平家琵琶〟、つまり「平曲」となる。

(4)　ここで琵琶楽の話に移ろう。八世紀・九世紀の、奈良・平安時代には琵琶の独奏曲が行われていたから古い話だ（当時の楽譜が歴史的史料として残っている）。

中世になると、「平家琵琶」（平曲）がおこる。仏教思想を琵琶の伴奏で語るという音楽スタイルの始まりである。お経の伴奏に盲僧琵琶もあり（今日では荒神琵琶の形で残る）、日本全体の音楽からいうと、ごくわずかな部分しか占めていないが、音楽史からみると重要な問題が含まれているという（一六六頁）。つまり、形は違うが、琵琶に似た楽器がアラブ諸国（「ウード」という）、東欧、スペイン（「ラウタ」という）にあり、西欧のリュートとなる。そしてギター、マンドリンと続く。

その使われ方は、雅楽のリズム用、平家琵琶（鎌倉初期）の三和音風、薩摩琵琶（室町時代）の激しい旋律、明治時代の筑前琵琶では三味線的技法による歌との密接な関係、さらに、筑前琵琶から派生した昭和初期の錦琵琶という女性的な繊細表現というふうに展開しており、日本音楽史からみて興味ある視点を提供しているといえる。

(5)　室町時代初期に成立した舞台芸術の能楽を、小泉は本書で扱っている。「能・狂言は音楽か」という問題提起でわかるように、「音（楽）」に焦点をあてた考察である。本稿では7（後述）「舞台芸術」の項で能・狂言を扱っているが、小泉流に音からみた「能・狂言」をここで紹介する。

果して、能・狂言は、音盤で聞くだけでは「音」としても不完全であるという文言に始まる。いうまでもなく、しぐさ・舞などを含めて能というからである。しかし、音楽的側面からみるだけでも色々な特徴があるから、その音楽的特徴について論じようというのである。

①　まず音階から。謡のなかで使われる旋律的要素は三種あり、㈠「弱吟」——五線譜で書きあらわすことのできるきまった音の高さをもった音律、㈡「強吟」——音の上がり下がりはあるが、音符でとらえることは不可能な、不安定で激しい動きのある音、㈢「語り」——ことばの朗唱によりせりふを述べるもので、人物・役柄の性格に従い決まった形はあるが、特定の音高で一音一音を楽譜に書くことはできない、と。

「弱吟」は「わらべうた」とほとんど同じ構造のものであるが、細かな装飾をつけたり、音の高さ・ピッチを次第に高めたり急激に低めたりする特殊な技法を使う。「強吟」は弱吟と同じ動きのメロディに対し、非音楽的・非旋律的に抑制した表現を求める謡い方であって、音程の幅は狭く、しかし、一音一音にこまかな激しい動きがたたみ込まれたもので、音の動きは弱吟よりも狭い領域に押し込まれている。

②　リズムは、能の場合、七五調の歌詞をば「八ツ拍子」を一区切りとする拍節のなかにあてはめるために工夫された理論体系が基礎になっている。言いかえれば、ことばの一拍を保持しながら伸び縮みをさせて音楽的表現に高めているわけである（地拍子《じびょうし》という）。その方法に大ノリ・中ノリ・平ノリの三種がある。一字一拍が大ノリで、事が急に運ぶところは二字一拍で、これが中ノリ。字余り・字足らずは、休符にしたり二字分を一字分に縮めたりしてリズムをくずさないので、大ノリは四文字・四文字、中ノリは八文字・八文字で文章ができている。

平ノリは歌詞が七五調の場合で、合わせて一二文字、音楽は一拍二字なら、八拍子で一六字分のスペースになる。そこで、上の句七文字の一・四・七字目と、下の句五字目をのばしてしまえば等拍性が守られ（ツヅケという）、打楽器のパターンに合う。同じ平ノリでも歌詞の等拍性を尊重して、音楽の拍節を等拍でなくしてしまうやり方があり（三ツ地という）、女性を主人公にした静かな地謡に使われる（八ツ拍子の一・三・五拍目を短くして歌詞の等拍性に合わせる）。

③　囃子は笛・小鼓・大鼓・太鼓による「四拍子」か、太鼓を使わない曲もある。笛は謡いと同じ旋律ではなく対位法でもなく、独特の音列によって謡いと特殊な関係に結ばれながら演奏される（自由な場合を「アシライ」という）。従って、リズムのうえでは、楽器と謡いの拍子は結ばれながら合う場合と合わない場合がある。

こうして能の音楽は自由なポリフォニーにみえても、背景に厳格な理論があり、いかにも武家の音楽だという感想をもつ（一八四頁）と。

④　「能の時代的背景」のなかで、興味を引く記述がある。「仏教の影響」と「幽玄」についてである。前者については、声明・講式・論義といった仏教要素が濃厚に反映されているところが歌舞伎や文楽と異なっており、

それが音楽的素養のない武家にも理解できたという点、それから、後者は、後から出た人形浄瑠璃は人形を生きた人間のように取り扱うため、その表現が誇張された濃厚な演技を必要としたのに対して、能では生きた人間が仮面をつけて舞うために人間臭くならないように動きが抑制され動作も象徴的に行うようになる。不必要なものはない最低限の状況描写、これが「幽玄」の美を創りだすことになると。謡も義太夫と反対に小声でささやき、早くたたみかけることなく、限られたテンポ内で、限られた音の高さ・表情で人間的表現のすべてを行うというように、静かな、簡素で深い表現を求める気持が見た人にも感じられるというわけ。

観世・宝生・金春・金剛・喜多の流派がシテ方として今日まで存在し役柄も固定しているという頑固な家元制が、能という芸術を現代社会にまで永続させた理由である（一八七頁）と結ぶ。

・武家社会の封建的秩序が、能の芸道化とその体系化に協力したことはよく判る。そこから幽玄美についての理論化は必然の帰結であろう。伝統芸能のなかでも支配・上層階級のそれが理論をもっていたことは、民衆の道理体系に対して支配階級の法体系が優位していたこと、そのため、明治の西洋法継受にあたって違和感（その内容の理解に食い違いがあるにしても）をもたなかったことは判るような気がする（非理法権天の例）。現在、能においても新曲（例：スーパー能）がつくられ始めている。

(6)　現在、日本音楽の代表といえば、室町末（一五三〇年ごろ）に成立した「箏曲」と、江戸時代の「三味線音楽」である。明治以後、日本音楽の習得が子女の必要条件とされた一般家庭では、お琴が上流子女の稽古事の対象楽器であったのに対し、三味線は下町の町家や特殊な社会で使われたという経緯がある。その背景に眼をやりながら、まず「箏曲」から。

①　室町時代、平家琵琶を語る盲法師が職業ギルド（のちに「当道」といった）をつくり、その統轄の中心を職屋敷とよんだが、江戸時代には盲人に対する生活保護の見地から、地唄（一六〇〇年ごろ成立する三味線音楽と箏との合奏）や箏曲は盲人の専有とされた。箏・三弦に胡弓・尺八の合奏もあり、こうした音楽は、「三曲」とよ

ばれたが、雅楽・能楽に比べ、家庭的・室内楽的で純音楽的であり、そのため明治以後の新しい洋楽による社会的文化的影響に対しても伝統的強味を発揮し、今日に至っている（二〇三頁）。

箏は日本では琴《こと》ということが多いが、これは別物。琴は七弦で柱《じ》がなく、七弦琴といわれて江戸時代まで使われたが、今はない。また「琴瑟相和す」という言葉にみられる「瑟《ひつ》」という楽器があるが、その弦の数が半分（一三本）になって柱によって音の調弦の可能なものが箏である（宮中で使われる和琴は六弦）。

② 日本に入ってきた箏は雅楽で使われた楽箏であるが、和琴という六弦のものは今でも宮中で使われており、また楽箏は雅楽で今も演奏されている。この楽箏がその演奏法を発達させて〝筑紫箏〟が生まれ、それが俗箏として一六世紀に三味線の名手八橋検校（『六段』の作曲家）により庶民の音楽となって、一七世紀には生田流が生まれ、地唄と箏曲の混合した音楽文化を作ることになる。これが今日の三曲合奏（尺八ないし胡弓を加える）の母胎である。これに対し、浄瑠璃系統の三味線音楽との融合をはかったのが一八世紀後期に生まれた山田流であり、浄瑠璃の三味線と箏および尺八との三曲合奏ということになる。

同じ三曲合奏といっても、西洋のトリオが対位法的あるいは和声的に組み合わせているのに対し、日本の三曲合奏は、それぞれが似たような旋律をユニゾンで合奏するという形になっている。そこに日本音楽の同じ旋律による共同演奏の喜びという内的な音楽追求の姿が読みとれるのではないかという（二一〇頁）。

近年は箏とオーケストラの合奏（箏コンチェルト?）を聴く機会がままあるが、これなどは、「コラボ文化」の見本の一つだと筆者には思える。

(7) 三味線音楽に入ろう。江戸時代の町人生活にとって三味線は必需品に近かったといえるが、その現れ方は、次の四種である。一に歌舞伎、文楽（義太夫の伴奏）、二にお座敷（専用の長唄、浄瑠璃、端唄、小唄、都々逸など）、三に一般家庭（長唄ほか）で、箏のように場所をとらず歌の主要な伴奏楽器として、器楽的・旋律的・打楽器的な演奏に優れた楽器であった。四に民謡三味線があげられる（津軽三味線が有名）。また、芸術音楽としての面からでは「語りもの」(浄瑠璃)、「うたいもの」(長唄・地唄・端唄)の伴奏楽器と分けて考えることもできる。

・中国(三絃)から沖縄(三線)を経て大坂に伝わったとされる三味線は、人形浄瑠璃と結びついた義太夫が一七世紀末と古く、新内(一八世紀)、清元(一九世紀)と続くわけである。

しかし、こう説明されても古典芸能に詳しい知識人ならいざ知らず、一般読者には、どこかで聴いた音だと琴線に触れることはあっても、その判別は不可能に近いと思う。〝伝統文化〟だというものの、それが伝統音楽に対する我々の感性である。しかも、そこに西欧的合理性はひとかけらもなく法文化には程遠い。

①　ここからが、小泉の聴き分け方の説明である。まず、声の出し方(とくに「語りもの」の場合)に気を付け、その発声法に合った三味線が使われており、その音色の違いを聴くだけで判るというわけ。つまり三味線には、太棹・中棹・細棹の三種があり、太棹は音が重厚で線が太く、響きは曇ったような感じの音色、細棹は派手で明るく淀みのない透明な音を出す音楽が適していることになる。そこで、重厚な義太夫は太棹、一番軽快な長唄は細棹になり、中棹は地唄と新内で使われる。ただ地唄は太棹によく似た性格をもつが澄んだ音色になり、新内はハリのある力強い音で情緒的な表情をもつ音色がでる構造になっている。つまり、一口に三味線といっても、種類は多く、それぞれ違った音色をだすように工夫されている(詳細な説明があるが省略)。

②　次いで、「語りもの」「うたいもの」について述べる。語りもの、つまり浄瑠璃のなかで今日まで残っているのは、義太夫・常盤津・富本・新内・清元(古曲には宮薗・一中・河東あり)である。しかも、義太夫が古浄瑠璃の要素を保ち、その後の語りもの音楽に強い影響を与えていることを考えると、義太夫を最重要と考えてよいだろう。実は、情緒的・煽情的な性格の「豊後節」(一中節から派生)がひととき大いにはやったが、幕府の強い圧迫により絶えてしまった。常盤津・富本・清元・新内は、この豊後節から生まれたもので、それらを豊後浄瑠璃と呼ぶこともある。

義太夫が長い命脈を保っているのは、いうまでもなく、歌舞伎と結びついているためである。また、新内は

〝流し〟によって大いにはやった時期があったが、劇場で行われないということで存続が困難となっている。

以上、みてきたように、語りもの音楽が日本ほど発達（細分化）している国は珍しい。義太夫を例にとれば、一人で年寄りになり若者になり、男になったり女になったりして、語り口による表情の使い分けをしており、音階は浮動し、リズムは不等拍で、また大きな声を出したり小さな声になったり、発声法上の工夫は非論理的でニュアンスに富んでいるという特色を考えると、浄瑠璃は最も日本的なものと評価される（二二五頁）という。

三弦楽器が代表的なものとなった国は日本に限られないが、日本での理由は、その断続的な音が声楽の文句の邪魔をせず伴奏の役目によく見合ったこと、またメロディを演奏しうると同時にリズム楽器の役目も果しているということがあげられる。

③　最後に、「うたいもの」の話に入る。お琴の八橋検校が三味線の演奏家であった話は前に述べたが、それは箏曲の母胎に三味線音楽があったということの証しでもある。その最も古い例は、上方の「地唄」（一六〇〇年ごろ、例：「雪」「黒髪」）で、江戸好みの長唄がそこから生まれる（一八世紀初め）。地唄は箏曲と密接な結びつきがあって、生田流では、箏が主なら箏曲、三味線が主要なら地唄という場合もあるくらい。

元来、地唄という盲人社会で発達した音楽は、聴覚的に純粋な表情をもっているので、唄はつけたしで器楽が主という発達をみせ、「手事」といわれる純器楽的部分があるという特徴がある（二三六頁）。

これに対し、長唄は江戸の芝居小屋をバックに発達したので、三味線は凡ゆる人間生活のドラマ的表現に応ずるようになり、浄瑠璃の手を用いたり、雅楽の真似をしたり、能の音楽をとり入れたりと、幅の広い表現ができるため、凡ゆる伝統音楽の唱法を取り込むことになる。こうして、「うたいもの」という三味線音楽は日本人の音楽的表現としてという幅の広いヴァラエティを持つものとなり、凡ゆるタイプがたたみこまれているというのが現状である。

しかし、三味線のオーケストラとの合奏は、箏や尺八に比べると極めて無理であることは、その演奏領域や効果を考えると頷けると思う。その微妙なリズムや音色、細やかな旋律の装飾にこそ、伝統音楽が努力を重ねてえた魅力があるのであって、純粋な形で保存すべき責務がある、と結ぶ（二四一頁）。

・三味線音楽ほど複雑なものはないと思う。それらを解説するのに便利なのは音楽辞典であるが、それの説明をかりても読者をいらだたせるだけだろう。この後は、筆者流に小泉著を参考にしてその厄介な系譜を整理すると、浄瑠璃から派生した義太夫節（一六八四年成立）、一中節（一七〇七年成立）、豊後節（一七一七年成立・四〇年廃絶）、阿東節（一七一七年成立）があり、廃絶後の豊後節から派生した宮薗節（一七三〇年成立）、新内節（一七四五年成立）、常盤津節（一七四七年成立）、加えて富本節（一七四八年成立）とそれから生まれた清元節（一八一四年成立）がある。

長唄は一八世紀初めに、それから萩江節が一七六九年に分派する。俗曲・端唄・小唄（端唄の一種）・歌沢は幕末に生まれ流行した、となる。つまり、何とも繁雑で、これらの聴き分けはプロしかいないとしかいいようがない。

(8)　尺八音楽について。尺八の古い楽器は正倉院や法隆寺に残っているものがあり（「古代尺八」という）、象牙や石のものもあるが、穴の数や寸法はそれぞれ異なる。室町から江戸時代にかけ「一節切《ひとよぎり》」という竹の節の一つのもの（三四センチぐらい）が一時は大変に流行した。多くの読者が知る虚無僧の吹く普化尺八は普化宗（禅宗の一派）の法器で、お経を読むのと同じ意味で吹いていたのであって、琴古流（一七四〇年成立）、都山流（一八九六年成立）と分かれた。

江戸中期に黒沢琴古が確立した琴古流と、明治に中沢都山が創めた都山流の、この二派が今日の尺八演奏の中心的勢力である。が、このほかに、民謡尺八があることを知る読者は多いと思う。尺八というと、ヨーロッパのリコーダーを想起する読者がいると思うが、その萌芽は尺八の源流であるアジア・南米の縦笛がヨーロッパ的に変化・発達したものである（一九七頁）。

諸井誠「竹籟五章」や武満徹・間宮芳生の尺八現代作曲版を考えると、尺八は今も時代を越えて人間の娯楽用音楽楽器としての可能性をもつと評価できる、と結ぶ。

琴古流は普化宗廃止後、箏や三味線との合奏を積極的に行って宗教から離脱した楽器（ただし虚無僧のレパートリー九六曲をもつ）として普及した（尺八専用を本曲、三曲合奏を外曲という）。都山流は大阪で始まったが、一九二二年東京に本拠を移し、宮城道雄と提携して全国的に勢力を広げた（本拠は京都に）。都山流で有名なのは山本邦山、琴古流では青木鈴慕である。

西洋音楽にでくわしたときの邦楽界の驚きは想像に余りある。どうにかしなければと三曲界から一つの方向性を示し邦楽近代化の突破口を開いたのが、宮城道雄である。新楽器の開発（大正一〇年の一七絃、昭和四年の八〇絃の発表）では一七絃が邦楽器として定着し数多く作曲されている。そして昭和三〇年の宮下秀冽三〇絃、野坂恵子による昭和四四年の二〇弦箏・平成三年の二五弦箏という開発も。

(9)　大衆の邦楽について。「端唄」は「長唄」に対する短い歌曲をさし、家元・流派に係わりなく、民衆の心意気を明快に気軽に歌った、一種の〝はやりうた〟（今でいう流行歌）的な性質をもつ。

次に「うた沢」。芸術音楽と大衆的音楽の中間的存在で家元制度があり、幕末の成立で庶民層に流行した。「小唄」は端唄から生まれてきたもので多くの家元をもつが、職業的演奏家というよりは庶民のなかでの日常的芸術活動と見るのが適当である。その違いは、うた沢はおっとりした品を重んずるうたい方で、落着きのある表現であるのに対し、小唄は清元で使われる短い歌曲が独立してできたものであるから〝粋〟ということが中心になっており、時に転調したり、レパートリーから断片を拾い出して変わった趣向で続けたり、とくに唄のあとで、後弾をつけて唄の詩的情緒に落ちをつけるという趣向のものもある。つまり、江戸邦楽のエッセンスが盛り込まれている作品が多くあって流行した。流派も生んで独立し、戦後においても文化人の間に広まってもいる。

(10)　現代邦楽について。今日、判然と洋楽派と邦楽派は二分されており、相互の交流といっても、洋楽曲の演奏に邦楽器（ばかり）が使われたり、邦楽曲のなかに洋楽器が使われることがあるが、曲のイメージははっきりと現れている。

・いうまでもなく、西洋音楽が日常化して、新聞の広告欄を賑わしている現状をみると、音楽多元主義といいながら、小泉の伝統音楽に対する期待は、大衆に限れば〝民謡〟〝盆踊り唄〟に求めるしかないというのが現状である（?・）。

⑾　少々煩瑣になるが、伝統音楽といっても箏曲・三味線・尺八には今なおファンがいるので考え直し、法文化からは程遠いと思いつつも、趣味人のために、現在ききうる代表的録音を参考に記しておく（『邦楽ディスク・ガイド』より）。

①　声明（日本宗教には音楽がないと誤解している読者のために）――お水取り声明（東大寺）、薬師悔過（薬師寺）、天台声明（延暦寺）、月並御影供（金剛峯寺）、梵唄（万福寺）など。

以下、演奏家別録音を摘記する（演者の重複は録音盤の違いによる）。

②　箏曲・地歌（本来は三味線を伴奏とする最古の音楽で上方における〝土地の歌〟の意。寛政年間以降に発展し、さらに箏曲と接近して明治以後は三曲合奏の形態となった）――富山清琴（六段・みだれ・千鳥の曲ほか）、宮城喜代子（六段・笹の露ほか）、米川敏子（六段・残月・乱ほか）、米川敏子（砧・残月・春の寿ほか）、深海さとみ（五段砧・みだれ・八重衣・ゆき・黒髪ほか）、沢井一恵（秋風の曲ほか）、福田千栄子（鳥辺山ほか）、宮城道雄（さくら変奏曲・秋の調ほか）、沢井忠夫（手事・水の恋態ほか）、中能島欣一（三つの断章・盤歩調ほか）、野坂恵子（二〇絃箏曲集）、沢井忠夫（沢井一恵の一七絃およびオーケストラとの協演ほか）、菊池悌子（一七絃箏の世界）、深海さとみ（一三絃と一七絃の同時演奏）、吉村七重（二〇絃奏の第一人者・西洋楽器との合奏も）、木村玲子（二〇絃・尺八による「秋の曲」）、沢井一恵（「みだれ」ほか）、西陽子（純正三度にもとづく純正調演奏など）、砂崎知子・沢井一恵ほか（一三絃四面、一七絃二面によるヴィヴァルディ「四季」）、小宮端代（二五絃による童謡）。

・箏の音色と特性を生かして音域を拡げながら、その近代化を図ろうとした演奏が目白押しであることがわかろう。

③　三味線

い、地歌（「箏曲」の項参照）――菊原初子（松竹梅ほか）、富山清琴（鐘ヶ岬・雪ほか）、平井澄子（雪・黒髪ほか）、富田清邦（吾妻獅子〈箏〉・こすの戸・残月〈尺八〉・ゆき〈胡弓〉）、菊茂琴昇（京鹿子ほか）。

長唄（元禄年間に上方で発達し〈地歌の長歌〉、江戸にもたらされると単に長唄と称されるようになったが、上方長歌は家庭音楽的に発展したのに対し、江戸長唄は歌舞伎に結びついて派手でリズミカルな音楽となった。しかし、京都の杵屋勘五郎が上方長歌を歌舞伎で演奏するようになると舞踊劇が生まれ、また富士田吉次による浄瑠璃や荻江露友による荻江節も派生した。長唄が性格を明確にしたのは寛政期で舞台に長唄連中がすわるようになった）――芳村伊十郎（岸の柳・秋色種・鷺娘・越後獅子ほか）、今藤長之・芳村伊十七（松の緑・岸の柳・都鳥・小鍛冶・雨の五郎ほか）、吉村小三郎（勧進帳）、松永和風（老松）。

義太夫（浄瑠璃の流派名で始祖は竹本義太夫。明和年間に人形浄瑠璃が衰えたあと、音楽としての義太夫節が愛好され語り物音楽の典型となる。詞・節・地合から成り、時代物五段・世話物三段で、太棹三味線を用い重量感のある音色が特色）――竹本綱太夫（新口村）、豊竹山城少掾・竹本越路太夫（葛の葉子別れ・三十三間堂棟由来ほか）、野沢松之輔・野沢吉兵衛・竹本春子（壷坂霊験記・艶姿女舞衣など）、近藤幸子（綱館・吾妻八景）。

常磐津（浄瑠璃の流派名。常磐津文字太夫を始祖として、一八世紀ごろから長唄と並んで、江戸の歌舞伎音楽として発達した。中棹を用い歌う部分と語る部分が平均しており、技巧的な面は少ない）――常磐津千東勢太夫（関の扉・乗合船）、常磐津菊三郎（将門）。

清元（浄瑠璃の流派名で、清元延寿太夫が一八一四年におこした富本の一派だったが、清元斉兵衛が新しい語り方を工夫し、俗謡や流行歌を江戸風の粋な芸風につくりあげた。技巧的発声により柔軟な音色を出す）――清元登志寿太夫（青海波・保名・三社祭）、清元志寿太夫（玉兎・雁金）。

新内（豊後節が禁止されたあと、富士松敦賀太夫が独立して演奏用浄瑠璃に転向し、心中ものに取材して鶴賀節と名のった。その孫弟子世敦賀新内が名人で「新内節」と呼ばれるようになった）――新内志賀大掾・新内勝一郎（日高川・花井お梅）、鶴賀徳之助（明烏後正夢）、鶴千代（四谷・明烏）。

端唄（清元に挿入される短篇歌曲、細棹を用い江戸端唄を指す）――本條秀太郎（夢の跡・夕暮れ・並木駒形ほか）、神田福丸・本條秀太郎（梅は咲いたか・白酒・からかさ・秋の夜・米山くずし・春雨・潮来出島・露は尾花など）。小唄（テンポの速い軽快で粋な音楽。細棹三味線で爪弾き、一〇〇〇曲を数えるが、歌詞は端唄・うた沢と共通するものがある）――春日とよ（与三郎・佐七・わしに逢いたくば・さつまさなど）。コラボ――芳村伊十七（勧進帳〈ティンパニー〉・娘道成寺〈オケ〉）、富士松菊三郎（新内流し〈オケ〉）、西潟昭子（三枝成彰作〈エレクトーン〉・西村朗作および諸井誠作の三弦二重奏）、高田和子（北爪道夫・一柳慧・福士則夫・細川俊夫作品の三絃演奏）。

・三味線には歌舞伎や民謡（とくに津軽三味線）という強力な助っ人があって、その近代化の工夫は箏曲や後述の尺八に比べて劣るという印象が免れえないが……。

④　尺八――神如道（十数ヶ所の虚無僧寺を訪ね普化宗中心の古典本曲を集大成した）。「普化尺八」＝門田笛空（阿字観・薩慈・吾妻・雲井獅子など）、中村明一（〈根笹派錦風流〉調・下り波・松風の調べなど）、矢野司空（本調べ・心月調・手向けなど）、善養寺惠介（調・裏調子・鶴の巣籠など）、彈眞空（普門録）。「琴古流」＝山口五郎（鹿の遠音・八重衣）、横山勝也（松巖軒鈴慕ほか）、横山勝也（鹿の遠音・惜春〈自作〉ほか共演多数）、青木鈴慕（鹿の遠音・巣鶴鈴慕・奥州薩慈・残月〈生田流箏曲と〉・さらし〈山田流箏曲の素吹き〉・竹籟五章〈諸井誠〉）、山口五郎・青木鈴慕の合奏（鹿の遠音・鶴の巣籠り・虚空・一二三調鉢返し）、高橋龍道（尺八本曲の集大成）。「都山流」＝星田一山・山本邦山・石垣征山（都山流名曲集）。「コラボ」＝山本邦山（尺八とオーケストラのための協奏曲ほか）、三橋貴風（竹籟五章〈諸井誠〉・鳳将雛・霜夜の砧・悲曲変容〈尺八・二〇絃箏〉・樹冠〈尺八・二〇絃・一七絃〉）、野村峰山（尺八三重奏・五重奏・箏一七絃入り・竹韻ほか）、田辺頌山（静かなる時〈水琴窟と〉・想〈一七絃〉ほか）、村岡実（時には母のない子のように〈稲葉国光のベース〉などの洋楽曲）、三橋貴風・福田輝久・藤崎重康・田嶋直士のカルテット（獅子の実・刈干切唄・影を慕いて・ムーンライトセレナーデほか）。

・民謡（例・各地の追分）が盛んなあいだ尺八は廃れないと、筆者は単純に考えていたが、さまざまな工夫でコラボを試みる、あの神韻縹渺たる響きは何ものにもかえがたく、世界の楽器になり得ると思う。規則的拍をもたず噪音的演奏技法の多い尺八である。

西洋音楽のもつ定型的純理機能の尊重という特徴にくらべ、日本の伝統音楽は情感的知覚神経に訴えるという特徴があるといえば、その調和しがたい違いから、伝統音楽のいろいろな試みを考慮しても洋楽と強調しにくい文化範疇のものとしかいいようがない。むしろ、伝統音楽のよさを西洋に知らしめる策を考えることの方が重要であろう。それにしても、音楽通と思っていた筆者にとって、この邦楽ＣＤの多彩さにはビックリ!!

5　繰り返しになるが、明治の〝入欧〟により学校唱歌が始まると、五線譜による音楽が一般化した。伝統音楽は「邦楽」といわれ（洋画・日本画の区別の場合と同じ）、やがて趣味人の音楽として、大衆路線からハズレてしまい、爾後は周知の通り。わらべうたは童謡、庶民の〝はやりうた〟は流行歌といわれ、演歌が日本人の心情向きに作詩作曲されてマス・メディアを賑わすことになる。今日の紙上広告をみても、洋楽クラシックの盛んな宣伝に較べて、邦楽といえば歌舞伎上演の記事がほとんどであり、テレビにみるのも、特別番組・民謡のほか、オーケストラをバックに洋楽風に演奏される和楽器との合奏である。邦楽界の努力は多と評価しえても〝珍しさ〟が先行しているとの感が深い。

とすれば、この多様で特殊な日本音楽は、世界、とくに西洋でどう捉えられるのか、について考えてみたいというのが論理必然だと思う（以上、筆者）。

⑴　前述の、小泉文夫『日本の音』の副題は、まさに「世界のなかの日本音楽」であり、また「日本文化のなかの伝統音楽」が論ぜられている。

①　まず前者から、音楽理論は除いて。

伝統音楽で主に用いられる音階は五音音階で、四種類ある。

第一種は、わらべうた・民謡にみられるもので、朝鮮・中央アジア・トルコ・ハンガリーの民俗音楽の基本的な古いタイプと同様である。

第二種は、江戸時代の三味線・箏音楽に用いられたもので、インドネシア・朝鮮・アフリカに似た音階のものがある。

第三種は、雅楽の音階で、中国から入ってきたものであることを考えると、極めて国際的音階であることも推測できよう。しかも、この「律の音階」が中世から近世にかけて日本民衆の間に広がると、日本的情緒と不可分なものとして発達してきている（一六頁）。

第四種は第一種の変化したもので沖縄的な音階。インド・チベット・インドネシアなどにも見られる。

こう考えると、日本人の音感覚は世界のなかで孤立したものとはいえないことになる。

次に、リズムについて、洋楽のリズムの基本は強弱を基本としているのに対し、邦楽の場合の強弱は音楽の内容を表現する手段としてであって、意味を変えるわけではない。拍子は時間的位置関係を明確にする「前《まえ》」「後《あと》」の表現、即ち、前拍・後拍、または表《おもて》拍子・裏《うら》拍子という位置の関係で説明するのが適当だと思う（二〇頁）と。さらに、日本のリズムの特徴は、一拍が同じ長さではなく、拍の伸縮が盛んに使われているといえる。このリズムの伸縮という特徴は、民族音楽についていえば世界中にあり、トルコや東欧などでは、長い拍と短い拍が規則的に混合して使われているというように、日本的リズム感は仲間が方々にある。つまり、西洋音楽のリズム構造の方が特殊といってもいい（二二頁）。

②　そうすると、日本における邦楽の特色は何かという問題になる。

まず、リズムの強弱が音楽的表現を伴うこと（ディナーミクの変化が決定的）。テンポについては、楽曲のプログラム全体、さらに太鼓の一ばち、三味線の一ばちのなかに、「序破急」のテンポの変化が、西洋音楽に比べて複雑に発達し、それは音色にも現れ（こうなると同種のなかでも異質）、とくに三味線の音色については異常なほど神経が使われている。猫の皮、その厚さ、駒の重さ・形、糸・棹の太さ、撥の形は流派によって異なるのは、声の性質に関係があるからで、義太夫の太い声には太い棹・糸・重い撥・駒が必要であり、長唄のような明るい表現には細棹・薄い撥・軽い駒が使われるという具合である。

つまり、「日本人の『ねいろ』に対する好みのこまやかさ」は特別で、厳格さはストイックなまでといえる特徴があるということができる（二八頁）。

③　しかし、日本の音楽楽器の歴史を考えてみると、日本人は外国からきた楽器を日本人の好みに合うように改革して使っていることに気付く。典型的な例では、民衆の間で広く使われた三味線の場合、工夫のポイントは〝さわり〟と〝撥〟にあり、音色の発想を当時の民衆楽器であった琵琶に求めている。

こうして、三味線音楽は義太夫・常盤津・清元と展開し、その特徴を生かしながら並行して存在することになった。つまり、邦楽間の垣根がなくなって、それぞれの専門家が他の邦楽部分の曲を演奏し、また合奏するという現状がある。恐らく洋楽についても、それと同じ並行現象がみられるはずで、つまるところ、現代人にとって音楽文化は洋の東西を問わず、型からの解放と、芸術音楽・民族音楽の区別からの解放を目指して、大衆音楽の国際的震源地（一例・黒人音楽）たる〝音楽の根源〟に向かっていると考えられるという。

・文化のグローバル化が文化多元主義に及ぼす相対化と考えられるということか。

(2)　小泉は『日本の音』と同時に『音楽の根元にあるもの』をまとめている。が、前著のなかで「日本文化のなかの伝統音楽」を論じているので、この問題を再考したい。

このテーマは、建築・文学・音楽・演劇の各専門家が集まった「日本文化研究国際会議」における音楽部門での報告である（一九六八年）。

①　まず、他の分野に較べても、音楽については、西洋一辺倒のなかで、伝統音楽に対する正しい認識が音楽

教育専門家のあいだになかったことをあげる（六六頁）。それは、西洋音楽も芸術だといいながら、ほかの文化と較べても自己表現を伴わない技術の側面を強くもっていたため、その習得に力が注がれて伝統音楽とのつながりを欠いたからであると説く。その証拠が、伝統的要素と西洋的技法がほとんど結びつかない歌謡曲の展開である、と。

それにしても、伝統音楽との隔絶についての認識不足の理由やいかに、という問題がある。

その理由は、文章の構造・文学の形式、並びに音楽の形式にある。

前者についていえば、日本の文章では、句読点は読む時の息の切り方の必要から付されたもので江戸時代の文章にはない。つまり、主語・述語・目的語の区分が明確でなく、また文学の形式でも、江戸時代まで連鎖的並列的形式が行われ、各部分の全体における構成プランに構成原理はない。従って、音楽の構成を考えた場合、文章の脈絡にこだわらず、（とくに長唄の例）、断片をつなぎ合わせ文章のニュアンスだけで連鎖を続けていくことが多い。こうした文学と音楽との結びつきは、歌詞のない器楽でも行われているからである。文学の伝統的修辞法にみられる「カケコトバ」も、連続性を強める手段として、音楽にも技法上で当然のように用いられる、隙間をあけない「わらべうた」のように変拍子が多くなる。また能の上演にみられる、地謡の終わらないうちに謡いはじめるシテ、シテの最後の音を引き終えないうちに謡いだすワキ、これなどは上演の連続感をもたせる常套手段で、演者はそれを意識していないということが行われている（七三頁）と。

これでは洋楽を聴きなれた耳にとって邦楽が聞きづらくなること請け合いである（筆者）。

② 次いで、舞踊と音楽の関連性について。

地唄舞や歌舞伎踊りでは、手や躯の動きが何かを語っており、盆踊りや民謡踊りの語りのない〝単なる動き〟とは異なる。この語る動き（「ふり」という）は俗に「あてぶり」といわれ、「型」ができてくると、邦舞に限らず武道のなかにも入ってくる。「型」は華道における「天・地・人」から、その極致ともいうべき茶道まであり、音楽の場合も同様、旋律には非常に多くの型がある。長唄の名曲「越後獅子」には地唄のそれが採り入れられ、歌舞伎の下座音楽には「付帳」という、筋書のどの部分でどの旋律を使うかという「型」の名が記されている。この「型」は中世の声明や平曲や能の中にも確固として存在し、日本の芸術音楽では一般的現象となっている（七六頁）。

邦舞と音楽の関係では、また「寸法」という概念があり、歌詞のある部分からどの部分までの間にどんな動きをするかという大まかな「寸法」が決まっていて、その枠のなかで仕事をすることになっている。この融通無礙の精神（傍点筆者）は能の謡と囃子の関係にそっくりあてはまる。決まったところで始まり、一緒に終わりさえすればよいというのが「寸法」の感覚である。これは舞踊や音楽ばかりでなく、日本人の生活リズムにも強く働いている（七六頁）という。

例えば、造園についていえば、石組には〝鶴亀石〟とか〝三尊石〟とか、独立した石よりも組合せで旋律型をとることにより概念化する、また建築についていえば、設計図がなくとも、部屋の配置を口でいえば大まかなプランができてしまい、依頼主は棚とか窓とか細かな点で個性を出せば、それで済んでしまうのである。それこそ、伝統の「型」があるという約束ごとのうまみである（筆者・「型」があってもその理論はない）。

絵画における線のもつ表現力が書道の端的な特徴となっているように、邦楽特有の発声法にみる独自性も、自律的体系はなく、他の芸術と密接に結びつき絡み合っている（八〇頁）。それを思うと、ひとり、音楽だけが教育現場で伝統と全く切り離されて取り扱われたのでは身も蓋もない。

③　こう考えて、伝統音楽に対する身の処し方につき、著者が強調したい二点が語られることになる。

つまり、第一に、伝統音楽の性格を歴史的科学的に調査し、その理論的体系を措定できれば、社会における新しい要求に従って変様してきた伝統の形相を理解しうるし、第二に、これまで借物の洋楽を優れたものと勘違いして、伝統音楽の芸術的価値を見失ったことが、ステレオや洋楽器という物体をもっているだけの受動的受容にすぎなかったことに気付くのである、と。

だとすれば、これまでの洋楽一辺倒の教育は改めて、「わらべうたを出発点とする音楽教育」から枠をひろげて、「東洋や西洋の伝統音楽ばかりでなく、新しい現代的な技法をも理解できるような形の音楽にもっていけば……伝統という問題もなくなり……未来の次元にその感覚をひろめることができる」。「こうした……国際性においては、各人はその独自の表現形式を失うことなく、他のあらゆる民族様式をとりいれようという社会がやがて到達するであろう」と、遠大な計画を提示することで、この問題を結ぶ（八四頁）。

・伝統音楽の「型」に理論はないという。つまり、そこにみる演者の自我意識は、行雲流水のように流れ、そして淀む感性によって自律本能は流動化してしまうのか。例示に則して、法文化の問題としていえば、国際社会において「国際法の法的性格」が肯定的に語られながら、国際司法裁判所による〝国際法の支配〟が確立していない現状（国際人権法の妥当性についての議論はあるにしても）の合せ鏡のようなものに期待を寄せることになる。

⑶　伝統音楽の将来性について、「型からの解放」をめざすという遠大な構想をのべた、小泉文夫の〝音楽観〟は何か。

民族音楽学者としての小泉の見解『音楽の根元にあるもの』（一九九四年編）にきいてみよう。「音楽と人間生活との根源的な関係」をさぐろうというのである（「まえがき」より）。そこで、この論文集のなかから筆者の視点に基づいて拾い書きしてみたい。

①　「I　風土とリズム」から。「音楽・舞踏のように直接的な身体表現に結びつくリズム感はその特定の人びとの生活基盤である労働の形式と……密接な関係をもっている」。「水田農耕の地帯では、舞踊の身体的重心は常に安定した腰におかれ、どのような動きにおいてもその瞬間に動きを止めることができるような『静』の要素が見られる」。「腰巻や着物に対するズボン、下駄や草履に対する靴といった衣服の上での相違によって、ますますリズム的表現を制約する環境を作り上げ」る。そして郷土的社会において、老若男女が一様に踊る盆踊りの形式

が共同体の表現として親しまれるようになる。これに対し、遊牧・牧畜の社会では、生活のアクセントとしてコントラストが重視され、男組・女組の区別がなされ、男らしく・女らしく表現される。

また日本の芸能では季節感が強調され、雅楽においては、春は双調《そうちよう》、冬は盤渉《ばんしき》の観念があり、能の舞台では季節にふさわしい演目が選ばれ、箏曲の春の曲・秋の曲の区別、歌舞伎における雪の場面・花の場面にみる下座音楽の表現があり、とくに民謡では農耕作業の変化に影響する季節がテーマとして歌われる傾向が強い。

また、雅楽で区別される「序破急」のテンポは、世阿弥によって掘り下げられ、中世以降の日本の諸芸能に適用されている。華道しかり、茶道しかり、書道までもである。しかしその適用の広がりは、かえって概念の曖昧さをもたらしているので、この観点からいえば、その捉え直しが必要である。即ち、「序」は準備の段階＝期待の部分として本質的な構成要因をなしているから、序破急的リズム感を一方向的流れとして捉えず、季節同様、回帰性を目指す流動性的視野から考え直した方がいい（三七頁）と。

②「Ⅱ　民族と歌」から。〝日本音楽における民族性〟という課題を考えてみると、現代のわれわれの音楽は、奈良・平安時代とほとんど関係がないし、鎌倉と江戸時代では全く異なっている。つまり、音楽の表現形式について民族的特性を選びだすことは至って困難である。しかし、現代の洋楽一辺倒のなかにも、日本独自の様式に対する要求が依然強いという事実があり、それを考えると、音楽の分野でも民族（俗）学的方法ともいうべき〝音楽社会学〟が成立しうると思う（一〇六頁）。

ところが、現在、その音楽社会学が行われていないため、分化した日本の伝統音楽を並列的にみるだけに終わってしまい、民族性の問題をとらえられなくなってしまっているのである（一〇七―一〇八頁）。

しかしながら、音楽社会学的研究といえば、各民族における音現象の内部的掘下げが基礎となることは間違いない。そして、その最も強い基礎となっているのは民謡研究である（一〇九頁）。何故なら、民謡は民衆の素直な音楽的感情によって長く唄われてきたもので、節の長さに時代による変化はあっても、五音階の流れはほとんど変わらない。拍やリズムについての理屈はなく（筆者からみても、江差追分・磯節・越中おわら節・山中節を言葉で教えることは不可能である）、その伴奏は三味線や尺八の伝統楽器であるから、時代を越えて民族の音楽的感性を探ることができるのである（一〇八頁以下）。

また、著者は「わらべうた」を「民謡」に加えて民族性の例としてあげる。学校唱歌、流行歌、コマーシャル・ソングの何れを考えても、音階・リズムの構造は「わらべうた」のそれを基準に、それに近いものを採り入れているからである（一一二頁以下）と。

・日本文化の重層性もしくは複合性ということを考えれば、日本の伝統音楽に理論がないということは容易に推測できる。だとすれば、音楽社会学はそれをどう分析しようというのか（?）。

6　「音楽社会学」といえば、M・ウェーバーの『音楽の合理的・社会学的基礎』（一九二一年）が思いあたる。三度間隔の譜線のうえに音の高さと長さを表す記号を配列する合理的記譜法と、オクタープを一二等分して音程を定める一二平均律によって合理的な和声音楽が発展した西欧において、それが修道院を舞台として発達したという事実の発見が、ウェーバーを興奮させたのである（浜日出夫・厚東洋輔）。

前述したように、情動的体験の上に成立した原始的音楽の場合、人間という共通の立場にたった「共有の意味」があったが、言語の構文法が異なる国において、それが次第に失われ、また宗教によって規制される場合になれば、その芸術的形態も互いに変化して複雑となり共通するものがなくなるのは当然。東洋と西洋では音律・音階・旋律が異なるので、その対比が語られるのが音楽界の現状であり、音楽社会学上の普遍的理解など思いもよらぬことになる。

(1)　しかし、人間の実存的構造は普遍的ということに執着すれば、音楽について普遍的な「共有の意味」への展望はきりひらけるという立場（「音楽哲学」ともいうべきか?）から、北沢方邦『音楽の意味の発見』（一九六七年）が書かれた。もっとも、重層文化国の日本できかれる音楽は、いわゆる伝統音楽のほか、西洋のクラシック、ポップス、ジャズ、ロック、シャンソン、タンゴと種類は文字通りグローバルであり、本書の趣意も形無しという有様で、そこをどう切り抜けるのか。ひとまず、北沢の見解に耳を傾けよう。

① 西欧の近代音楽は〝外にあらわれた〟言語のなかに、〝内にかくされた意味〟が含まれているので、そこに目をつけて普遍的体験があることを引き出せれば、それが音楽のもつ「共有の意味」であるから、それを再発見したいという（「はじめ」から）。

本文は「音楽は万物共通のことば」かという自己設問から始まる。原始の民族的音感について、農耕民族は「自由で静止的なリズムや装飾的で息のながい旋律からなりたっている」が、狩猟民族は「拍節的で運動的なリズムやみじかい規則的な旋律からなりたっている」という分類はできるが、民族性や人種による民族的音感の分類はたてられない（二一頁）。

しかし、われわれの例でいえば、雅楽や能は〝共有の情動的体験では語られない〟何らかの説明が必要となる。つまり、雅楽は儒教的な礼楽思想に他ならず、能は中世仏教のエートスである。

このように、歴史社会に入った高度な芸術音楽については「民族」の冠をつけたくなる特殊性がめだち、それは宗教との関連に基づいている、という。

他方、古代ギリシャでは、他の諸芸術と同様、「音楽は感覚的に快く、美しいものであると同時に、徳にとって善いものであり、形において正しいものでなくてはならない」。この倫理的・論理的な美の要請は「〈ハルモニア〉（調和＝一致＝音階法）という概念となって結晶している」（二九頁）。そして、この美のロゴス的傾向が西欧の音楽様式の発生に大きな影響を及ぼした、と論ずる。

② こうして、情動的体験のうえに成立していた音楽の「共有の意味」は特殊性をもちはじめる。それは、音楽が人間の実存性によって伝達されているからであるが、しかし、西欧音楽の歴史は、その多種多様な人種・文

化を通じながら特殊化の方向ではなく普遍化の確立にむけて成果をあげているというほかはない。だとすれば、人類的規模での「共有の意味」を確立することに悲観的になる必要はないことになる（三九頁）。もっとも、西欧の「共有の意味」への歩みには「合理性」への歩みという特徴があったからであり、それは西洋近代音楽に限られたという事実を忘れてはいけない。ということで、西洋音楽史を中心にして「共有」への道が提供される。つまりは、キリスト教音楽史が始まるといった方がてっとり早い。

話は、『ヨハネ伝福音書』の「はじめにロゴスありき」という言葉（定理）から始まり、キリストを通してロゴスが伝えられたとする厳格な二元論（傍点筆者）はラディカルな合理主義を生み、音楽はこの「ロゴス」の表現であった、と。

(2)　このようにして、話はキリスト教の音楽から始まることになる。近代音楽までは長いときがあり記述も多くなるが、一般には知られていないと思うので、なるべく丁寧に説いてゆきたい。

①　まず、初期キリスト教聖歌はユダヤ教様式の模倣から出発したため、土俗的文化と融合して民謡化した（東ローマ帝国にはヘレニズムの遺産が継承されている）が、徹底した合理化が行われたのは西欧においてであった。ここで、ガリア聖歌・モザラベ聖歌（ケルト・ゲルマン＝的旋律）の形態をこえて、「共有の意味」の確立をめざす禁欲的理想主義の「グレゴリオ聖歌」が成立する（四七頁）。

現在残るケルト文化、即ちアイルランド、スコットランド、ウェールズ、ブルターニュなどは、今でも伝説と民謡の宝庫である。「アーサー王伝説」「聖杯の騎士」「トリスタンとイズー」などの伝説が歌われ、クルート（ハープの古型）やハープによる和声（現代的）の断片が残されていて、西欧音楽の確立に影響を与えていることを予測させる。

他方、ゲルマン音楽についていえば、その使用された楽器——角製のホルン、青銅製のルーレ・シンバル——から考えられる自然の倍音列からみて三度間隔からなる旋律（例：スウェーデン民謡「美しきウェルムランド」・

ティロルのヨーデル）が奏されていたと考えてよい。それがケルト文化との接触によってラテン化し、さらにキリスト教化して、トルバドゥールやトルヴェールの音楽となった（五二頁）という。

トルバドゥール芸術は中世文化の抽象化・抒情化された精髄の最後のものであり、南仏のトゥールーズが壊滅するとともに衰退し、かわって北方のトルヴェールが興隆し、ドイツのミンネゼンガーが現れることになった。つまり、教会様式の影響をうけた前者の壮重な旋律は民衆的な舞踏歌の影響をうけ、明快なリズムと音階にしたがい、その後の西欧音楽の方向性を予見させてくれる（五三頁）と。

②「中世都市の出現は、十字軍戦争とイスラーム世界との接触によって変質しはじめた西欧封建制の、ゆるやかな解体過程の象徴であった。それはまた十三世紀にはじまる大きな転換期の文化の担い手となり、したがってあたらしい芸術様式の基盤となる」。

即ち、「トルバドゥールやトルヴェールにかわって、市民的なメネトリエ、またはメネストレルの登場を意味した」。「彼らはモテットをつくり、流行の舞踏音楽に複旋律をつけ、そしてみずから楽器をひいた」。「十三・四世紀に教会様式が大きく変化し、ポリフォニーの登場とともに、民衆様式との大きな接触と交流がおこった」のは「その背景にこのような都市音楽家たちの組合があった」からである。「彼らはポリフォニーとともに教会にまで入りこみ、その楽器演奏の技術によって奉仕した」。中世都市における、この音楽家集団の形成は独自の市民的人間像の萌芽をおもわせ、近代オーケストラの創設を匂わせているではないか（五四—五五頁）と。

ポリフォニー（多声音楽）が民衆からキリスト教の学僧たちに注目されるようになったのは一一世紀になってからで、彼らはそれをグレゴリオ聖歌にあてはめたりし、この両者の接触は巡礼歌のなかに具体化した。即ち、カンタベリー、サン＝ドニ、アーヘン、ヴェズレー、サン＝チァゴ・デ・コンポステラ、サン＝ピエトロなどの聖地をめぐるときに歌われたが、その一例はコンポステラの一二世紀写本、北方様式による三声の和声的音楽紀譜にみることができる。

そして、民衆の巡礼歌を徹底的に理論づけ探求したのが〝ゴティク精神〟であった。「すべての部分は全体へ秩序づけられている」（トーマス・アクィヌス）から、民衆の音楽も神の秩序への意志、即ち理性によってみちびけばよい、つまり、教会旋法、リズムのモード、協和音・不協和音の区別などの形相は、ラティオに従えさせればよいとした（六一頁）。

他方、都市音楽家による市民芸術と民衆的な宗教的儀式の二元的対立を含むことで動的発展をとげることができたのも、また〝ゴティク精神〟であった。

③「十五・六世紀のポリフォニー音楽は……十三・四世紀の学者的・僧侶的芸術の継承である。十三世紀の『アルス・アンテクア』（古芸術）と十四世紀の『アルス・ノーヴァ』（新芸術）とのちがいは、厳粛な様式で民衆的ポリフォニーから自己を区別する必要を感じていた象徴主義的傾向のつよい芸術と、民衆的様式を積極的に同化し、より高度の体系化をあたえようとする自然主義的傾向のつよい芸術との差異にほかならない」（六二頁）。「しかし、十五世紀から十六世紀に移行するにつれて、知的で技巧的な要素がますます優位をしめ、同時に、……自然主義的な性格もますますつよくなる」（六四頁）。

そして、シャンソン・ミサとカノンの全盛期になる「この時代の音楽の《共有の意味》の中心はテノール声部にあった。なぜならそれは、《ロゴス》（神のことば）を保持する（テノール）声部であり、他の声部はその模倣（イミタチオ）にほかならなかったからである」（六四頁）と。

シャンソンの旋律が使われたのは、この時代の芸術に特有の自然主義からであり、同時代の画家が、素朴な娘を素描しながら聖母に仕上げたように、野の花であるシャンソンを神の家に捧げたと説いている。

次いで一六世紀のルネッサンス音楽。古典的で理想主義的美の性格は宗教音楽にまで浸透する。パレストリーナとジョスカン・デプレの出番である。前者の「感情表現よりも、形式の均衡と対照による等質的構成」、後者の「錯雑した体位法的構成にもかかわらず、ミサの歌詞に対するかなり忠実なリアリズム的表現」は、カトリックの反宗教改革と結びついてバロック様式の出発点となった（六六—六七頁）。

⑶　いよいよ近代音楽に入るが、「宗教改革の意味は……『共有の意味』の転換であった」と始まる。

①　中世からの多声音楽がパート歌唱別であったのが総譜となり、主題あるいは動機の発生がひとつの核となって時間を切りとり構成してゆくという、音楽的〝パースペクティヴ〟の中心の転換が「共有の意味」の変化の現れであった。

「古典的な規範から解き放たれた生命力の躍動」、それがルネッサンスである。一六世紀末のフィレンツェでオペラが発明され、あっという間に生命力と情熱の躍動をほとばしらせた。旋律は詩の表現する情念を自由に伸縮しはじめ、新しいリズムを生んだ（モンテヴェルディ）。「詩のもとめる感情にしたがって、ふるえ、おののき、嘆き、あるいは歓喜に躍動」（七四頁）した。純粋な感情移入の様式、これぞバロック芸術に固有の要素である（純粋な感情移入の様式は日本の歌舞伎音楽にもみられる。この点については後に詳しく考察する）。

が、西欧一七世紀のオペラには、ルネッサンスの合理性遺産と宗教改革によって創造された「理性」意識があった（筆者・歌舞伎にはない）。この合理主義探求がなければ、バロック・オペラにみられる生命力と情念の躍動はなく、近代合理主義の形成はみられなかった（七六頁）。

宗教改革におけるプロテスタントの音楽理論は、想像とは異なって、むしろ保守的役割を果していた、という。しかし、その保守的な復古主義が近代思想を生みだしたという逆説を考えれば、オペラによって始まった人間的情念の解放に対置して、内なる理性意識との二元的緊張を芸術自体の内部にうちたて（北方）、またスコラ的合理性の追究と情熱的感情移入的な人間的自然との接触によって、高度な統一的「共有の意味」を生みだした。

バロック音楽の脈搏のような規則正しいリズムこそ、地方・国民、教会・宮廷などのさまざまな場所からつくりあげた「共有の意味」である（八三頁）。それは、情念からわきあがる生命力にみちた衝動に合理的形態を与えながら倫理的な力による規範との葛藤を生んで、「現世的人間的衝動にもとづきながら同時に超越的な対象化によって高度の倫理性をもった音楽が登場」（八四頁）したからである。換言すれば「バロック・リズムの象徴している『共有の意味』は、……ありのままの時代像にかかわり、それを実在的に表出している」（八五頁）と。

②　バッハ、ヘンデルの死とともに「和声《ハーモニー》」が登場し、衝動と規範、非合理性と理性の烈しい二元的対立にかわり「調和」がもたらされる。器楽曲は感情の自由な表現である劇場様式に接近し、オペラ序曲から出発したシンフォニアが交響曲として完成される。また室内ソナタを支配した力学的リズムは、その主題を中心として「ソナータ形式」の原理を確立し、主題という形で解放された人間的感情をより高い理性的形式のなかに導くことになった。中世にはじまった合理性への歩みの完成である。個別的信仰や特殊な価値のうちに成立していた、かつての芸術の「共有の意味」は、近代音楽における「合理性」そのものとなったので、実存する音楽の合理的構造を理解することが「共有の意味」の了解となるのである。

しかし、この合理性は純粋に技術と形式の上になりたつことができるから、和声と対位法という平均律にもとづく理論体系、五線記譜法という合理主義的表現手段、楽器の徹底的合理組織であるオーケストラという完全な形態の「形式合理性」である。従って、これら諸体系の技術的習得さえ可能なら、「共有の意味」を考慮せず作曲が可能となる（九二頁）。

「合理性」と「共有の意味」の二律背反である。

・徹底した合理性は人間性を破綻させるということだ。法文化の例として、アメリカの「訴訟国家」を考えてしまうが。「この『形式合理性』と『共有の意味』の二律背反が、戦慄とともにあらわとなる」のは、ワグナーの楽劇『トリスタンとイゾルデ』である。即ち、この曲で、「『共有の意味』は人間性に対する合理主義的な信仰を失って崩壊し、ニヒリズムという非合理性にゆだねられている」（九四頁）からである。「共有の意味」が解体すれば、あとはマックス・ウェーバーのいう「神々の戦い」以外のなにものでもない、と。

③　「共有の意味」の疎外は、演奏家も同じ。そこでは、オーケストラや独奏楽器の全能力をかけた絢爛な効

果の発揮にすぎなく、「モーツァルトの旋律が要求している繊細なカンタービレも、ベートーヴェンの和声構造が要求している力動的な柔軟なテンポも、ブラームスの晦渋な構成をいきいきとさせている音楽の内面的流れも、いっさいが無視」され、効果の誇張的表現におきかえられている。こうして、作品の「意味」の明証性は失われ、「形式合理性」もない（九八頁）と。

では「共有の意味」の再現にはどうするのか。それは、演奏家が「自己の問題意識を、楽譜という『歴史的事実』のなかに投げこみ、それと無限の対話をつづけることによってのみ、真の『合理性』が発見され、過去と現在をつなぐ『共有の意味』がもたらされる」（一〇三頁）という。

楽譜の変遷をみてみよう。バッハは「ただ音を書きならべ、発想も強弱もフレーズの切り方も指定していない」。対して、バルトークは細かいテンポ指示を記入し続けている。それは、同時代の演奏家が、指定のない「自由」を作曲者の意図どおりに再現できるだけの、「共有の意味」の基盤が失われてしまったことを、彼が自覚していたからである（一〇五頁）。

④　このあと、音楽史が論ぜられる。「理性にもとづく全人類の友愛的結合という理念は……ベートーヴェン自身の内面の弁証法的格闘によって、実存的な全体性を獲得している」（一四一頁）と著者がいうのは、まさに『第九』である。しかし、『リング』（ワグナー）による「おそるべきニヒリズム」（一六九頁）、憂鬱な現実と理想へのあこがれの二元性に分裂したチャイコフスキー、世紀末の代表者たる「世界苦」のマーラーと「ニーチェ的超人」のリヒャルト・シュトラウス。「憂愁と神秘主義、あるいは世界苦と非合理性の反逆、これが『世紀末』の状況であった」（一九一頁）。

この「世紀末」の芸術の枠、つまり、合理主義的思考のソナタ形式による一九世紀の音楽形式が、その思考と実存的内容について背反関係におかれるようになった（その矛盾の頂点がワグナー）とき、それをときはなったのがドビュッシーであり（一九五頁）、そしてまた、音楽から人間の実存性を排除し、すべての情動を捨て去って、普遍的人間性を人工的に仮空のものとしたのはストラヴィンスキーであった（二〇六―二〇七頁）と。

理性が実体を捨てさって疎外されたところに「共有の意味」はないからである。ところで、二〇一三年はストラヴィンスキー『春の祭典』の初演一〇〇年にあたるという。不安と危機が人を追いたてた二〇世紀にふさわしい音楽として、その危機意識が『春の祭典』をもりあげている、とみるのは筆者。

(4)　失われた「共有の意味」を求めて、筆者はいう。それは人類の到達した最高の真理であり、芸術の自由・自律性として成立した「文化的自由」であり、それを失ったのは現在の大衆消費社会が原因であるから（大衆音楽というレヴァイアサンの流行）、それによってつくられた疑似主体性を見極めて、多元的文化性を出発点としながら、社会と文化をつらぬく意味の体系としての「共有の意味」を、われわれ自身の「弁証法的理性」によって手にすることである、と結ぶ。

・人間のもつ合理性と非合理性を、さらに人間の意識と実在の全体性を構造化する理性をみいだすことというのが、著者の主眼点である。しかし、この話は、西洋音楽史に関してのものであって、繊細で情動的な美的感覚の邦楽については、その合理性・非合理性をどう捉えるのかという音楽文化上の難題が横たわる。著者のいう「共有の意味」はヨーロッパ全域に普及した洋楽クラシックに通底する真理であり、雑種の日本音楽にも通用するのかという疑問である。しかし、邦楽について、強いていえば「共通の意味」は感性から悟性（〝型〟）へ展開し、理性化（〝道〟）しつつあるというように現状を捉えうるなら、「共有の意味」を考えることも可能である（法に関する比較文化論の一翼を担うことも）。もっとも伝統邦楽には、家元制度という自由阻害の大隔壁が立ちはだかるという難点があるけれど。

著書には洋楽クラシックの歴史について、色々と話題が提供されていたが省略した（読者の多くは承知?）。簡潔に知ろうとする読者には、ベルナール・シャンピニュール（吉田秀和訳）『音楽の歴史』（一九六九年）が芸術的・文学的・宗教的・政治的関係に配慮しながら、その起源・中世から現代まで、時代を追う形で七章にまとめられている。

日本人のものでは、岡田暁生『西洋音楽史――「クラシック」の黄昏』（二〇〇五年）がある。中世音楽（〝謎めく〃という）から現代音楽までを扱い、いわゆるクラシック期については歴史的文脈に重点をおき、古楽・現代音楽についてはクラシックと関連付けるというアプローチをする。結果、クラシック時代の音楽家にハイライトがあたり、副題にいうように、二〇世紀後半には前半と同じ論法では語れない状況が生まれているという趣旨になる。

因みに皆川達夫『中世・ルネッサンス音楽』（一九七七年）はヨーロッパ音楽の原点に始まって、グレゴリオ聖歌・トルバドゥールの中世音楽に「ヨーロッパ音楽特有の形態」を見出せるという状況を簡明に描きだし、デュファイ、ジョスカン・デ・プレなどのルネッサンス音楽への発展から、モンテヴェルディに至るバロック準備期までを史的に扱い、最後にシャンソンの誕生と一七世紀フランス・オペラの成立、一六世紀のスペイン（モラーレス、ビクトリアなど）、ドイツのシュッツ、イギリスのバード、ダウランドで話は終わる。隠れキリシタンのオラショを採譜したのは皆川であることを知る人もいよう。皆川著には古楽の名曲名盤ＣＤの解説書（一九九二年）もある。

7　本稿・本節内の論題は、例の如く、中井正『美学入門』にしたがって「舞台」芸術に入る。が、現在、広く知られている能・狂言・歌舞伎に限ることにする。

(1)　まず「能」から。

①　狂言と舞台を共にし、謡と囃子と舞の総合による歌舞劇であり、奈良時代に唐から宮中に伝承された俗楽（正楽は雅〈舞〉楽）で、奇術・軽業を主とする芸能であった。平安時代には物真似も演じ「猿楽」といわれたが、鎌倉時代に猿楽者が「座」を結び、滑稽な対話劇としての「狂言」の原形ができる一方で、まじめな内容の歌舞劇としての「猿楽の能」が分化し、金春流の源となる「円満井座」（興福寺）と金剛流の源となる「坂戸座」（法隆寺）が成立した。

この猿楽の能が寺院芸能（呪師・声明など）の影響をうけつつ、今様や白拍子などの民間芸も吸収して発達していった（今日の「翁」は呪師系）。他方「田楽」が一一世紀ごろから上下をとわず流行し、「能」を演ずるようになり、室町期の世阿弥のころには対立する猿楽を圧倒した。

現在の能は、南北朝に結城座（今の観世流）を興した観阿弥で、当時流行の「曲舞《くせまい》」のリズムをとり入れ、メロディ本位の能の音曲を革新した。こうした観世親子の芸が足利義満の心をとらえ、その庇護のもとで能を大成したのである。

世阿弥の『風姿花伝』は、いわずもがな、観阿弥の理論を祖述し、その「幽玄」の美意識を中心に詩劇としての能理論を完成したものである。世阿弥のあとは、その甥、音阿弥が時代の寵児となり、能は室町幕府の「式楽」として扱われるようになる。布教の手段として切支丹能が生まれたのも音阿弥の子、観世信光のころ。能舞台・面・装束の完成は桃山時代といわれ、秀吉は徳川家康・前田利家と狂言の共演をするほどのマニアであった。が、お国歌舞伎が誕生する時代になると、能は徳川幕府の「式楽」となり、観世・金春・宝生・金剛の四座と新設の喜多流が幕府公認とされ、家元制度・分業制度による伝承形態が確立することになる。こうして能は武家の専有となり、その演出形態も江戸中期に完成する。

しかし、民衆が能に接するのは、江戸城内で公開された「勧進能」だけ。にもかかわらず、謡だけを楽しむ「素謡《すうたい》」は民間に大流行し、そのテキスト「謡本《うたいぼん》」の刊行は一〇〇〇種に及んだといわれている。

幕府の崩壊は能にとっても危機となったが、能を国劇と考えた岩倉具視らの援助があって復興、芸能楽堂の建設（一八八一年、のち九段に移されて九段能楽堂となる）が行われた。第二次大戦による能楽堂の消失にも拘らず、現在、観客の増加を背景に、国立能楽堂を始め、地方公共機関による能楽堂の建設が盛況を支えている（一九五四年ベネチア国際演劇祭参加）。

流派の特徴といえば、観世流は洗練された魅力、宝生流は質実剛健、金春流は古格を守り、金剛流ははんなりした風合い、喜多流は武士道精神を貫いている。

②　能の種類は、シテの性格によって、神・男・女・狂・鬼の「五番立」に分かれ、江戸時代では順番に演能

するとされたが、現在、一ないし三の催しが一般化している。以下は「五番立」の例示である。

初番目物「脇能」（別格の「翁」「高砂」「竹生島」など三八曲）。

二番目物「修羅能」（「田村」「屋島」「箙」「敦盛」など一六曲）。

三番目物「鬘《かづら》物」（女役をシテとする幽玄美の最高能、「羽衣」「松風」「熊野《ゆや》」など三九曲）。

四番目物「雑能物」（残りのすべてで上演頻度が高い、準鬘物「遊行柳」「西行桜」など四曲、準脇能物「雨月」「三輪」など八曲、狂乱物「三井寺」「班女《はんにょ》」「弱法師」など二五曲、遊行物「花月」など三曲、唐物「邯鄲《かんたん》」「菊慈童」など七曲、執心物「通小町」「善知鳥《うとう》」など八曲、怨霊物「道成寺」「綾鼓」など八曲、人情物「俊寛」「景清」「鳥追船」など九曲、現在物「安宅」「小袖曽我」など二〇曲）。

五番目物「切能物」（鬼・天狗・妖精が活躍するフィナーレ用のテンポが早い能、「安達原」「石橋」「船弁慶」「山姥」「野守」「融《とおる》」「猩々」など五一曲）。
③　能の文体には候調と雅文調があり、前者は会話、後者は散文と七五調一二音を基本とした韻文に用いられる。その修辞は掛詞・縁語・序詞・引歌を駆使して、イメージの連鎖反応を狙った連歌的文学発想となっている。その構成は一場の単純なもの（例：「猩々」）から二―三場に変化するもの（例：「烏帽子折」）まであるが、結局は前シテ・後シテと変わる「複式能」で終わる。それは、引幕・舞台装置もない能舞台では〝せりふ〟だけで場面転換をし、また回想形式をとるからだ（「夢幻能」とよばれ、シテの独演でワキやツレは傍観者）と。この手法により時間は自由に停止し圧縮され、異次元の存在も自由に舞台に登場することになる。
これに対し、現実の人間が現実の時間を舞台で再現する能は「現在能」といわれるが、夢幻が登場する演目もあってはっきりした区別はつけられない。
④　能の演技の基本は「構《かま》え」であり、重心を腰にため四方に気魄を発する強さである。次が足の「運び」で摺り足、安定感とリズム感を強調した直線運動・円運動によって踊るのではなく舞うのである。能の動きには、

すべて「型」があり、形の美しさを保つ舞踊的なもの、演劇上特定の意味のあるものとあるが、重なる部分が多くあったり、用い方で様々な表現効果をあげるのが普通である。能の「型」は常に流れ、つながりながら大きなテーマを表現しているので、歌舞伎の「見得」のような停止はない。つまり、能の演技は極端に切りつめたもので、わずかな型に捨象された動きの総量が凝集しており、それを支えるのは演者の精神力である。また能の幽玄美は男性的な力強さだけによって支えられており、歌舞伎の女形のような写実的方法は全くとられない。

今日「能楽堂」といわれる呼び名は明治以降のもので、江戸時代における家元の稽古能を公開していたときの形をうけついでいる。そういわれれば、三間四方の舞台の四隅に柱をたてて屋根を支えただけという簡素な形も納得がいくし、能の美学にも適うと考えられる。方形の舞台は額縁舞台と違い立体的演技を要求される。背景なく舞台装置なきところでは、観客はあらゆる情景を頭に描きださなければならず、そのため観客も演劇に参加することを要求されているといえよう。

舞には、地謡の文に従って舞うものと、序の舞など器楽演奏による抽象的舞の「舞事」の二種がある。序の舞・中の舞・男舞・早舞・神舞・急舞は基本の譜が共通で、テンポと演奏の位が異なる。独自の譜に神楽・楽・羯鼓・獅子・乱などがあるが、「翁」の舞は楽器・楽式とともに異質の古態を伝えており、また特殊なものに「道成寺」の乱拍子がある。

囃子と謡は八拍子で、リズムの基本は三種、㈠に七五調一二音の文章を八拍一六音にあてて微妙に変化する「平ノリ」、㈡に二字を一拍にあてる躍動的な「中ノリ」（「修羅ノリ」）、㈢に一字一拍のゆったりした「大ノリ」である。会話や語りに用いる「コトバ」も旋律・拍子はないが抑揚があって一種の歌である。

楽器は笛（旋律用）、打楽器の小鼓・大鼓・太鼓。一楽器一人の編成。能面は女面を含む三十数首を数える。

⑤　能が古浄瑠璃や歌舞伎に与えた影響は非常に大きく、そのまま歌舞伎化した「松羽根物」に『勧進帳』『紅葉狩』『船弁慶』『土蜘』などあり、『翁・三番叟』『道成寺』『石橋』『松風』『山姥』などは近世以降の舞踊に

大きな変型を生み、長唄・地歌・箏曲には能の詞章をそのまま導入したものが多い。また、江戸時代の俳諧・川柳・仮名草子・読本・黄表紙には題材をも提供している。

読者も承知の「薪能」は、室町時代以前から興福寺、春日若宮において芝の上で上演された伝統をもち、厳島神社では海上が舞台であった。庶民のものでは山形県の黒川能が祈りの芸能として流派とは別の古風な様式を伝えている（以上、増田正造『百科大事典』より）。

・変幻自在の時間空間のなかで型にしたがう「構え」と「すり足」によって動作と感情を表現する幽玄な演劇を八〇〇年近くも保持し、今なお、それに執着する演者とそれに関心をよせる観客、そこにみる美意識は緻密で感受性が強く、しかも融通性が高い鋭敏な感覚といわざるをえない。いいかえれば、論理性を嫌い（非法的）心情に寄せる思いの強い自我があることになる。単に〝柔らかい〟とか、〝成るがまま〟とかで説明しきれる自我ではないと、筆者は思うが!!

(2)　次に狂言に移る。定義的にいえば〝科《しぐさ》と白《せりふ》〟によって表現される喜劇で、成立当初から能と密接な関係を保っており、一括して「能楽」とよばれる。

①　奈良時代に中国から渡来した「散楽」のなかの滑稽物真似芸能が、悲劇的歌舞劇の能と喜劇的な科白劇《かはく》の狂言に分化し、室町時代初めに大和猿楽の世阿弥らによって能楽の形が整えられたとき、狂言は猿楽一座のなかに組み込まれ能の支配を受けた。そして戦国時代の衰微のあと、室町後期に大和猿楽の狂言方によって大蔵流が、江戸初頭に京都で鷺・和泉の二流が成立した。

徳川幕府は能楽を武家の式楽に指定、能楽師を保護したので、大蔵・鷺二流は幕府直属、和泉流は尾張徳川・加賀前田に召し抱えられ、江戸時代を通して安泰に過ごし、〝能狂言〟という総称が定まった。しかし、明治維新で保護者を失い中期まで軽視されて大蔵・鷺二流宗家が、大正には和泉宗家も廃絶した。

が、昭和に入って大蔵・和泉両派が宗家を再興し、第二次大戦後は狂言が能の従属的立場から解放されて、その軽妙な喜劇的内容と写実的演芸が一般に普及するようになった。

②　流派の芸風は土地柄を反映し、東京は知性的な規格正しい芸、京阪は情緒的で写実味の濃い芸、名古屋はその中間の芸である。

狂言方の芸は、㈠に〝三番叟〟および〝風流〟、㈡は〝間《あい》狂言〟、㈢は〝本狂言〟に分けられる。㈠の〝三番叟〟は『翁』が退場したあと、五穀豊穣を祈って一人で舞う芸で、素面の勇壮な前半「揉《もみ》ノ段」と黒式《こくしき》の翁の面をつけ鈴をもって軽快に舞う「鈴の段」に分かれ、〝風流〟は華美に着飾った多数の役者が登場するめでたい内容の単純な劇であるが上演することは少ない。㈡の〝間狂言〟は、曲の主題を説明する〝語り間《ま》〟と、能の諸役と共演した狂言方が二人以上で寸劇を演ずる〝会釈間《あしらいあい》〟に大別され、能の一役をになう重要な狂言である。㈢の本狂言は独立した筋をもち、単に狂言というときはこれを指す（主役はシテ、脇役はアド）。流儀の公認曲は、大蔵流一八〇番、和泉流二五四番、共通のもの一七四番、つまり両流合わせて二六〇番の曲がある。上演時間は二〇分ないし四〇分が大部分である。

本狂言は、大部分が当代世相に取材した室町時代の現代劇で、登場人物は社会の上層下層をとわず、かつ、神仏・鬼蓄・動植物にまで及んで、シテの役は多種多様である。内容別からみると召使役の太郎冠者が最も多く、社会ののけものには同情的で悪人として扱っていない。ここにヒューマニズムを基調とした庶民性が強く根付いているといえる。上演台本が書き留められるようになったのは江戸初期で、河原者（下層民）である。本狂言の一般的分類はシテの人物類型であり、次のようになる（和泉流）。以下例示する。大名狂言（靱猿《うつぼざる》・鬼瓦・蚊相撲）、太郎冠者狂言（木六駄・止動方角・千鳥・棒縛）、聟女狂言（箕被《みかずき》・花子）、鬼狂言（節分・八尾）、山伏狂言（蝸牛・菌《くさびら》）、出家狂言（お茶の水・宗論）、座頭狂言（川上・月見座頭）、舞狂言（通円）、替間《かえあい》狂言（田植）、福神狂言（福の神）、雑狂言（釣狐）。

③　一般に、狂言は科白《かはく》劇と特徴づけられるが、写実劇とは本質的に異なり、構えと摺り足は能と同じである。

演劇としての演出は単純素朴で、登場人物の「名乗り」で始まり、相手方を呼び出す。舞台を一巡（「道行」）して場面転換をはかり本筋に入る。結末は、破綻・和解によって型の分類があり、対話も類型化されている。能と異なる演技も多く、役者が演技しながら擬声語を発するという大胆な演出でユーモラスな効果をあげている。写実と象徴の巧みな融合が、簡潔で洗練された様式化を生み、滑稽化に成功したこと、それが永続した理由であろう。

狂言のなかの歌謡的要素を「狂言謡」もしくは「狂言歌謡」といい、酒宴で喜びや感情が高潮したときに余興として歌われた。大別して三種あり、㈠に小舞謡、㈡に特定狂言謡、㈢に酌謡。小舞謡は字の如く舞を伴い、単独でも鑑賞しうる独立性をそなえたもの。大蔵流四四番、和泉流七一番といわれる。特定狂言謡は舞を伴わず単独で演ずる芸術性の薄い歌謡をいう。酌謡は文字通り千鳥足で謡う。

本狂言は歌謡的要素が濃く囃子の加えられる曲が多く、現行曲中の三割に及ぶ。狂言の囃子は飄逸で、能と同じ名称であっても簡略化されるのが普通である。

狂言は素面で演ずるのが原則であるが、役によって仮面を用いる場合もある。仮面を用いる例の役柄を大別すると、人間・亡霊、神仏・鬼、動植物・精霊の三種がある（例示は省略）。

狂言で用いられる小道具は、写実味の濃い農具、酒器、荒物など、庶民性を示すものが多い。

④　狂言は日本で初めて成立した笑いの芸術であり、後世の芸能や文学に多くの影響を与えている。歌舞伎はその血を最も色濃く受け継いでおり、江戸時代に多幕物の趣向や舞踊に仕組まれ、現在の歌舞伎舞踊のレパートリーにもなっている（例：『道中膝栗毛』には狂言の趣向を利用した部分が五〇ヶ所もある）。

第二次大戦後、狂言が最も刺激を与えたのは新劇であり、その俳優養成所では狂言をカリキュラムに組み込んでいるところが多い。また、パリ文化祭（一九五七年）以来、公演・講述など外国との繋がりが多い（以上、小林責『百科大事典』より引用）。

・ここにみるのは、幽玄諧謔の複式感性志向（日本）と理想現実の単式論理志向（西洋）の対比か（詳細は西野春雄・羽田昶編『新版能・狂言事典』を参照）。

(3)　いよいよ歌舞伎に入る。これには黙阿弥の曽孫、河竹登志夫の厖大な著作がある。が、今尾哲也『歌舞伎の歴史』（二〇〇〇年）から入ろう。

「歌舞伎とはなにか」と最初に問いを発したのは、坪内逍遙である。その趣旨をうけて歴史のなかに解答を試みたのが本書である（「はじめに」）。

①　その「夜明け」。歌舞伎の元は「傾き」で、古くは「傾奇《けいき》」（あやしむこと・不思議に思うこと）といった。自己顕示欲の強い人が道から外れた行動をするの意味で、一六世紀末から一七世紀の初め、戦乱から平和への曲り角に、俗に関ヶ原牢人と呼ばれる武士で放蕩無頼の生活を送る人々がおり、奇をてらった風俗（とりわけ長い刀）で、世の中への絶望を訴えた男たちを〝カブキ〟と呼んだ。

『閑吟集』の歌謡に引かれて踊りがはやりだし、とくに、華美に装い飾りたてた灯籠を囲んで群れ踊る、風流踊り（略して〝風流〟）が、公家・武士・僧侶をとわず、盆の時期に集中して行われた。踊る者はもちろん、見る者もそれを楽しむことから、都市では桟敷も建てられた。一六〇四年に秀吉の七回忌を迎えたときの豊国神社の祭りは京の町を踊りで埋め尽くしたという。それを最後に、風流は京の町から影をひそめ、踊りは鑑賞の対象となる芸能として独り立ちをする。ただし「カブキ踊り」の名が記録に現れるのはその前年で、「ヤヤコ踊り」とも伝えている。

この「ヤヤコ踊り」の出現は、それより古く一五八一年に〝菊の節句〟の余興として行われ、その翌年には、春日若宮の拝殿で二人の少女による「ヤヤコ踊り」が奉納されている。そして一九年後の一六〇〇年には近衛邸で男女一〇人ばかり（うちスター少女二人）が、ヤヤコ（赤ん坊）の可愛らしさと大人の恋歌をバックに愛らしい振りを見せた。カブキ踊りの原型である。

② 巷間知られている出雲のお国（巫女）のカブキ踊りが京都で演じられたのは一六〇三年である。『当代記』には、その時の華やかな衣裳や脇差・印籠・巾着などのカブイタ男装ぶりが、男女による戯れ劇のなかで演じられたとある。当初、カブキ踊りは女装の茶屋女（能狂言師の変身）と男装女との戯れ、つまり世間の物真似の芸能だった。が、その倒錯した性の競演は見物衆を熱狂させ、役者と共に踊り狂う有様になったと伝える。その人気振りは、北野神社の境内に常設の舞台を構えさせ、お国はカブキの開山、「天下一の踊り」と称賛された。

世に生きる〝傾くもの〟の行動には「新奇な風俗の創造を超えて、劇的な何物かを生み出すエネルギーが感ぜられ」、そして「それを生き生きと表現することがなければ、カブキという芸能は発生しなかったのではないか」（一三頁）と。即ち、カブキの呼称は、一時の風俗現象を指すにとどまらず、カブイタ主人公の発見から、それをカブキ踊りという芸能の坩堝で鋳直し、魅力的なカブイタ主人公の精神を生き続けさせたところにカブキ芸能の原点がある、という。

お国の北野での興行は三年余り、地方へ巡業にでかけたあと、異相の男が茶屋の女と戯れる有様を真似たカブキの座がふえ、見物の目は、お国の舞台を離れて「これを真似たカブキの座」の舞台へと向けられていった。遊女屋抱えの女たちが踊る新しいタイプのカブキ踊りが〝遊女カブキ〟と呼ばれて、男装女性の魅力を客席に振りまき始めた。物真似による間接的好色は、遊女そのものの性的魅力を誇示する直接的好色へと変質し、踊り子自身のフェロモンが観客の心をとろかしたのである。

三味線が舞台で用いられ、女体の魅力がいっそう男心を酔い痴れさせた。カブキは「傾き」ではなく「歌舞する女」「歌舞姫（妃・妓）」となった（一六頁、江戸時代は「歌舞妓」、「歌舞伎」は近代になってから）。江戸時代は同性愛の盛んな時代で、社会各層で愛好されていたから、遊女に対する少年＝若衆によるカブキ踊りも催されて、遊女カブキの禁止後に活躍した（一七世紀初）。

徳川幕府による社会秩序の確立によって、カブキ女の追放が始まり（一六〇八年）、集娼制度が始まる。一六一二年お国は京に戻るが、江戸でカブキ者三〇〇人が処刑されたため、引退した。元和元（一六一五）年には京都に芝居小屋が七つ許可され、京都の南座はわが国最古の劇場（北座もあったが廃絶）として現存する。

お国のあとは、カブキ興行とその取締りの鼬ごっこ、一六四〇年の禁令によって遊女カブキは終りを告げ、若衆カブキも一六五二年には禁止され、翌年は大坂で、次いで京都でというように、カブキそのものの息の根がとめられた（以上第一章）。

③　一六五六年四月に北野神社の境内で勧進能が催された。が、中身は若衆カブキであった。そのため、一〇日ばかりで禁止された。それから四年後、今度は仙洞御所で「若衆狂言尽し」（カブキは禁句）が上覧に供された。しかし、呼び名の変化は内容の変化をも伴い、前髪なしの色気なしで狂言を演じた。

狂言は知る人ぞ知るように、猿楽（能楽）に属するが、ここでの狂言はそれではなく、カブキの道化であった（二五頁、大蔵虎明『わらんべ草』）。が、こんな狂言の舞台がもてはやされたのも、そこに時代の新しい空気が流れていたからであり、演技者はお囃子も受け持った。遊女カブキの一員であった日本伝介なる人物が若衆役者の指導をしたり、その弟子・右近源左衛門が狂言を舞って（舞狂言という）好評だったという話などは、狂言師が若衆に技芸の伝承を行った絶好の例であろう。

いま、われわれは一口に舞踊というが、著者は「舞は抽象的様式に従って一人で演ずる個人芸」であり、「踊りは自由で解放的な動きを許容」したもの、そして舞狂言とは最後に舞を見せる形式の狂言で、舞のほか歌・楽器演奏・曲芸・軽業などを取り入れることもあると、重要な断り書きをしている（二七頁）。

④　茶屋遊びでの物真似の系譜を引く狂言は「色っぽいこと」が人気で、島原狂言と総称される好色の新形式となり、若衆による「女方《おんながた》」が効果的な魅力を発揮した。「ふたなりひら」と称えられもしたが、技芸の質も問われるようになった。玉川千之丞・玉川主膳などが一六六〇―七〇年代にかけて、京都・江戸で活躍し評判をえ

た。カブキの技芸は女性表現において開花したこと（三〇頁）、またヤヤコ踊りに始まり狂言尽しと呼ばれるようになった変化は、感性の踊りから知性の狂言へと、観客に人間行動に関する客観的理解を要求し、文芸の担い手となる時期の到来を予測させる。その典型例が〝前句付け〟の興行であった。

連歌の〝前句付け〟が興行という形態によって庶民の間に普及し、観客の意識は知への関心を高め、知略をめぐらせる内容をもった狂言を作らせることとなった（三二頁以下）という。その先駆けは〝金平《こんぴら》浄瑠璃〟（一七世紀後半の酒呑童子退治『四天王武者修業』一六五九年、『天狗羽打』一六六〇年、『渡辺知略討』一六六五年）であり、人々が求めたものは、知略をめぐらせた続き狂言であった。

続き狂言の初めは『今川忍び車』『非人敵討』であり、知略が原動力となって行動の連鎖的展開が必然化され、見せ場が形作られた。この続き狂言を作らせた媒体は、能であり浄瑠璃であるが、重要なポイントは、続き狂言である以上、配役上の人間関係が決められなければならず、そこに役柄が成立した（一六八〇年ごろ）。立役、女方、若衆方、親仁方、敵役（悪人方）、花車方（年増の女性）、道外方である。と同時に、かつてのカブキ者は、狂言における〝ヤツシ〟（常態を超えた変身）を通し主人公として復活する（四二頁）。

ヤツシには、知略のヤツシと卑しいヤツシがあるが、ヤツシ狂言の成立（嵐三右衛門『野良関相撲』）が歌舞伎の始まりと、著者はいう。その代表例が『煙草屋衆道時雨の傘』の上演（一六八〇年ごろ）である。その二年後に西鶴が『好色一代男』、さらに三年後に近松が『出世景清』を書いて、浄瑠璃の新時代に入るという経緯をたどる。嵐三右衛門のヤツシを継承したのが坂田藤十郎（近松『けいせい仏の原』一六九八年）である。この狂言は御家騒動を描いており、非日常的な異常な劇しい行動、つまり〝劇〟の展開を提案することとなった。

著者はいう、ヤツシは絵空事ではなく、当時の社会の現象であったから、ヤツシを核とする劇の出現は、社会の精神的基盤が用意したものである（五七頁）と。劇の生みだすヤツシの葛藤は社会的普遍性をもち、広く観客に受け入れられ、カブキ者を主人公とする歌舞伎が劇的芸能としてその価値が認められた（五八頁）ともいう。

こうして、元禄文化の一翼を担った一六八〇年以降の芝居は、坂田藤十郎・山下半左衛門・初代中村七三郎のヤツシと初代市川団十郎の荒事が喜ばれた。ヤツシが筋の一貫する人間の生に関わるものであるのに対し、荒事は瞬発的エネルギーを表す見せ場の羅列を尊重するという違いがある。江戸文化と上方文化の違いである。以後、ヤツシは歌舞伎のパラダイムとなって、人間の生きる両義の世界（この世とあの世・人間界と異界・愛憎の世界など）の認識をふくらませてゆく（第二章）。

⑤　両義の世界は、心の動きを表情で示す「思い入れ」の技法を普遍化し、内面化された心を表面化する人間理解が、カブキの新しさを生む。いわゆる〝男立て〟、立役の出現である。

いよいよ近松門左衛門の出番となり、一七〇五年一一月、竹本座に『用明天皇職人鑑』を書いた。彼は浄瑠璃を書くことに心を注ぎ、「生命ある言葉を書き、太夫に語らせ、見物を感動させること」（六六頁）に尽くした。こうして、人形浄瑠璃の表現を介して、脚本・作者の時代が開け、得意芸中心の狂言の表現方法に対し、筋や演出の面白さに観客の目が向けられるようになる。〝前句付け〟の妙を楽しむ段階から、物語の筋や人物の人生・運命を鑑賞する段階が成立したのである。

結果は、人形浄瑠璃の趣向を狂言の対象にするという状況、つまり義太夫狂言の誕生となる。有名な歌舞伎狂言『菅原伝授手習鑑』『義経千本桜』『仮名手本忠臣蔵』は人形浄瑠璃のために書かれた作品で、それを歌舞伎の脚本として演出に磨きをかけたものである（六九頁）。さらに、歌舞伎→人形浄瑠璃の具体例も後に現れるようになる（近松『嫗山姥』では歌舞伎→人形浄瑠璃→歌舞伎となる）。

この傾向は、狂言系の演技・演出と義太夫系の音楽的要素が並行して行われるという、音楽的リズム・間をもった身体の動きを開発するのに役立った。音楽と舞踊における「間の文化」の発展である。

義太夫狂言の時代は、また新しい舞踊の時代でもあった（七八頁）。人形の動きを写すには、自分の肉体を見詰めなおさなければならず、舞踊的表現を発展させたからである。初代瀬川菊之丞の演技の例では、魂のはたらきを身振りと肉体表現で表し舞踊の世界を開いた（一七二八年）。菊之丞のこの踊りは、未曾有の大当りで〝踊りの名人〟（『役者全書』）と讃えられた。それから一〇年、菊之丞は能の『道成寺』と『石橋』を合成した『百千鳥娘道成寺』を初演する、富十郎が江戸で『京鹿子娘道成寺』で絶賛を博し、六ヶ月の大入りを続ける。こうして、せりふの芝居より舞踊が好まれ、一八世紀に百万都市となった江戸では、舞踊が万人受けした。

「演技の上手、舞踊の妙手」（『役者年始状』）と讃えられた、初代中村仲蔵が、舞踊（女形の表芸）の芸に、立役・敵役系統の役者が進出する道をひらいたのは、一八世紀後半である。つまり、舞踊に求められたのは、肉体による表現のみならず、劇の内容を表すための構造をも含んでおり、そのため、劇の葛藤を成り立たせるための人間関係を設定する必要が生じてくる。恋・嫉妬の筋書きによって、女性に対する男性の存在が求められ、立役・敵役も舞踊の世界に参入する必要が生まれたのである（第三章）。

⑥　以下は、一八世紀後半からの劇作者、並木宗輔（『熊谷陣屋』）、並木正三（『大坂神事揃』は〝愛想づかし〟の創作、『霧太郎天狗酒醼』）、鶴屋南北……。演出上の〝仕掛けの工夫〟〝早替り〟……。そして一九世紀の河竹默阿弥と、話題は絶えまなく続く。こうして一九世紀末に「新歌舞伎」（舞台照明・翻訳劇）が成立する。

終章は「現代の歌舞伎」。いうまでもなく歌舞伎は現在も生きている。が、古典的レパートリーが主流で、新作はほとんど上演されない。それが致命的で、技術・様式は形骸化し、内容のもつ深い劇的感動は失われている（一九八頁）と。その理由の第一は、新作の上演は、観客の大多数を占める団体客が古典狂言を求めているため、興行師に好まれないからである。理由の第二は、社会秩序が多層化している現代社会においては、その秩序感覚を超えたところに存在の場を求めなければならないのだが、歌舞伎らしい古典劇においてでさえ、カブキ者を発見することはできない。こういった観客の関心が新作の生まれない理由となっている。

多くの観客が歌舞伎に求めているのは、美しい役者による現実生活を超えた雰囲気のなかで、日常は耳にすることのない和楽器の音に夢を求めて別世界に遊ぶ雰囲気ではないか。〝歌舞伎らしい〟世界とは、聴覚・視覚において夢を与える役者の演技であろう。

こうした現状のもとで新作で目に入るのは、一九八六年の、梅原猛『ヤマトタケル』であろうか。カラクリ・早替りの再創造による、いわゆる〝スーパー歌舞伎〟である。主人公は闘争の犠牲者であり社会秩序からの疎外者である。新作とはいえ〝カブキ者〟の劇である。

8　いよいよ河竹登志夫の登場である。彼の著作は数多く、選ぶのが困難というのが偽らぬ気持である。が、表題に加え年代も考慮して、『比較演劇論』（正・続・続々）をまず選ぶことにした。一八〇〇頁に及ぶ大作であり、筆者が論ずる法文化論からみてのイイトコドリで紹介してみたい。

⑴　正巻（一九六七年）は「比較演劇の方法と議題」「比較学的にみた日本近世劇の性格」「近代日本演劇とハムレット」の三部構成。まずは第一部から。

①　日本演劇史上では二度の変革期がある。つまり飛鳥・奈良期の大陸文化流入期と明治期からの西洋文化輸入期である。謡曲・浄瑠璃・歌舞伎・声明と西洋の新劇運動である。そのため、著作当時、演劇研究のなかに「比較」をうたった論稿が現れるようになったが、何れも未定形の学問であるため、演劇の対象自体もさまざまであるとしたうえで、研究の意義と方法が語られる。

戦前の坪内逍遥、小山内薫、岸田国士、久保栄、新関良三、戦後の木下順二、内村直也などの研究の紹介のあと、著者の研究＝目的・対象・方法が語られる。日本演劇（とくに歌舞伎）の特殊な個性、自然に発する人類の同一モチーフ（『ロミオとジュリエット』と『妹背山婦女庭訓』の例）に対する視聴覚的感性の比較、シェイクスピア劇の歌舞伎化（初例『何桜彼桜銭世中《さくらどきぜにのよのなか》』明治一八年）などが、その素材である。

②　第二部の冒頭に「歌舞伎のバロック性格」が置かれている。「日本の演劇史の中で……世界の演劇史の中で……人類のもつあらゆる演劇的芸術の中で、どんな種類の、どんな位置を持つ演劇かということを考えてみた

い」（五六頁）というのが動機である。結論は、歌舞伎は非古典主義なバロック的演劇のひとつの精華とみたい（五九頁）と。

「バロック」は音楽・建築などの様式で用いられている言葉で、ポルトガル語が語源、「ゆがんだ真珠」の意味である。一六世紀後半から一八世紀初頭にかけて、ルネッサンス様式の堕落の意味で用いられ、今日でも異常性・怪奇趣味・飾りだらけほどの芳しくない意味に用いられることが多い。が、古典主義の端正・秩序に対する自由奔放・流動性・非構成的性格をもち、演劇でいえばシェイクスピアであり、オペラの創生もバロック演劇に含まれる。

バロック演劇は、即興性・流動性・自由奔放などが特色で、外在的非構成的絵画的と考えてよい。どんどん場面転換し、遠近法による空間拡大と幻想舞台の発達により生生流転の相を現出して人間の運命を描き、直接感覚に訴える。この様相に照らすと、歌舞伎はバロック演劇の日本における開花ということになる（六一頁、だから〝傾き〟である）。

歌舞伎は狂言が卑俗化してできた猿若の物真似がシンになっており、能の「翁」が歌舞伎の「三番叟」となり、「道成寺」「勧進帳」にも喜劇的場面が後段に加えられている。そして、それを助長するのが三味線の賑やかな音楽であって、ここに能と歌舞伎の本質的差異をみることができる。能舞台の簡素と歌舞伎舞台の華麗、能の貴族的古典美と歌舞伎の世俗的卑近美とくれば、判り易いことこの上ない（六二―六三頁、範例として「四谷怪談」が解説されている）。また歌舞伎作者は、役者が立体化するよう演技の余地を大きく残しているのも特色である。

③　つぎの特色は〝局面中心〟ということ。「与話情浮名横櫛」なら源氏店でのゆすり、「三人吉三」なら大川端の出会いなどの場面で、いかに趣向をこらすかである。義太夫節が介入し、常磐津・富本・清元の浄瑠璃や長唄などの音楽性が次第に豊かになり、七五調のせりふなど様式性をもつようになった。これでは近代劇の系譜からみればきわめて異様である。荒事においては隈取・見得の表現という様式がある。「それは能のように、古典

的簡潔さによって、ぎりぎりの線まで制約され静的に象徴化されたものではなく、より具象的に、しかし演劇的に……象徴されている」（六四―六五頁）。

簡略化すれば、官能的・浮世絵的・祭礼的・遊廓的ですらある。それを、著者はバロック的な即物的表象的演劇というのである。付言すれば、花道の外在的演劇性も空間拡大の放埒なバロック気質の所産であり、その気質のなかに愛欲・嫉妬・怨恨・誠忠・江戸ッ子気風を描いたのである。「虚構のなかで遊びながら、虚構を超え、さらに現実よりも真実な『情』の世界を創っている」（六五頁）と。

けだし、名言（筆者）。それが江戸庶民のつくりあげたエネルギッシュなテアトルであった。

④　次いで、『妹背山婦女庭訓』と『ロミオとジュリエット』の相違と相似について詳細に論ずる。彼我の〝劇的〟な点・〝悲劇的〟な点の位相差をみようというのだが、筆者の心情にひっかかった叙述だけを拾うことにする。

まず、境遇悲劇としては共通する。が、悲劇に至る筋は、『ロミオ』は「一気呵成に発端から結末へ」、『妹背山』は多くの見せ場を含む複雑な筋をもつ。しかも『妹背山』には主従関係という重い受動的背景があり、『ロミオ』には愛情を貫こうとする当事者の意志的行動が明確である（筆者・それが筋書きの複雑・単純を分けるのだろう）。著者は自ら問う。「明るく生き生きした『ロミオ』の世界に比して〝不可能〟を大前提にした『妹背山』の〝諒解〟〝諦観〟の悲劇はいかなる人間観・世界観の産物であるのか」（八二頁）と。曰く「『ロミオ』が……エリザベス朝……時代の上昇気流を反映したものであり……一個の人間としての自由な行動意志を描いたのである」のに対し、「『妹背山』は……浄瑠璃歌舞伎が徳川封建制下の絶対観念の時代の産物」だからである（八二頁）。

また曰く、日本近世劇と「西洋悲劇との大きな相違のひとつは、……主人公が劇的境遇に対して西洋式の争闘を〝顕在的な〟形で行なわないことと、……該当場面のはじまる前に、すでにその〝不可能〟の悲劇は起ってしまっているということだ」（八四頁）と。また日本的悲劇は「自主的顕在的な行動すら否定して、諦観的・諒解的な非行動的経緯を辿らざるをえないところ」（八五頁）だとも。

そしてこの悲劇は、「親子・肉親間の悲痛な情愛を描き出すこと」（八七頁以下）にあると強調する。

⑤　外国人はこれをどうみるか。「海外公演の反響にみる歌舞伎の普遍性と特殊性」が、こうして論ぜられる（九一頁以下）。そして、外国の新聞・雑誌の劇評などによる反響をみると、日本での本公演と変わらない質の高いものだったという。

演目についていえば、舞踊（洋舞に馴れた眼には平板単調だから）より科白劇（ドラマ）が好まれたが、内容が単調・稀薄なのに上演時間が長い（変化に富んだ小唄・クドキによる振りの趣向が数多く異なっても）、リアルでない話の筋が理解され難い（悲劇的ムードと喜劇的ムードの混在、時代設定の不統一など）という問題があるにも拘らず、感動したのは「人間の本性的な情感の純化された表出」（九九頁）が外国人の胸を打ったのではないか、ただし、お涙頂戴の安易低俗なセンチメンタリズムと批判されるものもある（一一三頁）と、著者は推測する。そこが能とは異なる。

しかし、能も「普遍的な人間の情念を感覚的に表象したものだけに、幽玄のムードを好みさえするなら、それは容易に受けいれられる一般性を持つ」（一一二頁）とも。そのとき外国人は、能のほうが理解できるという。

(2)　続巻（一九七四年）に移る。「比較芸能研究の意義と方法」「比較学的にみた日本伝統演劇」「比較学的にみた近代日本演劇」の三部構成。

①第一部は、目的・現状・対象・方法・意義（正巻と重複はあるが）の順序で叙述。「芸能の比較研究とは、日本芸能の世界的（人類的）普遍性と民族的特性とを明らかにすることを目的とする学問である」（四頁）として、研究の歩みと現状を、まず論ずる。簡明に紹介。

第一期―明治初年から二〇年前後まで、歌舞伎改良論をめぐって素朴な比較論が生まれる。

第二期―それを契機に坪内逍遥らが専門的に研究。

第三期―大正から昭和初期にかけて、旧劇・新劇が平行的に進む。

第四期―第二次大戦後、伝統の継承と現代劇創造や外国との交流が盛んとなり、比較研究の機運が高まる。

第一期は条約改正を目標とする欧化政策の一環として意図されたもの。日本演劇の批判、例えば俳優・劇作家の社会的地位が西洋では高いとか、女形は不合理などなど。第二期は西洋演劇の理念の紹介輸入と研究であり、とくに逍遥のそれは、近松＝シェイクスピアの対比を油絵と浮世絵に譬えるなど、当時としては卓抜なものであった（九頁）。

第三期は演劇史が専門化される時代で、田辺尚雄の音楽、野上豊一郎の能、新関良三のギリシャ・ドイツ演劇との比較……。第四期は木下順二、内村直也、武智鉄二、福田恆存が採りあげられ、歌舞伎・能・狂言と新劇との交流、ミュージカルの流行、日本演劇の海外公演などが比較研究の機運を促した。

その対象・方法は、普遍性と特殊性の解明、彼我の特質の弁別・不整合にあり、著者は、独白についての本質的違いをとくに指摘する。つまり、日本では独白は語り物の系譜（客体描写的説明的）にあるのに対し、西洋のそれは内的自己表白的であるからだ（一九頁）と。

「伝統芸能に関する影響」（二〇頁以下）のなかで、初期のお国歌舞伎にキリシタン宗教劇の影響がある。「翁」の黒い尉面をつけた三番叟はギリシャ劇に原型があるなどが言及されている。

対比研究で重要なのは、モティーフは共通でありながら現れ方の違いを比較する方法である（二五頁）。
②　「第二部　比較学的にみた日本伝統演劇」
著者の曽祖父黙阿弥が亡くなったのは明治二六（一八九三）年で、歌舞伎の創作発展はそこで一応の終止符を打ったということになる。実は、それまでに歌舞伎の世界でも西洋演劇の上演は行われていたが、様式の上からリアリズムでないとされ、いわゆる新劇運動（逍遥の「文芸協会」、小山内薫・市川左団次の「自由行動」）が始まる

（明治四二年）。

他方、西洋演劇側も日常生活的リアリズム劇ではあきたりないとして歌舞伎に新しさを見出していた。つまりは、日本の伝統芸能と西洋演劇は歴史の流れのなかで交差していたというのであるから、とりあえず外国人の伝統芸能に対する反応を垣間見ておく。

例㈠、『娘道成寺』では観客の注意が五分ぐらいで散漫となる。『白鳥の湖』の活発きわまりない舞踊と比べれば、こまかいニュアンスの鑑賞などはできるわけがないというのが、著者の感想である。西洋劇ではロジカルに筋が発展するのに対し、日本の伝統芸能にはそれがないというわけである。

例㈡、『壺坂霊験記』では自分たちの生活に同じようなパターンがあるから面白いという。また「身替座禅」は筋が単純で起伏があり愛情のからみが面白いという。しかも、封建的で異質な「忠臣蔵」も、その義理・人情には普遍性があってセキひとつ聞こえなかったという（七〇―七六頁）。能についても、「舟弁慶」は筋がはっきりしており、後半ではテンポが早くなって動きが活発になるから大きな反響があったと。

そこで伝統芸能の特殊性の諸相を考えたいというわけ。

③　第一の特徴は〝肉体的な伝承〟によって今日まできたという理由で、日本の演劇論には芸に関するものが多い（八一頁）。また西洋では劇文学の伝統（古い例は二五〇〇年前のギリシャ劇）がみられるが、日本で文字に定着したドラマは、六〇〇年前の謡曲だけである。四〇〇年の歌舞伎では初期の台本はなく、筋書きだけの〝口立て〟による即興劇であった。だからこそ、科白《せりふ》の有名なものは素人観客の脳中にも残る（筆者・三人吉三「こいつは春から縁起がいいわえ」、白浪五人男「知らざあ言って聞かせやしょう」「問われて名乗るもおこがましいが」、楼門五三桐「絶景かな、絶景かな」、鈴ケ森「雉子も鳴かずばうたれまい」など）。

第二の特徴は〝様式美の継承〟である。近代合理主義の影響で伝統芸能の様式が変わっているのではないかという問題である。いいかえれば、伝統演劇は独立した劇文学として静止的にあるのではなく、伝承が生きた伝統となって生き続けているといえるのではないかと。閉鎖社会的性格だと批判されても、〝伝統〟と冠づけされる特色はそこにある。「家、家にあらず、続くをもて家とす」（世阿弥）。歌舞伎十八番、荒事の市川家がその見本か。

さて歌舞について、日本では古代から伝統芸能の世界においては、歌・舞・劇文字が分化しないで発達してきたが、西洋ではルネッサンス以後の歌舞について、歌の方向にいったのがオペラ、踊りの方向に分化発達したのはバレエ・洋舞で、ドラマの方向に進めたのが劇文学というふうに分化してきた。それを分化のしすぎと考えたのが、ワグナー。文字・音楽・舞踊の融和を意図して「楽劇」と称した。現在、ミュージカルズ（とくにアメリカ）といっているのは、ワグナーのこの総合芸術論の一形態である。

日本でもこの状況を受けて、新劇と伝統芸能の歩みよりがみえ、伝統芸能では芸の継承について考え始めている。が、それに対して著者は、日本の特殊な伝統様式と美をもつ伝統芸術はそれを継承すべきだと断じ、近代合理性では取り扱いえない特色・本質（バロック的）を現代的に生かす道を考えよという（九三頁）。

④　「伝統演劇の普遍性と特殊性」（第二部第二章）という、本稿にとって主要な論点についての著者の考察論から。

まず、〝表現〟における普遍と特殊について、「見得」「だんまり」（筆者）「花道」「拍子木」「純様式美による筋」「純舞踊におけるパターン」が、外国人には理解されず、ダイナミックな動きとかリアルな筋のものは受けたというのが、外国上演における印象であったとまとめたうえで、ドラマチックな表現様式をもつ特殊性なら、日本独特の味わいとして外国人の関心を引いていると、この問題を結ぶ。

次に、ドラマにおける普遍と特殊である。『道成寺』のうけない理由が、踊りのパターンの細かい味わいが全く理解されないという点にあることを考えると、繊細な感覚による味わい分けが不可能だということになる。しかし、ドラマとして一般的な人間悲劇を描いたものは受け入れられた例（『俊寛』）を考えると、即物的・写実的なものはドラマとしての筋が理解できる。

しかし、飛躍した話になるが、ドラマの理念からみたときに西洋にも日本にも古典主義・反古典主義が存在するという点で共通している（一三二頁）と。

次いで論題は「歌舞伎のバロック的性格」の問題に移る。もちろん、歌舞伎を世界演劇の一つとしてどう評価するかという視点からの新しい発想に基づいてである。

歌舞伎をバロックだといった人は、これまで青江舜二郎、永野藤夫、新関良三などがいた。それを徹底的に論じようというのが、著者の姿勢である。

演劇について、これまで二大系脈に分ける考え方があったという話から始まる（一三七頁）。〝古典主義的演劇〟と〝バロック的演劇〟である。端正さ・秩序性・構成的性格の古典主義に対する、自由奔放・流動性・悲構成的性格のバロックである（ここで世界演劇の系譜が懇切に辿られているが省略する）。

日本演劇の内部にも古典主義的主知性とバロック的主情性の双極性があり、近松の心中物・世話浄瑠璃は前者であり、とくに「能」はあらゆる点で求心的・収斂的・凝集的なるが故に古典主義的であるとして、ここで、能の「敦盛」と浄瑠璃・歌舞伎の「一谷」との比較論がでてくる。双方は、あらゆる方向性が全く反対であるといい、単一な主題に集中緊縮してゆく能の発想に対し、歌舞伎は筋立てが変転きわまりなく不自然で非現実的である、と。

そのバロック的特徴はといえば、〝偶然性〟〝異性への変装〟で気づかれず平気でいる不自然さ、それを意に介さないフィクションの発想などの非現実的要素、また神仏・精霊・悪魔・亡霊など超自然的なものの活動が劇的要素として用いられていること。バロック劇は現実の模倣的再現では決してないのである。

従って、その作劇法は時・所の不一致に脈絡のない筋・ストーリー（「千本桜」）といった「非単一性」にある。また、悲劇的局面・喜劇的局面の混交と円満解決の終局というのもある（「忠臣蔵」）。そして独白・傍白の頻用である。つまり、凡ゆる局面の視聴覚的顕在化ということか（一七七頁）。

・筆者は、「だからカブキ（傾奇）というのだ」と気になっていた。著者もようやく、ここで〝かぶきの語源〟の説明に入る。

⑤　歌舞伎（歌舞妓）が当て字であることはすでに伊原敏郎『日本演劇史』（明治三七年）に述べられているが、その語義研究は、新村出『歌舞伎名義考』（昭和三―四年）によって完成している。

「かぶき」という語は鎌倉末期から盛んに使われている。そのもとは「一本薄うなかぶし」（『古事記』上巻・大国主命の歌）が最古で、「うな」はうなじ（首・頸）、「かぶし」は「傾し」、即ち、ウナカブシは、〝首うなだれて〟の意味である。そのほか、「彼の地はさやげり、かぶし醜めき国が」（『日本書紀』巻二）について、新村出は「かぶし」は「いまだ成り堅まらずして傾ける処ありしをいう」と説いており、著者は、「多分に野性的で無秩序で、体制の確立していない、未熟で粗野だがそれだけ新鮮で、揺れ動きつつあるカオスの状態をさす一句」と解説する。

この「かぶす」が鎌倉末ごろから「かぶく」となり、慶長前後から俗語的ひろがりをもった（一八六―一八七頁）と。お国が京都で歌舞伎を創始した慶長八年（一六〇三年）に刊行された『日本葡萄牙語対訳辞書』に「かぶき」の語の四用法がのっており、新村は、その一つに「開放放縦または急速の応対など」とあるのが、当時の「カブキ」の意味に最も近いとすると、著者は紹介する（一八七頁）。

また、新村『名義考』には「踊り狂う不行跡者」との解説もあり、「かぶき」が遊女歌舞伎をさす証しの一つともなっている。あとは周知の寛永女芸人禁止令、若衆歌舞伎禁止令と続く。鎖国によって南蛮船来がとだえ、異国ぶり「かぶき」が不可能になり、男伊達、奴風俗が〝かぶき者〟（派手な衣裳に奇矯な行動）になり、芝居にとり入れられることになる。

著者の語義考はここで終わり、「かぶき」の要素に完成はなく、社会の先端をゆく風俗の流動に本質があり、けばけばしく喧騒で何でも取り入れること自体が反秩序的であるということが「かぶき」である（一九三頁）と結ぶ。それが、ポワローによって体系化された〝バロック的〟に見合い、「かぶき」のバロック性という著者の見立てとなる。

かくて、「かぶき」は準完成化されて「歌舞伎」のレパートリーに組み込まれ、風俗の流行と共感関係にたつことになる。

しかし、明治一九（一八八六）年の演劇改良会による古典主義のすすめ（上品上流化・秩序調和）により「かぶき」の流動的変化性は影を薄くし、「歌舞伎」となった（一九六頁）。「かぶき」は共感の場から鑑賞の場へ、さらに観光の場へと変わったのである。

このような現代の歌舞伎が生きぬくすべは、いっそう「かぶく」心が必要である。つまり、バロック的とはいっても西洋のそれとは異なり、間の感覚、色彩、せりふのトーンすべてが独特であるから、「古典主義的ないし、近代リアリズムに矯められることなく、原初いらいの本来の性格であるバロック性こそ、大事にすべきであろう」（一九九頁）と、その重要性を説いて終わる。

⑥「演劇伝統についての彼我の差異」に移る。

西洋演劇の伝統は、ギリシャ以来の葛藤を内包とするせりふの論理的展開を核心とする文学的なものであるのに対し、日本は感性的伝統に生きた肉体的（バレエと日本舞踊を比較したときバレエを肉体的といいたいので、ここは形体的と筆者は考えたい）な「うたまい」の性格が濃いという点にある、と始まる。

それは、西洋の歴史は興亡交替のそれであり、日本ではそれがなく、貴族の雅楽も武家の能狂言も、社会に密着して伝統化し並列的に存在しえたことにあると。いわば日本演劇の重層性であり、しかも、それによって伝統演劇の上演様式における定型化を生んだことが特色となったといえる。とくに定型化の理由としては、舞楽・能・文楽・歌舞伎のどれにも楽劇性が共通しており、とくに音楽性が濃く、それを振付けとして型がつくられたことにあるからである（二一〇頁以下）。

また原始信仰に基づく古代芸能に外来芸能が様式を与えて成長した猿楽・田楽において、本来の意味をとどめる『翁』『三番叟』が神に捧げる式楽として演じられることが、時代による盛衰はあれ、年中行事として今まで行われてきたこと、ほかに、顔見世に必ず演じられる団十郎の『暫』の上演、初春の「曽我」もの、秋の「子別れ」ものという年中行事が様式の定型化に関係していること、そこから生まれる世襲性が伝統芸能をつなぎ、定型の伝統化にかかわるという日本芸能の特色を形作っている（二一二頁以下）。

さらに、世阿弥が「一代一人の相伝」といったように、伝統演劇には、秘儀・奥義というおかしがたい結社的閉社会の観念がある。それが、時代が移っても別の芸能に代わることなく、自己の原理を口伝的伝統としてまもり伝えてきたと、著者はいう。これに較べて西洋演劇では、ミサにおける対話形式の朗誦が復活祭劇・降誕祭劇に発展し、中世後半には受難劇、聖史劇、奇蹟劇などの宗教劇を生み、中世末までに同業者組合が分担するようになってゆく。そしてルネッサンス期に人間主体の独立した演劇世界の創造にむかうことになり、ギリシャの人間本位主義を支えとして、「人間性を尺度とする合理主義、リアリズムの方向をしだいに強めた」（二一五―二一六頁）のである。

明治維新による大変革は、伝統演劇の支持基盤の衰滅との闘いを余儀なくさせた。が、今日、それぞれの伝統をまずまず守り抜いているというのが現状である。

⑦　〝伝統についての日本的特性〟を論じた附論がある。

筆者も気にしていたことだが、著者はその特性として、日本の伝統演劇は、音楽・舞踊・戯曲が分化せず、古代芸能の楽舞的性質をそのままに、その基本的形態の中において総合的劇場芸術として発達させてきた（二二四頁）と指摘する。西洋ではルネッサンス以降、オペラ、バレエ、戯曲に分化発展してきたのにである。

西洋の演劇伝統にも、当初は身振り狂言（ギリシャ）やパントマイム（ローマ）など即興的な芸や歌があったが、シェイクスピア、モリエールになると劇文学を軸とした劇場芸術が実現する。そして、劇場芸術は横に開放されて自由競争的状況がつくられたという（二二五頁）。

他方、日本では、他と違う神秘世界を自己保有し、一子相伝の世界をつくって（田楽・猿楽など宗教的機能をもつものはとくに閉鎖性をもつ）、世襲的閉社会構成という特質をもつことになった。しかも、文楽や歌舞伎のような娯楽的なものにも宗教的要素（三番叟・にらみ）が残っていることをみると、ルネッサンスがなかったという根本差に、原因があると考えていいのでは（二二六頁）という。そのさい、古い舞楽は社会上層部におしやられ、式楽として大社寺の祭祀行事として残り、新たに民俗芸能だった能が高雅な美的要素や序破急の理念を吸収しながら、武家のものとして存在するようになったのではないか。文楽や歌舞伎も同様で、これが日本伝統芸能の重層的並存的性格を形作っているという（舞楽と宮廷貴族、能と室町武士、文楽・歌舞伎と徳川町人というふうに）。

ここで著者は「重層性」についていう。それは「日本の歴史に特有な、社会そのものの重層性による。……その支持層である社会の階層に対応した宗教性祭祀性を機能的精神的な核として、それぞれまったく分離独立した社会意識・美感覚の結社的閉社会をつくり、それが縦に連綿と継承されてきたところに、伝統のあり方における日本演劇の本質がある」（二二七頁）と。ただ、歌舞伎は明治以後に最も大きく影響をうけたため、その結社的性格はうすれているが、存続している遺習は多い（十八番を演ずるときは市川宗家の許可がいるなど）。因みに閉社会性が濃いのは能である（世阿弥『風姿花伝』）。

能の観世家元二五代、歌舞伎の中村勘三郎・市川羽左衛門一七代にみる原始的結社性の遺習は秘儀、呪術、祈祷芸能者の残存形態ではないか（二二八頁）とすらいう。しかし「そこに……近代社会には得られない特異な魅力」もある（二二九頁）と。約言すれば、伝統的型式の世襲による閉鎖的重層文化ということ（筆者）。

日本の伝統演劇が西洋の直接的影響をうけた一六世紀中・後期から一七世紀にかけて（五、六〇年間）、キリシタン風俗がお国の踊りにとりいれられたり、動作がリアルになったりの例はみられるが、結局は閉鎖的で変化はみられなかった。この伝統に対する密着性は伝統芸能界における閉社会的精神構造に深くかかわっているからと。

しかし、この総合芸術性が外国人からみると、前衛的に感じられる一因になっていることも確かで、海外公演の誘因になっている（二三三頁）と解説する。

ところで、この伝統密着性は、グローバルな現代芸術のなかにあってどうなるのか。分化しすぎ散文化写実化しすぎた近代西洋演劇にとって、日本伝統演劇の反近代性は確かに魅力的である。さらに謡曲、平曲、祭文、浄瑠璃、長唄にまで影を落としている天台声明、それに七五調のリズムという、この伝統舞台芸術（雅楽は除く）の基本的感覚は、音感的に快く自然な身体的自我に共鳴するのである。ということは、西洋の主知的論理的認識に対する、日本の主情的視聴覚的構成に融解し浄化されてゆく感情に比せられるのではないか（二三六頁）と、本稿にとって重要な論点を提示する。至言である（筆者）。

「ともあれクライマックスがことばによる論理的高潮の瞬間でなく、人間感情の感覚的表現に置き換えられるということ」（二三七頁）である。〝もののあわれ〟の重要視は、近代になっても新派や新国劇、やくざもの、テレビドラマに流れていることをみると、それは日本演劇伝統の一面ではないか、と附論を結ぶ。

⑧　第三部「比較学的にみた近代日本演劇」

「能狂言は、武家階級の崩壊に伴い、一時は滅亡に瀕した」（三五一頁）。が、明治初期の皇太后と岩倉具視とそれに続く新興の上流階級が復活せしめた。そのため第二次世界大戦前までの長い間は、上層階級と良家の子弟子女の嗜みとして支持され、いっそう荘重化された。そして現在は愛好者や研究者もふえ、僅かだが新作能（筆者・スーパー能）あり、演劇創造への参加も試みられている。

歌舞伎界では、明治一九年に欧化政策の一環として演劇改良会がつくられたが、識者の非難をあびて消滅し、却って、これを機に、文化人の演劇関心を高めた結果、新派・新劇の発達を促した。歌舞伎はその様式と感覚（バロック的性格）はそのままに、逍遥、岡本綺堂、青山青果、宇野信夫による作品を生み、戦後の三島由紀夫、北条秀司による新作のほか、〝スーパー歌舞伎〟にまで至っており、さらに歌舞伎俳優が西洋音楽の伴奏によって演ずる音楽劇も生まれている。例えば、女優が登場し洋楽を伴奏としてセリフの日常用語化が行われ、拍子木もない、歌舞伎俳優主役の現代劇のほか、映画・テレビ出演すら存在するというのが現状である。こういう実験が歌舞伎にどう吸収されるのかに興味が湧く（三五四頁）と、この項目を閉じる。

このあとは、新派・新劇を含めた演劇の現代社会における役割と東西演劇の相互交流を論ずるが、省略。

⑶　続々巻（二〇〇五年）に移る。第一部「比較演劇学の視界」、第二部「伝統演劇の普遍と特殊――世界の中の日本演劇」、第三部「近代日本演劇の諸問題――東西交流の接点」である。第一部は正・続巻で述べた目的・対象・方法について敷衍したもの。第二部は日本の伝統演劇の本質と特質を総合的に明らかにしようという試み、第三部はシェイクスピア受容史から現代までの〝影響比較〟研究の各論である。ここでも法文化論にとってのイイトコドリをする。

①　まず、比較演劇学の目的・対象・方法について。先に略述していたが、ここで詳述する。目的については、第一に東西演劇の相関関係と異同。第二に日本演劇の普遍性と特殊性を明らかにし世界演劇のなかでの位置づけを行う。第三に彼我演劇を重ね合わせることで演劇一般の理念をとらえること、の三点である。

第一について、歌舞伎様式に顕著な「隈取」は京劇の臉譜《れんぷ》からきたというが臆説にすぎない。「ぼかし」は初代団十郎が人形浄瑠璃の荒事にヒントをえ、仏像の忿怒相をとりいれ、二代目がぼかしの手法を加えたもの。第二について、グローバルな視野から客観視した論述は続巻でもしたが、本書第二部で詳論しているので後述。第三については別著、『演劇概論』（一九七八年）があるが、法文化論との関係で割愛する。

次に方法について、第一に「重ね合わせ」による「共通部分」の確認をし、はみだした「異質」「特殊」部分を見定めること。代表例でいえば女形である。歌舞伎の特徴は男性の肉体は否定せず女性の美を多面的に表現するという独自の理念にある。もう一つの例は、『ロミオとジュリエット』と『妹背山婦女庭訓』は何れも悲恋の死に終わるという点で共通するが、死に至るプロセスは全く違うということ。

方法の第二は「縦横十文字」の比較、縦は歴史上の、横は同時代における比較である。縦の比較では、簡単な能舞台と多彩な歌舞伎舞台、横の比較では、能と西洋古典主義演劇が同類であり、歌舞伎とバロック系演劇が同類である。これこそ、人間に内在する二極性の東西における表れ方の結果である。

方法の第三は「感覚比較」である。外国人は、所作事・荒事といった様式本位のものより劇的構造の確かなものに同感したことで、そこに歌舞伎におけるドラマとしての普遍性を確認したという。
② 第二部「伝統演劇の普遍と特殊——世界の中の日本演劇」に入る。
まず日本古典芸能全般に共通する特質をあげると、第一に非分化性あるいは総合性、つまり、セリフ劇・音楽・舞踊の三要素が分離せず一体になって芸術形式をつくっていることである（前述）。しかし、西洋では中世後期から音楽舞踊形と科白劇の分立が顕著になり、そして舞踊形も独立して科白・オペラ・バレエの三種分立となる。

例えば、「三人吉三」の大川端の場では、三味線合方の音楽効果とともに、せりふはオペラのソロのように七五調でうたいあげられ、ポーズはバレエのような美的ポーズの見得・振りが目を楽しませる。「歌舞伎ではいつもせりふには間とリズムが、演技には舞踊的な流れと形の美がともなう」のである。

第二に様式性あるいは型の形成、つまり、リアリズムでなくデフォルメによる別次元の表現形式をとることである（西洋では再現的写実傾向で座標変換が小さい）、また、歌舞伎では、荒事・和事・時代物・世話物・所作事の分野別による異なった様式化が行われている。

第三は個々の様式・型に関する秘儀・秘伝的な伝承性である。ひとつの美しい型には、才能豊かな役者の創意工夫と修業の積み重ねが秘められ、何代にもわたる改良洗練の結実がみられることが多い。この職人的演技力に「芸道」が成立し、その家の宝として秘蔵され、次の世代に「秘儀」「秘伝」として伝えられてゆく（世阿弥『風姿花伝」）。西洋ではドラマによって演劇のカタルシスが果されるのに対し、日本ではドラマより芸の美によって果されるといえよう（六二頁）と。

第四に芸能の重層性である。すでに日本文化全般について本稿でもそれを指摘したが、芸能の場合はこの特性が一層顕著だと本書はいう。「舞楽（雅楽）、能、狂言、文楽、歌舞伎はそれぞれの様式を守って縦の伝承社会をつくり、それぞれの歴史を生き貫いてきた」。それは、「各芸能を支持育成した観客層＝社会層自体が完全に廃絶せず、重層的に生存しつづけたこと」、「ジャンルに対応した芸の、狭くふかい世襲的伝承性も、……むろん大きな原因のひとつであろう」。それが芸能の重層性を生み、多様な形態、様式が同時に存在する結果となった。しかも、「奈良・平安を代表する舞楽、中世の能・狂言、近世徳川期の文楽（人形浄瑠璃）・歌舞伎は、まったくといっていいくらいに、構造的にも美意識の点でも異質なのである」。「したがって、日本の芸能にみられる美意識を一元的に帰納することは不可能といわざるを得ない。正反対ともいえるものさえ含んだ多面性、多様性──そのすべてが日本人のものだからにほかならない」（六三頁）という。

こうして「美的特質の諸相」が語られる。

③「非分化性・総合性とふかくかかわる美的特質として、視聴覚美の優位があげられる」で始まり、視聴覚第一主義の純粋端的なあらわれは「能」であると。世阿弥は能の究極的美について、その基本的要素は「声」と「身形《みなり》」であるといったが、演者の芸をこの視聴覚美の中核において、仮面の美、装束の美、大小鼓笛の演奏と地謡の合唱による音感の美によって舞台を一つの「音響詩劇《シンフォニック・ドラマ》」の世界につくり、見所《けんじょ》（観客席）に「共振」「共鳴」の場を現出するわけである。

歌舞伎の美的特性も、原理はこれと同じ。能よりも一層多彩華麗で、「一振二声三男」といわれるように、役者のせりふ回しの音調、即ち口跡《こうせき》と身振り表現としての姿形が最重要となる。見得のひとつにも、『ツケ』という音響による効果の強調がともなう。このように、「つねに、三味線、太鼓、笛その他の管弦打楽器を適所に動員したお囃子（下座音楽、黒御簾《くろみす》）によって、視覚美と聴覚美は相補完して華やかな歌舞伎美の世界を作る」（六四頁）と。そして、「花道」も演劇的な場としての役割を担うのである。

また、時間・空間の自由な転換や拡大（日本家屋の和室の利用と同じ）は、日本人の順応主義（自然環境に基因する）による変化嗜好性からきており、四季に対応した演目には広義の「祭祀」性が息づいている。

④　日本芸能の全体をみると、貴族的美意識による古典主義的なものと、卑俗な庶民的美意識に根ざす反古典主義あるいはバロック的なものとが重層的に共存している。いうまでもなく前者が「能」で後者が「歌舞伎」である。が、双方の対極的性格は、理念でいえば天上的対地上的で、前者は神・鬼・亡霊など仮面によって超人間的存在に変身し、後者は人間の世界で出現する鬼・幽霊はワキ役である。また、能の橋懸り《はしがかり》（天上界）と歌舞伎の花道も。これぞ人間一般のもつ双極的性格の反映ではなかろうか（六六頁以下）と。しかし、この双極的性格は、西洋演劇では交互に黄金時代を現出してきたのに対し、日本では重層共存し楕円のように相補完する二元的世界であった。

歌舞伎の芸は「型」に様式化されていて日常的リアリズムではない。が、その底には日常性の裏付けのある、人生の真実をうつしたドラマが存在しており、それを「劇的なもの」として完成定着させたのは、近松門左衛門であった（例：「曽根崎心中」）。近代に西洋劇が受容しえたのは、この様式化されながらも写実性をもった自然主義である。様式と写実の共存による「戯」と「劇」の止揚合一を三味線によって人間の情緒の流れとして描く、それが祭祀的から人間本位に移行した歌舞伎の本質であった。

⑤　次いで「余白の美」（七五頁）について語る。歌舞伎の拍子木と「見得」、能「道成寺」の乱拍子（長々とつづく単調な足の運びは鐘入りの瞬間に爆発させるエネルギーの蓄積）、話はそれるが日本画の余白、「わび」「さび」における余情、これらすべては「間」の美学に通じよう。

さらに「否定美・逆手の美学」に移る。

『風姿花伝』における鬼の演技を例に引いて、それをも「美」に転じてしまう能の美的境地は、日本芸能の特質ともいえる。能・歌舞伎では、「醜」を強調して悪魔的陶酔にまで誇張増幅し、美に醜を含んだ調和合一の美を感得させる（例：「夏祭浪花鑑」）。官能の戦慄と悪魔的快感を秘めた美的境地へ観客を誘いこむ特殊なプロセスなのである。

また、女性以上に女性を表現する「女形」の美も逆手の美学といっていいのではないか、と。

最後に、伝統芸能の特色が西洋演劇に寄与している事実をあげていう。例えば、花道や回り舞台がドイツやロシアで取り入れられ、反リアリズム運動による超近代の模索に日本芸能の様式性・伝承性が貴重な参考材料となっている。具体的には、シェイクスピア劇に歌舞伎の手法が取り入れられ、狂言のような足運び、見得、花道の出入りのほか、科白劇を一擲して完全に音楽と舞踊による総合演劇として様式化されていた（但し不統一無秩序だったが）。しかも、それがパリで最も人気を集めている現代劇の一つだということである。

⑥　このあと、第二部各論では、劇曲の比較構造論、日本的悲劇の特質、演技論、観客論と続いて、第三部に入る。

そのなかで筆者の興味を引いたのは、各論の「戯曲論」「日本的悲劇の本質」であった。

西洋の悲劇では、主人公の人間的であり畏敬に値する人物が、運命・境遇・性格などによって対立物との間に精神的葛藤を生じ、意志的行為を完遂した末に破滅するという筋である。観客にとって、主人公の崇高・悲壮な人格的高揚を通じて「美」として体験されるもの、これが西洋の「悲劇美」である。

日本の能・文楽・歌舞伎のいずれにも、この悲劇美に相当するものはある（例：『忠臣蔵』『寺子屋』『義経千本桜』『曽根崎心中』）。しかし、『曽根崎心中』（一七〇三年、近松門左衛門）では悲劇的結末は七五調の「道行」詞章によって高度に美化される。著者はいう、「美しい様式的・抒情的描写によって悲劇的局面は美化され、宇宙・人倫の自然すなわち理想美の世界との調和合一の中に、悲劇は完結する――そこには西洋に比してきわめて日本的な、悲劇美の一特質がある」（一三八頁）と。

また西洋には『マクベス』にみる悪の滅びを扱った悲劇美があり、日本の『弁天小僧』（一八六二年作）、『三人吉三』（一八六〇年作）が同種である。

能の悲劇美についてはどうか。「修羅物」「執心・狂乱物」「鬼物」に悲劇美が存在するが、悲劇の契機は、男は戦乱、女は愛欲であり、その本質を「幽玄」「無常観」の尺度からみれば、悲劇美は普遍的といっていいだろう（一三〇頁）。

だとすると、日本の悲劇的作品の西洋との違いはどこにあるのか。まず悲劇の原因が「義理」にあるものは徳川封建制からくるのであって、特殊な「境遇劇」と考えられる（例：『俊寛』『忠臣蔵』『曽根崎心中』）。それより本質的相違と考えられるのは、上演される悲劇的局面の前に起こっている、主人公の内的葛藤として潜在的に進行し内的に解決している点にある。だから、舞台はその顕在的展開であって、「実はこうだった」という謎解きになっている悲哀の「愁嘆場」である。それが、悲劇的情緒をこえて純粋美の世界に昇華するという経過をたどることになる（『一谷嫩軍記』の『熊谷陣屋』では家庭悲劇という平均的人間性に還元する）。その情緒的愁嘆こそ日本悲劇の特徴である。

しかし、それだけではギリシャ悲劇・シェイクスピアもそうだという意見があろう。が、悲劇が登場人物すべてに了解され賞賛され報いられ、観客は鎮魂による浄化によって、双方が調和合一し、一篇の悲劇が「善美」なるものとして「理想美」に昇華する点にあろう。しかも、この種の美的結末が日本美の特質として著しくみられるのは「道行」（例：『曽根崎心中』）である。道とか旅とかの視聴覚的に具象化された体験を通しての悲劇美である（一四六頁以下）。

⑦「この世の名残り、夜も名残り……」にはじまる『曽根崎心中』の道行はその頂点に位する。七五調、五七調の韻律による叙景的内容に主人公の心境や運命を仮託し、かけことばや縁語に技巧をこらして主人公の心情

をうたいあげ、それを美的に視覚化し舞踊的に様式化した肉体的表現。それこそ演劇の理想美に違いない。そして、道行のような演劇は外国にはないというのが、外国演劇家の評言だという。

道行の原型は、伎楽における演者の物理的・空間的移動で、仏会における仮面舞踊戯で行列をつくり音楽に合わせて練り歩き、境内で演技するものだった（「行道《ぎょうどう》」とよばれた）が、『教訓抄』（一二三三年）に道行として芸能史に組み入れられている。舞楽にも道行の呼称があり、四天王寺の『舞楽大法会次第』に記録がある。こうした上演の場への空間的移動は田楽・題目立《だいもくだて》・延年などにも存在したし、現代の民俗芸能や祭礼（泉涌寺・当麻寺の「二十五菩薩来迎会」）にも見ることができる。そして、この種の道行は世界一般にも存在しており、旅の叙述を目的とする道行、地名を並べた体裁の道行も西欧にその類がみられる。

しかも、流離・受難といったモティーフの道行についていえば、流離の古い典型として『万葉集』（山上憶良・「まれ人神」の来訪の意味）にあるほか、日本の神来迎の例は多いし、また西洋にもある（受難・来迎の典型例はキリスト教の野外劇でドイツのオーバーアマーガウの半野外受難劇はツアーの目玉）。

⑧　それでは日本独自の道行は？　著者は「人間と自然ないし地誌との密接微妙な有機的関係と、道行を独立の局面として成立せしめたところの演劇的発想の独自性という、二点にある」（一五九頁）という。

叙景と心情描写の分離は『万葉集』『日本書紀』にもある。が、人間と地誌的環境の有機的錯綜が進んでくるのは謡曲（例：『熊野《ゆや》』）においてである。その根元にあるのは日本人の自然観であり（一六二頁）、地誌的環境と人間の心理との重層的錯綜によって日本的「道行」が生まれたのだ（一六六頁）と。

その因由として、まず人間における「道」・「旅」と自然環境との密接な関係があげられる。世阿弥が「この道の奥儀」といい、一般に〝人の道〟そして芸道・茶道・修験道など広く使われていることは前述した。「道」は「美」「地」であり、道行く「旅」には自然の風物、四季の変化などがつきもので、それらは日本人にとって特別の意味があった。即ち、演劇的発想に、感覚的に実在として受容できる情緒を求める以上、道行にそれらを求めたのは自然というべきであろう。

次に、畏怖すべき存在である自然も、その美と共感し同化し調和することになったという日本人の感性の問題である。道行には、この自然風土に帰依し身を委ねて安心立命するという人間と自然との関係についての根元的発想（筆者・自然信仰観）があると。しかも、限られた時間のなかに道行く人の心情を引き付けた形で自然を取り込むという独特の処理の仕方が日本的発想にはあるというのである（一六九頁）。俳句然り、道行文然り。

さらに、竹本義太夫は、道行を浄瑠璃五段（恋慕・修羅・愁歎・道行・問答）のうちの第四段に位置づけるほど、劇構成上不可欠の局面として重要視している（一六八七年）。西洋演劇では、舞台・劇場の時代になると道行は消滅してしまうのにである。つまり西洋では、劇的葛藤が実人生の再現の形をとり言葉で展開されるから心理的劇展開のための道行は必要なくなったということ。

従って、道行を西洋流にいえば、劇的局面ではなく、「〝叙事詩的〟な流れの中の、しかももっとも叙事的な部分である」（一七五頁）ことになり、それによって、日本の演劇では出雲・宗輔の時代から歌舞伎（例：『十六夜清心』）においても叙事詩的性格・語り物的性格は失われることがなかったのである。

⑨　眼にみえる形象として、「地名、地誌、風物を詠みこみながら現在進行形の形で活写していくという描法は、ことばによる表現技巧の可能な限りにおいて視覚化し、肉体的感覚に直接訴えかけようとする努力だといえよう。この点で、論理的過程をたどることによって、主たる伝達と享受を行う西洋の文芸・演劇とは、本質的に異なる」（一七七頁）。

その理由について、「日本人が本性的に、ことばによる抽象や知的過程を通じての、内容の論理的・段階的把握という……まだるっこいプロセスを好まないという、民族性に由因する」と述べる。日本人は眼で見、耳で肉声をきいて対象を確信し現実感を呼びさまし、主人公と楽しむ具象性・即物性への執着・嗜好があるからである。それが道行である。仮構の世界だと百も承知しながら……。

以上の三特質――「人間と自然との不可分な調和的関係、叙事詩的性格に含まれた時空的流動性、視聴覚的・感覚的嗜好性……は美的感覚上の特質であって、信仰的・民俗的観念世界とは直接関係がない」（一七八頁）と断言。この純美的特質こそ、道行を連綿存続せしめた由因と考えるという。その補証として、「おかる勘平」（『忠臣蔵』）や『道行初音旅』にみられる美男美女の行楽ロマンチシズム・旅情をあげ、広末保の「鎮魂曲説」、郡司正勝の「招魂説」を批判した松崎仁の、「哀傷性」をモティーフとする享楽性の一つだという説に賛意を表する（一八〇頁）。

確かに、信仰性より享楽性といった方が一般大衆にうけることは間違いない。その証拠に、旅情以上に濃厚なエロチシズムを狙った道行が多くある。例にあがったのは『忠臣蔵』八段目「道行旅路の嫁入り」の母娘の道行である。有名な「吉田通れば二階から招く、招く緋鹿子糸鹿子……」には露骨な性的表現があり、詠嘆調でのこうした道行が近世庶民を悦ばせたことは間違いない。

しかし、こういう道行も明治四〇年ごろから、西洋近代劇の合理主義移入によって後退する。そして逆に、道行の手法が近代リアリズム打開の一翼として応用され、非現実的世界を観客につきつけることになる。

では現代の道行は？　誰でもが知っている流行歌に大衆の潜在的要求にこたえた道行の歌が!!　『お夏清十郎』（戦前）、『矢切の渡し』『天城越え』（戦後）など……。

あと、演技論、観客論、海外公演、そして第三部へと続くが省略する。

・やっと大冊三点を見終えた。興味に引かれて、引用が長くなり、本書でのしばしば重複する説明もそのままである。比較文化論についての著者の寸評は、繊細な感覚に対する写実的な論理、閉鎖社会的非合理主義に対する人間性による合理主義、主情的視聴覚的感情に対する知的論理的認識というところ。筆者流に一口でいえば、抒情的人情劇に対する主知的人生劇となろうか。その背後にある自我意識でいえば、前者の多情多感な使い分け自我に対する、後者の理論的に筋を通そうとする専一な自我ということだろう。

ところで、これまで「成る文化」に対する「為す文化」という比較論がしばしば引用されて、そこから前者の意識について〝受け身の弱い自我〟と解することが通用してきたが、それは読み違えだということを本シリーズから学んだ気がする。本シリーズが明らかにした自我は、理屈面では筋の一貫性は気にせず、融通する自我は心情面できめ細かく観察して激しく感応する自我だと、筆者は推察する。

とすれば、前者の「法に関する文化」について、その論理性は不確実で法的理解が十分でない場面があることは当然。確かな権利意識がないといわれることがあるのも当り前である。が、考えてもみよ。融通する自我なら、西欧的な法的確実感に定位するのもそんなに難しくはないはず。それこそ重層文化として、西洋とは異なるが、日本的「為す文化」を創出する自我を融通すればいいのだから（ADRを想像する読者は多いはず）。

本シリーズでは、オペラとの比較、バレエと日本舞踊との比較文化論も欲しかったと、望蜀の念を禁じえなかったが、それはあとで論じよう。

9　逸することのできないもう一冊、河竹登志夫『新版歌舞伎』（二〇〇一年初版・二〇一三年新版）がある。二〇一三年は「歌舞伎が誕生して四百十年……黙阿弥没後百二十年」にあたるという。それが本書誕生の〝曰く因縁〟である。当然、前三著書の叙述とダブルところがあると思うが寛容を。

序章「外から見た歌舞伎」、第一章「自在なる演劇空間」、第二章「様式美の総合芸術」、第三章「人間普遍のドラマ」、終章「世界の中の歌舞伎」、補章「歌舞伎二十一世紀を行く」の構成。筆者にとっては、二章・三章が関心を引くが、序章からみてゆく。ただし前著作とのダブリは極力省略することに努めるが、読者には繁雑な前著のサワリの整理になると思う。

(1)　歌舞伎の海外公演は一九二八年のソ連から始まって、戦後の一九五五年中国、一九六〇年アメリカ（ニューヨーク・ロサンゼルス・サンフランシスコ）、翌年のソ連（モスクワ・レニングラード）、その四年後のヨーロッパ（ベルリン・パリ・リスボン）と続く。

演目では、『忠臣蔵』と『俊寛』の評判が高く、『京鹿子娘道成寺』は不評であった（前述したが）。その理由は、前者にドラマ性が大きく、後者にはそれが稀薄だったからで、西洋演劇のドラマ性に合致したかどうかにあり、劇的なものの有無に左右されたという。そもそも演劇という言葉は西洋におけるドラマのことで、それまで日本では「芝居」（悲劇は「愁嘆芝居」、喜劇は「滑稽芝居」）といわれていた。つまり「劇」ははげしい状態をさす文字であり、対立する二者がたたかう姿が「ドラマ」の基本概念であって、それが評判の違いを生んだと解される。

しかも、この外国人の反応の違いは、現代の日本国内においても存在し、始めて歌舞伎をみる今の日本人は外国人と同じ反応をするという。「明治いらい日本人は小学校から西洋基調の教育と生活習慣で育てられてきた」のだから「日本の伝統文化は……むしろ異文化に属する」（二四頁）と。このことは『源氏物語』には時代考証的注釈が必要だということと同じことなのだろう。

現在、歌舞伎の上演可能演目は約四〇〇種あり、純歌舞伎狂言四一、義太夫狂言一七、舞踊二一、新作一一であり、義太夫狂言は人形浄瑠璃に書きおろされた作品でドラマ性がある。また、リアルな世話物もあり、表現様式も多種多様である（舞踊をみても長唄・常盤津・清元など各種の音曲に対応する夥しい種類・数が分布している）。舞踊劇・科白劇・人形劇とその融合、歌舞伎はまことに多面的な演劇であるといえると、この章を結ぶ。

(2)　第一章は「花道」や「回り舞台」など演劇空間の自在性について。法文化論と関係はないが筆者の興味本位で、その著述を拾うことに。

①　劇場（芝居小屋）について。江戸時代には、浅草猿若町の中村座・市村座・守田座、京都の北の芝居、南の芝居、大坂道頓堀の各座がひしめく。が、明治五年に史実本位の劇を心がけよなどの通達を出し、劇場の近代化が始まる。新富町に守田座（のち新富座に改称）が進出し、また劇場の構造・機能・制度の改革（役者の送迎・客引きの廃止・椅子席の新設など）と、全館の近代化がすすめられる。が、歌舞伎独自の機能（後述）は、徳川時

代そのままである。

芝居小屋というにふさわしい劇場は、現在、香川琴平町の金丸座（一八三五年）を始めとして、愛媛の内子座、熊本の八千代座、秋田の康楽館などにすぎない。

② 歌舞伎にとって不可欠な花道。お国の「念仏踊り」が行われたのは北野神社境内・四條河原での粗末な仮設舞台で、能舞台をまねたものだった（「橋懸《はしがか》り」から登場）。しかし、「橋懸り」は神聖な空間であって「花道」とは異なる。

『古今役者大全』（一七五〇年）に「承應の頃は、……舞台へ行き通う道を附け、……見物より役者へいろいろの送り物をするに、時々の花を折り添えて遣わしけるゆえ、今に役者への送り物を〝花〟といい、花道というも古き名なりとかや」とある。祝儀を「纏頭《はな》」といい、添える花とあわせて「花道」といった（五八頁）と、著者は解説する。

一七世紀末に、役者の活躍する花道の原型の仮設があり、一七二四年に江戸三座が全蓋式になったときに現在の位置に花道が常設されたとも。そして花道は西洋演劇には全く存在しない、と。

「花道とならんで重要な歌舞伎の舞台機構は、回り舞台です」（六六頁）。現在、西洋の劇場にも回り舞台はあるが、それは日本から輸入したアイデアによる、という。

西洋の回り舞台がすばやい場面転換を意図するのに対し、日本の場合は、同時進行する複数の場面を、即時に交互に観客の眼前に展開してみせるためで、画期的演出技法である（六九頁）。しかも、バロック系演劇たる歌舞伎にとって、〝変化〟（回り舞台）はバロックの特徴であり、いわばスペクタクルの魅力である。

さらに劇場空間の自在な活用として「宙乗り」がある。この初演は幕末に黙阿弥と提携した四代目市川小団次の「狐忠信」がある。が、明治に見世物小屋のように下品だと斥けられ中止された。現在の宙乗り（市川猿之助『義経千本桜』の狐忠信）は伝統復活ということになる。

自由奔放な歌舞伎にとって、ほかに「がんどう返し」「屋体くずし」「セリ」がある。

③　歌舞伎を育てた観客層は四民平等の自由な世界であった。肩に重箱をさげた売子、酒をのむ客と、観劇は遊楽気分。これが江戸時代一八世紀に描かれた錦絵にみる中村座の様子である。飲んだりしゃべったり、けんかになったり、こんな喧噪な小屋での演技は、おのずから役者の声・振りも大きくならざるをえず、芸も際立つものになること請け合い。「歌舞伎の誇張された様式は、こうした……無作法な観客によって……つくりあげられたものかもしれません」（七八頁）と、著者はいう。

歌舞伎から生まれた日用語には、「立役者」「大詰」「幕になる」「鳴物入り」、「十八番」「おはこ」「お家芸」、「二枚目」「三枚目」（名題看板の書出しの順）、「板につく」から、「さしがね」「とんぼ返り」「黒幕」「世話場」「愁嘆場」と数多く、日常生活にとけこんだ歌舞伎の影響を知ることができる。それだけに官能的歓楽の場として儒者ににらまれ、幕府の弾圧の対象となったのは当然、芝居にうつつをぬかすと「悪所場通い」と指をさされることになる。

役者と客の密会の場となって弾圧された有名な絵島生島事件、天保改革による七代目団十郎追放、江戸三座の猿若町強制移転など、歌舞伎は弾圧され続けたといっても過言ではないかも知れない。

しかも仮構で成り立つ歌舞伎の悪役を現実と錯覚して、観客が殺人沙汰をおこしたという事件もある（篠田鉱造『幕末百話』、同様の出来事はアメリカのシカゴにもあったが）。

(3)　第二章「様式美の総合芸術」は歌舞伎の放つ美意識である。

①　まず「総合芸術としての歌舞伎」から。

現在の歌舞伎の文字は明治以後のこと、近代劇としての科白劇とは音感・舞踊・身振り演技の三要素が融合されている総合芸術という点で全く異なり、強いていえば、ワグナーの楽劇という総合芸術論の理念と同じであることは明白。そこで歌舞伎について、音感美、視覚美、役者と役柄、芸と型、否定美の五点から見ていこうと。

②　音感美で最初に出てくるのは「柝《き》の音」。原木は白樫。背中合わせにとってつくるから振動数が同じで共振するので大きく響く。柝を打つのは狂言作者の仕事。まず役者が大方出勤してくると二つ打つ「着到」の柝、役者の支度はじめの合図である。そして開幕一〇分前に「二丁」（二つ）を間をおいて打つ。役者は鬘をつけて出の準備。つづいて「回り」、楽屋の各部署を一つずつ打ちながら回って舞台へ出る。役者が位置についたのを確認して二つ、これが「直し」で幕あきの音楽が始まる。柝の音は次第に早くなり開幕する。

セリの上げ下げ、舞台の回し、幕の振りおとしなど、柝の必要な場面は多いが、いちばん難しいのは幕切れの柝である。間《ま》のとり方がみんな違う役者を相手の間を巧くとらなければならないからである。〝間は魔〟といわれ、拍子木の〝間〟こそ、最も象徴的な例となる。

③　歌舞伎では、器楽・唄・語りの音楽はすべて三味線。上手床の義太夫、舞踊は正面雛段の長唄、上手下手の「山台」に常盤津・清元の出語り……。ほかに下手の「黒御簾音楽」（下座音楽とも）。三味線のもとは再三いうように沖縄の「三線《さんしん》」、永禄年間に堺から入り（源はエジプトで羊の皮、西アジアから中国に入って蛇の皮）、それまで主流だった琵琶に代わり、軽妙で繊細な音色が好まれて流行した。

まず、浄瑠璃に結びつき、元禄時代に竹本義太夫により義太夫節が成立し、宝暦年間に江戸で栄えた。江戸で栄えた伝統音楽には歌舞伎の劇場音楽として発達したものが多い。代表的なのは常盤津・清元で、長唄も上方の「小唄」が筋のある長い内容のものとなり、歌舞伎役者によって江戸に持ちこまれ、劇場音楽として「江戸長唄」（通称は長唄）といわれるようになった（上方に残ったのは「地唄」「上方唄」といわれた）。

歌舞伎のセリフは「七五調」という世界に類のない日本語のリズムであり、万葉以来のリズムの伝統を江戸庶民文化のなかに開花させたものである。

舞台下手の黒御簾のなかで演奏される管弦打楽器による音楽は下座音楽といわれ、その役目は、幕あき、幕切れなどの情景描出、人物出入りの印象づけ、セリフ・しぐさの合方、心理描写、立回り・見得の強調、自然現象、季節感の点描などである。主体は唄と三味線合方と各種楽器によるお囃子の三種で、これらがさまざまに結び合って複雑多岐な効果を生みだすのである。

唄は大勢による〝連吟〟だが、画吟（二人）、「めりやす」（独吟）もあり、お囃子は大小鼓笛の「四拍子」のほか、大太鼓、篠笛を中心に多種多様な楽器からなるものがある。

こうして黒後簾音楽の種類はなんと二六〇〇とも、五線譜に残したもの八二四（『歌舞伎音楽集成』として公刊）にのぼるという（一〇四頁）。

三味線とともに重要な役割を果すのが大太鼓である。その役割は本来的・擬音的・情景的の三つ、一つは時の太鼓・陣太鼓・櫓太鼓・「遠寄せ」（戦場を連想）、二つは自然現象の擬音的効果として雨・風・雷・水音・浪音、三つは準擬音による情景描写で雪おろし、幽霊である（様式的自然主義ではないか）。こうした大太鼓の表現方法は、西洋演劇が「再現」であるのに対し、歌舞伎は「示現」（本質の提示・表現）である証しだとの外国の評価すらある（一〇八頁）。

⑷　誰でもが認める「視覚美の世界」について、それは「絢爛たる卑近美」であり、「隈取りの美学」「見得と見立てと立回り」である。

①　まず、「色が絢爛華麗で多彩なこと」（一〇九頁）。

舞台装置・衣裳・化粧・諸道具の多彩で配合のいいこと、その美意識は浮世絵に通じ、〝蕭条たる幽玄美〟の能に対する「芸術的に高級なる卑近美」（岸田劉生）である。非常に多い赤は官能的刺激をよびおこす美ということで卑近といったと思われる。

視覚美で最も際立つものは「隈取」。「隈とは一般に陰影のこと。白く塗った顔に骨格に沿って色の線をえがき、片ぼかしにして筋肉と影をつける。その色や線の数の太さ、形などによって役柄の性格を表現する」（一一二頁）のである。赤・藍または黒・黛《たい》（代）赭《しゃ》の三系統あり、それらの組合せは一〇〇種にのぼる。役柄には、超人的豪傑、超能力の敵役、超自然の存在といったロマンの世界の役がある。

そのさい、赤は正義の豪傑で、荒々しい「暫」は「筋隈」、「国性爺合戦」の和藤内・「菅原伝授手習鑑」の梅王丸は目の縁だけの「むきみ」であり、同一役柄でも登場する場により、隈取の有無があり、種類があって一様ではない。

藍系は超能力をもつ悪人・悪霊のたぐいで、「般若隈」（「道成寺」の蛇体）、「鬼女隈」（「紅葉狩」「戻橋」の鬼女）、「亡霊隈」（「船弁慶」の知盛）が。

黛赭系は「土蜘」の蜘蛛の精。

歌舞伎の登場人物は人間だから、超次元の存在を主人公とする能が仮面をつけるのと異なり、超人的キャラクターを表す場合には、仮面の代わりに隈取という方法を考えたのだと思う（一一三頁）が、あくまで人間の性格をリアルに強調するためのものにすぎない、と著者はいう。

次に、隈取に「ぼかし」を使うのは日本画を想像すればいい。そこには「余白」を重視し「気韻生動」を生命とする日本画の心に通ずるものがあり、隈取は人間描写のリアリティーのうえに日本画の美意識が加わった独自の化粧法である。

②「見得」も隈取と同じ元禄・享保のころに始まった、「要所要所でポーズをとり、数秒間静止するという演技方法」である。これには、「不動見得」・「石投げ見得」（「勧進帳」弁慶）、「柱巻きの見得」（「鳴神」）、「元禄見得」（「暫」）などあるが、幕切れについては「引張りの見得」「絵面の見得」と呼ぶ。「絵面の見得」が「見立て」（みたてた絵）になっているのは極めて日本的だと讃美する。

「立回り」に大事なのは「とんぼ」。夜の暗闇のなかの立回りは「だんまり」（舞台は明るく手さぐりの動作）という。「役者・役柄・女形」は省略。

③「芸・型・伝承」について。

歌舞伎の芸は、役柄の多様さに対応して多様をきわめているが、共通してみられる特徴についてあげてみようと。まず、古典演目に関するかぎり、役者の型・様式はきまっていて演出ということはない。正に役者の肉体的伝統によるという特徴がある。そこに、視聴覚を大事にする芝居であることの証しがある。従って、身体の大きさ・芸の上手下手（器用かどうか）より、容姿・芸風の「大きさ」が役者には欠かせないことが最重要となる。つまり、そこには「型」があって、「成田屋の型」とか「音羽屋の型」とかいわれることになる。ただし、自由度があって、一つの役にもいろいろな型が生まれることはいうまでもない。とくに義太夫狂言の時代物には型が多く「型物」といわれるくらいで、同じ狂言でもそこに役者の違いをみる楽しみがあるともいえる。心から入るか、形から入るか、型の創り方は各人各様とも。

④　荒事・和事について。

荒事の特徴は、誇張された化粧、扮装、演技、雄弁術、正義の英雄のロマンである。初代団十郎が「金平《こんぴら》浄瑠璃からヒントを得て、全身を紅で塗りつぶし、紅と墨で隈取りをして荒業をみせたのが最初」（一六七三年）だった。『暫』『鳴神』などの荒事を創作し、江戸中の人気をよんだ彼は、成田不動を信心して屋号を「成田屋」とした。「ニラム」演技は、悪霊病魔退散を願う江戸観客にとって神仏の超能力をそこに信じたかったからだろう（一四八頁）。七代目は『勧進帳』初演（一八四〇年）を機に、お家芸として「歌舞伎十八番」を制定、江戸歌舞伎の表芸となった。

「中世の能では、怨霊や悪鬼は人間より強く、仏教の力によってやって鎮圧されました。しかし近世になると、神仏の力より、人間のほうが強くな（り）……ここに中世と近世、能と歌舞伎の本質的な違い」（一五〇頁）がみられる。

和事は京都生まれの和らかな芸風をさすもので、『廓文章』がそれを最もよく伝えている。豪商の若旦那が遊女との浮名がすぎて勘当されるが、思い切れず忍びくるという、「色男、金と力はなかりけり」という芝居が和事の基本パターン。廓の男女の纏綿たる情景、官能の世界、これが和事の芸である。

その源流は、お国歌舞伎における遊客の茶屋遊びの局面で、野郎歌舞伎時代の「島原狂言」にひきつがれ、一六六四年に本格的な傾城買狂言が成立する。若殿や忠臣が騒動解決のため庶民に身を「やつし」て遊廓と馴染むという筋。この「やつし事」が和事の元祖というわけ。その完成者が坂田藤十郎。彼のために心中物をかいたのが近松門左衛門である。

この和事と荒事が止揚されて一つの舞台となった例は少なくない（代表例は『助六』）。いうまでもなく、荒事・和事は人間の本性の両面を表現したもので、そこに歌舞伎の豊かさがあると思う（一五九頁）という。

⑤　女方の魅力は女の単なる模倣ではなく、写実をこえた表現によって芸術にまで高められた創られた女性像である。お国によって女性の魅力を知った観客は、女歌舞伎禁止後の女方役者に女性を上まわる美の創造を期待した。そこに女方の芸の追求が始まることになる。その先達、芳沢あやめは藤十郎の相手役をつとめ、芸談を残しているが、「その創造の心は『平生を女子にて暮せ』ということ」（一六一頁）だった。あやめの芸は「芸の体、全く女なり」（『翁草』）、「真実底からの女」（『役者舞扇子』）と評された名優だった。

しかし、女方も時代が下るにつれて、技術論となり型がつくられてゆく。つまり、女性的男性でなくても女性を表現することができるようになり、その集大成は六代目尾上梅幸の芸談に明確に示されている（『梅の下風』）。それをみると、日本の歌舞伎は、「役者の肉体の動きを中心とする上演芸術……としての全体が、古典あるいは伝統をなしている」（一六八頁）ということがわかる。その顕著な例が、「歌舞伎十八番」であり、「新古典劇十種」（五代目尾上菊五郎制定）である。

「歌舞伎はすべての点で能よりは自由で柔軟ですが、原則として芸の伝承は秘伝の性格をもち、家系の継承を旨としてきた」（一七〇頁）のである。これは日本の芸道に共通で、家系でいえば、雅楽の家は五十余代、能は観世家なら二六代、歌舞伎は、最も古い中村勘三郎・市村羽左衛門が一七代である。世襲制が原則だが、実力で名門を継ぎ、時に名門を興すということもある。

型がある歌舞伎の特徴は、型を踏襲すれば素人でも〝形がつく〟という点にあり、地方の農村歌舞伎は、その例である。素人の歌舞伎に比してプロの場合の特徴は「型に入って型に出る」という、独自の魅力で既成の型を新生することであり、代々の名優は先人の型を創造的に継承改良しながら伝えてきたという点にある。

・自我意識における男観念・女観念を考えたとき、女形の存在は自我意識が融通しなければなりたたないと考えられるのではないか。

⑥「否定美の創造」に入ろう。これまでの話は美学でいう「肯定美」の世界である。これに対し否定美とは、人生において残酷と感ずるもの——強欲・邪悪・醜怪・苛責など、否定さるべきものだが避けて通れない暗い悪魔的な世界を、広義の美に転換させる芸術のあり方をいう（「逆手の美」）。人生の「真」をえがこうとすれば、光のみならず陰の部分にも光をあてねばならず、歌舞伎には「否定美」としてリアルに陰の部分をえがいた作品もあるというのである。

まず、血の惨劇を美化したものとして、『夏祭浪花鑑』（一七四五年作）がある。生世話物の先駆的作品で様式化された「殺し場」の典型である（読者には『四谷怪談』を想う人もいるだろう）。流血場面は西洋にも多いが、それは宗教的見せしめ、もしくは悪の強調のため、ドラマの展開上プロセスとして描かれているが、「歌舞伎では惨劇自体を美の対象として様式化し、それを一幕の内容として鑑賞に供する」（一八〇頁）という点で類がなく、これこそ、美への憧憬のつよさを証明する、と。

盗賊の美化もある。弁天小僧、直侍、与三郎など、アウトローに不似合な美男子が白粉で化粧し、いなせな姿で七五調の名セリフをうたいあげ観客の喝采をうけるというダンディな泥棒は、近代劇では到底考えられない非現実的な型である。しかし「社会ないし人間の『真』がテーマであり、その真をありのまま描くことのなかにこそ、人間性の『美』が輝く」と考えられているから、「真こそ美」と考える歌舞伎では、方向が逆でも、抑圧された人間の誇りを描いていれば美と捉えるというわけである。

⑸　第三章「人間普遍のドラマ」と題し、戯曲と作者について論ずる。常連への参考のために、著者による演目分類をあげると、

時代物・王朝物（古代の貴族社会に取材したもの、例：『菅原伝授手習鑑』）
・狭義の時代物（源平合戦から戦国時代までの武将を主人公とするもの、例：『義経千本桜』）
・お家物（徳川時代の大名家のお家騒動を扱ったもの、例：『伽羅千代萩』）
世話物・狭義の世話物（徳川時代の庶民を主人公とするもの、例：『助六』）
・生世話物（とくに江戸後期の下層社会を写実的にえがくもの、例：『四谷怪談』）

このあと、浄瑠璃と歌舞伎の史上対比を論じているが、省略。

終章は「世界の中の歌舞伎」、「演劇の二大系脈のなかで」と副題する。いわずもがな、シェイクスピア劇との比較であり、前述したが、興味ある記事を紹介する。

丸谷才一の言（一九九六年）、「お国やその夫の三十郎はどこかのイエズス会劇を見て、それに刺激されてお国歌舞伎を創始したのではないか。そして『能の古典主義から歌舞伎のバロック性への移行、革命的な転換を決定づけたものは、ヨーロッパのバロック芸術の総合としての演劇を海路はるばる伝えた、教会の催し物』であったろう」（二五八頁）。著者は、これを「明快な推論」と評する。

歌舞伎のこれからについての著者の一言。「伝統芸術の確固たる継承と、現代の舞台芸術創造への寄与……歌舞伎の未来は、この〝二元の道〟にあるとおもう」（二六八頁）。

この〝二元の道〟の一二年（二〇一三年）が新版で加えられた「補章」として綴られている。

「名優の死」による「世代交代による伝統の継承」のなかで、襲名のことが語られ、新作歌舞伎の創造（最初の作は坪内逍遙「桐一葉」一八九四年）、続く新作の発表（立松和平・平田兼三郎・司馬遼太郎）。そして最後は「第

五期歌舞伎座の新開場」（二〇一三年、初代一八八九年）と「海外公演の恒常」で終わる。

・読者には御苦労様と感謝したい。歌舞伎の伝統を支える演者・観客それぞれの自我意識は、「法という文化」を支える自我意識と同じか異なるのか。絢爛豪華なアンリアルな演劇とみれば全く異質であり、何でもありの融通する自我でありながら大筋では型をふまえた大衆重視のリアルな演劇とみれば同質に近い。他方、これまでみてきた「法に関する文化」という観点からでは、それを特殊化する要因となっているといえる。歌舞伎も法文化と無関係ではありえないと筆者には思える（当り前!!）。

10　河竹登志夫『比較演劇論』における外国演劇は、もっぱら「シェイクスピア劇」であった。しかし、読者のなかには、オペラやバレエが何故対象にならないかと、疑問に思った人もいるはずである。そこで近刊の、永竹由幸『新版オペラと歌舞伎』（二〇一二年）および鈴木晶編著『バレエとダンスの歴史』（二〇一二年）を参考にみてみよう。

⑴　永竹著のプロローグによれば、双方の共通性（この点でその論旨は河竹と異なる）、即ち「人間が考えうる限りの美の道楽の極致」について研究したいと目的が説かれている。即ち、一六〇〇年に双方が誕生して以来、目に見えぬ糸で結ばれて、民族のエネルギーが〝美への享楽〟に注がれてきたとする話で始まる。比較文化の話から外れるが、興味に引かれて適宜紹介する。

歌舞伎は、鎖国によるエネルギーの内部燃焼によって生まれ、オペラは、ヨーロッパ諸国による海外植民地開拓時代に、外国に出ようとしないフィレンツェの国民的エネルギーが注入される演劇になったと、双方の共通性の指摘によって幕があく。

①　第一幕は「オペラと歌舞伎の誕生」である。オペラの誕生は、フィレンツェのバルディ伯爵がギリシャ悲劇の復活を意図して、組織カメラータ・フィオレンティーナをつくり、このサークルによって、詩人リタッチー

ニが台本を書き、J・コルシ、J・ペーリの作曲による「ダフネ」を初演したのが一五九八年（お国の〝ややこ踊り〟は一五九六年）である（楽譜は残っていない）。

そして、この組織の一員である作曲家の、エミーリオ・デ・カヴァリエーリが「魂と肉体の劇」としてサンタ・マリア・イン・ヴァッリチェッラ聖堂で一六〇〇年二月に上演した音楽劇が現存する最古のオペラ（一一頁）となる（筆者は、別の個所（二〇頁）で、同年一〇月にペーリおよびカッチーニ作曲「エウリディーチェ」がピッティ宮殿で上演された例を最古といっているから、これは〝オペラもどき〟か）。

もっとも、この音楽劇以前に、キリスト教布教のための典礼劇があり、また現存するクリスマス典礼劇「ダニエル物語」（北仏ボーヴェ上演）が一三世紀初期に上演されて一四世紀にかけヨーロッパ各地に拡がっていた。それが発展したのが、前述一六〇〇年の〝魂と肉体の劇〟であり、これがオペラと並ぶオラトリオとして分類されている（一二頁）という。オペラがギリシャ神話を中心テーマとして謝肉祭・復活祭で上演されるのに対して、オラトリオは旧約聖書中心のテーマで歌舞音曲を控えたキリスト復活を待つ四旬節に上演されるものとして区別される。ただ音楽形式はよく似ているが、オラトリオは、現在、演奏会形式で演奏される。しかし精神は同じである。

ギリシャ悲劇と能は、「人間の性《さが》の本質を見極め、生と死、愛と葛藤を究極的に見つめて、その人間の持つ性の美しさ、醜さを極限状態で見ることでカタルシスを得る」（一三頁）という点で、共通の真面目芸術であるが、オペラと歌舞伎は道楽番組、遊びの娯楽番組であり、大衆の道楽が磨きぬかれて美の極致に至った最高の贅沢品である。また後者の双方は、虚構の世界を歌いあげる感性の芸術である。それが日本とイタリアで発生したということは、よく似た歴史的、地理的、気候的類似性があったからである。

つまり、イタリアでは、一三～一六世紀に、現在の有名な都市の基本的建設が終わっている。他方、日本では、徳川幕府は、名目上、武家社会であったが、江戸文化は市民と同質の町人文化であったから、社会の実質は市民社会であった。とすれば、市民がオペラをつくり、町人が歌舞伎をつくるという同質のことが同時に行われていたことになる。

フィレンツェで生まれたオペラは、その成功によってイタリア全土に普及してオペラの源をつくったのである。が、その中心はヴェネツィアに移り、モンテヴェルディの作品が劇的性格を高めて、一六三七年に最初の公開オペラ劇場が開かれ、一七世紀には一五の劇場が存在したという。

このイタリアオペラをフランス宮廷に持ち込んだのは、リュリであり、それをフランス・バロック・オペラとして完成させたのがラモーである。そして一七世紀後期には、オペラはヨーロッパ各国に広がり、イギリスのパーセル、ドイツのシュッツがオペラを書いた。

こうして、イタリア・オペラはヨーロッパを支配し、その中心となったナポリでは、スカルラッティ、ペルゴレージがナポリ楽派をつくった。その特徴は高度に様式化されたもので、ベル・カント唱法による歌手の技巧偏重に傾いていた。

他方、劇と音楽の統一のために改革をはかったのが、ウィーンにいたグルック（『オルフェオとエウリディーチェ』一七六二年）である。

本家のイタリアでは、モンテヴェルディ、カヴァッリ、チェスティといった作曲家のあと、舞台上のカストラートの人気が高く、その即興的歌唱がオペラの中心となって、オペラの芸術性が失われかけていた。

また、歌舞伎においても、人気は市川団十郎や瀬川菊之丞らの役者に集中し、ドラマは無視されがちとなり、結果、おろそかになっていった。が、人形浄瑠璃の世界で、竹本義太夫・近松門左衛門が、質の高い芝居へと発展させたので、以後、新しい作者が出現する。竹田出雲、三好松洛、並木宗輔の三人で、竹田出雲がリーダーとなり、九一日かかるような長大な作品を創作した。『菅原伝授手習鑑』（一七四六年）、『義経千本桜』（一七四七年）、『仮名手本忠臣蔵』（一七四八年）の三大名作である。歌舞伎は、これらをそのまま翻案し、義太夫はそのままに、人形の代わりに役者が演じて、発展の契機とした。

オペラは、カストラートを拒否したフランスで、ドラマと音楽のレベル・アップを求め、女性歌手の登用とともに華やかなバロック・オペラを展開させた。

歌舞伎とオペラがつくった美しい原型のなかに魂を入れてくれたのは、近松半二とグルックである。『妹背山婦女庭訓』（一七七一年）、『本朝廿四考』（一七六六年）、『近江源氏先陣館』（一七六九年）、『伊賀越道中双六』（一七九一年・絶筆）は、現在もレパートリーの中核であり、現実と超自然的現象をミックスしたロマンティックな味の作品である。しかも、面白いことに、『妹背山』の「吉野川」は『ロミオとジュリエット』と同じ設定である（但し結末は異なる）。

②　第二幕は「テアトロと芝居」。テアトロの語源はギリシャ語の見物するの意味、テアトロンが観客席、演ずる平土間をオルケストラと呼んだ。芝居は、寺社境内の芝生のうえを見物席とすることが多かったから、それが歌舞伎の発展に伴い、劇場全体をさすようになった。双方とも見物客の居る部分が拡大して劇場全体を指すことになったということを考えると、同じように観客優先の演劇形態だったことがわかる。
露天で上演されていた芝居は一五世紀に完成した能舞台を応用して使っていた。だから常設の劇場ではなく、仮設の小屋掛けが原則で〝芝居小屋〟といわれ、竹矢来・蓆張りで、入口は鼠木戸と呼ばれた。入口に組まれた櫓（今も一一月の顔見世興行では歌舞伎座の正面に組まれる）は官許の興行権所有の印である。

一方、オペラでは、テアトロ・オリンピコ（ヴィチェンツァ）で一五八五年三月三日に謝肉祭の催物として、ギリシャ悲劇「オイディプス王」が上演の柿落しをした。テアトロの正面はギリシャ神殿に似せており、ルネッサンスのローマ文化復活に伴う、古典的神事の再現の意味を込めている。

オペラ・歌舞伎とも、遡れば神事の意味があり、祭事として年中行事となってゆくことになる。
・神事としてみれば、著者がいうように共通点が浮かぶが、〝神〟観念の違いということまで考えれば、日欧での宗教観念の違いが、オペラ・芝居のあり様にどう表現されているのかが気になるところである。

著者は、なお、共通点をあげる（本稿とは関係ない演劇内容に係らぬ事実上の事柄であるが）。一年間のシーズン対照表（九月の幕開きから、冬の重要シーズンなど）の類似、オペラ・ハウスと芝居小屋の建設時期（一六三〇―五〇年の二〇年間に双方が集中）、劇場の構造（劇場の大きさと客席数七〇〇。ただしアリーナで行われるという例外がある、例：ベローナ）、観劇料金（一番高い）、オペラ歌手・歌舞伎役者の収入、観客と演劇の一体感（例：掛け声・動向）、舞台の大道具・仕掛けの豪華なことなど。

③　第三幕は「女形とカストラート」。

ギリシャ悲劇や能において男優が女性を演ずるのは、男性しか舞台にたてないという歴史的制約のためであったが、歌舞伎・オペラの場合は事情が発端から異なっていた（歌舞伎は前述）。もっとも、オペラでは現在も女の男役は存在する（モーツァルト『フィガロの結婚』ケルビーノ、R・シュトラウス『バラの騎士』オクタヴィアンほか）。

新約聖書の「コリント人への手紙」のなかに「婦人たちは教会の中では黙っていなければならない」とある。この禁令はカトリックで一七世紀まで完全に守られ、聖歌が必要な場合はボーイ・ソプラノが高音パートを歌っていたが、声量の違いから成人男性の裏声によるファルセット歌手がもてはやされるようになった。

男性の去勢は中国やアラブ・ハーレムの宦官が有名だが、アラブに目をつけたのは東ローマのコンスタンティノープルで、教会合唱団のなかに入り込むようになった。そしてスペインのファルセット歌手（一六世紀まで）に代わって、一五九九年、法王クレメンス八世はシスティーナ礼拝堂合唱団に二人のカステラートを採用した（ピエトロ・パーオロ・フォリニャーメ、ジローラモ・ロッシーニ）と記憶に残る。法王は去勢を禁じたが、した者はお咎めなしでソプラノとして重用したという（一二一頁）。

一六〇〇年代にカストラートが急増する理由として本書があげるのは、外科手術の技術の向上、人口増加に伴う口べらしである。そして奥方の浮気相手としても恰好であった。

また、カストラートが貢献した芸術として、ベル・カント唱法がある。これはイタリア人のもつ繊細な音の美意識が生んだ声帯のトレーニングによる頭声がオペラの発声となったもので、彼等によって完成した。一方、バロック時代、法王の禁止令に影響をうけない都市国家ヴェネツィア（詳しい経緯は一四〇頁以下）では、ソプラノはカストラートに、女はコントラルト担当であった（例：モンテヴェルディ『ポッペアの戴冠』）から、男性オペラ歌手の七割がカストラートであったという（一四四頁）。

しかし、カストラートは一八世紀に消えてしまう。直接の要因はナポレオンのイタリア征服である。バロック時代はフランスだけがカストラートの出演を許さず、女性歌手もベル・カント唱法をマスターしていた。しかも、カストラートは自己顕示欲が強くて聴衆からうとまれており、彼らが君臨していたオペラ・セリアも飽きられていたころである。こうしたころの、ナポレオンによるイタリア占領である。このゆがんだ社会風俗が、彼によって終止符が打たれたことは想像に余りあるところ（以上一四九頁まで）。

他方、歌舞伎の女形は、女も真似できない特殊な発声法が確立されている。しかも実生活は、女として暮らした先人とは違い男性としての生活である。この点も性の倒錯を用いて特殊な美的感覚を養い、芸術を生みだしたという共通項が東西にあることになるという（一五一頁）。

④　第四幕は「ドラマとしてのオペラと歌舞伎」である。ギリシャ文学の発展段階を参考に、日欧の演劇サイクルの共通性を探そうという。一七世紀の、群雄割拠が統一された日本と、都市国家間の争いが一応おさまりのついたイタリアで、市民が美と快を求めて生まれたのが、歌舞伎とオペラだ（一六五頁）と。

比較の対象人物は、近松門左衛門とメタスタージオである。二人は「美しい言葉を使い、言葉が人間に与える快感の極限を引き出してきた」点で共通している。メタスタージオは全ての自然界を擬人化し、そして「義務と愛情」の相反する情況における双方の相剋がテーマであった。近松の「義理と人情」も同じで、どうにもならず心中するという日本的解決である。

江戸の歌舞伎は荒事中心、上方の芝居は和事中心といわれているのと同じように、ヴェネツィアのオペラはオペラ・セリアで、ギリシャ・ローマ神話、ローマ帝国・中世の歴史をテーマにした堂々たるものに対し、ナポリでは、オペラ・セリアの幕間にインテルメッツォ（幕間劇）をやり、それが当世の庶民のオペラになった（一七一頁）と。歌舞伎なら世話物の誕生だ。

次は、パロディとしての歌舞伎、バロック・オペラとの共通点である。歌舞伎『一谷嫩軍記』『義経千本桜』の非現実性、対するカヴァッリ『ジャゾーネ』（一六四九年）にみるメディア伝説の作り変えであると。

・歌舞伎をバロック演劇だと河竹登志夫は言ったのだから、バロック・オペラと共通点があるのは当然。しかも、シェイクスピア劇と違って、オペラとなれば、ヨーロッパでも国情はイタリアが日本に一番近いはずで、共通点が多いのは当り前ということか。しかしながら、劇場・芝居小屋の話とか、観劇代とか、荒事、和事とオペラ・セリアと幕間オペラとかについての相似性について並べられても、演劇形式やその内容、その背景にある美意識の異同についてどうなのかが気にかかる。「美の道楽の極致」といわれるからには、河竹著を読んだあとでは聞きたくなるのも無理からぬことである。一例として、歌舞伎の特色ある特殊な型に比せられるオペラのそれは何なのかについての話はない。これでは、本書を採り上げた筆者の選択眼に疑問が寄せられるのは当然だが、世俗的観察による共通点（性ではなく）の理解に役立つことは確かである。

⑤　第五幕、冒頭はロッシーニと鶴屋南北の共通点。次いで、能を手本とした歌舞伎の狂乱物（一覧表あり、一九〇―一九一頁）とベルカント・オペラの狂乱物（ドニゼッティ・ベッリーニ）の共通点。第三に黙阿弥とヴェルディ（同時代）の共通点（作品一覧表が並ぶ）。第四は、ボーイトと九代目団十郎は、共に演劇を高尚な芸術にしようと活躍した同時代の俳優。第五は、一九世紀末に共に庶民生活の悲しみ・笑いを主題にした写実主義的作品（ヴェリズム・オペラと生世話物）の解説。第六は二〇世紀の名優「マリア・カラスと歌右衛門」。

大詰で、オペラは音楽が主で歌舞伎は演劇だと思う読者に対する解説で、オペラは音符つきの芝居で歌舞伎は旋律つきの歌であり、双方は本質的に類似している、という。
ただ、次の二点で違うと（二二九頁）、いきなりでてくる。
・「日本人は形あるものはこわすが、無形のものは継承する」のに対し、「イタリア人は無形のものは変えていくが、形あるものは残す」。
・「日本人は自分の良さは自分にしか解らないと思っているが、他の文化はどんどんとり入れる」のに対し、「イタリア人は、自分の良さは誰にでも分かると信じているが、他の文化はあまり取り入れない」と。
最後の「カーテンコール」は全くの論旨飛躍で、この勢いをかり、戦後日本政治の酷評に飛んで終わる。日本・イタリアの民主政治の未熟という共通性を話題にしたいのだろうが。
(2)　ここで「バレエ」に移りたいが、永竹著のオペラ解説が不十分と筆者は感じとったので、「バレエ」への橋渡しを兼ねて、簡単に「オペラ」の補足説明をしたい。幕開きはこうである。
フランスでは、オペラにバレエはつきもの（「オペラ＝バレエ」とよばれる）と考えられている。筆者が知っている例は、『タンホイザー』をパリで上演するとき、バレエがないというフランスの主張に対し、ワグナーは「序曲」に続いて「ヴェヌスブルク」のバレエ・シーンを加えて妥協し、一般に「パリ版」として上演される。フランスでは第二幕に挿入するのが例であるが、フランス側の主張を拒否し、ワグナーが序曲の次に挿入したという。

オペラを一言でいえば、台詞に主たる独唱・二重唱など・合唱に管弦楽をつけたものである。ラテン語のオプスの複数形で、当初はドラマ・イン・ムジカ、あるいはドラマ・ベル・ムジカと称されていた。のち、オペラ・イン・ムジカとなり、オペラと略された。ただ、音楽劇と考えるとオペレッタもミュージカルも含まれるから、オペラといわれるためには、一六世紀末イタリアで起こった音楽劇の流れをくむもの、そして作品全体を通じて作曲されていること（ジングシュピールの系統から生まれた作品は例外で『魔笛』『フィデリオ』『魔弾の射手』など、また民俗オペラ『売られた花嫁』、オペラ・コミック『カルメン』は台詞があるがオペラとして扱われる）である。

オペラは音楽的要素、文学的詩的要素、演劇的要素、美術的要素（舞台装置・衣裳）、舞踊的要素が合体されたもの。独唱の歌には旋律を主としたアリア、語るように歌われるレチタティーボがあり、合唱は群衆の役として登場する。

一流オペラ劇場はバレエ団を擁し、バレエだけの上演をすることもある。またオペラの種類も歴史的・国民的様式を背景に多くの名称が付されている。

イタリアでは歌唱がすぐれたベル・カントという技術が発達した。また幕間のインテルメッツォは、のちに独立してオペラ・ブッファとなり、正統的なオペラ・セリアとともに、イタリアの伝統形式となった。

ドイツには、民族的なジングシュピールがあり、ウェーバー以後のロマン的オペラが伝統的形式となったが、ワグナーが全く新しい形態をつくったことは広く知られていよう。

フランスでは、悲劇的なグラントペラとオペラ・コミックがあり、イギリスには喜劇的なバラッド・オペラがある。

オペレッタには歴史的系譜があり、フランスはオッフェンバッハが始めた喜歌劇、ウィーンではその影響をうけて、スッペ、ヨハン・シュトラウス、レハールが現れ、美しいワルツがその特徴とされていることを知る人は多いと思う（詳しくは渡辺護『百科大事典』を）。

・オペラ・セリアが能で、オペラ・コミックは狂言に対応するという点で、日欧の対比に人間の娯楽趣向の共通性を感じたのは否めない。しかし、オペラは声楽中心、能・狂言は演技中心で、西洋が肉体の機能美、日本が動作の情緒美を鑑賞するという悟性・感性の違いがある。理解の仕方でいえば、理知的と感覚的というところか。が、日本人作曲の初演オペラに團伊玖磨『夕鶴』があることを知る人は多いだろう。

11　この話を導入口に、歌舞伎がオペラと共に対とするバレエについて考察し、最後に「日本の舞踊」一般を紹介して、まとめてみたいと思う。

前述した、鈴木晶編著『バレエとダンスの歴史』（二〇一二年）を紹介する。副題は「欧米劇場舞踊史」である。

⑴　ワグナーの例で知るように、バレエの確立はフランス、それもルイ一四世によるヴェルサイユ宮殿での舞踏会に始まる。王自身も踊り手として名手といわれていたが、それゆえに手がけたのが、王立舞踊アカデミーの設立であった。様式・用語を整え、技法を体系化し、規範に従ったダンスの教授を目指したのである。他方、宰相コルベールによってオペラのアカデミーが組織され（一六六九年）、王立音楽アカデミーとして国の機関となり（一六七一年）、そこで、オペラやバレエの制作を預かることになる。ダンス学校が開設されたのが一七一三年、こうしてパリ・オペラ座への途が開かれ、フランスのバレエが西欧社会に広まってゆくことになる。

バレエ技術の基礎は、一七世紀後半の体系化のなかで規定されたアン・ドゥオールと五つの足のポジションである。が、当時の足の移動（「パ」）は歩行を秩序正しく行うために考案されたもので特別な技術を要しなかった。つまり、宮廷でのダンスは優雅で端正であればよかったからである（「ベル・ダンス」といわれた）。

一八世紀にはダンス・ノーブル、そして一九世紀後半のダンス・クラシックと受け継がれてゆく。以下は、その前史である。

①　バレエというフランス語自体は一五七八年の記録が初出である（一二頁）が、ルネッサンスにまで遡れば、「詩・音楽・舞踊の調和」をめざしたインテルメディオの制作がある。そして一五世紀後半に、アンジェロ・ポリツィアーノ『オルフェオの物語』という音楽劇が上演されたさい、終幕を舞踊で締めくくる形がとられ、それが形式化した（詳しいことは一三頁以下）という。

一五世紀後半から一六世紀にかけてイタリア都市国家における舞踊教師・振付家の活躍は目覚ましく、一六世紀末には歩調の違いを区別し、跳躍や装飾的動きを組み合わせて数十種にも及ぶステップを編み出し、それらを用いて緻密な振付を行った（この時代はリズムやテンポの異なる舞曲を連ねた振付を指してバレットといい、その作品をバッロといった）。しかし一七世紀に入るころになると、オペラの試みが実を結び、バレエは支配層の手を離れてゆく（一六頁）。

②　イタリアのインテルメディオ、バッロ、バレットは、一六世紀にイタリアの舞踏家によってフランスにもたらされた。カトリーヌ・ド・メディシスが一五三三年に、のちのアンリ二世に嫁いでくると、彼女が伴ってきた舞踊教師がバレエ（『ポーランド使節』一五七三年、『王妃のバレエ・コミック』一五八一年）を催し、続いてマリー・ド・メディシスがアンリ四世に輿入れ（一六〇〇年）して、バッロ、バレットなどの伝統はイタリア・ルネッサンスとともに、フランスに伝わり、フランス流にバレエの名が与えられることになる。こうしてフランスのバレエは宮廷の催しとして定着し、ヴァロワ朝のシャルル九世からブルボン朝のルイ一三世へとその伝統が受け継がれて発展し、イタリアの影響から脱して新しい様式を完成しつつあった。ルイ一四世のバレエは、音楽・振付・衣裳・舞台装置が整えられた宮廷バレエの完成品であったのだ。

③　王権が安定すると、バレエは政治的プロパガンダからエンターテインメントとして新しいスタイルが望まれるようになる。劇作モリエール、作曲リュリ、振付ボーシャンによるコメディ・バレエである。ベル・ダンスの土台となる五つの基本ポジションのほか、内足のポジションも五つ定められ、台詞・歌・音楽が絡んだ市井の出来事が扱われた。

④　いよいよ宮廷バレエから劇場バレエである。前者では劇空間と観客席の区別はなく、観客も入り交じって踊ることができたが、一七世紀半ばから常設の劇場に場を移すようになり、ステージと客席とは画然と隔てられ、その結果、専門家による舞台芸術が求められる時代に入る。

一六七〇年一〇月にコメディ・バレエ『町人貴族』が宮廷で上演されたときは、すでに専門家のみによるものであったが、翌年における王立音楽アカデミーの設立がバレエの舞台からアマチュアを引き離し、一六八一年の

『愛の勝利』では最初の女性ダンサー、ラ・フォンテーヌが登場し、一七一三年のダンス学校開設時のアカデミー舞踊団には男一二人、女一〇人のプロ・ダンサーがいた（この時をバレエの始期ということもある）。

そして、トラジェディ・アン・ミュジックというフランス独自のオペラが生みだされたとき（一六七三年）、印象的な場面にバレエが挿入された。フランスの新しい音楽劇様式の誕生である（リュリ作）。

⑤　リュリ亡きあと、カンブラにより、ダンスの場面の多い〝バレエ〟と題された歌舞劇「優雅なヨッパ」が上演された（一六九七年）。その人気は劇の筋立てよりダンスとダンサーの活躍を後押しするようになり、一七一五年には、器楽曲で舞曲の性格を振り分けるダンス・カタログとも思える「舞曲さまざま」が、フランソワーズ・プレヴォによって踊られ評判となった。バレエ・パントマイムが演じられたのも、その頃である。つまり、舞台で踊るバレエと舞踏会での社交舞踏とは区別され、一八世紀にはバレエ・ダンサーに活躍の場を用意した。ただし、バレエはオペラとしての側面を未だ保ち続けていた。

(2)　一八世紀のバレエは、まだ自律的舞台作品とはいえず、さまざまなフィギュアを踊るものにすぎず、「オペラ＝バレエ」と呼ばれた。歌と舞踊の扱いは対等であったが、ストーリーは歌によって進められ、「オペラ」に近かった。踊りは華やぎを与える要素というイメージである。

舞踊とマイムによる劇的作品の創作をめざしたのは、ジョン・ウイーヴァである（『マルスとヴェヌスの恋』一七一七年）が、コヴェント・ガーデンで「ピグマリオン」を振り付けしたダンサー、マリー・サレは、これまでの飾り立てた髪、パニエでふくらませたスカートを放棄し、自然な髪、シンプルなシフォンのチュニックで舞台にあがった（一七三四年）。

「このように、一八世紀の前半からヨーロッパ各地で、『装飾的』なバレエから、より『劇的』あるいは『表現的』なバレエへの転換を図る動きがみられるように」なる（二八―二九頁）。この舞踊に関する理論付けで重要な業績を残したのは、南仏のルイ・ド・カユザックであり、その著『古代舞踊と現代舞踊、あるいは舞踊に関する歴史的考察』（一七五四年）において、舞踊は魂の動きを各瞬間の連続として表現するもので、そこには現実がある、また舞踊には導入・山場・大団円の筋立てが必要であり、オペラと同様である、つまりは劇的舞踊作品は優れた劇作を凝縮させたものである、と理論付けした。

そして、六年後、ジャン＝ジョルジュ・ノヴェールが『舞踊とバレエについての手紙』（増補改訂版あり）を発表し、バレエ作品の主題・構成・演出法、ダンサーの身体表現と魂の関係および顔の表情などの舞踊美学について言及している。要点は、バレエも劇であり「筋立て」（アクシオン）が重要であり、多様性をもちながら一貫性がなければならない、しかし、場所の統一・時の統一・筋の統一（三統一という）については柔軟でいいが、構想の統一は絶対必要だという。そして、アクシオンはダンサーの身体表現による技術でもあるから、技術による感情表現は「ダンス・メカニック」の魂である、と。

つまるところ、ノヴェールの提言は、劇としてのバレエ作品の創作提唱、とダンサーの表現技術のあり方の提示であった（三七頁）。ただし、「劇としてのバレエ」はカユザックがすでに提唱し、「身ぶりによる感情、情念の表現」を追求する動きもすでに存在していたが、その意義を保証したのが彼であったといえる。いいかえるなら、一八世紀から一九世紀にかけての「劇としてのバレエ」の方向性を確かなものとしたのは彼であったということ（一八世紀に活躍したバレエ界の人物については三八—四四頁参照）。

(3)　一八世紀後半にヨーロッパ中に普及したバレエ・ダクシオン（演劇的バレエ、現存最古バレエの一つ『ラ・フィーユ・マル・ガルデ』一七八九年初演・現存）は、舞踊による無言劇として自立していたことは明らかになっているが、『ラ・シルフィード』（筆者・現存、レ・シルフィードと混同しないよう）に始まる一九世紀前半のバレエはロマンティック・バレエとよばれ、バレエ・ダクシオンを駆逐した。ゆえに、現在、われわれがみているバレエ（「近代バレエ」とよばれる）は、一八三〇年頃に生まれたバレエである。

①　一八世紀と一九世紀の断絶はいかにして行われたか。まず観客の変動（王侯貴族からブルジョワジー）、そ

して文学や絵画における新古典主義からロマン主義の抬頭である。ロマン主義バレエ初期の傑作は『ラ・シルフィード』(現在の振付けは一九七一年初演のラコット版、一八三六年ブルノンヴィル版も継承されている)で、日常生活からの逃避・理想の女性に対する性的願望を表現していた。

ロマン主義バレエでは、白い衣裳の女性たちが踊る「バレエ・ブラン」がとり入れられ、クラシックの時代になっても続くようになる。広く知られているチャイコフスキーの三部作、『パヤデルカ』『ドン・キホーテ』などであり、現在は様式化されている。

そして、ポアント技法(爪先立ち)である。観客層の変化により、ドラマより技巧を求める声が高まって、従来、下品とされていた脚を高くあげる方法や旋回の回数を誇るなど、いわばバレエの曲芸化が始まり、ゴテゴテ衣裳に代わりロマンティック・チュチュが生まれる。こうした変化のなかで決定的重要性をもったのが、マリー・タリオーニが確立したポアント技法であった。この技法はまたたくまに広がり、ついに、女性ダンサーは必ず身につけるべき基本技術となった(男性の方は観客から好ましくないとみなされ行われていない)。

ロマンティック・バレエの特徴は、妖精の登場、現世と彼岸の境界をこえるなどの、ストーリーの重要視にあり、膨大な作品が制作されたが、現在ほとんどの作品は忘れ去られている。

② 「バレリーナ」の語は女性ダンサーのイタリア語であり、ロマンティック・バレエ以後のバレエでは「バレリーナ」が舞台の中心を占めるようになった(一九世紀末のロシアではバレエ団の最高位女性ダンサーを指す)。とはいえ、一八世紀まではこの呼称はなく、一九世紀のバレエ界でも男が女の支配権をもち、女性は男性の指示により踊った。が、舞台で称賛を浴びたのは、もちろんポアント技法の女性であった。それはまた新興のブルジョワ男性がバレリーナを見る眼、即ち〝男の眼差し〟でもあり、バレエ技術ではなかったがゆえに、技術レベルの低下と無縁ではなかった。

③ ロシア・バレエの発生をみよう。「西欧でバレエが衰退していった一九世紀末に、ロシアではいわゆるク

ラシック・バレエが開花する」(六〇頁)。

一八世紀初頭のロシアの近代化は西欧化である。バレエの輸入もこの西欧化の一環で、一七三〇年代にランデがバレエ学校を創設し、これがロシア・バレエの原点となり、一九世紀ロシア・バレエの基礎は、パリ・オペラ座で夢が叶わなかったシャルル＝ルイ・ディドロのバレエ・ダクシオンによって築かれた。

ロマンティック・バレエがヨーロッパで流行すると、その名バレリーナ達がロシアを訪れた。そして一九世紀初頭からロシア人バレリーナもあらわれ、『ジゼル』が、パリ・オペラ座での初演の翌年には、サンクトペテルブルクで初演された。一八五〇年代のジュール・ペロー、六〇年代のサン＝レオンの後を継いだマリウス・プティパがクラシック・バレエ様式をつくりあげた。ロシア・バレエはフランスから招いたバレエ・マスターとバレリーナらによって発展したのである(西欧のアーティストにとってロシアは重要なマーケット)。

一八七七年に『白鳥の湖』(改訂版一八九五年、ロマンティック・バレエ)が、一八九〇年にクラシック・バレエの金字塔『眠れる森の美女』が、初演された。

④　クラシック・バレエの特徴は、物語と舞踊を分離し、舞踊を中心として物語から独立させるという抽象度の高い形式主義に近いものである。代わりに、パ・ド・ドゥ(アントレ、アダージョ、男・女のヴァリアシオン、コーダ)という定型が作品のクライマックスを占め、ロマンティック・バレエ時代と同じように、バレリーナが主役で男性は補助役である。が、違いは、作品の最後に、物語から独立した舞踊の場面が置かれていることである。これは、サン・レオンが音楽と舞踊を重視したためである。

しかも、ロマンティック・バレエの夢幻的作品には必ず「バレエ・ブラン」の場面があり、それが本質であった。そしてクラシック・バレエも、時空をこえて異国の場面でもバレエ・ブランを挿入し、これがクラシック・バレエだと観客に告げたのである。

(4)　二〇世紀はバレエ・リュス(ロシア・バレエ)の時代である。それもセルゲイ・ディアギレフのおかげで世界各地のバレエが盛んになったといってもよい。

①　先述したように、一九世紀末から二〇世紀にかけて、ヨーロッパのバレエ界は著しく衰退していた。しかし、一九〇九年五月一八日、パリのシャトレ座でバレエ・リュス第一回公演が催され、これがパリに一大センセーションを巻きおこしたのである。そして翌年も、その翌年もフランス公演を行い、一六年には北米全土を巡演した（詳細は七三頁）。一九二九年にディアギレフは他界、バレエ・リュスは解散した。

この後は、五人の振付家（ミハイル・フォーキン、ワスラフ・ニジンスキー、レオニード・マシーン、ブロニスラワ・ニジンスカ、ジョージ・バランシン）の話題と、優れた男性ダンサーの出現による「二〇世紀バレエの創造」へとむかう。以下簡略に記す。

②　ディアギレフが意図したのは、オペラとバレエを統合した総合舞台芸術である（八一頁）。彼が委嘱した作曲家は、初期にはドビュッシー、ラヴェル、R・シュトラウス、後期にミヨー、オーリック、プーランク、そしてストラヴィンスキーであった。また一九世紀に副次的であった美術についても、ピカソ、マティスに依頼した。

現在、芸術監督が振付・音楽・美術を統括することが定着しているが、それを創始したのはディアギレフで、常に新しいものを追求したことがバレエ・リュスの特徴である。例えば、ニジンスキーによってバレエ・リュスは「モダン」の世界に突入した。

③　二〇世紀最大の振付師の一人となるジョージ・バランシンは、プティパのクラシック・バレエから物語（マイム）を取り去り、身体の動きによって音楽を表現する「プロットレス・バレエ」を生みだした。これこそバレエ史上重要な変革のひとつであり、アメリカ的バレエの創生につながる。装置なし、レオタードだけというアメリカ・モダニズムである。

イギリスのバレエ上演の歴史は長いが、バレエ団をもつことはなく、一九二三―二五年にバレエ・リュスに参加したニネット・ド・ヴァロワが、帰国後、自分のバレエ学校を創立し、これが後のロイヤル・バレエの基礎となった。

④　二〇世紀のロシア・バレエは、マリウス・プティパがサンクトペテルブルク帝室バレエの首席バレエマスターを務めた一九世紀最後の三〇年間に最盛期を迎えた。プティパはフランスの優雅さ、イタリアの技巧を融合させて、舞踊表現の演劇的幅を広げ、マイム、群舞（コール・ド・バレエ）、性格舞踊（キャラクター・ダンス）、ソリストの踊りなど、様々なナンバーをバランスよく配置し、グラン・パ・ド・ドゥ（主役二人）を頂点にした壮麗な古典バレエの形式を確立した。

が、一九世紀末にはマンネリだと批判された後の二〇世紀には、その反動が幕を開ける。サンクトペテルブルクのミハイル・フォーキン（一九一八年革命により亡命）、ボリショイ劇場のアレクサンドル・ゴルスキー、革命後のカシヤン・ゴレイゾフスキー、レニングラードのワイノーネン（一九三〇年代前半にアヴァンギャルドは終焉）、そして社会主義リアリズム、舞踊叙事詩の時代（一九五〇年代前半～八〇年代前半）、ソ連崩壊後の状況と続くが、説明は本書で。

⑸　参考のため、現代活動中の各国代表的バレエ団の創設年・その起源を年代順に並べておく（バレエ・ファンのため）。ただし日本のバレエ団創設まで。

一六六一年パリ・オペラ座バレエ、一六七八年ハンブルク・バレエ、一七四二年ベルリン国立バレエ、一七七一年デンマーク・ロイヤル・バレエ、一七七三年スウェーデン・ロイヤル・バレエ、一七七六年ボリショイ・バレエ、一七七八年ミラノ・スカラ座バレエ、一七八三年マリンスキー・バレエ、一八六七年キエフ・バレエ、一八六九年ウィーン国立バレエ、一九〇八年コロン劇場付属バレエ団（アルゼンチン）、一九三一年ロイヤル・バレエ（イギリス）、一九三三年サンフランシスコ・バレエ、一九三八年ウイニペク・ロイヤル・バレエ（カナダ）、一九四〇年アメリカン・バレエ・シアター、一九四六年バーミンガム・ロイヤル・バレエ（イギリス）、一九四八年ニューヨーク・シティ・バレエ、一九四八年キューバ国立バレエ、一九四八年松山バレエ団……（一九九七年新国立〈バレエ〉劇場開設）。

このバレエの普遍化は社会の近代化に見合う舞踊であることの証しといえる。いうなれば、バレエの舞踊技術は合理主義に貫かれているということにある。即ち、「ダンス・デコール」というバレエ技術は身体の効率的な運用技法として汎用性が高く（身体を全方位に素早く移動・躍動させる技法と身体を左右どちらへも回転させる技法として洗練されている）、足の位置・身体の方向を整理し、ポーズとステップ（パ）を分類して、抽象的・機能的動作を体系化しているからである（一一二頁）。また、舞台空間を効率的に利用する身体操作の技法として徹底的に合理化されてきたからでもある。

・身技中心となった現代バレエの演出をみると、ドラマ表現の具体性に欠け、観客は抽象絵画をみているようで、話の筋はトント分からないと筆者は思う。例えば、プルースト『失われた時を求めて』のバレエ化では（初演一九七四年）抽象度が高く（原作自体が難解だが）、これが現代人好みかとさえ思えてくる。

以上でバレエの説明は終わり、第二部はダンスに入るが、西洋舞踊の特徴とその歴史は摑めたと思うので省略する。

・筆者がいうまでもなく、東西の舞踊は、見た目には全く異質な芸能にみえるのが、われわれの常識である。しかし、舞踊、つまり舞い踊るという点について、音楽に合わせ身体の動作によって感情を表現し劇を進めるということに東西の違いはない。それにもかかわらず、バレエの場合、その動作は飛んだり跳ねたり回転したり（男性）、爪立ちで移動し回転し、リフトに伴う上体の屈伸（女性）をみれば、それは日本の場合に較べて、体の動きが合理的・動的で大きく、大胆な動作による感情表現であるという違いがわかる。大げさな身振りを見せてはいても、繊細で合理的とはいえない感情表現による所作の歌舞伎とは真逆の感すらある。

12　東西舞踊の違い確認のため、再度に渉るが、日本舞踊一般を論じた、渡辺保『日本の舞踊』（一九九一年）を考察しておきたい。

(1)　日本の舞踊といっても、古典舞踊のほか、それこそ西洋から入ったバレエ、ダンスがある（正しく重層文化）。が、もちろん、ここで問題にするのは、能の舞、上方舞、歌舞伎舞踊、そして一般に日本舞踊と呼ばれるものである。もっとも「日本舞踊」の語に定義はなく、またその領域も明らかではない。例えば、民俗舞踊（筆者・盆踊りの例）はどうかと聞かれても困る。

つまり、定義はなく、領域もはっきりしないから、日本舞踊とは何かを論ずることは困難ということになると、著者はいう。

しかし、日本の舞踊は平安朝の舞楽から数えて一〇〇〇年の歴史をもっているから、人間にとって舞踊とは何かを考えることは重要である（一一頁）と。

①　まず、舞踊とは「身体の声」であるという話から始まる（例：歌右衛門『京鹿子娘道成寺』）。そして、モーリス・ベジャールの二〇世紀バレエ『われらのファスト』をみたときも同じ声を聞いた、と。つまり、舞踊の定義は身体の声を聞くことであるという。人間には表層（ウワベ）と深部の二重性があり、深部にかくされている無意識の姿が〝身体の声〟である。

②　ところで、能や上方舞では、舞踊のことを「舞」といい、歌舞伎や花柳・藤間・坂東・若柳などの流派舞踊は「踊」という。

能を例にとれば、地謡や囃子につれて、すり足で舞台をめぐる。ごく単純な少ない動きの組合せで、この動きを舞という。上方舞は世俗版（例：祇園）で、能にくらべ動きは複雑で変形されているが、足の動きや単純な動作のくり返しという点では同じである。

能・上方舞では様式的な型が決まっており、それに身体をあてはめることで非日常的な世界へ変身するのである。しかし、「都をどり」は明治に始まったもので舞ではなく踊である。

他方、踊は、その発生は京都であったが、江戸で発達したので舞とはいわず踊といった。踊は動きが自由で様式から解放されており、自身の内発的な情念によって動くので現実の動きに近い。

舞は型の規制により身体を不自由にすることで、精神的な目に見えない自由を獲得しようとするのに対し、踊は身体の自由を求めて、その自由のよりどころを精神に探ろうというように、出発点は逆であるが、心と身体が一つになって心の自由を求めるという点で双方に変りはない（二四頁）。つまり、舞踊という言葉は、統一による単一文化をつくるためにつくられたもので、もともと本質は同じであったということが大きい。
③　舞と踊に対して、「振《ふり》」という言葉がある。一つは、物真似・しぐさの意味であり、もう一つは、舞踊の動作の演出（振付《ふりつけ》）をいう。前者には「○○の振りをする」という日常的な使い方があるが、舞踊では、船頭とか駕籠かきの真似をしたり、手紙を書くしぐさをすることを振りという。一番単純なのは音楽の歌詞を物真似で説明する振で、「当振《あてぶり》」といい、特殊なものに、人形の真似をする「人形振」、男が女の真似をする「悪身《わりみ》」がある。
日本舞踊には、日常の状態で舞い踊る「素《そ》」という舞踊がある（「素踊」）。能で「舞囃子《まいばやし》」「仕舞《しまい》」といっているのと同じである。

舞踊で大事なことは、まず「構え」、そして足拍子、拍子。拍子によってつくられるのが「間《ま》」で、普通の「定間《じょうま》」と短く急調子の「半間《はんま》」があり、この組合せで複雑なリズムが生まれる。間が早くなることを「ノリ」（ノリがいい・悪い）という。
(2)　三味線音楽による舞踊には「浄瑠璃」「唄」の二つがある。
前者「浄瑠璃物」は物語のある叙事詩であり、「語る」といい、舞踊で使われるのは常盤津、清元である。が、最近は義太夫節もふえている。ほかに一中節、河東節、宮園節、荻江節があるが、舞に多く使われる。一中節はものさびた上方匂いの強い古風で明るさを含むもの、河東節は江戸の粋をもち、宮薗節は単調で華やかさはなく座敷の音楽として使われている。荻江節は長唄から派生した地味な音楽で、いずれにも共通しているのは、音楽としてよりも言葉の意味に比重をおいている。

他方、「唄」には物語がなく叙情詩をもち、「唄う《うた》」といい、主なものに「長唄」「地唄」がある。狂言の「小歌」が長さをもつようになって「長唄」となった。これを伴奏に使う舞踊が所作事（意味のない所作の意）である。

歌舞伎舞踊には「浄瑠璃物」「唄物」のほかに、「変化物」「風俗物」「松羽目物」がある。

「変化物」は一人の役者が早替りで変わって一曲を踊りぬくもの。「風俗物」は江戸を往来した庶民・物売り・大道芸人の姿を素材にした舞踊、「松羽目物」は能狂言を原作とする舞踊である。

(3)　ここで、舞踊用語の説明は終わり、舞踊の歴史に入るが、ほとんどダブルので省略し、第二部の「舞踊を見る」では、筆者の心に響いた長い解説のなかの一言だけを拾う。それは著者のいう「身体の声」でもある。

武原はん――身体の動きから発する女性の濃厚な色気。

七代目三津五郎――心のままに、人目には気楽にゆったりとこころよく動く。

梅幸・歌右衛門――梅幸の踊りは物語のなかで深く生き、歌右衛門は自己劇化のつよさで物語をこえる深さで生きる、というように舞踊と物語の関係を示す二人の名女形である。

藤間勘十郎――扇子一本に心をこめ、舞台に虚の空間を成立させる流れるような自然の素踊の名手。振付師として扇一本に人生の心境の秘密がある、と。

井上八千代――無表情で動きが少ない井上流は廓における女の舞である。井上流の禁忌（顔で表情をするな、動きは少なく）によって、精神的なものに目をむけさせるために日常の現実的な心を昇華させている、と説く。

友枝喜久夫――単純で緩慢な身体の動きからあふれでる豊かな心の言葉、即ち、気が観客に伝わる心の舞という点で、井上八千代の場合と同じである。著者に聞こえるのは、身体の語る声である。即ち、身体は、言葉・意味・ドラマを否定しているが、それが否定されることによってたどりつく身体の語る声に支えられている、と。

⑷　結びは「再び、身体の声について」である。

ここでいう身体は舞台の上の特殊な身体（傍点筆者）である。フォルム・描写・物語がなければ舞踊とはいえない。しかし、それらは表層の世界に属するもので、身体の声は「振」によって、そして「肚」によって、さらに、無意識の「私」の身体によって、語られている。

振の言語を示しているのは藤間勘十郎、肚の言語を示しながら、その上に舞い手の心境の言語をも示しているのが友枝喜久夫である。このそれぞれの言語は、お互い他の言語を否定する関係をもちながら、同時に一つの円環を形成しており、この円環のなかから身体の声が著者の前に姿をあらわす。その声は幻想的で心的であるが、具体的で確実に身体的なものでもある。しかし言語化はできず、身体の上に現れてくる風のような声と身体全体の「気」を通して私たちに伝えられ同化するものであり、そこに舞踊の存在理由がある、と結ぶ。

・いうなれば、バレエは身技一体、日本舞踊は心身一如が、その極意ということか。

前者は、身体を使った技術に基づく踊りで、俗にいえば、アイス・スケートのフィギュア（ソロ）かダンス（パ・ド・ドゥ）に近い（技術点と芸術点による評価）。アナニアシヴィリの技術でいえば律動的で流麗な三二回転、芸術でいえば腕・脚・身体の動きの美しさである。後者は、心身一体となった演者と観客との気のやりとりの世界である。観客の眼からみて、前者の動きはアクロバットに近い合理的な技芸であるが、後者の動きに理屈はなく、いわば気の向くままということだろう。

だとすれば、西欧文化の型・日本文化の型の見本のようなものである。即ち、いかなる極意を目指すかという点で違いはあっても、確かな自我の存在自体に差はなく、その持ちようが異なるということか。

これで、いちおう日本と西洋の比較文化論的説明は片付いたことになる。筆者の手元から拾った著書のため不充分あるいは不適当と思われた読者にはお詫びすることにして、最後に、いわば「法文化の基層」ともいうべき「比較言語論」を「まとめ」に代えたいと思う。

まとめ――法文化の基層

1　まず、第六章の「まとめ」として、「基層」と筆者が措定した言論文化を中心に考える。芳賀綏『日本人らしさの構造』（二〇〇四年）である。著者は、『日本人の表現心理』（一九七九年）、『日本語の社会心理』（一九九八年）などの旧著にみるように、言語文化論が専門であるが、本書で、日本語から日本文化に架橋して「日本学」を構築したいという野心作と述べているので、さしあたって狭義の「文化」の「まとめ」と措定した。第一部「日本人の精神空間」、第二部「日本言語文化の世界」の構成からみると、本稿にとって引用すべき重点に関して、その子細は第一部、総体的まとめは第二部にあるようで、第一部は日本人の＝自然観、対人意識・社会認識、事物認識、道徳意識、美意識を論じている。

最初の「基礎論」が「人間における文化と言語」、つまり、言語文化論の方法論で、「日本語らしさ」（第二部）から「日本人らしさ」（表題）を究めたいという狙いであろう。終章に文化全体の〝まとめ〟があることに安んじて、本稿の本章第二節から「まとめ」に移したのも叙上の理由（日本学の構築）からである。とりあえず「基礎論」から。

(1)「人間における文化と言語」である。

「日本は、アジア的でもヨーロッパ的でもない、独自な歴史的個体である」（鯖田豊之）という話から始まり、それを「日本らしさ」というなら、「〇〇人らしさ」はEUと一括されるヨーロッパ内でも同じようにある。つまり、人の集団には個性(意識と行動の型)があり、著者はそれを「〇〇人の精神空間」とよんでいる。いわば「メンタル・カルチュア」の問題である。

そして、その一環として存在する精妙で重要なシステムが「言語」である、と。

① 言語の特徴は、第一に音声、第二に音声が結びついて意味をもった単語とその体系の語彙であり、第三にそれらが結びついて文脈を形成するための秩序(文法)にあり、それらが結合された記号の体系が言語である。

その記号の体系たる個別言語は六〇〇〇から七〇〇〇ぐらい存在するといわれ、それらには独自の風習が決まっており、それを違えれば相互交渉は不可能となる。つまり、言語の風習システムは厳格で、そこには独自の法則があり、自律的・自己完結的性格が強い。が、単語は抽象的概念を示すことができ、さらにセンテンスを構成すると、いかなる内容の思考をも表現することができ、複雑な論理をもつ思想を形成することも、美しい情緒を表現することも可能となる。換言すれば、民俗的・芸術的・宗教的・学術的産物として集団に共有され、ことわざ・民話・神話・伝説・小説・詩歌・経典・科学論文・哲学論文……となる。こうして言語作品によって形成された精神世界は途方もなく広大深遠なものといわざるをえない、と。

それぞれの個別言語(母語)は空気のようなもので、時代から時代へと伝承される最大の精神的文化遺産(「文化そのものが……言語のはたらきによってこそ生まれえた」石田英一郎)であり、日本語によって裏打ちされた日本人の精神空間こそが文化の核心部分である(一八頁)という。

ところで、言語は操作し運用すること(言語行動という)で生きた姿となり、文化の不可欠の媒体となり、〝言語と文化〟の二元論は「言語文化」という融合概念となって、そこに「日本語らしさ」が生まれるのである。

② 文化を担うのは人間の集団であるが、その色分け(著者は「等象線」という)の代表的なものは民族であり、本書で「〇〇人らしさ」という根幹には「〇〇民族の精神空間」という意味がある。つまり、文化の核心には「民族性」(同一民族が複数の国家に分かれているときは「国民性」)という社会的性格(大多数の成員がもっている心

の形）があり、その帰属意識の強力な要因は使用言語である。従って、土着していなくても同一民族といえるのは、共通の言語（母語）が集団の求心力となっているからである。つまり、母語は民族の精神的血液であり、民族語とも呼ばれる（二五頁）から、文化共同体である民族は言語共同体でもある。しかし、英・米のように、言語共同体でも文化共同体ではないものもあるが。

③　文化共同体であり、また利益共同体でもある民族が単位となって国家の基盤をつくっており、民族は単数・複数を問わない。そして民族のメンバーが国家に属すれば国民といわれ、ここでも民族の単複は問われないし、同一民族が複数の国家に属することも珍しくない。

民族は自然発生的な共同体だが、国家は政治的枠組みにすぎず、歴史的には文化・言語の境界が国境になるのが通例である。日本の場合は、四、五世紀ごろに文化的・言語的共同体の存在が決定的になったと考えられる（自然民族という）。「民族の十字街」（芦田均）といわれるバルカン半島の場合は、民族と国家の関係がすこぶる錯綜している例である（二九頁）。

ところで、民族が国民となり、その民族の言語が最有力言語となったときに、その民族語が国語の座を占めるのだが、民族語が拮抗して複数存在するときは、それが「公用語」と認められるだけで国語は存在しない（例：ベルギー・スイス・シンガポールなど）。しかし、少数民族の言語が「民族語」（アイヌの例）とよばれて、国語に対置される場合は数多くの例があり、この場合は、その民族語が民族の母語として「言語共同体」を構成し、その母語の価値は、人口の多少、集団の社会的地位・国家の国際的レベルとは無関係である。

日本人が日本語を国語と呼んでいるのをみると、公用語とか日本の国家語とかの意識はなく、単に自国語・母語の意味にすぎず、そこに日本語についての歴史感覚がある。とすれば、日本語の構造や用いられかたには、日本人の生き方・感じ方・考え方と、その相関関係が深く存在するはずで、そこに文化の型と言語構造の結びつきが見えてくるのではないか（「但しその相関関係は全般的ではない」Ｅ・ザビア）と。

⑵　第一部「日本人の精神空間」から。

①「序説」では、日本は文化的にも周囲と隔絶した島だといった寺田寅彦と共通する立場だとし、混血の少なかった日本民族として（古代における渡来人は、また縄文人と弥生人は？）文化の型のユニークさは、「気心」のありようにあるといってよい。即ち、個人差や世代差があっても、伝統によって現代に生きる「総体としての日本人の心の形」があり、従って、そこでは「言語は文化の乗り物」となり、「単語は文化の索引」となるから、文化の指標語句としての「日本語らしさ」は日本人の意識や行動の型と結びついて「日本人らしさ」となる、と。その「日本人らしさ」は、㈠自然との調和・一体感、㈡他律・他人志向、㈢非分析・非言語・直観的認識、㈣自己内修養・心情主義、㈤陰影・余情の愛好に要約され、「『おだやかで、内気で、物事に徹底せず、まじめで、キメの細かい』ややスケールの小さい人間たちの集まり」（四〇頁）だと。「外向より内向、攻撃より忍従、対立より和合、原理原則より現実適合、目標達成志向よりは集団（個体）維持志向、剛ではなく柔」であり、「凹型文化」であるという。

以下、日本文化の〝指標語句〟を拾ってゆくと、具体的な話に入る。

②　まず「自然との共感」（ここではタゴールを引用）について、徳富蘆花『自然と人生』を読むだけで、「日本人なら……天然自然……のただ中に自分が昼寝している心地よさを覚える」と。他方、西欧人なら「裸でデッキチェアーに仰臥して……日光浴」をし、自然を健康的に利用する「凸型文化」である。

温帯、モンスーン、暖流による予測し難い天候のもとでは、天気に関する言葉があいさつとなり、天気感覚が自然感覚の典型として現れる。雨の降るありさまに関する微細な言い分け（ポツポツ・シトシト・ザアザア・ソボ降ル・降リミ降ラズミ・降リシキル・本降リ……）、そして、さらに〝しめやかな愛情〟と心理用語としてさえ使われている。また季節感を表す言葉の多さについては、豊富な季語としてすでに紹介ずみである。

次いで、植物・鳥・魚・虫に対する愛着感の深さを表す言葉は欧米人にはない。欧米人は人間中心で自然に没入することなく、むしろ突出して切断された精神世界は日本と正反対である。古代から叙景の歌を生み続けた日本人の場合、「描写と抒情が融け合って」（高野辰之）おり、叙景はリアリスティックではないが〃心象風景〃として表現されている。

　また、文芸や芸能についても、ストーリーは「人間の世界」のなかに自然が不可分のものとして描写されているというように、自然界の描写はそのまま人間を語ることだという意識が、万葉から現代まで続いている。その自然の捉え方には「気」という語が好んで用いられ、さらに心理状況までも「気」で表現されており、そこには自然と人間の連続、あるいは無境界の把握がみられるのである。例えば、ウツロウや流レルという天候や四季の指標語は人生の過程にも見立てられ、その指標語はアキラメのよさ、ソコハカトナク、オノズカラという意味の文言に結びつくのである。

　自然と人間の結び付きの最たるものは、その一体未分化、つまりアニミズム的自然観にあり、日本人の宗教意識でもあることは本稿第一節の家永論文で詳しく考察した。いうまでもなく、それは自然宗教「神道」（筆者は神祇信仰といいたい）であるが、同時に「草木国土悉皆成仏」と唱えた禅の考え方にも通じよう。双方ともに多神教であり、その神仏習合振りは、現代においても双方を完全に分離することは不可能といえるほどである。多くの論者は〃寛容な宗教〃といい、融通がきく日本人思考法の本源と評し、自然《しぜん》は自然《じねん》（自《お》ら然る）である（筆者は「自然法爾《じねんほうに》」こそ「日本宗教」の真髄であると考えている。詳しくは第八章で）。

③　日本人の凹形文化は対人意識・人間関係に顕著に現れ、対人関係におけるシャープな対立を嫌う。日本語のガ（我）はマイナスのシンボルで、我を張る・我を通す・我が強いは悪徳とされた。ここで注意すべきは、人格の中枢である「エゴ」は「我」とは別物である（「自我」）。

　対立や緊張は円クオサマルように計らい、アタリサワリノナイ言動を心がけることが処世の知恵だとわかっている。西欧の「理」に対する日本の「和」であるが、他者に対する「甘え」ということにもなる。〃柔《ママ》しき〃社会は、後にシコリを残さないように意思決定をし、コトナカレのやり方で波風をたてないようにする。しかし、これでは強力なリーダーは生まれないという欠点をもつことにもなる。

〝カワイソウ〟〝オ気ノ毒〟は、他者を思いやる言葉で英語にはない。気ガキク、気クバリ、心ヅカイなど、他者尊重のキメの細かさは日本文化の特色である。オ世話サマ、オ世話ニナリマスなど頻用される挨拶も同様。他人への気ヅカイは〝顔で笑って心で泣いて〟という屈折した行動様式にもなるほど。こうした「自分を他者の立場に置く心」（築島謙三）は日本人の他者意識をよく言いあてている、つまり「他律型対人意識」という特徴といえよう。

文化の型でいえば「察しの文化」で、気持ヲ汲ンデ、気ヲキカセタ、気ノキイタ対応の発揮である。とどのつまりは、「以心伝心」で目ハロホドニ物ヲ言イという境地に酔うことになる。それこそ勘ガイイと評価され、ツーカーで通じ、阿吽ノ呼吸、言外ノ言を誇ることになる。

無言の肚《はら》芸は『勧進帳』の富樫と弁慶の名場面である。要するに、皆マデ言ウナ、一ヲ聞イテ十ヲ知ルという高等な理解力は、日本伝統のコミュニケーション法である。その真意はイタワリのマナーによるもので、それが高ずると、イエスは安易に言えてもノーが言えないとなる。結果、相手を傷つけると、「オ気ヲ悪クナサラナイデ」とか「悪ク思ウナヨ」と自分をかばうことになる。相手をかばう文句で自分をかばう自己保身を行っていることになり、自他をかばう二面的他人志向性である。その結果、歯切レノ悪イ言いまわし、○○デハナイデショウカとか、サセテイタダキマスとか他人事のような言い方が日常的に使われることになる。言質を取られまいとする、あるいは対立を避けるためのクッションをつくるという和合の知恵を働かせているのであろう。

こうみてくると、日本人のいわゆる〝間人主義〟（浜口惠俊）が思い出され、その属性としての相互依存主義、相互信頼主義、対人関係重視主義という他律性・他人志向性がクローズアップされる。そしてその規準は年齢秩序と社会的地位であり、分ヲ知ラヌ（身ノホド知ラズ）と出ル杭ハ打タレルことになる。昔だったら「若輩の分際」という評言があったが。またヒカエ目ニスルことが美徳で、リコウナ人は自分の立場をワキマエて目立チタガラナイ人のことを言い、「若イクセニ」「イイ年ヲシテ」という慣用句もあった。

④　次いで〝ウチとヨソ〟について。身内・内輪かヨソの人間かは峻別され、対処の身構えが異なった。同県人・同窓生・同職種には気安さを感じ、ヨソモノには距離を置く、アカノ他人というと突き放した区別感が強いはず。今でも、ウチの会社・学校・チームという言い方（反対にヨソの〇〇）があるだろうと思う。これは「我」をマイナス・シンボルとする日本人が、その引換えに「拡張自我」を獲得したためではないだろうか。

以上の、長幼の序とウチ・ヨソの規準が組み合わさると、先輩・後輩という観念が生まれる。この観念は親愛の情を含む仲間意識に強く枠付けされて社会に抜きがたい根をおろしている（参考、中根千枝のタテ社会）。そして、その信頼関係にもとづく相互依存の集団組織化の要件としてプラスに働いている（浜口惠俊『日本らしさ』の再発見）。

以上の話の筋とは異なるのが、異文化に対しては、〝察しの文化〟は神通力を失うという点である。外交上のカケヒキをマイナスと考える対人意識が阻害要因となっているからである。

⑤　前にも述べたが、「社会」という語は江戸時代まではなく、世間・世ノ中で間に合ったから、ソシエテという語が入ってきたときは、その邦訳に困り、その数は二〇を超えたといわれている（その例示は八三頁）。漢語の社会を輸入したのは西周、それをソシエテに当てはめたのは福地源一郎といわれている。著者はここで世間・世ノ中の使われ方の説明に入り、「義理」の話に及んでいる。不義理（義理ヲ欠ク）、恩（恩返シという美徳）……。「世間は社会に比べて、ずっと心理的な、自己の主観と深くかかわり合う存在」（八八頁）である。従って、日本では「個人対社会」ではなく、「自分対世間」というスキームで考える（長谷川三千子）。ヨソモノが群れている世間で世渡りするのは浮キ世ノ波ニモマレテ生活することであり、世渡り上手はいいが、一般には気苦労の多い、難儀なものであり、そこで相互扶助の人情が必要となる。敷居ヲマタゲバ七人ノ敵がいる反面、渡ル世間ニ

鬼ハナイ、旅ハ道連レ世ハ情ケといい、気ガネ・遠慮も必要となる。

こうして他者を気ニスル日本人は〝心理的人間〟となり、他者の顔色ヲ見ル反応が身につき、気苦労の絶えない生活を送ることになる。微妙な心のヒダをカギワケルため、察スル・推シ量ル・見定メル・見透カス・見抜ク・見テ取ルという、他者の心をのぞき込む動詞が並ぶことになり、「察しの文化」というレッテルが貼られることになる。しかもそれが行きすぎるとゲスノカングリといわれる。

ウケが悪くならないために、世間と横並ビに行おうと、隣近所を見マワシて共同歩調をとろうとする他律的自粛が日本流である。周囲への気ガネとオツキアイ精神で自己の考えを抑制し流行一色になるのは何もおしゃれに限らない。この世間ナミに行動しようとするエネルギーが日本の近代化を推し進めた（井上忠司）のである。

⑥　他者の目に自分がどう映るかを気にするという点で、キマリガ悪イ・バツガ悪イ・間ガ悪イ・テレクサイなど表現は多様である。また、〝半知り〟の人にあったときは、モジモジして声をかけられず、ただムッツリとしてしまうというギコチナイ態度に終始しがちである。ハニカミ・恥ジライの日本人は、気ヅマリな状況を打開する工夫に消極的である。こうしたテレクサイ感情は家族間にもあり、テレカクシは対人関係についての日常的行動である。従って、テレを知らぬ態度は、図太イ・ズウズウシイ・ヌケヌケ・イケシャアシャアなどと悪評をこうむり易い。

世間体を気にする日本人は、体裁を大事にし、見エを重んじ、ミットモナイ真似はできず、恥ヲカクことのないように努めたものである。おれの顔ヲ立テロと催促し、イザトイウトキ恥ヲカカナイよう留意するなど……。

かくして、相互依存的な集団においては、全会一致・根まわしなどの対立回避的な因子が強く働くことになる。

・以上で対人意識の章は終わる。著者は、その日本言語から文化の性格（例：察しの文化）を説いているが、筆者は発想の逆転で、文化の型から言語表現が成り立っていると考えている。つまりは、日本の自然地理的特色から、自然を怖れる自然信仰、そして自然神・自然宗教が生まれて、自然と人間との共存・協調感情が生じ、他方、農耕文化を基に、世間という協和観念、世間への気がね、察しの文化、そして他人を意識した言語が形成されたと思うが、いかがであろうか。

(3)　人間相互間がシャープでない日本人は物事に対する人間の態度も明確ではない。物事の認識は不明確・不徹底で理詰メは苦手、論理的表現はカタ苦シイ・味気ナイとして敬遠される。

①　ホノカ（仄か）は美しい日本語で、ホンノリ・ホノボノ・ホンワカは心地よい状態である。ホノミエルは美しく、ホノメカスは情趣ある表現、玉虫色は表現の知恵で、表現にハバをもたせ含ミをもたせるのが思慮ある物言いとされる。「……という気ガ致シマス」と結ぶのは相手を息苦しくさせない言い方となる。

「オ飲ミ物ノホウはいかがですか」「会場ノホウはいかが致しますか」「時間ノホウは……」など、「……ノホウ」を付けてぼかすほうが言い易いと考えられている。「あいまいさの効用」である（筆者・相手をたてた言い方ではないか）。

②　イエス・ノーをはっきりさせない点は、対人意識のみならず、思考法にも存在する。欧米流の「選びの文化」に対し、日本を「合わせの文化」といったのは武者小路公秀である。

日本人の認識方法は、分析よりも直観、言語的説明よりも体感、つまり、カンとコツであり、匠の技について活用される例が多い。目分量・胸算用・湯加減・サジ加減・塩加減など感覚の鋭さを示す例も同様である。

これらが高ずると、言外ノ言となり、イワク言イガタシとなり、理屈ヲ言ウナと多弁を封ずることにもなって、噛ンデ含メル説明などは野暮の骨頂と評される。また、含蓄ノアル簡潔な表現はイキだと評される。理外ノ理は気合いで理解され、人間の言葉で思い通りのことを表現できるわけがないというのが日本人の言語認識である（著者には『あいまい語辞典』がある）。

③　従って、比喩的表現の巧みさは日本人のお家芸である。「泣キツラニ蜂、井ノ中ノカワズ、青菜ニ塩、ヤブカラ棒、二階カラ目薬、花ヨリ団子、タデ食ウ虫モ好キ好キ、背ニ腹ハ代エラレヌ」など、英語で言おうとす

れば当り前すぎて、「曲ガナイ」となる。

ところで日本語には、擬声語・擬態語（西洋にもあるが）が多いといわれる。感覚的・非論理的な事物認識に多用されるからであるが、サラサラとザラザラ、ハラハラとバラバラという響きを生かした具象的認識の表現例をみると、その巧みさに感じ入ることになる。また感性に長けた擬情語とでもいうべき表現があり、ジリジリ・ハラハラ・ヤキモキ・ウキウキ（ルンルン）・イソイソ・ムシャクシャなど、心理状態は目に見えるようである（中村明『感覚表現辞典』がある）。

④　直感的・即物的認識に長けた日本人であるから抽象的思考は苦手ということになる。

ただ、漢字の移入で漢語に訳されたり、とくに、明治の文明開化時に移入された外国語を日本語の体系内で消化したことにより、抽象的語句も日本に定着したといえる。従って、日本人が抽象的思考に弱いのは、例えば抽象語だけが並んで使われるなど、使い方に問題があるということになり、「『直感的なものへ引きもどす』営みが欠けている」（一〇九頁）からである。

「難解な講義をする先生が偉い学者だと思われる」という学界の雰囲気を考えればいい。「日本の大学の社会科学は言葉を教えてるんだ」（増田四郎）といわれれば、筆者が専門の法学は正に「その通り」と頷かざるをえない。しかも、本稿にもその傾向が強いことは否定の仕様がない、というのが偽らざる筆者の反省点であるが、例を挙げてすべてを説明するとなれば、長い本稿はさらに倍増することは明らかで、痛し痒しの評言であった。「言語はあるが意味がない」とは、漱石「坊ちゃん」の言葉である。

しかし、俳句、歌舞伎舞踊などは論理の飛躍・断絶を真骨頂にしている。仏教の形而上学にいたっては、その解説が僧侶の職業そのものといってもよい。

「一神教世界のロゴスが貫く社会とは対照的な日本社会」は、思想的な「合わせの文化」になる道理だと、著者はいう（一一七頁）。「わからぬもの（こと）を有難がる」習癖こそ日本人の証拠だということ。

⑤「日本流の事態処理」（一一九頁）は、「何トハナシに成り行きが醸成され、水ノ低キニツクヨウニ、ナシクズシに到達点に近づいてくる、それがいいのです」。つまり、「自然界の運行にゆだねるかのような成リ行キマカセ」。妥結点がオトシドコロで、「人為を感じさせずにそこへ誘導するのが事態処理の名人です」。「物事はウツロウもので、時がたてば事態は変わるのだから、意思をもって変エヨウとすることはない、いやなこと、好ましからぬ事態は取り敢エズ・ヤリ過ゴスのが対処の知恵」である（一二〇頁）と。〝怠風型政治体質〟というのは中村菊男である（筆者・けだし名言）。しかし結果が出タトコ勝負となった経験は、つい最近のこと、腰ノスワラヌ、行キ当リバッタリを重ねて悲劇的結果を招いたのは万人の知るところである。

気勢をあげるデモの流レ解散、未完でよいとされる『源氏物語』と同根である。

人間が主体で目的意識で事態を動かす彼の地の能動世界に対する、人間の意思を抜きにして事態が動く受動世界の此の地は、「する」文化と「なる」文化の対比として、これまで何度も紹介してきたところである。

(4)　日本人の道徳意識が、〝間人〟間のものであることは、これも何度となく説明してきた。その本源にあるものは、「世間様に顔向ケデキナイ行為は不道徳的であり、オ天道様ノバチガ当ル」からであると、利害を度外視した精神である。こうした日本的道徳は武士道から始まって、町人道・商人道へと連なり「右手に算盤、左手に論語」（渋沢栄一）という実利を支える道徳の二重構造をもっていた。

以上の伝統的道徳意識に関し、次いで謙譲意識、自己修身志向、心情主義について述べる。

①　まず謙譲的表現として、オロニ合ワナイカモシレマセンガ、何モゴザイマセンガ、ツマラナイモノデスガ、心バカリノモノデスガ、などの挨拶に自己卑下の表現が多く（現代の若者に理解されているかどうか?）、儒教の影響がみられるが、謙遜文化を象徴する言葉（多くは前置きでいわれる）は多い。

現在でも使われる言葉として、オ蔭サマデがある。自然神への信仰が前提にあるのではないかと、著者はいう。謙譲的表現として、相手ノ心ヲ汲ンデ、惻隠ノ情を示すのが知恵ノアル人であり、控エて遠慮スルのが世渡りの知恵のある人、ワケ知り顔で才能を鼻ニカケル人は嫌われるという精神風土は今でもある、と筆者も思う。もっとも、ハシャグ人間、目立チタガリが電波メディアで人気があるのは、道徳観の変化の兆候とみるべきであろうか（筆者・政治家は「不徳ノイタス所」といいつつ言訳に饒舌を振るう）。

最近は抑制の声が強いが、いちじガンバレがはやった（天沼香は「日本の行動原理」という）ことがある。近代化・高度成長はムキになってガンバッタ結果である。マナジリヲ決し、歯ヲ食イシバッテ死ニモノ狂イになるというムキになる性向があるのも確かで、その時は、肩ノ力ヲ抜イテ自然体（平常心）デユケヨと緊張ほぐしの言葉をかけるというのは、つい最近のことだと思う（一昔まえは「根性」か）。結果を考えずにヒタムキにぶつかる心情はケナゲと評され、周到な計画性は日本人には程遠く、結果が悪ければアキラメ（思イ切リ）ノヨイ、イサギヨイ淡白さをみせるのが、日本人の持ち味とされる。

他方で、揶すべき愛嬌と才能をもってユーモアある男を爪ハジキする（「物臭太郎」）のも日本人の心情で、ガラに合わないオクユカシサをみせてモノウイ表情でユトリヲミセルことを美徳と考えている（筆者流に言い換えた）。

② 社会生活の観点から、私心ナキ無私の行動は称賛され、その動機がヤムニヤマレズであれば、論理的根拠や手段の選び方、得られた結果は問われない。

また、タシナムことは努力の成果を示す機会をとわれず、内に蓄えることに価値があると考えられて、苦労や難儀を否定的にとらえることはない。苦節〇十年こそ賞賛の的（筆者・盲亀の浮木優曇華の花）で、辛抱強ク・堪エル人物がドラマのヒロインとされ、その努力の結果が報われずとも日本人の胸を熱くする、これこそ判官ビイキといわれる日本人の感情である。

③ 計算高イ、チャッカリシテイル、ハッキリシテイルはマイナス・シンボルで、身ギレイなことが重視される。この潔癖感は恥観念の基礎になっていると思うが、恣意的な主観重視に陥り易く、良心的ナ人などと手軽に

評価されもする。

このような心情主義は、ヤムニヤマレヌ気持を支持して無方向な行為を生み、誠実の向かう方向を考えさせなくなってしまうだろう。相良亨は、日本人の誠実は「自分自身に対する誠実」であり、「自分の心情の世界に生きる」日本人の限界と説いている。記紀万葉の「まこと」「ひたぶるごころ」（岡崎義恵）もこの限界を内包しているのではないか（一四一―一四二頁）と。

日本人の伝統的倫理観の主軸は「心情の純粋性・真実性・美しさの尊重」（相良）にあるが、ともすると誠心誠意をお題目にして自己暗示にかかり、方向を見失って独善から偽善に陥り易いから、「誠心誠意に安住」するのをやめろ、と相良に同調する。

(5)　日本人の美意識（ささやか・陰影・風流）に移る。「日常生活の中で、美的表現など入り込む余地はないように思える領域にも美的配慮が行き届いている」（ドナルド・キーン）という話から始まる。そして、その長所を、㈠ささやかさの愛好（キメの細かさ）、㈡簡潔・陰影、㈢不完全美、㈣風流・風雅と、本稿既述の「まとめ」にふさわしい形で提示する。

①　地形に制約されて生活圏の狭い日本人は、ウドの大木を軽蔑し、大マカ、大ザッパ、大味を嫌い、小ヂンマリ・小ザッパリを美的と感じ、小奇麗という。

また、丹念でキメ細カイ作業を好み、ゾンザイを軽蔑して器用な技で精魂を傾けるデリカシーを誇る。キビキビと小気味ヨイことが好きで、小味・ササヤカとくればイキに通じ、その味ワイを噛ミシメル喜びがある。

②　「暗示力は日本芸術の秘訣である」（鈴木大拙）といわれる。その代表が『社《やしろ》』（竹山道雄）で、簡潔に絶対的なものを暗示する例である。俳句、果ては〝言外の言〟や〝不立文字〟とくれば、論理的には理屈に合わぬものである。〝含蓄あり〟と評されるのは、余情・余韻があって陰影への愛着（『陰翳礼讃』）すら感じさせるものである（歌舞伎や浮世絵の派手な技巧性＝自己顕示をどう説明するのか？）その究極は、イブシ銀の渋サにゆきつき、

日本流の色気と考えられている。

③　満ち足りたものでは、曲ガナイ・味ガナイ、余韻・風情がなくては人生も味気ナク殺風景であると考える日本人に対して、キーンは〝不規則の美〟の具体例をあげて、竜安寺の庭の不規則性は哲学（禅学）の産物だと指摘する。

日本人は、理想的な、シンメトリカルな美・完全美よりは、不相称《ディスシンメトリー》に美を求め、自然的な不完全美を愛する傾向がある（如是閑）。

また、自然のウツロイに美を見る日本人は、アキラメの美学にひたることを好み、風（雨）マカセでハカナイ・ムナシイ気分をイサギヨク・キレイサッパリと捨て、散り際のよさを求める。この無執着は「孤絶」（禅）といって尊重されており、「人間を自然の一環と考え」る（益田勝美）稲作農耕民族のコア・パーソナリティである（石田英一郎）。「この〝滅びの美学〟も、完全さをアクセク求めることなく、むしろ欠けていることの枯淡さを喜ぶ、不完全美の願望の一部を成すものと解します」（一五四頁）と。

④　「自然美を包蔵しない芸術美だけの生活は風流とは言えない」、自然を愛する日本人は、風流をとくに日本的色彩を濃厚にもつものと捉えている（九鬼周造）。そして、旅の文芸が人の憧れを誘うのは、心の奥に風流の感覚が潜在するからで、旅人の抱く孤独感、そして人生の内観の響きこそ風流の心境というものである、と。それは自然観と不可分であり、自然に抱かれるとき日本人は詩人になるのであって、かくして、旅の文芸は、〝風土と人生の二重写し〟といえるのである。

(6)　著者の言語文化観の結論である。〝日本人らしさ〟は過ぎ来し方の行動様式と意識の結晶にほかならず、その営みの作られ方は重層的である。よって原型の「第一次的性格」と重層の「第二次的性格」と呼び分けて検討する、と。

①　「コア・パーソナリティー」（石田英一郎）が第一次的性格であり、文化の中枢である。著者が凹型文化と

いうのも、ここにその原型がある。それは地理的孤立性・族内婚・他民族からの侵略なき無風性が条件となって、内向的に文化が蓄積されたからである。

第二次的性格は、芸術的側面の形成時代（奈良・平安）、宗教的・道徳的心情の基礎ができた時代（平安末から戦国以降まで）、政治的統一によって政策面から型にはめられる時代（徳川から明治にかけて）の三区分にわけられるが、それぞれの時代の異なる文化的性格の形成が重層的な構造となって成立しているという特色がみられる（石田一良）。しかも、それによって凹型文化がその程度を増したと、著者はいう。

こうして、歴史的重層性を貫くコア・パーソナリティは歴史の経過による曲折があるにもかかわらず、主軸に一貫性・共通性を備えており（石田英一郎はその基本的性格を弥生時代に求めている）、和辻哲郎や寺田寅彦の風土観は、その一貫性に立つ証しだ、と。

著者はいう。「言語は生活の現実から隔絶された意識の深層にある一個の閉鎖的世界で、文化が入り込んで左右する余地はありません」（一六三頁）。その理由は、文化を反映する語は歴史的所産として、すでに社会に存在しているから、それを学習して社会化され脳に刻み込まれて思考や行動を支配しているわけで、「ある言語共同体のメンバーには、自然観でも対人意識でも、道徳意識でも美意識でも、近似したものが分有され、文化のパターンが固まると共に一つの〝伝統〟が形づくられて行きます」（一六九頁）からという。しかし、また文化が継承されるのは言語に媒介されてであり、文化を反映する言語が文化を伝統として歴史に貫流させる社会的遺伝の強力な媒体となっている、ともいう。そして、『三つ子の魂』的なコア・パーソナリティーを主軸に、統一・持続される〝民族的人格〟はまさに言語……に裏打ちされ続ける」と自説を強調して、第一部を結ぶ。

著者は、日本文化にみられる理・知・感＝性が日本語でどう表現されているかという点について、その異色振りを文化全体で観察してきた。これこそ、本稿でいう文化の「基層」の証明でもある。そこでは、日本人的心象、即ち、他律による自粛・自制という順応主義の非論理的察しの文化として「日本人らしさの構造」が語られている。見事の一言、しかし現状にどこまで当てはまるかが聞きたい一点でもある。

(7)　第二部は「日本言語文化の世界」。

言語文化とは何か、日本語らしい言語の話から始まる。日本人らしい精神空間（日本文化）を形成したのは言語（日本語）であるという、著者の日本人観の吐露といってよい。日本語の全貌を視野に入れて、日本人の行動パターン、言語意識全体に含まれる〝日本人らしさ〟を考察し、日本語の内側の総体、つまり「日本文化の型」の言語的側面＝日本語文化を明かそうというのである。

ここでいう「言語文化」とは、「個別言語の構造と運用にあたって見出される……言語共同体の文化特性」のことであり、そのなかには宗教・法・政治などの部分領域があるが、〝〇〇人らしさ〟はそれらの総合である。

①　宗教についていえば、一神教社会と多神教社会では文化の性格が異なり、ことに〝八百万〟の日本多神教の場合は殊更で、〝鎮守の森〟は地域社会の精神的中心となっており（第八章で詳述する）、祖先崇拝と「神だのみ」の対象である。また、〝伊勢まいり〟の例にみるように、「宗教と娯楽とのけじめがつかないのも日本人の特徴の一つ」（渡辺照宏）である。

宗教は一般に、信仰、礼拝の対象、儀礼の三者から成っているが、それぞれに文化共同体にとって特有のものがあって、文化の型に影響を与えている。それを「宗教文化」というならば、日本の場合は極めて特異だといえる（筆者は「日本宗教」という）。

次いで、法文化について述べているが、筆者の一言。日本の法文化は、漢民族の法システムの輸入によって成文法（律令）を学び、近代に入り西欧法継受によって国の法体系を整え、第二次大戦後は米法の影響を強く受けていることは読者も承知のはず。

続いて、政治文化について。全会一致を好み、開かれた場での徹底討論を嫌うのは、有史以後の民族的対立を経験せず同族中心の統一という家族主義パターナリズムのもとで、外国の征服を受けなかったこと（長谷川如是閑）にあるが、後年の「中空構造」論（河合隼雄）は、総合的記述の好例である。討議民主主義は無理か？

② 言語文化も叙上の諸文化と同一の部分文化であるが、その普遍包括性によって「同列とは言えない独特の地位の占め方」（一八〇頁）をしている巨大な存在である、という。

言語文化について、その構造にみる重要ポイントは語彙の体系である。即ち、日本語では語数が豊富で語感の差にも微妙なものがあり、それは日本人の自然観の内容と直結しているからである。従って、五感のデリケートさは特別なもので、味覚の一例でいえば、風味・香バシイ・歯ザワリ・舌ザワリ・ロアタリ・ノド越シ・コク、触覚だと手ザワリ・肌ザワリ・肌合イと多岐に渉り、「味なやり方」という言葉は外国人にどう説明すればいいのか？

色彩感覚の繊細さと色合いの表現名称の多彩さは、日本人でもその区分けの理解に苦労するほど。キメの細かいことは感情についても同じで、イライラ・ムシャクシャ・ヤキモキ、ホッとする・ハレバレ・スッキリ・モヤモヤ・ウンザリ・ガッカリなど、ショゲル・フサギコム・ムクレル・ムカツク・ジレル・イラダツの感情の揺れの細かい言い分けは、日本人の情緒の豊かさを物語っている。

③ 「日本語の運用に見る文化――言語表現の発想法」について、対人意識が生んだ口癖として、〝注釈の前置き〟は、言イ訳ニナリマスガ・オ気ヲ悪クサレルカモシレマセンガ・オ言葉ヲ返スヨウデスガ・至ラヌ点モアリマスガなど、歯切れの悪いセメテ・サスガ・イッソ・ドウセ・ナマジなどがある。シャイな日本人による真情表現の抑制とでもいうべきか。困るのは翻訳者である。

同じことは比喩でつくられた慣用句にもある。目には、目クジラヲ立テル・目ノ中ニ入レテモ痛クナイ・目尻ヲ下ゲル・目ガナイ・目カラ鼻ニ抜ケル、鼻には、鼻ガキク・鼻ツマミ・鼻デアシラウ、耳には、耳ニタコ・耳寄リナ話、歯には、歯ガ浮ク・歯切レガイイ・奥歯ニハサマッタヨウナなどなど。それが高じて「ことわざ」となった言葉の多いことは読者も承知であろう。一例を示せば、旅は道連れ世は情・猫に小判・棚からぼた餅・濡手で粟・のれんに腕押し・糠に釘・盗人に追銭・鬼の目にも涙・鬼に金棒・言わぬが花・背に腹は代えられぬ・青菜に塩・泣き面に蜂など、比喩の妙用は外国との比ではない。

また、子供から始まって、料理や菓子の名づけに自然の事物・印象が多いのも周知であろう。果ては列車の愛称から、映画の題名（浮雲・麦秋・山の音など）も。

(8) 第二部第四章は日本語運用の後半、言語行動と言語意識。冒頭、言語行動のパターンは凹型文化が顕在的・可視的な姿をみせている、という言葉で始まる。つまり、行動は消極的・控え目で、対人意識・道徳意識・美意識にも係わり、その傾向は政治文化にもみられる、と。

① 「千万語を費すより一言二言で理解が成り立つのが高級な表現だ、という哲学は否定しがたく、言いつくさなくても余白（行間）を読め、それで解らないやつは放っておけ、以心伝心の哲学・美学は意識下に深く根を張っている」（二四五頁）と説く。また「明晰なものは日本語ではない」（鈴木孝夫）という論者さえいる。

小笠原林樹が〝日米のことば文化〟を比較したときの日本人の言語行動の型を示す項目について、心情依存型（言語依存型）・感情の非言語表出（言語表出）・談話回避型（談話亭楽型）・不分明型（イエス＝ノー型）・自己卑下型（自己顕示型）・形式儀礼型（気軽型もしくは実質重視型）との対比を引用している。

形式儀礼型の代表は「手みやげ」持参であり、謙遜の挨拶である。

続いての対比は、まず、おしきせ受容型（選択型）。人間の行動は、凡そ選択的なはずであるが、話題の選択・話の構成・用語の選択など、レトリックに不熱心で、式辞の挨拶や手紙に型があり、敬語の使い方にも手本があって、マニュアル依存という受容型の見本がある。

次に、生真面目型（ユーモア・親愛型）。バラエティ番組のギャグは単なる駄ジャレでユーモアがないという見本である。

ほかに、家族集団的心性（自立意識）、権威関心型（実力顕示型）、帰属意識（流動意識）、他人意識型（主体行動

=自己誠実型）、人間関係志向型（能率志向型）の対比が紹介され、文化共同体の言語行動のパターンは社会的・文化的現実そのものの一部である、としめくくる。

② 非言語行動にみる〝日本人らしさ〟の話に移る。

まず、〝身振り〟、お辞儀の多いことは周知の事実、「礼に始まり礼に終わる」という格言は凹型対人意識が非言語行動に現れた代表的事例である。また、ジャパニーズ・スマイルは和合・同調志向から生まれた静的動作であるが、西洋人には通じない。

複合的行動の代表は「敬語」。相手との関係に応じて使用する待遇表現に品格語（上品・下品）が加わったルール形式で、その使い分け・使いこなしはマナー上の大問題と考えられていることは広く知られていよう。それに一連の作法が加えられる場合（物腰、上席・末席）は非言語行動が連係する。気を配る、改まるなど、対人意識からくる心理的距離の取り方が問題とされる。

③ 言語行動の基底には、言語に対する態度・価値観・言語思想がある。凹型日本人の場合、その基本にあるのは実用的機能としての言語不信もしくは言語軽視である。言葉をつくして説得するのは野暮なことという言語に頼らない文化的特色がある。が、言語が社交的機能や鑑賞的機能に発揮される場面があるという特色があることにも留意の必要がある。その場にふさわしく気をくばった言語行動（ヨソユキとフダンの区別の重視、敬語の使い分けなど）は前者で、万葉の「相聞歌」という古代からある文学的表現は、「文辞の美」の伝統ともいうべき後者の例の一つである。日本人の美的言語使用の巧みさを指摘したのは、本間久雄『文学概論』である。

和歌・俳句の話は周知のこと、説明の必要はないだろう。

(9) 第二部第五章は文芸・文学における日本語の働きである（著者は「高文化」という）。

外来の高文化を吸収・同化し、ユニークな日本高文化を花咲かせたことは、他の場合と同じ。しかし、文化的エリートと常民との間の隔絶・断絶が小さく、高文化が常民に普及する度合いは高かったという点が特色である。

前者の例に、文字、仏像、音楽をあげ、高文化の重層性を説き、後者については、「日本の最高級の文化の形態も……一般的空気に支配されている」（如是閑）こと、貴族文化と庶民文化の交流関係の実例（歌舞伎・邦楽、短歌・俳句について）を説く小西甚一を引用し、高文化の大衆性を可能にしたのは、カナ文字の普及と大衆娯楽による〝耳学問〟にあった（二七五頁）と。

① これまで言語は美に形を与えるための手段・道具である（岡崎義恵）、音楽が音の芸術であるように、文学は言語の芸術である（吉田精一）と考えられていたのに対し、人間生活の万般に役立っている言語が芸術（文芸）にも用いられることを考えると、文芸は言語作品の一部であるから、「文学は……折目正しい言語であり綾ある言語である」、そして「言語の匂ひゆく姿」に文学をみる（時枝誠記）という考えがあり、言語が全体で文学は部分とする見方が明白に読みとれる。広大な言語の世界があって、その中に文芸を発見するというのである。前者の考え方はヨーロッパ流で散文による文芸を念頭においているのであるが、後者は詩歌・律語を文芸の代表と捉える日本的な考え方である。そこには、散文と詩歌の違い、即ち、前者は説明的で後者は感覚的といえるが、〝感覚的な訴え〟こそ日本言語文化の特色ということになる。

欧米人はバイブルに由来する常用句を愛用するのに対し、日本人は古来の詩歌の文句を日常会話にも用いる伝統があるが、同時に、欧米人にとって散文こそ、複雑な思想を表現し近代社会を分析するに適する事情があったと考えられる。もっとも、日本の場合も内面的・思想的美が文芸の要素であるが、情緒・感情が精錬されて文学となるには心理上のエッセンスを取り出すことが必要であり（〝美的径路〟という・本間久雄）、その径路で精錬されるのは内容に止まらず、言語が選ばれ・練られ・磨かれて、美しい言語空間が生まれるのである（竹内寛子）。

科学・哲学などの学問は知識の伝達を主としているが、文学は「読者の想像を喚起し感情を刺激して読者を動かす」（本間久雄）言語芸術で、その美的世界が他に卓越しているところに作品の文芸性がある。「物語文学の芸術性も詩歌や音楽と同じである」（伊藤整）など、美的径路の観点から文芸の本質を見定めれば、散文も詩歌も文芸の本質で分かれることなく、文芸と言語との関係について対立はありえないということになる。「言語がなければ人間において美は発見せられない」（今道友信）という美学的見地に立てば、美は言語と同時存在するものだということになる。つまり、言語は美の手段・媒体にすぎないという岡崎文芸学には隙があったといわざるをえず、今道説は時枝説のバックアップをした結果になるのではないか。

②　ところで、文芸の創作と鑑賞には民族の姿と心が反映し、民族の文化の重要な側面をなしている。「文芸の国民的様式は、他の芸術におけるよりも、遥かに顕著にして重大なものである」（岡崎義恵）といわれ、日本文芸の国民様式は「国語」と「国民性」を根拠とするとされた。「常凡な群衆の文学」も民族語と民族性のワクのなかにある以上、その創作文芸の様式も〝日本人らしさ〟の一側面である、と。

こういう前提のもとで文芸の日本的性格を考えると、「ささやか」、つまり、小粒で洗練された作品を好む（『源氏物語』は例外中の例外）ことが第一、思想的統一や論理的構成の軽視、つまり絶えず移動する視点の変化を好む（余韻とか神韻縹緲とか）ことが第二（例外は森鴎外・夏目漱石）である。それは、感動させる生命の意識に敏感だが、社会関係でものを考えることがへたで、それを嫌う傾向が強いからと。第三は虚構性の乏しさで、「私小説」を好むという点である。「自然主義文学」を生んだのも虚構の観念の弱さに由来する。「日本文学は……象徴性に富みながら、宗教的な深みをもたず、超現実的な神秘性に欠けている」（吉田精一）と。

③　総合芸術の日本的様式について、「「伝統的日本演劇の一大特色は『宗教心の稀薄さ』で、現実主義の楽天生活を送った農耕の民は哲学的・宗教的懊悩」がなく……運命観などに成るものは皆無」（高野辰之）。小津作品の映画が随筆的だと評されるのも虚構性の稀薄さによる。演劇・映画こそ、その根源にあるものは言語である（三〇五頁）と本書を結ぶ。

・本書の帯封に「碩学の名講義」とある。筆者の読後感をいえば、確かに「言語文化論」の名講義に相異ないと思う。

そして著者はいう。本書は「日本学」の基礎だと。ただし、筆者の立場は文化の比較について、一般に誰でも見て気がつくものを表層、日常的に話したり、考えたことをしゃべったり論じたりすることを基層、表層と基層の根底にあって、無意識でもそれをコントロールしている伝統的性格の潜在意識を深層と規定して、本論文の構成を考えてきた。この観点からみれば、芳賀論文は基層文化から論じた「日本学」ということになろうか。

目次から明らかなように、拙稿では、表層を第七章、深層を第八章で論ずることにしている。誰がみても気がつくのは、都市・建築・庭園など外観上の違いであり、これを表層といい、目には見えない潜在意識的自我の違いを深層と措定している。

2　さて、「まとめ」としての言語文化論で不充分と筆者が感じたのは、美術（学）である。とくに現代美術について、西洋画・日本画の区別がつくのか、あるいは必要かという疑問があるからである。そこで、この点からの補足として、それの自意識がどんな仕組みで成り立っているかを論じた、佐藤道信『美術のアイデンティティー』（二〇〇七年）を参照したいと思う。美術の話であるが、本稿での論旨を読まれた読者には推察可能だろう。つまり、西洋美術史の背後にはキリスト教共同体の意識があるが、日本美術史ではどうかを論じており、自我を論ずる本稿には一瞥を欠かせぬ著書である。

その内容は四章編成で、「一　国家・民族・宗教」、「二　歴史の上の『近現代』」、「三　『現代』の上の『現在』」、「四　人間のアイデンティティー」。

(1)　第一章から、「『美術史』と宗教」(第四節)。冒頭に「『美術史』が宗教と密接に関係していることは、洋の東西を問わずほぼ同じである」（四九頁）と。むろん「『ヨーロッパ美術史』はほぼ『キリスト教美術史』といっていい」。が、その源流は多神教の神々の物語であるギリシャ美術を源流としていると考えていいのか。また、近代日本が西洋美術を移植したとき、キリスト教とどう対処したのか、という問題である。

①「あれだけ西洋美術に学びながら、近代日本洋画の巨匠や名作に、キリストやマリアを主題に描いたもの

が、ほとんどない」。それは「まさに〝洋魂〟を削除し、〝洋才〟（技術）として移植する作業だったといえる」。この洋魂の和魂への置きかえは、宗教・思想・イデオロギーに関しては、仏教・日本神話・民話を主題に描き（旧派・原田直次郎）、生活風景を主題にするものは〝和魂〟に重きをおいた（新派・黒田清輝）からである。

恐らく、前者は、宗教問題のクリアが不可避で重圧となり危機感を意識したからであり、後者は、外光派・印象派の絵画にふれて脱宗教を感じとり、さらにジャポニスムによって宗教問題をクリアしたからである。こうして日本の高等美術教育はキリスト教を回避して始まったといえる（五六頁）。まさに和魂洋才による日本洋画の定着である。

② 陰影法による光と影、一点から見通す透視図法は、一神教の絶対神の視点・視線によるものである。陰にも色がある印象派は、〝陰のない〟絵として日本人に違和感がなかったし、また、そのソフト・フォーカスの風景画は、水墨画が色彩化されたものとして新鮮な親近感を抱かせたのではないか、と。

じじつ、日本の展覧会にみられる西洋美術品にはキリスト教美術はほとんどなく、ギリシャ美術のほかには印象派作品が圧倒的に多い。一般社会においても、キリスト教行事（結婚式・クリスマス）は商業イベントとして普及した〝換骨奪胎〟のものである。著者は、神格化された天皇制（擬似一神教）があるからという説に与しているが、筆者は、日本の〝多神教〟のもつ特質にあると考えている（第八章で詳説）。

次いで、「ヨーロッパ美術史」が、なぜ多神教のギリシャ美術を起源としているのかを検討する。一言でいえば、偶像禁止の宗教が、神の視覚によって造形化し美術の問題に直結したからであるといい、その際、神人同形か神人異形かが、その後の美術のあり方を方向づけたとする。

曰く、一神教は人格神的、多神教は汎神論的性格が強く、神が遍在する後者では、偶像化に際し神が人の形である必要はない。しかし、人間は神の形でつくられたと明記するキリスト教では、偶像化に際し神が人間の形でつくられることは決まっていたことになる。つまり、神人同形の偶像という点が、ギリシャ美術をヨーロッパ美術の起源に押しあげた最大の理由であり（教理をこえる造形の論理）、しかもギリシャ文化は、いったんアラビア圏に引き継がれたあと、ルネッサンス期にヨーロッパにもたらされたということで明らかなように、神が絶対の中世を抜けて、人間復権の思想がギリシャ文化のなかに神人同形の根拠を見出し、ギリシャ美術を造形史の起源としたということだ（六〇頁、神人異形のエジプト美術は無視された）と。

③　では、神人異形の仏教の偶像化をどう考えるか。これは読者も周知のように、仏教とヘレニズム文化の接触によって造像が始まったから（ガンダーラとマトゥラーの何れにしろガンダーラの偶像化が起源）。しかも、釈迦は神人同形であって造形化されたことが他の諸仏の偶像化にも道を拓くことになった。

本書では、続いて如来・菩薩・明王・天部造形の説明から、神人同形から神人異形との混合形への変化を説き、この像容変化は、キリスト教美術からは理解しにくいという。「つまりキリスト教の側から見れば、日本美術は神人異形の多神教に見えるということである」（六二頁）。しかし、山水の水墨画や大和絵などと比べれば、仏教美術は、造形的には人間像中心であり、神人同形の一大拠点であり続けたことになる。

そう考えると、ギリシャの神人同形美術がガンダーラで仏教の偶像化を生み、東漸して、日本の仏教美術における神人同形の造形が西洋美術に出会ったことになる。これは、〝ギリシャ美術とキリスト教美術〟と同様に、〝ギリシャ美術と仏教美術〟にとっても教義をこえた造形伝播が起こったといえるのではないか。しかし、不思議なことに、仏教の西漸がなぜ起こらなかったのかという問題がある。

④　西洋美術では、絵画・彫刻・建築が上位におかれ、工芸が下位であった。しかし、東アジアでは工芸のもつ比重がはるかに大きく、日本も、アピールのためのジャポニスムにおいても好んで評価したのは工芸であった。西洋美術の移植にも拘らず、日本の実態にズレがあり、双方にイメージギャップが存在した、と。その理由は、ヨーロッパ美術では神人同形の造形原理により、工芸品が神の像になることはなく、絵画・彫刻が当然上位になったと考えられるのに対して、汎神論的自然観の日本では、神は姿を現さず、それを暗示しようとすれば、宝

物（工芸）や場（聖地・聖域）が重要な意味をもったからである。

⑵　第二章第二節において、孤立している日本文明を論ずる。S・ハンチントン『文明の衝突』における「日本の独特な文化を共有する国はなく……日本文化は高度に排他的で、広く支持される可能性のある宗教（キリスト教やイスラム教）やイデオロギー（自由主義や共産主義）をともなわないという事実から……他の社会にそれを伝えて、その社会の人びとと文化的な関係を築くことができない」という文言が起爆剤となって孤立化を深めたと説き、文化の輸入史を論ずる。

①　美術や言語のモノ文化の輸入は人の媒介を必要とせず（パフォーマンス文化は人の媒介による）、自由な方法で行うことができる。しかも、モノ媒体による外国美術の理解については、自由な解釈が可能であり、コピーもできる。そして、前者の自由解釈の場合は、こちら側の興味・関心によって作品の意味は簡単に置きかえられるから、和様化は容易となる。そして、後者のコピーでは解体・組立てが可能であるから、日本の保存修理技術を高めるのに役立つことになるという。ただしモノの理解より始まるので、即物的な技術理解に偏重し、その思想的・社会的背景にまでは及ばないから、結局、単なるコピー文化に終わる可能性が高い。

②　この二点に関する傾向性は、日本の近現代化の性格を考える上で重い意味をもっていると、著者は注目している（けだし至言!!）。しかも、こうした外国文化の理解が他国への移植にむけられないのは、日本人の内向意識であったという点は、賢明な読者なら容易に推測が可能であろう。この内向意識が現代のＩＴ社会において、一層その傾向を強め、生活上の連帯感を急速に失いつつあることは確かである。パソコンの前での〝個人化〟が社会的連帯性を失わせ、身体性を欠いた〝国際性〟だけを生んでいるといえよう（九四頁）と。

確かに、デジタル空間でのコミュニケーションが情報の連携を新しく生んではいるが、身体性を欠く理解に止まっているという落とし穴があり、〝国際化〟も人媒体を欠いたままで、モノ媒体の理解までもが希薄となっている。

ここで求められているのは「とくに人を介在させた人・モノ・情報の関係の再構築ということになるのだろう」（同頁）と。

⑶　「日本の日本文化理解」（第二章第四節）に移ろう。

①　日本が日本文化を評するときによく使われるのが、和様・和風・国風である。和様・和風が日本的と同義であることは間違いなく、和風建築・和風住宅などと使われる。が、和風政治とか和風経済とは言わない。また和式とか和製という言葉があって、和式トイレなら判るが、和風トイレとなると若干の疑義が生ずる。つまり、和風は日本的と同義であると同時に、伝統概念に近い関係にあり、洋風住宅の語が生まれたことに関連して、和風住宅の語が、それとの区別のためにつくられたということではないかという。

さらに、「和」と「倭」の関係がある。読者も御存知のように、倭は中国における日本の呼称で、和よりも時期が早い。「倭」が日本に入って「大倭」となり「大和」となった。何れも訓読みでは「やまと」であり、山跡＝山国の意味らしいという。

「日本」は「ひのもと」に発する外交上の呼称で、「和」は国内呼称という使いわけが生まれ、「日本」は外交上、「和」は国内的に使われた。つまり、「和」（和風・和式・和製）が外国向けに使われることはない。ついでの話だが、「中国」は自称、日本では「から」「もろこし」「漢土」「唐土」と呼び、近代に入って「支那」が使われ、戦後に「中国」となった。だから「和漢」という相対構図は中国・日本の日本国内における自己認識によるものであった。

②　ところで、近代以降の「西洋画」「日本画」の相対構図も同様で、「日本画」は西洋では通じない。「日本絵画」という必要がある。また、「国画」の語は一人称的自称で〝内向き〟の用語である（日本史・日本文学に対する国史・国文学と同じ）。さらに、「邦画」という言い方もある。「邦画」「洋画」だと映画のことであるが、この「邦」と「国」は同じ音のクニである。その違いは「大なるを邦といひ、小なるを国といふ」（周礼）と『字

統』にある。しかし、両字は一般に類義的に使われている（国語・国文・邦人、邦楽のごとし）。
「日本」は明治以後に総称や公的制度に多く使われ、「和」は衣食住など私的生活用語として使われるようになった。衣の「和服」「洋服」、「和装」「洋装」「和裁」「洋裁」、食の「和食」「洋食」、「和菓子」「洋菓子」、住の「和室」「洋室」「和風住宅」「洋風住宅」などなど。

しかし「日本画」については、それが成立した百十余年前と今とでは内実が大きく変化し、実態は「現代美術」に対していると思う。ちょうど「山水」の語が「風景」に変わったのと同じように、「日本画」の語も実状に合うように新たな概念用語をつくるほかはないのではないか（やはり!!）と。

ところで、こうした相対構図の使い分けで一考すべきは〝公私〟の使い方である。つまり、「公」の仕事の世界では「日本」の語が冠されて対外・制度・公務に、「和」は国内・生活に使われ、衣食住関連のものに多いことになる。こうした使い分けは、制度の〝公〟と生活の〝私〟とをふり分けながら両者を長い間つなぎとめ、歴史と現在を並立共存させてきたのである。

最後に、「様」と「式」である。前者は「和様」「唐様」というように寺院建築にだけ使われ、西洋建築には「ドーリア式」「コリント式」と使い分けている。この場合、「様」は手本の意味（小松茂実）で、「式」は方式など工学的意味がある。

・「公私混同」と一般に使われる。「公」の原義は「オオヤケ」（大家）で、大家を背負うという点から、時代により国家・社会・世間とさまざまな内容をもつ広義の言葉として使われてきた。現在、政府の機関は「官庁」だが、「官公庁」といわれて「地方公共団体」を含む（官立・公立＝学校の如く）〝お上〟に集約されている。しかし、英語のパブリックは現在でも〝公衆の〟の意味をもち、民衆一般を指している。「公私」が「お上と公衆」もしくは「官と民」か、現在も不分明というのが、筆者の見解である。

(4)　最後にＩＴ社会におけるコミュニティ・コミュニケーションについて、人間存在の現状いかんを論ずる。

まず、町おこしのための地域密着型イベントについては、ＩＴネットによるコミュニティ形成と観光客誘致が主たる役割を果たしているため、生活と身体の場としての地域コミュニティは、〝仮〟の場の様相を呈している。が、地域密着型は双方向参加型コミュニケーションとして、新旧住民による新しいコミュニケーションの場となる契機をつくる典型例だと評価する（前述した、日本における〝個人主義〟のあり方の問題に深く係わる）。

そして最後に問題にするのは、国際間のコミュニケーションと他者理解についての〝美術〟の位置である。美術は、内容の正確な理解のためには、政治・宗教・思想・歴史・文学などに関する背景の知識を必要とするハイ・カルチャーである。しかも、他者理解のためには、外交を超えた過去の文化への認識が必要とされる。美術史は、まさにその代表格だといえる、と論結する。

・日本人が描く自国文化（自画像）の特徴について、風土・日本語から始まって、心理・論理・美術・音楽・舞台芸能と辿ってきた。しかし、日本文化の論題には、日常生活についての「しきたり」、「しぐさ」、「坐」の文化などが残っている。が、それらは次章の「表層」に譲り、第六章はここで打止めにしたい。

とにもかくにも、法文化を論ずるに当たって、「比較法学は『法に焦点を合わせた比較文化論』でなければならない」（傍点筆者）という、野田良之の提言に従って、若いときの古社寺遍歴に始まり西欧の聖堂巡礼にまで時を過ごしたため、「法文化論の意義と方法」（一九九一年）を発表してから二〇年余りを過ごしてしまった。また、この間、筆者流の法文化論に資するため、日本文化総体とその一部である「法という文化」との関連を調べようと、参考文献を探して右往左往していたのである。

日本人の大好きな日本文化論（〝自画像〟を好む西欧人でも較べようもないほど）のことである。パソコンで拾いあげれば際限もないほど多くの文献が並び、取捨選択に大困難がつきまとう。結局、資料は手元にあるものに限定したので、不充分・不適当の誹りを免れないことになった（以上再言）。

言い訳はこのくらいにして、第六章の「まとめ」について、文字通りの一言（各節諸文化の比較論調は期せずして一致し、やはり文化遺伝子の存在を認めざるをえず、一言ですむ始末と相成った）をいうならば、自律的で抽象的思考に長けた〝主張する自我〟の遺伝子をもつ西洋においては、人間中心の文化、論理的・哲学的文化、科学的で観念的な父性的文化であるのに対して、他律的で直観的心情に長けた〝融通する自我〟の遺伝子をもつ日本では、自然と人間が調和する文化、情趣ある叙情的・現実的文化、細密で柔和な母性的文化であり、その深層にあるのはキリスト教と神仏中心（道教・儒教を含む）の混淆信仰（筆者は「日本宗教」と称する）である。

ところで、日本文化論の多くが人文系の学説であるのに、法学は社会科学であるから、その文化的統合を前提にした西洋理論（統合可能）との比較は成り立つのかという意見もあろう。なにしろ、人文系の著作は歴史的文化そのものであるのに、法学は明治以後たかだか百数十年の経験しかなく、それも〝入欧〟事情を考慮すれば、西洋法の引き写し（戦前はヨーロッパ中心・戦後はアメリカ中心）で、統合や比較は意味がないと感ずる読者もいよう。しかし、西洋法継受の下で、なお比較法学が成り立つのであれば、人文系・社会系を問わず、同じ伝統文化のもとで育った人間として、法学研究につきまとう文化上の矛盾について、研究者はどう対応（使い分け？）してきたのか。叙情文化の上に理論文化を重ね着して、どのような〝和風法文化〟に仕立て上げたのか。継受法は〝たてまえ〟で、〝ほんね〟は伝統法にそれを重ね着して解釈してきたというのが、法文化についての日本流だが、実体はどうだったのか。これこそ、日本の法学研究者にとって、継受以来の課題であったはず……。

現在、国際取引のためグローバル・スタンダードな法現実の理解が必要とされている。それに対し、〝和風法文化〟が問題を起こしている例が、しばしば新聞紙上を賑わしている。法観念の〝あいまいさ〟は、重ね着では解決しない例である……。

〔著者紹介〕
池田政章（いけだ・まさあき）
1926年　金沢市に生まれる
1954年　東京大学法学部卒業
1966年　立教大法学部教授
現　在　立教大学名誉教授

〈主要著作〉

憲法社会体系〈１〉　憲法過程論（信山社，1998年）
憲法社会体系〈２〉　憲法政策論（信山社，1999年）
憲法社会体系〈３〉　制度・運動・文化（信山社，1999年）
古寺遍歴―法文化の深層を尋ねて（信山社，2001年）

法文化論序説（上）

2018年３月20日　初版第１刷発行

著　者　池田政章
発行者　今井　貴
　　　　渡辺左近
発行所　信山社出版
（113-0033）東京都文京区本郷6-2-9-102
TEL 03-3818-1019
FAX 03-3818-0344

印刷　亜細亜印刷株式会社
製本　日進堂製本

ISBN978-4-7972-2767-3　C3332

池田政章　著作一覧

憲法社会体系〈1〉憲法過程論（1998年）

憲法社会体系〈2〉憲法政策論（1999年）

憲法社会体系〈3〉制度・運動・文化（1999年）

古寺遍歴――法文化の深層を尋ねて（2001年）

法文化論序説（上）――第1章～第6章（2018年）

法文化論序説（下）――第7章・第8章（2018年）

憲法問題研究会メモワール――1958～1976年（2018年）

信山社